Wonderful Weifang

风筝故乡　更好潍坊

潍坊年鉴

中共潍坊市委党史研究院
潍坊市地方史志研究院　编

2024

方志出版社
Publishing House of Local Records

图书在版编目（CIP）数据

潍坊年鉴. 2024 / 中共潍坊市委党史研究院，潍坊市地方史志研究院编. —北京 ：方志出版社，2024.11

ISBN 978-7-5144-6521-1

Ⅰ. Z525.23

中国国家版本馆CIP数据核字第20242U1C26号

责任编辑：李　静
责任校对：张玉霞
责任印制：梅中英
出 版 者：方志出版社
地　　址：北京市朝阳区潘家园东里 9 号（国家方志馆4层）
邮　　编：100021
网　　址：http://www.zgfzcb.cn
发　　行：方志出版社图书营销中心（010-67110500）
印　　刷：山东黄氏印务有限公司
开　　本：889毫米×1194毫米　1/16
印　　张：27
字　　数：818千字
版　　次：2024年11月第1版
印　　次：2024年11月第1次印刷
定　　价：168.00元

中共潍坊市委党的文献编审委员会

主　　任：刘　运

副 主 任：刘建军　郭　飞　包希安　赵绪春

成　　员：庄　鹏　刘太福　孙　磊　宋正树　张志霄　李晓华

逄新军　鹿　尧　王金祥　杨德强

《潍坊年鉴（2024）》编纂人员

主　　编：张志霄

副 主 编：吕俊峰　高培忠　王金升　刘魁伦　王金刚　杨伟香

焦　凌　程森枝

编　　辑（按姓氏笔画排列）：

刘　敏　刘伟勋　刘佳慧　李　光　李大鹏　陈　克

林荣军　徐　杰　商　倩　潘桂红

编　　务（按姓氏笔画排列）：

于　滨　王　浩　王英林　王春艳　王海弟　亓圣富

邢梦瑶　刘　磊　李志金　李晓冬　吴晓东　周召瑞

曹　戈　温桂鹏　颜培胜

编辑说明

一、《潍坊年鉴》是在中共潍坊市委、潍坊市人民政府领导下，由中共潍坊市委党史研究院、潍坊市地方史志研究院编纂的年度资料性文献。该书旨在全面、系统、翔实、客观地记述潍坊市政治、经济、文化、社会、生态等各方面的新作为、新特点、新成就，为各行各业提供咨询服务，为各级领导科学决策提供可靠依据，同时也为国内外各界人士全面了解潍坊提供方便。

二、《潍坊年鉴》以马克思列宁主义、毛泽东思想、邓小平理论、"三个代表"重要思想、科学发展观、习近平新时代中国特色社会主义思想为指导，坚持辩证唯物主义和历史唯物主义的立场、观点和方法，紧紧围绕市委、市政府的中心工作，全面客观地反映党委、政府的主要工作和各部门、各行业取得的重大成就，力求做到观点正确、框架科学、资料翔实、记述准确、编写规范、特色鲜明。《潍坊年鉴（2024）》系第30卷，内容的记述时限原则上为2023年1月1日至12月31日。为反映事物全貌，部分资料适当上溯或下延。

三、《潍坊年鉴（2024）》主要收录2023年度发生在潍坊行政区域内的大事要闻，突出反映潍坊的优势特点，着力增强实用性。为更全面记载全市改革发展的新举措、新成就，全书在框架结构、栏目设置、排列顺序、所辖分目等方面与往年相比进行了较大调整。《潍坊年鉴（2024）》共设35个类目：特载、大事记、潍坊概况、中国共产党潍坊市委员会、潍坊市人民代表大会、潍坊市人民政府、政协潍坊市委员会、纪检监察、民主党派和工商联、群众团体、法治、军事、经济管理、农业、乡村振兴、信息化、工业、商贸服务业、金融业、开放合作、功能园区、交通运输、城镇建设、建筑业、生态环境、教育、科学技术、文化　旅游、卫生健康、体育、应急管理、社会生活、县市区概况、人物　荣誉、附录。

四、《潍坊年鉴（2024）》数字用法、标点符号用法分别采用国家标准《出版物上数字用法》(GB/T 15835—2011)、《标点符号用法》(GB/T 15834—2011)，计量单位采用国家技术监督局1993年12月发布的《量和单位》系列国家标准。

五、《潍坊年鉴（2024）》大部分稿件由市直各部门、各单位和各县市区供稿，部分稿件由本年鉴编辑部整理。主要数据以市统计局公布的为准。部分数据因四舍五入等原因，总数与分项和之间存在合理范围内误差。所有数据采用法定计量单位，个别遵从习惯。因个别供稿单位统计口径不同等原因，有的数据在不同条目中不尽一致，使用时请注意出处。

拓展创新“三个模式” 打造乡村振兴齐鲁样板先行区

2023 年，潍坊市以拓展创新“三个模式”为动力，大力实施“百区示范、百园提升、千企引领、千村共富”工程，加快农业农村现代化，着力打造乡村振兴齐鲁样板先行区。

固堤（西瓜）、山旺（樱桃）、宝都（西瓜）、谭坊（西瓜）、相州（生猪）等五个镇被农业农村部评为全国“一村一品”示范村镇和全国乡村特色产业产值超十亿元镇。图为全国“一村一品”示范村

潍城区、临朐县入选全国第七批率先基本实现主要农作物生产全程机械化示范县（市、区）名单。图为农作物收割场景

潍坊郭牌农业科技有限公司和诸城常山永辉生态农业家庭农场上榜 2022 年度国家级生态农场名单。图为生态农业家庭农场远景

潍坊市加快构建奶肉牛全产业链，打造双百亿牛产业体系

4 月 25 日，首届智慧农业博览会在富华国际会展中心举办，以“智造农业　数联乡村”为主题，搭建国际智慧农业技术交流合作平台，来自德国、以色列、荷兰等 22 个国家的 40 余家企业参展

诸城市相州镇、昌邑市饮马镇、临朐县寺头镇、昌乐县红河镇、安丘市官庄镇、高密市夏庄镇、青州市王坟镇等 7 个镇入选首批国家农业产业强镇名单。图为农作物收割场景

寿光农村产业融合发展示范园、潍坊经济开发区农村产业融合发展示范园入选国家和省级农村产业融合发展示范园创建名单。图为农村产业融合发展示范园远景

7月1日播出的央视《对话》栏目“五级书记话乡村振兴”特别节目中，中共山东省委书记林武（右一）和潍坊市委书记刘运、寿光市委书记赵绪春、高密西刘家庄家庭农场主刘莉畅谈“潍坊经验”，多角度展示乡村振兴潍坊力量

寿光成功入选2023年国家乡村振兴示范县（市）创建名单。图为乡村振兴示范点远景

10月26日，潍坊市打造乡村振兴齐鲁样板先行区现场推进会议举行

潍坊市以创新提升“三个模式”为引领，以打造乡村振兴齐鲁样板先行区为抓手，坚持片区引领、全域提升，形成省、市、县三级100个示范片区梯次推进格局，争当乡村振兴齐鲁样板“排头兵”

诸城市获评山东省“现代农业强县”、寿光市和安丘市获评山东省“畜牧业高质量发展先行县”，共奖励资金1.15亿元。图为粤港澳大湾区“菜篮子”产品潍坊配送分中心

青州市入选第四批国家农业绿色发展先行区创建名单。图为青州市蔬菜大棚内景

在2023中国农民合作社500强名单中，潍坊有寿光新天地果蔬合作社等103家合作社入围，数量占全国21%、全省66%，连续三年居全国地市第一。图为寿光市蔬菜大棚内景

2023 年，潍坊市深入开展干部队伍能力作风提升行动，实行重点工作“争星夺旗”“挂牌亮榜”，开设书记（局长）“擂台赛”，选树“敢为先锋”个人（集体），干部队伍敢为善为、比学赶超的精气神全面提振，敢闯敢干、争立新功的锐气韧劲蔚然成势。

5 月 6 日，市委、市政府举办第一期“书记擂台赛”，14 位书记同台竞技，以赛促学，以赛促干，以赛促进，推动全市高质量发展再上新台阶

6 月 21 日，市委、市政府举办“局长擂台赛”，激励各级各部门担当作为抓落实，比学赶超争先进，为全市高质量发展作出新的更大贡献

7 月 24 日，市委、市政府举行全市“敢为先锋”颁奖仪式，激励全市上下在加快建设实力强品质优生活美的更好潍坊进程中挺膺担当、奋勇争先、再立新功

9 月 22 日，中共潍坊市委十三届四次全体会议召开，审议通过了《关于实施“百区示范、百园提升、千企引领、千村共富”工程加快农业农村现代化的意见》《关于深入开展干部队伍能力作风提升行动的实施意见》

11 月 25—28 日，潍坊市组织开展 2023 年全市绿色低碳高质量发展重点项目观摩点评，坚定信心，振奋精神，乘势而上，以项目建设大突破推动经济发展大提升。图为观摩会现场

8 月，潍坊市政府办公系统“转作风　提能力　当先锋”暨“庆祝二十大　潍坊勇争先　建功新时代”演讲比赛现场

“迎新年再出发”系列活动——改革开放以来“潍坊十大工程”

2023年是潍坊撤地设市40周年，是潍坊发展历程中极不平凡的一年。在2024年即将到来之际，市委、市政府组织“迎新年再出发”系列活动，总结40年成就经验，激励各级干部职工自信自强，勇毅前行，加快建设更好潍坊。

人民广场聚落工程

四河治理工程

潍坊歌尔全球智能硬件制造基地工程

北海路工程

潍柴高端装备动力产业园建设工程

潍坊港工程

寿光市蔬菜高科技示范园工程

青州博物馆工程

济青高铁和潍坊北站工程

富华大酒店、展览中心及游乐园综合工程

农村改革发展“三个模式”。图为潍坊市新农村建设示范区

潍坊萝卜

潍坊风筝

潍柴动力

寿光蔬菜

乐道院集中营

东镇沂山

青州古城

当代万印楼

潍坊名吃——朝天锅

2015 年 2 月，潍坊市获“全国文明城市”称号，“城市名片”持续增加

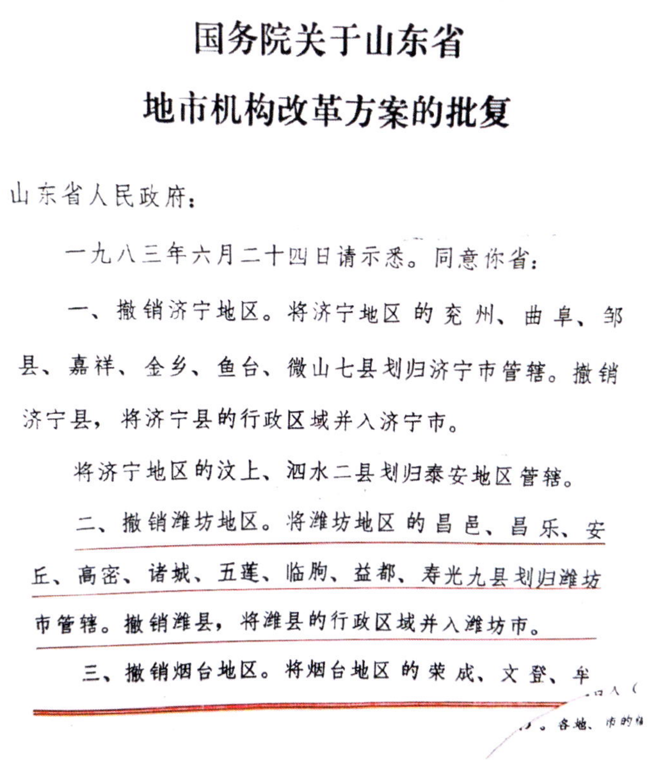

国务院关于山东省

地市机构改革方案的批复

山东省人民政府：

一九八三年六月二十四日请示悉。同意你省：

一、撤销济宁地区。将济宁地区的兖州、曲阜、邹县、嘉祥、金乡、鱼台、微山七县划归济宁市管辖。撤销济宁县，将济宁县的行政区域并入济宁市。

将济宁地区的汶上、泗水二县划归泰安地区管辖。

二、撤销潍坊地区。将潍坊地区的昌邑、昌乐、安丘、高密、诸城、五莲、临朐、益都、寿光九县划归潍坊市管辖。撤销潍县，将潍县的行政区域并入潍坊市。

三、撤销烟台地区。将烟台地区的荣成、文登、牟

1983 年，国务院批复潍坊撤地设市的文件

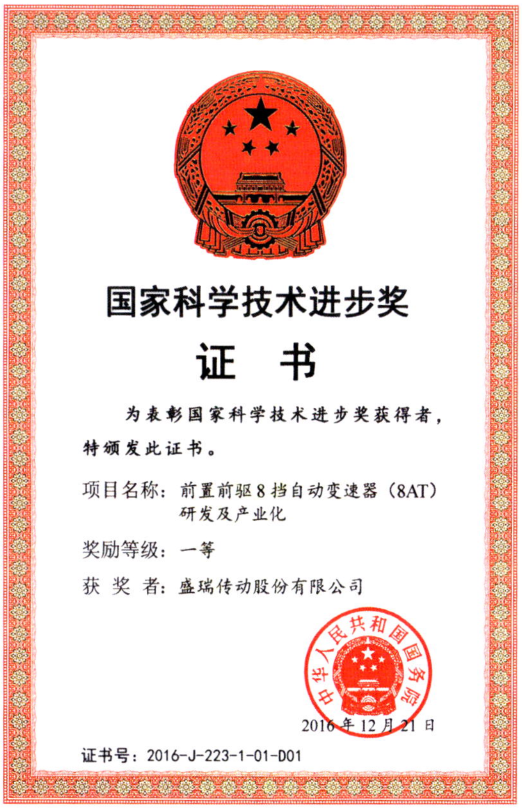

国家科学技术进步奖

证 书

为表彰国家科学技术进步奖获得者，特颁发此证书。

项目名称：前置前驱 8 挡自动变速器（8AT）研发及产业化

奖励等级：一等

获 奖 者：盛瑞传动股份有限公司

2016 年 12 月 21 日

证书号：2016-J-223-1-01-D01

2016 年，潍坊四获国家科技进步一等奖

潍坊创立“国际风筝会”等节会品牌。图为2015 年中国（昌乐）国际宝石博览会开幕式

潍坊 16 家省级以上开发区体制机制改革全面完成。图为潍坊出口加工区

习近平总书记两次肯定农村改革发展的“诸城模式”“潍坊模式”“寿光模式”。图为潍坊市创新提升“三个模式”打造乡村振兴齐鲁样板先行区实践报告发布会现场

诸城市中小企业产权制度改革。图为全省县城企业改革暨改革开放试点县工作会议现场

潍坊市教育改革发展全国领先。图为 2023 年职业教育活动周全国启动仪式暨全国职业院校技能大赛开幕式现场

潍坊市获批全国性综合交通枢纽城市。图为潍坊高铁北站

潍坊规上工业产值、营业收入双过 1.1 万亿元。图为潍柴集团总部

目 录

特 载

大事记

潍坊概况

中国共产党潍坊市委员会

潍坊市人民代表大会

潍坊市人民政府

政协潍坊市委员会

纪检监察

民主党派和工商联

群众团体

法 治

军　事

经济管理

农 业

乡村振兴

信息化

工业

商贸服务业

金融业

开放合作

功能园区

交通运输

城镇建设

建筑业

生态环境

教 育

科学技术

文化　旅游

卫生健康

体 育

应急管理

社会生活

县市区概况

人物 荣誉

附 录

特 载

在潍坊市工作动员大会上的讲话

中共潍坊市委书记 刘 运

（2024年2月19日）

不忘来时路，方知向何行。 回顾2023年，开年面对复杂多变、超预期叠加的严峻形势，我们万众一心、众志成城、迎难而上，全力以赴拼经济，守住底线向前冲，聚焦聚力“七个加力突破”，有力激活党员干部和企业家两支队伍，凝心聚力、共克时艰，统筹稳增长、防风险、守底线、惠民生，工作局势由年初“难”、年中“稳”到年末“升”，实现承压而进、逆转上扬。地区生产总值增速由一季度的2.4%，提升至上半年的4.7%，全年达到5.1%，高新技术产业产值占比达到59%、高于全省7.6个百分点，技改投资、“四新”投资、新兴产业投资均保持两位数增长，乡村振兴步伐加快，生态环境不断改善，民生福祉持续增进，从严治党纵深推进，社会大局安全稳定，各项工作全面起势。经过一年的砥砺奋进，我们夺取了好的发展成果，更磨砺了坚强意志、锤炼了过硬作风、锻造了强大团队。市委、市政府同心协力，市人大、市政协靠前作为，军分区、驻潍上属单位主动服务，各发展主体、市直各部门担当作为，广大企业家奋进图强，百万在外潍坊人积极回报家乡，千万潍坊人民拼搏实干，以一座城的团结、一座城的奋进、一座城的勇毅，干出了“潍坊行”的自信！

雄关漫道真如铁，而今迈步从头越。 2023年，是潍坊市攻坚克难、夯基蓄势的一年，2024年必须乘势而上、突破跨越。全市上下要深入贯彻党中央决策部署和省委、省政府工作要求，扎实落实全省高水平开放暨高质量招商引资大会精神，突出高质量发展首要任务，紧紧围绕“一七五一”思路目标和任务举措，大抓产业、扩大开放、加力招引、突破项目、创优环境，比拼经济主战场，打好发展攻坚战，全力以赴抓落实，推动更好潍坊建设实现新提升。

第一，产业大比拼，打好转型升级攻坚战

潍坊因实业而兴、依产业崛起，必将凭产业突围、靠实业制胜。要比根基、比潜力、比创新、比企业，跑出发展“加速度”，挺起强市“硬脊梁”。

一要比根基，厚植产业优势。 传统产业是潍坊市发展的基座，是我们的优势产业、当家产业，是宝贵财富、吃饭本钱，必须坚定不移做强做优做大。要滚动实施“千项技改、千企转型”，支持企业改进技术、更新设备、升级工艺，加速推动化工向新材料新医药发展，钢铁向先进金属材料迈进，纺织向高端品牌攀升，机械制造向精密加工升级，造纸向印刷包装延伸，强力推动食品加工、汽车制造、应急安防等五百亿级、千亿级产业升级迭代。各发展主体、各产业牵头部门要与企业一起研究谋划，让“老产业”焕发“新活力”。

二要比潜力，抢占蓝海赛道。深度研究布局元宇宙、生命科学、先进算力等未来产业，培强新一代信息技术、高端装备、工业母机、生物医药、磁技术、新能源、新材料等新兴产业，推动百家重点企业产值倍增，努力巩固先发优势。希望潍柴、歌尔、鲁清、弘润、豪迈等龙头企业，发挥产业生态主导力，带动链群集聚成势，抢占产业制高点。现代服务业是潍坊市的潜力产业，增长的空间广阔。要突出抓好文旅融合、银发经济、现代金融，引进培育高端服务业态，大力发展商务贸易、健康休闲、体育娱乐、创意设计、检验检测等产业，全力培育新业态，催生新模式，创造新价值。

三要比创新，增创发展动能。鼓励龙头企业牵头组建创新联合体，支持企业建设研发中心、产业研究院，引导科研院所、研发机构深度嵌入产业链，扩大校企合作、产学合作、产教融合，合力攻坚关键核心技术，年内新增省级以上创新平台40家、高新技术企业300家以上，加快发展高科技、高效能、高质量的新质生产力。要深化数字赋能，引导企业“数转智改网联”，加快“上云用数赋智”，重点抓好100个数字化项目、10个园区数字化试点，打造更多智能车间、智慧工厂，持续放大数字的乘数效应。要顺应融合发展大趋势，把工业资本、技术、管理和服务业态全面融入现代农业，融通产加销，融汇农文旅，融入全要素，推动一二三产深度融合。

四要比企业，提升竞争实力。企业是产业的“脊梁”。要支持龙头企业“头雁领飞”，希望骨干企业强强联合、同业整合，加快增资扩产、延伸链条，打造控制力、根植性强的链主企业。要推动专精特新企业“强雁高飞”，一类一策、精准培育，希望企业深耕细分行业，打造更多塔尖重器，提升市场话语权，全年新增省级以上单项冠军等优质企业200家以上。要鼓励小微企业“众雁齐飞”，加强科技企业、“四新”企业动态管理，畅通成长快车道，壮大产业生力军，年内“小升规”300家以上、入库科技型中小企业3600家以上。

新的一年，我们要坚持产业强市不动摇，聚焦工业经济头号工程，放大现代农业领先优势，用新型工业化讲好高质量发展硬道理，以新质生产力提升城市竞争力，加速从产业大市迈向产业强市！

第二，开放大比拼，打好市场开拓攻坚战

今年是潍坊开埠120周年，要传承开放基因，充分发挥潍坊市产业好、区位优、市场大的优势，主动服务融入“双循环”，深度参与国际产业分工合作，努力打造对外开放新高地。

一要争相“抢订单”。坚持“渠道为要”，实施重点市场开拓计划，开展“潍品出海”活动，搭建好“千企百展”、国际精准采购节等载体，推动外贸企业深耕欧美日韩，更大力度开拓东南亚、中亚、非洲等新兴市场，做大跨境电商、海外仓规模，力争外贸企业达到6500家。要抓好规则制度、市场渠道、要素支撑等衔接融合，推动内外贸一体化发展。市委开放办要强化协调推进，定期会商研判，服务指导企业开拓国际国内市场，积极为企业赋能助力。

二要争相“链资源”。抓实“书记县长外资项目”，加大金融、康养、医疗等领域引资力度，引导外企扩大利润再投资，支持企业引进战略伙伴，拓展利用外资新渠道。要用好跨国公司领导人青岛峰会、新加坡山东周、港澳山东周等开放平台，借力“投资山东”招商系列活动，在深耕传统外资来源地的基础上，重点向中东、东盟等潜力地区拓展，加力引进一批优质外资项目。各发展主体要奋勇争先、多作贡献，到账外资2亿美元以上的，年度考核“一票肯定”；商务部门要加强指导，确保全市利用外资10亿美元以上。

三要争相“走出去”。主动融入“一带一路”，稳步推进制造业、现代农业走出去，支持有条件的企业“抱团出海”，在国际竞争合作中做强做大。希望潍柴、歌尔等企业，更好统筹两个市场两种资源，垂直整合产业链，提升产业集群国际竞争力。商务、外办、贸促会、侨联等单位，要加强联合研判指导，采取有效措施，引导走出去的潍企潍商资金回投、反哺家乡。

四要争相“强园区”。各开发区、园区要深化体制机制改革，搭建服务平台，引入风投创投，在制度型开放上率先突破。要突出一园一主业、一区一特色，实施标志性产业链突破工程，把主业做大、产业做强。高新、滨海、保税要走在前、作示范，省级开发区、园区要争先进、快突破，成为开放前沿、产业高地、创新引擎。在全省开发区考核中，小组排名落后的，对主要负责人采取组织措施。

新的一年，我们要积极应对严峻复杂的国际形势，实施高水平对外开放战略，以大视野打开大格局，以大开放促进大发展，更大力度开拓海外市场，昂首阔步迈向国际舞台，全方位、深层次拓空间、增优势！

第三，招引大比拼，打好融汇资源攻坚战

当前，正处于产业转型关键期、双循环发展格局构建期、产业链供应链安全重塑期，是招商引资的重大机遇期，要大力开展“招大引强”突破年，以招引大突破积聚发展强动能。

*一要在项目上争大比强。*项目是引来的，更是抢来的。要紧盯中字头、国字号、500强，深化扩大与央企国企的战略合作，全年新引进过50亿元项目5个以上、过5亿元项目130个以上。要瞄准京津冀、长三角、粤港澳，接轨新经济、链接强产业，积极招引“雏鹰”“瞪羚”“独角兽”等优强企业。现有企业增资扩产项目周期短、见效快、效益高，是扩投资、稳增长的重要支撑。要树立“政府投入之外都是招商引资”的理念，全力支持本地企业上项目、扩投资，政策上要与招引项目同等对待、享受同等待遇。

*二要在方法上比活增效。*打好产业链招商、以商招商、节会招商、资本招商“组合拳”，发挥市招商发展集团专业优势，政企携手、集中攻坚。刚才，我们隆重聘任了5位双招双引首席代表，并为5个招引联络处授牌，大家都是潍坊的老朋友和潍坊老乡，今天为此专程回来，充分体现了对潍坊发展的支持。此刻，我想起了苏东坡的两句词：万里归来颜愈少，此心安处是吾乡。希望大家多为潍坊发展加油助力，帮助引荐客商、介绍项目、联络资源，当好招商大使。各级各部门要密切联系“潍籍”“潍历”“潍缘”人士，精准对接企业高管、行业精英、各界能人，链接高端资源，招引优质项目。要坚持招才引智、招商引资并重，加强与高校院所的对接，深挖清华、北大、中科院等“富矿”，引进高层次人才，争取共建科研创新中心、成果转化平台、产教融合基地，让更多创新创业动能在潍坊竞相迸发。

*三要在机制上创新求实。*我和建军同志牵头推进重大招商项目，市领导要抓好各自领域招商，发展主体党政主官要常态化走出去，月度招商情况报市委、市政府。要坚持市域一体，招商信息全市统筹、全域流转，发展主体资源共享、严防内卷，提升招引命中率、洽谈成功率、项目落地率。要提高考核权重，实行月通报、季排名、半年述职评议，看落地、看投资、看进度，比纳统、比达效、比质量，引进10亿元以上项目的，分等次加分，重大项目“一票肯定”，完不成任务目标的，不能评为优秀等次。

新的一年，我们要提振激情、昂扬斗志，尽锐出战招项目，全力以赴引企业，千方百计聚人才，以“抢”的劲头、“争”的锐气、“夺”的胆略，发起招引新攻势，点燃发展的强大引擎！

第四，项目大比拼，打好扩大投资攻坚战

扩投资、促发展，关键靠项目。要聚焦项目策划、签约、建设、投产、运营各环节，全面提速提效，扩大有效投资，为经济高质量发展增后劲、添动力、强支撑。

*一要谋出大项目。*在前期已经谋划41个过50亿元重大产业项目的基础上，要按照短期扩需求、长期增动能的要求，持续抓好项目谋划储备，年内各行业主管部门至少再谋划1个过20亿元项目，各发展主体至少再谋划1个过50亿元项目，大力支持本地企业抓技改、扩产能，积极谋划储备项目，拓展新领域、抢占新赛道、发展新经济，积蓄未来发展后劲。

*二要争来好资源。*抢抓国家政策性资金加码的窗口期，紧盯专项债券、特别国债、预算内资金等政策动向，精准策划包装，跟进对接争取，推动更多项目纳入国家、省盘子，全年争取资金350亿元以上。交通、能源、水利、城建等领域牵头部门，要深度研究政策，全力向上对接，推动更多项目纳入上级规划、产业布局、支持重点。对项目、资金等争取情况，要定期调度、强化考核，在全市形成竞相争项目、争资源的火热局面。

*三要拼出加速度。*聚焦总投资1.3万亿的1527个重点项目，全方位对接、全流程服务、全周期保障，逐个项目定目标、定责任、定时限，力争一季度开复工90%以上，上半年全部开工，全年完成投资2600亿元以上。特别是对400个市级以上重点项目，要全力

包靠推进，进度偏慢、严重滞后的，分别挂“黄牌”“红牌”督办，限期摘牌。市领导要发挥“头雁效应”，突出抓好包靠的29个重点项目，推动京沪高铁辅助通道等项目全面提速，确保新和成高端原料药项目上半年开工。各发展主体要强化领导帮包、专班推进，以项目建设加速度拼出经济发展新高度。

*四要拔出金效益。*以投资纳统看成效，对统计在库项目逐个打开分析，制定投资计划，逐月分析研判，确保应统尽统。在建项目、新上项目、新招引项目，都要看亩均投入、亩均产出、税收贡献，由发改部门牵头，投促、财政、工信、统计等部门参与，定期评比排名。对竣工项目，要帮助解决设施配套、设备购置、招工用工等需求，调度生产经营情况，推动项目满负荷运行，全年竣工投产项目350个，新增产值800亿元以上。

新的一年，我们要坚持“项目为王”，盯着项目抓，围着项目转，扭住项目干，迅速掀起大干项目、大抓投资的热潮，以大项目好项目拉动投资、扩大内需，以大投入快投入促增长、优结构、提质效！

第五，改革大比拼，打好优化环境攻坚战环境是形象是资源，更是生产力竞争力。要向改革要动力，用改革激活力，着力创优“四个环境”，以整体环境之优，促经济之稳，谋发展之进

*一要抓效能提升，让营商环境更具竞争力。*深入实施新一轮营商环境创新提升行动，攻坚深化“高效办成一件事”改革，提供高质量政务服务，持续优化法治化营商环境。企业的发展需求，就是党委政府的服务所在，企业需要什么，党委政府就服务什么。要通过落实服务企业专员制度、领导干部与企业家常态化沟通交流机制，把更多暖企政策、惠企措施送到企业手中，急企业所急，办企业所需，解企业所难。企业家是潍坊发展的功臣，谁敢砸企业的饭碗，市委、市政府就砸谁的饭碗。发改、工信、生态环境、自然资源和规划等部门，要在助企纾困、支持项目落地等方面拿出硬措施，外地做到的，我们也要做到，而且要做得更好。

*二要抓民生改善，让人居环境更具支撑力。*习近平总书记在2024年新年贺词中指出，我们的目标很宏伟，也很朴素，归根到底就是让老百姓过上更好的日子。建设实力强品质优生活美的更好潍坊，完全契合总书记的要求。要坚持人民至上，尽力而为、量力而行，扎实办好1.9万户老旧小区改造、青银高速市区段免费通行、四平路跨铁路桥建设等民生实事，用心解决好就业、教育、医疗、养老等领域的急难愁盼问题，进一步提升教育教学质量，打造医疗康养高地，努力将群众最关切的事办实、最牵挂的事办好，在发展中保障和改善民生，让全市人民共享发展成果。

*三要抓减排降碳，让生态环境更具吸引力。*强化“大环保”理念，构建“大环保”格局，持续抓好污染防治，扎实推进中央、省生态环保督察反馈问题整改。要积极应对碳排放双控，开展国家减污降碳协同创新试点，实施新一轮“四减四增”行动，推动高碳行业减排，切实压减煤炭消费，大力发展新型清洁能源，加快绿色转型，用生态“高颜值”赋能经济“高价值”。

*四要抓安全稳定，让发展环境更具保障力。*坚守安全发展底线，全链条压实责任，全方位排查隐患，全覆盖整治风险，突出抓好消防、化工、燃气等重点领域的风险防范，着力抓好“九小场所”、多业态混合场所等重点部位的安全防控，千方百计化解国企债务、房地产等领域风险，切实提升本质安全水平。要发挥12345热线作用，抓实抓好网格化服务管理，健全矛盾纠纷多元化解体系，强化信访工作法治化建设，保持社会大局和谐稳定。要强化“大潍坊”观念，树牢“共同体”意识，讲好潍坊故事，传递潍坊声音，凝聚建设更好潍坊强大合力。

新的一年，我们要靠改革开路，以环境聚力，构建“强磁场”、聚拢“大资源”，栽好“梧桐树”、引来“金凤凰”，合力打造投资兴业热土、创新创业宝地、安居乐业家园，真正让潍坊成为美名远播、人人向往的“诗和远方”！

一分部署、九分落实。任正非先生说过，“一个人一辈子能做成一件事，已经很不简单了。我们这几个把豆腐磨好，磨成好豆腐，你那几个企业好好发豆芽，把豆芽做好……我们13亿多人民每个人做好一件事，拼起来就是伟大祖国。”这形象直观地说明，成就事业需要各方面做好分内事、扛起应尽责。实现全年发展目标，全市各层级各领域各单位，都要在大局中找准定位，集中精力抓好自己的事，靠前一步干好协作的事，齐心协力办好全市的事，携手绘就更好潍坊新图景。

一要高标准。坚持“争一流、争第一”不动摇，以加速进位的姿态壮大经济总量，以赶超一流的追求提升发展质量。各发展主体今年的地区生产总值增长目标已经明确，滨海6.5%左右，奎文、潍城、坊子、安丘、昌邑、临朐都是6%左右，高新5.8%左右，诸城、寿光、高密5.5%以上，寒亭、青州、昌乐5.5%左右，保税、峡山5%左右，要说到做到、能高则高、能快则快，诸城、寿光等经济大县要勇挑大梁，其他发展主体要多作贡献，特别是昌乐、寒亭、保税要加速赶超，努力形成“县域个个争先、全市击鼓奋进”的强劲势头。各部门单位要在全省加快进位争先，上游的勇当标杆，中游的提标进位，下游的加压升位，以一域之进促大局之稳、为全市添彩。

二要强考核。今年重点考增速、比贡献、看变化，加大地区生产总值、固定资产投资、规上工业增加值、社零额、进出口额、实际使用外资、财政保障能力7项主要经济指标的权重。要优化“争星夺旗”“挂牌亮榜”“述职打擂”等季度考评办法，突出考评主要经济指标和双招双引、项目建设，季度成绩突出的县市区、开发区和经济主管部门，主要负责人在市级会议上介绍经验；后2名的县市区、开发区，牵头指标在全省综合排名靠后的经济主管部门做检讨；连续两个季度作检讨的，除招商外，干部培训、考察学习等外出活动一律暂停。要以两年平均增长评优劣、定奖惩，消除考核中的机会主义，决不能让去年“躺平”者今年“躺赢”。要实行“一票否优”制，县市区、开发区多项主要指标增速列后3名的（不含保税区、峡山区），市直部门牵头指标综合排名在全省后3位的，不能确定为“一等”或优秀。要强化凭发展用干部导向，对主要指标高于全市平均、贡献大的，要多提干部、快提干部；低于平均、拖后腿的，要缓提干部、少提干部甚至不提干部。

三要求实效。坚持比在平时、拼在当下，善作善成抓好每件事，扎扎实实干好每一天。要坚决整治形式主义、官僚主义，按照中央部署开展好集中性纪律教育，引导各级各部门既干看得见摸得着的“显绩”，又干打基础利长远的“潜绩”，更干还欠账除隐患的“实绩”。要大张旗鼓开展“敢为先锋”“担当作为好书记（好干部）”“干事创业好班子（好团队）”评比，激励广大党员干部始终保持担当实干、锐意进取的激情，保持攻坚克难、砥砺前行的姿态，保持奋发有为、敢打必胜的斗志，在状态、勇打拼、向前冲，稳扎稳打、踏踏实实，努力在新征程上创造不负时代、不负人民的发展业绩。

企业与城市是紧密融合的命运共同体，企业兴则潍坊兴，潍坊好则企业好。实现全年发展目标，需要全市上下齐心协力、共同奋斗，需要广大企业家和全市党员干部同心同行、同向发力。希望广大企业家把握发展大势，以“山登绝顶我为峰”的雄心气魄，以“不惧风雨勇向前”的过人胆识，以创造价值、思源思报的境界格局，树立做大企业的高远志向，勇担回报社会的应有责任，心无旁骛攻主业，持之以恒抓创新，矢志不渝谋发展，在滚滚市场浪潮中大展才华、大显身手，以奋斗姿态奔跑，与奋进潍坊同行，在双向奔赴中共赢发展、共创辉煌。

政府工作报告

——2024年1月15日在潍坊市第十八届人民代表大会第四次会议上

潍坊市市长　刘建军

一、2023年工作回顾

过去的一年，极不寻常，极不容易，极不平凡。面对外部环境复杂多变、超预期因素叠加影响的严峻形势，全市上下始终坚持以习近平新时代中国特色社会主义思想为指导，坚决贯彻党中央、国务院决策部署，认真落实省委、省政府工作安排，在市委坚强领导下，锚定“走在前、开新局”，按照“七个加力突破”“五个加快提升”部署要求，迎难而上、砥砺前行，高质量发展扎实推进，更好潍坊建设迈出坚实步伐。

——*经济运行稳中向好*。全市地区生产总值同比增长5.1%，规模以上工业增加值增长6.6%，社会消费品零售总额增长7%，一般公共预算收入增长0.1%。强化政策发力。全面落实国家、省出台的惠企纾困政策，研究出台加力提速工业经济、支持外贸促稳提质、促进房地产业健康发展等一揽子措施，强化定期分析研判、常态化督导服务等机制，统筹推进重点领域科学纳统，经济运行逐季向好。精准服务企业。按照“互为上下游、形成产业链”思路，主动“遍访企业”，搭建万企智配平台，推动中小企业与大型企业开展供需对接。落实新增减税降费及退税缓税政策，为经营主体减少税费127.4亿元。工业稳增长、外贸稳定和创新发展等工作获国务院督查激励。狠抓项目建设。创新实施全生命周期服务推进机制，1517个省市县重点项目完成投资2575亿元，全市新签约项目1126个，落地开工583个，到位资金1524亿元。潍柴新百万台数字化动力产业基地、福田智能数字化工厂、弘润高端聚丙烯新材料、友道化学绿色植保、谷雨生物康健联产等一批制造业重大项目竣工投产，新增产值718亿元。大力促进消费。举办风筝嘉年华、潍坊美食节、城市音乐节、文旅惠民消费季、房产交易博览会、凤溪地万物集夜市等系列主题活动，取得很好成效。开展“潍坊美食meet青岛国际啤酒节”宣传营销，发放汽车、家电、餐饮、文旅消费券及购房优惠券，拉动消费31亿元。实施电商消费升级赋能行动，新增省级电商产业带6个。全力维护金融环境。坚决打好城投类国企债务风险化解攻坚战，积极争取部省政策和资金支持，举办金融赋能潍坊高质量发展全面战略合作签约活动，组织召开全市银行行长座谈会、金融助力潍坊高质量发展恳谈会，达成“三个区分开来”共识，全面深化与金融机构等方面的战略合作，5年内新增融资支持4300亿元，盘活六类资产资源103.7亿元，债务结构持续优化，融资成本不断降低，市场信心加快恢复，守住了不发生系统性区域性金融风险底线。

——*动能转换提速提效*。抢抓全省绿色低碳高质量发展先行区建设机遇，着力推动存量焕新、增量换道。强化创新引领。新增省级高新区2家、高新技术企业390家，高新技术产业产值占规模以上工业总产值比重达到59%。新增省级以上创新平台65家。潍柴动力获中国专利金奖。7项技术成果入围省科技进步一等奖，创历年最好成绩。新入选国家级重点人才50人、泰山系列人才49人，数量均居全省首位。入选齐鲁大工匠1人、齐鲁工匠6人。在省内首推“质量贷”融资服务，新增11个“好品山东”品牌，金鸿新材料公司获省长质量奖，天瑞重工公司、得利斯集团董事长分别获省长质量奖提名奖。成功举办首届全国产业计量大会，促成26个国家产业计量测试中心与潍坊市企业开展战略合作。加快节能降碳和数字转型。全市工业技改投资增长10%。45%的规模以上工业企业实施数转智改，500多家企业与海尔卡奥斯等工业互联网平台开展合作。5家企业入围中国工业互联网500强，6个项目入选工信部5G工厂名录。三峡海上风电项目并网发电，可再生能源装机容量在全省率先突破千万千瓦。4个县市区、5个园区、15家企业入选省绿色低碳高质量发展试点。全面深化“链长制”。新增省级中小企业特色产业集群2个，新列入省“十强”产业“雁阵形”集群3个、领军企业5家。潍坊市被确定为全国唯一铸造行业高质量发展试点市。元宇宙入选省未来产业集群，歌尔股份荣登中国VR50强榜首。实施优质企业倍增行动，新增国家级专精特新“小巨人”企业29家、省级专精特新中小企业521家、省级制造业单项冠军企业46家、瞪羚企业63家、独角兽企业1家。6家企业入围中国500强，4家企业入围中国民营企业500强。

——*乡村振兴持续加力*。全面完成耕地保护任务，新建提升高标准农田30.1万亩，粮食播种面积、总产、单产连续三年实现“三增长”。拓展创新“三个模式”，启动实施“双百双千”工程，26家企业入围中国农业企业500强，103家合作社入围中国农民合作社500强，数量均列全国地级市首位。7个镇入选国家农业产业强镇，703个村集体经济收入达到百万元以上。建成潍坊“三农”智慧大脑，省级智能牧场创建数量居全省第1位。建成万头以上奶牛牧场6处，新改扩建肉牛重点项目12处，全国首个安格斯种牛站通过初审。预制菜从业市场主体发展到1871家，全省首支10亿元规模预制菜基金顺利落地。种业振兴行动取得新成果，“潍麦13”“潍豆28”“潍玉326”等7个农作物新品种通过省审定，西葫芦云翠、番茄宝禄先锋等52个品种获得植物新品种权。完成生猪、白羽肉鸡全产业链标准体系制定。农产品产地冷链物流服务规范等4项国家标准发布实施。国家农综区部省市三方工作机制进一步深化，巴基斯坦、加纳等海外农业园区加快建设，中国—东盟数字农业论坛、首届智慧农业博览会成效明显。创建省级和美乡村示范村117个，改造提升村级供水工程206个，现代水网、美丽幸福河湖建设走在全省前列。培育“党建统领、四社共建”示范点140处、示范社区(村)471处。安丘市成为“四好农村路”全国示范县。诸城市入围全国首批文化产业赋能乡村振兴试点。串联青州市、临朐县、安丘市山区旅游带的“齐鲁天路”获评全国乡村旅游精品线路。

——*城市品质不断提升*。市级国土空间总体规划获省政府批复。城市更新、海绵城市、清洁取暖三项国家级试点成效显著。新开工城市更新项目44个，十笏园片区老旧小区改造等9个项目入选全省示范项目；新增海绵城市23.5平方千米，105万平方米城市建筑、9.9万户农村家庭完成清洁取暖改造。白浪河东风桥新桥建成通车。长松路、友爱路下穿青银高速通道竣工。健康东街（潍州路至文化路段）完成“两块板”改造。城市管理更加精细。制定城市管理全要素提升工作导则，开展17条全要素示范路（街）创建，完成5532处“多杆合一”整治、71处“疏绿透美”和433千米绿化带“落土”治理，中心城区改造直角出入口167处。新建改建城市公园106处、城市绿道73千米，获评国家绿色出行城市、公交都市建设示范城市。全市完成绿化造林4.7万亩。寒亭禹王湿地获批国家重要湿地。天然气环网工程启动建设。城区日供水能力新增10万吨。城市管理进社区经验在全国推广。枢纽地位进一步强化。济青中线全线贯通，明董高速建成通车，高速公路总里程列全省第2位。潍烟高铁主体工程完工，京沪高铁辅助通道津潍段、潍宿段及青岛连接线开工建设。“青潍空铁快线”开通运行。潍坊港5万吨级滚装泊位建成投用。获评中国快递示范城市。入选国家骨干冷链物流基地、陆港型国家物流枢纽、复合型国家现代流通战略支点城市。全国首个高铁快运物流基地落户潍坊，建成后将成为山东高铁物流总部基地、环渤海地区重要多式联运枢纽和东北亚快速货运战略节点。城市文化更具魅力。文旅部“河和之契”非遗交流展示周、陈介祺金石文化周、“翰墨青州”书画艺术节、东坡文化节等活动精彩纷呈。“博物馆之城”建设扎实推进，新增博物馆10家。青州博物馆新馆、莫言文学艺术馆建成启用。成功创建国家级文化产业示范园区1处。新建城乡书房38家。授牌全国版权示范城市、“2024东亚文化之都”，潍坊市连添两张靓丽城市名片。

——*改革开放继续深化*。积极融入国家和区域发展战略，与上合示范区合作全面深化，小清河复航工程顺利通航，潍坊港成为济南都市圈河海联运“黄金出海口”。“七大集成改革”统筹推进，农业农村现代化综合改革试点率先实施。全面推进优化营商环境“一号改革工程”，推动出台优化营商环境条例，基层政务服务站点达到“六有一能”标准，1508个事项实现“零见面”审批，1.1万个事项可以“免证办”，项目审批做到全流程“掌上办”。国有企业重组整合有序推进。海化股份入选国家“双百企业”名单。建立招商项目全域统筹、利益共享新机制，开展“商会组织建设年”，举办东盟三国经贸合作交流和粤港澳大湾区、长三角地区资本招商系列推介活动，总投资120亿元的高端植保项目、50亿元的中航融和锂电池制造及新能源项目、年产100万千升青啤数字化工厂一期等一批大项目落户潍坊。全市进出口总额稳定增长，其中进口增长17.1%，高于全省14.4个百分点；对RCEP贸易伙伴进出口增长17.1%。QFLP试点项目实现首单签约。全国首个“四关合一”综合运营中心投入使用，跨境电商保税出口规模居全省第1位，综合保税区发展绩效评估居全国第4位、全省第1位。打私工作连续获得全省考核优秀等次。与柬埔寨茶胶省、哥伦比亚通哈市结为友好合作关系。对口支援和东西部协作深入推进。

——民生事业扎实推进。全市居民人均可支配收入增长5.3%。民生支出占一般公共预算支出比重保持在80%以上，重点民生实事让群众得到更多实惠。新增城镇就业9.5万人，“社区微业”创新做法在全省推广，“零工客栈”服务体系建设走在全国前列。新开工棚户区改造项目6267套、保障性租赁住房1459套，完成老旧小区改造4.9万户。化解房屋产权历史遗留问题项目922个，为5.6万户群众办理了不动产权证。建成中小学55所、幼儿园120所，改造提升乡村中小学110所、幼儿园252所。义务教育优质均衡县创建数量占全省三分之一。基础教育、职业教育分别获得国家级教学成果一等奖。职业教育活动周全国启动仪式在潍坊市成功举办。潍坊职业学院成为全省首个获得“挑战杯”国赛特等奖的高职院校。潍坊食品科技职业学院建成招生。潍坊医学院更名为山东第二医科大学。入选中央财政支持公立医院改革与高质量发展示范项目。组织北京、上海等地医疗专家到潍坊义诊。连续23年荣获全国无偿献血先进市。持续开展灾害救助、扶贫济困、扶老助幼等公益慈善活动。救助保障各类困难群众31.8万人。新建助老食堂606处、护理型养老床位3630张，潍坊老年大学新校投入使用。第21届市运会、歌尔•首届潍坊马拉松成功举办。潍坊市体育健儿在杭州亚运会上取得优异成绩，在世界大学生运动会上实现金牌零的突破。生态环境9项约束性指标全面完成，空气优良天数排名全省第5位，国控河流、近岸海域优良水体比例分别高于省定目标28.6个和21.9个百分点。新一轮“四减四增”行动圆满收官。国家低碳城市试点评估成绩居全国第4位。修复废弃矿山31处，绿色矿山建成数量居全省第1位。青州市获评国家“绿水青山就是金山银山”实践创新基地。全市安全生产事故起数、死亡人数实现“双下降”。食品药品安全、能源安全形势稳定可控。信访问题源头治理三年攻坚行动扎实推进。扫黑除恶和禁毒工作实现常治长效。圆满完成重大活动维稳安保任务。创建为全国市域社会治理现代化试点合格城市。省双拥模范城创建工作通过验收。国防动员体制改革全面完成。儿童友好城市建设稳步推进。民族宗教工作迈出新步伐。数字档案馆建设走在全省前列。防震减灾、气象监测预报预警能力持续提升。全国残疾人职业技能大赛创历史最好成绩。仲裁工作继续保持省内领先。第五次经济普查基础工作扎实推进。审计、史志、老龄、水文、邮政、通信、机关事务、志愿服务、关心下一代等各项工作都取得新成绩。

一年来，我们坚决扛牢全面从严治党政治责任，扎实开展学习贯彻习近平新时代中国特色社会主义思想主题教育，认真抓好省委巡视反馈意见整改落实，政府系统党的建设全面加强。严格执行市人大及其常委会决议决定，办理市人大代表建议264件、政协委员提案534件。大力推进法治政府建设，提请市人大常委会审议地方性法规5部，颁布政府规章3件，涉法决策审核实现全覆盖。强化府院联动，行政机关负责人出庭应诉率达到100%。持续深化“放管服”改革，扎实推进“高效办成一件事”，政府工作效能不断提升。政务公开和12345政务服务便民热线工作走在全省前列。坚持过“紧日子”，“三公”经费大幅压减。深入开展干部队伍能力作风提升行动，坚持不懈反腐倡廉，巩固了风清气正政治生态。

在肯定成绩的同时，我们也

清醒看到面临的困难和问题。主要是：稳增长压力较大，社会预期偏弱，实体经济发展困难增多；新旧动能转换还需加力，全社会研发投入仍然不足；城市能级活力尚未充分释放，营商环境需要持续优化；财政收支矛盾较为突出，民生保障还有短板和弱项；防风险形势依然严峻，任务十分艰巨；有的部门单位抓落实存在“梗阻”，一些干部业务素养、服务能力有待提升，党风廉政建设和反腐败工作仍需加强。对这些问题，我们在今后工作中一定采取有力措施，认真加以解决。

二、2024 年政府工作安排

2024 年政府工作总的要求是：以习近平新时代中国特色社会主义思想为指导，全面贯彻党的二十大和二十届二中全会精神，坚持稳中求进工作总基调，完整、准确、全面贯彻新发展理念，主动服务和融入新发展格局，着力推动高质量发展，按照市委“一七五一”思路目标和任务举措，统筹扩大内需和深化供给侧结构性改革，统筹新型城镇化和乡村全面振兴，统筹高质量发展和高水平安全，抓好经济运行，防范化解风险，增强发展活力，稳扎稳打、踏踏实实，持续推动经济实现质的有效提升和量的合理增长，增进民生福祉，保持社会稳定，加快建设实力强品质优生活美的更好潍坊，奋力争当绿色低碳高质量发展先行区建设排头兵。

全市经济社会发展主要预期目标建议为：地区生产总值增长 5.5% 左右，一般公共预算收入增长 4%，固定资产投资增长 6%，社会消费品零售总额增长 5.5% 左右，居民人均可支配收入增长 5.5%，外贸外资稳定增长，全面完成节能减排降碳和环境质量改善约束性指标。这些目标的提出，贯彻落实了“稳中求进、以进促稳、先立后破”，既积极引导预期，“踮起脚摘桃子”；又立足基础支撑，做“有米之炊”。工作中，要坚持“稳中攀升、向好奋进”，围绕市委提出的“十个新提升”，聚力聚焦、提高效益、强化合作、全面打紧，务求最大实效，争取最好结果。

按照以上目标要求，聚力抓好以下工作：

（一）*聚力推动经济平稳增长*。把扩大内需摆在更加突出的位置，坚持投资和消费相互促进，打好稳预期、强信心、促发展组合拳，不断巩固和增强经济回升向好态势。

增加有效投资。更加精准谋划项目。紧盯政策导向，聚焦关键核心技术攻关、新型基础设施、节能减排降碳等领域，谋划实施一批既能扩大短期需求、又能增强长期动能的重大项目。更大力度招引项目。将今年作为“招大引强”突破年，编制招商图谱，扩充城市合伙人队伍，聚焦重点地区举办“点对点”招商，引进落地投资过百亿元项目 2 个以上、过 50 亿元项目 5 个以上。更高效率建设项目。着力抓好 1527 个省市县重点项目，完成投资 2600 亿元以上。继续加强能源、水利设施建设，加快推进千万千瓦级风光储输一体化、海上风电、海上光伏、抽水蓄能等项目，可再生能源装机容量达到 1200 万千瓦以上。建设输变电工程 35 项，新建输电线路 598 千米。实施峡山水库增容续建、冶源水库增容工程，完成 12 座小型水库除险加固。更实举措保障项目。落实好政府和社会资本合作新机制，持续激发民间投资活力，鼓励引导更多社会资本参与新型基础设施等领域建设。推动要素资源精准匹配，进一步完善项目全生命周期管理服务，全面提升项目建设质效。

持续扩大消费。坚持线上线下融合、境内境外联动、传统新兴并举，增加居民收入，提升消费能力，加快培育新业态新场景，全面增强消费对经济发展的基础性作用。积极促进新型消费。支持发展养老托育、家政服务、医疗健康、文娱旅游、体育赛事等服务业态。大力发展银发经济。迭代升级风筝、核雕、年画、红木嵌银等特色工艺品，研发推出一批新的文创产品，让更多具有潍坊元素的国货“潮品”和城市“伴手礼”出圈出彩、走向世界。提质升级传统消费。开展“潍有尚品”精准促消费系列活动，办好新能源汽车下乡巡展，推动消费品以旧换新，全面提振汽车、家电、建材家居等大宗消费。加快新能源汽车充电设施建设，公共充电站实现“乡乡全覆盖”。开展“商改住”试点，常态化举办房展会等促销活动，更好满足刚性和改善性住房需求。完善县域商业服务体系，新建 188 处供销社流通服务网点。持续优化消费环境。深入开展“放心消费在潍坊”创建活动，新增放心消费创建单位 5 万户、消费维权服务站 400 处。

大力服务企业。深化服务企业专员制度，持续做好“遍访企业”，定期评估惠企政策落实成效。

开发上线“助企纾困有力量、信用服务有温度”系统，推动惠民利企政策“免申即享、直达直享、快享快办”。常态化开展政企沟通交流，完善企业家参与涉企政策制定机制。开展好“企业家日”系列活动，大力弘扬企业家精神。

强化金融支撑。深入实施信贷“增量扩面”计划，推行“金融伙伴”制度，办好“民营企业路演堂”等金企对接活动，健全完善科技金融、绿色金融、普惠金融、养老金融、数字金融体系，加强金融人才队伍建设。全面深化与证券交易所对接合作，深入开展“投资机构潍坊行”、拟上市企业路演推介等活动，切实发挥好上市公司联盟带动作用，新增一批境内外上市企业。做大做强金融产业，积极引进一批高端金融机构、风投创投基金，优化提升山东农村产权交易中心、东亚畜牧交易所，加快苇湾资本集聚区建设，打造潍坊资本市场服务基地。

（二）聚力促进产业做优做强。坚持高端化优结构、智能化抓数改、绿色化转方式、集群化强链条，全力优存量、扩增量、提质量，加快锻造产业竞争新优势。

突出科技创新硬核引领。坚持以科技创新推动产业创新，促进创新链、产业链、资金链、人才链深度融合，加快培育和发展新质生产力，高水平建设国家创新型城市。加大全社会研发投入，努力在新型储能、合成生物等方面突破一批关键核心技术。加快山东大学元宇宙产业研究院等高端平台建设，新增省级以上创新平台40家。强化企业科技创新主体地位，精准实施“高企培强”和“科小育优”工程，新增高新技术企业300家以上、入库科技型中小企业3600家以上。创新人才引育机制，新引进高校毕业生8万人以上、高端人才1000人以上，新入选省级以上重点人才80人以上。深化新时期产业工人队伍建设改革，强化高素质人力资源支撑。支持省级以上高新区创新发展，鼓励有条件的县市区创建省级高新区。优化完善知识产权保护体系，争创国家知识产权强市建设示范城市。完善创新创业孵化体系，探索设立科创基金，打造“一站式”科创服务平台，建立“潍坊好成果”发布制度，提高科研成果落地转化效率。

加快传统产业提质焕新。深入推进动力装备产业向新能源化转型、化工产业向新材料新医药转型，加快食品加工、纺织服装、造纸包装等优势产业升级。鼓励支持企业按照新的技术、能耗、排放等标准，开展设备更新。实施重点技改项目600个，完成技改投资480亿元以上。提速建设滨海弘润科技精细化工及新材料、新和成产业园、青啤数字化工厂一期、联盟化工可降解塑料、凯盛聚芳醚酮新材料、华建铝业超高精级特种铝型材、中城工业北方基地、海王智慧医药产业基地等一批重点项目。优化提升化工园区，推动滨海、羊口、侯镇化工园区一体化发展，打造北部化工产业高质量发展耦合区。持续抓好绿色制造体系建设，深入推进清洁化生产、循环化改造，力争新增省级以上绿色工厂、绿色供应链管理企业、绿色工业园区10个以上。启动新一轮主攻海洋经济战场行动，争创国家级海洋经济创新示范城市。

推动新兴产业加速裂变。坚持有所为有所不为，统筹规划、分类推进新兴产业发展，精准制定和落实产业扶持政策。集中突破工业母机、磁技术、绿色能源、新型储能等基础条件好、市场前景大的产业，加快建设中航融和锂电池制造及新能源、磁悬浮产业园二期、鲁清石化锂电池负极新材料、高新全钒液流电池、寒亭电化学储能等项目，积极谋划推进一批新能源汽车、锂电池、光伏产品“新三样”项目，打造国家磁悬浮产业基地、全国先进储能基地。加快发展元宇宙、氢能等产业，强化潍柴、歌尔等龙头企业带动，抓好“氢进万家”科技示范工程、元宇宙未来创新谷等项目建设，加速形成发展新动能。

促进产业生态培优跃升。深入推进“亩产效益”评价，以质量和效益为导向，进一步优化资源要素配置机制。开展制造业重点产业链高质量发展行动，绘制动力装备、汽车制造、食品加工、新一代信息技术、新材料等产业链图谱，全方位开展融链固链对接，推进动力装备向世界级集群跃升。开展优质企业培育行动，新增省级以上单项冠军、专精特新等优质企业200家以上，“小升规”300家以上。开展供需对接行动，放大万企智配平台作用，建设市工业精品展示中心。开展质量品牌突破行动，引导企业创建名优品牌，争取获批建设国家磁悬浮产业计量测试中心。

强化数字经济赋能增效。深入实施数转智改攻坚行动，建成投运市数字经济产业园，做好轻量级数字化应用产品和解决方案推广，重点支持100个关键项目、10个试点产业园建设。坚持“一业一策”，深化服务商与企业供需对接，“揭榜挂帅”20个应用场景，力争规模以上工业企业关键业务环节数字化率、优质中小企业数字化改造率均达到75%以上。新增省级数字经济园区、智能制造示范工厂、数字化车间10个以上，积极争创“灯塔工厂”。探索数据收益分配机制，加快释放数据要素价值。

（三）聚力推进乡村全面振兴。认真学习运用“千万工程”经验，深入实施“双百双千”工程，持续拓展创新“三个模式”，以融合促进产业升级、乡村和美、共同富裕，高水平打造乡村振兴齐鲁样板先行区。提升乡村产业发展水平。坚决扛牢耕地保护和粮食安全政治责任，建立完善耕地保护监测体系和激励机制，全面完成耕地和永久基本农田保护任务，建设高标准农田30万亩，确保粮食产量稳定在88亿斤以上。做强蔬菜、肉鸡两大国家级优势特色产业集群，推动生姜、肉牛、奶牛、生猪、花卉等产业全链条发展。培强做大预制菜产业，加快行业标准制定和品牌培育，引导预制菜企业“抱团”发展。出台支持净菜进校园、进食堂、进商超政策措施。精心做好“土特产”文章，实施单品提升攻坚行动，支持农产品电商平台发展，打造一批“单品爆品”。新增区域公用品牌3个，新认证绿色食品、有机农产品50个以上。培育壮大新型农业经营主体，新增省级以上龙头企业、合作社、家庭农场100家以上。推动供销社高质量发展，新增农业社会化服务面积10万亩。提升数字农业发展水平，高标准建设智慧农业示范基地100个。推动潍坊现代农业山东省实验室验收挂牌，促进北京大学现代农业研究院加快科研成果转化。全市培育新品种10个，选育耐盐碱特色作物新品系10个。完成寿光蔬菜育种创新能力提升项目。提升乡村建设水平。扎实开展乡村建设行动，加快城市基础设施向农村延伸、公共服务向农村覆盖、资源要素向农村流动。深入推进农村人居环境整治，高标准抓好100个乡村振兴示范片区建设，创建提升和美乡村示范村500个以上。新改建农村公路406千米。保障40万户农村清洁取暖设施安全稳定运行。提升乡村治理水平。加强农村精神文明建设，推进农村移风易俗，推广“道德银行”“美德积分超市”等经验做法。深化法治乡村建设，持续开展农村法治培训。健全农村集体“三资”监管长效机制，发展壮大新型农村集体经济。落实防止返贫监测帮扶机制，提高产业和就业帮扶实效。

（四）聚力增强城市能级活力。坚持精心规划、精致建设、精细治理，优化城市功能布局，加强区域协同协作，提高中心城区首位度，打造宜居、韧性、智慧的品质之城。提升城市承载能力。高质量编制主城区城镇开发边界内控制性详细规划和城市发展战略规划。强化集约节约用地，“向地下要空间、向空中要效益”。深入推进以县城为重要载体的新型城镇化，实施县域经济高质量发展三年行动计划，推动中心城区和县市错位发展、联动发展，做强做优特色镇。用好“国字号”物流“基地+枢纽+支点城市”获批机遇，提速建设高铁快运物流基地、国际农产品云仓基地、中易智慧多式联运物流中心等支撑项目。全力推进京沪高铁辅助通道和疏港高速、东青高速改扩建工程，建成潍烟高铁。启动潍坊港5万吨级通用泊位建设。有序实施城市更新。出台城市更新行动规划，开展城市体检评估，按照“资源共享、以新带旧、收益平衡”原则，统筹优化城市更新单元，成熟一片、更新一片。持续推进高铁新片区、站南广场片区、中央商务区等重点片区建设。优化提升城市路网，打通一批未贯通路，因地制宜实施“两块板”改造。在城市出入口等重点位置，布设20处“抬头可见、驻足可观”的景观小品。抓好停工楼盘项目复工续建，调整功能业态，盘活存量资源。深化城市精细治理。下足“绣花”功夫，开展32条全要素示范路（街）创建。深入推进直角出入口改造，持续抓好“多杆合一”。实施道路绿化遮挡整治行动，常态化开展“落土”治理和死株枯枝清理，完成“疏绿透美”40处。丰富“公园+”绿色会客厅业态，布局文体、快餐、书店、酒吧等设施，新开放共享30处城市公园绿地。新增城区供热面积200万平方米。深入推进雨污分流。开展物业管理突出问题整治，实施老旧小区物业服务“双提升”试点。持续整顿道路停车秩序，抓好乱停车、僵尸车专项治理。加快新型智慧城市建设，新增智慧社区80个。繁荣活跃城市经济。依托商务楼宇、创业园区，大力发展总部经济、枢纽经济、平台经济。瞄准“Z世代”个性需求、消费风口，动态调整传统商圈业态，推进泰华、谷德锦等商圈智慧化改造提升，加快新辰天地购物中心、立丰和平广场等项目建设招商，打造一批城市活力空间、动感地带和网红打卡地。积极发展“夜经济”，推动特色街区开展文商旅融合活动，争创国家级夜间文旅消费集聚区，进一步丰富夜食、夜购、夜游、夜娱等“新夜态”。引进办好高水平演艺活动。承办省级以上体育赛事60项。办好歌尔·潍坊马拉松，争创国家A类赛事。

（五）聚力深化改革扩大开放。统筹推进深层次改革和高水平开放，以改革开放破难题、拓空间、增优势，持续激发市场活力，增强内生动力，提升发展竞争力。

在改革攻坚上有新突破。全面落实优化营商环境条例，聚焦“高效办成一件事”，拓展增值服务内容，推动更多涉企涉民事项“一次办好”。市县两级新上线1500项以上政务服务事项，打造“云服务、零见面”潍坊样板。深化“智慧审批”改革，推动20个事项实现全流程智能办理。健全分级分类监管、跨部门综合监管，开展隐性壁垒清理等专项行动。着力提升企业和群众诉求办理质效，探索建立与行政执法监督合作机制，打造“潍民办·12345更好热线”服务品牌。扎实推进农业农村现代化综合改革试点，促进共同富裕集成化改革，抓好省级共同富裕先行示范县建设，支持创办共富公司、强村公司，三年建设共富村庄1000个。深化土地要素市场化配置，完成集体经营性建设用地入市国家试点。深入实施国企改革深化提升行动，加快优化整合，明确主责主业，健全治理机制，全面提高发展质效。坚定落实“两个毫不动摇”，充分激发民营经济发展活力。

在扩大开放上有新作为。实施外贸固稳提质工程。深化国际市场开拓、主体扩容增量、新业态跨越赶超“三大行动”。抢抓国家支持高质量共建“一带一路”八项行动落地的重要机遇，实施深度对接RCEP行动计划。加大外贸主体培育力度，新增外贸企业300家。坚持“订单为王”，组织千家企业参加百个以上境内外知名展会，办好“好品山东·鲁贸全球”潍坊国际精准采购节系列活动。深化中国（潍坊）跨境电商综试区建设，持续开展跨境电商走进产业带、对接海外仓活动，推动重点领域内外贸融合发展。实施外资量质突破工程。深化外资招引“一对一”服务，抓实“书记县长外资项目”。鼓励外资企业利润再投资，推动在外潍商返乡投资。支持企业引进战略伙伴，拓展利用外资新渠道，新设立外资企业100家以上。实施平台提能增效工程。深化开发区管理体制机制改革创新，推动专业化、特色化、差异化发展。扎实推进国家农综区建设，加大农业国际合作、贸易便利化等制度机制探索力度。办好第二届国际农业服务贸易大会。设立粤港澳大湾区“菜篮子”通关（潍坊）便利区。积极对接山东半岛城市群、青岛都市圈、济青发展轴带建设，推动综合保税区北区与潍坊港联动发展。落实市场化、专业化办会理念，建立综合效益评估机制，开展论坛活动专项治理，精简整合各类节会展会。

（六）聚力加快文化繁荣发展。深入学习贯彻习近平文化思想，坚持文化铸魂、文化赋能，发挥文旅资源优势，做好“两创”文章，促进文旅融合全面升级，争创国家历史文化名城。

提升城市文化影响力。积极推动文化出海，高水平策划举办“2024东亚文化之都·中国潍坊活动年”、中国潍坊国际和平城市系列活动。实施非遗“五进”赋能行动，活化民间艺术、老字号、历史传说等传统文化资源，打造国家级文化生态保护区建设高地。推进文物、文化遗产挖掘保护和研究利用，做好第四次全国不可移动文物普查工作，新增博物馆5家。加强风筝产业规划引导，加大资源整合、产业联合和品牌培育力度，推动风筝产业高质量发展。

促进文旅融合发展。坚持全域统筹、“山海城”联动，深入实施文旅项目“双百”工程，抓好沿胶济铁路文化体验带、长城国家文化公园和文化体验廊道等项目建设。深化“文旅+”行动，大力培育工业旅游、研学旅游、乡村旅游等新业态。推动数字赋能文旅，建设风筝博物馆数字空间等项目。着力打造“乐宿潍坊”品牌，年内创评1家五星级、3家四星级旅游饭店、6家高等级民宿。实施“引客入潍”计划，实行国有景区向驻潍高校大学生免首道门票，开展Citywalk城市之旅活动，努力让游客“流量”变消费“留量”，催生经济发展“新增量”。

提高城市文明水平。大力弘扬社会主义核心价值观，开展“党的声音进万家”主题文明实践活动，推进新时代文明实践中心建设提档升级，抓好文明城市创建，加强未成年人思想道德建设。深化精品文艺创作，开展更好潍坊主题创作活动，讲好新时代“潍坊故事”。策划推出一批城市宣传精品，全方位展示城市形象和独特魅力。建好用好“超然”书房等新型公共文化空间，丰富城乡15分钟品质文化生活圈功能内涵。扎实做好社会科学普及工作。推进版权交易服务数字化建设，拓展版权示范城市创建成果。

（七）聚力守牢安全发展底线。坚持底线思维、极限思维，有效防范化解重点领域风险，全面提升本质安全水平，以高水平安全保障高质量发展。

有效维护经济金融安全。加快消化存量，持续优化结构，进一步盘活资产资源，健全债务管理机制，确保债务风险总体可控。加强商品房预售资金监管，扎实做好保交楼保民生保稳定工作。常态化抓好非法集资排查整治，深入开展“双零”社区（村居）建设，坚决守护好群众的“钱袋子”。加强社会信用体系建设，持续优化金融发展环境，严厉打击恶意逃废银行债务行为，确保银行不良贷款率保持在全国、全省平均水平以下。

切实抓好生态保护和环境治理。深入贯彻习近平生态文明思想，扎实推进中央、省生态环保督察反馈问题整改，持续打好蓝天、碧水、净土保卫战。全面开展第三轮“四减四增”行动，突出抓好重污染天气消除、臭氧污染防治和柴油货车污染治理。统筹水资源、水环境和水生态治理，实施“一河一策”总氮管控，推动河湖和近岸海域水质稳步提升。强化土壤污染防治，扎实做好农业面源污染治理。全域开展“无废城市”建设，推进固废危废源头减量和资源化利用。深入实施“生态警务”，持续深化“行刑衔接”。压紧压实河湖长制、林长制，科学开展国土绿化，实施水土流失综合治理100平方千米。开展国家减污降碳协同创新试点城市建设，系统推进EOD试点项目，进一步完善生态产品价值实现机制。

全力保障社会和谐稳定。加快构建大安全大应急工作体系，推动治理模式向事前预防转型。开展安全生产治本攻坚三年行动，持续推进危化品、道路交通、城镇燃气、建筑施工、海上活动、消防等重点领域整治，从严从细抓好“三品一特”监管。完善应急广播体系，建强应急救援力量，构建与城市发展相适应的防灾减灾救灾体系。认真践行新时代“枫桥经验”，全面推进信访工作法治化，抓好信访突出问题攻坚，提升矛盾纠纷多元化解质效。推动仲裁服务下沉社区，在200个以上社区设立仲裁服务联络站。健全完善社会治安防控体系，构建智能化、社会化防控格局。持续加强海防建设。常态化推进扫黑除恶，严厉打击电信诈骗、网络谣言等违法犯罪活动，深入开展第三轮禁毒人民战争。

（八）聚力保障和改善民生。深入践行以人民为中心的发展思想，尽力而为、量力而行，切实做好雪中送炭、纾困解难的事情，滚动实施和新办一批民生实事（其中新办10件，见附件），兜住、兜准、兜牢民生底线。更加突出就业优先导向。抓好重点群体就业，开展“千场万企促就业”行动，建好用好市公共就业综合服务平台，全年城镇新增就业9.4万人以上。深化普通高校、职业院校毕业生留潍回潍来潍“3V”行动，推动青年与潍坊双向奔赴，加快建设青年发展友好型城市。精准开展就业困难人员就业援助，完善城乡公益性岗位就业帮扶机制，确保零就业家庭动态清零。持续推进教育高质量发展。抓好学前教育普及普惠县、义务教育优质均衡县创建。实施课程教学改革、人才强教赋能、教育数智化“三大行动”。深化教育评价改革，持续推进“双减”落实，构建全环境立德树人新机制。实体化推进市域产教联合体、行业产教融合共同体建设，打造现代职业教育体系建设潍坊样板。积极争创国家产教融合试点城市，推动山东（潍坊）公共实训基地做强做优。支持潍坊学院建设高水平应用型大学。加快筹建山东生态环境学院。启动市技师学院二期工程建设。织密扎牢社会保障网。搭建社会保险精准扩面资源数据库，推动参保人数、缴费水平“双提升”。健全分层分类的社会救助体系，强化困难群体兜底保障。完善养老服务体系，不断增进老年人福祉。扎实做好残疾人社会保障和关爱服务工作。推动保障农民工工资支付的制度和政策落实到位。进一步提升卫生服务水平。深入推进公立医院改革与高质量发展示范项目，抓细抓实紧密型城市医疗集团试点，着力打造省级和国家级基层卫生健康综合试验区，加快建设中医药强市。稳妥推进职工基本医保门诊共济保障机制改革。健全完善突发公共卫生事件应急管理体系。

各位代表，潍坊是一个具有光荣革命传统的城市，是驻军大市、兵员大市。我们将全力支持国防和军队现代化建设，切实做好退役军人服务保障，争创全国双拥模范城“七连冠”。

三、全面加强政府自身建设

新形势新任务，对政府自身建设提出了新的更高要求。全市各级政府必须牢记宗旨使命、努力开拓创新，以忠诚干净、认真专业、担当作为的实际行动，开创政府工作新局面。

坚定正确政治方向。深学笃用习近平新时代中国特色社会主义思想，严格落实管党治党政治责任，持续巩固拓展主题教育成果，坚定拥护“两个确立”、坚决做到“两个维护”。严明政治纪律和政治规矩，全面贯彻党中央决策部署，认真落实省委、市委工作要求，把党的领导落实到政府工作各领域各方面各环节。

全面依法履行职责。坚持法定职责必须为、法无授权不可为，把政府工作全面纳入法治轨道，争创法治政府建设示范市。加强政府诚信履约机制建设，坚持“新官理旧账”，坚决纠正政务失信行为。严格规范公正文明执法，全面提升行政执法质量和效能。带头尊法、学法、守法、用法，增强政府在立法过程中的专业优势、职能优势，提高立法的针对性、实效性、可操作性。依法接受人大及其常委会法律监督、工作监督，自觉接受政协民主监督，主动接受社会监督、舆论监督，加强审计监督、财会监督，让权力在阳光下运行。全面贯彻新修订的《行政复议法》。依法依规做好第五次经济普查工作。

锤炼担当实干作风。坚持不折不扣抓落实、雷厉风行抓落实、求真务实抓落实、敢作善为抓落实，高标准定位，快节奏执行，满状态推进，坚决纠治“庸懒散”不良风气，坚决破除落实中的各种“梗阻”。坚持发散思维想问题、集思广益定方案、达成共识做事情，善于开拓创新，勇于攻坚克难，犯其至难而图其至远，努力变“不可能”为“可能”。强化全市“一盘棋”理念，做到提升层级谋全局、跳出本位算大账、主动担当作贡献，加强条块联动、同向发力，凝聚抓落实、促发展的强大合力。深入落实“快稳严准细实”要求，坚持实事求是，大兴调查研究，开展好“调研潍坊”活动，以“打破砂锅问到底”“三问不倒”的精神研究工作、钻研业务，争当行家里手，全面提升善于说行的能力、敢于说不的水平、长于建言的本领、敏于落实的自觉。加快数字政府建设，提高政务服务效能，打造精简高效的政务生态。

恪守清正廉洁本色。严格落实中央八项规定及其实施细则精神，持续深化正风肃纪反腐。加强国资国企、政府采购、公共资源交易、公共工程建设等重点领域监管，清理风险隐患，完善长效机制，严肃查处群众身边的“蝇贪蚁腐”。养成过“紧日子”习惯，从一度电、一滴水、一张纸做起，厉行节约反对浪费，全面压减“三公”经费支出，大力提高资金效益和政策效果，把有限资源和财力用在推动发展、改善民生上。

2024年新办民生实事

1. 启动建设四平路上跨胶济客专立交桥，打通5条未贯通路，进一步畅通市区交通、方便群众出行。

2. 实施智慧交通提升工程，新建、改造智能信号机路口485个，延伸主干道及重点部位“绿波”通行范围，实现区域性网状绿波，让城市交通更顺畅、群众出行更舒心。

3. 对通过ETC车道驶入驶出青银高速市区段（潍坊东、潍坊、潍坊西3个收费站之间）的一型潍坊牌照小客车，实行免费通行，打造市区北部“快速路”，让交通更加快捷。

4. 市民从潍坊北站乘高铁去胶东国际机场，可享受快速安检、免费专属候车室等服务，打造“城市候机楼”，让群众乘机出行更加便捷。

5. 实施老旧小区改造1.9万户，新建保障性租赁住房6051套，发放住房租赁补贴1460户，持续改善群众居住环境，提升住房保障水平。

6. 新建改建口袋公园50处、

城市绿道30千米，利用城市桥下闲置空间因地制宜增设座椅、健身设施、停车场、小型游乐场等便民服务设施，为市民提供更多休闲健身的好去处。

7. 完成眉村净水厂、白浪河水厂水质提升工程，改造城市老旧供水管网16.6千米，改造提升100个村供水设施，进一步提升城乡饮用水质量，让群众喝上更优质的放心水。

8. 实施"电靓和美乡村"行动，新建改造10千伏配电线路1049千米，新增改造配电变压器485台，持续提升乡村电力供给能力。

9. 深化"无证明城市"建设，推动劳动合同订立、人员招聘、市政公用、金融服务、法律公证、医疗保障等6个领域"无证明办事"，实现户籍证明、无房证明、不动产抵押状态证明网上开具，生育医疗费、产前检查费、生育津贴"免申报、零跑腿、快到账"。

10. 建设精准教学系统，为63处普通高中和80处初中、所有小学提供优质学科数字资源，为中小学生提供个性化学习服务，为部分学校更换智慧黑板、配备云桌面计算机教室、改造升级校园无线网络。

（市政府办公室、研究室）

学习贯彻习近平新时代中国特色社会主义思想主题教育综述

【科学谋划】 2023年9月12日，市委召开全市学习贯彻习近平新时代中国特色社会主义思想主题教育工作会议，作出安排部署，113个单位于9月15日前全部启动，实现了有力有序开局起步。市委主要负责人亲自谋划、靠前指挥，市委全会、市委常委会会议先后11次研究主题教育重要事项，制定市委《实施意见》、县级以上领导班子《计划安排》、8个领域基层党组织《任务清单》，形成“1+1+8”制度体系，构建起市委统抓、条块结合、一体贯通、分类推进的“四梁八柱”。县级以上领导班子普遍建立完善学习、问题、调研、创新举措“四张清单”，确保重点措施落实到位。市委召开全市主题教育工作推进会、专项整治工作推进会，市委主要负责人出席并讲话，调度推进重点工作。市人大常委会、市政府、市政协党组及时跟进、作出示范，发挥了“头雁效应”。市级领导带头落实“四下基层”制度，建立主题教育联系点，每人联系1个县市区（市属开发区）、1个镇（街道），加强调研指导。将主题教育开展情况作为巡察、领导班子和领导干部年度考核、党组织书记抓基层党建述职评议考核和高质量发展综合绩效考核的重要内容，倒逼责任落实到位。

【理论学习】 市委常委会以上率下，市县两级党委（党组）严格落实“第一议题”制度，及时跟进学习习近平总书记最新重要讲话、重要指示批示精神和文章。市委示范带动县级以上领导班子全部高质量举办4个专题读书班，每个专题同步开展市委理论学习中心组集体学习，实现研讨交流全员发言、分组学习全程纪实、缺课学员集中补课、下级党组织主要负责人提级同步学“四个100%”，累计开展专题研讨1032次。市委主要负责人围绕争当全省绿色低碳高质量发展先行区建设排头兵，带头讲专题党课，县级以上领导班子成员和2.8万名基层党组织书记结合学习感悟、实际工作全部讲专题党课。高质量举办4期“潍坊干部大讲堂”，邀请中央党校、浙江大学中国农村发展研究院、浙江省委党校专家学者作专题辅导。主要依托县镇党校（党员教育中心），对2.58万名党支部书记和62.9万名党员进行了集中轮训、培训。全市2.8万个基层党组织结合“三会一课”、主题党日等开展学习研讨10.7万余次，提升学习效果。注重抓好特殊群体党员学习，组建在沪、在深等市外流动党员党组织106个、“1+N”学习帮扶对子1.8万个，打造楼宇（商圈）“学习角”773个。制定印发全市主题教育宣讲工作方案，组建专业宣讲团队148支，依托“潍心向党”等宣讲品牌矩阵，开展基层宣讲活动2700余场次，覆盖党员、群众27.2万余人次。邀请省“中国梦·新时代·新使命”巡回宣讲团、省理论宣讲专家到潍坊开展主题教育宣讲。深入开展“学思想·我来讲”活动，举办干部讲堂、干部论坛等300余场，组织2万余名优秀党支部书记、优秀党员、青年干部等到一线宣讲，持续推动党的创新理论“飞入寻常百姓家”，以党内教育引导和带动全社会的学习。市级领导班子成员集体到王尽美革命烈士纪念馆、潍坊市廉政教育馆接受党性教育，示范带动各地各单位用好50余个红色教育基地资源，打造党性教育“红色矩阵”，就近开展现场教学6500余场次。

【调查研究】 市委聚焦争当全省绿色低碳高质量发展先行区建设排头兵、建设实力强品质优生活美的更好潍坊，确定的15个方面调研重点，县级以上领导班子从事关改革发展稳定的大事要事急事、政策贯彻执行中的堵点淤点难点、群众反映强烈的急难愁盼问题中梳理确定调研课题1668个，由领导班子成员结合分工，分别组织开展专题调研7300多次，现场解决问题3196个。建立市县两级调研联系点，市级领导确定县市区（市属开发区）、镇（街道）联系点16个，县市区（市属开发区）领导班子成员确定镇（街道）、村（社区）或企业联系点152个，采取“一线工作法”“四不两直”方式，经常性深入联系点开展调研。深化服务企业专员制度，市县两级3233名服务企业专员对6127家重点企业进行全覆盖走访，常态化了解企业诉求，解决企业困难1.2万余个。县级以上领导班子深入解剖正面和反面典型案例各201个，举一反三，研究解决相关问题，实现“解剖一个案例、解决一类问题”的效果。建立落实调研联络员机制，16个县市区（市属开发区）、120个镇（街道）分别确定1人担任调研联络员，严禁层层陪同，切实减轻基层负担。

【助推高质量发展】 市委坚持把推动高质量发展作为主题教育的重要着力点，牢固树立和践行正确政绩观，部署开展“四看四比双争”“我为发展献良策、解难题、建新功”等活动，开展“大交流”，实施“优岗提能”专项行动，市管干部交流率达31.8%；推行“大比武”，组织开展“争星夺旗”“挂牌亮榜”“上台打擂”，选树10名“敢为先锋”和1个“敢为先锋集体”；实行“大述职”，多层次、多形式广泛开展工作述职，以述互学、以述加压、以述促干；推动“年轻化”，竞争性选拔30名年轻副县级干部培养人选，组织优秀年轻干部上下交流任职、对标学习历练。2023年5月17日，中央政治局常委、国务院总理李强到潍坊调研，充分肯定了潍坊市制造业、农业、城市管理等工作；9月20—21日，中央政治局常委、全国人大常委会委员长赵乐际到潍坊调研，对潍坊市基层人大代表工作、乡村振兴、新经济新技术培育发展等，给予充分肯定；省委书记林武、省长周乃翔分别6次到潍调研，都对潍坊工作高度评价。

【检视整改】 市委坚持把检视整改作为主题教育的重中之重，边学习、边对照、边检视、边整改，以严实的作风、坚决的态度、过硬的措施，解决真问题、真解决问题，以真改实改改到位赢得群众认可。系统收集全市面上存在的重点问题、突出问题，梳理形成全面、准确、有分量的问题清单，县级以上领导班子查摆问题2590个已全部整改完成。市委常委会强化政治担当，高位推动、系统施治，16项省市专项整治任务全部由市级领导牵头，着力压紧压实市县镇三级党委、15个牵头部门、50个配合部门责任，建立健全工作提示函、督导督办函、问责建议函“三函”制度，形成督导、考核、问责“三位一体”工作格局。针对房屋产权确权颁证问题，实行“一项目、一方案、一专班”，突破化解了一批时间久远、问题复杂的项目，项目化解量全省第1，惠及群众12.7万户，相关经验做法被省专班9次刊发推广，中央第九巡回指导组组长胡泽君给予高度评价；针对市属及权属企业亏损问题，实施优化重组、清算注销等一企一策办法，11户企业都已完成治亏目标；针对农村集体“三资”监管信息化手段滞后问题，加强与省级监管平台对接，建立小额资金二维码收款系统，实现承包费、水电费等通过扫码直接进入村级账户，从源头上杜绝侵占挪用问题；针对公安基层信访工作中“重化解、轻预防”的问题，研发公安信访感知系统，从接警开始全程评估信访风险，提前介入应对，涉公安信访发生率降至万分之二；针对物业管理服务突出问题，实施“十大行动”，业委会组建率达80%以上；针对城市管理领域重点问题，实施文明养犬、“多杆合一”等十个专项行动，解决问题15.8万个。目前，16项省市专项整治任务，群众看病就医不够便利问题、安全生产特别是化工行业安全生产问题、校园安全隐患问题3项已阶段销号，其他13项均取得阶段性成效。潍坊市在全省主题教育专项整治工作推进会上作了典型发言。市县两级领导干部集中到矛盾多、情况复杂、信访问题集中的地方公开接访2108起、化解1944起。加大领导干部包案力度，市委常委负责人带头包案化解信访积案难案，以点带面攻坚解决一批涉众型矛盾、群众性问题和长期重复信访事项，中央信访联席办交办潍坊市的第三批766件治重化积信访事项、市县两级领导干部包靠的775起信访积案均全部化解。改进完善全市高质量发展综合绩效考核办法，制定绿色低碳高质量发展三年行动计划、碳达峰工作方案、《潍坊市工业数字化转型和智能化改造三年行动方案（2023—2025年）》《关于推动全市重点工业企业产值倍增的实施意见》、项目全生命周期管理服务机制、扩大消费24条、促进房地产业高质量发展26条等一系列制度机制和政策措施。制定出台全国首个《零工市场建设与服务规范》，完善困难群众救助保障标准动态调整机制，实施支持驻潍院校毕业生留潍12条措施，出台《关于加快发展保障性租赁住房的实施意见》；聚焦提高群众看病就医便利度，从门诊预约、检验结果互认、一站式服务、远程医疗等22个方面出台了具体政策；校园安全方面，出台了《潍坊市学校安全生产专业委员会工作规则及办公室细则》等3项制度；聚焦提升城市管理水平，制定全市城市管理“3+N”包靠帮扶工作机制等15项措施，出台提升物业管理服务水平5项制度。完善星级党支部管理机制，命名五星级党支部110个，提升了党支部建设标准化规范化水平。

【组织领导】 市委主题教育领导小组及办公室及时向省委主题教育办公室、省委第七巡回督导组请示汇报，了解掌握中央最新要求和省委工作安排，主动接受工作指导。认真做好中央第九巡回指导组到潍坊调研座谈、省委有关领导调研指导、省委巡回督导组服务保障工作。立足第二批主题教育涉及单位和人员范围广、类型多、数量大的实际，区分镇（街道）、村（社区）、国有企业、学校、医院、非公有制经济组织、社会组织和新经济组织、新社会组织、新就业群体等不同层级、不同领域、不同对象特点，明确任务清单，强化分级分类指导，着力解决实际问题，切实增强针对性、精准性、实效性。市委主题教育领导小组每周听取工作汇报，定期召开市委主题教育办公室工作会议，掌握进展、部署任务。及时制定印发政策文件和主题教育重点任务清单，出台答复意见，编发工作简报和日报、周报，加强工作指导。派员参加113个直接指导单位主题教育重要活动，随机抽查基层党组织主题教育开展情况，强化跟踪问效，推动各项任务落实落地。制定宣传方案，强化正面宣传，《人民日报》《光明日报》《中央主题教育工作简报》《省委主题教育工作简报》等刊发潍坊市主题教育经验做法60余篇，组织市、县主要媒体刊发推送主题教育稿件4000余篇，为主题教育顺利开展营造了浓厚氛围。牢牢守住底线，制定坚决防止形式主义和“低级红”“高级黑”现象41条负面清单和舆情引导处置工作预案。

【密切联系群众】 市委树牢以人民为中心的发展思想，一大批群众最急最忧最盼问题得到有效解决。就业收入持续增长，深入推进全国首批公共就业服务能力提升示范项目，统筹做好高校毕业生、农民工、退役军人等重点群体就业工作，城镇新增就业9.5万人，制定全国首个零工市场建设地方标准，“社区微业”创新做法在全省推广，居民人均可支配收入32821元、增长5.5%。保障水平大幅提升，完善困难群众救助保障标准动态调整机制，城乡低保标准之比缩小到1.23∶1，发放各类救助补贴资金13.4亿元，救助保障困难群众31.8万人，医保惠民政策减轻群众负担近13亿元，特殊困难老年人家庭适老化改造5581户、困难重度残疾人家庭无障碍改造1531户，5.95万名困难居民实现“应保尽保”。住房条件持续改善，新开工棚户区改造6267套、保障性租赁住房1459套，25个“保交楼”项目已交付8412套、交付率79%。教育医疗全面发展，完成新改扩建中小学、幼儿园175所，改造提升乡村中小学、幼儿园362所，保障了18.2万名一年级新生顺利入学；建成甲等乡镇卫生院96处、县域医疗服务次中心14处，县域内就诊率94%、全省第1。群众普遍反映，主题教育开展以来，干部“四不两直”下基层调研多了，办实事好事多了，干群关系更密切了，群众对党委政府更加信任和拥护。

【政治生态】 市委认真开展“半拉子工程”“形象工程”“面子工程”、统计造假、不担当不作为乱作为假作为等问题专项整治，跟进严防严治“新形象工程”，深入治理行业不正之风，严厉惩治腐败。2023年查处“四风”问题757起、处分1828人，一体推进“三不腐”，立案3328件、处分3973人，运用“四种形态”处理12111人次。健全完善激励干部担当作为制度机制，为127名党员干部容错纠错、136名党员干部澄清正名。

（主题教育领导小组办公室）

大事记

1月

12日　省委决定：江敦涛不再担任中共潍坊市委书记、常委、委员职务。

20日　中国共产党潍坊市第十三届纪律检查委员会第二次全体会议召开。会议研究部署全面从严治党任务措施，坚定不移推动全面从严治党向纵深发展，为建设新时代中国特色社会主义现代化强市提供最强保障。

28日　全市工作动员大会召开。会议动员全市上下坚定信心抓落实，振奋精神求突破，全力以赴拼经济，加快建设新时代中国特色社会主义现代化强市。市委副书记、市长刘运出席会议并讲话。会议宣读了《关于公布潍坊市优秀企业家名单的通知》和《关于2022潍坊民营企业100强系列榜单的通报》，为优秀企业家和民营企业百强代表颁奖，部分单位作表态发言。

29—30日　根据省委统一安排，省人大常委会副主任、党组书记杨东奇带队到潍坊市检查2022年度全面从严治党主体责任落实情况，指导2022年度市委常委会民主生活会。

2月

8日　市委、市政府举行全市“双招双引”重点合作项目视频集中签约仪式。本次活动，全市共签约项目296个，总投资2883亿元，其中外资6.2亿美元；有新经济新产业项目187个，50亿元以上的项目10个。

10日　市委、市政府召开全市加力提速工业经济高质量发展工作会议，坚定不移抓工业，确保首季“开门红”。市委副书记、市长刘运出席会议并讲话。

13日　市委农村工作会议召开。会议按照中央农村工作会议和省委农村工作会议部署，分析形势，交流经验，谋划2023年“三农”工作，安排加快建设农业强市重点工作。寿光市、诸城市、高密市、安丘市作了交流发言。

13日　市委全面深化改革述职评议暨集成改革攻坚动员会议召开。会议强调，要集成攻坚，创新突破，努力开创改革事业新局面。

14日　潍坊市组织收听收看全省高质量发展重大项目建设现场推进会后，接续举行全市高质量发展重大项目建设现场推进会。此次集中开工的239个重大项目，涵盖产业升级、平台建设、社会事业、基础设施等领域，总投资1579亿元，投资过10亿元项目44个，新经济项目占比超过70%。开工活动以视频连线方式举行，主会场设在高新区元宇宙创新中心项目现场。市委副书记、市长刘运讲话并宣布开工。

18日　潍柴在济南发布全球首款大功率金属支撑商业化SOFC（固体氧化物燃料电池）产品，国际权威检测机构德国TÜV南德意志集团为潍柴颁发产品欧盟CE认证证书。该产品的热电联产效率高达92.55%，创下了大功率SOFC热电联产系统效率全球最高纪录。

25日　全市领导干部会议召开。省委组织部副部长孙开连出席会议并宣布省委决定：刘运任中共潍坊市委书记；刘建军任中共潍坊市委委员、常委、副书记。

3月

3日　山东省商务厅下发通知，对全省5个电子商务发展先进市进行表扬通报。潍坊市获表彰，成为全省电子商务发展先进市。

15日　省委书记、省人大常委会主任林武到潍坊市宣讲全国两会精神，并深入企业、园区、项目现场等进行调研。

15—16日　中宣部版权管理局局长王志成带队，到潍坊市开展全国版权示范城市考核验收工作。

16日　市委全面深化改革委员会召开会议，学习贯彻习近平总书记关于全面深化改革的重要指示要求，传达学习省委深改委会议精神，审议有关改革文件，研究部署下一步改革工作。

17日　王伯祥送别仪式在潍坊市第二殡仪馆举行。

28日　市委、市政府在济南举办第三届儒商大会潍坊市对接交流会。会上，市直有关部门、单位推介了潍坊市先进制造业及重点产业链、潍坊国家农综区，新能源新材料、医养健康、现代服务业、新一代信息技术、现代农业等领域的61个重点合作项目现场签约。

30日　潍坊国家农综区“潍坊中巴农业合作中心”揭牌仪式举行。

30—31日　潍坊市第十八届人民代表大会第三次会议举行。刘运当选为潍坊市第十八届人民代表大会常务委员会主任，刘建军当选为潍坊市人民政府市长。

4月

4日　“工赋山东”制造业数字化转型大会暨浪潮七大专项行动潍坊启动活动在潍坊市举行。

14日　第40届潍坊国际风筝会重点合作项目签约仪式举行。市委副书记、市长刘建军致辞。市委常委、副市长卞汉林主持签约仪式。

15日　第40届潍坊国际风筝会在滨海国际风筝放飞场开幕。有59个国家（地区）和国内23个省市区的150多支风筝代表队参加比赛和表演，现场9万多名观众参与。海峡两岸风筝文化交流活动暨两岸青年企业家恳谈会、云上风筝赛、电商直播大会、音乐会等同期举办。

20日　第24届中国（寿光）国际蔬菜科技博览会在寿光开幕。本届菜博会主展区总面积45万平方米，展示蔬菜品种2000多个，引进新技术100多项、先进种植模式80多种。会期从4月20日到5月30日。2023寿光国际蔬菜种业博览会·春季品种展示交易会同期举办。

25日　首届智慧农业博览会在富华国际会展中心举办，以“智造农业　数联乡村”为主题，搭建国际智慧农业技术交流合作平台，来自德国、以色列、荷兰等22个国家的40余家企业参展。

26日　山东省委、省政府公布2022年度16市高质量发展综合绩效考核结果，潍坊以总分1174.29分的成绩获“一等”等次。

26日　中国—东盟数字农业论坛开幕。省委副书记、省长周乃翔，农业农村部副部长马有祥出席并致辞。

27日　潍坊市庆祝“五一”国际劳动节暨职工创新创效工作推进大会召开。向获2022年省、市职工创新创效竞赛获奖项目团队代表，2023年荣获全国五一劳动奖状、全国五一劳动奖章和全国工人先锋号的先进单位、集体和个人代表，省劳动模范和先进工作者代表，荣获市五一劳动奖状、五一劳动奖章和工人先锋号的先进单位、集体和个人代表颁了奖。市委书记刘运出席会议并讲话。

28日　山东省港口集团港产城融合发展（潍坊）建成项目投产暨新项目启动仪式在富华大酒店举行。山东省港口集团在潍坊市2022年建成投产项目5项、目前续建项目3项、2023年计划新启动项目18项，总投资307亿元。

5月

6日　市委、市政府举办第一期“书记擂台赛”，组织14个发展主体的党（工）委书记同台竞技，以赛促学、以赛促干、以赛促进，全力推动县域工作提速提质，加快打造实力强品质优生活美的更好潍坊，争当全省绿色低碳高质量发展先行区建设排头兵。市委书记、市人大常委会主任刘运出席会议并讲话，市委副书记、市长刘建军主持并点评。

9—10日　全省水产绿色健康养殖技术推广“五大行动”现场会在潍坊市召开。近年来，潍坊市把水产绿色健康养殖技术推广“五大行动”（生态健康养殖模式推广行动；养殖尾水治理模式推广行动；水产养殖用药减量行动；配合饲料替代幼杂鱼行动；水产种业质量提升行动）作为做好渔业中心工作、助力绿色高质量发展的重要保障，初步构建起

“产出高效、产品安全、资源节约、环境友好”的现代渔业发展新格局。

11日　潍坊市与海尔集团发展合作协议签约仪式在富华大酒店举行。市政府与海尔集团、市工信局与海尔卡奥斯分别签订了合作框架协议。根据协议，双方将聚焦产业链供应链协同、新兴产业投资、智慧医疗建设等领域开展深度合作。

14日　2023年职业教育活动周全国启动仪式暨全国职业院校技能大赛开幕式在潍坊市举行。教育部党组书记、部长怀进鹏讲话并宣布活动周启动、技能大赛开幕，省委书记林武致辞。此次职业教育活动周的主题是“技能：让生活更美好”。全国职业院校技能大赛作为活动周的一项重要内容，首次实现31个省区市全覆盖、19个专业大类全覆盖，设置奖项和参赛师生人数达历届之最。

15日　青州新博物馆开馆仪式举行。文化和旅游部副部长、国家文物局局长李群，副省长邓云锋出席开馆仪式并致辞。

17—18日　中共中央政治局常委、国务院总理李强在山东调研。在潍坊，李强到歌尔集团、潍柴集团，走进车间、实验室，查看产品和零组件，听取公司情况介绍，对企业深耕主业、持续创新予以肯定，勉励他们心无旁骛把产品做好，把技术做强。到金宝汽车城，走进销售门店，了解新能源汽车销售以及下乡情况。

25日　全市创建全国双拥模范城动员大会召开，深入学习贯彻习近平新时代中国特色社会主义思想和党的二十大精神，全面贯彻落实习近平总书记关于做好新时代双拥工作的重要指示精神，安排部署重点任务措施，动员全市上下以创则必成的决心、决战决胜的行动，全力夺取全国双拥模范城“七连冠”。

26日　首届潍坊国际电子商务博览会、2023世界电子商务大会在富华国际展览中心开幕。本届博览会设置了电商平台及服务商展区、潍坊优势产业带展区、中国（潍坊）跨境电子商务综合试验区成果展区等九大展区，着重展示潍坊市优势产业、优质产品和电商发展生态、发展成果等。460多家企业参展，注册报名到会国内外采购商4100多人。其间，还将配套举办跨境电商供采对接会、潍坊风筝跨境电商对接会等一系列活动。

29日　全市民营经济高质量发展工作会议召开。会议深入学习贯彻党的二十大精神和习近平总书记关于民营经济发展的重要论述，认真落实党中央关于“两个毫不动摇”“三个没有变”方针政策，按照省委、省政府部署要求，坚定信心、政企同心，携手共进、奋力开拓，加快推动全市民营经济高质量发展。

6月

1日　十三届市委海洋发展委员会召开第一次全体（扩大）会议，深入贯彻习近平总书记关于经略海洋重要指示要求，传达十二届省委海洋委第一次全体会议精神，听取有关情况汇报，审议《市委海洋委2023年工作要点》，安排部署下步工作。市委书记、市委海洋委主任刘运主持会议并讲话。

10日　以“三个模式”为引领加快推进农业农村现代化座谈会召开。会议深入探讨“三个模式”的时代价值和创新路径，为潍坊推进农业农村现代化精准把脉、出谋划策。会上，举行了山东农业会展基地颁牌仪式。

12日　国家发展改革委印发《关于做好2023年国家骨干冷链物流基地建设工作的通知》，发布新一批25个国家骨干冷链物流基地建设名单，潍坊市成功入选。

13日　全市营商环境创新提升工作协商座谈会召开，会议就创新提升全市营商环境工作听取各民主党派、工商联和无党派人士代表的意见建议。通过集思广益，凝聚合力，推动营商环境再优化、再提升。

14日　全市“双招双引”加力突破座谈会暨市招商工作委员会（扩大）会议召开，动员各级各部门以高水平的“双招双引”为高质量发展赋能备力。会上举行了项目签约仪式，11个县市区和市属开发区的16个重点合作项目集中签约，总投资额185.6亿元。

14日　市委、市政府召开全市质量大会，动员各级各部门提高站位、扛牢责任，聚焦重点、协同发力，深入实施质量强市战略，加快推动高质量发展，努力建设实力强品质优生活美的更好潍坊。会上通报了第九届潍坊市市长质量奖和2022年潍坊市标准创新奖、专利奖获奖名单，并为获奖企业和个人颁奖。

15日　省委书记林武到高密市调研“三夏”生产工作，强调要认真贯彻落实习近平总书记重要指示要求和党中央决策部署，扛牢农业大省、粮食大省责任，抓紧抓好“三夏”生产，确保夏粮丰收、颗粒归仓。省直有关部门主要负责人，潍坊市领导刘运、杨建华参加。

21日　市委书记、市人大常委会主任刘运会见山东省科学技术奖全市获奖代表。在全省科技创新大会上，潍坊市共有16项成果（人选）获奖，数量居全省前列，歌尔股份有限公司董事长姜滨作为省科学技术最高奖获得者作典型发言。

21日　市委、市政府举办“局长擂台赛”，聚焦“拼经济、稳增长、促发展”，比学赶超争先进，聚力推进高质量发展，激励各级各部门担当作为抓落实，加快建设实力强品质优生活美的更好潍坊。

27日　市委、市政府召开全市“扩大对外开放”加力突破座谈会暨开发区高质量发展工作会议，深入贯彻落实党中央决策部署和省委、省政府工作安排，聚力拼经济、稳增长，进一步扩大对外开放，全力稳住外贸外资基本盘，更高水平推动开发区发展。

27日　中国科协发布通知，明确支持39个地市级行政区开展创新驱动示范市建设，潍坊市成功入选。

30日　在全省“智慧人社”一体化居民养老保险先行先试上线启动仪式上，潍坊市被确定为山东省两个试点城市之一。2023年以来，潍坊市积极参与居民养老保险业务经办领域全省一体化先行先试工作，参与制定全省统一经办服务流程，探索统一信息系统、统一事项名称、统一业务流程、统一经办材料和表单、统一办结时限“五统一”，通过共享原则将参保登记等事项优化为全省通办事项，推动建成了全省统一的居民养老保险业务经办和公共服务平台。

7月

1日　振华石油潍坊原油储备库项目开工仪式在滨海区举行。仪式上，山东振华石油能源储备有限公司与中国银行潍坊分行签署融资合作协议。

4日　交通运输部党组书记、部长李小鹏一行到潍坊市调研。李小鹏调研时提出，希望潍坊聚焦交通运输领域群众急难愁盼问题，以一流服务增强人民群众的获得感、幸福感、安全感。潍坊要加快推进高铁快运物流基地建设。坚持走综合交通发展之路，持续优化基础设施布局，不断提升服务质量和水平，努力实现“人享其行、物畅其流”。副省长范波陪同调研，市领导刘运、杨建华、吕珊珊参加活动。

10日　潍坊市召开争创全国法治政府建设示范市推进会议，并举办法治专题讲座，认真贯彻习近平法治思想，对争创全国法治政府建设示范市进行再部署、再推进。

10日　全市数字经济加力突破座谈会暨数字强市建设领导小组（扩大）会议在潍坊移动公司召开。会议要求，要进一步统一思想、凝聚共识，明确重点、合力攻坚，加快打造数字强市，为建设更好潍坊赋能加力。

13日　金融赋能潍坊高质量发展全面战略合作签约仪式在富华大酒店举行。省委常委、常务副省长曾赞荣出席会议并讲话；市委书记、市人大常委会主任刘运致辞；市委副书记、市长刘建军参加活动。刘建军代表市政府与国家开发银行山东省分行、中国农业银行山东省分行、中国银行山东省分行等12家金融机构签署了全面战略合作协议。

14日　“寻味鸢都”首届潍坊城市美食节暨第二届潍坊预制菜展启动仪式在潍城区谷德锦奥莱购物中心举行。市委书记、市人大常委会主任刘运参加活动。

17日　全省农机装备产业链“链长制”专题会议在潍坊市召开。会议要求，要提高站位、扛牢责任，持续提升农机装备产业链、供应链发展水平，为保障国家粮食安全作出山东贡献。

17日　山东省工业和信息化厅公布2023年度山东省特色产业集群名单，确定35家集群为2023年度山东省特色产业集群。其中，寿光生物基新材料特色产业集群、青州花卉特色产业集群名列其中。

24日　市委、市政府举行全市“敢为先锋”颁奖仪式，大力表彰在全市改革发展的急难险重任务中敢于担当、冲锋在前、攻坚克难、实绩突出的先进个人。激励全市上下在加快建设实力强品质优生活美的更好潍坊进程中挺膺担当、奋勇争先、再立新功。

27日　省委副书记、省长周乃翔近日到潍坊调研现代农业、工业经济运行等工作，并参加指导潍坊市委常委会会议。他强调，要坚持不懈用习近平新时代中国特色社会主义思想凝心铸魂，锐意进取、担责尽责、改革创新，建好建强过硬市委常委会班子，加快推动绿色低碳高质量发展。

27日　中国侨联党组书记、主席万立骏在省侨联党组书记、主席李兴钰陪同下，率队到潍坊调研侨联工作。

31日　省领导在潍坊市集体参加“军事日”活动并出席山东省“八一”军政座谈会。

8月

2日　潍坊市政府与上合示范区管委会合作框架协议签约仪式在富华国际会议中心举行。签约仪式上，潍坊市人民政府与上合示范区管委会签署合作框架协议，胶州市、高密市、诸城市人民政府签署青潍交通一体化发展交通基础设施（公路）建设合作备忘录，胶州市、高密市人民政府签署青潍现代物流领域一体化发展框架合作协议，青岛胶东临空经济示范区管委会与潍坊（高密）临港经济发展服务中心签署加快推进青潍空港经济区实现高质量一体化发展战略合作备忘录。

7日　由中央广播电视总台华语环球节目中心制作的纪录片《郭味蕖》开播仪式在北京举行。中宣部副部长、中央广播电视总台台长慎海雄出席活动，并与中央广播电视总台副台长胡劲军，郭味蕖之子、中央文史研究馆资深馆员、中央美术学院教授郭怡孮，市委书记、市人大常委会主任刘运等共同为节目启播。

10日　2023年山东省现代农业装备博览会开幕式在鲁台会展中心举行。本次博览会以“发展现代农业装备，助力农业强省建设”为主题，共有近200家省内外农机企业参展，展示品类800多个、机具2000多台（套），涵盖种植业、设施农业、林果业、畜牧业、渔业、农副产品加工业等各个产业的现代农机装备和配件。博览会期间，举行多场学术论坛和智能农机现场演示等系列活动。

11日　全市党风廉政警示教育大会召开。会议要求，深入学习贯彻习近平总书记关于党的自我革命战略思想，认真落实一体推进不敢腐、不能腐、不想腐战略部署，教育引导广大党员干部坚定理想信念，坚守廉洁底线，着力营造良好政治生态，为加快建设更好潍坊提供坚强纪律作风保障。

22日　全国城市管理进社区工作现场会在潍坊市召开，会议总结交流城市管理进社区工作典型经验，研究部署开展全国城市管理进社区工作。与会人员到市城管执法支队、潍城区综合行政执法局西关中队、潍城区胜利西社区、奎文区樱园社区和寒亭区金三角社区进行了现场观摩。

23日　潍坊市组织收听收看2023年秋季全省高质量发展重大项目建设现场推进会后，在滨海区举行全市高质量发展重大项目建设现场推进会。本次集中开工的200个项目总投资1306亿元，突出绿色低碳高质量发展主题，涵盖动力装备、智能制造、新能源新材料等领域。

25日　市委、市政府举办第二期“书记擂台赛”，动员全市上下聚力巩固“稳”的底盘，发力扩大“进”的势头，努力拼出“胜”的战果，冲刺“后半程”，力争“全年赢”，奋力推动高质量发展实现新突破，开创更好潍坊建设新局面。市委书记、市人大常委会主任刘运讲话，市委副书记、市长刘建军主持并作点评。

28日　市委、市政府举行颁奖仪式，大力表彰“敢为先锋集体”——潍坊市财政局，激励全市上下学习他们知难破难、锐意争先、挺膺担当、一往无前的敢为精神，为加快建设实力强品质优生活美的更好潍坊创佳绩、建新功。

29—30日　省政协主席葛慧君到潍坊市，围绕推进现代农业强省建设和政协工作进行调研。

30日　全国沿海滩涂盐渍化防控与海水综合利用产业发展大会、第二届夙沙论坛在潍坊开幕。举行了国际欧亚科学院（中国）山东夙沙卤源科学技术国家实验室，山东沿海土壤盐渍化防治与盐碱地改良示范基地揭牌仪式。还举办了山东海水综合利用产业联盟成立大会、打造海水防用结合新业态高端峰会等系列活动。

9月

2日　第27届鲁台经贸洽谈会暨2023台商大会在潍坊市举行。两岸企业家峰会大陆方面理事长郭金龙，省委副书记、省长周乃翔等致辞。省委常委、统战部部长徐海荣出席，副省长邓云锋主持；市委书记、市人大常委会主任刘运致辞，市委副书记、市长刘建军，市政协主席李爱杰等市级领导班子成员参加活动。总投资 11.97 亿美元的 14 个重点台资项目现场签约，其中潍坊市数字化服装智能制造、生技医疗康养产业园、新一代智能装备研发制造基地项目参加集中签约。

4 日　央企省企助力潍坊高质量发展交流会召开。签约现场，潍坊市政府与鲁商集团、山东钢铁集团、山东高速集团、山东国投公司、山东省港口集团、山东文旅集团分别签署战略合作框架协议，现场签约潍坊机床高端装备制造产业园、第三代半导体集成产业基地等 25 个项目。

5 日　潍坊市第 21 届运动会开幕式在高密举行。本届市运会共有青少年组、行业组、老年组三个组别，参赛运动员近万名，主要竞赛项目有田径、足球、篮球、排球、游泳、举重、摔跤、柔道、跆拳道、拳击等 27 个大项 855 个小项，其间共产生金牌 2025 枚。

7 日　潍坊市委、市政府举行庆祝第 39 个教师节暨潍坊市“敢为善为”教育人物发布仪式。会议表扬“潍坊教育功勋”李希贵为潍坊市教育事业作出的突出贡献。通报表扬了全市优秀教学成果特等奖获得者、优秀教师代表、“敢为善为”十佳书记校长。市委书记、市人大常委会主任刘运讲话。

8 日　第十四次中日韩文化部长会议在韩国全州市召开，会议期间举行了 2024 年“东亚文化之都”授牌仪式，三国文化部长向潍坊市、大连市及韩国、日本“东亚文化之都”当选城市授牌。潍坊市委副书记、市长刘建军率团出席并发言。

9 日　“鸢舞九天　邮连四海”《风筝（三）》特种邮票首发式在潍坊世界风筝博物馆举行。“美美与共　花落潍坊”——2023 山东省集邮展览同时开幕。本次发行的《风筝（三）》特种邮票全套四枚，邮票图案名称为金玉满堂、瑞狮如意、仙鹤童子、葫芦万代。

12 日　全市学习贯彻习近平新时代中国特色社会主义思想主题教育工作会议召开，深入学习贯彻习近平总书记关于主题教育系列重要讲话和重要指示批示精神，全面落实中央、省委主题教育第一批总结暨第二批部署会议精神，充分借鉴运用第一批主题教育的成功经验，对全市开展学习贯彻习近平新时代中国特色社会主义思想主题教育进行安排部署。

13 日　以“共享计量成果　促进产业发展”为主题的 2023 全国产业计量大会暨全国产业计量测试联盟成立大会在潍坊市召开。举行了产业计量成果库发布仪式、全国产业计量测试联盟成立仪式，发布了《计量支撑产业高质量发展潍坊倡议》。国家航空器产业计量测试中心等 10 个国家中心分别与山东高创建设投资集团有限公司等 10 家潍坊企业现场签订项目合作协议。

17 日　唐启升院士工作站暨海水养殖生物育种与可持续产出全国重点实验室应用牵引基地揭（授）牌仪式在富华国际会议中心举行。为莱州湾滩涂生态模式示范基地、潍坊虾类种业研发基地、昌邑蟹类种业研发基地授牌。

18 日　“青创报国新时代　青春逐梦新征程”中国青年创新创业乡村振兴发展峰会在潍坊举行。团中央书记处书记胡盛，省人大常委会副主任、省工商联主席王随莲出席；市委书记、市人大常委会主任刘运致辞。

18 日　全市生态环境保护大会暨美丽潍坊建设推进会召开。会议动员全市上下统一思想、勇担使命，砥砺奋进、实干争先，推动生态环境质量持续好转，奋力谱写美丽潍坊建设新篇章，为建设实力强品质优生活美的更好潍坊提供良好生态支撑。

19 日　2023 山东医药行业高质量发展论坛暨潍坊市医药行业招商推介会在富华国际俱乐部举行。会上，市投资促进局、高新区负责人作了招商推介，15 个项目进行了集中签约。

20 日　中共中央政治局常委、全国人大常委会委员长赵乐际在山东出席全国地方立法工作座谈会期间，到潍坊调研，强调要深入学习贯彻习近平新时代中国特色社会主义思想特别是习近平法治思想，全面贯彻党的二十大精神，认真实施新修改的立法法，总结地方立法工作成果和经验，稳中求进推动新时代地方立法工作高质量发展。

21 日　2023 北方（昌邑）绿化苗木博览会、第二十八届中国园林花木信息交流会在昌邑绿博园开幕。本届绿博会以“聚焦绿色产业新理念、构建生态发展新格局”为主题，共设置展位 350 个，分绿化苗木、苗圃机械两大展示区。

22 日　中国共产党潍坊市第十三届委员会第四次全体会议在潍坊举行。会议听取和讨论了刘运受市委常委会委托作的工作报告，审议通过了《关于实施“百区示范、百园提升、千企引领、千村共富”工程加快农业农村现代化的意见》《关于深入开展干部队伍能力作风提升行动的实施意见》。

23日 潍坊市2023年中国农民丰收节开幕式在安丘市青云山文化广场举行。同期举办了非物质文化遗产展、智慧农业小型装备展、2023年品牌农产品展等系列活动。

23日 高密2023红高粱文化节在红高粱影视城开幕。文化节围绕“红高粱之约”核心理念，突出“文化赋能、活力高密”主题，设置红高粱文化节开幕式暨潍坊市“风筝嘉年华•文艺进万家”曲艺专场演出活动、中韩国际美术展等18项文化活动。

24日 由山东高速集团投资建设的全国首条零碳高速公路、山东省首条新建智慧高速公路，济南至潍坊高速公路（简称济潍高速公路）工程顺利通车，标志着济青中线全线贯通，结束了潍坊西南部山区不通高速公路的历史。济潍高速公路全长162千米，其中潍坊段长82.8千米，途经青州市、临朐县、昌乐县3个县市，为双向六车道高速公路，总投资217亿元。

25日 第十三届（诸城）东坡文化节在诸城市龙城商务中心开幕。本届东坡文化节以“赓续中华文脉，弘扬东坡文化”为主题，举办了文化节开幕式、“东坡文化”联盟城市市长推介访谈以及“千里共婵娟”超然台晚会等系列活动。

26日 2023潍坊国际风筝嘉年华在滨海国际风筝放飞场开幕。其间举办风筝主题表演、扎制大赛以及音乐节、马拉松、潮流文化展等系列活动，各县市区、市属开发区也同步举办特色活动。

27日 第23届中国（青州）花卉博览交易会暨第17届山东省花卉交易会在中国青州花卉苗木交易中心开幕。其中，主会场面积共10万平方米，分别打造精品花卉观赏区和线上线下交易区两大板块，设有5个特色景园和7类专题展览。两个分会场分别展示花卉现代科技、蝴蝶兰新品种研发及各类盆景艺术。

10月

10—12日 市委副书记、市长刘建军率团参加商务部与山东省人民政府共同主办的第四届跨国公司领导人青岛峰会。峰会期间，举行潍坊—跨国公司投资合作交流会，推介潍坊市和有关开发区重点产业，并组织重点项目签约。23个重点投资合作项目、4个基金项目进行了线上线下集中签约，涉及新能源新材料、先进制造业、现代金融、现代服务业、新一代信息技术、现代农业等领域。

11日 省质量强省及品牌战略推进工作领导小组通报，潍坊市2022年政府质量工作评议等级为A级，蝉联全省质量工作评议A级等次“三连冠”。

12日 第一届中国建博会(临朐）暨第十五届中国（临朐）家居门窗博览会开幕。本届博览会秉承“市场化、专业化”办展理念，以“兴产业、促消费”为主题，吸引家居门窗上中下游700多家品牌企业参加，产品种类涵盖系统门窗、全铝家居等10余个门类，汇集了1000多个建筑装饰材料品牌，展区规模和展商数量均创历史新高。

15日 歌尔•首届潍坊马拉松比赛在寒亭区杨家埠民间艺术大观园开跑。

20—22日 2023中日韩产业合作发展论坛暨第九届中日韩产业博览会开幕式在潍坊市举行。会上，集中推介了潍坊市先进制造业新品，新能源新材料、高端装备及智能制造、新一代信息技术、现代农业、文化旅游等领域的21个重点项目现场签约。第九届中日韩产业博览会线下展览在鲁台会展中心同期举办。

21日 第二十二届中国上海国际艺术节潍坊分会场开幕式暨《安吉拉•乔治乌独唱音乐会》在潍坊音乐厅举行。该节自1999年至今已成功举办21届，首次在潍坊设立分会场。

22日 第四届全国传统风筝创意扎制大赛颁奖暨潍坊浮烟山风筝文化旅游基地揭牌仪式在浮烟山国际风筝放飞场举行。

22日 2023潍坊陈介祺金石文化周开幕式在十笏园文化街区举行。省委常委、宣传部部长白玉刚出席，市委书记、市人大常委会主任刘运致辞。本届陈介祺金石文化周以“纪念陈介祺诞辰210周年”为主题，在日本、韩国、新加坡、马来西亚、英国、法国和中国港澳台地区设立分会场。

26日 全市打造乡村振兴齐鲁样板先行区现场推进会议举行。

会议深入学习贯彻习近平总书记关于“三农”工作的重要论述，认真落实全省打造乡村振兴齐鲁样板现场调度会议精神，对拓展创新“三个模式”、全面推进乡村振兴，进行现场调度推进，交流经验、部署任务，督促各级互学互促互进，高水平打造乡村振兴齐鲁样板先行区。

28日　生态环境部部长黄润秋一行，在副省长范波陪同下到潍调研生态环境保护工作。

29日　山东华电潍坊寿光大基地光伏项目开工仪式举行。山东华电潍坊寿光大基地光伏项目是集发电、制盐于一体的新型生态环保能源项目，总投资55亿元，采用“盐光互补”建设模式，实现水上发电、水面晒盐，有效提高单位面积产值效益，项目全部投产后每年可提供12亿千瓦时清洁电力。

30日　全省版权高质量发展工作推进会在潍坊富华国际会议中心召开。省委常委、宣传部部长白玉刚讲话；市委书记、市人大常委会主任刘运汇报潍坊市版权赋能城市发展情况。

30日　全市公立医院改革与高质量发展示范项目推进会议召开，深入学习贯彻习近平总书记关于医改工作的重要指示精神，认真落实全国、全省医改工作部署要求，聚力推进中央财政支持公立医院改革与高质量发展示范项目建设，确保圆满完成三年目标任务。

30日　“山东手造”进影院试点单位揭牌仪式在潍坊万达广场万达影城举行。仪式上播放了潍坊市“山东手造·潍有尚品”专题宣传MV和淄博市、枣庄市手造进影院工作的相关视频，向部分手造艺人、非遗传承人和文创企业颁发了研学活动聘书。

31日　2023潍坊市企业家大会召开，隆重庆祝潍坊第4个“企业家日”。潍柴动力、歌尔股份等8家企业的负责人作了发言。会上宣读了向企业家的致敬辞、《致全市企业家的倡议书》和《2020—2022年潍坊市营业收入前100名企业名单》《2020—2022年潍坊市纳税前50名企业名单》。

31日　第五届中国（潍坊）智能物联网大会开幕。全国政协副主席马培华出席主旨大会并致辞，工业和信息化部原部长、中国工业经济联合会会长李毅中作主旨演讲。本届中国（潍坊）智能物联网大会以“智联万物·慧见未来”为主题，除主旨大会外，还举办了工业数转智改合作发展恳谈会、算力发展研讨会、“物联中国”团体潍坊行暨物联网产业发展研讨会、数智应急发展论坛等活动，同步开展智能物联网线上展览会。总投资近30亿元的8个项目现场签约。

11月

1日　潍坊国家农综区部省市三方工作机制会议召开。会议全面总结五年来工作，科学谋划下步工作，更大力度推进潍坊国家农综区建设。

5日　市委书记、市人大常委会主任刘运率潍坊市经贸代表团赴上海参加第六届中国国际进口博览会。

19—21日　市委书记、市人大常委会主任刘运率队赴珠海、广州、东莞、深圳等地开展招商活动，为推动潍坊高质量发展集聚强劲动能。

23日　全市主题教育工作推进会召开，深入学习贯彻习近平总书记关于主题教育系列重要讲话和重要指示批示精神，全面落实中央和省委主题教育工作推进会议精神，总结交流前期工作，研究部署下步任务，进一步推动主题教育走深走实、高质高效。

25—28日　潍坊市组织开展2023年全市绿色低碳高质量发展重点项目观摩点评并召开会议。会议对经济运行、民生保障、安全生产、社会稳定等当前重点工作进行了安排部署，会议要求，要坚定信心，振奋精神，乘势而上，以项目建设大突破推动经济发展大提升。

28日　全市卫生健康大会召开，表扬先进典型，弘扬高尚医德，总结工作成绩，部署任务措施，全力推动卫生健康事业高质量发展。

28日　莫言文学艺术馆（红高粱文学基地）启用活动在高密市举行。莫言文学艺术馆（红高粱文学基地）以莫言文学、红高粱文化为主题，汇集了文学、泥塑、剪纸、书法、绘画、摄影等艺术形式，是集收藏保护、展览展示、创作交流、学术研讨等多功能于一体的乡村振兴公共文化服务平台。

29—30日　“开来杯”山东省第八届智能制造工业4.0创新创业大赛暨潍坊市职工创新创效成果展示推介会在工人文化宫成功举办。本次大赛的主题为“智造

齐鲁 匠筑潍坊”，活动期间，由104个企业、117个项目参与的智能制造创新成果展，潍坊市职工创新创效成果推介会同期举行。

11月29日至12月1日 市委副书记、市长刘建军带队赴上海市开展资本招商，赴浙江省台州市、义乌市和杭州市学习考察促进民营经济、外贸创新发展和“千万工程”经验等方面的先进做法。

12月

1日 全市元宇宙产业发展座谈会召开，深入贯彻习近平总书记关于新型工业化的重要论述，认真落实全省新型工业化推进大会精神，听取意见建议，研究发展措施，政企携手、抢抓机遇、乘势而上，推动元宇宙产业做大做强，加快形成新质生产力。市委书记、市人大常委会主任刘运主持并讲话。

5—6日 省委书记林武在潍坊市调研，强调要深入贯彻落实习近平总书记重要指示要求和党中央决策部署，加快推进产业转型升级，在短板领域加快突破，在优势领域做大做强，更好统筹发展和安全，坚定不移推动绿色低碳高质量发展。

7日 潍坊军分区第一届“最美强军兴武标兵”先进事迹报告暨颁奖典礼在市广播电视台举行，10人分别荣获“最美专武干部”“最美民兵教练员”“最美民兵干部”“最美民兵”称号。

10—19日 市委书记、市人大常委会主任刘运应邀率团赴泰国、新加坡、越南访问，开展招商推介、项目洽谈，链接优质资源，持续深化多领域交流合作，推动高水平对外开放，取得丰硕成果。

15日 明村至董家口高速公路项目建成通车。该项目从青岛平度市的明村镇至青岛西海岸新区的董家口，全长130.52千米，是山东省“十二纵八横十一射”高速公路主骨架的重要组成部分。其中，潍坊段长103.864千米，占总里程的80%，途经昌邑、高密、诸城3个县市。

16日 农民日报社主办的“中国农网”发布了“2023中国农业企业500强公示名单”，全省共161家，潍坊市诸城外贸有限责任公司等26家企业入围，数量列全国地市第一位。

27—28日 市委十三届五次全会暨市委经济工作会议举行。会议听取和讨论了刘运受市委常委会委托作的工作报告，总结2023年全市经济工作，分析当前经济形势，研究部署2024年经济工作任务，审议了《关于全市深入开展学习贯彻习近平新时代中国特色社会主义思想主题教育工作情况的报告》。

28日 医学教育高质量发展论坛在山东第二医科大学文体活动中心举行。会上宣读了《教育部关于同意潍坊医学院更名为山东第二医科大学的函》。

29日 共青团潍坊市第二十届一次全委会议召开。全会选举产生了第二十届团市委书记、副书记和常委。

30日 新建潍坊至宿迁高速铁路及青岛连接线建设动员会举行。省委书记林武出席活动并宣布项目开工，省委副书记、省长周乃翔讲话。潍宿高铁是京沪高铁二通道的重要组成部分，青岛连接线是青岛至京沪高铁二通道的快捷通道。其中，潍宿高铁新建线路长度398.5千米，自潍坊市的潍坊北站引出，经日照市、临沂市及江苏省徐州市，终至江苏省宿迁市的洋河北站，全线共设12座车站（山东境内9座），建设工期4.5年。

30日 “感动潍坊”人物颁奖典礼在市广播电视台举行。

（市档案馆 别良珩）

潍坊概况

自然地理

【位置面积】 潍坊市位于山东半岛西部，居半岛城市群中心位置，地跨北纬35°41′～37°26′，东经118°10′～120°01′，东接青岛、烟台两市，西邻淄博、东营两市，南连临沂、日照两市，北濒渤海莱州湾，潍坊市土地总面积161.85万公顷（2427.74万亩）。

（市民政局、市自然资源和规划局）

【地质地貌】 潍坊市域由北向南海拔逐渐增高，由北部滨海滩涂地区、中部洪积冲积平原区、南部低山丘陵区3个地貌区及莱州湾1个海域组成，地形地貌类型多样，为暖温带季风型半湿润大陆性气候。北部滨海滩涂地区由海相沉积物和河流冲积物叠次覆盖而成，海拔在7米以下。中部洪积冲积平原区由弥河、白浪河和潍河等河流长期冲积形成，是人口和城镇空间的主要分布区域。南部低山丘陵区为泰沂山脉和崂山山脉的鲁东、鲁西两片隆起区。

（张　帆）

【海域】 潍坊市海岸线长158千米，海域面积1289平方千米。潍坊“道承齐鲁、襟连海岱”，是山东半岛重要的海滨城市，海岱文明、渔盐文化光辉灿烂，海洋开发、海洋利用历史悠久。

（海渔局）

【气候】 2023年，潍坊市气温异常偏高，降水偏少，光照充足。总的气候特点是：冬季（2022.12—2023.2）气温偏高，降水严重偏少，光照充足；春季气温偏高，降水偏少，光照不足，气候偏旱；夏季气温异常偏高，降水偏少，光照充足；秋季气温偏高，降水略偏多，光照充足。总的来看，本年度降水总量偏少，春季气候略显干旱，气象灾害较少。

2023年全市年平均气温14.8℃，较常年偏高1.4℃，较上一年偏高0.8℃，为有气象资料记录以来最高值。全市平均年降水量535.3毫米，较常年偏少103.2毫米，偏少16.2%，较上一年偏少498.3毫米，偏少48.2%。全市年平均日照时数2505.0小时，较常年偏多151.4小时，较上一年偏多137.8小时。

（李树军）

【水文】 全市降水的主要特点是时空分布不均。时间分布上，降水量主要集中在汛期，6—9月全市平均降水量439.8毫米，占年降水量的76.6%。其中7月全市平均降水量136.9毫米，占年降水量的23.9%，8月全市平均降水量129.9毫米，占年降水量的22.6%；枯季，1—5月全市平均降水量90.3毫米，占年降水量的15.7%，10—12月全市平均降水量仅43.7毫米，占年降水量的7.6%。空间分布上，降水量地区差异明显，青州市平均降水量最大为663.5毫米，寒亭区平均降水量最小为445.6毫米，区域差值217.9毫米。2023年汛期受几场较强降雨影响，弥河、潍河、汶河、渠河等主要河流均发生不同程度的小洪水过程。其中弥河流域谭家坊水文站8月6日实测洪峰流量为165立方米/秒、黄山水文站7月31日实测洪峰流量为31.1立方米/秒，潍河流域古县水文站8月30日实测洪峰流量为53.6立方米/秒、辉村水文站9月21日实测洪峰流量为43.4立方米/秒，汶河流域南王皋水文站7月18日实测洪峰流量为33.5立方米/秒。汛前降水稀少，大部分河道处于断流或基流状态；汛后各主要河道水势平稳，处于汛期退水期或基流状态。2023年，全市河流入海径流量87891万立方米。2023年年末，全市30座大中型水库总蓄水量90295万立方米，比年初少蓄水32678万立方米，较汛末计划少蓄水47069万立方米；其中，大型水库蓄水量67736万立方米，比年初少蓄水22776万立方米，中型水库蓄水量22559万立方米，比年初少蓄水9902万立方米。年最小蓄水量2024年1月1日8时90295万立方米，年最大蓄水量2023年1月1日8时122973万立方米。2023年，全市各类报汛站共向国家防总、省市防指发电报45万余份，其发报率和正确率均为100%。提供大中型水库、主要河道水情表146期、雨情表105期、水文简报14期、水文快报5期、水文情势预测预报12期、墒情简报1期、土壤墒情专报2期，发布洪水预报10次，水库纳雨能力分析500余站次，向各级领导发送雨水情短信23万次。根据地下水动态监测资料，2023年末，全市平原区平均地下水位埋深为11.05米，较年初下降0.69米。年末与年初比较，寿光上升0.38米、青州上升0.26米，其他各县市区地下水位均下降，下降幅度为0.02～2.46米。2023年末，全市平原区地下水漏斗区有寿光、昌邑城区、昌乐朱刘店3处，年末，漏斗区总面积1570平方千米，较年初增加49平方千米。其中，寿光—昌邑漏斗区年末面积1220平方千米，较年初增加60平方千米；昌邑城区漏斗区年末面积325平方千米，较年初缩小11平方千米；昌乐朱刘店漏斗区面积仍为25平方千米。2023年末，全市平原区浅层地下水蓄水量较年初减少14405.4万立方米，其中寿光增加1704.6万立方米、青州增加148.9万立方米，其他各县市区地下水蓄水量均减少，一般减少55.2～5319.2万立方米。

（王丽丹）

【河流】 潍坊市境内自西向东有小清河、弥河、白浪河、潍河、北胶莱河5条主要河流，均流入渤海，总控制面积10509平方千米，占潍坊市总面积的66.3%。潍坊市现有国家基本水文站18处（河道站11处、水库站6处、闸坝站1处）、雨量站259处、报汛站333处、墒情监测站67处（自动墒情站47处、人工墒情站20处）、蒸发观测站7处、河道泥沙监测站7处、水土保持监测站3处、地下水观测站128处、中小河流和区域用水总量监测站59处。2023年，全市平均降水量为573.8毫米，比常年偏少9.8%。与常年比较，奎文区偏少最大，为27.4%，其他县（市、区）一般在-22.0%～3.9%。

（王丽丹）

【自然资源】 截至2023年底，潍坊市土地总面积161.85万公顷（2427.74万亩），其中农用地115.66万公顷（1734.95亩），建设用地35.87万公顷（538.08万亩），未利用地10.31万公顷（154.71万亩）。耕地66.07万公顷（990.98万亩），其中永久基本农田面积58.2万公顷（873万亩）。林地26.25万公顷（393.79万亩）。累计发现各类矿产58种，天然卤水、蓝宝石是优势特色矿产资源，储量居全国首位。

（张　帆）

【自然灾害】 2023年，潍坊市主要影响天气为台风、暴雨、冰雹、大风、高温、寒潮降雪。其中全市汛期有1次台风（“杜苏芮”）天气过程，造成了7月28—30日全市大雨局部暴雨和大暴雨天气；有3次暴雨天气过程，分别出现在6月28—29日、7月11—13日、8月20—21日；有1次寒潮降雪天气过程，出现在12月11—21日。潍坊市全年共发生地震5次，分别为：5月20日坊子0.4级、7月29日诸城1.0级、10月27日昌乐2.3级、12月10日诸城0.6级、12月12日青州1.3级。全市无地质灾害、森林火灾发生。

由于2023年自然灾害总体影响不大，加之做了大量的防范应对措施，从各县市区报灾情况看，全市无灾情发生，未开展自然灾害救助工作。

（王宁波）

历史人文

【建置沿革】 潍坊历史悠久。早在6000多年前，弥河故道旁就有人群定居。自夏以来，历代王朝政权在此封国建邑，设州立府。夏商代，境内有斟灌、斟、寒、平寿等封国。周初，武王封邦建国，封太公望于齐，都营丘（今昌乐境内）。至春秋时期，现市辖区曾分属齐、鲁、杞、莒等国。战国时期，现境大部属齐，诸城等地属鲁。秦代，东部属胶东郡，西部属临淄郡，东南部属琅琊郡。汉为青、徐二州刺史部所辖。两晋、十六国时为后赵、前燕、前秦、后燕依次占据。西晋太康三年（282年）的稳定时期，今市境属青、徐二州，北海、乐安二国，城阳、东莞二郡。南朝宋时属青、徐二州，北朝魏属青、胶、南青三州。隋时属北海、高密二郡。唐时属河南道青、密二州。宋时属京东东路，青、潍、密三州。金时属山东东路，置益都府及潍、密二州。元朝时属中书省山东东西道宣慰司益都路益都总管府所辖，分属潍、胶、密三州。明时置青州、莱州二府，属山东承宣布政使司。清代，今市境为山东省所辖，分属青州、莱州二府。

中华民国时期，国民政府行政建置初沿清制，民国2年（1913年），废府、州，实行省、道、县三级制。今市境内当时的潍县、昌邑、高密、益都、寿光、昌乐、临朐、安丘、诸城9县属胶东道（驻烟台）。民国14年(1925年)，改划莱胶道、淄青道。今市境内当时的潍县、昌邑、高密、安丘、诸城、昌乐6县属莱胶道，寿光、益都、临朐3县为淄青道所辖。民国16年（1927年）裁道，以省领县，今市境各县（市、区）均直属山东省。

1948年4月27日，潍县解放。4月29日，潍坊特别市（省直辖）建立，市政府驻潍城，辖潍县城、东关、南关、北关、坊子、望留6个区。1949年6月，潍坊特别市改称潍坊市，仍为省辖市。1948年6月，昌潍专区建立，驻昌乐，辖昌乐、潍县、安丘、寿南、益临5县。1948年12月，省直辖之益都县划归昌潍专区。次年7月，专区机关迁驻益都。

中华人民共和国成立以后，现潍坊市域地专级行政建置主要为昌潍专区、昌潍地区、潍坊地区、潍坊市，以下领县。1949年到1958年1月前，县下设区乡。1958年1—3月，撤区并乡。1958年9月，成立人民公社，实行政社合一。1983年，在进行经济体制改革的同时，改革行政机构，实行市管县的新体制，县下撤公社，设乡镇。

1950年5月25日，昌潍专区驻地由益都迁至潍坊，原胶东区西海专署所辖昌邑、昌南、潍北3县，及渤海区清河专署所辖寿光、益寿2县划归昌潍专区。昌潍专区时辖潍坊市（县级），昌乐、潍县、潍北、昌邑、昌南、安丘、丘南、淮安（后改名潍安）、寿光、寿南、益临、益都、益寿、临朐14县。同年，潍坊市建制撤销，并入昌潍专区。1951年，又重置潍坊市。

1952年7月，撤销益临、益寿、潍安3县。1953年7月24日，原淄博专区所辖临淄县划归昌潍专区。同时，撤销潍北、丘南、寿南3县。昌潍专区时辖潍坊市（县级），昌乐、潍县、昌邑、昌南、安丘、寿光、益都、临朐、临淄9县，及羊角沟直属区。

1955年3月，博山县由淄博市划入昌潍专区。同年，撤销羊角沟直属区并入寿光县，昌潍专区时辖潍坊市（县级），昌邑、潍县、昌南、寿光、昌乐、益都、临朐、安丘、临淄、博山10县。

1956年，胶州专区撤销，其所辖胶县、胶南、藏马、五莲、诸城、高密6县及莱阳专区的平度县一并划入昌潍专区。同年，藏马县撤销，昌南并入昌邑县。昌潍专区时辖潍坊市（县级）和潍县、益都、昌邑、寿光、昌乐、临淄、临朐、安丘、诸城、高密、五莲、博山、胶南、平度、胶县15县。

1958年10月，潍县并入潍坊市（县级），博山划归淄博专区，临淄并入益都县，胶南、胶县划入青岛市。昌潍专区时辖潍坊市（县级），益都、昌邑、高密、安丘、诸城、五莲、寿光、昌乐、临朐、平度10县。

1961年，胶南、胶县复归昌潍专区。临淄、潍县恢复原建制，仍属昌潍专区。

1967年3月13日，昌潍专区改为昌潍地区。辖潍坊市（县级）和益都、昌邑、高密、诸城、昌乐、临朐、寿光、安丘、潍县、五莲、平度、胶县、胶南、临淄14县。

1969年12月，临淄县划归淄博市。1977年，增设黄岛区，属昌潍地区。1978年，胶南、胶县及黄岛区划归青岛市。昌潍地区时辖潍坊市（县级）和益都、昌乐、安丘、临朐、潍县、寿光、昌邑、高密、诸城、五莲、平度11县。

1981年7月，昌潍地区改名潍坊地区，所辖县（市）不变。

1983年10月，撤销潍坊地区建制，改建省辖（地专级）市，沿用原潍坊名称，实行市管县体制。同时，平度县划归青岛市，原潍坊市（县级）和潍县析置为潍城、寒亭、坊子3个区。潍坊市时辖潍城、寒亭、坊子3区，益都、寿光、昌乐、临朐、昌邑、高密、安丘、诸城、五莲9县。

1986年3月1日，撤销益都县，设立青州市（县级），归潍坊市代管。1987年7月，撤销诸城县，设立诸城市（县级），归潍坊市代管。1992年年底，五莲县划归日照市。1993年6月，寿光撤县设市。1994年1月，安丘撤县设市。1994年5月，高密撤县设市。1994年5月，由潍城、寒亭划出部分村，增设奎文区。1994年6月，昌邑撤县设市。1991年，潍坊高新技术产业开发区成立。1995年，潍坊滨海经济技术开发区成立。2008年，峡山生态经济发展区成立。2011年，潍坊综合保税区成立。2015年10月，潍坊市峡山生态经济发展区更名为潍坊峡山生态经济开发区。至此，潍坊市辖奎文、潍城、寒亭、坊子4个区，青州、诸城、寿光、安丘、高密、昌邑6个县级市，临朐、昌乐2个县，另有高新、滨海、峡山、保税区4个经济区。此后，潍坊市行政区划基本稳定。

【行政区划】 潍坊市辖奎文、潍城、寒亭、坊子4个区，青州、诸城、寿光、安丘、高密、昌邑6个县级市，临朐、昌乐2个县，另有国家级开发区潍坊高新技术产业开发区、潍坊滨海经济技术开发区、潍坊综合保税区和省级开发区潍坊峡山生态经济开发区。至2023年底，共辖59个镇、61个街道，社区居委会549个，村民委员会6535个。

（刘　虎）

【民族】 潍坊市是少数民族散杂居地区，现有54个少数民族成份，常住人口6.18万人，占全市常住总人口0.66%。全市共有8个民族村，分别是青州市王府街道的上黄峪村、东升村、工农村，青州市云门山街道的东后坡村、昭德村、夏钦园村、北云河村、郭家桥村。

（刘洪海）

【人口】 截至2023年底，全市共有户籍人口9153256人，比2022年减少24903人，人口增长率为-2.72‰。其中，男性4594936人，2023年男女性别比（女=100）为100.80。全市总户数2948737户，平均每户3.10人。全市城镇人口4916833人，户籍人口城镇化率53.72%。

全市共有17岁以下（包含17）的1734761人，占总人口的18.95%；18～34岁的1535627人，占总人口的16.77%；35～59岁的3479113人，占总人口的38.00%；60岁及以上的2403755人，占总人口的25.26%。

2023年，全市共出生58763人，其中，男性30840人，女性27923人，出生婴儿性别比为110.45（女=100），出生率为6.41‰。共死亡77542人，其中男性43368人，女性34174人，死亡性别比126.9（女=100），死亡率8.46‰。

2023年，全市共迁入30131人，其中省内迁入21854人，占迁入的72.53%；省外迁入8277人，占迁入的27.47%。共迁出35342人，其中迁往省内25702人，占迁出的72.72%；迁往省外9640人，占迁出的27.27%。2023年度机械变动人数-5211人。

（赵　敏）

经济和社会发展

【概况】 2023年，在市委坚强领导下，锚定“走在前、开新局”，按照“七个加力突破”“五个加快提升”部署要求，迎难而上、砥砺前行，高质量发展扎实推进，更好潍坊建设迈出坚实步伐。

初步核算，全年全市生产总值（GDP）7606.0亿元，按不变价格计算，比上年增长5.1%。其中，第一产业增加值674.3亿元，增长4.7%；第二产业增加值3088.2亿元，增长4.4%；第三产业增加值3843.6亿元，增长5.7%。三次产业结构为8.9∶40.6∶50.5。

年末全市常住人口936.95万人，其中城镇人口619.52万人，城镇化率66.12%。

全年城镇新增就业10.26万人、失业人员再就业4.27万人、帮扶困难人员就业5668人。为2.28万家企业发放稳岗返还资金2.19亿元，为1.57万人发放技能提升补贴2663万元，发放创业担保贷款18.3亿元。

全年全市居民消费价格比上年上涨0.4%。其中，食品烟酒类价格上涨0.7%，衣着类价格上涨1.0%，居住类价格上涨0.1%，生活用品及服务类价格上涨0.8%，交通通信类价格下降2.1%，教育文化娱乐类价格上涨2.6%，医疗保健类价格上涨0.1%，其他用品及服务类价格上涨3.0%。

新登记各类经营主体18.2万户。其中，新登记企业5.5万户、个体工商户12.6万户、农民专业合作社1308户。实有各类经营主体149.0万户，其中，实有企业41.2万户、个体工商户105.3万户、农民专业合作社2.5万户。

【产业生态呈现新格局】 推动“千项技改、千企转型”，共实施工业企业重点技改项目708项，全年完成技改投资465亿元。全市规上工业企业数转智改覆盖率达45.2%，关键业务环节全面数字化率超过72%。全市新增专精特新“小巨人”企业29家、独角兽企业1家、瞪羚企业63家、专精特新中小企业521家、创新型中小企业806家。新增省级制造业单项冠军企业46家。制定产业链培育提升三年行动方案，建立“省级—国家级—世界级”产业集群梯次培育机制，率先推动动力装备集群向世界级集群迈进，元宇宙集群入选首批省级10个先进制造业集群，新增省特色产业集群2个。

【绿色低碳高质量发展持续推进】 顶格成立绿色低碳高质量发展领导小组，建立绿色低碳高质量发展项目库，协同推进降碳、减污、扩绿、增长。新增1家国家企业技术中心、13家省级企业技术中心、4家省级工程研究中心；争创3个省级“雁阵形”产业集群、5家领军企业，累计分别达到17个、25家，数量均居全省第2位。加快推动装备工业向新能源化转型、化工行业向新材料新医药转型，潍坊市被评为全国唯一的“铸造行业高质量发展试点市”。“氢进万家”二期项目获科技部立项，氢源实现本地化供给。全市新能源装机1063万千瓦，居全省第1位。

中国共产党潍坊市委员会

综　述

【高质量发展】 2023年，中共潍坊市委坚持以经济建设为中心，把稳增长放在更加突出的位置，着力固底板、补短板、强弱项、扬优势，全力稳定经济运行，加快转型升级，提升发展质效。加力稳定工业、提振消费，全市工业增加值增长6.6%，工业用电量增长8.4%，社零额增长7%。加快推进传统产业提质焕新、新兴产业加速裂变、优质企业量质倍增，工业技改投资增长10%，"四新"产业投资占比达到58.8%，新增46家省级制造业单项冠军、连续3年全省第1，省级以上专精特新等优质企业达到952家，6家入围中国企业500强，元宇宙集群入选全省先进制造业集群和未来产业集群，省级"雁阵形"产业集群达到17个、全省第二，获评全国唯一的铸造行业高质量发展试点市。深入实施科教兴市、人才强市、创新驱动发展战略，加快形成新质生产力，新培育高新技术企业390家，新获批国家企业技术中心1家、国家工业设计中心2家，7项技术成果入围2023年省科技进步一等奖，潍柴动力获中国专利金奖；全市存款余额13552.8亿元，贷款余额10936亿元，存、贷款增量贡献度分别居全省第3、第5。千方百计抓招引、抓项目，举办潍坊—新加坡经贸合作交流会、长三角地区资本招商等活动，实施重点项目全周期管理服务，1517个重点项目完成投资2575亿元，359个项目竣工投产，新增产值734.8亿元、全省第2，储备过亿元项目1527个、总投资1.3万亿元，为高质量发展积蓄后劲、增添动力。

【城市能级活力】 2023年，潍坊市把城市作为现代化建设的主阵地，着力打造宜居、韧性、智慧城市。市级国土空间规划获省政府批复，城市更新、海绵城市、清洁取暖三大国家级试点加快推进，获评全省青年发展友好型城市试点。中心城区实现整建制雨污合流管网清零，智慧社区达到260个，获评国家绿色出行城市、国家公交都市建设示范城市。深入落实黄河重大国家战略，主动融入胶东经济圈一体化发展，济潍高速、明董高速建成通车，京沪高铁辅助通道津潍段、潍宿段及青岛连接线开工建设，小清河正式通航。全国首个高铁快运物流基地落户潍坊市，成功入选全国性综合交通枢纽城市、国家骨干冷链物流基地。

【乡村振兴齐鲁样板先行区】 2023年，全市坚定扛牢拓展创新"三个模式"政治责任，学习运用"千万工程"经验，深入实施"双百双千"工程，深度推进融合发展，全市农林牧渔业总产值1289.2亿元。全面完成耕地保护目标任务，实现粮食面积、单产、总产连续3年"三增长"。持续做强国家农综区，加快建设巴基斯坦等海外农业园区，成功举办中国—东盟数字农业论坛、首届智慧农业博览会。以北大现代农业研究院等高能级平台为牵引，培育国家种业阵型企业2家、占全省1/4，7项全产业链蔬菜标准填补国内空白。扎实推进乡村建设行动，打造5个省级齐鲁样板示范区，创建省级和美乡村267个，1镇8村入选全国乡村治理示范村镇。深入推进农业农村现代化综合改革试点，实施"千村联建、百区共富"行动，农村居民人均可支配收入达到27460元，709个村集体经济收入过百万元。

【保障和改善民生】 2023年，潍坊市牢固树立以人民为中心的发展思想，扎实推进共同富裕，民生支出占比保持在80%以上。精准做好重点群体就业工作，城镇新增就业9.5万人，居民人均可支配收入增长5.3%。完成新改扩建中小学、幼儿园175所，基础教育、职业教育获国家教学成果一等奖，潍坊医学院更名为山东第二医科大学。基层卫生健康综合试验区加快建设，8家县级综合医院入选全国“千县工程”。救助保障困难群众31.8万人，医保惠民政策减轻群众负担近13亿元；开展房屋产权确权颁证历史遗留问题专项整治，惠及12.7万户，办证总量全省第1。

【生态保护治理】 2023年，潍坊市深入学习贯彻习近平生态文明思想，协同推进降碳、减污、扩绿、增长，不断厚植高质量发展生态底色。着力打好“十大标志性战役”，空气质量综合指数、优良天数等指标稳居全省前5，国控、省控以上河流断面优良水体比例创历年最好水平。中央、省环保督察反馈问题整改完成88.8%，省黄河专项督察反馈的37个问题已完成整改19个。完成绿化造林4.7万亩，绿色矿山、省级美丽幸福河湖数量全省第一。深入实施碳达峰“十大工程”，扎实推进“四减四增”行动，光伏装机容量全省第1，成为全省首个千万千瓦级新能源装机城市，国家低碳城市试点评估成绩全国第4。

【扩大改革开放】 2023年，深入开展七大集成改革，纵深推进优化营商环境“一号改革工程”，1.1万个政务服务事项实现“免证办”，“云服务、零见面”政务服务标准化获批国家级试点。推深做实服务企业专员制度，收集企业问题诉求6.6万条、解决率98%以上；制定壮大民营经济发展20条措施，新登记市场主体18.2万户。深化“千企百展”市场开拓行动，组建海外仓联盟和“走出去”联盟，举办风筝会、鲁台会、中日韩产业博览会、国际精准采购节等节会活动，全年完成进出口额3403.1亿元、稳居全省第3。

【社会主义民主政治和思想文化建设】 2023年，市委支持市人大常委会、市政府、市政协、市中级人民法院、市检察院依法履职，深入落实党管武装制度，充分发挥统一战线政治优势和群团组织桥梁纽带作用，《潍坊市海绵城市建设条例》《潍坊市优化营商环境条例》《潍坊市志愿服务规定》等地方性法规正式实施。贯彻习近平文化思想，加强文艺精品创作，8件作品获泰山文艺奖、1件作品获中国民间文艺山花奖，纪录片《郑板桥》《郭味蕖》在央视播出，举办市民文化节、手造文化节、陈介祺金石文化周、“河和之契”非遗交流展示周、上海国际艺术节潍坊分会场等活动，青州博物馆新馆开馆运行，成功创建全国版权示范城市，“东亚文化之都”正式授牌。

【安全发展】 2023年，市委统筹发展和安全，坚定不移贯彻总体国家安全观，以高水平安全护航高质量发展。严厉打击和防范各类违法犯罪活动，常态化开展扫黑除恶斗争，扎实推进信访问题源头治理三年攻坚行动，成功创建全国市域社会治理现代化试点合格城市。把化解地方债务风险作为头等大事，盘活资产资源，持续优化债务结构，加快推进国企转型。创新开展“风险防控党员岗”创建活动，推进起底式大排查大整治行动，生产安全事故起数、死亡人数分别下降12.9%、13.6%。统筹抓好森林防火、防汛备汛、食品药品安全等工作，安全生产形势持续稳定。

【从严管党治党】 2023年，市委认真落实新时代党的建设总要求，牢记管党治党责任，提高新时代管党治党水平。定期召开党建工作领导小组会议，开展覆盖233个单位的3轮巡察，监督质效不断提升。坚决抓好省委巡视整改，召开专题民主生活会，4个方面42项问题均取得阶段性成果。开展干部队伍能力作风提升行动，组织“争星夺旗”“挂牌亮榜”“上台打擂”，选树“敢为先锋”，多层次、多形式广泛开展工作述职。组织到北大、上海交大等120所知名高校进行校地人才对接，新入选国家级重点人才、泰山系列人才数量均居全省第一，2人被授予“国家卓越工程师”称号。组织1125个村开展党组织“跨村联建”，探索“党建统领、四社共建”模式发展新型农村集体经济，深化模范机关建设、五星党支部评选，增强基层党组织政治功能和组织功能。落实“三个区分开来”，提出支持和鼓励干部敢为的意见，为127人容错纠错、136人澄清正名。坚持严的基调不动摇，做实做细日常监督，一体推进“三不腐”，以正风肃纪反腐的实际成效取信于民。

（胡景杰）

重要会议

【全市工作动员大会】 1月28日上午召开。会议指出，2023年，拼经济成为各地最强音、工作主旋律，要看到当前从上到下体现的鲜明的发展导向、政策的叠加发力、市场的加快恢复和坚实的发展基础，在把握大局大势中提振信心，在发挥特色优势中加快突破，在引领创新态势中闯出新路，在打赢先行攻势中走在前列，努力推动各项事业迈上新高度，争当全省建设绿色低碳高质量发展先行区排头兵。会议强调，拼经济是今年工作的重中之重，要坚持稳中求进、扬长补短、重点突破、统筹兼顾的原则，着力在现代化产业体系建设、项目建设、“双招双引”、恢复和扩大消费、扩大对外开放、发展数字经济、优化营商环境上实现“七个加力突破”。会议要求，拼经济最终是为了让人民群众过上更美好的生活，要坚持民生优先不动摇，切实办好民生实事。要统筹好发展和安全，坚决守牢疫情防控、安全生产、金融、生态环境等“一排底线”，创造安全稳定的社会环境。要提振精气神，奋力担当作为，压紧压实各发展主体、市直部门单位“两个责任”，充分用好企业家和党员干部“两支队伍”，着力强化机制、作风“两个保障”。会上，宣读了《关于公布潍坊市优秀企业家名单的通知》和《关于2022潍坊民营企业100强系列榜单的通报》，为优秀企业家和民营企业百强代表颁了奖，部分单位作了表态发言。

【市委农村工作会议】 2月13日召开。会议强调，要抓牢抓实粮食和重要农产品稳定安全供给，粮食生产坚持面积和产能一起抓，围绕稳面积、提单产、增产能，实施新一轮粮食产能提升行动；耕地保护坚持数量和质量一起抓，守牢耕地红线，坚决遏制“非农化”、有效防止“非粮化”；食物供给坚持品质和多元一起抓，树立大食物观，推动蔬菜、畜牧产业提质增效。会议指出，要抓牢抓实全面推进乡村振兴，突出抓好产业振兴这个重中之重，聚力延伸产业链条、拓展功能业态、发展数字农业、打造特色品牌、扩大农业开放，努力以产业振兴引领乡村全面振兴；突出抓好巩固拓展脱贫攻坚成果这个底线任务，严格落实“四个不摘”要求，完善监测预警机制，坚决守住不发生规模性返贫的底线；突出抓好增加农民收入这个中心任务，着力提高经营性收入、工资性收入、财产性收入和转移性收入，让农民腰包越来越鼓、日子越过越红火。会议强调，要抓牢抓实科技和改革“双轮驱动”，科技创新重点在强化现代种业、农机装备和设施农业优势上下功夫，深入实施种业振兴行动，大力研发推广智能农机装备，加快设施农业数字化、智慧化改造，更大力度用科技赋能；农村改革重点在激活要素资源上下功夫，深化农村土地制度改革，加强涉农资金统筹整合，发展壮大村级集体经济，更大力度让改革释能。会议要求，要坚持和加强党的全面领导，全面落实五级书记抓乡村振兴要求，县委书记当好“一线指战员”，各级农办加强统筹协调；要不断优化带头人队伍，加力培养引进发展引路人、产业带头人、政策明白人，打造一支沉得下、留得住、能管用的乡村干部人才队伍；要树牢群众观点、贯彻群众路线，深化纠治形式主义、官僚主义，让基层干部把更多精力放在服务群众、推动发展上。

【第一期“书记擂台赛”】 5月6日举办。会议指出，县域稳则全市稳，县域强则全市强，县域是全市高质量发展的主体，要通过大比武、大竞赛，营造比学赶超的浓厚氛围，激发奋力争先的动力活力，推动全市高质量发展再上新台阶。会议强调，一要看想不想为，比境界标准。要精准对标，放眼全国找标杆、找对手，紧盯目标、争先进位；要全面提标，高标定位，勇于赶超，奋力“争一等、争第一”；要加力达标，拿出“人一之我十之”的劲头，扩优势、补短板，努力在更多领域走在前。二要看会不会干，比思路办法。要勇于解放思想，善于从新发展理念中找对策，善于从外地经验中找办法，善于从比较优势中找出路，以思想解放推动事业发展；要敢于改革创新，聚焦重点领域，系统集成推进一批务实管用的改革举措；要善于沟通协调，更大力度地走上去争取支持，走出去招商引资，走下去解决问题。三要看能不能行，比工作实绩。要看增速、看增量，经济大县不能大起大落，经济体量小的县市区要努力以“小身板”干出“大声势”；要看指标、看质量，推动传统产业“脱胎换骨”、新兴产业“强筋壮骨”，持续增强核心竞争力；要看显绩、看潜绩，既踏踏实实抓好当下，努力创造看得见摸得着的成绩，更要做打基础利长远的事情，为未来发展留足空间、积蓄力量；要看高线、看底线，用最大的心思拼经济，以最浓的情感惠民生，靠最严的措施抓环保，拿最硬的担当保安全，推动各项工作全面提升。四要看敢不敢拼，比作风状态。要敢于担当，主要负责人要挂帅出征带头干，身先士卒打头阵，带领大家向前冲，拼上豁上，打出一片新天地；要攻坚克难，拿出逢山开路、遇水架桥的闯劲和滴水穿石、绳锯木断的韧劲，动真碰硬、尽锐出战；要以快制胜，强化拼抢意识，每项工作都快反应、快推进、快落实，努力走在前、开新局。

【第一期“局长擂台赛”】 6月21日举办。会议指出，市直部门是推动发展的中坚力量，要及时总结工作，相互学习借鉴，取长补短、共同提高。会议强调，要切实扛牢谋划发展之责，把握大势、提高站位，自觉从全国大局高度找方向，全力对接融入国家、省重大战略，看得更远、谋得更深；对标先进、提高标准，力争工作在全省走在前、在全国有影响；注重实际、实事求是，无论是制定规划还是设定目标，都要务实求实，确保落地见效。要切实扛牢推进落实之责，突出“七个加力突破”等重点任务，敢于攻坚克难，加强统筹协调，更大力度走上去汇报争取、走出去招引资源、走下去服务督导，特别是当前要全力抓好经济运行，确保“时间过半、任务过半”。要切实扛牢服务保障之责，聚焦基层、市场主体和群众需求，主动靠前服务解难题，少说“不行”，多想“怎么行”；倾情服务优环境，深入推进优化营商环境“一号改革工程”，完善服务企业专员制度，做到有求必应、无事不扰；做实服务减负担，力戒形式主义、官僚主义，少开会、开短会、开管用的会，务求实效。要切实扛牢队伍建设之责，全力提振精气神，加快增强硬本领，敢于正视问题直面矛盾，主动担当作为拼搏实干，振奋精神求突破，全力以赴拼经济，守住底线向前冲，努力交出高分答卷。

【全市学习贯彻习近平新时代中国特色社会主义思想主题教育工作会议】 9月12日召开。会议强调，要深刻领会开展学习贯彻习近平新时代中国特色社会主义思想主题教育的重大政治意义、理论意义、实践意义，深刻领会主题教育是坚定拥护“两个确立”、坚决做到“两个维护”的政治要求，是强化理论武装的迫切要求，是推动高质量发展的必然要求，是全面从严治党的内在要求。会议要求，要牢牢把握“学思想、强党性、重实践、建新功”的总要求，全面落实“以学铸魂、以学增智、以学正风、以学促干”的重要要求，高标准高质量开展好主题教育，确保实现“凝心铸魂筑牢根本、锤炼品格强化忠诚、实干担当促进发展、践行宗旨为民造福、廉洁奉公树立新风”的目标。要深刻学习习近平新时代中国特色社会主义思想关于坚定理想信念、提升思想境界、加强党性锻炼等一系列要求，常学常新、常思常进，努力学出更加忠贞的信仰、更加坚定的信念。要把对党忠诚融入血脉、刻进灵魂，提升政治能力，加强政治历练，严守政治纪律，让最讲政治、最讲忠诚成为党员干部的高度自觉。要大力弘扬挺膺担当、锐意争先的敢为精神，提振精气神，锤炼硬作风，培塑真本领，磨砺强意志，把主题教育激发出来的热情转化为拼经济、促发展、守底线的强大动力。要坚持以人民为中心的发展思想，不断增进民生福祉，提高人民生活品质，让群众的获得感成色更足、幸福感更可持续、安全感更有保障。要持续纠治“四风”，大力纠治形式主义、官僚主义，弘扬新风正气，坚决惩治腐败，做良好政治生态和社会风气的引领者、营造者、维护者。会议强调，要坚持理论学习、调查研究、推动发展、检视整改等重点措施有机融合、一体推进，建立完善学习、调研、问题、创新举措“四张清单”，把学和做结合起来、查和改贯通起来、破和立统一起来，确保取得实实在在的成效。

【中共潍坊市委十三届四次全体会议】 2023年9月22日举行。全会坚持以习近平新时代中国特色社会主义思想为指导，深入贯彻落实党的二十大精神和省委十二届四次全会精神，听取和讨论了刘运受市委常委会委托作的工作报告，审议通过了《关于实施“百区示范、百园提升、千企引领、千村共富”工程加快农业农村现代化的意见》《关于深入开展干部队伍能力作风提升行动的实施意见》。刘运就两个《意见（讨论稿）》向全会作了说明。全会强调，开展学习贯彻习近平新时代中国特色社会主义思想主题教育，是当前和今后一个时期的重大政治任务。全会指出，在历届班子接续奋斗打下的良好基础上，市委准确把握潍坊所处的历史方位、面临的时代要求、群众的热切期盼，着眼体现中国式现代化的实践要求，彰显新时代新征程赋予的使命担当，回应广大人民群众对美好生活的向往期待，提出建设实力强品质优生活美的更好潍坊的奋斗目标。全会强调，要抓关键求突破，铸就建设更好潍坊的硬核实力。要持续加力突破科教创新，做优平台，培优主体，育优人才，创优生态，加快形成新质生产力。要持续加力突破数字经济，扩面数实融合，做强数字产业，加快建设数字强市。要持续加力突破项目建设，立足长远谋划项目，积极扩大有效投资，统筹资源推进项目，以高质量项目支撑高质量发展。要持续加力突破双招双引，精准招引新变量，用好招引新打法，增创招引新优势，以双招双引大突破赢得发展质效大提升。要持续加力突破消费扩容，提档升级传统消费，提质扩大新型消费，提级优化消费环境，加快打造区域消费中心城市。要持续加力突破改革开放，更深层次抓改革，更高水平促开放，更大力度优环境，为高质量发展注入动力活力。全会强调，要重品质促提升，加快提升城市发展能级，加快提升乡村振兴质效，加快提升人民生活品质，加快提升生态环境质量，加快提升安全稳定水平，夯牢建设更好潍坊的坚实基座。全会指出，实现高质量发展、建设更好潍坊，关键要加强党建引领、强化能力作风。要教育引导全市广大党员干部，严守政治纪律规矩，永葆干事创业激情，恪守清正廉洁底线，营造良好政治生态。要深入开展干部队伍能力作风提升行动，全面提高科学决策、推动发展、改革攻坚、服务群众、防范化解风险“五种能力”，着力锻造忠诚担当、事争一流、求真务实、立说立行、一抓到底“五种作风”，提升工作质量效率，弘扬敢为担当精神，打造堪当时代重任的高素质干部队伍，为更好潍坊建设提供坚强保障。

【全市打造乡村振兴齐鲁样板先行区现场推进会议】 10月26日举行。会议强调，要认真落实省委、省政府部署要求，以实施“双百双千”工程为抓手，在全面推进乡村振兴中走在前当示范。要在“产业强基”上先行示范，夯实粮食安全根基，做优做强特色品牌，推动农业全链条升级。要在“科技赋能”上先行示范，做强创新平台、现代种业、数字农业，努力实现高水平农业科技自立自强。要在“和美增色”上先行示范，抓好人居环境整治，扎实推进乡村建设，提升乡村治理水平，加快建设宜居宜业和美乡村。要在“富民强村”上先行示范，拓宽农民增收渠道，发展壮大村集体经济，促进农民农村共同富裕。要在“城乡融合”上先行示范，持续深化综合改革，扎实推进新型城镇化，畅通城乡要素流动，加快构建新型工农城乡关系。要在“片区建设”上先行示范，高水平规划、高标准建设，以点带面推进全域振兴。要加强党的全面领导，压紧压实各级责任，用好用足上级政策，结合开展主题教育，深入基层调查研究，推动各项工作落实落地。会议还对农村集体“三资”侵占挪用问题专项整治工作提出要求。

【2023潍坊市企业家大会】 10月31日召开。庆祝潍坊第4个“企业家日”。市委书记刘运代表市委、市政府向为全市发展作出突出贡献的广大企业家，表示衷心的感谢。会议指出，回顾辉煌的昨天，致敬广大企业家开拓进取、拼搏奉献，在潍坊发展的历史长河中屹立潮头、功勋卓著。全市产业基础之固首功在企业、发展成果之丰首功在企业、民生改善之效首功在企业。会议号召，广

大企业家相向而行、同心协力，在更好潍坊的建设洪流中挺膺担当、争做先锋。要有与潍坊携手攀登、共创辉煌的豪情壮志，永葆创业初心、激发做大雄心，保持大道前行的战略定力，增强大潮挺立的果敢胆识，努力为全市高质量发展赋能加力、增光添彩。要有与城市共生共荣、共建共享的博大胸襟，进一步增强“主人翁”意识，争做城市发展的“主力军”“先锋队”，与城市同向同行、相互赋能，在双向奔赴中共赢发展、共创辉煌。要有思源思报、造福民生的深厚情怀，富而有责、富而有义、富而有爱，切实增强社会责任感，主动参与公益慈善事业，以反哺之心回馈社会、造福人民。会议强调，展望美好的明天，期盼广大企业家勇闯新路、追求卓越，在强市建设的现代化征程中高歌猛进、笃行逐梦。希望广大企业家永葆攀登高峰的雄心，提升境界、驭势而行、合作共赢，带领企业向高而攀，争做领航企业。寄望广大企业家提升创新创造的能力，重视创新、勇于创新、善于创新，带领企业向新而进，争做精尖企业。寄望广大企业家保持专心专注的定力，以恒心办恒业，诚信守法经营，带领企业向远而行，争做百年企业。

【中共潍坊市委十三届五次全会暨市委经济工作会议】 2023年12月27日至28日举行。会议充分肯定了2023年以来市委常委会的工作。会议指出，2024年经济工作总的要求是，以习近平新时代中国特色社会主义思想为指导，全面贯彻党的二十大及中央经济工作会议精神，坚持稳中求进工作总基调，完整、准确、全面贯彻新发展理念，主动服务和融入新发展格局，深入落实省委十二届五次全会暨省委经济工作会议部署，锚定“走在前、开新局”，坚持“一七五一”的思路目标和任务举措，统筹扩大内需和深化供给侧结构性改革，统筹新型城镇化和乡村全面振兴，统筹高质量发展和高水平安全，全力拼经济、稳增长、促发展，着力增活力、防风险、稳预期，稳扎稳打、踏踏实实，持续推动经济实现质的有效提升和量的合理增长，增进民生福祉，保持社会稳定，加快建设实力强品质优生活美的更好潍坊，奋力争当绿色低碳高质量发展先行区建设排头兵。会议强调，做好2024年工作，要突出重点、把握关键，提速推动各项工作实现新提升。一是在推进新型工业化上实现新提升，坚持以科技创新引领现代化产业体系建设，聚焦高端化优结构，聚焦智能化抓数改，聚焦绿色化转方式，聚焦集群化强链条，强化科技赋能，形成更多新质生产力。二是在乡村全面振兴上实现新提升，锚定建设农业强市目标，拓展创新“三个模式”，以融合促产业升级、促乡村和美、促共同富裕，高水平打造乡村振兴齐鲁样板先行区。三是在持续扩大消费上实现新提升，主动顺应消费需求新趋势，培育壮大新型消费，提质升级传统消费，创新丰富消费业态，加力发挥消费对经济增长的拉动作用。四是在增加有效投资上实现新提升，坚持项目为王，更加精准抓谋划，更大力度抓招引，更高效率抓建设，更实举措抓保障，以有效益的投资支撑高质量发展。五是在深化重点改革上实现新提升，把改革作为应变局、开新局的重要抓手,坚定落实“两个毫不动摇”，加力打造一流营商环境，加快建设高标准市场体系，扎实有序推进机构改革，为高质量发展提供强大动力。六是在扩大对外开放上实现新提升，进一步加大对内对外开放力度，实施外贸固稳提质、外资量质突破、平台提能增效工程，拓展高质量发展新空间。七是在区域协调发展上实现新提升，提高园区活力能级、城市功能品质、区域协作水平，促进要素合理流动和高效集聚。八是在绿色低碳发展上实现新提升，深入贯彻习近平生态文明思想，持续抓好污染防治，稳步推进节能降碳，加快推动绿色转型，更高水平建设美丽潍坊。九是在保障改善民生上实现新提升，深入践行以人民为中心的发展思想，精准推出更多惠民生的务实举措，落实就业优先战略，优化公共服务供给，强化民生保障。十是在防范化解风险上实现新提升，强化安全发展理念，着力防范化解金融风险，毫不放松抓好安全生产，切实维护社会稳定，为高质量发展保驾护航。

（赵　朋）

全面深化改革

【概况】 2023年市委深改委贯彻落实中央和省深化改革委员会会议精神，年内共召开市委深改委会议4次、改革述职评议大会1次。着眼落实好二十大部署的改革任务，研究制定专项改革意见，谋划推出4大方面19项重大措施；制定出台市委深改委工作要点，明确在6大领域推进142项重点任务，绘制完善了改革攻坚的路线图、任务书、施工表，进一步提升改革谋划的精准性、科学性。市委、市政府主要领导主动当好改革“施工队长”，带头抓谋划、抓协调、抓推进、抓落实，以上率下带动6个专项小组、39个重点部门以及市县两级236名领导干部牵头推进414项重点任务，以“关键少数”、重点突破带动面上改革落地见效。《人民日报》、新华社、央视以及《大众日报》等主流媒体宣传潍坊市改革经验800余次；“潍坊改革”公众号发布92期、302篇稿件，公众号粉丝数量达50万；连续三年对年度优秀改革案例结集汇编《解码潍坊》丛书，潍坊改革影响力持续增强。制定出台优化营商环境条例，加速建设“无证明城市”，1508个事项实现“零见面”审批，1.1万个政务服务事项实现“免证办”；高规格举办企业家大会，让企业家当主角、站C位、坐前排；推深做实服务企业专员制度，在全市开展“遍访企业”行动，收集企业诉求6.3万条、解决率98%以上，市场主体满意度全省第三，营商环境全省考核连续两年获优秀等次，市场主体活力得到充分激发。创新构建干部“强激励”机制，在全市开展“大交流”“大比武”“大述职”，制定全省首个激励干部敢为意见，选树10名“敢为先锋”和1个“敢为先锋集体”，为120人容错纠错、126人澄清正名，积极弘扬正能量，营造了干事创业、风清气正的良好政治生态。创新磁悬浮产业发展机制等13项制度成果得到党和国家领导人、省委省政府主要领导批示肯定，创新工业稳增长机制等3项经验受到国务院通报激励，教育评价改革等近30项创新做法在国家、省级层面复制推广。

【健全全面深化改革推进机制】2023年，把讲政治贯穿于全面深化改革各领域各环节各方面，着力夯实责任、优化机制，不断推动改革走深走实。升级改革述职评议制度，压实“一把手”改革主体责任。发挥试点引领作用，探索建立全周期管理、全链条督导、全方位评价试点工作机制，将“争试点”情况列入市直部门“挂牌亮榜”平时考核，及时挖掘、提炼好的经验及做法。年内争取国家公立医院改革示范项目、全国产业链供应链生态体系建设试点等37项国家级试点落户潍坊，推动18项国家级试点顺利通过验收，国家基础教育综合改革实验区等45项试点经验被国家、省层面肯定推广。按照“总结提炼一批、实践推动一批、谋划储备一批”的原则，创新实施改革典型培育工程，探索建立案例集体研讨、“敲开核桃”总结提炼等机制，探寻改革规律、提炼改革内涵，切实发挥好改革典型的示范引领作用。创新盐碱地综合开发利用模式、培养“四个自信”时代新人等25篇改革案例，被省委改革办上报中央改革办或在全省刊发推广、数量全省第1；编发上报潍坊改革专报113期、数量全省第1；印发潍坊改革简报24期，其中5篇受到市委主要领导批示肯定。开展改革典型案例评选，实施网络评选、专家评议、第三方评估三轮筛选，推出66项创新性强、实效性好、认可度高、影响力大的年度重点改革典型案例，改版升级公众号、试水全媒体宣传、创设“解码潍坊”专栏，运用广播电视、报纸杂志、网络平台、简报内刊、高端改革论坛、新闻发布会等渠道，发出更多潍坊“改革声音”。

【实施“七大集成改革”】2023年，市委确定为“集成改革攻坚年”，在经济领域开展营商环境、现代产业、农业农村、对外开放、共同富裕、资源要素、绿色发展“七大集成改革”。将优化营商环境确定为“一号改革工程”，激活企业发展动能。全面推进“5+10+N”重点产业链体系建设和培育提升三年行动，精准出台装备工业、化工行业转型升级和元宇宙、磁悬浮等新兴产业支持政策，系统推动动能转换，“四新”产业投资占比达到58.5%，新增省级制造业单项冠军46家、总数达到152家，新增和总量连续3年保持全省第一，获评全国唯一铸造行业高质量发展试点市。开展农业农村现代化综合改革试点工作，由市委、市政府主要领导担任“双组长”，推出农地经济、产业发展、城乡融合等“八大改革工程”27项措施，首创村集体成员资格权赋权、模拟流转等重大改革举措，确定22个试点镇开展差异性探索，形成“新型集体经济+”“耕种收储加销一体化”、医养融合发展机制等改革亮点。年末，全市土地流转率达到58.3%，709个村集体经济收入过百万元，农林牧渔业总产值达1289.2亿元。深化“千企百展”市场开拓行动，全年完成进出口额3403.1亿元、居全省第3位。突出开发区、园区产业发展主阵地作用，深化开发区管理制度改革，加快建设品牌化“区中园”，在开发区打造百亿级产业集群25个。创新项目招引服务模式，建立“一把手”带头招商、信息全域流转、利益共享等工作机制，创新开展“点对点”招商、基金招商，全国首个高铁快运物流基地落户潍坊市，全年签约10亿元以上项目188个、到位资金1415亿元，合同签约额、到位资金均居全省第一。完善居民增收促进机制，推进全国首批公共就业服务能力提升示范项目，制定全国首个零工市场建设地方标准，做好高校毕业生、农民工、退役军人等重点群体就业工作，城镇就业人口增加9.5万人，“社区微业”创新做法在全省推广。巩固拓展脱贫攻坚成果，实施农民增收促进工程，大力发展农村电商、休闲农业、乡村旅游等新业态，全市居民人均可支配收入达41451元、增长5.3%，农村居民人均可支配收入达27460元、增长7.1%；寿光市入选全省首批共同富裕先行示范县。创新构建重点项目全周期管理服务机制，梳理制定要素保障清单，强化土地指标对上争取、对内挖潜，创新金融辅导服务新模式，为重点项目提供一对一“管家式”金融服务，精准化、差异化配置能耗指标，保障了1695个项目用地、615个重点项目融资。全市民间投资占比75.2%、全省第三。牢固树立绿水青山就是金山银山的理念，以争当绿色低碳高质量发展先行区建设排头兵为目标，协同推进降碳、减污、扩绿、增长，创新打好蓝天、碧水、净土保卫战，率先实施生态警务，创新搭建“云上智环”智慧管控平台，加强山水林田湖草沙一体化保护和系统治理，完成绿化造林4.7万亩，创建省级美丽幸福河湖69条（段）、数量全省第一，国家低碳城市试点工作排名全国第四位。

【深化法治领域改革】 完善人大代表联络机制，创新开展“履职尽责、服务大局、争作表率”代表主题活动，经验做法得到中共中央政治局常委、全国人大常委会委员长赵乐际充分肯定。优化重点领域立法机制，制定出台《优化营商环境条例》《海绵城市建设条例》，地方立法精细化水平不断提升。深化行政复议体制改革，健全多部门共同推动重大行政争议实质性化解的协作机制，实现涉企行政复议案件听证、行政机关负责人参加行政复议听证、行政机关执法人员旁听行政复议公开听证“三个全覆盖”。

【深化社会领域改革创新】 创新优质公共服务供给机制，深化新时代教育评价改革，获评全省教育评价改革试验区；加快推进教育资源均衡化布局，全年改扩建中小学55所、幼儿园120所，改造提升乡村中小学110所、幼儿园252所。加快建设基层卫生健康综合试验区，获批中央财政支持公立医院改革与高质量发展示范项目，县域内就诊率94%、全省第1。深化疾病预防控制机构改革，市县两级全部完成改革任务，走在全省前列。优化群众问题反映机制，健全领导干部公开接访下访、领导干部包靠化解信访积案等工作模式，登记信访受理率和办结率均达100%；全国市域社会治理现代化试点通过验收，12345热线诉求办理满意率、问题解决率等指标均居全省第1位。制定市级媒体融合改革实施方案，市融媒体中心挂牌成立。深入实施文明城市创建提升行动，开展“感动潍坊”十大人物评选，新入选“山东好人榜”45人，“中国好人榜”3人、数量全省第一。创新全环境立德树人工作机制，开设全省首档青少年思政新闻栏目，各级文明实践场所全部通过验收评估。探索“党建统领、四社共建”模式发展新型农村集体经济，推动城市社区成立“大党委”，基层党组织政治功能和组织功能持续增强。加快推动市县巡察向基层延伸，村级巡察覆盖率达到40%。

（李　婧）

组织工作

【概况】 2023年，中共潍坊市委组织部建立健全“六学联动”机制，分4个专题高标准举办读书班，深入开展“学思想·我来讲”活动，先后组织宣讲2500

余场次，党员干部讲党课3万余场次，开展党性教育、廉政教育6500余场次，轮训党支部书记2.58万人次、培训党员62.9万人次。围绕制约高质量发展的重点热点难点问题，确定调研课题1668个。引进高端人才1362人、海外人才603人、大学生8万多人；新入选国家级重点人才50人、泰山系列人才49人，2人入围“国家卓越工程师”公示范围，数量全省第一；8名高层次人才获省科学技术奖。发放“鸢都惠才卡”2111张，筹建人才公寓1.1万余套，累计发放大学生生活补助、购房补贴12亿元。市县组织部门先后110余次到中组部、省委组织部汇报，130余批次到先进地区寻标对标，500余次深入基层一线调研，邀请170余名专家学者、领导干部进行授课辅导。市县联动、同题共答、集中攻坚，70余个亮点经验做法在中组部《组工信息》《山东组织工作》《山东组工信息》等省以上部刊和《中国组织人事报》等中央媒体刊发；4篇信息获评“全国组织系统2023年度优秀信息”。被评为“全国组织系统2023年度信息报送先进单位”。

【干部队伍建设】 2023年，全市组织部门坚持重担当、重实绩的用人导向，突出事业为上选人用人，着力锻造堪当更好潍坊建设重任的高素质干部队伍。制定全省首个激励干部敢为的意见，以“大交流”激发敢为动力，突出考核好的多用、干得好的快用、考选上的早用“三个导向”，坚持调思维、调状态、调结构“三个原则”，采取面上普遍调、线上层层调、点上精准调“三种方法”，加大干部调整交流力度，实施市直部门中层干部“优岗提能”行动，市管干部交流率达34.6%。以“大比武”昂扬敢为激情，改进完善高质量发展综合绩效考核办法，突出“拼经济”指标，实行县市区“争星夺旗”、市直部门“挂牌亮榜”、镇街“统排统比”，举办书记、局长“擂台赛”，选树10名“敢为先锋”和1个“敢为先锋集体”，9名“敢为先锋”得到提拔重用或晋升职级，对考核优秀等次或位次前移幅度大的单位在干部职级晋升上予以倾斜，打造一支敢为善为、担当干事的干部队伍。坚持着眼长远储备，深入实施“优才计划”，选聘921名优秀高校毕业生到市县事业单位工作；公开招录选调生124名、公务员769名。坚持公开竞选择优，采取“履历业绩评价+面谈”的方式，面向全市竞争性选拔30名县级年轻干部储备人选。创新党外优秀年轻干部培养选拔工作，在党外干部培训班中探索嵌入综合素质测评，组织对57名党外年轻干部进行跟踪评价。新配备40岁左右县市区和市直部门单位正职6名、80后副职39名，市直部门单位领导班子平均年龄下降0.6岁。出台开展干部队伍能力作风提升行动的实施意见，提出15条具体措施，提升科学决策、推动发展、改革攻坚、服务群众、防范化解风险“五种能力”，锻造忠诚担当、事争一流、求真务实、立说立行、一抓到底“五种作风”。围绕“拼经济”“惠民生”“守底线”等专题举办60个重点培训项目，举办7期“潍坊干部大讲堂”，对1.82万名干部进行升维赋能培训。坚持从严管理监督干部，先后约谈提醒干部60余名，组织1748名干部填报个人有关事项并开展随机抽查，对22名市管干部开展审计，防止“小毛病”演变成“大问题”。

【人才工作】 2023年，全市实施人才优先发展战略，拓宽引才聚才渠道，为更好潍坊建设提供人才支撑。组织“十大产业”重点企业梳理人才需求2.36万个，采取“产业专班+企业”形式常态化走进高校院所，市委主要领导带队赴北京大学等知名高校院所开展人才对接交流，举办中国·山东（潍坊）海归创新创业峰会、国际人才创业大赛、人才政策环境宣讲暨“智汇潍坊——直通名校”招聘等活动410余场。实施“一企一平台”工程，打造高能级平台矩阵，已建成潍柴内燃机与动力系统全国重点实验室、北京大学现代农业研究院等省级以上研发平台975家，培育省备案新型研发机构36家，数量均居全省前列。加大校地合作力度，开展选派100名干部赴高校院所担任科技人才专员、选聘100名专家人才到企业担任科技人才副总“双百行动”，累计建立合作平台109个，帮助企业引进高端人才538名，落地转化科技成果824项；推动28家企业与高校院所共建现代产业学院，签约在校生3万余人，歌尔集团入选首批国家产教融合型企业。制定印发进一步完善党管人才工作体系的若干措施和推动“四链”融合发展的实施方案，潍坊市人才集聚节点建设方案获省首批批复同意。加强人才政治引领和团结凝聚，创新开展潍坊籍“两院”院士走访慰问暨“国士寄语更好潍坊”专题采访活动，高标准运营市人才之家，搭建起了人才增势赋能新平台。实施人才服务质效提升专项行动，提升人才服务水平，开展优化高端人才服务环境专题调研，印发《关于进一步优化高端人才服务工作的若干措施》，建成潍坊人才公园，打造人才友好城市。

【基层党建工作】 2023年，全市部署推动基层党建工作重点，推进镇村、城市基层党建工作开展。选优配强乡村振兴“领头雁”，常态化开展农村在外优秀人才回引，建立2.5万余人的农村后备人才库；实施乡村振兴主题培训计划，分批分类培训农村干部4.4万名；组织开展镇村班子届中分析，调整不胜任村“两委”班子成员90名。开展村级党组织分类推进整体提升三年行动，深入实施“千村联建、百区共富”行动，指导9个县市区1125个村开展党组织“跨村联建”，创建119个党建引领乡村振兴样板片区；依托潍坊现代农业产业优势和雄安新区政策资源优势，创新开展跨区域党建联建，共促乡村振兴。健全发展村级集体经济奖励机制，探索“党建统领、四社共建”模式发展新型农村集体经济，712个村集体经济收入过百万元，29家村党组织领办合作社荣登中国农民合作社500强；持续深化“五清强基”，全面开展农村集体“三资”侵占挪用问题专项整治，整改不规范合同6843份，增加村集体收入3508万元。召开全市城市基层党建引领基层治理现场推进会议，印发《城市基层党建标准清单》，深化提升“织网扎根·平急结合”行动，推动546个城市社区成立“大党委”，组建居民小区（网格）党支部5564个，打造提升党群服务中心（站）3466处，社区工作者达到9569名，加快实现党的工作进楼入户；开展社区物业党建联建，探索国企、社区领办“红色物业”模式，兜底管理1362个“三无”小区，在全省率先实现物业全覆盖。坚持“点”上示范，制定两新组织党建示范点工作标准，组织评选市级示范点37个，4家企业入选省级示范点名单。坚持“线”上建强，开展“红链赋能”行动，成立60个产业链党委，推动产学研、上下游、大中小企业党建联建共建，以“党建链”赋能“产业链”。坚持“面”上提升，推动“两个覆盖”，市县两级成立61个新业态行业党委，在园区、商务楼宇建立区域性党组织57个，建设716处“鸢都轻骑兵”驿站，5万余名新就业群体通过“新新向党”系统注册登记，提升了党在新兴领域的号召力凝聚力。注重从青年和产业工人、农民、知识分子中发展党员，加强入党积极分子和预备党员培养管理，进一步提高发展党员质量。创新开展“风险防控党员岗”创建，设定党员岗6898个，创建安全生产标杆党支部943个，把最不放心的岗位交给党员。加强流动党员教育管理，在上海、深圳成立流动党员党委，集聚党组织、商会、人才工作站、双招双引联络处等资源，构建起“党建引领、四位一体”流动党员教育管理新模式。

【组工干部管理】 2023年，全市组织部门坚持把政治建设摆在首位，严格落实理论学习中心组学习、“第一议题”“三会一课”、主题党日等制度，扎实开展主题教育。先后举办3期学习贯彻习近平总书记关于党的建设的重要思想和全国、全省组织工作会议精神集中轮训班，教育和引导组工干部深学笃行党的创新理论，不断提高政治判断力、政治领悟力、政治执行力。调整优化市委组织部机关青年理论学习小组，编印《组工干部应知应会知识题库》，开展“书香进机关”活动，营造浓厚的学习氛围，“我眼中的组工干部”征文获奖数量居全省之首。印发《关于进一步提升组工干部研究能力的意见》，加大调研信息宣传工作力度，聚焦重点难点问题确定16个调研课题。坚持用制度管人管事，严格落实“11710”督查工作机制，建立健全重点工作定期通报制度，推动各项工作任务落地见效。创新开展“展评争星”工作，每季度组织县市区、市属开发区组织部门和部机关各科室分别拿出2项成果公开展评。

（辛　波）

宣传工作

【概况】 2023年，全市宣传系统

聚焦学习实践习近平文化思想、党的二十大精神、主题教育等重大任务，开展主题宣讲2.6万余场次，受众325万余人次，打造“党的声音进万家”主题文明实践活动113项，开展活动1200余场，着力推动党的创新理论“飞入寻常百姓家”，在中央和省级主流媒体刊发稿件3100余篇次；《人民日报》2个头版头条、1个整版，《光明日报》2个头版头条，《经济日报》2个头版头条、1篇整版深度报道，《农民日报》3个头版头条，新华社山东要情动态7篇，《大众日报》2个头版头条、37个头版，《山东新闻联播》15个头条聚焦潍坊、宣传潍坊，5篇报道获省委书记林武和其他省领导批示，在新华社海外平台、《中国日报》等主流外宣媒体刊发9种语言稿件100余篇，策划5次外媒采访行，组织350余名记者、网红大V参与风筝嘉年华、鲁台会、中日韩产业博览会等重大节会活动报道，相关话题阅读总量超6亿人次。

【理论武装工作】 2023年，市委宣传部聚焦用党的创新理论武装全党、教育人民这个首要政治任务，制定《关于实施凝心铸魂工程 深化理论武装工作的意见》，服务保障市委理论学习中心组集体学习17次。深化中心组学习列席旁听，实现对16个县市区列席旁听全覆盖，市委中心组深化研讨交流等经验做法，在“学习强国”全国平台、光明网、《大众日报》等媒体宣传推介。建立省数字化平台月分析、适时实地检查掌握、情况季度通报、调度落实整改成效闭合督管中心组学习机制。全市5个中心组、7个单位、7人获评省理论工作先进，分项表彰数量均列全省第一。举办深入学习贯彻党的二十大精神理论研讨会，召集潍坊社科理论专家结合潍坊实践深入研究阐释大会精神，组织主题征文、理论成果征集活动。分专题开展全战线大调研，组织一线工作者深入学习践行习近平文化思想，推动理论成果转化为面上工作成效。加强“学习强国”学习平台建设，充分整合运用各类优质资源，打造理论学习研究阵地，“学习强国”学习平台潍坊发布稿件5.1万余篇，注册学员突破200万人，中宣部宣传舆情研究中心简报刊载3篇潍坊市经验做法信息，被评为山东省“学习强国”工作先进单位。组织市县两级媒体开设专栏专题，持续推出系列报道，广泛凝聚奋进力量。打造特色宣讲品牌，在全市组织开展理论宣讲特色品牌创建活动，推动理论宣讲进新时代文明实践中心（所、站）、文化广场、农家院落、鸢都“轻骑兵”驿站等，用大白话、乡土话等方式进行宣讲，打造“百姓说理茶社”“廊亭宣讲”等群众易于接受的宣讲品牌。开展“中国梦·新时代·新使命”百姓宣讲大赛、“学思践悟新思想 潍心向党建新功”巡回示范宣讲、首届大学生宣讲比赛。

【媒体宣传工作】 2023年，市委宣传部坚持“大潍坊”宣传理念，围绕全力推进“七个持续加力突破”“五个加快提升”，加快建设实力强品质优生活美的更好潍坊的生动实践，深入挖掘重大新闻素材，积极对接上级主流媒体，邀请到潍坊采访调研。中央广播电视总台《新闻联播》《朝闻天下》《经济半小时》等栏目多次深度报道潍坊市典型经验和做法，扩大影响力和知名度。坚持常态化主题宣传和专题策划宣传结合，常态化办好“学习宣传贯彻党的二十大精神”“在习近平新时代中国特色社会主义思想指引下”等专题专栏；围绕全市重点工作任务，统筹市县两级媒体聚焦“七个加力突破”，开设“建设实力强品质优生活美的更好潍坊”“突出五个优势 建设更好潍坊”“打造乡村振兴齐鲁样板”等专题专栏。围绕凝聚拼经济、抓发展的强大合力，连续推出“‘一等’背后的潍坊”等一批切入准、立意深、落点实、解码式的宣传报道；策划推出“新经济 新未来”“一把手访谈”“对话民营企业家”“共话乡村振兴路”等系列报道、深度报道和访谈节目，展示全市上下振奋精神求突破、全力以赴拼经济的举措和成就。通过自媒体视角开展“人间烟火 有淄有潍”等报道，引流淄博烧烤热，拉动潍坊文旅消费；组织开展系列网评引导，“潍坊的天空有多卷”等多个正向引导话题登上全国热搜。加快推动市级媒体深度融合发展，揭牌成立市融媒体中心。集聚“五友”外宣资源，举办对话全球“Z世代”“风筝云课堂”等系列外宣活动，以风筝文化助推齐鲁文化海外传播；拍摄制作“友城友人话山东”“我的‘一带一路’故事”专访节目，《一城一艺》《洋观中国》纪录片等双语视听作品，《七旬英国奶奶在潍坊山区支教》在“第三只眼看中国·大美中华”国际短视频大赛中获“最佳故事奖”。召开市级新闻发布会181场，并通过现场直播、云发布等方式提升传播力，新闻发布创新经验被省政府新闻办推广；持续提升“潍坊发布”政务新媒体，全年推送稿件2000余篇，总阅读量超1500万次。

【打造文化亮点品牌】 2023年，开展重点文艺作品扶持项目评选，19部作品给予重点扶持。有序推进“齐鲁文艺高峰计划”入选作品的创作生产，电视剧《南来北往》完成在潍坊拍摄，报告文学《看云起——中国“菜篮子”的共富样本》、长篇小说《乐道院》顺利出版。电视纪录片《郑板桥》、电影《海生稻香》分别在央九、央六播出，纪录片《郭味蕖》在央视中文国际频道播出。电影《勇士连》获国家广电总局2023年“共筑中国梦”主题原创优秀网络视听节目。山东快书《家常话》《卧冰求鲤》获第四届全国山东快书优秀节目展演优秀展演节目。11件作品获“泰山文艺奖”，1件作品获中国民间文艺“山花奖”。在全市举办2023潍坊新青年音乐节、巨淀湖湿地音乐节、上海国际艺术节潍坊分会场等音乐活动20余场，参与群众达40余万人次。举办陈介祺金石文化周、第十三届（诸城）东坡文化节等重点文化节会，擦亮城市文化名片。成功举办夏季黄河大集暨凤溪地仲夏夜欢乐季系列演出活动，“来潍坊、逛夜市”、全场大合唱火爆出圈。全年开展四季“黄河大集”“我们的中国梦——文化进万家”、市民文化节等群众性文化活动1.6万余场次，打造“最美人间烟火气”，进一步丰富群众精神文化生活。实施“山东手造”推进工程，打造“山东手造·潍有尚品”区域性公共品牌，遴选打造全市第二批30个手造“五进”场所和第三批40家市级“非遗工坊”。举办潍坊首届手造文化节、潍坊市城市伴手礼大赛、“山东手造·潍有尚品”非遗文创展等特色活动。制定实施文化“两创”新标杆行动等9项重点改革任务；在全省文化体验廊道建设启动会、文化“两创”推进会上作典型发言。承办省“文化创意设计赋能山东手造”行动启动仪式暨潍坊站活动，对风筝、年画、核雕等手造产品进行创新提升。1个项目入选全国非遗工坊典型案例，中晨书画艺术产业园获评国家级文化产业示范园区。

（王海军　胡杰文）

12月30日，“感动潍坊”人物颁奖典礼在潍坊市广播电视台举行（王晓光　供图）

统一战线工作

【概况】 2023年，市委统战部向市委常委会会议提报统战工作议题9个，筹备召开市委统战工作领导小组会议4个，协调机制联席会议12次，制定出台规范性文件4件。召开政党协商会议15次、书面协商16次，38期建言献策得到市委、市政府主要领导批示，200余条党外人士意见建议被市直有关部门吸收采纳。积极开展“百名专家教授联百企”活动，组织1200余名专家教授深入企业对接，助推产学研深度融合。壮大民企行动，调研企业、商会2200余家，与民营经济人士谈心谈话2350余人次，解决企业发展诉求900余件；开展“春雨润企一号行动”，落实小微企业税收优惠减免2.48亿元，兑现科技创新政策红利9.87亿元。成立工商联金融服务中心，为268家企业发放贷款118亿元，授信120亿元。全市统战系统签约项目40个，总投资158.1亿元。共同富裕行动，深化“万企兴万村”行动，民营企业参与总数2153个，兴村项目总数达3075个，累计投入项目到位资金228亿元，捐助总额4971万元。支持各民主党派、各统战团体开展社会服务公益活动2000余次，捐款捐物600余万元，惠及群众13万余人次。开展协商活动16次，形成16期《协商東》转有关部门办理，350余条意见建议被有关部门采纳。

【思想组织建设】 2023年，市委统战部把学深悟透习近平新时代中国特色社会主义思想作为首要政治任务，组织专题读书班4期，“统战大讲堂”14期，推动主题教育走深走实。严格落实“第一议题”制度，严格执行民主集中制和“三重一大”决策制度，全年落实“三重一大”事项清单30项，召开主题教育专题民主生活会，班子成员带头落实“双重”组织生活制度。实施项目化管理，开展“两学两强（学思想 学业务 强能力 强作风）”8期，部领导班子成员讲党课6次，打造“同心聚力”党建品牌，促进党建与业务深度融合。常态化开展党章党规党纪和廉政教育，赴潍坊监狱开展警示教育。把完善大统战工作格局作为加强党对统战工作集中统一领导的重要抓手，成立领导小组，各领域工作机制抓日常工作。健全完善对各县市区、市属各开发区、市直部门统战工作考核制度，压紧压实各级各部门的统战工作责任。创新实施聚力强市建设“5+1行动”，按照“全面展开、重点突破、注重创新、务求实效”的工作思路，先后召开4次现场推进会推动工作落实。举办“留学报国·智汇齐鲁·逐梦鸢都”中国·山东（潍坊）海归创新创业峰会。打造23处党外知识分子“爱国奋斗、建功立业”实践基地和无党派人士工作室。放大潍坊发展大会品牌效应，举办光彩事业潍坊行“双招双引”推介会、“情系海联·鸢都行”“港澳千人山东行”等系列活动。省委常委、统战部部长徐海荣出席山东尧王控股集团与香港浸会大学中药新药研发合作协议签约仪式。在香港山东社团总会、澳门山东社团总会分别建立潍坊学院人才工作站。开展铸牢中华民族共同体意识十大行动。建立健全宗教活动场所智慧化监管系统。实现新的社会阶层人士联谊组织镇街全覆盖，党外知识分子联谊会、欧美同学会县级组织全覆盖。健全完善基层商会组织，建立营商环境监督制度，选聘44名营商环境监督员。开展侨法宣传活动20余次，参与群众1.2万余人次。

【多党合作事业发展】 2023年，市委统战部组织各民主党派市委会深入开展“凝心铸魂强根基、团结奋进新征程”主题教育，将习近平新时代中国特色社会主义思想和习近平总书记关于多党合作的重要论述纳入党外人士协商座谈会、各民主党派理论学习中心组议题。组织开展纪念中共中央发布“五一口号”75周年系列活动，创新打造议政建言工作品牌。牵头开展全市统一战线聚力强市建设“建言献策行动”，创新打造“鸢都论见”工作品牌，搭建协商東、集思東、微言東、采风東、雅集東5个建言献策平台。28篇《集思東》《微言東》得到市委、市政府主要领导签批，120余条意见建议被相关部门采纳。聚焦中心深入开展调研活动，支持各民主党派、无党派人士聚焦新时代现代化强市建设开展调研，7件重点调研课题得到市委、市政府主要领导签批并跟踪督办，31条意见建议全部被有关部门采纳。落实“7+1+1”民主监督机制，支持党外人士围绕重点改革事项、重大决策、重点任务落实等开展专项民主监督，9件监督调研成果获市委、市政府主要领导签批，39条意见建议被相关部门采纳吸收。年内累计举办各类培训班30期，培训4000余人次。开展“2023潍坊民营企业100强评选”活动。

【服务非公经济发展】 2023年，全市统战系统充分发挥全省民营经济人士理想信念教育（潍坊）基地作用，定期举办统战大讲堂、工商联大讲堂，13名非公有制经济人士获“第八届山东省非公有制经济人士优秀中国特色社会主义事业建设者”荣誉称号。对优秀民营企业家进行专访，宣传先进事迹，引导民营企业家争当爱国敬业、守法经营、创业创新、回报社会的典范。开展“商会组织建设年”活动，先后6次组织召开商协会负责人专题座谈会，指导市、县两级同步成立新生代企业家商会，实现市县两级全覆盖。新成立银川山东潍坊商会等6家异地商会，在美国设立潍坊商会。全市工商联所属商会达到197家，其中行业商协会38家、潍坊异地商会19家、异地潍坊商会16家、乡镇街道商会122家。成立潍坊市工商联金融服务中心，开展金企对接6次，为268家企业发放贷款118亿元，授信120亿元。推动市新生代企业家商会与市农信联社建立战略合作关系，对接会员企业376家，发放贷款232家，贷款金额38.3亿元。实施"春雨润企一号行动"，落实小规模纳税人免征减征增值税、小微企业"六税两费"减免等税收优惠2.48亿元。

【党外代表人士队伍建设】 2023年，完成无党派人士政治面貌认定工作，有序组织无党派代表人士参加政治协商座谈会15次，书面征求意见3次。成立80人"百名专家教授联百企"党外专家库，开展党外专家企业行活动。12个县市区成立无党派人士议政建言联合组、党外知识分子联谊会、欧美同学会（留学人员联谊会），142个镇街成立新的社会阶层人士联谊组织，基层组织建设不断加强。新打造党外知识分子"爱国奋斗、建功立业"实践基地4个，无党派人士工作室3个，新的社会阶层人士统战工作实践创新基地16个，"社员之家"3个。高水平承办"留学报国·智汇齐鲁·逐梦鸢都"中国山东（潍坊）海归创新创业峰会，300多名海归精英齐聚潍坊，现场签约36.93亿元，1处省级留学人员创新创业基地落户潍坊。

【侨务工作】 2023年，开展走访慰问侨界代表人士和代侨慰亲活动，联合"五侨"部门开展全市"侨法宣传月"活动。办理归侨侨眷身份证、"三侨考生"身份确认等涉侨政务服务事项11件。完成潍坊海外联谊会换届工作，召开潍坊海联会第五次会员大会，选举产生第五届理事会监事会。组织侨界代表人士参加山东省海外交流协会第七届会员大会和省海外侨团联谊大会。召开"听侨音·问侨计·聚侨心"迎中秋庆国庆侨界代表人士座谈会。潍坊市两位侨界人士陈江波、刘恩峰被中国侨联和国务院侨办表彰为"全国归侨侨眷先进个人"。邀请英国、俄罗斯、日本、阿曼等国侨领参加省第三届儒商大会、2023高层次人才走进山东"侨梦苑"和华交会，考察优质招商项目，参加现场签约，总投资达10亿元。举行潍坊海外联谊会投资合作发展项目签约仪式，8个签约项目总投资9.02亿元。邀请美东山东同乡会到潍开展国情考察，促成中药谷（潍坊）集团与美、英、韩等10多个国家的侨领达成中药事业推广合作意向。接待俄罗斯山东同乡会、法国潍坊商会到潍参访考察。接待"文脉中华·同心筑梦"中美洲统促会联合参访团到潍参访。推荐2名教师赴澳大利亚开展风筝扎制教学等活动。联合市委宣传部在澳大利亚设立中华文化之角尼山书屋。

（张月莲）

政策研究

【概况】 2023年，市委政策研究室组织主题教育专题读书班4期、研讨交流4次，开展党支部集体学研15次、班子成员讲党课6次、各类实践性教育活动9次，开展"第一议题"学习11次、理论学习中心组集体学习13次，开展对策性、解剖式调研27次，形成调研报告19篇，编发《改革与制度创新》《决策参考》等26期，一批调研成果以讲话、文件等形式进入市委决策，5篇调研报告得到市委主要领导签批肯定。与全国200多家地级以上城市党委政研系统定期交流，全年编发《潍坊通讯》12期，刊发各类文章236篇、70余万字，发行22000册，荣获"城市十佳党政期刊"称号，为宣传推介更好潍坊贡献了力量。形成决策研究报告50余项，其中10项成果获市主要领导肯定性批示。

【组织引领力】 2023年，市委政策研究室坚持一切工作从政治上考量、在大局下行动，深刻领悟"两个确立"的决定性意义，切实增强"四个意识"、坚定"四个自信"、做到"两个维护"。坚持不懈用习近平新时代中国特色社会主义思想凝心铸魂，不折不扣贯彻落实党中央各项决策部署，确保在思想上政治上行动上同以习近平同志为核心的党中央保持高度一致。把旗帜鲜明讲政治贯穿工作全过程各环节，在文稿起草中彰显政治站位，在调查研究中体现政治要求，在机关建设上提高政治标准，政治判断力、政治领悟力、政治执行力不断增强。严格落实室务会"第一议题"、理论学习中心组集体学习等制度，对习近平总书记重要讲话、重要指示批示精神，第一时间跟进学习，研究贯彻措施，推动走深走实。坚持学以致用、知行合一，组织干部经常性学习提升，常态化开展集中学习研讨、写作心得分享、优秀文稿解读、线上经验交流等活动，系统提升政研干部学习研究、调研思考、整合运用能力，切实把党的创新理论转化为指导实践、推动工作的强大力量。牢牢把握“学思想、强党性、重实践、建新功”总要求，推动以学铸魂、以学增智、以学正风、以学促干取得扎实成效。主题教育期间，班子成员、各科室分别牵头对13项重点课题进行调研，向市委提供有价值的意见建议69条，为市委决策提供了有力参考。

【决策服务力】 2023年，坚决落实市委主要领导对市委办公室、政研室“忠诚、高效、超前、协作、学习、守密、自律”的工作要求，坚持围绕中心、服务大局，扎实履职尽责，积极担当作为，圆满完成各项工作任务。坚持“追求完美、事争一流”，精准把握市委要求，高质量起草领导讲话、综合报告、主旨演讲等重要文稿800余篇，参谋提出“实力强品质优生活美的更好潍坊”、研究参谋提出“一七五一”思路目标和任务举措。起草了潍坊国际风筝嘉年华致辞、全市企业家大会讲话、北京大学宣传推介辞到市委全会讲话、常委会工作报告、全市工作动员大会讲话、在全国两会山东代表团审议时的发言等，多篇重要会议活动文稿受到市委主要领导的肯定表扬，坚持一线调研与政策研究相结合、上级部署与潍坊实际相结合、基层现状与智库意见相结合，不断增强调查研究的专业性和科学性。对事关全局、领导关注的重大问题，提前介入、超前研究、动态跟踪。筹备召开市委财经委会议、市委经济工作会议、全市民营经济高质量发展工作会议等重要会议，着力健全经济运行分析机制，定期研究经济运行的深层次问题和发展趋势，每季度形成经济运行分析报告，有针对性地提出高质量对策建议，报市委主要领导参阅。加强对上汇报沟通，县域工业经济高质量发展等2项典型做法在全省推广，助推寿光市入选全省首批共同富裕先行示范县。充分发挥《潍坊通讯》平台作用，拓展办刊模式，创新内容形式。

【决策咨询研究】 2023年，市改革发展研究中心紧紧围绕市委、市政府“七个加力突破”“五个加快提升”，加快建设实力强品质优生活美的更好潍坊等重大部署。把拓展创新“三个模式”作为重要政治任务，形成《深化拓展“三个模式”在建设农业强国大局中作出潍坊新贡献》报告，从粮食安全、农业产业化、农村现代化、农民增收、城乡融合、党的全面领导六个方面提出下步工作方向建议，市政府主要领导批示肯定，批转市委常委、副市长以及农业农村部门阅研。以国家农综区获批五周年为契机，聚焦深化国家农综区建设，形成《关于深化国家农综区建设的思考建议》，市委、市政府主要领导批示肯定，批转市委常委、副市长及国家农综区、农业农村局、商务局等部门阅研。围绕加快数字经济发展，深入了解苏州市、佛山市、东莞市等制造业强市及省内城市先进做法，形成《关于加快发展数字经济的分析与建议》，市委主要领导批示肯定，批转各常委、副市长阅研。把用好政府基金作为城市发展新赛道的突破点，深入研究先进城市用好政府基金促进高质量发展的经验做法，形成《关于用好政府基金发展新赛道的建议》，市委主要领导批示肯定，批转市分管领导和市财政局、市地方金融监管局、市投资促进局等部门阅研。把加快现代物流发展作为建设更好潍坊的重要支撑，梳理潍坊发展现代物流的基础优势、问题短板，形成《关于加快发展现代物流的调研与思考》，市委主要领导批转市委编办阅研。深入分析浙江省台州市基本情况、发展历程、战略举措和发展民营经济相关经验做法，形成《关于台州发展情况的梳理分析》，市委主要领导批转市工信局、市工商联、市地方金融监管局等部门阅研。

【决策咨询服务】 2023年，深度参与有关重大活动和重要事项，突出智库特色提供咨询服务。推动和参与组织成立市决策咨询委员会，以市委、市政府名义下发《关于成立潍坊市决策咨询委员会的通知》《潍坊市决策咨询委员会章程》《潍坊市决策咨询委员会运行办法（试行）》3个文件，全程参与组建并承担决策咨询委员会办公室职责，统筹委员会运行、管理和服务事宜。推动和参与组织开展潍坊籍“在外杰出人士”系列评选活动，包括“十大在外杰出企业家”“在外杰出青年”“在外知名女性”等，做好有关评选协调、服务工作。推动和参与组织开展寻标对标先进城市活动，起草《对标学习南通、台州、佛山、泉州工作方案》，以市委、市政府办公室名义发布。推动和参与组织策划“潍坊迎新年再出发”系列活动，以市委、市政府名义下发《潍坊迎新年再出发系列活动方案》，组织做好活动协调、工作调度、联络保障等工作。参与筹划“潍坊2023国际风筝嘉年华”“先进制造潍坊行”活动，深度参与讨论、筹备等有关工作。参与市委决策服务专项小组工作，梳理各地创新做法和亮点经验，提出借鉴建议，编印《领导参阅》7期。选派骨干人员参加全市农业农村现代化综合改革工作专班、乡村振兴融合化工作专班，高质量完成文件起草、会议筹备、理论研讨、实地督导等工作。

【地方党政智库建设】 2023年，开展“一专家一智库一课题一城市”活动，每人根据自身研究领域，关注一名知名专家、一家高端智库，确定一项课题，关注一个城市。特别是每人长期关注一个城市，深度了解其发展态势、工作措施、体制机制、重大项目等，分析探究机理规律，提出学习借鉴建议。加强与高校院所合作交流，年内与山东大学、山东师范大学、山东财经大学、青岛科技大学等高校合作开展研究课题10余项。在《中国外资》《中国建设报》《中国改革报》《中国经济导报》《中国教育报》《潍坊通讯》等重要媒体发表理论文章20余篇，立足社会普遍关注的热点难点问题，从智库角度提出潍坊解决方案。参与策划潍坊电视台深度报道栏目，在相关栏目以专家点评形式展示研究成果。深化与国务院发展研究中心、中国国际经济交流中心、长三角产业发展研究院等高端智库的交流联系。8项成果获省市表彰，包括全省政府系统优秀调研成果奖、省发改委优秀研究成果奖、市社科优秀成果奖、“建设更好潍坊金点子”一等奖、市改革典型案例等。

（殷霄鹏　方典昌）

机构编制

【概况】 2023年，中共潍坊市委机构编制委员会办公室（简称市委编办）扎实开展主题教育，按“学思想、强党性、重实践、建新功”要求，开展“推进更好潍坊建设·机构编制部门如何做”研讨。深入学习习近平总书记关于机构编制工作的重要论述，特别是在二十届中央编委第一次会议上的重要讲话精神，立足职能职责，强化顶层设计，自觉用好归口管理机制，将机构编制工作融入组织工作统筹推进，切实加强政策协同、改革协同、工作协同、监督协同，各项改革和管理工作取得新成效。成立5个调研组，先后3轮赴12个县市区、25个市直涉改部门（单位）、36个镇街开展调研。举办4期专题读书班，组织调研成果交流会暨典型案例剖析会。共核定编制6.9万名。共安排用编进人计划5972名，其中为镇街安排计划809名，占全部计划的13.55%。保障引进人才1362名；做好“人才返潍”工作，已安置人才102名。选取市委宣传部等13个市直部门和3个县市区开展评估试点，推动部门履职尽责。强化创新驱动，立项37个创新项目和13项重点研究课题，有16项研究成果在第二届全省机构编制优秀科研成果评选中获奖，质量和数量均居全省前列。先后被授予“全省机构编制信息宣传工作表现突出集体”和“市直公务员管理制度建设模范机关单位”等荣誉称号。

【服务中心工作】 2023年，市委编办围绕全市中心工作，理顺重点领域体制机制。服务“教育强市”战略，完成新一轮中小学教职工编制核定工作，全面达到国家标准，助力国家基础教育课程改革实验区建设。积极服务“人才强市”战略，用好高层次人才周转编制专户，建立入编绿色通道，对引进人才落实“双落户”政策。积极服务市委、市政府重点工作，增强统计、国资等工作力量，服务经济发展；推动设立市县国防动员委员会，助力构建国防动员新格局。加大用编进人计划向基层一线倾斜力度，为基层发展提供人才支撑。针对中心城区市管建设项目监管、化工建设工程质量监管等，进一步理顺住建、工信等部门职责，推动监管责任落到实处。积极服务“双招双引”，共签约立项项目5个、总投资20.3亿元，到位资金2000万元，引进科研院所1个，高层次人才15名，筹措资金546万元帮助峡山区久远埠村发展村内民生、改善村容村貌。

【市县机构改革】 2023年，统筹市县两级机构改革，成立市委书记为组长、分管市级领导为成员的改革领导小组，研究贯彻落实上级精神，确保改革不走样、不偏向。详细了解涉改单位的具体情况，做到了机构清、职责清、编制清、人员清、历史沿革清、部门需求清。按照“先立后破、不立不破”原则，形成市县“10+3”改革方案，潍坊市机构改革实施方案顺利通过省里批准，在全省率先召开全市机构改革动员大会，对市县改革进行全面部署安排。坚持市县“一盘棋”，指导县市区制订改革方案，做到“一把尺子量到底”，推动市县机构设置和职能配置基本对应，形成上下贯通、运转顺畅、充满活力的工作体系。

【机关事业单位运行监管】 2023年，市委编办在全省率先建立机关职能运行监管“六项机制”，荣获全省机构编制工作创新案例一等奖和优秀科研成果一等奖；成功争取全省部门核心职能履行情况评估试点。优化事业单位监管服务，启动2023年度市县事业单位绩效考核，制定2024年绩效考核实施方案；选取市县621家事业单位开展“双随机、一公开”监管，举办事业单位绩效考核“擂台赛”和“服务创新项目”评选，激励创先争优；公布第一批事业单位法人证书“免提交”清单，助推“无证明城市”建设。

【重点领域改革】 2023年，市委编办不断深化重点领域体制机制改革，推动各项改革落实落地、取得实效。推进疾病预防控制体系改革，市县卫健部门均加挂疾控局牌子，重新组建市县疾控中心，“山东改革”微信公众号推介潍坊做法。围绕提升基层防震减灾救灾能力，市县应急局统一加挂地震局牌子，所属事业单位统一更名或挂牌“防震减灾中心”，并核增编制53名。开展议事协调机构和工作专班清理规范，市县议事协调机构共减少167个，工作专班减少174个，《中国机构编制》予以宣传推介。围绕推动科技创新，探索创新科研机构管理运行模式，出台《关于优化市属相关科研机构管理运行机制的若干措施》，被评为全市改革典型案例和优质服务项目。围绕优化基层管理体制机制，创新“四融合四优化”工作机制，《中国机构编制》开设“潍坊市健全完善基层社会治理体系”专栏予以推介，省委编办到潍坊调研并给予充分肯定。深化开发区体制机制创新，动态调整开发区权责清单，市属开发区确定权责清单事项9963项。同步调整开发区管理机构与属地单位职责边界清单，市属开发区明确职责边界事项167项，县属开发区明确158项。

【机构编制管理】 2023年，全市开展“三定”规定集中学习活动，组织市直80个部门单位围绕“三定”规定、机构编制职能规定等，逐字逐句解读，深入对照查摆，督促整改职责缺位、错位、越位等问题，知责明责、履职尽责。依据“三定”规定，对市县事关群众衣食住行、就学就医等方面的238个“无头事项”明确主管部门，有效解决部门间“踢皮球”问题，让“无头”变

5月29日，潍坊市疾病预防控制局正式挂牌

（市委编办　供图）

“有解”，被评为“全市12345政务服务便民热线工作表现突出单位”。持续推行机构编制政策法规函告制，市县两级共函告部门（单位）主要负责人348名，强化了“编制就是法律”意识。常态化开展机构编制事项跟踪问效，选取138个机构编制事项实施跟踪问效，推动机构编制决策事项落实落地。

（李佳峻）

台港澳工作

【概况】 2023年，市委台港澳工作办公室举办第27届鲁台经贸洽谈会开幕式暨2023台商大会、2023海峡两岸农业论坛·数字赋农大会、两岸企业家携手潍坊恳谈会等三大主体活动，两岸元宇宙、智能制造暨机器人、预制菜、医疗康养、非遗、文化旅游、职业教育、高端人才等丰富多彩、务实有效的系列专项对接活动。会议期间，集中签约项目41个，总投资195.2亿元。会后，注册资金3000万元的潍坊颢德健康管理服务有限责任公司项目注册成立；山东省6所院校与台湾4所院校签署学术交流合作协议15个；海峡两岸云上博览会2437家企业参展。第十八届中央政治局委员、两岸企业家峰会大陆方面理事长郭金龙和市委主要领导分别批示肯定。市委台港澳办、潍坊鲁台经贸洽谈会服务中心均被评为2023年鲁台青年文化交流节活动优秀组织单位，服务台商“惠企暖心”行动入选全省服务台商十大优秀典型案例。

【经贸合作】 2023年，全市新批台资项目5个、总投资额4076.3万美元，增资项目6个、增资额1014.15万美元，5家台资企业入选山东省2023年度专精特新中小企业名单；万豪综合产业园开工建设，两岸文创基地项目签约，潍水左岸热带雨林生态科普馆正式开馆。深入开展服务台商“惠企暖心”行动，举办银企对接、校企对接活动，扎实推进“法律顾问进台协、法律服务进台企”，依法依规处理台胞台企求助事项15件。

【人文交流】 2023年，全市共举办风筝、武术、汉字艺术等23项对台交流活动；其中，3项入选国台办对台交流重点项目，6项获批省台港澳办重点交流项目，数量均居全省第一。青州市博物馆（青州古城）正式挂牌“山东省对台交流基地”。1名台胞获聘“鲁台青年友好交流使者”。引进44名台湾博士入职潍坊科技学院。推动潍坊市旅游行业协会与基隆市观光协会、寿光和信医院与台湾澄霖国际股份有限公司分别签署战略合作协议。促成寿光蔬菜产业集团在香港设立专销区，中国中药谷集团与香港将军澳工商联合会签署战略合作协议。潍坊一中、文华学校、瀚声学校与港澳地区学校深度开展校际交流。

【扩大宣传影响力】 2023年，全年在各类媒体刊发宣传稿件700余篇，国台办新闻发布会2次推介潍坊工作情况；邀请新华社、中央广播电视总台、《光明日报》等30余家权威媒体到潍采访调研，以在潍坊台商为主题人物制作的专题片《寻梦白鹭源》在中央级权威媒体和台港澳主流媒体广泛传播；成功争取中国台湾网在鲁台会设立“融融观鲁”专栏，并在大会现场设置“融融会客厅”，以专访、评述、特稿阐释等方式，面向岛内讲述潍坊故事、发出山东声音，大会资讯在两岸各类媒体平台阅读量超过3000万人次，中国台湾网海外平台覆盖量超过110万人次。

（周文林）

保密工作

【概况】 2023年，市委保密工作委员会办公室构建市县镇（街）三级联动工作格局，集中利用4个月时间，对16个县市区分成两个片区进行宣传教育、检查指导、整改落实、督导复查，坚决筑牢保密安全防线。认真落实省委保密委要求，加强保密宣传教育工作，创新“需求＋订制”宣讲机制，组建保密宣讲团，根据不同需求，编制“菜单式”宣讲专题，提供“点单”选择，为基层单位开展针对性强的保密知识宣讲，增强全民保密意识。创新“平台＋保密”宣传形式，灵活运用地标建筑大屏、公交车体、口袋公园、全媒体等平台载体，以贴近生活、形式多样的保密知识内容，打造群众身边的保密宣传阵地。创新“课堂＋现场”培训模式，坚持“源头治理”，加强定密工作监督指导，推动定密规范化、精准化。开展网络专项整治行动，着力化解网络管理失泄密风险。坚持“规范管理”，严格涉密载体制作、收发、传递、使用、保存、销毁全链条全环节管理。在资质（资格）企业中，开展“双随机”抽查工作，采取“四不两直”方式开展保密检查，及时发现保密管理中的失泄密隐患，及时反馈问题，堵塞漏洞、确保安全。加强资质（资格）企业事中事后监管工作，做好受理企业年度报告、涉密人员备案、涉密项目备案、注销、变更业务工作。市系统测评实验室通过国家测评实验室现场验收，并正式挂牌运行。

【保密宣传教育】 2023年，全市落实“六纳入一评议”机制，层层压紧压实责任链条，推动各级党委（党组）扛牢党管保密主体责任。市委高度重视保密工作，市委常委会会议专题研究保密重大事项，并将案例通报纳入理论学习中心组学习内容。中央保密办（国家保密局）领导先后带队到潍调研并召开座谈会。各县市区、市属各开发区、市直各部门单位党委（党组）坚持做到保密工作与业务工作同研究、同部署、同检查、同考核、同奖惩，市委保密委发挥保密委各成员单位职责作用，完善保密管理的协调配合机制，建立保密工作联席会议制度、泄密案件查处情况相互通报及信息共享制度、涉及国家秘密安全的突发事件应急处置制度。将保密教育培训纳入各级党校（行政学院）教学体系，组织各级各部门到保密警示教育实训平台开展现场教学，通过“课堂+现场”的培训模式，增强对保密知识的直观认识。

【保密管理工作】 2023年，市保密办坚持将依法治密贯穿于保密管理的各领域各环节，依法行政、依法执纪，不断提高保密工作的法治化、科学化、规范化水平。加强对以定密管理、涉密人员管理、网络保密管理、涉密载体管理为主要内容的保密“四大管理”工作。利用市网络保密监管一体化平台，对各类疑似违规信息进行甄别，及时发现查处违规行为，对相关责任人进行严肃处理，起到“查处一个、震慑一批、教育一片”的效果。

【保密监督检查】 2023年，市委保密办发挥保密监督检查“利剑”作用，针对检查中存在的问题，分类差异施策，打出“宣查改督”连贯组合拳，提高保密检查的精准度。组织开展“六集中”专项整治行动，坚决杜绝失泄密事件发生。开展“三个一”活动：面向市县镇（街）三级机关、企事业单位全体工作人员及各高等院校全体师生，集中开展一次保密谈话、集中签订一份保密承诺书、集中组织一次保密测试，真正让保密知识、保密意识入心入脑，让保密行动成为思想自觉。建立“两提醒”机制：开展保密教育提醒，组织各级党委（党组）理论学习中心组集中学习案例通报，绷紧领导干部保密神经；发送保密警示提醒：借助手机短信、微信群等方式，明确规范工作人员保密行为。集中组织开展社交媒体自查清理行动。在县市区层面，创新开展“宣查一体化”专项行动，边教育边培训，边检查边指导，做到以查促教、以教促改，实现宣教检查同开展、共提升。县市区对辖区内镇街、镇街对村（社区）分级分层开展宣查，形成横到边、纵到底的全覆盖宣查格局。在市直机关单位层面，继续推进“进驻式”保密检查，创新“鱼渔双授、以查促教”检查新模式，受检单位抽调一名专职保密干部全程参与本单位和下一个被检单位的检查，通过检查实践提升保密业务能力，为做好本单位保密管理工作打好基础。

【保密技术服务保障】 2023年，坚持用科技支撑保密，全面强化保密综合防范体系，积极应对网络窃密泄密风险挑战。在全省率先建成县级互联网敏感信息预警监测系统，将保密资质（资格）企业涉密岗位互联网计算机纳入同步监管，及时发现、精准处置失泄密风险隐患，确保机关单位、资质（资格）企业互联网计算机的安全运行。组织技术人员先后赴国家保密科技测评中心、省保密科技测评中心跟班学习，参加业务培训班，开展测评任务，测评能力得到有效提升。高标准完成各类重要涉密会议活动保密服务保障工作。派员参与高考、研究生招考、执业资格类考试等安全保密管理，确保不出现失泄密问题。

（蒋昱生）

市直机关党建

【概况】 2023年，市委市直机关工委对市直部门单位912名党支部书记和普通党员开展主题教育集中培训。投入 206 万元，下发主题教育书目 8 万余册，配备各类经典书籍 8500 册。遴选 45 名优秀党员干部组建理论宣讲骨干队伍，举办宣讲骨干研修班，提升宣讲技能水平。深入调查研究，制定调查研究工作方案，2 项调研成果全国获奖，10 项成果全省获奖，2 项成果被省《机关党建》杂志刊发。与市社科联联合开展全市机关党建课题调研，55 项课题获得立项，46 项通过鉴定结项，9 项被评为优秀课题。举办高质量机关党建引领高质量发展、机关纪委副书记、理论宣讲骨干等各类培训班，培训党务干部 6000 余人次。每季度举办组织生活制度落实情况讲评暨业务培训会，现场指出问题 837 个，对党建实务进行专题培训辅导，共培训专兼职党务干部 480 余人。组织党员进党校培训班 39 期、培训 5035 人。聚力办好为民实事。推动市直机关领导干部全面建立基层党支部工作联系点 490 个。推动各级党组织开展“双报到”活动 852 次，参与党员 14415 人次；开展“我为群众办实事”实践活动 1250 次，为群众解决问题 4475 件，不断提升人民群众获得感。

【政治建设】 2023 年，将党的政治建设摆在首位，深化政治机关意识教育，严明政治纪律和政治规矩，严格落实政治生活制度，引导党员干部坚定拥护“两个确立”，坚决做到“两个维护”。深化模范机关创建，印发《关于着眼提高机关党建质量　深化模范机关创建工作的实施意见》，复审通过第一批创建工作先进单位 17 个，评选第二批先进单位 17 个、模范履职科室 177 个，编印典型材料，推动创建工作步步深入。推进党建业务融合，以“学思想、强党性、勇担当、拼在前”为主题，组织庆祝建党 102 周年“七个一”系列活动，增强永远跟党走的自觉性、坚定性。开展市直机关岗位练兵竞赛，举办全市机关党建创新发展观摩交流活动和全市机关工委书记擂台赛，推动比学赶超、共同提升。在新时代城市机关党建工作经验交流会上作题为《坚持目标导向　强化融合思维　以主题教育牵引机关党建高质量发展》的发言。

【思想建设】 2023 年，坚持用习近平新时代中国特色社会主义思想凝心铸魂，印发《2023 年市直机关党员干部理论学习意见》等 3 个指导性文件，对机关理论学习进行规范。抓实主题教育，牢牢把握“学思想、强党性、重实践、建新功”总要求，建强平台载体。建立党组（党委）理论学习中心组领学促学、机关党组织组学督学和青年理论学习小组专学带学“三位一体”学习机制，开展党组（党委）理论学习中心组学习列席旁听，创新“七步工作法”，工委理论学习中心组被省委宣传部表彰为全省先进。

【服务中心大局】 2023 年，市直机关党工委自觉跳出党建看党建，围绕建设更好潍坊谋思路、出实招、见行动。实施干部队伍能力作风提升行动，出台 8 条措施，召开推进会议，组织现场观摩，开展实地督导，能力作风建设取得明显成效，获市委主要领导批示肯定。“潍坊市创新实施八条措施　推动市直机关干部队伍能力作风大提升”获评潍坊市改革典型案例。组织“更好潍坊奋进正当时”主题讲述、“迎中秋　庆国庆”文艺汇演、“‘典’亮更好潍坊”市直机关经典诵读，市委主要领导 3 次出席、1 次批示，高度肯定。投入 148 万元，举办“三八”文艺汇演、普通话十佳选树、乒乓球赛、足球赛、工间操大赛、活力健步行等多彩活动，提振机关干部精气神。投入 155 万元，开展“惠读书　乐观影”活动，3500 余人购书，3.3 万余人次观影。划拨资金 113 万元，走访慰问老党员、困难党员职工 694 人。组织 2 批百名一线优秀工作人员疗休养，强化人文关怀，激发干事动力。机关工委被省妇联表彰为山东省巾帼建功先进集体。积极培树党建品牌。投入 70 万元，打造 8 个党群示范点，以点带面，示范引领，全面提升。组织“党建引领　更好潍坊”市直机关党建品牌擂台赛，以高质量党建引领市直机关走好“第一方阵”。深化优质服务项目创评，评选优质服务项目 124 个，打造机关服务品牌。

【基层组织建设】 2023 年，市直机关党工委推进基层组织规范建设。优化星级党支部管理机制，命名五星级党支部 141 个。扎实做好党组织换届和书记、副书记审批，下发换届提醒 12 次，审批换届和更名党组织 27 个，调整书记、副书记82人次。强化党员教育管理，有序推进党员发展，对137名党员发展对象开展示范培训，指导55单位发展新党员333名。打造精品党员教育电视片，《守望》获评全省党员教育电视片（党课）观摩交流活动特别奖（全省共10部）并斩获最佳策划奖第一名，后代表山东省参加全国党员教育电视片观摩交流活动，荣获二等奖。

【正风肃纪】 2023年，市直机关党工委将纪律作风建设作为管党治党的“戒尺”，努力保持机关作风建设力度不减、温度不降。开展市直机关“聚焦‘七个加力突破’转作风促提升”行动。印发3个指导性文件，收集梳理“整合产业政策”等20条意见建议。组织97个部门单位开展自查自纠，推动查摆问题296人次，给予谈话提醒、批评教育970人次。开展机关纪检业务培训，组织机关纪检监察干部队伍教育整顿，兼职纪检干部工作能力明显提升。市直部门单位机关纪委全年自办案件12件，协助调查案件28件，处分38人，运用“四种形态”批评教育帮助和处理125人次。

【党建责任制】 2023年，市直机关党工委建立健全机关党建年初清单明责、年中督查督责、年底述职评责的责任落实闭环。以单明责，指导督促各部门单位制定党组（党委）和机关党组织抓机关党建工作责任清单，亮明“责任图”，推动明责定责履责传责到位。聚焦强化“书记抓、抓书记”鲜明导向，选树20个机关党组织书记抓基层党建优秀突破项目，压实机关党组织书记党建工作责任。以督压责，每月督查96个部门单位主要负责人参加组织生活情况，对606名党组（党委）成员和所属单位党员主要负责人参加情况进行专项督查，推动支部党建工作全面过硬。以述考责，组织召开2022年度市直机关党组织书记抓基层党建工作述职评议会议，以“分级负责”的方式开展党组织书记述职评议考核，市直各部门单位共组织各级述职评议会议205次，1875名党组织书记参加，实现对象“全覆盖”。

（秦南溪）

老干部工作

【概况】 截至2023年12月31日，潍坊市共有离退休干部96977人，其中离休干部927人，退休干部96050人。获评全国关心下一代党史国史教育基地、全国老年教育理论研究实践基地等15项省级以上荣誉，在全省首次老干部工作评估评价中荣获优秀等次。组织全市离退休党员干部参加主题教育，引导老干部坚定拥护“两个确立”、坚决做到“两个维护”。用好中组部老干部局“离退休干部工作”微信公众号，发挥离退休干部党组织作用，组织10万人次收听收看网上专题报告会；依托各级老干部党校、老年大学、老干部服务中心，开办“本色家园·长者先锋”大讲堂151场次。将离退休干部党支部书记培训纳入全市干部教育重点培训项目，全覆盖培训党组织书记和骨干2000人次；组织开展“话传统、谈复兴、聚力量”专题调研，印发离退休干部遵规守纪告知书、承诺书，进一步增强党性觉悟。推进党支部标准化规范化建设，获评模范机关创建工作先进单位、打造的“青蓝先锋”党建品牌被评为机关党组织书记抓基层党建优秀突破项目，2个科室获评模范履职科室。建立问题联查、调研联动、措施联议、创优联推工作机制，市县联动高质量承担基层联系点工作、完成2个省市县合力解题项目和市本级8个重点课题项目。举办全市老干部局长培训班、重点工作推进会，组织党工委书记述职评议，建立调研信息宣传协同联动机制。年内各级老干部工作部门累计发布各类信息1300条，在中央电视台《新闻联播》、《人民日报》等头部媒体都有新突破。

【党建工作】 2023年，市老干局贯彻党中央《关于加强新时代离退休干部党的建设工作的意见》和省委《若干措施》，不断推进离退休干部党组织标准化规范化建设。组织建设方面，指导离退休干部党组织按期换届，调整优化支部班子，规范建设离退休干部临时党组织，指导建设6处驻市外离退休干部流动党员党组织，分层评选189个“六好”党支部，示范带动基层党支部全面过硬。探索组织共建、活动共联、资源共享、品牌共创“四共”工作法，指导机关事业单位离退休干部党组织与社区党组织签订共建协议，有力推动离退休干部党建向基层延伸。阵地建设方面，指导154处社区“四就近”服务综合体提质拓面，在完善“六有”内容基础上，提升“有一个六好党支部、有较为完善的运行制度、有家门口的老年大学、有适当的活动场所、有一定规模的队伍、有暖心的服务项目、有丰富的平台载体、有积极的社会影响”“八有”标准。制度机制方面，制定加强和规范离退休干部党组织选举工作、完善党组织书记集中培训、推进离退休干部党组织与社区党组织融合共建等政策文件，党建工作制度体系有效完善。指导各地落实党组织工作经费、书记补助、按比例划拨党费，强化党组织基础保障。划拨经费21万元，支持“本色家园”离退休干部党组织活动场所建设。

【离退休干部作用发挥】 2023年，市老干局推进“长者有为•时代先锋”工程，印发引导老干部发挥作用的若干措施、推进“五为”文明实践志愿服务通知和助力建强市的倡议书，组织在理论宣讲、双招双引、乡村振兴、社区治理等方面为更好潍坊献智出力。推行“党建引领志愿服务”模式，全市“长者先锋”志愿服务队达到231支，1.7万名老干部在理论宣讲、双招双引、乡村振兴、基层治理等领域再立新功。成立老专家人才库、博士服务站，帮助企业纾难解困，引进合作项目48个、博士人才69人；组织市县两级“本色家园　长者先锋”宣讲团，围绕学习贯彻党的二十大精神、学思想强党性等开展宣讲1400余场次，服务群众20余万人次；依托419处“五老”工作室，动员广大“五老”志愿者，关爱护航青少年2万余人次；策划开展“党的声音进万家”“金点子”征集等活动，退休干部张志勇的“让城市更繁荣更便民”获评全市一等奖；全国14家老年期刊联合调研采访潍坊市老干部助力乡村振兴经验做法。发挥品牌引领作用，市县一体深耕“本色家园　长者先锋”品牌，打造“菜都金晖”“尽美家园”等12个子品牌，扩大工作影响力。市县联动挖掘老干部先进典型，32位长者先锋典型被省级以上媒体宣传，183个长者先锋典型和项目获评全省、全市“三个最美”。

【离退休干部服务】 2023年，市老干局提升离退休干部精准服务，打造“暖心惠老”服务品牌，通过“政策惠老、科技惠老、文化惠老、陪伴惠老、价值惠老”等形式，提升老干部幸福感、获得感，获评市直机关优质服务项目。坚持和完善离休干部“三个机制”，持续推进“一对一”精准服务，走访离休干部2700余人次，解决困难和诉求209个。健全困难帮扶机制，为116名离休干部和遗属、240名困难退休干部发放帮扶金54.3万元。健全厅级老干部“六个一”服务机制（每年组织一次情况通报、一次经济社会发展专题调研、一次健康疗养、一次风筝会活动、一系列走访慰问，每月开展一次健康巡诊），年内，组织参加风筝会开幕式，开展专题考察调研，分3批次组织121名厅级老干部及家属健康疗养，组织医疗专家团队上门开展健康巡诊152人次，走访慰问191人次。聚焦老干部政治归属感和组织荣誉感的需求，常态化推动干部荣誉退休工作，市县镇三级为6816名新退休干部举办荣退仪式1000余场次，分层分级组织开展新退休干部适应期培训，干部荣誉退休基本实现全覆盖。联合公安、电信系统，围绕金融反诈骗、智能手机应用、常用手机App使用等，举办培训班79期。联合专业志

12月30日，市委老干部局“本色家园　长者先锋”宣讲团走进潍坊市老干部艺术团党支部，开展党的二十大精神专题宣讲　　（刘晓楠）

愿服务组织，为部分高龄、独居、失能离退休干部提供助餐、助医、助洁、助行、助急等“暖心陪伴”3500余人次。

【文化养老】 2023年，市老干局实施“塑形铸魂赋能”工程，加强市老年大学和市老干部服务中心文化阵地基础工作，建筑面积3.4万平方米的市老年大学新校投入使用，老干部服务中心完成优化改造，全市老干部学习活动场所总面积达到21万平方米。建成“市、县、镇（街）、社区（村）”四级办学网络，招生人数突破13万人次。加强师资力量，建立200人的名师队伍；优化学科、教学、教材、管理体系，市县一体建设5G智慧校园平台，开发网上“云课堂”，链接全市50处远程教育教学点，推动优质教学资源向基层延伸。注重理论研究工作，38项理论研究成果在全国、全省获奖。开展理论宣讲、书画展览、朗诵比赛等活动1400多场次，在全省第十届老干部艺术节、朗诵大赛、乒乓球大赛中获优秀组织奖等15个奖项，获奖数量创历届之最。《潍坊市创新实施“塑形铸魂赋能”工程助力老年教育事业高质量发展》获评年度潍坊市改革典型案例。

（曹　亮）

党校工作

【概况】 2023年，市委党校服务保障市委主题教育读书班4期、632人次，得到各级领导肯定和表扬。同时，选派教师到县市区、市直部门开展宣讲送教93人次，轮训党员干部2.1万人次。制定机关党建责任清单等制度15个，研究党建议题21项，解决难题8项。全年培训县科级干部学员718人，教师授课满意率达97.5%；承办对外班次125期，培训学员1.6万人次，全力承办全国证监系统廉政教育专题培训班，累计接待130批次3244人，其中厅局级领导221人。聚焦“七个加力突破”，开设专业能力课程19个，全年理论教育和党性教育占总课时77.8%，其中党性教育占比23.2%；外请领导干部专家到校授课68人次，占总课时21.5%。全年举办社会主义学院培训班4期、培训学员600人。组织县市区委党校教师到省市委党校培训173人次，立项课题72项，评选优秀科研成果34项，指导县市区委党校常务副校长确定抓内涵突破项目12个。

【教学工作】 2023年，市委党校以“堂堂都是精品课”为目标，推进“有组织的教学”，创新教学供给，打造精品课程，讲好潍坊故事。优化“2+15+N”理论教育教学布局，建立“第一课程”制度，讲全讲准、讲深讲透习近平新时代中国特色社会主义思想；坚持“七位一体”党性教育教学，全链条全周期全过程开展党性教育。组织跨班级从政经验交流，开展“首阳山下好读书”活动；创新开展“案例教学五法”，促进教学相长、学学相长，被省委党校常务副校长白皓批示肯定，入选全市改革典型案例，市委改革办公室简报专刊报道。健全完善“全员竞课、集体备课、团队磨课、专家听课、学员评课”教学链条，打造精品课程。2023年11月，在两年一度全省党校系统精品课评选中荣获一等奖，在一年一度全市好课程评选中4堂课程荣获一等奖，市委主要领导、分管领导分别作出批示肯定。坚持与主体班次同标准、同要求、同对待，从严从实抓好干部继续教育等班次教学，在校研究生学员341人，其中2023年共招收研究生102人。

【科研工作】 2023年，市委党校多维度搭建献策平台，配套推出为党献策管理“三个办法”，推动科研咨政工作创新发展。这一做法被《学习时报》刊发报道，在全省党校高质量发展项目评比中获“优秀”等次。全年编报《决策参阅》12期，省委、省政府领导签批6篇，市委、市政府领导签批23篇，其中省政府主要领导签批1篇，市委、市政府主要领导分别签批7篇。在“建设更好潍坊•金点子”第一期征集活动中荣获二等奖和优秀奖。全年完成中央党校课题2项、市厅级课题37项、校级课题345项，出版著作1部，在市级（含市级）以上报刊发表文章38篇，其中《学习时报》6篇；科研成果获全省党校系统优秀科研成果奖3项，优秀决策咨询成果奖1项，获市社科优秀科研成果奖3项。通过申报国家级、省级课题或开展联合调研等方式深度合作，充分借势借力，打造高质量科研和智库成果，围绕拓展“三个模式”，与中国社会科学院开展战略研究合作，举办乡村振兴教育理论研讨会。聚焦市情研究，与市委政研室、市政府研究室、市农业农村局等部门，开展联合式调研、集成式攻关。聚焦教学相长，打通教、学、研壁垒，组织教师与参训学员联合开展调研。教师与学员确定市情课题49个，合作提报的9篇“更好潍坊建设金点子”被市委、市政府领导批示肯定。聚焦系统集成，成立“为党献策”工作领导小组，聚集全市各级党校科研力量，实现上下联动、一体献策。

【学校管理工作】 2023年，市委党校聚焦规范化、精细化，创新工作思路，细化管理举措，扬优势、补短板，强弱项、促发展，做细、做实后勤工作，提升后勤服务“软实力”，获评“山东省园林式单位”，《潍坊日报》头版以《潍坊市委党校上新了》为题刊发报道党校经验做法。聚焦贯彻落实习近平文化思想，摘编“习语金句”137条次，建设党味十足的文化景观小品和文化走廊，制作潍坊城市建设与自然风光展板；选择70余首与潍坊有关的古诗词，打造潍坊历史文化古诗词书法长廊；设立图书借阅服务点和伟大建党精神书签架，校园文化气息浓郁扑面。制定出台后勤服务监督巡查制度，成立后勤工作巡查小组2个，以巡查监管促进服务标准、质量持续提升。争取财政资金417.3万元，完成电力改造、视频会议系统建设、监控系统升级、会议厅大理石维修等13个重点项目；整合社会资金近100万元，完成3个报告厅电子屏建设，办学设施得到新提升。改造升级“智慧校园”管理系统，全面推广使用“山东通”，“智慧校园”信息网络全面覆盖；加强与潍坊融媒合作，微信公众号运维全面扩容升级，全年编发公众号232篇，阅读量74060人次。

【师资队伍建设】 2023年，市委党校坚持全员参与、全面融入、全程高效，开展为期2个月的“坚守党校初心、建设一流党校，我们怎么干”大讨论活动，制定活动配档表，细化、实化活动要求，达到预期目标。引进中央党校博士1名，通过优才计划、公开遴选等招录11名青年人才，师资和干部队伍结构比例得到新的优化；提拔县科级领导干部8人，晋升二级调研员、四级调研员等职级20人，干部队伍生机和活力得到新的释放。制定干部能力作风提升9条措施，举办师资培训班等集体研学29次，新建立教师坐班和返校日管理、外出学习锻炼等制度，选派7名青年教师到市委宣传部、市发改委、市政府研究室以及泉州市商务局等进行工作历练，2个部室荣获市直机关模范履职科室，13位教职工在市级以上竞赛活动中获奖，干部能力作风全面提升。

（崔　炽）

党史史志工作

【概况】 2023年，市委党史研究院开展了多形式、分层次、全覆盖的学习教育活动。接续开展“学习二十大　永远跟党走　奋进新征程”主题系列活动，通过组织专题学习、理论学习中心组学习研讨，开展主题党日、党组织书记讲党课等活动，推动党的创新理论入脑入心。作为市委宣讲团成员单位，向市直交通运输系统和曹家巷社区干部群众宣讲党的二十大精神，撰写的《深入学习二十大精神　在新征程上实现新作为》在《山东党史》刊发，1项课题入选2023年度全市社科规划“党的二十大精神研究阐释”专项立项。参加省委党史研究院组织的“二十大精神‘六进’宣讲”活动，拍摄制作宣讲视频，点击量达3.7万人次。促进党的二十大精神落地落实，主题教育扎实开展。紧扣“学思想、强党性、重实践、建新功”总要求，将高质量开展好主题教育作为全年的首要政治任务。第一时间组织学习中央主题教育工作会议精神，制订院主题教育工作方案，成立院主题教育领导小组，做到责任明确、上下贯通。制订主题教育读书班实施方案、理论学习中心组学习计划和院领导班子学习清单。先后组织主题教育专题读书班4期，开展理论中心组学习13次，集体学习近20次，利用潍县战役指挥部陈列馆等展馆开展党性教育5次，开展警示教育2次，有效增强了学习教育的实效性。突出问题导向。主题教育期间，检视梳理问题12个，制订整改措施28条，采取动态管理、滚动销号的方式进行整改。立足党史史志工作实际和基层党史史志部门关注的现实问题，研究确定5个调研课题，深入开展调研活动。及时召开调研成果交流会暨典型案例剖析会，总结交流调研成果，深入剖析正反面典型案例，对党史史志工作高质量发展形成新认识，以高质量调研成果助推主题教育走深走实。

【党史史志编研】 牢牢把握记录新时代、服务新时代的历史方位。完成《新时代现代化强省建设实录（第五卷）》《山东农村改革发展历程》等供稿任务，汇总形成潍坊大事记和潍坊市典型经验5篇及相关图片并上报；完成《中共山东百年历史故事青少年读本》潍坊选题的撰写，上报稿件13篇，包括潍坊著名革命英模9篇、重要历史事件4篇。参与《胶东红色文化片区故事读本》大纲审阅工作，完成《三次暴动震动潍河两岸》一文，并征集各县市区故事集稿件9篇。审读涉党史类作品和展陈展览资料。审读《浴血烽火路——渤海走廊九区斗争纪事》《潍坊英烈传》等著作，并出具审读意见。审核烈士陵园烈士纪念设施概览图册、潍城区三安子村历史文化博物馆展陈大纲等展陈大纲，确保展陈展览内容符合党史史实和意识形态等方面的要求。强化县市区业务指导。指导并审读了《中共临朐县组织机构》《寒亭区红色记忆》《寿光革命斗争纪实》《人间正道一图文安丘红色印迹》等党史著作。对全市范围内党史教育基地进行筛查梳理，督促县市区党史业务部门对辖区内党史教育基地保护和利用情况进行检查，进一步摸清了全市党史教育基地的底数。志鉴编纂提质增效。编纂出版《潍坊民俗志萃编》《潍坊农耕文化》两部专著。指导部门志、专业志、镇村志编纂28部。重点完成《潍坊人大志》《潍坊市妇幼保健院志》《岳旺店子村志》等志书审阅并提出修改意见。指导《潍坊财政志》《峡山水库志》《潍坊风筝志》等志书的编纂出版工作。其中市委党史研究院组织规划、重点指导、参与编纂、评审修改的《岳旺店子村志》，得到中国地方志工作办公室党组书记、主任崔唯航“盛世修志，志载盛世，编纂村志，很有意义”的批示肯定。编纂出版《潍坊年鉴（2023）》等市县两级地方综合年鉴13部；认真完成《山东年鉴（2023）》《中共山东年鉴》《山东省军区军事年鉴（2023）》等供稿任务。加强人才队伍建设。聘请30余位专家，组建了“潍坊市修志业务专家库”和“潍坊市镇村志（部门志）编修业务专家咨询组”；精心组织开展全市志书编修业务培训和“精品年鉴品读”活动，志鉴编纂能力水平有效提升。强化理论研究阐释。在“2020—2022年度全省党史史志科研成果评选”活动中，共30余项成果获奖。其中《中共潍坊历史大事记（2001.7—2020.3）》《潍坊年鉴（2021）》等获二等奖，《中共诸城历史画册（1921—2021）》《青州市政协志》等获三等奖。报送5篇论文参加全省方志理论研讨会，均获各类奖项。

【宣传教育】 全力打造菜单式党史宣讲新模式。在市直工信系统、市人社局、市医保中心等机关开展党员干部党史专题培训；到潍坊市实验学校、山东师范大学英才学校、潍坊工程职业学院等为青少年进行地方党史宣讲；到海化集团、国网潍坊供电公司等为企业入党积极分子讲党课，全年在全市开展党史宣讲近20场。扎实开展红色文化主题月活动，其间各县市区开展党史宣讲50余场。组织潍坊市党史史志系统积极参与“擦亮红色地标”短视频大赛，潍坊市共制作参赛作品9项，斩获一等奖1项、二等奖2项、三等奖2项，潍坊市委党史研究院获优秀组织奖。坚持开门办史。派员参加潍坊市全民国防教育志愿宣讲团，选送潍坊党史优质课程。向市直机关工委“我来讲党课”活动选送优秀党课，申报优秀宣讲骨干。向组织部申报好课程、好教材、好案例。先后为王永庆等烈士后人、市委组织部等部门研究人员和威海等地党史爱好者提供相关书籍、资料，协助查证相关信息。协助市革命老区建设促进会筹建卢志英研究会。配合昌邑市委组织部联合央视拍摄卢志英专题片；与市电视台《潍坊党建》栏目策划推出潍坊党史系列内容；与市委宣传部和潍坊市广播电视台等单位联合主办《潍坊青少年新闻联播》栏目，受到广泛好评。积极开展党史史志成果“四进”工作，先后到市统计局、潍坊医学院等单位和部分企业、社区开展图书捐赠活动。派员参与潍坊市红色故事讲解大赛、潍坊市廉洁主题微电影短视频大赛、市直机关经典诵读活动大赛等多项活动。积极参与“潍坊市迎新年再出发”系列活动，牵头评选“十大事件”，在潍坊党史史志网等平台推出“潍坊名人365”“更好潍坊365——

大事记”等专栏，取得良好社会反响。

【党史史志资源信息化建设】 坚持以政治引领业务工作，扎实做好党史教育馆深化提升。坚持突出核心，优化展陈内容。聚焦集中展示潍坊近年来最新发展成果，更新展板209个，新增版面22个，更换视频资料6个。引进安装自助语音导览系统，完成配音18篇，实现自助讲解。坚持面向大众、服务群众。不断优化“网上预约系统”，预约参观更加便利。全年共接待参观团队559批次，接待参观人员24423人。推进“小红星”志愿服务工作，共招募志愿者273名。组织开展“消防安全进社区”“爱心护学”等活动，不断创新服务方式方法，拓展党史教育覆盖面。坚持工作高标准，不断创先争优。年内参加中宣部“爱我国防”主题演讲比赛、山东省第五届红色故事大赛、市直机关“典”亮潍坊诵读大赛等活动。荣获市直机关普通话十佳窗口集体，5人获省市级红色故事大赛金牌讲解员，1人获潍坊市第六届诵读大赛一等奖。按计划推进市方志馆规划建设，整合市党史教育馆预留展陈空间及库房等共3000平方米，规划设计市方志馆。积极调度县市区方志馆建设情况，督促未达标的单位向已建成达标并开馆的诸城、寿光等县市区学习建馆经验，尽快实现升级达标。着力推进全市党史史志信息化建设。贯彻突出党史史志工作特点，凸显潍坊地域文化的目标理念，年内潍坊党史史志网共发布信息212篇，上传《(乾隆）诸城县志》《潍坊市志（1840—1990)》《临朐年鉴》等书籍，共计432万余字，浏览量达24.5万人次，“潍坊党史史志”微信公众号全年共发布信息90余篇。定期调度县市区网站改版进展情况和向省院报送信息数量。寿光、诸城已完成网站改版工作，其他县市区正在有计划地开展对接，信息报送数量较往年有较大提升。

（市委党史研究院办公室）

潍坊市人民代表大会

综　述

【人大代表概况】　截至 2023 年 12 月 31 日，市十八届人大代表 539 名。其中，妇女代表 170 名，党外代表 198 名，民主党派 21 名，无党派 26 名，中共党员代表 341 名，少数民族代表 7 名。按职业构成分，公务员（含参公人员）128 名，一线工人、农民及专业技术人员 157 名，企事业单位负责人 63 名，解放军和武警部队 8 名。按学历分，研究生及以上 109 名，本科 282 名，高职及大专 81 名，高中 34 名，中专及以下 33 名。

【人大及其常设机构】　2023 年，市人大常委会有主任 1 人、副主任 5 人、秘书长 1 人、兼职副秘书长 1 人、专职副秘书长 4 人。下设办公室、研究室、人事代表工作室、法制工作委员会、预算工作委员会 5 个工作机构，监察和司法委员会、财政经济委员会、教育科学文化卫生委员会、城乡建设与环境资源保护委员会、农业与农村委员会、民族侨务外事委员会、法制委员会、社会建设委员会 8 个专门委员会。

【自身建设】　2023 年，市人大常委会始终坚持党的领导最高政治原则，贯彻党的二十大精神，扎实开展学习贯彻习近平新时代中国特色社会主义思想主题教育，系统学习习近平法治思想、习近平总书记关于坚持和完善人民代表大会制度的重要思想。常委会党组举办专题读书班 4 期，理论学习中心组学习 13 次，研学篇目 270 余篇次。聚焦市委“七个加力突破”“五个加快提升”要求，谋划确定 44 项常委会会议议题和 84 项重点立法、监督、决定任务，全力推动市委决策部署落实。严格执行重大事项请示报告制度，围绕人大重点工作、重要活动、重大事项等，及时向市委请示报告 17 次。坚持党管干部原则与人大依法任免有机统一，全年共任免国家机关工作人员 178 人次。市委常委会 6 次研究人大议题，市委主要领导对人大 9 项工作作出批示，为人大工作开展提供了有力遵循。修订完善常委会党组工作规则，严格落实全面从严治党主体责任，加强对人大工作的组织领导和统筹协调，召开常委会党组会议 10 次，及时研究把关法规草案、谋划推进监督事项、听取各专委会工作汇报，确保人大工作与市委要求同向同力。以创建全国文明单位和模范机关为动力，对标“四个机关”定位要求，加强常委会及机关自身建设。严格落实“一岗双责”，压实意识形态责任，深化党风廉政教育，巩固发展风清气正的政治生态。加强基层党组织建设，持续推进“一支部一特色一品牌”创建，全面争创“五星级党支部”，机关“动车赋能、履职为民”品牌被评为市直机关优秀党建品牌。推动街道人大工作规范化建设，改进街道人大工作的实施意见，推动全市 61 个街道按照“六有”标准，统一设立人大工委，落实人员、明确职能、完善制度。规范常委会运行机制，主动对接全国人大、省人大及兄弟地市，学习借鉴办文办会、服务保障等方面的经验做法，提高机关运行质效。机关志愿服务队被评为全市最佳志愿服务组织。加快数字人大平台建设，打造多功能智慧履职平台。推进机关“作风建设提升年”活动，组织人大干部比学习、赛业务、提能力、强素质，举办“干部大讲堂”13期、干事创业先进事迹报告会2场，着力提升“五种能力”、锻造“五种作风”。

重要会议

【市十八届人大三次会议】 3月30日至31日举行。本届市人民代表大会代表名额为570名，实有代表554名。会议补选刘运为潍坊市第十八届人民代表大会常务委员会主任，刘建军为潍坊市人民政府市长，并进行了宪法宣誓。

【市十八届人大常委会第七次会议】 2月28日举行。市人大常委会党组副书记、副主任王兆辉主持会议并讲话；党组副书记、副主任田民利，副主任毛秀凤、韩幸福、扈洪波，秘书长田素英及委员共43人出席会议。在通过会议议程后，市人大社会建设委副主任委员陈延爱作关于视察全市新时期产业工人队伍建设改革工作情况的报告；市科技局局长高玉国作关于全市科技创新体系建设情况的报告；市生态环境局局长孙吉海作关于全市2022年度环境状况和环境保护目标完成情况的报告；市农业农村局局长常祖领作关于全市种业发展情况的报告。市委常委、副市长卞汉林受市长刘运委托提请人事任免名单，市人社局局长王守全介绍提请任命人员的有关情况；市中级人民法院院长孟祥刚提请人事任免名单，并介绍有关情况；市检察院检察长张敬艳提请人事任免名单，并介绍有关情况；王兆辉受主任会议委托，提请人事任免名单。部分被提请任命人员作供职发言。会议分组审议有关报告和人事任免案，表决通过关于接受江敦涛辞去潍坊市第十八届人民代表大会常务委员会主任职务的请求的决定、关于接受刘运辞去潍坊市人民政府市长职务的请求的决定，决定任命刘建军为潍坊市人民政府副市长，决定刘建军为潍坊市人民政府代理市长。会议还表决通过其他人事任免名单，举行宪法宣誓仪式。王兆辉向部分被任命干部颁发任命书。王兆辉就更好发挥常委会作用，不断推动人大工作再上新台阶讲了意见。他说，要旗帜鲜明讲政治，坚持用习近平新时代中国特色社会主义思想统揽和指导人大工作，全面学习宣传贯彻党的二十大精神，把学习成效转化为坚定拥护“两个确立”、坚决做到“两个维护”的实际行动，确保人大工作的正确政治方向。要紧扣中心履职尽责，聚焦“七个加力突破”，高质量做好地方立法工作，高效能履行监督职责，高标准做好决定和任免工作，更好发挥代表主体作用。要切实加强作风建设，持之以恒纠治“四风”，坚决兜牢底线、不越红线；以“作风建设提升年”为抓手，不断提升境界标准、推进创新发展、打造工作品牌；深入基层开展全方位、多层次的调研，推动工作落细落实、落地见效，为加快建设新时代中国特色社会主义现代化强市更好地贡献人大力量。市监察委员会负责人，市直有关部门主要负责人，各县市区人大常委会、市属开发区人大工作室主要负责人，不是常委会组成人员的常委会副秘书长、市人大有关专门委员会副主任委员，市人大常委会办事机构、市人大各专门委员会工作机构负责人列席会议。会议召开前，市人大常委会主任会议研究了此次会议的有关事项。

【市十八届人大常委会第八次会议】 3月29日举行。市人大常委会党组副书记、副主任王兆辉主持会议；党组副书记、副主任田民利，副主任韩幸福、扈洪波，秘书长田素英及委员共40人出席会议。在通过会议议程后，市人大常委会秘书长、代表资格审查委员会主任委员田素英作关于个别代表的代表资格的报告，受主任会议委托作关于市十八届人大三次会议筹备工作情况的汇报。会议审议有关决定草案、报告、汇报、议程草案、名单草案、列席会议人员范围，表决通过市人大常委会关于召开市十八届人大三次会议的决定，市十八届人大常委会代表资格审查委员会关于个别代表的代表资格的报告，拟提请市十八届人大三次会议预备会议通过的大会议程草案、主席团和秘书长名单草案，决定列席市十八届人大三次会议人员范围。市政府副市长、市公安局局长徐磊，市监察委员会、市中级人民法院、市检察院负责人，不是常委会组成人员的常委会副秘书长、市人大有关专门委员会副主任委员，市人大常委会办事机构、市人大各专门委员会工作机构主要负责人列席会议。会议召开前，市人大常委会主任会议研究本次会议有关事项。随后，市人大常委会党组理论学习中心组围绕“开展调查研究”进行学习研讨。

【市十八届人大常委会第九次会议】 4月28日举行。市人大常委会党组副书记、副主任王兆辉主持会议；党组副书记、副主任田民利，副主任毛秀凤、韩幸福、扈洪波，秘书长田素英及委员共44人出席会议。在通过会议议程后，市人大常委会秘书长、代表资格审查委员会主任委员田素英作关于个别代表的代表资格的报告；市人大监察和司法委员会副主任委员王延泰作关于《潍坊市人民代表大会常务委员会关于法官检察官履职评议工作暂行办法（草案）》的说明；市人大财政经济委员会副主任委员王增宝作关于视察全市数字经济发展情况的报告；市人大城乡建设与环境资源保护委员会副主任委员张文作关于检查《潍坊市城市绿化条例》实施情况的报告；市人大社会建设委员会副主任委员李伟作关于检查《中华人民共和国安全生产法》《山东省安全生产条例》实施情况的报告；市审计局作关于潍坊市2021年度市级预算执行和其他财政收支审计查出问题整改情况的报告；市科技局、市民政局、市自然资源和规划局分别作关于审计查出问题整改情况的报告；市自然资源和规划局作关于《潍坊市国土空间总体规划（2021—2035年）（草案）》及有关情况的说明。王兆辉受主任会议委托提请人事任免名单，并介绍提请任命人员的有关情况；副市长狄波受市长刘建军委托提请人事任免名单，市人社局局长王守全介绍提请任命人员的有关情况；市中级人民法院副院长赵明海受院长孟祥刚委托提请人事任免名单，并介绍有关情况；市检察院检察长张敬艳提请人事任免名单，并介绍有关情况；部分被提请任命人员作供职发言。会议分组审议有关报告、办法草案、决定草案、规划草案和人事任免案，表决通过《潍坊市人民代表大会常务委员会关于法官检察官履职评议工作暂行办法》、市人大常委会代表资格审查委员会关于个别代表的代表资格的报告和人事任免案，通报换届以来市人大常委会会议出席情况，举行宪法宣誓仪式。会议对市政府、市科技局、市民政局、市自然资源和规划局2021年度市级预算执行和其他财政收支审计查出问题整改情况进行满意度测评，结果均为满意。王兆辉向部分被任命干部颁发任命书。市监察委员会负责人，市直有关部门主要负责人，不是常委会组成人员的常委会机关党组书记、副秘书长和市人大有关专门委员会副主任委员，市人大常委会办事机构、市人大各专门委员会工作机构主要负责人，各县市区人大常委会、市属开发区人大工作室负责人列席会议。

【市十八届人大常委会第十次会议】 6月25日举行。市人大常委会党组副书记、副主任、一级巡视员王兆辉主持会议；党组副书记、副主任田民利，副主任毛秀凤、韩幸福、扈洪波及委员共38人出席会议；机关党组书记杜建华列席会议。在通过会议议程后，市人大常委会代表资格审查委员会副主任委员毛洪涛作关于个别代表的代表资格的报告；市人大教科文卫委副主任委员宋立军作关于检查《中华人民共和国中医药法》《山东省中医药条例》实施情况的报告；市人大民侨外委副主任委员胡立作关于检查《中华人民共和国归侨侨眷权益保护法》《山东省归侨侨眷权益保护条例》实施情况的报告；市司法局局长张志强作关于《潍坊市优化营商环境条例（草案）》的说明；市公安局副局长李春野作关于《潍坊市燃放烟花爆竹管理条例（修正草案）》的说明；市人大法制委副主任委员、法工委主任刘晓东作关于《潍坊市海绵城市建设管理条例（草案）》审议结果的报告；市人大法制委副主任委员高成勇作关于《潍坊市志愿服务条例（草案）》审议结果的报告。王兆辉受主任会议委托提请人事任免名单，并介绍提请任命人员的有关情况；副市长陈端梅受市长刘建军委托提请人事任免名单；市中级人民法院副院长赵明海受院长孟祥刚委托，提请人事任免名单，并介绍有关情况；市检察院副检察长王常青受检察长张敬艳委托，提请人事任免名单，并介绍有关情况。会议分组审议有关报告、草案和人事任免案，表决通过市十八届人大常委会代表资格审查委员会关于个别代表的代表资格的报告和有关人事任免案，举行宪法宣誓仪式。市监察委员会负责人，市直有关部门单位主要负责人，不是常委会组成人员的副秘书长和市人大有关专门委员会副主任委员，市人大常委会办事机构、市人大各专门委员会工作机构主要负责人，部分县市区人大常委会负责人，部分法制委员会组成人员、立法咨询专家组成员列席会议。会议召开前，市人大常委会主任会议研究了此次会议的有关事项。

【市十八届人大常委会第十一次会议】 7月26日举行。市人大常委会党组副书记、副主任王兆辉主持会议；副主任毛秀凤、韩幸福、扈洪波及委员共35人出席会议；机关党组书记杜建华列席会议。在通过会议议程后，市人大常委会代表资格审查委员会副主任委员毛洪涛作关于个别代表的代表资格的报告；王兆辉受主任会议委托提请人事任免名单，并介绍提请任命人员的有关情况；市委常委、副市长吕珊珊受市长刘建军委托提请人事任免名单，市人社局局长王守全介绍提请任命人员的有关情况；市中级人民法院院长孟祥刚提请人事任命名单，并介绍有关情况；市检察院检察长张敬艳提请人事任免名单，并介绍有关情况；部分被提请任命人员作供职发言。会议审议有关报告和人事任免案，表决通过市十八届人大常委会代表资格审查委员会关于个别代表的代表资格的报告和有关人事任免案，举行宪法宣誓仪式。王兆辉向部分被任命干部颁发任命书。市监察委员会负责人，市直有关部门主要负责人，不是常委会组成人员的副秘书长和市人大有关专门委员会副主任委员，市人大常委会办事机构、市人大各专门委员会工作机构主要负责人列席会议。会议召开前，市人大常委会主任会议研究了此次会议的有关事项，研究通过《关于加强和改进街道人大工作的实施意见》。

【市十八届人大常委会第十二次会议】 8月29日举行。市人大常委会党组副书记、副主任王兆辉主持会议；党组副书记、副主任田民利，副主任毛秀凤、韩幸福、扈洪波及委员共35人出席会议；机关党组书记杜建华列席会议。在通过会议议程后，市人大监察和司法委员会副主任委员王延泰作关于“两官”履职调查情况的报告；市优化营商环境工作专班常务副主任、市投资促进局副局长李莉作关于全市优化营商环境工作情况的报告；市发改委副主任陈强作关于潍坊市2023年上半年国民经济和社会发展计划执行情况的报告；市财政局局长王金祥作关于潍坊市2022年财政决算和2023年上半年预算执行情况的报告、关于潍坊市2023年市级预算调整方案草案的报告；市审计局局长张祖钊作关于潍坊市2022年度市级预算执行和其他财政收支的审计工作报告；市人大财政经济委员会副主任委员、常委会预工委主任锡保平作关于潍坊市2022年财政决算审查结果的报告暨潍坊市2023年上半年预算执行情况和2023年市级预算调整方案草案报告的初审意见；市人社局局长王守全作关于全市灵活就业劳动者社会保障工作情况的报告；市人大法制委员会副主任委员、常委会法工委主任刘晓东作关于《潍坊市优化营商环境条例草案》审议结果的报告；市人大法制委员会副主任委员高立伯作关于《潍坊市防汛条例草案》审议结果的报告；副市长狄波受市长刘建军委托提请人事任免名单，王守全介绍提请任命人员的有关情况；市中级人民法院部分法官、市检察院部分检察官作履职情况报告。会议审议有关报告、条例草案修改稿、人事任免案，审查决算草案、预算调整方案草案及相关决议草案，对市中级人民法院部分法官、市检察院部分检察官履职情况进行测评，测评结果均为满意；表决通过市人大常委会关于批准潍坊市2022年市级财政决算的决议、关于批准潍坊市2023年市级预算调整方案的决议，《潍坊市海绵城市建设条例》和人事任免案；举行宪法宣誓仪式。会议还就优化营商环境工作情况开展专题询问，对市直部门应询情况进行打分测评，副市长、市公安局局长徐磊在专题询问会议上代表市政府做表态发言。市监察委员会、市中级人民法院、市检察院负责人，市直有关部门主要负责人或分管负责人，市优化营商环境工作专班负责人，不是常委会组成人员的副秘书长和市人大有关专门委员会副主任委员，市人大常委会办事机构、市人大各专门委员会工作机构主要负责人，潍城区、诸城市、昌乐县人大常委会负责人，部分法制委员会组成人员、立法咨询专家组成员列席会议。

【市十八届人大常委会第十三次会议】 10月25日举行。市人大常委会党组副书记、副主任王兆辉主持会议；党组副书记、副主任田民利，副主任毛秀凤、扈洪波及委员共29人出席会议；机关党组书记杜建华列席会议。在通过会议议程后，市人大民族侨务外事委员会副主任委员刘金凤作关于视察全市会展经济发展情况的报告；市人大社会建设委员会副主任委员高玉国作关于视察全市儿童友好城市建设情况的报告；市公安局政委罗相贤作关于全市公安机关执法规范化建设情况的报告；市发改委副主任陈强作关于全市“十四五”规划纲要实施中期评估情况的报告；市财政局副局长李立东作关于2022年度全市金融企业国有资产管理情况的专项报告；市城管局局长董广明作关于全市加强城市精细化管理工作情况的报告；市海渔局局长徐莹作关于全市海洋渔业高质量发展情况的报告；市委教育工委副书记韩光福作关于《潍坊市教育督导条例草案》的说明；副市长狄波受市长刘建军委托提请人事任免名单，市人社局副局长贺玉洁介绍提请任命人员的有关情况；市监察委员会副主任赵珊珊受主任高峰委托提请人事任免名单，并介绍有关情况；市中级人民法院院长孟祥刚提请人事任免名单，并介绍有关情况；市检察院检察长张敬艳提请人事任免名单，并介绍有关情况；部分被提请任命人员作供职发言。会议分组审议有关报告、初审意见、条例草案、人事任免案，对全市城市精细化管理工作情况进行工作评议，评议结果为满意；表决通过《潍坊市优化营商环境条例》和人事任免案；举行宪法宣誓仪式。王兆辉向部分被任命干部颁发任命书。市直有关部门、单位主要负责人，不是常委会组成人员的常委会副秘书长和市人大有关专门委员会副主任委员，市人大常委会办事机构、市人大各专门委员会工作机构主要负责人，坊子区、寿光市人大常委会负责人，高新区人大工作室负责人，部分法制委员会组成人员、立法咨询专家组成员列席会议。

【市十八届人大常委会第十四次会议】 12月29日举行。市人大常委会党组副书记、副主任王兆辉主持会议；党组副书记、副主任田民利，副主任毛秀凤、韩幸福、扈洪波及委员共35人出席会议；机关党组书记杜建华列席会议。在通过会议议程后，市人大常委会委员、代表资格审查委员会副主任委员毛洪涛作关于个别代表的代表资格的报告；市委常委、副市长吕珊珊作关于市十八届人大二次会议以来代表建议、批评和意见办理工作情况的报告，受市长刘建军委托提请人事任免名单，市人社局局长刘太福介绍提请任命人员的有关情况；市外办主任张华作关于全市外事工作情况的报告；市财政局副局长李立东作关于2023年潍坊市市级第二次预算调整方案草案的报告；市人大法制委员会副主任委员、常委会法制工作委员会主任刘晓东作关于2023年规范性文件备案审查工作情况的报告；市自然资源和规划局局长钟光文作关于《潍坊市历史文化名城保护条例草案》的说明；潍坊国际风筝会综合服务中心党组书记王保梁作关于《潍坊市风筝文化产业促进条例草案》的说明；王兆辉受主任会议委托提请人事任免名单，并介绍提请任命人员的有关情况；市监察委员会副主任赵珊珊受主任高峰委托提请人事任命名单，并介绍有关情况；市中级人民法院院长孟祥刚提请人事任免名单，并介绍有关情况；市检察院副检察长王常青受检察长张敬艳委托提请人事任免名单，并介绍有关情况；部分被提请任命人员作供职发言。会议审议有关报告、决定草案、条例草案、条例草案表决稿和人事任免案，审查预算调整方案草案及相关决议草案，表决通过市人大常委会代表资格审查委员会关于个别代表的代表资格的报告，市人大常委会关于召开市十八届人大四次会议的决定、关于批准2023年潍坊市市级第二次预算调整方案的决议，《潍坊市志愿服务规定》《潍坊市防汛抗旱规定》和人事任免案；举行宪法宣誓仪式。王兆辉向部分被任命干部颁发任命书。市直有关部门、单位主要负责人，不是常委会组成人员的常委会副秘书长和市人大有关专门委员会副主任委员，市人大常委会办事机构、市人大各专门委员会工作机构主要负责人，寒亭区、安丘市人大常委会和滨海区人大工作室负责人，部分法制委员会组成人员、立法咨询专家组成员列席会议。

监督工作

【概况】 2023年，市人大常委会坚持服从服务大局取向、民生所系，依法履行监督职权，推动各项工作在法治轨道上有序进行。全年听取审议“一府一委两院”专项报告27项，开展视察、调查、执法检查、专题询问等33次，作出决议决定5项，有力推动了重点工作开展。全年累计受理代表及群众来信来访354件次，推进重点信访事项交办落实。依法推进规范性文件备案审查，做到“有件必备、有备必审、有错必纠”，全年共接收、审查规范性文件15件，督促纠正3件。

【专项督查】 2023年，市人大常委会聚焦市委优化营商环境“一号改革工程”，扎实开展专题询问和工作评议，及时回应人民群众期待、市场主体关切，纾解营商环境优化难题。围绕实现经济回升向好，就国民经济和社会发展计划执行、科技创新体系建设、数字经济和会展经济发展等开展调查、视察，监督推进重点工作加快落实；就新时期产业工人队伍建设改革情况开展视察。听取审议全市外事工作情况报告，开展归侨侨眷权益保护“一法一条例”执法检查。围绕提升城市发展能级，审议《潍坊市国土空间总体规划（2021—2035年）（草案）》，就加强城市精细化管理开展调查，进行专项工作评议。对加强农村绿化工作和大树保护、河湖管理等工作进行调查，听取全市种业和海洋渔业高质量发展情况报告，助力打造乡村振兴齐鲁样板。做好预算决算、国有资产管理监督等工作，全力服务经济高质量发展。聚焦群众关心关注的热点难点问题，加大监督力度。听取审议全市2022年环境状况和环境保护目标完成情况报告，开展以“加强湿地保护”和“加强挥发性有机物治理”为主题的风筝都环保世纪行活动，对贯彻实施《潍坊市城市绿化条例》情况进行执法检查。开展灵活就业劳动者社会保障情况调查，促进新就业形态等劳动者各项权益得到更好保障。开展儿童友好城市建设情况视察，推动建设人民满意城市。对中医药“一法一条例”实施情况进行执法检查，加快推进中医药强市建设。推动村级卫生室建设，提升农村医疗卫生服务水平。

【法律监督】 2023年，市人大常委会注重强化司法监督，在深化案件质量评查基础上，创新开展法官、检察官履职评议，将对“事”的监督和对“人”的监督有机结合起来，有效提升了司法公正和公平。对公安机关执法规范化建设、检察机关民事检察工作情况开展专题调查，就监察机关整治群众身边不正之风和腐败问题工作情况进行专题调研，推动了法治潍坊建设。围绕市委决策部署，把制定出台《潍坊市优化营商环境条例》作为一号立法项目，明确规定“有求必应、无事不扰”“按照事前报备、事中留痕、事后评价原则，对涉企检查行为实行全过程监督”，减轻企业负担。制定出台《潍坊市海绵城市建设条例》，推进《潍坊市教育督导条例》立法。加大文化立法保护力度，开展风筝文化产业促进、历史文化名城保护立法。制定出台志愿服务规定、防汛抗旱规定2部“小快灵”法规，潍坊市“小快灵”立法走在全省前列，相关经验做法得到省人大充分肯定，入选全省市县法治建设典型案例和2023年度潍坊市改革典型案例。利用潍坊人大网站、基层立法联系点、立法研究服务基地等平台，推动基层立法联系点与代表联络站深度融合、规范建设，年内增设联系点8处，实现县市区全覆盖。广泛开展立法宣传，扩大社会参与面。

代表工作

【概况】 2023年，市人大常委会重视代表工作，强化服务保障机制，支持和保障代表依法履职、充分发挥代表作用。以开展“履职尽责、服务大局、争作表率”代表主题活动为抓手，让代表在服务发展大局中起到了示范引领作用。人大代表踊跃参与活动，争当旗帜标杆，带头加强学习，参加各类教育培训27万多人次；带头干事创业，市委、市政府通报表扬的民营企业家“挂帅出征”百强榜、“创二代”先锋榜中，有市级以上人大代表42名；带头联系群众，走访选民92万多人次、帮办实事好事5360多件；带头行使职权，参与调研、视察、执法检查等18万余人次；带头建言献策，提出建议意见4300多条；带头维护稳定，参与志愿服务5100多人次、化解矛盾纠纷820多件，树立了新时代人大代表的良好形象。

【代表履职平台建设】 2023年，市人大常委会注重人大代表履职平台建设工作，为给代表提供更多更好的用武之地，线下线上同步发力，密织代表与群众双向联系网络，促进代表更好发挥桥梁纽带作用。线下突出抓好代表联络站规范化建设。制定出台具体意见，统筹推进“建管用”，规范提升415个“八有”代表联络站，五级代表全部编组进站，“下楼出院”联系服务选民群众。探索推广“产业链上建代表联络站”模式，在智能制造、花卉、预制菜、文旅等优势产业链上建设代表联络站72个，该做法得到全国人大常委会代工委充分认可，得到山东省委副书记杨东奇批示肯定。优化整合代表意见建议征集和代表履职系统，开发微信小程序、代表二维码等线上履职渠道，通过“码上见代表”“网上议事厅”等平台，实现代表与群众沟通“全天候”“零距离”。

【深化拓展“三联系”工作】 2023年，市人大常委会深化拓展“三联系”工作，常态化抓好常委会联系代表和代表联系群众，进一步密切专门委员会与行业代表的联系，推动各专委会打破选区界限，组建专业代表小组和专家人才库，通过开展专业代表研讨、行业代表论坛、专家代表联合调研等方式，为助推发展凝心聚力。年内召开代表专家研讨会、微论坛等12期，征集意见建议560余条。注重发挥专业代表作用，组织住潍全国、省人大代表到烟台调研，指导12个县市区开展跨区域代表交流。推动机关联系代表常态化、规范化，邀请代表参加县委书记擂台赛、局长擂台赛等监督活动733人次，推荐代表担任各类监督员、信息员等127人次。组织开展产业代表对接洽谈活动，搭建起相互学习、抱团发展的平台，到省内10个地市对接驻鲁全国、省人大代表企业24家。

【代表履职管理】 2023年，市人大常委会健全代表履职量化、评议、激励等机制，引导代表强化政治意识、大局意识、法治意识，依法执行代表职务。依托代表履职系统，对11项代表主要履职活动实行量化积分、动态管理。严格落实代表履职守则，严明代表出席会议、参加活动纪律要求。制定代表履职评议实施意见，分批次组织代表进行述职评议，开展履职优秀市人大代表、优秀市人大代表建议评选表扬活动，有效激发代表履职尽责、为民代言的主动性和能动性。

【议案建议】 2023年，市人大常委会重视代表议案建议办理工作，年内召开了全市代表建议办理工作调度会、代表议案建议“两个高质量”座谈会。协助代表把好议案建议的政治关、法律关、质量关，跟进做好代表议案审议和建议办理、反馈、跟踪督办等工作，让民意诉求更好地体现到国家机关各方面工作中。市十八届人大二次会议以来，代表共提出建议277件，除3件未到答复期外，其余建议全部按时办结，取得解决问题、推动工作良好成效。

【创新基层人大工作】 2023年，常委会重视基层人大工作，组织各级人大和代表上下联动、同向发力、同题共答，统筹推进“一县一品”，推动基层人大工作创新发展。奎文区建立代表“志愿服务＋联系选民”机制，潍城区开展“枝叶关情·选民说事 代表督事”工作，坊子区开展政府部门专项工作评议，寒亭区打造“双实”基地助力高质量发展，青州市创新“代表工作站建在产业链上”，诸城市实施“三联一进”工作机制，寿光市打造代表“基层治理·一线履职”品牌，安丘市开展“代表监督季”活动，高密市深化“代表·局长面对面”活动，昌邑市探索“三问两评”监督机制，临朐县开展人大代表“三进五员”活动，昌乐县推进“拼经济抓发展，人大代表在行动”活动等等，形成了一批好的经验和做法。

（郭凤孝　李治红）

人事任免

【概况】 2023年，潍坊市人大常委会坚持党管干部原则与人大依法任免相结合，规范人事任免工作程序，严谨细致做好人事任免工作，全年共任免国家机关工作人员178人次。

【任免事项】 2023年2月28日，潍坊市第十八届人民代表大会常务委员会第七次会议决定：接受江敦涛辞去潍坊市第十八届人民代表大会常务委员会主任职务的请求，报潍坊市人民代表大会备案。决定任命：刘建军为潍坊市人民政府副市长；王万信为潍坊市国防动员办公室主任。鞠增玉的潍坊市人民防空办公室主任职务，随机构调整自然免除。决定：接受刘运辞去潍坊市人民政府市长职务的请求，报潍坊市人民代表大会备案。决定：刘建军为潍坊市人民政府代理市长。任命：刘恩科为潍坊高新技术产业开发区人民法院立案庭庭长；石凌云为潍坊高新技术产业开发区人民法院综合审判庭庭长；苏显楠为潍坊高新技术产业开发区人民法院立案庭副庭长；宫玉峰为潍坊高新技术产业开发区人民法院立案庭副庭长；高鹏为潍坊高新技术产业开发区人民法院综合审判庭副庭长；张伟伟为潍坊高新技术产业开发区人民法院综合审判庭副庭长；孙小玮为潍坊滨海经济技术开发区人民法院立案庭庭长；杨远珍为潍坊滨海经济技术开发区人民法院综合审判庭庭长；辛光博为潍坊滨海经济技术开发区人民法院综合审判庭副庭长；赵洪磊为潍坊滨海经济技术开发区人民法院综合审判庭副庭长。免去：孙光利的潍坊市中级人民法院审判员职务；李玉信的潍坊市中级人民法院审判员职务；李传军的潍坊市中级人民法院审判员职务；李吉的潍坊高新技术产业开发区人民法院行政审判庭庭长职务；石凌云的潍坊高新技术产业开发区人民法院刑事审判庭副庭长职务；姜琪砚的潍坊高新技术产业开发区人民法院刑事审判庭副庭长职务。免去：柳振龙的潍坊市人民检察院检察员职务；毛伟岭的潍坊市城郊地区人民检察院检察委员会委员职务；张中朝的潍坊滨海经济技术开发区人民检察院检察委员会委员职务。

2023 年 4 月 28 日，潍坊市第十八届人民代表大会常务委员会第九次会议决定：接受田素英辞去潍坊市第十八届人民代表大会常务委员会秘书长职务，赵中国辞去潍坊市第十八届人民代表大会常务委员会委员、潍坊市第十八届人民代表大会监察和司法委员会委员职务的请求，报潍坊市人民代表大会备案。根据有关法律规定，田素英担任的潍坊市第十八届人民代表大会常务委员会代表资格审查委员会主任委员职务，赵中国担任的潍坊市第十八届人民代表大会常务委员会代表资格审查委员会委员职务相应终止。任命：田素英为潍坊市第十八届人民代表大会监察和司法委员会副主任委员；刘锡田为潍坊市第十八届人民代表大会财政经济委员会副主任委员；殷修湖为潍坊市第十八届人民代表大会教育科学文化卫生委员会副主任委员；常祖领为潍坊市第十八届人民代表大会农业与农村委员会副主任委员；刘新国为潍坊市第十八届人民代表大会农业与农村委员会副主任委员；王福强为潍坊市第十八届人民代表大会民族侨务外事委员会副主任委员；高玉国为潍坊市第十八届人民代表大会社会建设委员会副主任委员。免去：毛洪涛的潍坊市人民代表大会常务委员会副秘书长、人事代表工作室主任职务；王福强的潍坊市人民代表大会常务委员会副秘书长职务。决定任命：张志海为潍坊市人民政府秘书长；赵中国为潍坊市科学技术局局长；董胜勇为潍坊市工业和信息化局局长；钟光文为潍坊市自然资源和规划局局长；马冰为潍坊市住房和城乡建设局局长；董广明为潍坊市城市管理局局长；王法顺为潍坊市应急管理局局长；张文磊为潍坊市人民政府研究室主任；郭兴平为潍坊市投资合作促进局局长。决定免去：宋均圻的潍坊市人民政府秘书长职务；高玉国的潍坊市科学技术局局长职务；鞠俊海的潍坊市工业和信息化局局长职务；刘建成的潍坊市自然资源和规划局局长职务；钟光文的潍坊市住房和城乡建设局局长职务；马冰的潍坊市城市管理局局长职务；常祖领的潍坊市农业农村局局长职务；李永光的潍坊市应急管理局局长职务；张志海的潍坊市人民政府研究室主任职务；韩文宏的潍坊市投资合作促进局局长职务。免去：王光才的潍坊市中级人民法院审判员职务。免去：任光武的潍坊市人民检察院副检察长职务；法云江的潍坊市人民检察院副检察长职务；韩国荣的潍坊市人民检察院检察委员会委员、检察员职务；李学生的潍坊市城郊地区人民检察院副检察长职务；周金明的潍坊高新技术产业开发区人民检察院检察长职务；娄风才的潍坊滨海经济技术开发区人民检察院副检察长职务。

2023 年 6 月 25 日，潍坊市第十八届人民代表大会常务委员会第十次会议任命：肖明胜为潍坊市第十八届人民代表大会社会建设委员会副主任委员；曹晓楠为潍坊市第十八届人民代表大会教育科学文化卫生委员会副主任委员；高立伯为潍坊市第十八届人民代表大会法制委员会副主任委员。决定：接受滕双兴辞去潍坊市人民政府副市长职务的请求，报潍坊市人民代表大会备案。决定免去：鞠立强的潍坊市民政局局长职务。任命：王建东为潍坊市中级人民法院审判员；刘锦森为潍坊市中级人民法院审判员；陈静为潍坊市中级人民法院审判员；任保江为潍坊市中级人民法院审判员；张春亮为潍坊高新技术产业开发区人民法院审判员；辛雨静为潍坊高新技术产业开发区人民法院审判员；王孟为潍坊滨海经济技术开发区人民法院审判员；郭英为潍坊滨海经济技术开发区人民法院审判员。免去：李金鹏的潍坊市中级人民法院审判员职务；王学功的潍坊市中级人民法院审判委员会委员、审判员职务；马海兰的潍坊市中级人民法院审判委员会委员、民事审判第四庭庭长、审判员职务；周爱云的潍坊高新技术产业开发区人民法院副院长、审判委员会委员、审判员职务。任命：单萌萌为潍坊高新技术产业开发区人民检察院检察员。免去：季运忠的潍坊市人民检察院检察员职务；徐光明的潍坊市城郊地区人民检察院检察委员会委员、检察员职务；刘文华的潍坊滨海经济技术开发区人民检察院检察委员会委员、检察员职务。

2023 年 7 月 26 日，潍坊市第十八届人民代表大会常务委员会第十一次会议决定：接受闫凤林辞去潍坊市第十八届人民代表大会常务委员会委员职务，高成勇辞去潍坊市第十八届人民代表大会常务委员会委员、潍坊市第十八届人民代表大会法制委员会副主任委员职务的请求，报潍坊市人民代表大会备案。根据有关法律规定，闫凤林担任的潍坊市第十八届人民代表大会常务委员会代表资格审查委员会委员职务相应终止。任命：李广懿为潍坊市人民代表大会常务委员会办公室主任；孙振元为潍坊市人民代表大会常务委员会人事代表工作室主任；袁永青为潍坊市人民代表大会常务委员会副秘书长；孙宝春为潍坊市人民代表大会常务委员会副秘书长。免去：闫凤林的潍坊市人民代表大会常务委员会副秘书长、办公室主任职务。决定任命：葛英煜为潍坊市民政局局长；王金来为潍坊市农业农村局局长；张华为潍坊市人民政府外事办公室主任；王金祥为潍坊市国有资产监督管理委员会主任；郭家荣为潍坊市行政审批服务局局长。决定免去：刘玉的潍坊市人民政府副市长职务；葛英煜的潍坊市人民政府外事办公室主任职务；郭友亮的潍坊市国有资产监督管理委员会主任职务；党好玲的潍坊市行政审批服务局局长职务。任命：王夕瑞为潍坊高新技术产业开发区人民法院副院长。任命：孙炜为潍坊市人民检察院检察委员会委员、检察员；房卫红为潍坊市城郊地区人民检察院副检察长、检察委员会委员、检察员；李源江为潍坊滨海经济技术开发区人民检察院副检察长、检察委员会委员、检察员。免去：李源江的潍坊市人民检察院检察员职务；房卫红的潍坊市人民检察院检察员职务。

2023 年 8 月 29 日，潍坊市第十八届人民代表大会常务委员会第十二次会议决定任命：杨升岩为潍坊市人民政府副市长；周俊为潍坊市人民政府副市长。决定：接受卞汉林辞去潍坊市人民政府副市长职务的请求，报潍坊市人民代表大会备案。

2023 年 10 月 25 日，潍坊市第十八届人民代表大会常务委员会第十三次会议决定：接受王增宝辞去潍坊市第十八届人民代表大会常务委员会委员、潍坊市第十八届人民代表大会财政经济委员会副主任委员职务，刘效伟辞去潍坊市第十八届人民代表大会常务委员会委员、潍坊市第十八届人民代表大会监察和司法委员会副主任委员职务的请求，报潍坊市人民代表大会备案。决定任命：张震生为潍坊市人民政府副市长；刘太福为潍坊市人力资源和社会保障局局长。决定免去：王守全的潍坊市人力资源和社会保障局局长职务。任命：黄澎涛为潍坊市监察委员会委员。免去：胡清太的潍坊市监察委员会委员职务。任命：崔福涛为潍坊市中级人民法院审判委员会委员；周伟为潍坊市中级人民法院审判委员会委员；孟义为潍坊市中级人民法院民事审判第四庭庭长；叶伶俐为潍坊市中级人民法院执行二庭庭长；丁颖为潍坊市中级人民法院立案一庭副庭长；贾元胜为潍坊市中级人民法院立案二庭副庭长；王勇为潍坊市中级人民法院民事审判第一庭副庭长；刘培玲为潍坊市中级人民法院民事审判第三庭副庭长；张守现为潍坊市中级人民法院行政审判庭副庭长；郭明明为潍坊市中级人民法院行政审判庭副庭长。免去：郑青义的潍坊市中级人民法院审判委员会委员、审判员职务；贾向辉的潍坊市中级人民法院审判员职务；孙涛的潍坊市中级人民法院立案一庭副庭长职务；王勇的潍坊市中级人民法院立案二庭副庭长职务；薛居亮的潍坊市中级人民法院民事审判第一庭副庭长职务；贾元胜的潍坊市中级人民法院民事审判第一庭副庭长职务；孟义的潍坊市中级人民法院民事审判第四庭副庭长职务；叶伶俐的潍坊市中级人民法院执行二庭副庭长职务。任命：张素敏为潍坊市人民检察院副检察长、检察委员会委员、检察员；马良明为潍坊市人民检察院副检察长、检察委员会委员、检察员；朱国宝为潍坊市人民检察院检察委员会委员；徐军为潍坊市人民检察院检察委员会委员；孙明霞为潍坊市人民检察院检察委员会委员；谷红艳为潍坊市人民检察院检察委员会委员；李玉华为潍坊市人民检察院检察委员会委员；李冰为潍坊市人民检察院检察委员会委员；韩伟为潍坊市人民检察院检察委员会委员。免去：张观方的潍坊市人民检察院检察员职务；赵萌的潍坊市人民检察院检察员职务；李林增的潍坊市人民检察院检察员职务；姜德崇的潍坊市人民检察院检察员职务；王永瑞的潍坊市人民检察院检察员职务。

2023年12月29日，潍坊市第十八届人民代表大会常务委员会第十四次会议决定：接受王延泰辞去潍坊市第十八届人民代表大会常务委员会委员、潍坊市第十八届人民代表大会监察和司法委员会副主任委员职务，宋立军辞去潍坊市第十八届人民代表大会常务委员会委员、潍坊市第十八届人民代表大会教育科学文化卫生委员会副主任委员职务，张文辞去潍坊市第十八届人民代表大会常务委员会委员、潍坊市第十八届人民代表大会城乡建设与环境资源保护委员会副主任委员职务，陈延爱辞去潍坊市第十八届人民代表大会常务委员会委员、潍坊市第十八届人民代表大会社会建设委员会副主任委员职务，胡立辞去潍坊市第十八届人民代表大会常务委员会委员、潍坊市第十八届人民代表大会民族侨务外事委员会副主任委员职务的请求，报潍坊市人民代表大会备案。任命：田元君为潍坊市第十八届人民代表大会农业与农村委员会副主任委员；张仁科为潍坊市第十八届人民代表大会教育科学文化卫生委员会副主任委员；姜殿臣为潍坊市人民代表大会常务委员会副秘书长。决定任命：徐莹为潍坊市水利局局长；李庆华为潍坊市海洋发展和渔业局局长；李磊为潍坊市退役军人事务局局长。决定免去：田元君的潍坊市水利局局长职务；徐莹的潍坊市海洋发展和渔业局局长职务；刘超的潍坊市退役军人事务局局长职务。任命：刘希宝为潍坊市监察委员会委员；荆毅为潍坊市监察委员会委员。任命：宋宗明为潍坊市中级人民法院未成年人案件审判庭（环境资源审判庭）庭长；刘宇宁为潍坊市中级人民法院未成年人案件审判庭（环境资源审判庭）副庭长；迟文文为潍坊市中级人民法院未成年人案件审判庭（环境资源审判庭）副庭长；马淑华为潍坊市中级人民法院民事审判第二庭（清算与破产审判庭）庭长；李金桦为潍坊市中级人民法院民事审判第二庭（清算与破产审判庭）副庭长；丁岩为潍坊市中级人民法院民事审判第二庭（清算与破产审判庭）副庭长；尹臣正为潍坊市中级人民法院民事审判第二庭（清算与破产审判庭）副庭长。免去：邱拥军的潍坊市中级人民法院执行一庭副庭长职务；蔡霞的潍坊市中级人民法院审判员职务。任命：刘瑞鹏为潍坊滨海经济技术开发区人民检察院检察委员会委员；杨宁为潍坊滨海经济技术开发区人民检察院检察委员会委员；张铁馨为潍坊滨海经济技术开发区人民检察院检察委员会委员。免去：王玉美的潍坊市人民检察院检察委员会委员、检察员职务。批准免去：张素敏的坊子区人民检察院检察长职务；王彦青的潍城区人民检察院检察长职务；纪兵的高密市人民检察院检察长职务。

（张国一）

潍坊市人民政府

综　述

【推动经济稳中向好】 2023年，面对外部环境复杂多变、超预期因素叠加影响的严峻形势，创新采取了一系列有效举措，推动经济运行持续回稳向好。一是强化政策发力。研究出台加力提速工业经济、支持外贸促稳提质等一揽子措施，建立定期分析研判、常态化督导服务等机制，统筹推进重点领域科学纳统。二是精准服务企业。按照“互为上下游，形成产业链”思路，主动“遍访企业”，搭建万企智配平台，推动中小企业与大型企业面对面谈合作。落实新增减税降费及退税缓税政策，减轻经营主体负担110.6亿元。工业稳增长、外贸稳定和创新发展3项经验获国务院督查激励。三是狠抓项目建设。创新实施全生命周期管理服务，全市重点项目完成投资2311亿元，新签约项目1030个，新增到位资金1415亿元。四是大力促进消费。举办风筝嘉年华、城市音乐节等系列主题活动。发放各类消费券，拉动消费31亿元。新增省级电商产业带6个。五是全力维护金融环境。坚决打好国企债务风险化解攻坚战，积极向上争取，举办金融赋能潍坊高质量发展全面战略合作签约等活动，达成“三个区分开来”共识，盘活资源资产100多亿元，守住了不发生系统性区域性金融风险底线。

【推进高质量发展】 2023年，一是强化创新引领。新增省级高新区2家、高新技术企业390家，高新技术产业产值占比达到59%。潍柴动力获中国专利金奖。7项技术成果入围省科技进步一等奖，创历年最好成绩。加快节能降碳和数字转型，全市工业技改投资增长12.8%，45%的规上企业实施数转智改。全面深化“链长制”，潍坊市被确定为全国唯一铸造行业高质量发展试点市。新增国家级和省级专精特新、制造业单项冠军、瞪羚、独角兽企业617家，6家企业入围中国500强，4家企业入围中国民营企业500强。成功举办首届全国产业计量大会。二是乡村振兴持续发力。粮食生产实现面积、单产、总产“三连增”。26家企业、103家合作社分别入选中国农业企业、农民合作社500强，数量均列全国地级市首位。省级智能牧场创建数量居全省第一。预制菜企业数量突破1800家，全省首支10亿元规模预制菜基金顺利落地。巴基斯坦、加纳等海外农业园区加快建设。现代水网、美丽幸福河湖建设走在全省前列。三是改革开放继续深化。全面深化与上合示范区合作。优化营商环境“一号改革工程”，项目审批做到全流程“掌上办”。建立招商项目全域统筹、利益共享等新机制，举办招商系列推介活动，高端植保项目、中航融和锂电池项目、青啤数字化工厂等一批大项目落户潍坊。全市进出口总额稳定增长，其中进口增长17.1%，高于全省14.4个百分点；全国首个“四关合一”综合运营中心投入使用，跨境电商保税出口规模居全省第1位。综合保税区发展绩效评估居全国第4位、全省第1位。

【建设宜居韧性智慧城市】 一是城市品质不断提升。市级国土空间总体规划获省政府批复。城市更新等三项国家级试点成效显著，新增海绵城市23.5平方千米。白浪河东风桥新桥建成通车，健康街部分路段完成“两块板”改造。二是城市管理更加精细。制定城市管理全要素提升工作导则，开展17条全要素示范路（街）创建，完成5532处“多杆合一”整治、71处“疏绿透美”和433千米绿化带“落土”治理，中心城区改造直角出入口167处，新建改建城市公园106处、城市绿道73千米，获评国家绿色出行城市、公交都市建设示范城市。城市管理进社区经验在全国推广。三是枢纽地位进一步提升。济青中线济潍段、明董高速建成通车，高速公路总里程全省第2。潍烟高铁主体工程完工。“青潍空铁快线”开通运行。潍坊港5万吨级滚装泊位建成投用，中港区航道疏浚顺利完工。全国首个高铁快运物流基地落户潍坊。四是城市文化更具魅力。文旅部“河和之契”等活动精彩纷呈，“博物馆之城”建设扎实推进。高密前冢子头遗址考古发掘列入“考古中国”重大项目。新建城乡书房38家。授牌全国版权示范城市、“2024东亚文化之都”。

【推进民生事业】 2023年，民生支出占比保持在80%以上。新增城镇就业9.5万人。新开工棚户区改造项目6267套、保障性租赁住房1459套，完成老旧小区改造4.9万户，化解房屋产权历史遗留问题项目922个。建成和改造中小学165所、幼儿园372所。基础教育、职业教育分别获得国家级教学成果一等奖。潍坊医学院正式更名为山东第二医科大学。救助保障各类困难群众31.8万人。新建助老食堂606处、护理型养老床位3630张，潍坊养老大学建成启用。空气综合指数、优良天数排名全省前五。国家低碳城市试点评估成绩居全国第4位。信访积案化解成效明显。扫黑除恶实现常治长效。省双拥模范城创建工作通过验收。安全生产事故起数、死亡人数实现“双下降”。食品药品安全、能源安全形势稳定可控。审计、史志、老龄、供销、水文、邮政、通信、机关事务等各项工作都取得新成绩。

【建设人民满意政府】 2023年，扛牢全面治党政治责任，开展学习贯彻习近平新时代中国特色社会主义思想主题教育，认真抓好省委巡视反馈意见整改。严格落实党风廉政建设责任制，召开三次市政府全体会议，积极支持纪检监察机关工作，主动接受审计机关审计监督，坚持不懈反腐倡廉、驰而不息纠治“四风”，巩固了风清气正政治生态。深入开展能力作风提升专项行动，扎实推进“高效办成一件事”。大力推进法治政府建设，提请市人大常委会审议地方性法规草案5部，颁布政府规章3件。市人大代表建议、政协提案办理满意率达到100%。强化府院联动，行政机关负责人出庭应诉率100%。坚持过紧日子，“三公”经费大幅压减。

重要会议

【全市工业经济运行调度会议】 2023年2月5日，全市工业经济运行调度会议在阳光大厦召开，听取近期全市工业经济运行情况汇报，研究下一步重点工作。市委副书记、市长刘运主持会议并讲话，市领导卞汉林、鞠俊海出席会议。

会议强调，拼经济、加快推动高质量发展，是今年最紧要的任务。各级各部门要深刻学习领会习近平总书记重要讲话精神，深入贯彻落实党中央决策部署和省委、省政府工作安排，进一步提高政治站位，扛牢责任担当，聚焦加力提速工业经济高质量发展，把握正确工作方法，落实落细具体措施，确保实现首季“开门红”，为完成全年目标任务开好局、起好步。要统筹好发展和安全，树牢风险意识，深入分析研判风险隐患点，采取强力措施整改到位，切实织牢织密安全防范网。要立足优势产业，提前谋划布局新项目、培育新增长点，推动重点产业链集群化发展，引领带动产业上下游企业共同发展。要加强对上沟通衔接，争取更多政策资源惠及潍坊市企业；持续搞好政策宣传解读，让政策及时到达企业、到达基层；强化部门间协同配合，全力推动各项措施落地、见到实效，加快建设新时代中国特色社会主义现代化强市。

【全市高质量发展重大项目建设现场推进会】 2023年2月14日上午，潍坊市组织收听收看全省高质量发展重大项目建设现场推进会后，接续举行全市高质量发展重大项目建设现场推进会。市委副书记、市长刘运讲话并宣布开工。市政协主席李爱杰，市级有关负责人参加活动。

刘运在讲话中强调，全市工作动员大会将项目建设作为“全力以赴拼经济”的“七个突破”之一，各级各部门要紧紧抓住这个“牛鼻子”，全面掀起大抓项目、抓大项目的新高潮，确保实现一季度“开门红”。要加力提速项目建设，建立全市项目月调度和开复工项目周调度机制，压实开工率、投资完成率、投资完成量等关键指标，全面落实服务包靠责任，推动项目快建设、快投产、快达效。要着力提升项目质量，紧盯新领域新赛道，开工布局一批技术含量高、带动作用强的增量项目，为推动高质量发展提供强力支撑。要全力做好项目保障，抓住用好一揽子“政策包”，积极对上衔接争取资源，优先保障重点项目需求，为项目顺利推进保驾护航。

这次集中开工的239个重大项目，涵盖产业升级、平台建设、社会事业、基础设施等领域，总投资1579亿元，投资过10亿元项目44个，新经济项目占比超过70%。

开工活动以视频连线方式举行，主会场设在高新区元宇宙创新中心项目现场。各县市区、市属各开发区主要负责人依次汇报了所辖区域重点项目集中开工情况。

【全市重大事故隐患专项排查整治专题会议】 2023年5月12日下午，全市重大事故隐患专项排查整治专题会议在市级机关综合办公大楼召开。市委副书记、市长刘建军主持会议并讲话，市领导卞汉林、徐磊、狄波、刘玉出席。

刘建军强调，要深入学习贯彻习近平总书记关于安全生产重要指示批示精神，全面落实党中央、国务院决策部署和省委、省政府要求，以时时放心不下的责任感，从严从实开展好重大事故隐患专项排查整治行动，切实维护人民生命财产安全和社会大局稳定。要突出抓好危化品、道路交通、建筑施工、医疗养老等重点行业领域和新业态隐患排查整治，强化企业主体责任落实，开展精准严格执法，确保行动取得实实在在的成效。要严格落实安全生产“党政同责、一岗双责”和“三管三必须”要求，压紧压实安全生产各方责任，切实筑牢安全发展底线，为加快建设实力强品质优生活美的更好潍坊营造和谐稳定的社会环境。

会议以视频形式召开，各县市区、市属各开发区设分会场。

【市政府廉政工作会议暨市政府全体会议】 2023年5月22日，市政府廉政工作会议暨市政府全体会议在市级机关综合办公大楼召开。市委副书记、市长刘建军出席会议并讲话，市领导高峰、卞汉林、吕珊珊、徐磊、陈端梅、滕双兴出席。

会议指出，去年以来，在市委正确领导下，全市政府系统推动党风廉政建设和反腐败工作取得新成效，为经济社会持续健康发展提供了有力保障。今年是全面贯彻落实党的二十大精神的开局之年，全市政府系统要坚持以习近平新时代中国特色社会主义思想为指导，全面贯彻党的二十大精神，坚定拥护“两个确立”、坚决做到“两个维护”。要锲而不舍纠“四风”树新风，严格落实中央八项规定及其实施细则精神，带头过紧日子，大兴调查研究。要强化公共资金、公共资源、重点行业领域监管，严格规范坚决查处重点领域和群众身边的腐败问题。要坚持依法行政，深化政务公开，主动接受监督，进一步规范权力运行。要持续深化“放管服”改革，突出抓好要素市场化配置改革，加快推动政府职能转变。

会议强调，全市政府系统要真抓实干，全力以赴推动经济社会高质量发展。要强化大局观念，加快补齐短板，切实抓好经济运行。要更加注重效益，着力提升招商引资、各类节会和政策实施效果。要加快构建产业生态，做好数字经济与特色优势产业结合文章，大力提高本地配套率。要树立经营城市理念，稳妥推进城市更新，不断提升城市内涵。要在培育龙头企业、延伸产业链条、打造品牌上持续发力，加快推动农业高质量发展。要狠抓政策落实，深入开展“遍访企业”行动，持续优化营商环境。要守牢安全发展底线，扎实做好安全生产、金融安全、生态环境、防汛备汛等工作。要坚持以人民为中心的发展思想，尽力而为、量力而行，切实保障和改善好民生。

会议要求，全市政府系统要坚持把党的政治建设摆在首位，严明政治纪律和政治规矩，扎实开展学习贯彻习近平新时代中国特色社会主义思想主题教育。要扛牢全面从严治党主体责任，坚定不移推动政府党风廉政建设和反腐败斗争向纵深发展。要用心研究工作，发散思维想问题，集思广益定方案，达成共识做事情，努力成为干好本职工作的行家里手。要锤炼过硬工作作风，认真较真、严谨细致、立行立做、团结协作，全面提升抓落实、促发展的能力和水平，为打造实力强品质优生活美的更好潍坊、加快建设新时代中国特色社会主义现代化强市作出新的更大业绩。

【全市政府系统办公室主任会议】 2023年6月28日，全市政府系统办公室主任会议暨作风能力提升专项行动工作总结会议召开。会上，传达了市委副书记、市长刘建军对全市政府办公系统工作的批示要求。

刘建军充分肯定了去年以来全市政府办公系统取得的工作成绩，强调要把讲政治作为第一要求，扎实开展学习贯彻习近平新时代中国特色社会主义思想主题教育，坚定拥护“两个确立”、坚决做到“两个维护”。要按照“善于说行、敢于说不、长于建言、敏于落实”的标准，主动换位思考，积极建言献策，全力当好市委、市政府的“智囊团”和“参谋部”。要坚持实干担当，发散思维想问题、集思广益定方案、达成共识做事情，快反应、快落实、快运转，确保市委、市政府重点工作落地见效。要强化底线思维，站稳人民立场，严于律己，严管所辖，为打造实力强品质优生活美的更好潍坊、加快建设新时代中国特色社会主义现代化强市贡献更大力量。

会议强调，全市政府办公系统要紧紧围绕市委、市政府中心工作，聚焦“七个加力突破”，锚定“走在前、开新局”，抓大事办要事，当先锋打头阵，全面做好“三服务”工作，致力打造忠诚“前哨后院”、务实“智囊高参”、高效“运转中枢”、服务“示范表率”和高素质“过硬团队”，以新担当新作为推动全市高质量发展取得新成效。

【全市安全生产现场调度会议】 2023年8月18日下午，全市安全生产现场调度会议在高密市召开。市委副书记、市长刘建军主持会议并讲话，市委常委、政法委书记孙刚出席。

会议指出，各级各部门要深入学习贯彻习近平总书记关于安全生产的重要论述和重要指示批示精神，全面落实党中央、国务院决策部署，按照省委、省政府和市委、市政府工作要求，深刻汲取事故教训，时刻绷紧安全生产这根弦，以“时时放心不下”的责任感，迅速开展城镇燃气安全专项整治和安全生产大排查大整治行动，举一反三抓好安全生产各项工作，牢牢守住安全发展底线。

会议要求，要细之又细、严之又严抓好燃气安全，深入开展燃气管道设施安全隐患排查整治，全面摸清燃气管网信息，规范燃气工程施工和运行维护，着力抓好餐饮场所用气安全，加快推进液化气市场整治，坚决将风险隐患消灭在萌芽状态。要以安全生产大排查大整治为主线，统筹抓好建筑施工、道路交通、化工和危化品、海上安全、非煤矿山、特种设备等重点领域安全生产，扎实做好防汛、防溺水、防火等工作，持续提高监管效能，着力提升本质安全水平，坚决防范遏制安全事故发生。

会议强调，要压紧压实属地责任、行业监管责任和企业主体责任，切实把各项部署和工作措施落到实处。要加大督导执法力度，综合运用行政处罚、问责等多种手段，倒逼相关问题整改到位。要持续提升宣传教育实效，真正让安全理念深入人心。

会上，市直有关部门和部分县市区、市属开发区作了发言。

【全市重点外资项目专项观摩点评暨外资工作推进会议】 2023年8月21日下午，全市重点外资项目专项观摩点评暨外资工作推进会议在富华国际会议中心召开。市委副书记、市长刘建军出席会议并讲话，副市长狄波主持。

刘建军在讲话中指出，做好利用外资工作是贯彻落实上级决策部署的必然要求，是推动全市高质量发展的重要途径，也是稳住经济运行的现实需要。各级各有关部门要深入贯彻落实党中央、国务院关于稳外资的决策部署，按照省委、省政府的要求，切实增强工作紧迫感责任感，对照差距，查找不足，多想办法，推动外资稳存量、扩增量、提质量，全力完成年度目标任务。要紧盯制造业、房地产、金融“三大领域”，精准发力，靶向施策，千方百计推动利用外资工作实现大的提升。要着力攻坚现有外企、骨干企业、国有企业、大型央企“四类企业”，主动链接，加强沟通，靠前服务，让企业成为引进外资的重要渠道和载体。要突出做好遍访企业、要素保障、政策兑现“三项服务”，积极向企业问需求、送政策、解难题，坚决履行承诺事项，让外商引得来、留得住、发展好。要真抓实干，坚持实事求是，不搞形式，算清投入产出账，狠抓项目落地，确保取得实实在在的成效。要强化“一盘棋”思想,加强县市区合作、条块合作，齐心协力把工作干好。要强化督导考核，充分激发各发展主体的积极性，以更实举措、更大力度推动利用外资工作迈上新台阶，为加快建设更好潍坊提供有力支撑。

会前，现场观摩了青州市、寿光市、潍城区、高新区部分外资项目。会上，对16个外资项目进行了评议打分。

【市政府党组学习贯彻习近平新时代中国特色社会主义思想主题教育工作会议】 2023年9月12日下午，市政府党组学习贯彻习近平新时代中国特色社会主义思想主题教育工作会议召开，传达全市主题教育工作会议精神，安排部署市政府党组主题教育工作。市委副书记、市长、市政府党组书记刘建军主持会议并讲话。省委第七巡回督导组副组长王政及督导组成员列席。

会议指出，开展主题教育，是党中央为全面贯彻党的二十大精神、动员全体党员为完成党的中心任务而团结奋斗所作的重大部署，是必须坚决完成好的重大政治任务。要提高政治站位，深刻领会习近平总书记重要讲话精神，深刻认识开展主题教育的重大意义，根据省、市委工作部署安排，以高度的政治自觉、思想自觉、行动自觉，扎实做好各项工作，始终在思想上政治上行动上同以习近平同志为核心的党中央保持高度一致，坚定拥护“两个确立”、坚决做到“两个维护”。

会议强调，要把准总体要求，聚焦“学思想、强党性、重实践、建新功”，牢牢把握深入学习贯彻习近平新时代中国特色社会主义思想这一主题主线和根本任务，锚定目标任务，把握原则方法，高质量开展好主题教育。要聚焦重点措施，把理论学习、调查研究、推动发展、检视整改、建章立制贯通起来，有机融合、一体推进，确保主题教育取得实效。要加强组织领导，压紧压实责任，注重统筹兼顾，强化作风保障，为主题教育扎实推进提供坚强保障。

会议审议通过了市政府党组主题教育工作安排和市政府党组主题教育领导小组成员名单。

【全市银行行长座谈会】 2023年10月12日下午，全市银行行长座谈会召开。省财政厅二级巡视员韩志毅，省地方金融监管局副局长葛志强，中国人民银行山东省分行副行长董龙训，国家金融监督管理总局山东监管局副局长陈颖出席会议并讲话；市委副书记、市长刘建军出席会议并讲话，市委常委、副市长杨升岩主持。

刘建军在讲话中指出，近年来，全市各银行机构紧紧围绕满足市场主体发展需求，在扩大信贷规模、降低融资成本、发展普惠金融、防控金融风险方面做了大量努力，为潍坊高质量发展提供了有力金融支撑。

刘建军强调，潍坊发展基础牢固、综合优势突出，今年以来，在省委、省政府坚强领导和省直有关部门单位大力支持下，狠抓招商引资，大力推动地产互采，全面实施产值倍增，经济运行呈现持续回升向好态势。推动高质量发展是地方政府和银行机构的共同责任，希望各银行机构进一步强化服务意识，在信贷投放上持续加力，在金融创新上持续加力，在守牢风险底线上持续加力，与潍坊发展同频共振、互促共赢，为建设实力强品质优生活美的更好潍坊作出新的更大贡献。

刘建军指出，维护良好金融生态环境是政府义不容辞的责任，各级各有关部门要不遗余力加大政策支持力度，不遗余力搞好服务保障，不遗余力防范化解风险，不遗余力维护银行合法权益，齐心协力打造一流金融生态。

会议通报了全市金融工作有关情况，进行了交流发言。

市直有关部门单位主要负责人，各县市区、市属各开发区分管金融工作的负责人，相关银行业金融机构主要负责人，企业代表参加会议。

【市政府党组主题教育调研成果交流会暨典型案例剖析会】 2023年11月22日，市政府党组主题教育调研成果交流会暨典型案例剖析会召开，深入学习贯彻习近平新时代中国特色社会主义思想和习近平总书记关于调查研究的重要论述、重要指示批示精神，总结交流主题教育期间调研工作开展情况，深入剖析正反两个方面典型案例，扎实做好调研成果转化运用，推动主题教育走深走实。市委副书记、市长、市政府党组书记刘建军主持会议并讲话。

主题教育开展以来，市政府党组认真贯彻党中央关于大兴调查研究的部署要求，深入一线摸实情、找症结、提对策，形成了一批高质量调研成果。会上，大家围绕“加快培育百亿级企业”“化工产业高质量发展”“加快打造乡村振兴齐鲁样板先行区”“全面实施生态警务”“科技赋能文旅产业发展”“打造研学旅行名城”等调研题目作了交流发言，并就市政府党组确定的两个方面典型案例进行了深入剖析研讨。大家一致认为，通过开展调研成果交流和典型案例剖析，进一步深化了对习近平新时代中国特色社会主义思想的理解领悟，进一步完善了高质量发展的思路举措，进一步推动了突出问题的有效解决。

刘建军在总结讲话时指出，这次交流研讨，梳理出了好的经验做法，找到了差距不足，明确了工作着力点，达到了预期效果。要扎实做好调查研究“后半篇文章”，加快推动成果转化运用，真正把调研成果转化为推进工作的实际成效。要把调查研究与理论学习贯通起来，持续深化对习近平新时代中国特色社会主义思想的学习领悟，扎实做好深化、内化、转化工作，以实际行动坚定拥护“两个确立”、坚决做到“两个维护”。要把调查研究与整改整治贯通起来，推动突出问题有效解决，让人民群众切实感受到主题教育带来的新变化。要把调查研究与推动发展结合起来，谋划实施一批重点项目、改革事项、关键举措，以推动高质量发展的成效检验主题教育成果。

【全市开发区工作述职点评会议】 2023年12月8日上午，全市开发区工作述职点评会议在市级机关综合办公大楼召开。市委副书记、市长刘建军出席会议并讲话，副市长狄波主持会议并作点评。

刘建军指出，开发区是经济高质量发展的主力军和排头兵。要深入贯彻党中央、国务院决策部署，准确把握省委、省政府工作要求，聚焦主责主业，心无旁骛抓经济、促发展。要突出产业升级，抓好工业技改和数转智改，推动传统产业“老树发新枝”；坚持“链式”思维，聚力扶持有市场前景、符合本地禀赋条件的重点产业、重点企业，推动新兴产业做大做强。要突出创新带动，加强公共创新平台、企业创新平台和科技服务平台建设，大力引进科技领军人才，强化技能人才支撑，完善产学研合作机制。要注重扩大开放，发挥好骨干外贸企业和外资大项目作用，将开发区打造成对外开放的新高地。要抓实项目建设，在项目谋划、项目招引上再加力，提升项目建设质效和支撑能力。要优化考核机制，坚持“亩均论英雄”，激活开发区发展内生动力。要强化组织领导和要素保障，深入开展遍访企业、“我为企业找订单”、产值倍增行动，推动开发区换道超车、进位争先，为全市经济高质量发展作出更大贡献。

会上，各县市区、市属各开发区负责人就开发区工作进行了述职。

【市政府第三次全体会议】 2023年12月29日，市政府第三次全体会议召开，讨论《政府工作报告（讨论稿）》，研究部署当前重点工作。市委副书记、市长刘建军主持会议并讲话，市委常委、副市长杨升岩就《政府工作报告》起草情况作说明。市领导吕珊珊、徐磊、狄波、陈端梅、周俊、张震生出席。

在听取《报告》起草情况说明后，与会人员结合工作实际进行了深入讨论，提出了有价值、有深度、有见地的意见建议。刘建军要求，起草组要逐条梳理研究，进一步修改完善《报告》，使《报告》更好反映工作实际、形势要求和发展需要，真正把“金点子”变成推动全市高质量发展的“金钥匙”。

刘建军强调，刚刚结束的市委十三届五次全会暨市委经济工作会议，按照“一七五一”的思路目标和任务举措，对明年工作作了全面部署。各级各部门要结合贯彻中央、省委、市委经济工作会议精神，对照《政府工作报告》涉及的各项工作，突出一个“早”字，逐项细化目标，层层分解任务，确保各项任务目标不折不扣落到实处、见到实效。要拿出“起步就是冲刺、开局就是决战”的劲头，提前部署做好明年首季“开门红”工作，全力推动项目建设、工业运行、扩大消费、对外招引、农业生产等工作实现良好开局。要绷紧绷牢安全发展这根弦，聚焦重点领域、重点环节，深入开展风险隐患排查整治，严格落实应急值守制度，确保守住守牢安全发展底线。要统筹做好春节前民生保障工作，妥善安排困难群众帮扶救助，加强重要民生商品市场保供，完善极端灾害天气应急预案，全力保障群众平安祥和过节。要全面提升政府系统抓落实水平，强化目标导向、问题导向、结果导向，确保工作成果体现到发展数据指标和群众切身感受上，以高效落实推动高质量发展，加快建设更好潍坊。

综合政务

【概况】 2023年，坚持省市县三级联动，组织政府办公系统“转作风提能力当先锋”，大力弘扬严真细实快“五种作风”，全面创建模范机关，擦亮“潍政先锋”品牌，先后组织开展“学习习近平新时代中国特色社会主义思想知识竞赛”“建功新时代潍坊勇争先演讲比赛”“公文处理规范提升”“调研报告评比”等活动。在全省开展的“五大比赛”中，荣获知识竞赛一等奖1名、二等奖1名，调研成果一等奖1项，演讲比赛和公文起草比赛分获二等奖1名，公文处理第一名，全省总评位列第五名，并被评为全省政府办公系统“作风能力提升专项行动”表现突出集体。牢固树立实干、实绩用人导向，调整干部15批次，先后提拔重用、职级晋升59人，其中县级23人、科级36人，调整人数占全体人员的1/3以上。学习青岛市政府办公厅工作理念，选派5人赴青跟班学习。选派21人参与服务企业、优化营商环境、主题教育等全市重点工作，组织30人次参加党校主体班次等全市重点培训。

【综合文字处理】 2023年，坚持围绕中心、服务大局，聚焦事关全市经济社会发展重大问题，想大事、谋长远、献良策、出实招，精益求精做好综合文稿服务。创新实施吃透上情、把准内情、掌握外情、摸实下情、场景共情“五情融合”工作机制，高质量完成全市工作动员大会、政府工作报告、市政府全体会议、经济运行分析会议、“书记、局长擂台赛”等重要会议材料的撰写，累计起草市政府主要领导讲话、发言、致辞、汇报、谈参、主持词等各类文稿700余篇，力求每篇材料有实效、有格调、有特色、有感情、有共鸣。

【政务公开】 2023年，政务公开办公室坚持“明明白白政务公开、全心全意为民服务”的公开理念，持续做好“鸢都政事”政务公开微信小程序，着力打造“移动新门户、掌上微政府”，让企业和群众可以随时随地查阅政策法规、进行互动交流、办理服务事项。上线以来，累计点击量已达900万余次。持续办好《政策访谈》节目，由各部门主要负责人走进直播间，主动对各级出台的相关政策进行解读释疑，对提振信心、引导预期、政策落实发挥了重要作用。截至2023年底，已累计播出263期，为企业和群众解决难题2800余个。潍坊政府网站获评2023年度中国领先地方政府网站。潍坊市政务公开工作连续五年蝉联全省首位，潍坊市连续九年被评为全省政务公开综合工作表现突出市，市政府办公室政务公开办公室等22个单位、韩刚等22人被表彰为全省政务公开先进集体和个人，分别达到16市的22%和15%。在全省政务公开领导小组（扩大）会议上作了典型发言。

【政务信息】 2023年，市政府办公室信息室锚定年度目标任务，紧扣中心大局，担当实干、攻坚克难，全力做好上情下达、下情上报工作，深入挖掘反映全市的亮点工作和鲜活做法，服务发展、服务决策、服务落实更加精准高效。全年累计上报省政府办公厅信息1000余篇，被采用400余篇，国务院、省政府领导批示65篇，一大批政务信息进入领导决策，潍坊市政务信息上报工作位居全省16市第2位，连续十年获评全省政务信息工作成绩突出单位，1人被国务院办公厅评为全国政务信息工作优秀个人。编发《潍坊政务信息》《每日动态》等市内刊物486期，采用信息4500余篇，市政府领导批示50余篇，其中创新推出的各行业领域十件大事系列信息连续9期被市委主要领导批示肯定。

【公文处理】 2023年，对标“高效办成一件事”要求，进一步优化流程、减少环节、压缩时限，全力提速、提质、提能、提效。2023年共审核制发各类文件1600多件，办理出国、赴港澳台批件52件；接收处理各级各类文电14900余件、请示报告2300余件，机要件、领导批示件、人民来信等3800余件，各类司法件、土地卷等800余件。潍坊市年度公文处理工作在全省政府系统首次量化考核中列16地市首位，荣获“全省政府办公系统公文处理工作表现突出集体”称号，并在全省政府办公系统通报表扬。创新实施“绿色直通车”服务，在依法依规的前提下，凡是涉及企业、项目的文件，实行特事特办、急事急办，得到了副省长、时任省政府秘书长宋军继的表扬肯定。严格执行重大事项请示报告制度，统筹指导政府系统做好有关工作，确保请示报告质量。坚守精文减会硬杠杠，切实为基层减负，加强计划管理，实行总量控制，确保精文减会要求落到实处。严格落实各项保密工作要求，筑牢保密防线，市政府办公室被评为“全市保密工作先进单位”。

【接待和会务】 2023年，严格落实中央八项规定精神及公务接待、会议管理等有关制度规定，紧紧围绕市委、市政府中心工作，不断强化服务意识、创新工作方法，严谨细致地开展各项工作。组织调研、外出考察、会见签约等活动180余次，接待考察、督导及各类来宾160余批次、1300余人，做到了热情周到、主动高效、勤俭节约。严格执行会务组织工作规范，会议组织过程中力求节约，从节约一度电、一杯水、一张纸做起，高效组织安排各类会议80余次。

【政府职能转变】 2023年，持续深入推进政府职能转变。聚焦企业和群众办事需求，深入推进政务服务标准化、规范化、便利化建设。探索潍坊市级审批延伸办改革，设立“市级审批延伸办——峡山服务站”，在省内率先试点“市级权限事项实现区内办”，相关做法得到刘建军市长肯定批示。争取到“云服务、零见面”政务服务标准化国家级试点1项，帮办代办体系建设等省政府办公厅试点5项，数量居全省第一位。圆满完成省政府办公厅赋予的全省唯一的安全生产领域“互联网+监管”试点任务。被省表扬为互联网+政务服务工作表现突出单位、无证明之省建设工作表现突出单位等。市政府办公室荣获2023年度政务服务博览会“政务服务品牌影响力单位”。在中国数字政务发展年会上，市政府办公室获评“一体化政务服务创新实践典型示范单位”奖。《“潍您办·坊便民”.政务服务新生态》被评为“2023年度市直机关优质服务项目”，《“互联网+”助力农产品质量安全智慧监管》被表彰为2023年度全市干部教育培训好案例二等优秀作品。

【督查工作】 2023年，督查室充分发挥抓落实、促发展的“利剑”作用，紧紧锚定市委、市政府重大决策部署、市《政府工作报告》、市政府重要会议、市政府领导批示及交办事项等关键重点，高质高效抓好立项分解督查，建立台账、持续跟踪、滚动销号，每周形成督查专报。2023年，累计对2415项政府重点督查事项进行立项，办理市委督查件124项，印发督查专报、通知、通报81期，督办“互联网+督查”平台、省“鲁力办”平台问题线索965件。2023年度潍坊市有3项工作获国务院督查激励、31项工作获省委省政府督查激励，数量均居全省第一位。议案办理工作聚焦主责主业，建立完善人大建议、政协提案督办落实工作机制，加强联合督办、一线督办，共办理完成人大代表建议264件、政协提案534件，已答复建议和提案满意率均为100%，对12件重点建议和11件重点提案进行现场督办；落实人大常委会审议意见22件，受到人大、政协高度评价。

（冯文涛）

优化营商环境

【概况】 2023年，全市上下认真贯彻落实国家、省关于推进政府职能转变和优化营商环境的决策部署，全面推进“高效办成一件事”，深化营商环境创新提升行动，提振市场信心，激发市场活力，优化营商环境工作取得明显成效。“项目全生命周期服务模式”“智慧就业”“零工客栈”“静默认证”等经验做法被国家和省肯定推广。全市营商环境考核成绩连续三年全省并列第一，营商环境整体建设水平跨入全省第一方阵。

【实施“一号改革工程”】 2023

年，潍坊市把优化营商环境作为“一号改革工程”进行加力突破，市委、市政府系统谋划、强力推动，高规格召开市领导小组扩大会议、营商环境创新提升工作协商座谈会，市纪委、市委巡察办专门开展营商环境护航、巡察工作，市人大、市政协组织开展专题询问、营商环境条例立法座谈，积极构建各方协同推进的工作格局，营造全社会参与优化营商环境的浓厚氛围。聚力系统集成创新，出台了“一号改革工程行动方案”，推出63项重点任务、204项改革措施。省《深化营商环境创新提升行动方案》印发后，与省方案深度融合，围绕全周期服务、全要素供给、全过程监管、全方位保障、全闭环解决诉求，对“一号工程”改革措施进行了优化升级，提出20个领域共308项改革举措，以制度创新为持续优化营商环境提供有力保障和支撑。完善工作推进机制，建立“重点任务项目化管理机制”，按照“工作项目化、项目清单化、清单责任化”要求，推进各项改革措施落地落实。针对部门和层级之间沟通衔接问题，建立“分级协调推进机制”，推动重点难点工作有效解决。建立“问题解决直通车制度”，在属地管理的基础上，进一步落实市领导小组办公室协调、市级分管领导协调、市级会议顶层协调制度，畅通企业问题解决渠道。优化完善考核机制，对重点任务完成情况、市场满意度情况、问题解决情况、数据监测情况等进行量化评价。

【政务环境】 2023年，扎实推进“高效办成一件事”，新增企业歇业、道路交通事故处理、社会救助等10个企业和群众“高效办成一件事”服务场景，不断提升企业和群众办事的便捷度、体验度和满意度。大力推进“无证明城市”建设，上线“证明直通车”系统，实现居民身份证、不动产权证等高频证照证明在线开具，11126项事项“免证办”，6类证明“免提交”，在金融服务、酒店住宿等16个场景实现“主动办”。优化提升工程建设项目网上申报系统，实现申请人“不见面”申报。项目审批实现多系统互联互通，推行“一套图纸”多部门在线使用。在全省率先上线“居民码”平台，各级政务服务大厅、图书馆、旅游景区和2000余家酒店实现亮码办事、免证通行。上线全市统一的企业电子印章服务平台，为全市5万余家企业免费发放电子印章22万枚。

【市场环境】 2023年，全面落实市场准入负面清单制度，不在负面清单以外设置任何限制准入条件，着力打造“宽进严管”的市场环境。全力提升企业开办便利度，实现企业开办、咨询答复、帮办代办、统一受理、跟踪督办、结果反馈“一站式”服务。开发上线“一键生成”文书材料智能辅助系统，进一步提升企业登记智能审批效能。拓展“非接触式”办税，212项业务实现全程网办，无纸化退税占比超过98%，退税办理时限压缩至3个工作日。新增减税降费和退税缓税缓费217亿元，为历年最高。强化金融赋能，举办“项目为王 金融赋能”主题对接活动，对400个省市重点项目实现融资对接全覆盖，为195个项目新发放贷款123亿元。通过省银企对接服务平台推送1117个县级重点项目，已为341个项目授信新发放贷款148亿元。加强知识产权保护，压减专利快速审查周期，推行专利预审服务“3+1”模式，平均预审周期缩至2.4个工作日。探索建立知识产权多元化纠纷解决机制，设立首批15家市级商标品牌指导站，为市场主体和社会公众提供便利化、高质量、全方位的知识产权服务。

【法治环境】 2023年，出台《潍坊市优化营商环境条例》，条例围绕“确认巩固已有成果，助力优化营商环境长效机制，引领推动改革创新，助力优化营商环境取得‘新突破’，以及坚持问题导向，聚焦企业反映的突出问题推动营商环境优化”等方面内容，充分保护各类市场主体合法权益，激发市场活力和社会创造力，为打造更优营商环境提供有力法治保障，于2023年12月15日起正式施行。推行柔性执法，落实“首次不罚、首次轻罚”机制，在全省率先建立市场监管系统不予实施行政强制措施清单，公布不罚轻罚事项430项。积极探索跨部门综合监管，在校外教育培训、经营性自建房安全、燃气等6个领域开展跨部门综合监管试点。“双随机、一公开”部门联合抽查拓展到了93个行业领域、161项检查事项，做到“进一次门、查多项事”。开展妨碍统一市场和公平竞争的政策措施清理工作，梳理涉及市场主体经济活动的政策措施674件。建立公平竞争审查内部审查、重大决策会审会商制度、第三方评估制度等，依法保障各类市场主体公平参与市场竞争。组织全市律师与1.8万余家企业建立点对点包靠关系，主动上门提供“法律体检”，免费反馈“体检报告”，为企业提供切合实际需求的服务。

【开放环境】 2023年，不断提升全市贸易通关便利化水平，自主开发建设国际贸易“单一窗口”平台“潍坊专区”，为外贸企业提供1100项服务事项。在全省率先实现海关、码头和“单一窗口”三方平台互联互通，口岸整体通关效率提升约34%。持续推进城市国际化建设，先后与41个国际城市结为友好城市和友好合作关系城市，国际“朋友圈”不断扩大。建成中日韩（潍坊）产业园，举办中日韩人才云上交流对接会暨“直播带岗”活动等，推动中日韩经贸、产业、文化合作向更宽、更深方向发展。建立外商投资企业投诉和处理机制、外资企业全生命周期协同监管服务机制，帮助31家企业解决困难问题34个。成功举办世界电商大会和首届潍坊国际电商博览会，突出供采对接，现场签订合作协议14份，达成意向成交额2300多万元。

【政企沟通】 2023年7月份，根据新的发展需要，潍坊市印发《潍坊市优化提升服务企业发展机制工作方案》，着力在优化服务企业专员结构、优化联系服务企业范围、优化问题闭环解决机制、优化信息化平台功能、优化精简专班设置等方面进一步完善工作机制，以强有力的工作机制推进服务企业工作的开展。目前，市县两级共精选3233名服务企业专员对6127家重点企业服务包靠，7520名镇街、社区干部联系包靠16475家中小微企业，实现了对大中小微型各类企业全覆盖联系包靠。在全市范围内组织开展“遍访企业”活动，积极为企业送政策、纾困难、促发展。活动开展以来，全市共组织对2.26万家企业进行全覆盖式走访对接，收集各类企业问题诉求3717个，推动解决3145个，帮助企业解决了一批制约发展的难点堵点问题。围绕政务失信专项治理、隐性壁垒清理、市场主体满意度提升等“十个行动”，在全市范围内集中开展优化营商环境“大走访、大调研、大整改、大提升”活动，着力提升市场主体获得感满意度。建立平台兜底受理机制，建立市企业诉求接诉即办“215”工作机制，及时进行答复、转办、审核、跟踪办理、结果回访等工作。

【实施“优化营商环境宣传年”活动】 2023年，联合潍坊日报社、广播电视台等主流媒体创办“潍坊营商赢未来”专栏，设立“潍坊营商”新媒体账号，刊发新媒体信息400余篇，全面宣传优化营商环境改革举措、惠企利民重大政策、工作亮点和先进典型。开展新闻舆论监督，适时召开新闻发布会，及时回应社会公众的关切。编印营商环境专报，推介部门和县市区好经验好做法，供各级各部门参阅学习。在全市党风政风监督工作业务培训、法治潍坊建设、优才计划岗前培训等主题培训班及市直有关单位开展营商环境政策宣讲，不断提升“潍坊营商”的影响力，为全市营商环境优化提升营造了良好的社会舆论氛围，让一流营商环境成为推动全市高质量发展的最强支撑，在全社会叫响“更好的潍坊，更好的营商环境”。

（尹婷婷）

政策研究

【概况】 2023年，市政府坚持把调查研究作为推动高质量发展的重要基础性工作，结合开展学习贯彻习近平新时代中国特色社会主义思想主题教育，对标对表上级重大决策部署，盯紧盯牢发展前沿动向，找准找实群众急难愁盼问题，认真践行“四下基层”，以务实作风深入开展蹲点式、解剖麻雀式调研，形成一批有质量、有分量、有影响力的调研报告和政策成果，推动解决一批发展所需、改革所急、基层所盼、民心所向问题，为推动高质量发展、建设更好潍坊提供有力支撑。

【调查研究】 2023年，主题教育开展以来，全市政府系统认真贯彻党中央大兴调查研究决策部署，深入践行“深、实、细、准、效”五字诀，注重学习运用“千万工程”经典案例，全面落实“四下基层”要求，各级领导干部深入基层一线，运用党的创新理论研究新情况、解决新问题。市政府党组研究确定了“培育新赛道磁产业”正面典型案例和“违法临时占用林地被省自然资源厅警示提醒”反面典型案例。市政府党组成员每人牵头1个重大调研课题开展调研，扑下身子、深入一线听群众呼声、察基层实情、解发展难题。11月22日，市政府党组召开主题教育调研成果交流会暨典型案例剖析会。会上，刘建军、杨升岩、吕珊珊、徐磊、狄波、陈端梅、周俊、马清民、张志海分别围绕“加快培育百亿级企业”“化工产业高质量发展”“加快打造乡村振兴齐鲁样板先行区”“全面实施生态警务”“科技赋能文旅产业发展”“体卫融合潍坊实践”“实施城市更新推动高质量发展”“开展‘党建统领、四社共建’”“打造研学旅行名城”等课题作了交流发言，并就市政府党组确定的正反面典型案例进行了深入剖析研讨，进一步深化了对习近平新时代中国特色社会主义思想的理解领悟，完善高质量发展的思路举措，推动突出问题的有效解决。

【政策措施】 2023年，在全面落实国家、省出台的惠企纾困政策基础上，市政府研究出台了加力提速工业经济高质量发展24条、支持外贸促稳提质19条、扩大消费24条、促进房地产市场健康发展10条等一揽子稳增长措施，在稳定经济运行中发挥了重要作用。围绕落实加力提速工业经济高质量发展24条，主动“遍访企业”，开展“我为企业找订单”活动，实施优质企业产值倍增行动，361家企业实现互采金额达到326.5亿元，13家企业实现倍增，规模以上工业企业发展到4171家，实现营业收入11864.6亿元，规上工业增加值同比增长6.6%。围绕落实支持外贸促稳提质19条，深入开展“外资大项目招引落地攻坚年”活动，深入实施“千企百展”境外市场开拓行动，5个项目入选全国重点外资项目，全省最多，完成进出口总额3403.1亿元，稳居全省第3位；其中，进口增长17.1%，高于全省14.4个百分点，居全省第2位。围绕落实扩大消费24条，举办风筝嘉年华、文旅惠民消费季、房产交易博览会等系列活动，发放汽车、家电、餐饮、文旅消费券及购房优惠券，拉动消费31亿元，实现社会消费品零售总额2936.1亿元、增长7%。围绕落实促进房地产市场健康发展10条，聚焦供需两端，从科学商定商住比、优化公共设施配建、优化购房补贴政策等方面发力，稳定房地产市场，新建商品房和二手房共销售1868.9万平方米，合计同比增长6.3%。其中，二手房销售743.9万平方米，同比增长42.5%。

【组织实施2023年度全市政府系统重点调研课题】 2023年，聚焦提高调查研究的前瞻性、针对性和实效性，经广泛组织申报、严格筛选把关，并经市政府第25次常务会议专题研究，梳理确定全市政府系统重点调研课题192个。3月14日，印发《2023年度全市政府系统重点调研课题的通知》，对课题实行备案管理，定期调度进展情况。截至2023年底，192个重点调研课题已全部完成。其中，市政府领导主持开展了加快培育百亿级企业、新时代拓展创新“三个模式”等11个市政府重大调研课题研究，有效推动解决了一批影响经济社会发展的重点难点问题；各县市区政府、市属各开发区管委会和市政府各部门单位、有关上属驻潍单位组织开展了181个市政府专项调研课题研究，依据调研成果出台政策文件108个、召开专题会议89次，均取得了良好成效。

【政府系统优秀调研成果评选】 9篇调研报告获2022年度全省政府系统优秀调研成果奖，数量居全省第2位。其中，《潍坊市氢能产业发展情况调查与研究》获一等奖，《潍坊市发展预制菜产业的优势、瓶颈与对策建议》《关于潍坊市制造业单项冠军、隐形冠军、专精特新、瞪羚企业、独角兽企业情况的调研》等3篇获二等奖，《关于发挥国家农综区平台优势 在全省率先开展蔬菜制种保险的建议》《落实二十大精神扎实推进共同富裕的分析与建议》《全市辅警队伍情况的调研报告》《关于打造“15分钟医保服务圈”的调研报告》《关于青州中晨书画艺术产业园发展情况的调研报告》等5篇获三等奖。评出2022年度全市政府系统优秀调研成果一等奖15篇、二等奖30篇、三等奖60篇，在全市营造了鼓励支持政策研究的良好氛围。

【编发《研究与决策》】 2023年，注重挖掘和刊发各级各相关部门优秀调研成果及推进重要改革创新、推动重点工作开展的典型经验做法，全年编发《研究与决策》10期。其中，《乘“双线”开通之势 加速潍坊旅游崛起》《税收视角下潍坊市数字经济发展情况分析及对策建议》等2期获市委书记刘运批示，《潍坊市人口规模和结构问题战略性研究报告》《胶东国际机场对潍坊的影响研究》《赴平度市考察学习报告》《加快新产品市场开拓 提升潍坊现代产业竞争力路径分析》等4期获市长刘建军批示。

（田 庚）

人事工作

【概况】 2023年，全市事业单位人事工作围绕全市经济社会发展大局，持续深化事业单位岗位管理、职称评审、工资分配三项制度改革，全力提升人事考试服务质效，激发事业单位人员创新活力，努力打造区域竞争新优势，各项工作取得新成效。

【事业单位人事管理制度改革】 2023年，规范事业单位公开招聘。坚持从严把握制度规定与保障事业单位发展相结合，落实招聘条件设置、报名资格审查、笔试面试、考核体检、人员聘用手续“五统一”。科学下放招聘自主权，支持卫生教育系统、高职院校等单位自主决定招聘时间、批次、形式，自主组织公开招聘。搭建高层次、高技能和急需紧缺专业人才招聘“绿色通道”，优化考试流程、简化招聘程序，最大限度助力事业单位引进人才。采用统一招聘、自主招聘、急需紧缺特聘相结合的方式，组织指导事业单位公开招聘8200余人，其中自主招聘2600余人，发布急需紧缺专业（岗位）13批次，引进高层次行业领军人才8人。

加强事业单位岗位管理。严格规范事业单位竞聘上岗，严明竞聘上岗纪律，进一步明确竞聘范围、条件、程序设置，形成能上能下的竞争性用人机制。指导21家单位进行岗位调整，科学制定岗位设置方案。指导195家事业单位开展竞聘上岗，为6000余人办理岗位聘用备案。深化县以下事业单位管理岗位职员等级晋升制度，将职员等级与岗位等级适当分离，形成岗位晋升之外新的晋升通道。截至2023年底，全市已实现职员制晋升2500余人。

完善事业单位考核奖惩制度。完善考核制度。会同市委组织部转发《山东省事业单位工作人员考核办法》，科学合理确定市直事业单位优秀档次比例，指导全市167家事业单位完成2022年度工作人员考核。健全奖惩制度。转发人社部《事业单位工作人员处分规定》，按权限做好事业单位工作人员奖励工作，对符合条件的350人作出记功奖励。

【职称制度改革】 2023年，统筹推进职称评审。深化职称评审“放管服”改革，高标准做好省授权潍坊市的高级职称评审工作，组建中小学教师、卫生、农业、工程、经济等相关系列高级职称评审委员会，将中级、初级职称评审授权相关行业主管部门开展。坚持聘请异地评审专家、评委会“盲评”“两代表一委员”和纪检部门现场监督等评审机制，持续打造“阳光评审”服务品牌，圆满完成2022年度职称评审工作，累计审核职称申报材料2万余份，评审通过高级职称人员6100余人、中级职称人员6900余人，初级职称1万余人。

持续推进职称制度改革。建设工程初中级职称“以考代评”试点取得良好成效，首批3190人通过考试取得职称。创新专精特新企业职称申报举荐制，首批114名企业人才获评高级职称。印发支持取得职称的新型职业农民创新创业发展21条措施，695名新型职业农民获评职称。探索建立数字技术工程师培育认证制度。印发《潍坊市数字技术工程师培育项目实施方案》，取得高级专业技术等级证书的，可作为申报高级职称评审的重要参考，取得中级、初级专业技术等级证书的，按照职称管理权限，纳入潍坊市中级、初级职称认定范围。《职称评价“破四唯”与“立新标”路径研究》《创新专精特新企业职称评审机制研究》分别立项省级、市级课题。获“山东省深化职称制度改革优质服务表现突出集体”，全省职称专题调研观摩在潍坊市举办，潍坊市为唯一发言地市介绍职称评审“潍坊经验”。

提升继续教育服务质效。加强专业技术人员继续教育公共服务体系建设，累计建成省、市级专业技术人员继续教育基地29家。2家单位入选人社部数字技术工程师培训机构，潍坊学院“新能源汽车动力系统关键技术”获批潍坊市第一个国家级高级研修项目。举办省级高级研修项目6个，市级高级研修项目30个，省级服务乡村振兴继续教育基地培训1.5万余人，专业技术人员知识结构持续改善。

【事业单位收入分配制度改革】 2023年，深化公立医院薪酬制度改革。积极落实国家、省关于推进公立医院薪酬制度改革要求，推动涉及改革的12个县（市、区）均完成改革方案制定，建立“市县联动、一县一策”的改革政策体系，全市范围内搭建起适合医疗卫生行业特点的薪酬制度。深入分析医疗行业高层次人才收入分配工作现状，授权市属公立医院自主研究确定高层次人才薪酬激励范围，加大政策供给支持力度。

完善事业单位绩效工资管理。研究明确《部分市属事业单位绩效工资总量浮动核定依据》，注重综合考虑绩效工资核定中经济社会总体情况、同类单位互相平衡、急难险重工作、单位诉求等情况。会同青岛、烟台、日照共同签订胶东四市《事业单位科研人员科技成果转化现金奖励绩效工资政策互认机制协议》，扩大事业单位科研成果转化认可范围。坚持“限高、稳中”原则，对申请绩效工资总量上浮的市属高校等12家单位统筹把关。综合考虑经济形势、单位收支结余、行业特点等因素，提出科学合理核定建议，突出工资收入分配导向作用。

深化重点群体待遇保障机制改革。会同卫健、财政印发《落实市属医疗机构医务人员激励政策的通知》，为参与疫情防控救治工作的医务人员核增一次性绩效工资（薪酬总量）。保障义务教育教师待遇，高质量推进教育系统绩效工资增量项目核定，全市12个县（市、区）年平均工资收入均高于学校所属行政区划内公务员平均工资水平。

深化工资福利基层基础建设。高标准开展“事业单位工资政策畅通行”活动，市县两级联动、多形式开展业务培训，1600余名经办人员参加，同频共振力促工资管理提质增效。会同组织、编制、财政部门印发《关于对全市机关事业单位防治“吃空饷”问题开展专项检查的通知》，审核市直180家事业单位1.91万人工资信息，组织县市区开展自查，层层传导压力，防范问题风险。全方位调研检验工作成效。省厅赴潍坊市开展绩效工资实施情况工作专项调研。推荐4个案例入选省厅绩效工资典型案例汇编。作为全省唯一代表，参与人社部工资福利司关于公立医院薪酬改革蹲点调研，聚焦基层难点，汇报新情况新问题，省厅及人社部调研组高度评价。

【人事考试服务】 2023年，圆满完成国家政策性考试。围绕“全链条”考务管理，强化考务制度落实，加强试卷全流程管控，确保考试安全。组织完成29项人事考试，参考人数达到20万余人次。其中资格类考试18项，招聘类考试11项。累计设置考点187个，安排考场6315场次。新增取得专业技术人员职业资格证书1.47万人。

社会化考试蓬勃发展。组建命题专家、阅卷专家、面试考官等多支考试工作队伍，成立人才测评科，充分发挥考试报名、考务管理、信息技术、场地配套等优势，大力开展各种社会化考试服务。完成社会化考试30批次，组织命制笔试试题13套、面试试题28套，服务考生2.1万余人次。受委托发布各类招考简章56个，开展38项考试网上报名，编排考场2381个，全年服务委托单位70个。

人事考试基地全面建成。投资600余万元，历时10个月，完成“六大功能区”改造建设，配套“六大信息系统”，获2023年市直事业单位“服务创新项目”一等奖。新建3个省级人事考试标准化考点，126个考场，通过省中心现场验收。根据业务需求，对潍坊市人事考试报名系统进行完善优化，注册考生人数超9万人。积极推进社保卡在人事考试身份核验应用工作，研发社保卡身份核验一体机，获评全国人社信息化便民服务典型案例，相关经验在全省推广。

（王兆国　曹义琳）

外事工作

【概况】 2023年，全市外事系统聚焦市委“一七五一”思路目标和任务举措，为全市开放发展大局贡献了外事力量，工作走在全省外事系统前列。以潍坊所能服务国家所需，高效落实国家交办对外工作任务。圆满完成年度各项主场外事重点活动外事保障，推动全市对外交流和务实合作全面起势，多项指标在全省名列前茅。全面打造“外事 +”“+ 外事”惠企便民服务品牌升级版，企业得实惠、群众有所得、外事暖人心的服务宗旨全面落地。服务潍坊涉外安全稳定环境营造更显成效。

【服务大国外交与全市发展】 2023 年，高标准完成“中国—东盟数字农业论坛”等多个“国字号”主场外事服务保障任务。配合外交部圆满完成第七届“中非青年大联欢”潍坊站活动各项工作，为延续中非传统友谊作出潍坊贡献。坚决贯彻中央对美部署，协助中国驻美国大使馆与美国马里兰州“世界艺术家体验”组织开展潍坊风筝文化线上交流，受到美国当地青少年学生和社区民众欢迎。中国驻美国大使馆、农业农村部、省委外办等单位分别向市委、市政府致函感谢。在“一带一路”高峰论坛在京召开之时，抢抓宝贵机遇，牵头举办“潍坊—肯尼亚经贸合作对接会”，邀请到京出席峰会的肯尼亚总统府高访团成员及潍坊农业农机相关企业参加，达成系列合作意向，意向金额过亿美元。持续深耕潍坊与乌拉圭在农牧业方面交流合作，邀请乌方牧农渔业部长和驻华大使到潍坊考察，为“双国双园”项目提档升级提供了外事方案，副省长陈平专程到潍坊见证合作。全面落实支持经贸类团组走出去利好政策，推动因公出国管理服务更加高效务实。坚持“任务导向、因事定人、总量控制、统筹安排”原则，制定重点因公出访建议计划 11 批，为市委、市政府决策提供参考。全年因公临时出国团组成行 28 批 104 人次。

【国际交流工作】 2023 年，推动国际友城“扩圈拓群”。与柬埔寨茶胶省签署建立友好省市关系意向书，为全市在东盟开辟了新的合作支点。与哥伦比亚通哈市正式缔结友好合作关系，提前 4 个月完成年度任务，至此潍坊友城数量达到 44 个，遍布六大洲 24 个国家。涵养友城未来友好力量。以友城合作为纽带，以青少年交往为桥梁，在潍坊国际友城框架内，先后与韩国安养市、春川市、日本日向市、波兰奥尔什丁市开展了以青少年文化交流为主题的系列活动。在春川市国际儿童绘画交流展上，全市精心选送的 10 幅学生作品获奖，为市政府主要领导出席第十四次中日韩文化部长会议并代表潍坊参加“东亚文化之都”揭牌仪式助力添彩。汇集海内外优质人脉资源。充分激发侨领爱潍建潍热情，先后邀请近十批次海外潍坊商会代表到潍坊考察访问，聘请 4 人为潍坊市人民对外友好协会名誉理事，为与重点国家开展合作拓宽渠道。在全省外籍人士最高荣誉称号“山东省荣誉公民”和“山东省人民友好使者”评选中，全市 4 名外籍友人成功当选，居全省第一，在潍坊外籍友人的归属感、荣誉感进一步增强。讲好潍坊故事精彩篇章。坚决贯彻习近平总书记关于“两个结合”的重要论述，广泛开展构建人类命运共同体等重大理念对外宣传，联合市委宣传部举办“友城友人话潍坊”“外媒走山东”“我的‘一带一路’故事专题采访”等主题外宣，继德国友城弗莱辛之后，推动“中华文化之角·尼山书屋”在日本友城八街落子布局。

【助力企业出海发展】 2023 年，深入贯彻 2023 潍坊企业家大会

12 月 25 日，市委书记、市人大常委会主任刘运（后排右六）与茶胶省省长屋彼、柬埔寨驻济南总领馆总领事山索峰（后排右七）等出席潍坊市与柬埔寨茶胶省文化艺术旅游友好合作签约仪式（王　宁　供图）

精神，主动登门服务，送去外事服务企业公开信，亮明具体服务内容，为企业加快融入新发展格局赋能助力。发挥好“APEC卡企业联盟”平台机制化作用，动态优化APEC卡和邀请函企业“白名单”，为上榜企业开通绿色快捷通道，享受“一站式”服务体验。大力推动“APEC卡惠企工程”进基层、进企业，联合省委外办在中国（潍坊）跨境电子商务综合试验区举办APEC商务旅行卡专题宣传推介会，共为一百余家企业160批421人次申办APEC卡，占省委外办业务总量的20.1%，居全省第1位，为企业节约签证费用超过500万元。协助超过270家企业为360批623名外国人出具来华邀请函（核实单），涉企服务量较2020年前增加70%，帮助企业新增订单2.7亿元，增加出口额1.9亿元，外事助企“引进来、走出去”政策效能得以充分显现。建立外事信息“点到点”共享机制，向各县市区和市商务局等8个市直部门精准推送外交部经济资讯7期，为其制定产业规划、拓展海外市场提供了信息参考。联合省委宣传部、省委外办开展“走近海外园区 感受鲁企风采”专题外宣，省内主流媒体组团对诸城桑莎、福田汽车等企业开展多角度宣传，外交部官媒以《“一带一路”上的地方合作》为题刊文报道。

【涉外活动保障】 2023年，制定下发做好境外安全保障工作通知，建立境外投资企业及外派人员台账，修订完善实施方案和应急预案，深入全市重点境外企业开展督导检查。全力打造预防性领保全国典型。针对全市海外务工人员中农民工居多、领保知识相对欠缺的实际，坚持关口前移、精准施策，推动领保宣传向农村延伸，全国外事系统首家完整、系统推出“领保＋三农”服务理念，打造“领保知识进乡村”工作品牌，组建3个领保宣传分队先后深入企业、乡村开展领保宣传培训。“领保护农”工作取得明显成效，有关做法被外交部《外事管理》刊发向全国推广。得益于领保安全防护措施前置效应，连续两年全市涉外领保案（事）件同环比双下降。不断筑牢涉外安全风险防火墙。联合公安、国安、商务、教育、文旅等部门建立健全了涉外安全联席会议机制、企业及个人“走出去”培训机制、涉外安全分析研判机制和重要节点预警机制，明确各涉外企业和主管部门职责，统筹协调齐抓共管，为在潍坊外籍人士和走出去的公民、企业织牢安全网，有效避免输入型涉外安全隐患，维护全市企业、公民海外合法权益。

（王　宁）

机关事务

【概况】 2023年，市机关事务服务中心（以下简称“中心”）以习近平总书记对机关事务工作重要指示精神为遵循，围绕市委、市政府“全力以赴拼经济”和“七个加力突破”决策部署，锚定“走在前、开新局”，强化精细管理、精准保障、精致服务，努力推动机关事务工作质效不断提升，为建设实力强品质优生活美的更好潍坊提供了可靠保障。中心先后获评“第二批山东省节水标杆单位”“全省公共机构生活垃圾分类示范单位”“全省档案工作业务建设规范单位”“模范机关创建工作先进单位”，连续3年综合绩效考核获优秀等次，连续12年保持“省级文明单位”称号。

【机关办公用房管理】 2023年，全市各级机关事务部门全部建成房地产管理信息化系统平台，共录入单位1734家、办公楼宇2126座、使用面积290万平方米，录入办公人员信息87715名，初步建成办公用房电子化管理台账。主动延伸开展市直公益一类事业单位房地产系统应用，已完成50家单位数据测绘、人员信息采集，已出测绘图纸面积约29万平方米，为下步更好地管理机关办公用房奠定了良好基础。在办公用房资源紧张的情况下，优化配置房产资源，为市委编办机构改革专班等20家单位调配办公用房、技术业务用房等，保障了机关运转需要和各项重点工作顺利推进。

【公务用车管理】 2023年，联合财政、发改等部门制定印发《潍坊市公务用车跨区域跨部门联动保障暂行办法》，建立了“上下联动、左右协同、一体运行”的跨区域公务出行保障机制。推动潍坊市与省局、临沂、泰安等市公务用车管理平台互联互通，实现各地公车资源共享共用，圆满完成“跨区域公务出行保障一体化”国家级试点项目。利用公务用车管理平台，对市级行政事业单位公务用车进行全生命周期管理，有效杜绝公车私用，防止出现公车闲置和租用并存情况。调度车辆为全市重要活动、市直部门单位提供公车服务4.04万次、369万千米，有力保障了机关公务出行。公开招标了定点加油、维修、保险和租赁服务企业64家，实行“四定点”服务，降低了有关费用支出。严格公务用车编制管理，市直部门单位共更新公务用车5辆，全部为国产新能源汽车。

【公共机构节能管理和节约型机关建设】 2023年，扎实推进公共机构节能，联合有关单位部署节约型机关创建、生活垃圾分类示范单位创建、节水型高校创建、节水标杆遴选等，认真组织开展机关食堂反食品浪费抽查评估工作，市级机关食堂反食品浪费工作列地市级食堂第2名。大力推广应用合同能源管理，综合办公大楼合同能源管理项目节能率达到12.5%，年可节电58.39万千瓦时，2次在全省公共机构节能会上作了典型发言。2023年，全市公共机构人均综合能耗、面均能耗、人均用水、单位建筑面积碳排放与2022年相比分别下降1.5%、1.15%、1.3%、1.6%。建成公共机构能耗监测系统，覆盖市级机关综合办公大楼、阳光大厦2个集中办公区18.4万平方米，通过实时监测、自动采集能耗数据，实现办公区能耗动态监控和管理，目前已开始试运行。截至2023年底，全市县级以上党政机关节约型机关创建率达94.6%（市级党政机关节约型机关创建率达100%）。

【机关事务标准化信息化法治化建设】 2023年，认真组织开展标准化实训试点，与潍坊职业学院合作，挂牌成立机关事务标准化实训基地，联合开发标准化实训课程，组织全市机关事务系统干部职工深入开展标准化大学习、大培训，共完成集体培训3次，单项专业培训10次，现场观摩学习1次，培训人员600余人次，取得明显成效，实训试点顺利通过省局评估验收。其间，制定发布《行政事业单位公务用车服务规范》地方标准，进一步提升了中心标准化应用水平，被省市场监督管理局确定为标准化实训服务标准化试点单位。深入推进“互联网+机关事务”，升级公务用车信息化管理平台功能，建成公务用车管理和跨区域公务出行保障一体化数字平台，在全省首届机关事务系统数字化应用创新大赛中获二等奖。进一步拓展“机关事务·微服务”应用范围，可通过手机移动端进行餐卡办理、会议预定、施工备案、跨区域用车申请等多个事项，全面提升了办事效率。着力加强机关事务法治化建设，围绕办公用房、公务用车、公共机构节能管理工作，举办专题培训班3期，解读和宣传政策规定。围绕机关运转和效能提升要求，制定完善了有关管理制度，确保各项工作有章可循、有规可依，促进中心内部运转更加高效。

【综合后勤保障服务】 2023年，大力弘扬敬业专注、精益求精的工匠精神，追求“润物细无声”的服务质效。组织开展了综合办公大楼外墙防水、屋面防水、加装金刚网窗等3项大型房屋修缮工程，改善提升了机关办公环境。对综合办公大楼第三、第五会议室音、像设备进行了优化与改造，提升会议品质，年内共完成会议服务近1700场次。开展了“地方特色美食进餐厅”活动，引进地方特色美食70余种，进一步

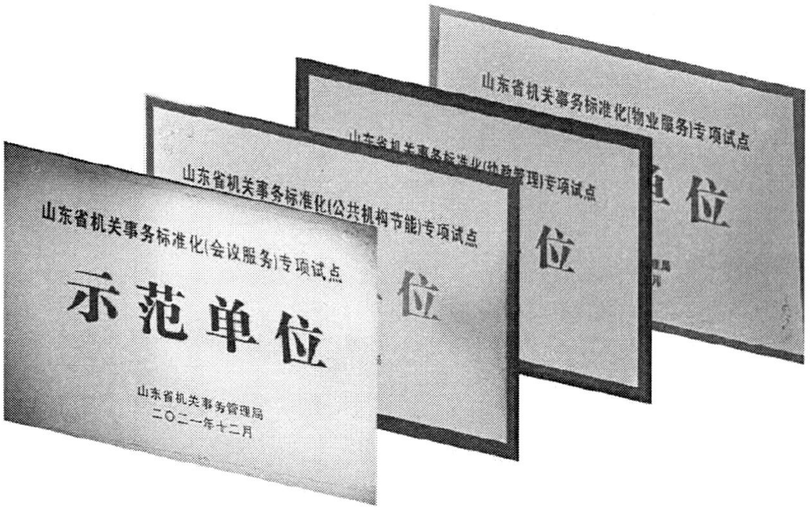

承担的省级四项标准化试点工作 （武心舜 供图）

丰富了饭菜花色品种，完成供餐服务110万人次。坚持以人为本为机关干部办实事好事，建成阳光大厦西侧临时停车场，新增临时停车位500余个，有效缓解了阳光大厦办公区停车难和交通拥堵问题。会同市总工会、市文旅局、市文联等单位，在市级机关综合办公大楼建设了职工书屋，为外来办事群众和机关干部职工会客、休闲、读书提供了方便。在市级机关综合办公大楼播放工间操音乐，美化、装饰了电梯厅、电梯轿厢等，深受广大机关干部职工好评。牢牢守住"安全底线"，会同公安、住建、城管、应急、消防、电力等部门组成联合检查组，对254个市级党政机关、事业单位共77处办公区进行了一次拉网式"安全体检"，对发现的问题全部建立台账，督促有关单位及时整改，为机关创造了安全稳定的办公环境。为机关小区配置智能垃圾桶，实施绿化提升工程、防渗水治理工程等，解决了一系列难点问题，监督物业公司做好物业服务，提升了群众满意度。

（李清林）

信访工作

【概况】 2023年，潍坊市信访局被中央信访联席办、国家信访局评为"治理重复信访、化解信访积案专项工作优秀集体"；连续6年被评选为人民网网上群众工作"民心汇聚单位"；临朐县、寿光市获评"全国信访工作示范县"，潍坊市获评数量全省第一；省信访局年内共计开展了三项试点工作，其中潍坊市承担两项，一项是优化完善涉法涉诉信访事项处置机制改革试点工作，一项是高密市具体承担的大力推进信访工作法治化试点工作，试点工作成效得到省委、省政府领导肯定。

【健全领导机制】 2023年，市委常委会、市政府常务会坚持定期研究信访工作，协调解决信访工作中遇到的困难和问题。7月份开始市委常委会会议坚持定期听取信访重点工作情况汇报。市委、市政府主要领导通过"四不两直"等方式对信访工作进行调度督导，带头接访、包案、阅信，26位市级领导分工包靠206起信访积案。市县镇三级全部成立由党委、政府主要负责人任召集人的信访工作联席会议，全面推动实体运行，由联席会议及其办公室通过召开协调会议、实地督导等方式及时协调解决信访工作中遇到的困难和问题。市信访工作联席会议先后召开3次全体会议、22次日常调度会议，分析研判信访形势，部署安排重点工作，研究问题解决办法。

【源头治理】 2023年，市信访局立足抓好预防，认真学习借鉴新时代"枫桥经验"，健全"四级书记抓信访"工作机制，共调度梳理各类矛盾纠纷70757件、化解64025件。立足控制增量，严格按照"四个不允许"要求，落实市县镇三级负责人公开接访和约访下访工作，市县两级领导干部共计接访4277批、7606人次，化解3903起、6966人次。立足消减存量，推动3860件国家信访局登记事项和3990件省信访局登记事项化解。立足典型带动，把创建国家和省级"信访工作示范县"以及市级信访工作示范镇街作为加强信访问题源头治理的有力抓手，着力培育评选一批县域、镇域信访工作标杆，力促更多的矛盾纠纷在最初的环节、最低的层级得到就地化解。对该4项机制，市信访局严格落实了每月质效评估机制，跟进调度协调，最大限度确保了这些制度机制作用发挥。

【积案攻坚】 2023年，对上级陆续交办以及市内排查的信访积案和重复事项，全部由市县镇三级负责人包案，通过专班推进、信访听证、专家会审、联合接待等方式全力推进化解。3位省级领导（李猛、宋军继、程林）包靠的24件事项率先化解；26位市级领导包靠的206件积案全部上报化解；中央信访联席办交办的三批3835件"治重化积"事项全部上报化解。由市信访工作联席会议牵头，分类施策开展了城乡建设、劳动社保、涉法涉诉、农业农村、党风廉政、涉众金融等6个领域信访突出问题专项整治；9月份，又会同8个部门联合开展了工程建设领域欠薪欠款信访问题专项攻坚行动，推动一大批群众急难愁盼问题就地化解。

【法治化建设】 2023年，按照信访工作"五个法治化"的要求先行先试，特别是依托国家信访局、

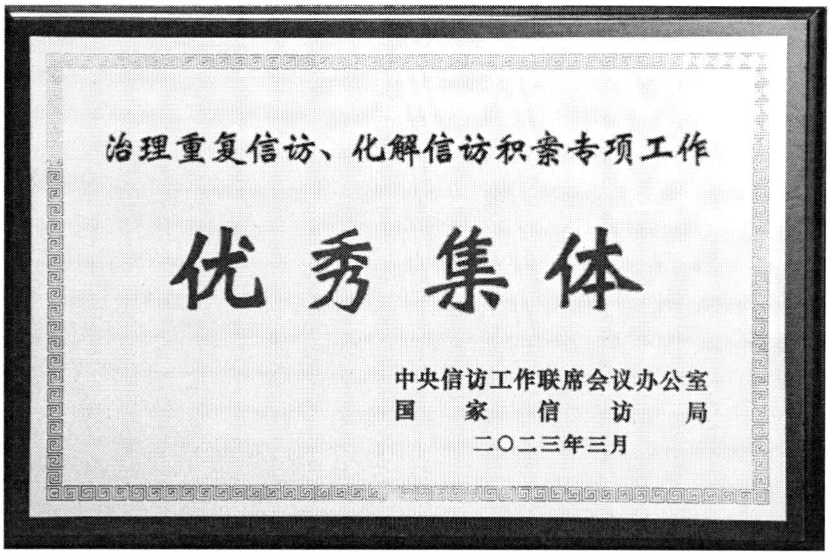

3月，潍坊市信访局被中央信访工作联席会议办公室、国家信访局评为“治理重复信访、化解信访积案专项工作优秀集体”　　（贾宝凯　供图）

省信访局在潍坊市部署开展的优化完善涉法涉诉信访事项处置机制改革试点，扎实部署开展专项攻坚行动，逐案组织评查；对案件处置有瑕疵的，协调政法机关重新化解；对评查案件处置无瑕疵的，交由属地为主推进问题尽快妥处。深入推进《信访工作条例》落实年系列工作，持续开展《信访工作条例》宣传宣讲进乡村、进社区、进学校、进企业、进单位“五进”活动，营造浓厚宣传氛围，进一步增强群众依法信访意识。在市县镇三级信访接待场所全部建立信访法治宣传教育室，第一时间向信访群众释法明理，坚持问题解决、思想疏导、法治教育一体推进。

【标准化建设】 2023年，市县两级信访部门按照全力做好信访工作的参谋部、指挥部、作战部的要求，躬身入局，积极担当，主动作为。由市县两级信访部门负责人带头，实地指导等方式，分别包靠信访任务重的部门、单位和镇街，并根据工作需要随时到信访群众家中面对面交流；对群众来信和网上信访事项，均通过工作群等方式每天进行调度，并严格落实当日与群众对接交流制度；深入开展市县镇三级联动分析研判信访形势工作，帮助基层转变信访理念，提升化解问题能力、共同化解棘手矛盾，实现对16个区县、152个镇街和部分系统、部门信访形势分析全覆盖，共培训基层信访工作人员3万多人次，推动828件疑难复杂信访事项就地化解，《法治日报》专门对相关工作进行报道，全市信访标准化水平不断提高。

（李荣涛　左保杰）

行政审批服务

【概况】 2023年，市审批服务局聚焦“七个加力突破、五个加快提升”，全力推进“一号改革工程”牵头任务，全力打造市场化、法治化、国际化、便利化的一流营商环境，审批服务效能持续提升。争取国家试点1项、省“揭榜挂帅”等试点28项，“云踏勘”、工程建设项目“掌上办”2项工作全国推广，9项工作全省推广，经验做法被省市主流媒体刊发报道100余次，被国家、省市内部简报刊发推广40余次。“网上办、掌上办”和局改革创新工作获市委主要领导批示肯定。荣获省市级集体荣誉18项，21人获省市通报表彰。

【深化审批领域改革创新】 2023年，“云服务、零见面”改革入选国家级试点。坚持数据赋能，借鉴电商理念，推动“政务+数据+邮政”融合发展，创新搭建全程零见面的“政务服务线上TOP店”，打造群众远程“点”、政府线上“接”、大厅及时“办”、邮政双向“送”的政务服务新模式，1508项事项实现全链条“零见面”审批，效率提升30%以上。该项改革获国家标准委第九批社会管理和公共服务标准化试点（全市唯一）。

“无证明城市”建设实现省内“领跑”。牵头全市“无证明城市”建设工作，通过打造证照证明数据库、完善信息核验机制、丰富拓展应用场景等措施，让“数据跑路”代替“群众跑腿”，变“我要你证明”为“我为你证明”。身份证、营业执照等119类电子证照证明在办理购买新建自住住房公积金贷款、建筑业企业资质许可等11037个事项时“免提交”；职工参保缴费证明、出租车驾驶员背景核查等6类证明在办理法律援助律师工作证、出租汽车驾驶员客运资格证等40个事项时

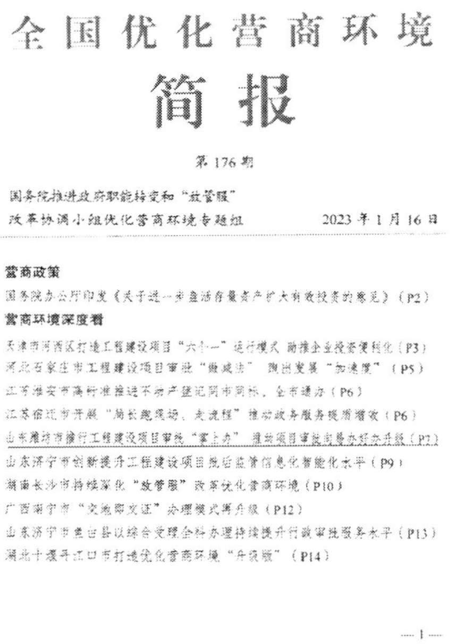
全国优化营商环境
简报
第176期
国务院推进政府职能转变和“放管服”
改革协调小组优化营商环境专题组　　2023年1月16日

营商政策
国务院办公厅印发《关于进一步盘活存量资产扩大有效投资的意见》（P2）
营商环境深度看
天津市河西区打造工程建设项目“六个一”运行模式 助推企业投资便利化（P3）
河北石家庄市工程建设项目审批“做减法” 跑出发展“加速度”（P5）
江苏淮安市高标准推进不动产登记同市同标、全市通办（P6）
江苏宿迁市开展“局长走现场、走流程”推动政务服务提质增效（P6）
山东潍坊市推行工程建设项目审批“掌上办” 推动项目审批向智办好办升级（P7）
山东济宁市创新提升工程建设项目批后监管信息化智能化水平（P9）
湖南长沙市持续深化“放管服”改革优化营商环境（P10）
广西南宁市“交地即交证”办理模式再升级（P12）
山东济宁市鱼台县以综合受理全科办理持续提升行政审批服务水平（P13）
湖北十堰丹江口市打造优化营商环境“升级版”（P14）

— 1 —

1月16日，潍坊市工程建设项目审批“掌上办”在全国优化营商环境简报上刊发推广　　（藤一民　供图）

“免提交”；义务教育招生入学报名、购买汽车车票等14个社会化场景实现证照证明“免提交”。

省内率先推行工程建设项目审批全流程“掌上办”。依托“开工直通车”平台，打通工程建设项目审批相关30余个专网系统，研发上线“掌上办理平台”微信小程序，集成智能咨询、报建清单、帮办代办、地图导航等功能，推动工程建设项目从立项到竣工验收全流程“掌上办”，全年共为803个项目提供全流程“掌上办”服务，经验做法被《全国优化营商环境简报》刊发推广。

省内率先实现“云踏勘”市县两级全覆盖。市县两级同步搭建“云踏勘”平台，建立统一的事前指导、事中服务、事后追溯机制，通过即时远程视频踏勘、现场影像全程云端保存、踏勘结果实时反馈、踏勘报告电子签名等措施，药品、医疗器械、食品经营等事项实现“云踏勘”，踏勘时间平均压减5个工作日，部分事项实现“当天申请、当天踏勘、当天出证”。

省内首推项目全生命周期服务机制。聚焦项目策划、论证、生成、手续办理、开工建设、投资纳统、竣工投产、升规纳统、履约监管9个关键环节，全面推行项目全生命周期服务机制，通过明确分工、明晰流程、统一调度、全程考核，相关各方拧成一股绳，实现企业“一眼看到底”、预期更清晰、发展更自信的目标。该做法入选省“揭榜挂帅”创新试点，被省委改革办《改革与制度创新》刊发推广。

公共资源交易工作走在全省前列。创新农村集体公共资源交易模式，将农村“三资”项目纳入农村集体公共资源交易平台统一交易，提高农村资源配置效率。创新多项目“工位制评标”新模式，采取评标专家随机抽取，评标工位随机分配，评标项目随机下发“三随机”方式，实现评标专家之间“物理隔离”，进一步推动评标工作独立、客观、公正，市县两级交易场所项目承载能力提升20%以上。创新远程异地评标合作新模式，与青海、四川、宁夏等沿黄流域9省32地市建立远程异地评标合作机制，完成评标项目96个，金额超135亿元。2023年，政府网上商城采购完成订单3.44万笔，同比增长22%，成交金额超3.75亿元，同比增长10%，均创历史新高。全市完成交易项目4948项，交易总金额823亿元，采购类项目节约财政资金13.93亿元，出让类项目增收财政资金32.1亿元。

【审批效能提升】 2023年，省内创新推进基层政务服务“三型达标”创建。在全市开展基层政务服务“三型达标”（即基础型、标准型、标杆型达标）创建行动，推进事项下放、服务下沉、保障下移，补齐基层政务服务在功能建设、事项运行、服务能力等方面的短板和薄弱环节，全市基层站点全部实现有场所、有人员、有制度、有网络、有设备、有经费、能办事“六有一能”，建成镇（街）标准型站点71处，标杆型站点79处，占比分别为47.3%和52.7%；村（社区）标准型站点949处，标杆型站点306处，占比分别为67.4%和21.7%，基层“最后一公里”政务服务效能显著提升。

创新实施“四全”帮代办服务模式。聚焦企业和群众更好更快办事需求，主动靠前、高效衔接、整体联动，打造暖心服务全过程、项目服务全周期、预约延时全天候、市区联动全覆盖的“四全”帮办代办服务模式，不断提升全链条审批服务质效。2023年，共为省市重点项目帮代办6700

余次，为特殊群体提供“一对一”全程帮代办服务4200余次持续提升帮代办服务水平。获评潍坊市最佳志愿服务组织，相关做法被《山东政务信息·专报信息》刊发推广。

创新开展“局长走流程”活动。组织市县两级驻政务服务大厅部门分管负责人，以群众和审批人员双重身份，在窗口一线查问题、优流程、提服务。截至目前，优化事项办理流程12个，精减申请材料168份，解决企业群众疑难问题125个。

深入推进“就近办”改革。着力拓展“就近办”应用场景，依托银行、邮政和园区等公共服务场所，建成政务服务社会合作网点815个，布设自助服务终端291台，打造24小时自助服务专区，贴心提供全天“不打烊”“不断线”服务，实现随时办、就近办、自主办。

【为民服务】 2023年，持续提升政务服务大厅效能。在市县两级政务服务大厅常态化开展“洗脸”运动，实施办公用品、设施设备、定位、定容、定量管理，全力打造环境干干净净、秩序整整齐齐、服务彬彬有礼的服务型大厅。建立服务专员团队，为企业群众提供“入厅分流—楼层接力—区域帮办—温馨送出”全程帮办代办服务。完善政务大厅多元评价服务机制，畅通现场评、网上评、微信评、电话评和社会评五个评价渠道，即时开展用户满意度回访，利用AI智能客服和人工客服收集转办并反馈处理结果。全年为企业群众办理审批业务400余万件，按时办结率100%，企业群众满意率99%以上。

全面推行“不打烊”服务。推行延时办，上午提前20分钟开通窗口，中午安排工作人员“不断档”办理业务，下午针对下班后当天可办结但尚未办结业务，提供延时服务，直至办结。推行双休日、节假日预约“不打烊”服务，解决企业和群众“上班没空办，下班没处办”难题。推行“主动＋预约”上门办，预约办理、上门服务，材料“上门取”，证照“送到家”。

（藤一民）

“12345”政务服务便民热线

【概况】 2023年，全面落实市委、市政府“用好用活12345热线”决策部署，围绕“未诉先办、即接即办、一次办结、一办到底”四个方面创新工作举措，扎实做好诉求受理处办各项工作，热线服务质量和水平持续提升。

【集聚为民服务资源力量】 2023年，强化资源整合，研究制定《潍坊市推动“12345”政务服务便民热线与110报警服务台高效对接联动的实施方案》，提升协同联动处置效率。突出领导带头，形成市级领导带头接听、各县市区和市直部门主要负责人定期接听、党员干部根据需要适时接听的长效机制，市级负责人接听8次，县市区、市属开发区党政主要负责人接听23次，市直部门单位主要负责人接听17次。加强部门联动，研究制定《潍坊市12345热线涉法涉诉涉信访事项办理机制》，会同市司法局制定印发《潍坊市人民政府关于开展行政执法监督与“12345”政务服务便民热线建立合作机制开展试点工作的通知》（潍政办字〔2023〕111号），推动涉法涉诉涉信访事项的依法依规及时解决。

【提高受理端服务水平】 2023年，不断拓宽受理渠道。持续优化手机端和电脑端受理功能，全年网络渠道受理各类诉求4万余件，较去年同期大幅增长。积极开展漏电回拨。对拨打“12345”热线没有接通或主动挂断的群众，由受理座席及时主动回拨、询问诉求，确保不漏一个来电。抓牢知识库建设。有序推进智能知识库建设，组织充实完善知识库信息2.57万余条，70%左右的诉求在受理端实现即时答复。抓实紧急诉求处办。持续规范完善影响企业群众生产生活的紧急诉求受理处办流程，实行“即接、即转、即办、即访、即结”，推动3万余件紧急诉求当日满意办结。

【提升诉求事项办理质效】 2023年，完善领导签批制度。将承办单位主要负责人签批热线情况纳入热线工作评价指标，推动承办单位主要负责人签批调度热线工作2100余件次。扎实开展“清零行动”。建立完善当月诉求、当年诉求“清零库”，综合运用日常督办、领导批办等方式，推动不满意、未解决事项最终化解。强化一次办结标准。将一次办结情况作为评价热线工作的重要指标，定期通报办理情况，一次办结满意率、解决率稳步提升。强化基层沟通交流。把业务培训作为提高办理质效的重要抓手，组织人员到街道、社区开展调研培训十余次。建立集中诉求、催办诉求、多渠道反映诉求处理机制。对短期内5人次以上集中反映事项、同一来电人多次来电催办的合理诉求，以及通过热线反映后又通过上级平台反映的事项，明确专人梳理汇总，即时督促承办单位热线负责人调查核实、跟进处理；对复杂疑难事项形成专报，及时报市政府分管领导签批调度，推进问题解决。高效办理企业诉求。升级运行市企业诉求“接诉即办”平台，增加“12345”互联网端、移动互联网端、潍企通企业诉求反映入口；高标准落实省“2115”快速响应、闭环解决机制，建立健全承办单位“一把手”负责和市领导审签制度。

【发挥数据分析参谋作用】 2023年，超前预测易发投诉。重点梳理诉求量居高不下、连续增加、往年同期多发的事项，分析总结数据规律，预测近期潜在问题，结合市领导分管领域热点难点问题，编印《热线专报》47期、《热线周报》50期、《热线月分析》12期。主动发现面上问题。对政府工作报告确定的30件民生实事和涉及民生问题，建立定期调度推进机制，利用热线数据做好分析研判，及时发现工作推进中的难点堵点，确保各项工作落地落实、惠及群众。解决“一件事”、办好“一类事”。总结推广涉及解决共性问题的典型案例，通过研究解决“一件事”，探索形成办好“一类事”的工作流程和规范，引导各级各相关部门创新实施更多惠民生、暖民心举措。除微信公众号增加基层工作经验、潍坊电视台《“12345”为您办实事》加大一线做法宣传外，组织编印《民生专报》12期，涉及奎文区“区长面对面”推进解决农民工工资问题、寒亭区“12345+政法+信访”工作机制、坊子区“临时用电转正”和“区领导坐班接听热线”等典型案例46个，正面宣传了基层一线热线工作实际经验，为各级各部门处理类似问题提供有益参考。

（刘学林）

政协潍坊市委员会

综　述

【市政协委员概况】　中国人民政治协商会议第十四届山东省潍坊市委员会于2022年4月换届产生，任期5年。现有委员498人、常委69人，其中中国共产党29名，中国国民党革命委员会7名，中国民主同盟7名，中国民主建国会7名，中国民主促进会6名，中国农工民主党6名，中国致公党5名，九三学社7名，无党派人士7名，中国共产主义青年团12名，潍坊市总工会14名，潍坊市妇女联合会23名，潍坊市工商业联合会36名，潍坊市科学技术协会6名，潍坊市台胞台属联谊会7名，潍坊市归国华侨联合会5名，潍坊市社会科学界联合会6名，文化艺术界26名，科学技术界30名，经济界62名，农业界32名，教育界35名，体育界9名，新闻出版界9名，医药卫生界37名，社会福利和社会保障界8名，少数民族界8名，宗教界9名，特别邀请人士43名。

【市政协机构组成】　中国人民政治协商会议第十四届山东省潍坊市委员会下设办公室、研究室、委员活动工作室3个办事机构，提案委员会、经济委员会、人口资源环境外事委员会、教科卫体委员会、社会法制委员会、文化文史和学习委员会、民族和宗教委员会、委员联络工作委员会、农业与农村委员会9个专门委员会。

【自身建设】　2023年，市政协始终把政治建设摆在首位，发挥政协党组把方向、管大局、保落实作用，召开党组会议15次，理论学习中心组集体研讨14次。严格执行重大事项请示报告制度，向市委请示报告226次，公开述职3次，做到重要工作在市委领导下开展。扎实开展主题教育，政协党组、机关党组、委员活动组一体推进，以学铸魂、以学增智、以学正风、以学促干取得扎实成效。先后组织4次专题读书班，举办专题党课16场次，研讨发言317人次，参与学习2300余人次；践行“四下基层”，开展形势政策宣讲，聚焦12个重点、27个课题深入调查研究，提出建议130余项；从正反典型案例中汲取经验教训，抓好26项问题整改，出台政协委员联系服务界别群众实施意见等6项制度规定，以高质量主题教育引领推动政协高效能履职。完善政协党的组织架构，健全政协党组、机关党组、机关党委、机关党支部、临时党组织“五位一体”工作体系。加强党性教育和警示教育，组织机关干部赴王尽美革命事迹教学基地等地开展党性教育，到潍坊监狱接受警示教育。组织县市区政协到省内外学习考察，积极探索市县政协党建工作模式，开展县市区政协结对交流。加强政协委员和政协干部“两支队伍”建设，以自身建设新成效促进政协事业新发展。坚持把委员作为政协工作的主体，建立覆盖全体委员的常态化学习机制，依托“学而书院”平台，开展“学习新思想，建功新时代”委员读书活动，以读书强本领、促履职、增团结，历时4个月，3528名市县政协委员同读、共悟、互学，交流发帖2.7万余条。发挥资源平台优势，打造书香机关，不断提升干部政治素养和综合能力。倡导“马上就办、办就办好”理念，推动各项工作提标、提速、提质、提效。鼓励机关干部践行“四下基层”，深入调查研究。坚持正确用人导向，注重严管与厚爱相统一，平时考核、年度考核与评先树优相结合，鼓励干部担当作为。强化委员主体意识，扩大“最美政协人”选树规模，充分调动委员积极性、主动性。坚持服务与管理并重，健全委员履职档案、常委履职报告、活动组召集人述职制度，优化委员履职“积分制”量化考核机制，综合运用线上排名、函告谈话、通报表扬等举措，激励做好“委员作业”。创新实施项目式管理、清单化推进机制，建立机关委室年度责任、问题、创新“三张清单”，抓好工作落实。健全市县政协协同履职机制，召开县市区政协主席座谈会，编印《情况交流》34期，互学互鉴互促。发挥文史资料存史、资政、团结、育人作用，编印出版《潍坊民间传说第二辑》，在省政协优秀文史书刊评选活动中，潍坊市11部作品获奖，数量居全省第一，其中《潍坊援藏纪实》获一等奖。

【重要活动】 2月3日　全国政协副主席、农工党中央主席何维率全国政协人口资源环境委员会“海水淡化规模化利用”专题调研组到潍坊开展调研。省政协副主席王书坚、刘均刚；市委副书记、市长刘运，市政协主席李爱杰、秘书长王立杰陪同活动。

2月21—22日　省政协副主席孙继业带队到潍坊，围绕“深入推进‘数字政府’建设”进行调研。市政协主席李爱杰，市政府副市长陈端梅，市政协秘书长王立杰陪同活动。

3月28—29日　省政协副主席刘均刚带队到潍坊，围绕“建立绿色低碳发展评估指标体系”开展调研。市政协主席李爱杰、副主席李平、秘书长王立杰陪同活动。

3月30日　河南省政协副主席、党组副书记谢玉安率领“农业农村现代化建设”考察组到寿光市考察。市政协主席李爱杰、副主席冯纪伟、秘书长王立杰陪同活动。

4月26日　省政协副主席、党组副书记王书坚到潍坊1532产业园调研“界别同心汇”创建工作。市政协主席李爱杰、副主席刘秀平、秘书长王立杰陪同活动。

5月10—11日　陕西省政协副主席孙科率考察团到潍坊，考察调研数字经济高质量发展情况。市政协主席李爱杰，副主席王富、李平，秘书长王立杰陪同活动。

5月12—13日　福建省政协副主席黄玲率考察团到潍坊，考察调研养老事业和养老产业发展情况。市政协主席李爱杰、副主席冯纪伟陪同活动。

5月15—16日　广东省政协党组成员郑振涛率考察团到潍坊，围绕“加强高质量发展中的产业工人队伍建设”进行考察调研。市政协主席李爱杰、副主席王贤臣、秘书长王立杰陪同活动。

6月8—9日　省政协副主席孙继业带队到潍坊，开展“助推我省氢能产业发展”专题调研。市政协主席李爱杰、副主席王富陪同活动。

6月13—14日　全国政协常委、安徽省政协副主席、中科院院士郑永飞一行，围绕“科技创新与人才培养”到潍坊考察调研。市委副书记、市长刘建军，市政协主席李爱杰、秘书长王立杰陪同活动。

6月14—16日　省政协副主席王修林带领调研组到潍坊，就“推进居家社区养老服务”协商议题开展专题调研。市委副书记、市长刘建军，市政协主席李爱杰、副主席冯纪伟、秘书长王立杰陪同活动。

7月6—7日　省政协副主席、党组成员张新文带领调研组到潍坊，围绕省政协“加快建设先进制造业强省”月度协商主题进行专题调研。市委副书记、市长刘建军，市政协副主席王富、鞠俊海，市政协秘书长王立杰陪同活动。

8月2—3日　安徽省政协副主席马传喜带队到潍坊，围绕“农产品品牌建设”进行考察。市政协主席李爱杰、副主席冯纪伟陪同活动。

8月16—17日　省政协副主席孙继业带队到潍坊，围绕“提升科技创新能力”“促进科技服务业高质量发展”进行调研。市政协主席李爱杰，市政府副市长陈端梅，市政协副主席李平，市政协秘书长王立杰陪同活动。

8月29—30日　省政协主席葛慧君到潍坊，围绕推进现代农业强省建设和政协工作进行调研。省政协秘书长秦传滨，省政协副秘书长、研究室主任刘晓钟参加活动。市委书记、市人大常委会主任刘运，市委副书记、市长刘建军，市政协主席李爱杰，市政府副市长、奎文区委书记周俊陪同调研；市政协秘书长王立杰陪同活动。

9月13—14日　省政协副主席段青英带领调研组到潍坊，围绕“历史文化名镇名村保护”开展专题调研。市政协主席李爱杰，市政府副市长、奎文区委书记周俊，市政协副主席刘秀平、秘书长王立杰分别陪同活动。

9月18—19日　省政协副主席林峰海带队到潍坊，走访看望省政协宗教界委员。市政协主席李爱杰、副主席刘秀平、秘书长王立杰陪同活动。

10月12—13日　湖南省政协副主席、党组成员肖百灵带领考察组到潍坊，围绕“深化区域合作，推动湖南中医药全产业链高质量发展”进行考察调研。市政协主席李爱杰、副主席李平、秘书长王立杰陪同活动。

11月28—30日　省政协副主席、党组副书记林峰海带队到潍坊，就“学习新思想　建功新时代”委员读书活动开展调研。省政协委员活动工作室主任李锋参加调研。市政协主席李爱杰、副主席王富陪同活动。

12月13日　省政协副主席段青英带领调研组到潍坊，围绕“我省传统出版发行业转型升级情况”开展专题调研。市政协副主席刘秀平陪同活动。

重要会议

【市政协常委会会议】　市政协十四届常委会第六次会议　4月6日，在市级机关综合办公大楼召开。会议传达学习习近平总书记在全国两会上的重要讲话精神和全国两会精神，省政协主席葛慧君在十三届省政协委员学习培训班上的讲话精神；审议通过了《政协第十四届潍坊市委员会常务委员会关于加强自身建设的意见》；听取了3位委员活动组常任制召集人述职；审议通过了有关人事事项。

市政协十四届常委会第七次会议　6月28日召开。会议审议通过了《关于推进农民农村共同富裕的调查与建议》；民主评议了市生态环境局、市国资委工作；审议通过了有关人事事项。

市政协十四届常委会第八次会议　9月21日召开。会议听取了市政府提案办理情况和全市经济社会发展情况通报；围绕“动力装备产业新能源化转型”开展了专题议政，审议通过了相关调研报告；民主评议了市文化和旅游局、市退役军人事务局工作；审议通过了有关人事事项。

市政协十四届常委会第九次会议　12月28日召开。会议审议通过了关于召开市政协十四届三次会议的决定；审议通过了十四届市政协常务委员会工作报告和提案工作情况报告，并推举报告人；审议通过了市政协其他专门委员会工作报告和反映社情民意信息工作报告；审议了2024年度协商工作计划、2024年度民主监督工作计划；审议通过了《关于授权主席会议审议政协第十四届潍坊市委员会常务委员会第九次会议未尽事宜的决定》。

【市政协其他重要会议】　全市政协宣传信息工作会议　3月7日召开。市政协主席李爱杰出席会议并讲话，副主席王富主持会议，秘书长王立杰参加会议。会议深入学习贯彻落实党的二十大精神，总结工作，对学习贯彻全国两会精神，进一步加强政协宣传和反映社情民意信息工作作出部署。

县市区政协主席座谈会　4月6日召开。市政协主席李爱杰主持会议并讲话，副主席王富、秘书长王立杰参加会议。会上，传达学习了省政协召开的各市政协主席座谈会精神，各县市区政协进行了交流发言。

市政协“知情明政”活动启动暨政情通报会　6月1日举办，各县市区设分会场。市政协主席李爱杰出席会议并讲话；副主席李平主持会议；副主席王富、王贤臣、刘秀平、任春娥、冯纪伟，秘书长王立杰参加会议。会上，解读了《关于开展“知情明政”系列活动同心协力推动高质量发展的工作方案》，市直有关部门通报了工作情况。

市政协推动委员企业高质量发展工作会议　6月6日召开。市政协主席李爱杰主持会议并讲话，副主席王富、王贤臣、李平、任春娥、冯纪伟、鞠俊海，秘书长王立杰参加会议。会议认真贯彻党的二十大精神和习近平总书记关于高质量发展重要论述，学习贯彻全省、全市民营经济高质量发展工作会议精神，聚焦“七个加力突破”，研究部署推动委员企业高质量发展工作。

市政协提案办理协商暨重点提案督办座谈会　6月12日召开。市政协主席李爱杰出席会议并讲话，副主席鞠俊海主持会议，秘书长王立杰参加会议。

市政协推动基本公共文化服务均等化专题协商会　6月29日召开。市政协主席李爱杰主持会议并讲话，市政府副市长狄波出席会议并讲话，市政协副主席刘秀平作主题发言，市政协秘书长王立杰参加会议。会上，市文旅局介绍了全市基本公共文化服务均等化工作情况，部分市政协委员和有关基层文化部门代表围绕会议主题作了交流发言。

市政协推进潍坊市“志愿之城”建设专题协商会　7月13日召开。市政协主席李爱杰主持会议并讲话，副主席李平作主题发言，秘书长王立杰参加会议。会上，市文明办介绍了相关工作情况，部分市政协委员和志愿者代表围绕会议主题作了交流发言，市委宣传部负责人就发展志愿服务讲了意见。

全市政协反映社情民意信息工作座谈会　8月16日召开。市政协主席李爱杰出席会议并讲话，副主席王富主持会议，秘书长王立杰参加会议。会上，传达了全国政协办公厅反映社情民意信息工作座谈会精神；各县市区政协主席，市各民主党派、工商联机关主要负责人作了交流发言。

市政协知情明政“促进青少年安全健康成长”对话会　8月22日召开。市政协主席李爱杰主持会议并讲话，市政府副市长、市工商联主席陈端梅到会并讲话，市政协副主席李平、秘书长王立杰参加会议。会上，李平介绍了对话会议题确定相关情况，市教育局、市体育局主要负责人分别通报了相关工作，部分委员代表和部门围绕“筑牢校园安全防线”“守护学生身心健康”“深入推进体教融合”等议题，进行了深度互动交流。

市政协知情明政“提升基层医疗服务质量”对话会　8月24日召开。市政协主席李爱杰主持会议并讲话，副主席李平、秘书长王立杰参加会议。会上，李平介绍了对话会议题确定情况，市卫健委和市医保局分别通报了相关工作，部分委员和基层代表与部门围绕会议议题，进行了互动交流。

市政协金融赋能制造业发展专题协商会　8月29日召开。市政协主席李爱杰主持会议并讲话，副主席鞠俊海作主题发言，秘书长王立杰参加会议。会上，有关部门、政协委员和企业家代表围绕会议主题作了交流发言。

市政协学习贯彻习近平新时代中国特色社会主义思想主题教育工作会议　9月13日召开。市政协党组书记、主席李爱杰出席会议并讲话，党组副书记、副主席王富，副主席王贤臣、刘秀平，党组成员、副主席冯纪伟，党组成员、秘书长王立杰参加会议；省委第七巡回督导组副组长王志勇及督导组成员参加会议。会议深入学习贯彻习近平总书记关于主题教育系列重要讲话和重要指示批示精神，按照省委部署和市委工作要求，对市政协开展主题教育进行安排。

市政协《潍坊市优化营商环境条例》立法协商座谈会　9月18日召开。市政协副主席冯纪伟主持会议并讲话。会上，市优化营商环境专班、市投资促进局有关负责人介绍了工作情况和《潍坊市优化营商环境条例》起草情况，部分市政协委员作交流发言。

市政协委员企业高质量发展座谈会　11月10日召开。市政协主席李爱杰主持会议并讲话，副主席鞠俊海出席会议并讲话，秘书长王立杰参加会议。会议深入贯彻中央和省委关于推动民营经济发展的决策部署，落实全市企业家大会精神，进一步了解委员企业发展情况，倾听委员企业愿望诉求，共同探讨推动委员企业高质量发展的办法措施。

市政协创新推动镇村医疗一体化发展专题协商会　11月20日召开。市政协副主席李平出席会议并讲话。会上，市卫健委介绍了相关工作情况；市医保局、部分市政协委员、有关县市区政协和基层医疗机构代表进行了交流发言。

市政协主题教育调研成果交流会暨典型案例剖析会　11月24日召开。市政协党组书记、主席李爱杰主持会议并讲话；党组副书记、副主席王富，副主席王贤臣、李平、刘秀平，党组成员、副主席冯纪伟、鞠俊海参加会议。会议深入贯彻落实习近平总书记关于调查研究的重要论述，总结调研情况，交流调研成果，剖析典型案例，以高质量调查研究推动主题教育走深走实。

协商议政

【概况】 2023年，市政协聚焦市委、市政府中心工作，深入开展协商议政，共组织37项重点协商监督活动，创建知情明政“界别同心汇”等平台，不断加强委员工作能力建设，支持和保障委员依法履职，发挥委员在发展全过程人民民主中的重要作用。

【重点协商】 2023年，市政协聚焦重点工作献良策。紧扣“七个加力突破”“五个加快提升”，组织37项重点协商监督活动。围绕加力突破现代化产业体系，先后就金融赋能制造业发展、动力装备产业新能源化转型、工业母机突破发展等重点议题，开展专题协商议政和视察监督，提出针对性意见建议，为市委、市政府科学决策提供参考，市委书记刘运、市长刘建军对上述协商成果均作出批示、给予充分肯定。市政协围绕加快提升乡村振兴质效，就推进农民农村共同富裕举行专题议政，加强农业面源污染治理组织专项监督，提升盐碱地综合利用水平开展界别协商，助力打造乡村振兴齐鲁样板先行区。围绕加力突破消费扩容，就文旅融合发展、打造齐鲁天路品牌、历史文化名城文物保护、博物馆之城建设、优秀民间文化传承保护等议题协商建言，推动擦亮潍坊文旅名片。围绕加力突破科技创新、数字经济、项目建设、双招双引、改革开放等重点工作，选取科技园区发展、营商环境立法、国资国企改革、县域商贸流通服务网络建设、发挥侨界力量助推发展等议题。发挥政协优势，搭建合作平台，引导企业打破界别、地域、行业和所有制界限，组建产业发展联盟，促进地产互采、资源共享、互利共赢。定期组织委员企业分析形势、研究对策，引导企业坚定信心、抓住机遇、加快发展。据不完全统计，178家委员企业中规上工业企业预计全年实现产值3380亿元，贡献了全市规上工业产值的近1/3。

【界别协商】 拓展政协委员联系界别群众渠道，出台专门实施意见，建立健全主席会议成员联系常委、常委联系委员、委员联系界别群众机制，实现委员联系服务界别群众常态化。围绕加强和改进民族工作进行专题协商，针对维护宗教领域安全稳定开展民主监督，着力促进民族团结、宗教和顺。创建“界别同心汇”聚识平台，获省政协审核授牌5处，联系服务界别群众2900余人次。

【提升协商议政质效】 2023年，在全省率先创建知情明政平台，着力提升议政建言精准度、实效性。上半年，召开政情通报会，邀请8个市直部门向1350名市县政协委员通报工作，帮助委员把握政策、了解情况。促进部门与委员双向沟通，梳理委员关注清单1373条、部门问计清单241条。下半年，先后召开三次协商对话会，针对青少年安全健康成长、基层医疗服务质量、城市管理品质等事项，组织委员与部门现场交流互动，推动解决相关问题。协调党政部门提供100项“委员体验岗”，组织委员深入一线开展体验式调研。知情明政的工作实践，实现了部门与委员双向奔赴、聚力发展，充分释放了专门协商机构效能，调动了委员履职积极性，扩大了政协工作影响力。省政协主席葛慧君、市委书记刘运分别批示肯定，省政协《工作交流》予以刊发推广，获评“潍坊市改革典型案例”。在深入调研、摸清底数基础上，先后召开委员企业专题工作会议和座谈会，出台专门指导意见，从建立包联机制、开展建链融链行动等8个方面，作出系列制度安排。主席会议成员每人联系20家左右委员企业，定期走访交流，帮助解决问题。

民主监督

【监督落实】 2023年，市政协通过专项监督、民主评议、对口协商、界别协商等方式，推动工作落实。对市委、市政府主要领导签批的25件重点提案，主席会议成员牵头督办，组织“面对面”协商，均得到有效办理。对包靠县市区加强督导指导，全力服务经济运行、安全生产、耕地保护、信访稳定。深入落实“链长制”，积极推动高端化工产业做大做强，深入调查研究，学习外地经验，制定工作方案，优化发展思路，促进化工产业高质量发展，规上化工企业预计全年实现营业收入3916亿元，占全市规上工业营业收入的33%。密切联系山东交通职业学院、潍坊技师学院，协调解决有关问题，搞好服务保障。牵头有关企业协调服务专班，统筹推进清产核资、破产重整及后续发展事宜。助力化解国企债务风险，协调新增45笔、70亿元融资支持。牵头对标学习佛山经验，提出先进制造业发展

“三个倍增计划”“六个专项行动”思路措施。发挥优势开展“双招双引”，洽谈对接招商线索32条，落户项目7个。

【提案监督】 市委、市政府高度重视提案办理工作，把提案办理作为支持政协履职、接受社会监督、实现民主决策的重要途径。市政协十四届二次会议期间，市委、市政府主要领导现场批示25件重点提案，对提案反映的问题和提出的建议给予充分肯定，对提案办理提出明确要求。市政协积极探索提案办理协商有效形式，搭建“提”“办”双方和社会各界广泛参与的沟通协商平台。各承办单位压实工作责任，注重办理实效，提高办理层次，规范办理工作，提高办理质量。12件重点提案进入市委、市政府决策或吸纳到相关文件中。比如，落实“加快义务教育均衡发展的建议”，得到有关部门和县市区高度重视。2023年，在困难较多的情况下，全市新建、改扩建中小学58所，新增中小学学位5.9万个，改扩建中小学面积达78万平方米，促进了全市义务教育优质均衡发展。全年571件立案提案已全部办复，委员满意和基本满意率达99%以上。

【社情民意信息监督】 2023年，全年共收集社情民意信息6637篇，编报《政协信息》1069篇，其中被全国政协采用23篇，省政协采用426篇，市委、市政府主要领导阅批14篇。《关于企业纳统问题的调研与思考》《企业参与“一带一路”建设面临的问题亟待解决》等经济方面的6篇精品信息，得到市委、市政府主要领导批示，并被列入市委、市政府督办程序予以督促落实。报送的《关于筹建潍坊“三个模式”展示馆的建议》《关于推广“光伏入村”新型模式的建议》等信息得到市委、市政府主要领导批示。编报的保障性住房物业管理、基础教育各学段衔接、医保“家庭共济”、完善出生证明管理制度、空调外机管理、取缔化肥（磷复肥为主）染色剂等事关群众切身利益的信息，均被上级政协采用。《关于提升驻潍高校毕业生留潍率的几点建议》得到市委主要领导批示，相关部门吸收采纳委员建议，自2024年1月1日起，在潍高校大学生凭学生证和身份证，可以享受全市44家国有景区免第一道门票优惠。《关于在亚运村餐厅对所有海鲜类食品进行产地标注的建议》等信息，被上级政协重视采用；《关于重新启用天花疫苗以预防猴痘的建议》被上级政协采用；《“五一”出游爆“火”之下对旅游景区安全隐患的“冷”思考》被上级政协采纳。

提案工作

【概况】 2023年，紧紧围绕市委“一七五一”思路目标和任务举措，深入调查研究，强化宣传引领，提案工作扎实有序开展。全年共收到提案718件，审查立案571件。立案提案中，市各民主党派、工商联提案53件，各界别小组提案114件，委员提案404件。

【重点提案】 2023年，市政协全体委员针对绿色低碳高质量发展、打造一流营商环境、提升先进制造业核心竞争力、发展数字经济、培育壮大新兴产业、加快发展现代服务业、持续拓展创新“三个模式”等方面，共提交提案227件，占立案总数的39.76%。围绕深化“放管服”改革、加快数字政府建设、完善服务企业专员制度、优化政务服务体系、加快文旅融合发展、创新文化惠民模式、健全公共文化服务体系等方面提交提案73件，占立案总数的12.78%。围绕完善普惠托育服务、构建新型智慧养老、健全医疗卫生体系、提升物业服务水平、教育、医疗、就业、养老提交提案271件，占立案总数的47.46%。

【注重宣传引导】 2023年，市政协创新提案工作宣传形式和载体，推进政协媒体监督和舆论监督有机融合。在潍坊电视台开设《提案追踪》专栏，围绕发展跨境电商、提升基层医疗服务能力、抓好种业振兴等重点提案办理及成效，进行系统宣传报道；《以常态化协商助推提案工作提质增效》《把提案“金点子”化为惠民“金果子”——潍坊市政协深化提案办理协商助力拼经济谋发展》等稿件在联合日报刊发；《拼经济、谋发展，18件重点提案助力“更好潍坊”》在山东政协公众号发表，进一步扩大提案工作影响力。紧扣市委市政府工作部署，围绕市政协“贴近中心服务大局，贴近委员服务基层”履职主题，积极参与服务委员企业高质量发展和“知情明政”活动，推动提案工作始终与市委中心工作、政协党组工作同频共振、同向推进。加强政治学习，组织提案委成员定期召开会议，学习习近平总书记系列重要讲话、重要指示精神，学习省委和市委重要会议精神和重大工作部署，自觉用习近平新时代中国特色社会主义思想武装头脑，把准把牢政治方向。

【加强提案常态化工作】 注重常态化工作主线，常态化开展选题引导，与“潍企通”平台、“12345政务热线”等联动，每季度梳理编发提案选题重点提示印发委员。常态化开展辅导培训，分片召开县市区提案工作座谈会，通报经济形势和市委重点工作，总结交流提案撰写经验；提案委成员主动赴县市区政协、民主党派、委员活动组等开展针对性指导16次。常态化开展立案审查，制定《提案审查工作细则》，组建平时提案审查小组，创新开展“政协提案预交办”活动，共征集平时提案99件，立案交办75件，平时提案立案数量和立案率分别较去年提升8.3%和10.6%。

【重点案件督办】 向30个市直部门发函征集工作重点，形成100条提案选题参考目录供委员借鉴，推动党政所需与政协所能有效衔接。加强调查研究，围绕推动新型工业化、数字经济、科技创新、民营企业发展等重点工作，与部门开展联合调研12次，收集第一手意见建议80余条，为遴选重点提案奠定了基础。重点提案工作认真落实《重点提案培育、遴选与督办办法》，发挥民主党派、县市区政协主力军作用，变事后遴选为提前培育。下发征集通知，引导提报重点提案选题。加强跟踪指导，组织委员开展调研研究，召开专题座谈会，交流提案调研和撰写思路，帮助深化完善提案建议。组织提案撰写培训会，指导修改完善提升重点提案，召开重点提案评议会，研究确定了60件年度高质量提案，选择部分重点提案呈送市委、市政府主要领导阅签，共对33件提案签批了办理意见。深化督查督办，推动提案建议落地落实。突出重点督办，将提案办理协商纳入市政协年度协商计划，选择发改、财政、工信、商务等10个提案承办“大户”和178件重点提案，由市政协主席会议成员面对面开展协商督办，有效发挥了重点提案督办的示范引领作用。比如，有关部门认真落实“推动社区老年人食堂长远发展的建议”，从老年人就餐服务需求出发，指导各县市区因地制宜发展助老食堂。2023年，全市累计建成助老食堂761处，其中2023年新建成投用606处。加强联合督办，会同市委、市政府办公室，通过现场调研、查阅资料等方式对承办单位进行督查，共组织现场督查5次。开展双向评议，组织委员和承办单位对提案质量和提案办理质量进行“背靠背”网上双向评议，着力解决委员“被满意”和承办单位“重答复、轻落实”等问题，促进了提案质量和办理质量。

（陈　堃）

纪检监察

综　述

【概况】 2023年，全市各级纪检监察机关坚持以习近平新时代中国特色社会主义思想为指导，全面贯彻党的二十大和二十届二中全会精神，坚定拥护“两个确立”、坚决做到“两个维护”，在省纪委监委、市委正确领导下，以严的基调、严的措施、严的氛围强化政治监督、正风肃纪反腐、深化自身建设，纪检监察工作高质量发展取得新进展新成效。全年处置问题线索3676件，立案3328件，结案1717件，给予党纪政务处分3973人。查处科级以上干部341人，其中处分市管干部38人。

【教育整顿】 2023年，市纪检监察系统把政治建设摆在首位，扎实开展思想主题教育，加强干部队伍整顿工作。建立“五学联动”机制，组织4期主题教育专题读书班，市纪委常委会组织18次“第一议题”、14次理论学习中心组学习研讨；领导班子成员带队到王尽美烈士纪念馆、渤海走廊革命斗争陈列馆接受革命传统教育，带头讲专题党课。严管严治锻造过硬队伍，深刻汲取反面典型案件教训，召开纪检监察干部警示教育大会，建设纪检监察干部教育展室；深入开展纪检监察干部网络言行、打探干预跑风漏气、违规办案等专项整治，层层谈心谈话、政治家访，开展内部督查、监督调研谈话，聘任第二届特约监察员，健全严管体系。按照“深学习、实调研、抓落实”工作年安排，深化全员培训，组织专题培训13期，选派164名镇街、国企、高校纪检监察干部到市县两级纪委监委学习锻炼；开展调查研究，列出87项重点调研课题，市纪委监委领导班子成员领题调研、市纪委委员选题调研，召开调研成果交流会，促进调研成果转化运用；完善落实机制，建立年度重点任务台账，立项督查工作任务700余项，确保落实见效。

【纪检监察体制改革】 2023年，全市纪检监察机关深化派驻机构改革，组织市纪委监委16个派驻纪检监察组组长轮岗交流，统一管理单独派驻机构党组织关系，每月召开派驻机构问题线索研判指导会议，推动精准履职。制定加强市管国企、市属高校纪检监察机构建设的若干措施，召开市属高校全面从严治党座谈会，建立分管领导季调度、对口联系室常态化沟通、问题线索报告等制度，进一步规范履职机制。完成市县镇三级监察官等级首次确定工作。推进数字纪检监察体系建设，探索“走读式”谈话场所智慧巡检巡督、留置场所“智慧看护”，应用融合监督平台、内部办公平台、检举举报平台，以大数据、信息化为监督执纪执法赋能增效。完善监督体系，协助市委开展全面从严治党主体责任检查考核，促进党委（党组）主体责任、书记第一责任人责任、班子成员“一岗双责”、纪委监督责任“四责协同”。做强纪检监察专责监督，统筹开展“室组（企、校）地”联合办案12起。制定关于在监督监察工作中加强协作配合的实施意见，建立与法治督察协作配合、数据通报核查等机制，搭建政务服务热线数据分析模型，促使各类监督同向发力、优势互补。制定关于加强镇街纪检监察机构建设的若干措施、工作“一本通”，推广应用基层小微权力“监督一点通”平台、“码上举报”，提升基层监督质效。

（刘晓明　刘桂超）

重要会议

【十三届市纪委二次全会】 2023年1月20日，会议召开。出席这次全会的有市纪委委员38人，列席53人。市委副书记、市长刘运出席全会并讲话，市委常委，市人大常委会、市政府、市政协等有关负责人出席会议。全会认真学习贯彻习近平总书记在二十届中央纪委二次全会上的重要讲话精神，传达学习二十届中央纪委二次全会、十二届省纪委二次全会精神，学习市委主要领导的讲话，总结2022年全市纪检监察工作，安排2023年任务。审议通过市纪委主要领导代表市纪委常委会所作的《深入学习贯彻党的二十大精神，坚定不移推进全面从严治党，为建设新时代中国特色社会主义现代化强市提供坚强保障》工作报告。

【全市巡察工作会议暨十三届市委第五轮巡察动员部署会】 会议于2023年6月9日召开。会议深入学习贯彻党的二十大精神和习近平总书记关于巡视工作重要论述，贯彻落实全国巡视工作会议和全省巡视巡察工作会议精神，交流工作经验，安排部署下步工作任务，对十三届市委第五轮巡察进行动员。市委常委、市纪委书记、市监委主任，市委巡察工作领导小组组长出席并讲话，市委常委、组织部部长，市委巡察工作领导小组副组长主持会议。

【全市党风廉政警示教育大会】 会议于2023年8月11日召开。会议深入学习贯彻习近平总书记关于党的自我革命战略思想，认真落实一体推进不敢腐、不能腐、不想腐战略部署，教育引导广大党员干部坚定理想信念，坚守廉洁底线，着力营造良好政治生态，为加快建设更好潍坊提供坚强纪律作风保障。市委书记出席并讲话；市委常委、市纪委书记、市监委主任主持；市级领导班子成员，市中级人民法院院长、市检察院检察长参加。会上，观看警示教育片，通报有关典型案例。

（刘晓明　刘桂超）

监督执纪

【政治监督】 2023年，全市围绕高质量发展、经济建设项目、营商环境优化等重大决策部署开展监督。针对深化提升黄河流域生态保护和高质量发展专项监督，分层级、分区域、分行业开展监督检查，查处问题68起，批评教育和处理98人。针对护航优化营商环境专项行动，压茬开展现场监督、专项巡察，推动解决违规预收公证费等问题65个，督促支付拖欠企业工程款等1276万元。开展国有企业领导人员队伍建设专项行动，同步推进惩腐、挽损、治理，查处国企融资领域腐败案件67件，挽回经济损失2.2亿元。开展主题监督、现场监督，统筹“室组地”力量，围绕重大政策、重大资金、重大平台、重大项目决策和执行情况、政府消费券发放使用管理情况，推动相关部门扛责任、抓整改、强监管。完善“一台账、两清单、双责任、双问责”监督机制，建成市县两级政治监督活页，推动政治监督常态化。

【党风政风监督】 2023年，全市查处“四风”问题757起，处分1783人。紧盯违规吃喝、违规收送礼品礼金、违规发放津补贴

10月18日，潍坊市纪委监委工作人员在潍城区现场督导房屋产权确权颁证历史遗留问题专项整治工作　（张　琳　摄）

或福利等易发多发问题，“不吃本级吃下级”“不吃公款吃老板”等隐蔽隐性问题，常态化明察暗访，重要节点制发提示，通报典型案例80起。开展党员干部和公职人员酒驾醉驾及背后“四风”和腐败问题专项整治，健全信息共享、案件通报、身份比对快速联动机制，深挖细查“风腐一体”问题。制发纠治形式主义官僚主义工作指引和问题察访手册，梳理48种问题表现，精准画像、靶向施治。开展基层治理不良现象及不担当不作为乱作为假作为问题专项整治，与主题教育其他专项整治贯通联动，查清问题线索，设立基层作风监督员，纠治落实党中央决策部署不担当不用力、简单化“一刀切”、搞“形象工程”“政绩工程”等问题。

【纪律检查与查处】 2023年，全市加强日常监督工作，采取走访调研、会议监督、约谈督促、专项检查等方式，提高监督全覆盖，共发现问题线索3676件。改进党内谈话工作，市纪委监委负责人与下级党委（党组）“一把手”谈话24人次，全市纪检监察机关约谈领导班子成员、重点岗位人员5987人次。坚决维护纪律刚性，回复党风廉政意见1652人次；扎实做好省委巡视整改、雷丁汽车举报事件等监督问责工作，精准规范问责183起、277人。运用“四种形态”，开展统计数据专项检查，纠治“四种形态”运用不规范、第一种形态占比“有水分”等问题，全市纪检监察机关运用“四种形态”批评教育和处理12111人次，其中，运用第一种形态批评教育和处理8079人次，占总人次的66.7%。查处诬告陷害案件32起，为136人澄清正名，直接了结问题线索1717件。

（刘晓明　刘桂超）

审查调查

【惩治腐败】 2023年，全市纪检监察机关立案3328件，给予党纪政务处分3973人，留置113人，通过监督办案挽回经济损失6.61亿元。查处科级以上干部341人，其中处分市管干部38人，严肃查办李某东、殷某湖、刘某波、彭某元、邱某禹、王某强、魏某程等典型案件。加强整治重点领域腐败工作，查处国有企业、政法、医药领域142人、157人、8人。查处行贿人员20人，移送检察机关6人。23人主动投案，131人主动交代问题。全面自查市纪委监委自办案件，全覆盖检查县镇两级“走读式”谈话场所，坚决守住案件质量和办案安全底线。

【查处“蝇贪蚁腐”】 2023年，全市开展乡村振兴领域不正之风和腐败问题专项整治，推进“清廉村居”建设，查处相关问题678起。深化民生领域问题整治，围绕教育医疗、生态环保、执法司法以及道路交通运输执法等重点领域，共查处相关问题815起。开展房屋产权确权颁证历史遗留问题专项整治，化解问题项目922个，惠及群众12.7万户，涉办证投诉量同比下降20%，入库各类税费5.01亿元。建立市县远程视频接访系统，开展信访举报受理办理质量检查，提升初次举报、重复举报办理质效，中央纪委国家监委、省纪委监委转送量同比分别下降26.2%、12.9%。

【警示教育】 2023年，全市纪检监察机关制发纪检监察建议书153份，围绕健全财务制度机制、强化重点领域监督等，推动相关部门建章立制、源头治理。针对国企债务问题、省中医院相关案件，向省纪委监委、市委专题报告，堵塞漏洞、完善监管。开展警示教育，协助市委开展党风廉政警示教育月活动、召开警示教育大会；编印严重违纪违法干部忏悔录，摄制警示教育片4部，以案明纪、以案说法、以案示警。发挥市廉政教育馆作用，全市共有20327人次到馆接受教育。召开全市廉洁文化建设推进会，深入实施“廉洁教育进党校”，绘制廉洁文化地图，举办廉洁文化展、家风故事宣讲等活动，营造崇廉尚洁的浓厚氛围和良好风尚。

（刘晓明　刘桂超）

巡察工作

【政治巡察】 2023年，贯彻中央、省委巡视工作规划，对标修订市委巡察工作规划，召开全市巡察工作会议，扎实推动全市巡察工作。开展十三届市委第四、第五、第六轮巡察，统筹安排常规巡、专项巡、提级巡、点穴巡，对27个市直部门、11家市管国企党组织开展常规巡察，对市县198个部门单位党组织开展优化营商环境专项巡察，对4个镇街党组织开展乡村振兴专项巡察，发现主要问题2112个，移交问题线索142条。制定对“一把手”巡察监督的规定动作清单，对常规巡察的8个党组织“一把手”情况，形成专题材料，向市委书记专题会议汇报。

【巡察整改】 2023年，全市压实压紧整改责任，完善巡察整改机制。压实市委巡察机构、市纪委监委机关、市委组织部、有关职能部门和被巡察党组织“五方责任”。常态化开展集中反馈，优化营商环境专项巡察中，首次安排县市区党委书记参加集中反馈会议；建立“二次反馈”机制，向集中整改期内新调整的部门单位党组织书记再次反馈，夯实整改责任。健全巡察集中整改进展情况报告“三方联审”、问责通报等工作机制，通报3起组织领导巡察整改不力及干扰巡察工作问题。

【巡察规范建设】 2023年，全市加强对县市区巡察工作指导督导和联系指导，指导3个功能区成立巡察机构、开展首轮巡察。实施“强基砺剑”活动，建设市县巡察典型问题库、对村（社区）巡察“三库一指引”，市县共巡察党组织2290个，其中村、社区党组织1787个。针对乡村振兴、优化营商环境等重点领域，市县联动发力，系统解决问题。深入推行市纪委监委监督检查室负责人兼任巡察组第二副组长制度，制定市委巡察机构与市委组织部协作配合意见，深化巡审联动，首次组建巡审联动巡回指导组。开发“鸢都巡察”网络举报小程序，第五轮巡察期间，举报二维码覆盖九区一县全部公交车。

（刘晓明　刘桂超）

民主党派和工商联

中国国民党革命委员会潍坊市委员会

【概况】 2023年底，中国国民党革命委员会潍坊市委员会有2个总支、25个支部，共438名党员。拥有大学本科学历会员379人，占会员总数84.8%；研究生学历会员91人，占会员总数20.4%。全年发展备案党员17人，民革特色、知识层次、年龄结构进一步优化。开展纪念中共中央发布“五一口号”75周年系列活动，3篇征文入选民革省委会《征文汇编》。1月份，被民革中央授予“民革全国祖统工作先进集体”荣誉称号。

【组织建设】 做好示范支部创建工作。2023年，成立主题教育和示范支部创建专项督导工作组，明确工作标准，对所有基层支部自身建设、组织发展、活动开展等方面存在的问题、弱项短板进行专项督导。做好支部间的“传、帮、带”工作，推动基层支部整体水平不断提升。提升组织建设水平。高起点高水平谋划组织建设工作，按照组织发展《纪要》新要求，明确党员发展政策，规范党员发展程序。召开民革潍坊市委会成立40周年大会。回顾民革潍坊市委会成立40年来的发展历程。评选出十大榜样人物，表彰先进集体和个人。增强不忘合作初心，赓续优良传统，同心同德、同心同向、同心同行的坚定信念。

12月，民革山东省委会主委孙继业（左三）出席民革潍坊市委会成立40周年大会

【思想建设】 2023年，民革潍坊市委以主题教育为抓手，不断推进思想政治建设。学习贯彻落实习近平新时代中国特色社会主义思想，强化思想政治引领，召开主题教育读书班。发挥班子成员理论学习示范带头作用，认真组织、领学促学，全年理论学习中心组集中学习6次。推进主题教育走深走实。结合纪念“五一口号”发布75周年，组织2次书画笔会。举办“凝心聚魂强根基、团结奋进新征程”主题教育推进会暨新党员培训班。组织2次团结读书会和主题教育知识竞赛。

【参政议政】 参与政治协商和民主监督。2023年，市委会班子成员参加征求意见会、民主协商会、情况通报会和座谈会10余次。

组建调研组到潍城区就“加强高标准农田建设，推动全市现代农业高质量发展”课题开展监督调研，形成民主监督调研报告。打造“精品提案”。在市政协十四届一次会议期间，共提交集体提案12件，并全部立案。其中2件提案得到市委、市政府主要领导的批示，3件提案被表彰为“2022年度好提案”。做好反映社情民意信息工作。报送反映社情民意信息113篇，被全国政协、省政协、中央和省委统战部、民革中央和省委会采用15篇，其中2篇信息被市政府主要领导批办。提升重点调研课题质量。聚焦重点难点热点，完成3项重点调研课题，其中1篇被市委主要领导批示，1篇课题被民革省委会列为重点调研课题，同时被确定为省政协集体提案。

【社会服务】 2023年，民革潍坊市委持续组织开展“三下乡”“博爱·牵手”等公益活动。开展新春走基层活动，到安丘市郚山镇走访慰问26户困难家庭和特殊群体，送去13000元慰问金和慰问品；为东方社区和鸢飞社区居民开展白内障、眼底疾病的检查；开展“情暖重阳节　义诊送健康”活动；到高新区康贝幼儿园开展“关爱孩子、守护成长”义诊活动。开展共同富裕行动。到安丘市郚山镇石河村开展庆“七一”送法送健康服务，捐赠现金5000元及价值4000元的药品；到石河村、贾孟村开展“伸出博爱之手，牵手基层群众”活动，为10户群众送去慰问物资；为德信现代小学捐赠10000元的办公设备，并赠送价值3000元的节日礼物；为寿光化龙初中捐助30000元助教活动资金；为寿光市南兵社区捐款3000元用于基础建设；为南鲁山镇与青杨峪板栗合作社合作牵线搭桥，并提供农业技术支持和物资支持。打造“博爱志愿者”服务品牌。民革博爱志愿服务中心组织义诊6次，赠送药品30000元，受益群众3000余人；开展普法教育，举办法律知识讲座2次；开展“精准帮扶”送温暖活动，为潍城河崖头村群众陈某送去生活物资和3000元爱心款。

【推动鲁台交流】 2023年，民革潍坊市委认真贯彻中共二十大关于“坚持和完善‘一国两制’推进祖国统一”的科学论断和习近平总书记对台工作重要论述。发挥民革特色优势，加大对外交流联谊力度。鼓励党员企业开展两岸企业交流合作，发动党员参与鲁台会期间的各项经贸交流活动。走访调研台资企业，了解企业运营情况，组织台属党员与台商进行座谈。接待民革河南省委会、民革山东省委会以及省内兄弟地市民革组织到潍坊考察交流。

（刘大伟）

中国民主同盟潍坊市委员会

【概况】 2023年，民盟潍坊市委会获评民盟中央思想政治建设和宣传工作先进集体、社会服务工作先进集体，民盟山东省委会2023年度盟务工作先进集体。潍坊学院支部、高新综合支部荣获民盟省委思想宣传先进集体，青州支部、高新教育支部荣获民盟省委组织建设先进集体，经济支部荣获盟省委参政议政先进集体，卫生支部、奎文经济支部荣获盟省委社会服务先进集体；18名盟员荣获民盟山东省委会思想宣传、组织建设、参政议政、社会服务先进个人。刘海港荣获光明日报社2022中国非遗年度人

6月14日，民盟中央传统教育基地揭牌仪式暨民盟山东省委“凝心铸魂强根基、团结奋进新征程”主题教育现场活动在昌邑市朱树屏事迹陈列馆举行

物提名；刘甲伟荣获齐鲁乡村之星、潍坊市乡村之星、青州市乡村之星。

【教育培训与思想宣传工作】2023年,新挂牌成立2家“盟员之家”,举办1期90余人参加的骨干盟员暨新盟员培训班。在昌邑市朱树屏事迹陈列馆举行了民盟中央传统教育基地揭牌仪式暨民盟山东省委“凝心铸魂强根基、团结奋进新征程”主题教育现场活动。全年有百篇稿件在各种不同层次媒体刊登。1名盟员理论研究论文荣获民盟中央优秀征文、获评民盟省委会优秀论文二等奖。发挥潍坊民盟微信公众号的宣传阵地作用,全年推送各类信息87篇。参与主办百年潍坊同志画社新老社员及乡贤作品在烟台、青岛、济南巡展活动。

出台《民盟潍坊市委参政议政工作考核暂行办法》。全年共收集各类信息193篇，向市政协报送社情民意信息172篇，41篇被采用；向民盟省委会报送信息111篇，60篇被采用，其中，多篇信息被市政协和民盟省委会同时采用；向市委统战部报送的9篇建言献策信息获市委、市政府主要领导签批。

【社会服务】2023年，民盟潍坊市委参与承办第二届海峡两岸非物质文化遗产展演大会暨“孙膑拳杯”第二届山东省非物质文化遗产武术项目展演大会。在潍坊监狱挂牌成立民盟黄丝带帮教基地，与潍北监狱签订帮教协议。创新创造方面，严希海创新形成一套污水应急处置体系，被省环境厅作为汛期应急处理“潍坊模式”在全国示范推广。孟庆津、王维金、李存伟积极参与科技创新。壮大民企方面，李存伟为2个民企交付3个科研项目；丁建奎在争取新能源汽车品牌落户潍坊的过程中发挥重要作用；刘成龙带领沈潍幕墙公司努力开拓市场，中标青岛海博家具敦化路店的幕墙改造项目。双招双引方面，宋丽媛依托辖区齐鲁创智园和1532文化产业园两大载体，协助招引1家外贸公司、2家外资公司、1家影视公司。共同富裕方面，盟员企业山东皇尊庄园山楂酒有限公司与青州4个村签订科技指导协议，提供科技培训、种植指导、产品收购一条龙服务。

【调研与协商监督】2023年共完成重点调研报告4篇，其中，《潍坊市预制菜产业高质量发展对策研究报告》获市政府主要领导签批。协助省委会开展调研2次，会同青岛、佛山、杭州开展联合调研3次。此外，各支部围绕经济社会发展热点、难点，开展形式多样的调研活动。参加中共潍坊市委、市政府、市政协及统战部组织的各类情况通报会、视察调研、民主评议、征求意见会、民主协商会等近20次，提出意见建议60余条。就“潍坊市中小学班主任专业化发展现状及对策研究”开展专项民主监督调研并形成调研报告，获市政府主要领导签批。全市30名盟员被聘任为特约人员积极履行监督职责。

（王曰伟）

中国民主建国会潍坊市委员会

【概况】2023年，中国民主建国会潍坊市委员会（简称民建潍坊市委会）发展新会员19名，净增16名。至年末共有会员375名，其中经济界人士及相关专家学者272人，占会员总数72.53%；新的社会阶层人士71人，占会员总数18.93%；拥有大学本科以上学历会员255人，占会员总数68%;拥有中高级职称会员196人，占会员总数52.27%。6月，赴青州市开展“不忘携手来时路·同心奋楫新征程”纪念中共中央发布“五一口号”75周年红色主题教育。召开“同心聚力再建新功”会员企业家座谈会。全年发表各类宣传报道共143篇，报送征文27篇。市委会被民建省委会表彰为2023年度全省参政议政工作先进单位、全省宣传工作先进单位、主题征文工作先进单位。

【参政议政】2023年，民建潍坊市委会共提报各类参政议政材料240余件，向民建省委会报送150余件，采用70件；向市政协报送160余件，采用41件；向市委统战部报送40余件，3件被市委、市政府主要负责人批示。被民建中央采用1件，被中共山东省委办公厅采用1件，省政协采用14件次。完成15项重点课题调研报告，《培育做强潍坊高端盐化工产业调查研究》调研课题被评为2023年度“调研潍坊”优秀课题，实现重大突破。专项民主监督调研报告《关于深入推进我市中等职业教育发展的调研报告》得到市委主要领导批示；市委会牵头开展2023年度各民主党派联合民主监督相关工作，联合民主监督报告被市委主要领导批示。市委会委员牵头开展政党协商工作专题调研，开展调研活动20余次，共形成并提报50余条政党协商相关意见建议，为党委政府科学决策提供参考。

【社会服务】 2023年，民建潍坊市委会在临朐县、奎文区开展“传递书香·点亮未来”助力全民阅读爱心图书捐赠活动，共捐赠价值12万元的图书；在临朐县开展“走进新农村·助力新时代”系列爱心公益活动，把法律援助、医疗咨询、文艺活动送到基层；在寒亭一中设立民建“思齐”奖学金；7月份，依托会员企业潍坊本草堂中医院，开展“冬病夏治·三伏贴”公益活动；8月份高规格承办中国科协“双碳”目标下空气污染的健康、生态和气候效应青年科学家沙龙活动；9月份赴安丘市开展“同心思源·筑梦未来”爱心公益捐赠活动，向郚山中学捐赠了价值4万余元的教学物资；在潍坊市技师学院开展“懂得防范、守住底线”普法宣讲活动；在北海社区开展“送爱心进社区”中医义诊活动，共服务社区居民200余人次。

（王　琳）

中国民主促进会潍坊市委员会

【概况】 2023年，全市共有民进会员280人，平均年龄42.4岁，研究生及以上学历会员60人，占21.4%，中高级职称会员205人，占73.2%。全年发展会员16名，其中研究生及以上学历7人，主体界别87.5%。市委会被民进山东省委会评为“社会服务工作先进单位”“机关建设工作先进单位”。全市会员在本职工作中有30人次获市级以上表彰奖励，2位教育界会员获民进山东省委“2023年度优秀教师会员”表彰，5位会员企业家参加“山东民进企业家巡礼”事迹展。推荐骨干会员和机关人员36人次参加各级各部门学习培训，推荐市党外人士议政建言智库人选7人。

【作风建设】 2023年，开展“作风建设”主题年工作，聚焦改进文风学风、改进工作作风、严格纪律要求三大任务，与主题教育统筹谋划、一体推进。市监委会制定专项监督工作方案和配档表，对“作风建设”主题年工作、民进中央已印发制度贯彻执行情况开展专项监督，并形成监督意见和工作建议上报民进省委会。市委会和支部两级领导班子成员到潍坊市廉政教育馆开展“作风建设”主题年现场教学活动，接受廉政文化熏陶和思想淬炼。领导班子召开专题民主生活会，会前广泛征求意见建议，梳理问题清单，进行检视自查，制定整改方案，倡导民主、团结、求实、清廉的优良作风。健全完善会务工作推进机制，研究制定并实施《参政议政工作办法》《社情民意信息工作办法》《基层组织工作制度》等，发挥制度固根本、利长远作用。开展关心会员工作，班子成员定期走访慰问老领导、老会员，奎文区支部建立支部委员联系会员机制，开展委员走访会员活动，增进组织与会员的感情，提升组织凝聚力，体现民进大家庭的温暖。

【参政议政】 2023年，紧扣市委“七个加力突破”“五个加快提升”工作部署以及群众关心的热点难点问题，参加市委、市政府组织

7月13—14日，民进省委会到潍坊围绕壮大民企行动赴会员企业开展调研

（王兴全　摄）

召开的协商会、情况通报会、座谈会、现场会10余次，重点围绕政府工作报告、市法检两院工作、经济工作、金融赋能、市域社会治理、法治建设、优化营商环境、教育、文化建设等工作提出40余项意见建议。围绕市委、市政府重点工作，确立省市级调研课题17项，完成省级课题1项，市级重点课题6项、民主监督课题1项，3项课题成果得到市委主要领导批示。联合民进省委会、烟台市委会、辽宁省盘锦市委会到潍开展课题调研，做好考察活动保障工作。开展建言献策行动，上报社情民意信息144件，被上级采用40件，其中1件被民进中央采用，实现民进中央采用信息零的突破，5件被省政协采用，17件被民进省委采用，19件被市政协采用，1件得到市级领导批示。上报建言献策信息23件，其中3件得到市主要领导批示。

【社会服务】 2023年，围绕全市统一战线服务强市建设打造“民进山区行”社会服务品牌，发挥民进潍坊开明画院作用，连续九年在春节前夕开展“春联万家”活动，为社区居民送去新春祝福。与市文旅局联合举办第40届潍坊国际风筝会“画说风筝”油画专题创作展。开明画院“行走的美术馆”和“文化创意小分队”先后走进青州、安丘、奎文、潍城、坊子、临朐举办6场展览，将美术作品送到田间地头和乡村小学。汇聚会员爱心，赴奎文区中学街社区和北王社区、潍城区小庄子社区、坊子区凤凰街道敬老院，走访慰问困难群众和孤寡老人，送去3.5万元帮扶物资和慰问金。引导支持基层组织开展专家义诊、扶危助困、爱心捐赠、义务授课等各具特色的公益活动9次，受益群众两千余人。推进实践基地建设，在诸城桦山榛子园，挂牌成立民进“同心向党 榛心进心”助农示范基地。寒亭区支部在山东峻宇律师事务所挂牌成立“会员之家”。

（王兴全）

5月26日，民进潍坊市委会赴临朐县辛寨街道中白沙村开展“进山村 送温暖”活动 （孙聊伟 摄）

中国农工民主党潍坊市委员会

【概况】 至2023年底，农工党潍坊市委会辖3个总支、15个支部，共有党员316人。其中，博士16人，占5.1%；硕士74人，占23.4%；各级人大代表、政协委员44人，占13.9%；副高以上职称184人，占58.2%。党员队伍界别和知识结构进一步优化。

【组织建设】 2023年，农工党潍坊市委会全面加强领导班子建设。贯彻民主集中制和分工负责制，严格落实市委会领导班子年度述职、民主评议和民主生活会制度。市委会被农工党省委会表彰为组织建设先进单位。扎实推进基层组织建设。制定《农工党潍坊市委会基层组织换届工作方案》，平稳有序做好基层组织换届工作。开展基层组织与社区结对共建活动，开展法治宣传、捐赠、健康讲座等活动。健全完善规章制度。把制度建设摆在突出位置，对照农工党中央、省委会关于制度建设的要求，查缺补漏、巩固提高。成立市委会内部监督委员会，内部监督工作水平提升。做好组织发展工作。制定《农工党潍坊市委会组织发展工作实施办法（试行）》，严格执行工作规程，规范党员发展程序，巩固医药卫生领域党员队伍优势，加大人口资源、生态环境等领域党员发展力度。

【思想建设】 2023年，农工党潍坊市委会深化理论武装。坚持用习近平新时代中国特色社会主义思想武装头脑、指导工作，严格落实市委会理论学习中心组学习制度，制定学习计划，丰富学习内容，引导党员把“两个确立”转化为坚决做到“两个维护”的思想自觉、政治自觉、行动自觉。推进主题教育。将开展“凝心铸魂强根基、团结奋进新征程”主题教育作为重大政治任务，制定工作方案，成立领导小组，召开动员会议，精心组织实施，推动广大党员坚守合作初心、弘扬优良传统、增进政治共识，共同思想政治基础更加牢固。开展宣传活动。开展纪念中共中央发布“五一口号”75周年征文、座谈会和线上书画展。在市委会公众号开设学习专栏，宣传多党合作理论知识。市委会被农工党中央办公厅表彰为《前进论坛》发行工作先进单位。

【参政议政】 2023年，农工党潍坊市委会政党协商水平有了新提高。按照中共潍坊市委政党协商计划和重点工作安排，统筹党员智慧力量，参加协商会、座谈会20多次，提出有价值的意见建议50多条，以高质量建言助力高质量发展。参政议政能力得到新提升。制定《农工党潍坊市委会参政履职工作“四个一”活动实施方案》，紧扣中共潍坊市委“七个加力突破”和统战系统聚力强市建设，聚焦推进健康中国、美丽中国建设和优化人口发展战略等重大问题，大兴调查研究，形成一批高质量的调研报告和人大建议、政协提案，其中2篇被市主要领导签批。社情民意信息工作开创新局面。强化市委会委员、各支部主委第一责任人意识，营造全员动手的良好氛围。全年社情民意信息被农工党省委会采用12件，农工党中央采用1件，市政协采用16件，省政协采用4件，全国政协采用1件，《潍坊建言献策》采用5件，其中4件被市主要领导签批，中共山东省委办公厅采用1件并报中共中央办公厅。民主监督工作展现新面貌。推荐党员担任各级各类特约人员，民主监督的渠道拓宽。围绕优化营商环境，形成《提升审判执行质量，营造更好营商环境》的民主监督调研报告，被市主要领导签批。

【社会服务】 2023年，农工党潍坊市委会提升社会服务工作效能，全年开展民生服务进社区活动5次，义诊捐赠活动7次，健康讲座4次，捐赠物品3万多元，发放宣传资料1000多份，服务群众2000多人次。成立“关爱脊柱、健康成长”志愿服务队，为城区多所中小学进行了脊柱侧弯筛查。

（李兴俊）

中国致公党潍坊市委员会

【概况】 2023年，中国致公党潍坊市委员会发展纳新13名党员，市委会获致公党山东省委会2023年度“社会服务先进集体”“组织建设工作先进集体”“参政议政工作先进集体”“反映社情民意信息工作优秀组织”“专题调研工作先进集体”表彰。市委会机关在全市2022年度高质量发展综合绩效考核中获评优秀等次。

【班子队伍建设】 2023年，中国致公党潍坊市委员会强化领导班子建设，发挥引领示范作用。贯彻民主集中制原则，定期召开领导班子民主生活会，认真开展年度述职与民主评议。加强基层组织建设，增强履职活力。对高新支部进行调整增补，潍城支部与北关街道刘家园社区结对共建，奎文支部与九三学社市直二支社共建友好支部（社），潍坊学院支部与中国海洋大学支部、青岛科技大学支部开展交流。潍坊学院支部获评省委会第五批“示范支部”。强化队伍建设，打造高素质参政党。强化内部监督，营造风清气正的干事氛围。加强对致公党中央相关纪律处分办法的学习，组织党员赴郑板桥政德教育馆开展廉政教育，组织机关干部观看反腐败警示片，赴潍坊监狱开展警示教育，树立党员和机关干部的红线意识、纪律意识。强化学习，提升机关工作效能。全员参与统战系统“学思想 学业务 强能力 强作风”活动，完成接待广西、广东、淄博等地致公党组织到潍坊调研工作。

【思想建设】 2023年，中国致公党潍坊市委员会开展“凝心铸魂强根基、团结奋进新征程”主题教育。制定主题教育工作方案，成立领导小组，组织10余次学习活动，夯实共同思想政治基础。活化思想教育活动形式。将思想建设与“书香致公”创建相结合，举办书画笔会、主题征文、演讲比赛，组织党员赴潍县战役纪念馆、潍坊手造博物馆参观学习。丰富学习载体。用好微信公众号、微信群等宣传阵地，在微信公众号开设学习专栏。参与致公党山东省委会专题征稿，2 项课题分获致公党省委会理论研究优秀成果二等奖、三等奖。

【参政议政】 2023 年，中国致公党潍坊市委员会参与政治协商和民主监督。实行支部认领政党协商议题制度，提高政党协商质效，市委会参加中共潍坊市委、市政府召开的政党协商会议 10 余次，提出的意见建议得到各部门采纳。开展调查研究。围绕推进农业服务贸易、临港经济发展、应急转贷行业发展等课题，赴昌邑、寿光、滨海等地调研，完成各级各类调研课题 15 件，2 件获中共潍坊市委主要领导签批。市政协十四届二次会议上，立案集体提案 9 件，2 件作为大会书面发言，1 件得到中共潍坊市委主要领导签批。信息工作质效双增。举办 3 期参政议政培训班和 2 期参政议政沙龙，制定并印发《致公党潍坊市委会参政议政专委会委员工作实绩评价细则》，对社情民意信息工作实行目标管理和赋分考核。98 篇次社情名义信息得到各级采用，1 名党员获评“中国致公党参政议政工作先进个人”，1 篇信息被表彰为“山东省政协优秀信息”。

【社会服务】 2023 年，开展“致公健康公益”，为人民群众送健康。赴奎文区、潍城区等地开展 3 次义诊，服务群众逾千人次。赴奎文区开展 2 次口腔义诊，宣传爱牙、护牙的重要性。开展“致公服务三进”，全力以赴拼经济。结合企业实际需求，赴高新、峡山等地开展“企业合规发展与国企重点领域合规体系建设”等法律专题讲座共计 10 余次。开展“致公有爱”，帮扶弱势群体。在六一儿童节前夕，赴豪德小学、于河街道前徐村走访。重阳佳节之际，赴奎文区敬老院走访慰问。与省直四支部、七支部等联合开展助力乡村振兴活动，向诸城市桃林镇捐赠总价值 4 万元的基础设施和爱心物资。发动党员参与“优选毕货”消费帮扶，购买各类农特产品一万元。

拓展对外联络。接待菲律宾亚洲三一大学纳尔逊教授赴潍坊一中参观调研，参与潍坊市“侨法宣传月”活动，与市侨联、市外办联合开展 2 次调研。1 名党员被中国侨联、国务院侨务办公室联合表彰为全国归侨侨眷先进个人。

（惠铁英）

九三学社潍坊市委员会

【概况】 2023 年，九三学社潍坊市委员会（简称社市委会）发展社员 22 名。其中，研究生以上学历 11 人，博士学位 3 人，高级（或相当于高级）以上职称 10 人，平均年龄 36.6 岁。2023 年，全市共有 14 个支社，社员 486 人，平均年龄 55.4 岁；高级职称 300 人，占 61.8%；研究生以上学历 184 人（博士 46 人）占 37.9%；女社员占 45.3%，离退休社员占 28.2%，科技、医疗、高等教育界别社员占社员总数的 77.5%。全市有省政协委员 1 人，市级人大代表、政协委员 18 人，县级人大代表、政协委员 37 人。增补社市委会委员 1 名，任命尹敬国为秘书长。推进“社员之家”建设，新建成 4 个特色鲜明、主题突出的“社员之家”，社省委会主委程林到潍坊检查指导，对社市委会在加强基层组织规范化建设的做法给予肯定。社市委会被社省委会表彰为 2023 年度参政议政工作先进集体、信息工作先进集体、组织工作先进集体、宣传工作先进集体和理论（社史）研究先进集体，2022—2023 年度机关工作先进集体，市直二支社被社省委会表彰为 2023 年度优秀基层组织，1 人被社省委会表彰为 2023 年度组织工作先进个人，1 人被社省委会表彰为 2022—2023 年度机关工作先进个人。4 人被社省委会表彰为“参政议政工作先进个人”，2 人被市政协表彰为 2023 年度“最美政协人”，3 人被市委统战部表彰为建言资政工作先进个人。

【思想建设】 2023 年，九三学社潍坊市委员会以主题教育为引领，把思想政治建设放在首位，学习贯彻中共二十大精神，践行习近平新时代中国特色社会主义思想，多党合作共同思想政治基础进一步夯实。把握“学思想、强根基、重履职、建新功”的总要求，开展“凝心铸魂强根基、团结奋进新征程”主题教育，召开全体扩大会进行动员部署，组织社市委会理论学习中心组学习，举办培训班 2 期，组织社员积极参加社中央网络课堂学习。启动新一轮规章制度“立改废”，对已有制度进行全面梳理，健全完善各项工作制度。举办“踔厉奋发新时代、勇毅前行新征程”书画作品展，以中共中央发表“五一口号”75周年、九三学社创建78周年、九三学社在山东建立组织70周年为主题召开座谈会、举办青年论坛，教育引导广大社员同中国共产党勠力同心、同舟共济。组织参加社中央纪念“五一口号”发布75周年和社省委会九三学社在山东建立70周年征文活动，参加社省委会2023年线上春晚——春晚云端见，8名社员作品入选社省委会主题教育书画作品展。挖掘张雪岩史料，《张雪岩：九三学社重要创始人的斗士人生》被《春秋》杂志刊用，张雪岩纪念馆被社省委会命名为第一批“九三学社山东省爱国主义教育基地”。打造社市委会“六位一体”宣传平台，开设主题教育专栏，同步推出主题教育开展情况报道，刊发稿件140余篇次，社省委会网站、公众号等省级媒体刊发20余篇次。

【参政议政】 2023年，九三学社潍坊市委员会大兴调查研究之风，聚焦中共二十大确定的目标任务和社十二大部署，聚焦省、市中心工作和全市统战系统服务强市建设行动，开展政治协商、民主监督和参政议政。参加中共潍坊市委、市政府召开的座谈会协商会16次，围绕政府工作报告、科技创新、营商环境、金融赋能、文化建设、乡村振兴、生态环保、先进制造业等协商主题和涉及潍坊市经济社会发展重点领域重点问题提出意见建议58条。《关于向乡村精准配置医疗资源的建议》被山东省政协评为2023年度好提案，《关于深入推进数字政府建设的建议》在山东省政协2023年度第二次月度协商会发言，《关于推进融资平台市场化转型化解地方隐性债务风险建议》转化为山东省政协2024年常委会会议议政专题、市委统战部议政建言成果并得到市主要领导批示，《关于推进农业标准化促进农业高质量发展的建议》在山东省政协第十三届三次常委会会议上作书面发言，《关于加快推进农民职业培训，全面助力农业现代化的建议》被列为省政协2024年月度协商会议议题。全年征集调研课题84个，遴选推荐确定为社中央、社省委会常规课题3个，市委统战部重点调研课题7个，社市委会重点调研课题37个。参与社省委会牵头的“山东省石化产业深化新旧动能转换创新推动绿色低碳高质量发展”联合民主监督调研，就潍坊市情况进行专题调研。赴昌邑市开展“加强高标准农田建设，推动全市现代农业高质量发展”市民主党派联合监督调研，形成专题调研报告。开展“深化推进‘无证明城市’建设”专项监督调研，《关于深化推进“无证明城市”建设的建议》的调研报告得到市主要领导批示。征集提报议政建言和社情民意信息247篇，被各级采用60篇次。《关于强化标准、品牌建设，助力潍坊畜牧业高质量发展的建议》《关于加快推进潍坊市海洋碳汇研究的建议》《加快培育磁悬浮新兴产业集群探索新旧动能转换新路径新模式》等12项调研成果和建言献策信息被市主要领导和市领导批示。社市委会选取2个基层社区设立社情民意联系点。

【社会服务】 2023年，九三学社潍坊市委员会整合社内人才和智力优势，成立教育、医疗卫生

6月1日，九三学社市委会“加强高标准农田建设，推动全市现代农业高质量发展”调研组赴昌邑市开展监督调研　（孙三鹏　摄）

和农业三个专门委员会，增强社会服务工作的针对性。将山东香柏养老集团确定为社会服务基地，经常性开展健康服务活动。创新开展社基层组织与社区“结对共建”活动，潍城支社、市直二支社与社区结对共建，助力基层社会治理。创新开展“妈妈下午茶”“九三少年行”社会服务活动，定期到社区为家长做子女教育、家庭矛盾等心理辅导。深化开展“九三法律金融公益行”和“九三留学公益行”，为企业和群众规避风险损失3000多万元，为企业盘活资产1200多万元、解决资金缺口100万元，为60余名学生减免培训、服务中介费180多万元。开展“九三消费助农”活动，帮助临朐县樊家庙中心区销售农产品680吨、472万元。打造“送福进万家”“关爱在心、医路向阳”、捐资助学等公益活动品牌，为群众写春联、义诊、康复治疗、心理健康辅导等，捐款捐物累计8万余元。全市广大社员为甘肃积石山地震灾区捐款3.8万余元。

（孙三鹏）

潍坊市工商业联合会

【概况】 2023年10月24日，市工商联作为全省唯一单位在全国工商联成立70周年庆祝大会上，被人社部、全国工商联授予“全国工商联系统先进集体”，并在人民大会堂现场接受表彰。市工商联被评为“全国工商联信息工作先进单位”“全国工商联民营企业调查点工作先进基层单位”。全市工商联会员企业达14752家，较上年增长3.37%。

【服务企业】 2023年，以“万企兴万村”为主线，推动以青州、寿光、诸城等地为依托的山东省民营经济人士理想信念教育（潍坊）基地在潍坊市社会主义学院挂牌。推进企业家成长。举办全市民营企业家“学习二十大　建功新时代”推进高质量发展素质能力提升培训班。以新生代企业家商会为载体，突出加强年轻一代企业家培养。推选8名企业家入选第八届山东省优秀中国特色社会主义建设者。创新商会党建工作。建立“1+N”党建联创联建机制，潍坊河北商会党支部获评潍坊市过硬党支部。打造临朐县城关街道商会“融享惠”企业共享中心党建工作品牌，相关做法被《潍坊信息》刊发推广。深化民企百强系列榜单评选。创新开展潍坊市民营企业100强“1+2”系列榜单及百名民营企业家“敢创先锋”评选活动。歌尔等4家企业入选中国民营企业500强，8家企业入选中国制造业民营企业500强，41家企业入选山东民营企业100强系列榜单。搭建“金融赋能”平台。牵头19家单位发起成立市工商联金融服务中心，举办潍坊市“融商汇”银企对接活动，为268家企业发放贷款118亿元，授信120亿元。创新开展“春雨润企一号行动”。聚焦民营企业涉税领域相关政策和问题，联合税务等部门推出“六大工程”20项服务措施，相关做法得到省委常委、统战部部长徐海荣，市委书记刘运的批示肯定。加强民营企业维权服务。开展涉案企业合规改革、“万所联万会”活动，发挥市工商联法律咨询委员会和民营企业法务中心作用，推进法律“进企业、进商会、进机关”。

【强化商会组织平台作用】 2023年，推动将开展“商会组织建设年”活动列入市委常委会工作要点、市《政府工作报告》和全市工作动员大会重要部署。出台《关于加强商会组织建设的指导意见》，举办商会会长座谈会、“双

2023年10月，潍坊市工商联荣获全国工商联系统先进集体

招双引”业务培训会、全市镇街商会现场观摩交流会、潍坊市防水新材料发布暨产业协作等会议10余次，组织到泰安专题考察学习“商协会建在产业链上”的有效途径。市委书记刘运连续到6家商会走访调研。“商会组织建设年”活动获评“2023年度市直机关优质服务项目”。下属事业单位市商会服务中心服务创新项目荣获一等奖。狠抓商会组织覆盖延伸。新成立银川山东潍坊商会、天津市潍坊商会、苏州市山东商会潍坊委员会、徐州市潍坊商会、潍坊市安徽商会和潍坊市济宁商会，在美国设立了潍坊商会。目前，在北京、上海、广州、杭州等地共推进成立19家异地潍坊商会；在潍异地商会16家。推进双招双引。组织全市商协会代表参加第三届儒商大会，促成中国化学与山东门捷新材料股份有限公司达成投资合作协议，推动苏州市山东商会潍坊委员会会长单位——江苏德美克机械科技有限公司在安丘经济开发区投资设立苏安融科智能制造科技产业园。

【助力营商环境优化】 2023年，在全市民营经济领域开展大走访大调研活动，开展民营企业运行状况等8次问卷调查活动。信息工作在全国副省级城市和地级市中列第2名、全省第1名。畅通政企沟通渠道。参与筹备召开全市民营企业家座谈会。建立营商环境监督员制度，从民营企业中选聘44名营商环境监督员。制定民营企业和商会反映问题办理机制。与市公安局建立服务协作机制，形成3个护航企业发展政策文件，得到市委书记刘运批示肯定。优化网络营商环境。联合市委网信办等部门开展全市“优化营商网络环境　保护企业合法权益”专项行动，为民营经济高质量发展营造良好网络舆论环境。

【引领民营经济人士履责】 2023年，深化“万企兴万村”行动。召开全市“万企兴万村”行动现场观摩会议，评选118家示范企业、100个示范村和6个台账工作先进集体。联合中国农业银行潍坊分行等推出“万企兴村贷”产品。“万企兴万村”台账各类数据指标稳居全省第一名，全市2746家企业结对2059个村，实施兴村实验项目3868个，计划投入资金622.7亿元，实际到位资金298.8亿元。全市52家单位入选山东省“万企兴万村”行动典型，数量居全省第一。开展东西部协作交流。组织赴重庆市开州区开展东西部协作对接，推动山东高速集团潍坊分公司和重庆开放农业科技有限公司签订合作协议。发挥民营企业稳就业保就业主力军作用。深化民营企业与高等院校对接合作机制，举办2023年潍坊市百强民营企业春季人才交流大会，提供就业岗位3600余个。组织潍坊市江苏商会与潍坊学院、潍坊医学院建立校企合作“大学生社会实践基地”。

【工商联队伍建设】 深化工商联改革。召开市工商联十三届二次执委会议，建立工商联领导班子联系县级工商联和直属商会制度。出台《县级工商联年度工作评价办法（试行）》，提升县级工商联建设水平。推进工商联队伍建设。加快会员发展速度，实现工商联会员“扩面、扩量、扩容、提质”。加强工商联机关自身建设。按照市委加强干部队伍能力作风建设部署要求，开展“干部素质能力提升行动”，建设能够担当新时代新使命的工商联干部队伍。

（吴俊芳）

群众团体

潍坊市总工会

【概况】 2023年，潍坊市总工会深化工会改革，推行“重点建、行业建、兜底建”模式，新建工会1088家、发展会员17.2万人，分居全省第一、第二位。坚持建会与建家同步，组建工会社工工作室，打造40家市级基层工会示范项目，推动工会专职干部、工资集体协商指导员、工会社工联合办公，形成整体工作合力。落实全总、省总改革部署，深化“县级工会加强年”专项工作，6月份全省现场会在潍坊市召开，省委领导徐海荣、市委书记刘运先后作出批示肯定。

【政治建设】 2023年，潍坊市总工会把学习贯彻习近平新时代中国特色社会主义思想作为首要政治任务，学习宣传贯彻党的二十大精神、中国工会十八大和省第十六次工代会精神，团结引导职工群众听党话、跟党走。开展“中国梦·劳动美”主题宣传教育，组织劳模工匠“五进”“大国工匠潍坊行”等常态化宣讲230余场，覆盖职工近2万人次。培育先模人物，推荐评选全国五一奖5个、省劳模78人、市五一奖185个，召开庆“五一”大会、激发职工群众奋进新时代的精气神。打造“鸢都文化惠工”品牌，举办全市职工阅读活动、宣讲比赛和“如此生活”诵读大赛等活动，开展惠工演出20余场、吸引9000余人次，网络直播观看及参与活动100余万人次，潍坊市在全国职工宣讲比赛“云宣讲”中获优秀组织单位奖。落实意识形态工作责任制，管好用好工会领域各类宣教阵地，强化工会网上舆论引导，团结职工群众网聚正能量、唱响主旋律。

【产业工人队伍建设】 2023年，潍坊市总工会主动融入和服务市委中心工作，实施产改赋智赋能深化年行动，推进“种子工匠、工匠、首席工匠”三级工匠体系建设，为现代化产业体系建设提供技能人才支撑，潍坊市“三级工匠”做法被《中国工运》刊发，产改做法被《中央产改专报》推广。聚焦全市重大工程、重大项目和新领域新赛道，开展“匠筑潍坊”劳动竞赛，举办智能机器人、跨境电商、无人机、工业母

4月27日，潍坊市庆祝“五一”国际劳动节暨职工创新创效工作推进大会在市工人文化宫中心会堂举行

机等8项市级竞赛，参与职工3万余人次，有效激发职工群众劳动热情。深化“改善即创新”职工创新创效活动，组建市劳模工匠学院、创新工作室和创新创效服务联盟，建立市、县职工创新创效服务基地以及11个行业和重点企业工作站，为职工提供“全流程、一站式”服务，培育市全员创新企业10家、创新工作室11个，选树潍坊工匠100名，评选出27项职工市级优秀技术成果，全总副主席高凤林作出批示肯定。开展“安康杯”“查保促”等群众性安全生产活动，形成安全隐患“随手拍”“金点子”等160项职工群防群治成果。服务“三个模式”提升，开展工会助力乡村振兴，撬动银行为40家工友创业园发放工创贷1.2亿元，发放额度占全省工会的30%、居全省第一位。

【维权服务】 2023年，潍坊市总工会加大依法维权力度，健全工会法律援助“五级”服务体系，建成实体化机构54家，深入到128家企业开展劳动用工法治体检，办理法律援助案件600余件。实施城市困难职工帮扶解困行动，市、县两级工会累计投入资金1000余万元，慰问困难职工7500余人，走访抗疫一线医务人员5600余人。突出抓好新就业形态劳动者维权服务，高标准建立495处工会户外劳动者服务站点，投入211.86万元为7万余名新就业形态工会会员赠送“意外+重疾”互助保障。构建和谐劳动关系，在全市工会推广企业工资集体协商“一样本两指引”，指导企业1003家、覆盖职工153488人，畅通职工12351信访渠道，受理信访案件269件次，办结率、满意率均100%。坚决维护劳动领域政治安全，与国安等部门建立联动联处机制，为25名职工讨回被拖欠工资30多万元，指导昌乐县总工会参与处置雷丁汽车职工下岗问题，以和谐劳动关系促进职工队伍稳定，市总在全省工会维护劳动领域政治安全会议上作典型发言。打造“工人文化宫+职工服务中心+职工之家”工会服务阵地，新建5家县级服务阵地和1家城区共享职工之家，组建“提升职工生活品质项目库”，常态化开展四季服务、身心健康、会聚良缘、托育托管等普惠服务。

（李世鹏）

共青团潍坊市委

【概况】 2023年，共青团潍坊市委承办2023年中国青年创新创业交流营暨第十届“创青春”中国青年创新创业大赛（乡村振兴专项）并荣获金奖；在全省青年发展友好型城市中期评估中，全市居A（优秀）等次；全市100多名个人（集体）典型获评全国“两红两优”等省级以上荣誉；《中国青年报》头版报道潍坊市青年创新创业工作，乡村振兴、青鸟计划等多项工作在省级以上主流媒体报道186次，各项工作实现新跨越。2023年，持续实施“希望小屋”儿童关爱项目，新建小屋39个，41名困境儿童受益，全市累计建设小屋1306个，1331名困境儿童受益。开展希望工程公益助学，全市已资助家庭经济困难学生310人，发放助学金75万元。

【共青团潍坊市第二十次代表大会】 2023年12月28日，共青团潍坊市第二十次代表大会开幕。共青团山东省委书记殷世逸，市委书记、市人大常委会主任刘运出席并讲话。大会通过《共青团潍坊市第二十次代表大会关于共青团潍坊市第十九届委员会报告的决议》，选举产生由42名委

12月28日，共青团潍坊市第二十次代表大会开幕

员、18名候补委员组成的共青团潍坊市第二十届委员会。大会号召团结在以习近平同志为核心的党中央周围，以习近平新时代中国特色社会主义思想为指导，学习贯彻党的二十大精神，高举团旗跟党走，矢志不渝建新功，团结带领广大团员青年聚焦“七个加力突破”“五个加快提升”，为建设实力强品质优生活美的更好潍坊贡献磅礴青春力量。

【服务中心工作】 2023年，共青团潍坊市委聚焦文明创建，开展“青春志愿红”服务行动，招募1.5万名青年志愿者服务潍坊国际风筝会、中国—东盟数字农业论坛等大型活动，常态化开展文明创建、抗震救灾、困境帮扶等志愿服务。聚焦乡村振兴，承办省级乡村好青年培训班，举办全市高素质农民培育乡村好青年专题培训班，开展“寻找乡村振兴合伙人”行动，组建乡村振兴青年服务队20多支，开展政策宣讲、电商助农等活动3200场，凝聚2万名好青年一线建功。聚焦双招双引，开展“千企万岗百日行动”，依托市县两级青年企业家协会组织体系，动员企业为大学生提供实习岗位。深化“青鸟计划 潍爱唯才”青年人才招募行动，开展线上线下招聘会、企业宣讲会等活动10余场，1600多家省内外重点企业提供优质岗位4万余个，参与人数达20余万人。

【思想政治引领】 2023年，共青团潍坊市委开展面向全市广大团员和青年学习贯彻习近平新时代中国特色社会主义思想主题教育，举办各类宣讲500多场，超602万人次参与“青年大学习”，加强对全市团员青年的政治锻造和政治引领。举办“致青春·向未来”优秀青年事迹报告会、全市青少年书画大赛等活动，开展先进典型评选，涌现出“齐鲁最美青年”等一大批先进榜样，让广大青少年学有榜样、行有楷模、干有目标。注重发挥团属新媒体矩阵优势，加强微信、微博等平台建设，联合专业团队，制作系列新媒体影音产品，开通《潍坊市青少年新闻联播》栏目，持续加强网络和新媒体正能量宣传，增强青少年思想道德教育实效性。

【基层工作】 2023年，共青团潍坊市委凝聚干事力量，落实市委《关于深入开展干部队伍能力作风提升行动的实施意见》，制定团市委干部队伍能力作风提升10条措施，努力增强队伍战斗力。激发组织活力，推动市青联等社团换届，在代表中充实基层一线青少年，强化青年工作力量。深化重点改革，高校领域持续推进团学干部作风建设等重点任务，集中在思想引领、实践育人方面发力；少先队领域以推进《中共中央关于全面加强新时代少先队工作的意见》落实落地为统揽，以健全工作体制机制为保障，推动党、团、队育人链条相衔接、相贯通。

（陈俊伊）

潍坊市妇女联合会

【概况】 2023年，潍坊市妇女联合会突出党建带妇建，联合市委组织部制定《党建带妇建“织网扎根巾帼红”品牌创建方案》，获评全省妇联系统特色党建品牌。实施巾帼领头雁淬炼行动，轮训妇联执委400余场次1.9万余人次，常态化开展执委工作日等特色服务活动。确定妇联改革创新县镇村三级先行试点100个，夯基础、破难题。成立潍坊巾帼志愿服务联盟，推出“七色光”品牌、百个项目、百堂课程，牵头发布年度为妇女儿童办实事项目30件，累计关爱困境儿童及家庭6900余个，免费“两癌”筛查妇女43万余人。

【妇女思想政治引领】 2023年，潍坊市妇女联合会突出节日效应，举办全市妇女纪念“三八”妇女节113周年暨加快建设新时代中国特色社会主义现代化强市巾帼建功推进会，集中树宣巾帼典型，发布《步步有巾帼》宣传片，示范引领奋进力量。深化巾帼宣讲，举办巾帼宣讲员示范培训班、宣讲员大赛，创新打造“庭院微宣讲”“娘家人宣讲来俺家”等一批群众性宣教品牌，深入基层灵活开展3000余场次，实现月月有宣讲。建优“潍坊女声”等宣传阵地，联动网上家长学校，常态化宣传妇女工作680余篇、100余个小视频，累计线上点击700余万人次。

【巾帼建功立业】 2023年，潍坊市妇女联合会实施巾帼就业创业促进行动，指导市女企协举办会员大会，启动“玫瑰之约”创业腾飞和“玫瑰之爱”公益基金计划，上线启动“齐鲁农超·潍坊巾帼好品馆”，向妇女提供3000余个就业岗位，实操培训百名乡村女主播，以巾帼科技助农兴农直通车服务覆盖17万人次。实施暖企赋能巾帼行动，依托科技创新巾帼会客厅精准点单服务，寻找并发布首批“最美巾帼推荐官”，开展银企对接，联合高校等资源推动产学研全链条交汇。实施巾帼家政赋能行动，在地市中首次承办全省家庭服务业职业技能竞赛，举办全市巾帼家政技能竞赛，常态化开展家政大集、家政进社区等活动百余场，推进巾帼家政提质扩容。潍坊市服务妇女创就业工作在全省妇联系统工作会上作唯一典型发言。

【妇女儿童权益保护】 2023年，潍坊市妇女联合会深化婚姻家庭辅导服务，专业提升“潍爱潍家”工作品牌，累计调解申请离婚夫妻14941对，成立婚姻家庭辅导博士服务站，创作播出《潍爱潍家　幸福护航》公益讲堂、《她的三重奏》等栏目，相关工作经验入选全国妇女工作改革创新案例。高标准推动儿童友好城市建设，搭建儿童友好数字平台，全域提升儿童友好医院、学校、社区、公园、场馆等儿童友好空间420个，潍坊市首批入选山东省国家儿童友好城市建设培育库。创新打造“爱家庭·乐家教·美家风”家庭教育服务品牌，首创暑期儿童关爱计划，全国妇联专题到潍坊调研并推广经验。寻找宣树100户市级最美家庭，9户家庭入选省级以上最美家庭。

（刘　宁）

潍坊市文学艺术界联合会

【概况】 2023年，潍坊市文学艺术界联合会坚持用习近平新时代中国特色社会主义思想凝心铸魂，制度化组织全市文艺工作者骨干培训班，常态化开展“深入生活、扎根人民”主题文艺实践，创新性推动党建与业务工作深度融合，聚力打造“党旗映初心　文艺为人民”党建品牌。新成立市文艺志愿者协会、市无人机航拍协会，选树36个“潍坊市基层文联组织建设示范单位”，评选县级文联13个活动品牌、11个工作创新创优案例。加强各类文艺展演、评奖培训活动的审核管理，以“新时代新征程新伟业”为主题指导创作、策划活动，用文艺形式宣讲市委决策部署。4个县市区建成文艺之家，7个县市区镇街文联实现全覆盖，均居全省第一位。在市委市直机关工委党建品牌“擂台赛”中进入决赛并获三等奖。

【文艺志愿服务】 2023年，潍坊市文学艺术界联合会深化中国文联新时代文明实践文艺志愿服务试点成果运用转化，与党委中心工作、重大时间节点和重要节庆活动紧密衔接，开展文艺惠民，丰富市民文化生活。全市登记文艺志愿服务组织达到88个，注册人数2989人。其中，青州市登记525人，记录活动283场次，累计服务群众30余万人，试点村均成立文化促进会和特色文艺队伍，在满足人民文化需求、增强人民精神力量中充分彰显文联组织的担当作为。中国艺术报社文艺创作与传播（高密）实践中心顺利揭牌，推荐安丘齐鲁酒地成功申报省文联首批四家艺术实践基地之一。发挥省摄协在临朐沂山、寿光双王城“摄影创作基地”功能作用，推动十笏园文化街区、1532产业园、杨家埠民间艺术大观园、坊茨小镇等“文艺两新”聚焦地建设，为“文艺两新”提供更多服务支持和展示空间。推进文艺惠民助农助旅，连续举办“幸福生活　和美家园”、农民丰收节“和美家园　更好潍坊”等系列大型文艺演出，推出“乡村振兴看潍坊”主题摄影大赛、“戏曲进基层　文化共传承”“浪漫‘樱’像”等文艺惠民活动，扩大“福送农家”“零距离·欢乐舞蹈公益行”等特色品牌影响力，常态化开展文艺大讲堂公益培训和公益演出，各类新时代文明实践文艺志愿服务活动达200余场次，有关做法被《中国艺术报》刊发报道。临朐县冶源街道文联作为全国唯一镇街文联组织，在中国文联文艺志愿服务工作会议作典型发言。

【讲好潍坊故事】 2023年，潍坊市文学艺术界联合会举办2023潍坊陈介祺金石文化周、翰墨青州·2023中国书画年会，承接承办胶东经济圈美术书法摄影作品巡回展、“携手同辉”黄埔·潍坊两地美术作品交流展、“华物传道”中国美术学院传统造型艺术传习展等高层次书画节会活动，“中国书画看山东　山东书画看潍坊”行业优势凸显。围绕中心服务大局，以“更好潍坊”

为主题举办文学作品朗诵会、文艺演出、摄影展等主题活动20余场。策划实施“百名作家写潍坊”“百名画家画潍坊”“百名摄影家聚焦更好潍坊”活动，举办“‘典’亮更好潍坊”市直机关经典诵读活动，组织“俯瞰秀美家园　聚焦更好潍坊”航拍大赛、“最美家园　更好潍坊”摄影展、“赓续文脉　更好潍坊”诗文名篇书法刻字作品展、潍坊主题美术写生作品展、“抒写最美家园　见证更好潍坊”征文大赛和城市主题歌曲演唱大赛等系列活动，筹办“无限风光　更好潍坊”第五届潍坊摄影大赛；编印《诗歌里的潍坊》《最美家园　更好潍坊》文艺作品集，重点推介《乐道院》《清水赋》《大绸商》《看云起》等潍坊主题文学作品，用文艺的形式展现潍坊人文资源、自然景观和新时代伟大实践，为加快建设“更好潍坊”赋能添彩。

【文艺人才队伍建设】 2023年，潍坊市文学艺术界联合会推进作家签约制度，创新性举办“潍坊市签约作家作品朗诵会”，集中推介21位签约作家及其作品。实施“文艺人才培青工程”，完成中国摄影函授学院120人培训任务和“潍坊市优秀青年文艺人才库”第二批114人评审入库。以“千峰竞秀　百舸争流”专题宣传潍坊文艺名家，推选7类体裁、27件作品参评第六届泰山文艺奖（文学创作奖），推荐52件作品申报第十三届泰山文艺奖。2023年，全市摄影、民间文艺国家级会员数量居全省第一位，美术、书法国家级会员数量列济南、青岛之后居全省第三位，加入省作协会员数量连续两年居全省第一位。2023年新加入中国作协9人、中国美协18人，均创历史新高。

【文艺精品创作成果】 2023年，1件作品入围第十六届中国民间文艺山花奖，8件美术作品入选第八届全国画院美术作品展，2部作品在“村歌嘹亮·2023山东省新时代乡村歌曲评选”中获奖，第二届胶东经济圈手造节创意大赛获2个金奖、8个优秀奖。30件作品入围第十五届山东省摄影艺术展，获得2金4银3铜，获奖数量全省第1。

（王丽娟）

潍坊市科学技术协会

【概况】 2023年6月，潍坊市入选中国科协2023—2025年度创新驱动示范市（区）名单，成为全国39个、全省3个示范市之一。全年征集企业技术需求140余项，将1963位专家纳入潍坊市“科创中国”专家库成员，组织3966家企事业单位入驻中国科协专利信息资源共享平台和“科创中国”科技经济融通平台，发布科技成果938项，需求657项，推动科技创新资源向企业聚集。承办山东省创新驱动发展大会及系列活动13项，市政府分别与3家国家级学会签署战略合作框架协议。组织2家企业参加2023年“科创中国”专利信息创新应用大赛，分别获二等奖、三等奖。推荐2个产业协同创新基地获评山东省科协创新驱动发展协同创新基地，全市3家企业与省级学会、创新团队长期开展项目合作。

【学会工作】 2023年，潍坊市承办第五届中国造纸装备发展论坛、省级学会理事长潍坊行、第四届泰山智能产业创新发展大会等活动，举办2023年潍坊市创新驱动示范市建设技术对接活动7场。调整增补潍坊市科技智库专家20名，组织开展2023年潍坊市科技智库课题征集工作，完成课题调研3项，提报科技工作者建议3项。组织开展高端学术交流活动，承办山东省创新驱动发展大会智库论坛2期、泰山科技论坛5期，举办“鸢都科技论坛”14期。组织召开潍坊市2023“全国科技工作者日”庆祝大会，刊发《致全市科技工作者的一封信》，开展系列活动90余项，10项活动获评山东省科协“全国科技工作者日”优秀项目。选树“风筝都最美科技工作者”20名，推荐1名优秀科技工作者获评“国家卓越工程师”，4名科技工作者入选山东省优秀科技工作者，6名科技工作者获评山东省科协“创新达人”荣誉称号。组织5家县（市、区）科协和5家市级学会完成换届，1家市级学会召开成立大会。推动42家企业在企业科协平台完成线上认证，新建企业科协27家，2家企业科协入围山东省企业科协试点。3项亮点工作典型做法入选全省科协系统“典型好案例”，3个项目入选“2023年度省科协改革品牌项目”。

【科普工作】 2023年，潍坊市全

面提升基层科普服务能力，推进基层科普行动计划和省科普示范工程，21个科普项目获上级奖补资金支持，争取专项补助和免费开放资金685万元。打造《科普1分钟》科普宣传品牌，开展全国科普日活动，11个单位13项活动被中国科协表扬。推进科普志愿服务“智惠行动”，组织开展“科创筑梦　助力双减”科普志愿服务进校园活动、“银龄科普”进社区志愿服务活动。推进科技志愿服务及科普员在线注册工作，全市在国家科技志愿服务信息平台实名注册人数和活动数量，均居全省各地市首位。开展青少年科技教育活动，成立潍坊市青少年科普专家报告团，全年开展“科普报告百校行”及“科普报告进校园”36场次。组织举办青少年科技创新大赛2项，开展系列科普主题活动4项，获评首届山东省青少年科技节优秀组织单位。

【科技馆建设】 2023年，潍坊市举办“科创百年”“人水和谐共生”“森林物语·虫现江湖”“科普电影嘉年华”“中国古代科技之光”等科普临展，累计接待社会公众20万余人次。全年免费接待中小学校师生13117人，举办科普小课堂等线下科技教育活动73次、服务4930人，开展科普育“苗”志愿服务43次，1835余名儿童参加。开放运行“壹心壹益”青少年心理咨询室，助力“双减”案例被评为全国优秀案例，获评助力“双减”全国优秀单位。

（杨淑强）

潍坊市归国华侨联合会

【概况】 2023年，市归国华侨联合会举办双招双引工作洽谈会、侨商助力开放发展大会，完成过亿元招商引资项目2个。7月27日中国侨联党组书记、主席万立骏到潍坊调研，对市侨联发挥优势服务高质量发展取得的成绩给予充分肯定。8月31日在第十一次全国归侨侨眷代表大会上，潍坊市被人社部、中国侨联表彰为“全国侨联系统先进集体”；1人被选为中国侨联委员；2人被国务院侨办、中国侨联评为“全国归侨侨眷先进个人”。打造全省首家“侨界会客厅”，获评2023年度市直机关“优质服务项目”。

【发挥侨界优势】 2023年，市归国华侨联合会“走上去”到中国侨联、山东省侨联争取对潍坊倾斜支持；“走出去”赴泰国、新加坡、越南及京津冀、宁夏、珠海等对接双招双引和对外开放工作，与山东省外20多家地市级侨联建立友好合作关系。“请进来”开展侨企侨胞潍坊行活动，先后接待海外侨领30多人次。“建平台”服务新侨创新创业，争取山东省侨联支持建设山东（潍坊）华侨创新创业产业园、山东（潍坊）华侨开放发展试验区。高新区蓝色智谷园区服务中心、综合保税区潍坊跨境电商产业园获批山东省侨联首批“新侨创新创业基地”。举办双招双引工作洽谈会、侨商助力开放发展大会，完成过亿元招商引资项目2个。其中纳统项目1个，计划投资10亿元，到位资金2000万元；外资项目1个，计划投资3000万美元。参与引进高端人才4名，促成市人才办与归侨院士领衔的陕西省空天结构技术重点实验室签署产学研融合创新发展合作协议，为俄罗斯工程院外籍院士、自然科学院外籍院士颜军颁发“引才大使”证书。

【文化交流】 2023年，市归国华侨联合会组织全市高中生参加中国侨联主办的第二十三届世界华人学生作文大赛，荣获“优秀组织单位”。引导潍坊籍侨胞参与山东省侨联、山东广播电视台联合主办的“好品山东”全球华侨华人推介官活动，展示“山东好品”“潍坊好品”，荣获优秀组织奖。举办“党建赋能发展　艺术点亮乡村”潍坊书画名家展、“亲情中华　更好潍坊”侨界迎中秋庆国庆书画艺术交流会等多项文化交流活动。新增市级华侨国际文化交流基地4处，总数达15处。

【创新服务机制】 2023年，市归国华侨联合会实地调研侨企50多家，走访慰问老侨贫侨、困难群众等60多户次，帮助解决面临的实际困难和问题。组织侨星志愿者服务队，开展走访慰问、学雷锋志愿服务等活动。与市残联等联合举办魏基成天籁列车助听器捐赠活动，发放助听器价值360多万元，为全市180位听障人士带来福音。通过英国山东商会邀请ACCA资深团队举行企业内控与内审专题讲座，助推潍企在“拼经济”赛道上稳步前行。

【维护华侨权益】 2023年，市归国华侨联合会实施营商环境一号改革工程，完善依法维护侨益机制。有效发挥华侨法律服务中心作用，推进涉侨纠纷多元化解机制建设，深化与法院系统联合建立的涉侨纠纷线上调解机制，开展涉法涉诉、国际贸易法律知识等培训。与市委统战部、市侨办等涉侨部门联合举办“侨法宣传月”活动，加大《山东省华侨权益保护条例》等涉侨政策法规宣传力度。参加市人大“一法一条例”执法检查，实地调研了解侨界权益保护存在的问题，征求意见建议。落实市政协界别协商工作要求，召开“发挥侨力助推潍坊高质量发展”界别协商会议。

【华侨服务平台】 2023年，市归国华侨联合会争取组织部、统战部、编办等部门支持，坚持分类指导、统筹推进，健全侨联基层网络，推动侨务资源丰富的县级侨联实现应建尽建。指导临朐县、青州市、坊子区、昌乐县、安丘市、潍城区、奎文区等7个县市区成立健全侨联组织。全市新设立侨胞之家7处，总数已达22处，临朐县寺头镇侨胞之家被确认为“省级侨胞之家”。在联东U谷产业园谋划打造全省首家“侨界会客厅”，接待20余批次侨商侨企到潍坊洽谈合作，开展创新创业、项目合作、法律咨询、文化交流、潍侨优品展等活动，受到侨界一致好评，中国侨联、省侨联主要领导分别到侨界会客厅考察调研，对潍坊创新搭建为侨服务平台做法作出批示肯定。

（王凤阳）

潍坊市社会科学界联合会

【概况】 2023年，市社科联机关被评为模范机关创建先进单位。优化调整干部队伍建设，推动7名工作人员职务职级晋升，招录高学历人员2名。服务“双招双引”，引资完成签约立项4.14亿元项目2个，到位资金0.2亿元，引智完成2个高端技术人才和1个重点实验室科创平台。

【社科研究】 2023年，市社科联组织开展“调研潍坊”应用对策研究，组织完成研究成果39项，得到省政府领导和市委、市政府主要领导批示肯定11次，并批转相关市领导阅研和各发展主体、20多个市直部门落实。《探索四种模式推进人才工作高质量发展》《市县两级国有企业改革发展对策建议》作为“建设更好潍坊·金点子”在《潍坊日报》刊发。《潍坊打造乡村文化振兴齐鲁样板先行区调研报告》被省社科联评为2023年全省社科联系统优秀调研报告并发文推广。《聚焦“七个加力突破”，开展应用对策研究，赋能更好潍坊建设》被评为市直机关优质服务项目。

精心谋划开展重点课题研究。发挥社科规划重点研究课题平台功能，围绕全市改革发展重点任务，与市政协、市委宣传部、市委市直机关工委等市直有关部门联合，开展“党的二十大精神研究阐释”“发展全过程人民民主与市县政协工作”“文化‘两创’及‘潍坊东亚文化之都建设’”“贯彻习近平法治思想，推进全面依法治市”“新时代文明实践志愿服务”“就业指导精品课”“机关党建”“会计”八大专项课题研究。累计推出研究成果524项，评选优秀课题104项，优秀研究成果全部推送给市直有关部门，为工作开展提供借鉴参考。举办“深入学习贯彻党的二十大精神”理论研讨会，《潍坊日报》推出理论专刊分两批予以刊发。

【社科优秀成果评选】 2023年，市社科联坚持更加侧重服务党政

8月25日，市社科联组织开展专家基层行调研活动

决策的智库成果，创新调整评奖工作办法，分类制定客观赋分标准，并将意识形态审核贯穿于整个评奖工作全过程，组织评选社科优秀成果99项，其中一等奖5项、二等奖20项、三等奖74项，并及时将优秀成果向大众推介。

【理论服务工作】 2023年，市社科联创新《社会科学动态参阅》办刊理念，紧扣时代大局，紧扣市委、市政府中心工作，围绕社会热点，精选精编前沿性、理论性、指导性、可读性研究成果，为各级领导干部和社会各阶层代表提供多角度优质理论参考服务，深受大家喜爱，被誉为潍坊的“半月谈”。全年编印24期。

【社科智库队伍建设】 2023年，市社科联组织各类社科人才开展调查研究、学术研讨和“三个一”人才行动，全年引进低辐射镀膜玻璃及多层功能膜制备技术重点实验室科创平台1个，高层次人才2名，组织4期80多名社科专家开展基层行调研活动，举办高层次学术研讨会6场，评选出社科研究青年拔尖人才9名。

【宣传工作】 2023年，市社科联举办山东省暨潍坊市第二十届社会科学普及周。以“学习贯彻二十大·奋发有为开新局”为主题，首次以“现场+直播”的方式举行开幕式，被今日头条、“学习强国”学习平台、海报新闻等16家媒体报道，浏览量首次突破百万。

*创新开展“百人百讲走基层 党的声音进万家”。*成立17支市、县两级社科普及志愿服务队，重点围绕党中央大政方针、市委决策部署和重点工作以及老百姓关心的热点民生话题等，组织百名宣讲骨干深入基层一线、走进千家万户，让党的声音飞入寻常百姓家。全年累计举办专题讲座、科普咨询、送书送展、微视频展播、网上宣传等活动140余场次。

*推动分众化普及。*根据不同受众需求，充分利用“潍坊社科”微信公众号、“社科天地”网站和新媒体开展社科普及工作，围绕传统文化、节日文化、国防教育、法治宣传等，推出社科普及文章350余条。推送8个系列社科普及项目近400项，推介社科普及教育基地3个，其中高密民俗博物馆视频材料被省社科联在全省推介。

*创新编印《社科日历》。*精心编印《社科日历》3000册，宣传推介“更好潍坊”建设。

（李龙杰）

潍坊市残疾人联合会

【概况】 2023年，在第七届全国残疾人职业技能大赛中，残疾人选手庞天宇、赵文丽分获3D打印项目第一名和剪纸项目第三名的好成绩，这是全市首次在全国残疾人职业技能大赛中取得第一名佳绩，也是历届最好成绩。在第四届杭州亚残运会上，潍坊市盲人门球运动员曹振华获得盲人门球比赛团体金牌；肢体自行车运动员吴国庆在自行车C1—C5混合团体赛决赛中获得冠军并打破亚残运会纪录，在自行车男子个人C4—51000m计时赛决赛中获得冠军并刷新C4亚残运会纪录，共获得3枚金牌，取得历史性突破。潍坊市“残疾儿童康复教育标准化”建设通过国家验收；争创《山东省残疾预防和残疾人康复条例》重点联系地区、如康家园规范化长效运行机制、残疾儿童康复救助标准化三项试点工作，为全省残疾人事业提供“潍坊经验”。“99公益日”网络募捐连续两年位列全省第一名。全年共募集资金1106万元，线上参与人数达17.3万人次，活动参与人次、筹款额度均创全市历史新高。获得荣誉称号的有全省残联系统网络募捐工作先进单位、第七届全国残疾人职业技能大赛表现突出单位、全省残联信息工作表现突出单位、全省残疾人职业技能大赛优秀组织奖。举办“聚力如康·共享阳光”系列助残活动，发放奖励补贴和辅助器具共计65万元。全年在省级以上媒体发布信息185篇，央视新闻、《华夏时报》等分别对潍坊市庞天宇、丁二伟等自强模范进行专题报道。

【社会保障】 2023年，潍坊市残疾人联合会实施助学工程。共为7740名残疾学生和困难残疾人子女发放助学补助金1026万元，为120名残疾大学新生发放励志助学金51.2万元。实施“鸢都惠残保”项目。投入665万元为22.48万名持证残疾人每人购买30元的意外伤害保险。投入2093.5万元为2268名残疾儿童实施康复救助。对143名残疾儿童进行免费人工耳蜗植入、唇腭裂和肢体矫治手术，发放儿童

2月21日，潍坊市残疾人联合会会同潍坊明润眼科医院举办“希望之光”救助项目捐赠仪式
（马海云　供图）

辅助器具3088件。投入200万元为1531户困难重度残疾人家庭进行无障碍改造。为17万名符合条件的残疾人发放两项补贴3.1亿元，投入502.8万元为1800名就业年龄段有托养需求的重度残疾人提供托养服务，31452名残疾人继续享受脱贫政策。

【康复服务】2023年，潍坊市残疾人联合会开展《山东省残疾预防和残疾人康复条例》重点联系地区工作，提升残疾人精准康复服务水平。对21.5万名残疾人提供基本康复服务，完成19.68万名残疾人的家庭医生签约，发放辅助器具8791件，为180名残疾人免费安装假肢。争取社会资金340万元实施“希望之光”项目，为1800名白内障患者实施免费复明手术。加强对37家残疾儿童定点康复机构规范化管理，开展为孤独症儿童建设“鸢康小屋”活动。为1500名残疾人实施中医药康复治疗项目，减免康复费用405万元。

【就业培训】2023年，潍坊市残疾人联合会落实党政机关事业单位国有企业带头安置残疾人就业政策，出台《潍坊市用人单位超比例安置残疾人就业奖励办法》，对用人单位每超比例安置1名残疾人奖励8000元。对已建设成的164家“如康家园”在满足日间照料、康复服务、辅助性就业基础上，构建“6+1”服务模式，将每一家“如康家园”确定为爱心单位结对帮扶点、党员干部社区报到和党性教育点、扶残助残志愿活动点、心理辅导和法律援助点、新时代文明实践点、社区微就业车间，实施“企业按比例就业+如康家园辅助性就业”。做好残疾人技能培训和就业援助工作。为2000名残疾人提供免费职业技能培训，组织30多场残疾人就业专场招聘会，提供750多个岗位，帮助有就业意向的高校残疾毕业生全部实现就业。投入107万元，扶持残疾人辅助性就业机构、就业创业示范（优秀）基地建设，奖励残疾人自主创业标兵。打造“齐鲁手创•潍坊盲按”品牌，助力76家盲人按摩机构进行规范化建设。

【残疾人服务保障】2023年，潍坊市残疾人联合会深化党建引领下残疾人网格化服务管理“1+2+N”体系，全市已建成残疾人服务网格12708个，网格员16273名。加快落实残疾人证“跨省通办”“一次办好”工作，全市持证残疾人达22.48万人。坚持党建带残建，积极搭建“红色助残三小三融”党建服务品牌，当好残疾人的“小棉袄、店小二、小保姆”。抓好“五星支部”创建工作，开展党风廉政教育，举办中国残联八代会精神宣讲。优化干部结构，在全市残联系统干部队伍中开展提升“五种能力”、锻造“五种作风”行动，为残疾人事业提供坚强保障。

【全省首家“残疾人公益诉讼联络站”成立】2023年，潍坊市残疾人联合会发挥和调动检察机关与残联的职能优势、资源优势，切实在残疾人权益保障领域形成“检察+残联+社会各界力量”合力，市残联联合市检察院在奎文区东关街道苇湾社区联合成立全省首家“残疾人公益诉讼联络站”。

（马海云）

潍坊市法学会

【概况】2023年，市法学会组织全市法学会系统干部参加中国法学会举办的学习贯彻习近平法治思想线上培训班6期，4700人次接受培训。编写出版《劳动人事合规管理指引》《涉案企业环保合规整改指引》，相关研究成果在最高检《企业合规动态改革》上刊发。重点从基层一线法学法律工作者中发展会员，全市新发展个人会员249人。

【首席法律咨询专家制度】 2023年，市法学会组织召开现场推进会、专家座谈会及全市工作会议进行安排部署和指导推动，在全省较早实现工作全覆盖。市县两级首席专家共参与办理案件286件，为党委和政府重大决策论证、重大风险防控、重大矛盾纠纷调处、重大信访积案化解等工作发挥重要作用。奎文区法学会的做法被《山东法学动态》刊用，坊子区法学会在全省首席法律咨询专家工作会议上作典型发言。

【法治服务】 2023年，市法学会创建地校合作新平台。分别与山东政法学院、潍坊学院建立战略合作机制，开展多渠道、多层次、多形式的交流与合作，与山东政法学院在临朐县共同建立法学实践教学基地及生态法学研究基地。推动4家律师事务所与潍坊学院政法学院达成战略合作协议并捐赠设立法学教育基金。推进法学理论研究。落实中办、国办《关于加强新时代法学教育和法学理论研究的意见》以及中央和省委、市委关于大兴调查研究的部署要求，组织参与2023年度全省法学研究重点课题等活动，共上报征文25篇，其中1篇获评全省法学研究重点课题优秀课题，2篇获评“习近平法治思想研究”合格课题。组织各专业研究会完成调研课题13项。举办第三届胶东破产法论坛，促进并深化胶东五市在破产法学研究领域的交流互鉴。为规范执法司法提供专业支持。有效利用市法学会专项资金，参与市委政法委组织的案件评查工作，推选27名专家，对74起重点涉法涉诉信访案件进行专项评查，发现瑕疵案件11起。举办生态法治建设暨知识产权法律实务专题培训班，邀请山东政法学院、山东省法院等单位专家教授进行授课，推动生态法治建设和知识产权保护落实落地，培训500余人次。

【法治文化建设】 2023年，市法学会开展专题宣传宣讲。开展法治文化进校园、全民国家安全教育日、宪法宣传周等系列法治宣传活动，全市共开展宣传活动7450次，发放宣传材料15万份，普法受众213.8万人次。与市委组织部、市委宣传部、市委政法委、市教育局、市司法局联合开展“百名法学家百场报告会”法治宣讲活动，组织成立讲师团，举办学习贯彻党的二十大精神、习近平法治思想等法治宣讲活动2000余场次，听众总计35万余人。创新打造法治文化亮点。研究确立“全市创品牌、一县（市、区）一特色、一镇街（部门）一亮点”的法治文化建设思路，在奎文区召开现场推进会进行专题部署，形成奎文区法治文化引领德法共育、坊子区“坊间说理”、青州市“青少年法治教育大讲堂”、寿光市“法治菜都”、临朐县生态法治等亮点品牌。发挥法学会系统宣传阵地作用。组织广大法学法律工作者学好用好《法治日报》《民主与法制时报》《民主与法制周刊》等法治报刊，《民主与法制时报》《民主与法制周刊》订阅数量稳居全省第一，稿件刊载数量居全省前列，市法学会在全省报刊宣传通联工作视频会议上作了典型发言。市法学会网站共刊发各县市区及有关单位工作信息200余条，省法学会微信公众号、网站分别刊发潍坊市信息31条、27条。

【规范化建设】 2023年，市法学会开展规范化建设专项行动。研究制定《全市法学会规范化建设提升行动实施方案》，召开专题会议作安排部署，制定《法学会系统规范化建设问题清单和整改台账》并开展专门督导，全市法学会系统共整改问题82个，有效规范法学会工作发展，相关做法在全省法学会工作暨规范化建设提升行动动员部署会议上作交流发言。推进组织体系建设。适应工作发展需要，新设立现代治理与合规法学研究会，以企业合规研究为基础，向社会治理领域拓展延伸，努力为潍坊市社会治理体系和治理能力现代化贡献研究成果。指导监督企业破产法学研究会完成换届改选工作，协调推动各县市区法学会全部配备副科级专职副会长（秘书长）。抓好会员管理工作。坚持巩固与发展并重，用好中国法学会会员管理系统，加强对会员的动态管理，有效发挥其服务管理效能。

（郭冠宇）

潍坊红十字会

【概况】 2023年，潍坊市有红十字基层组织119个，红十字团体会员单位6个，红十字志愿服务组织7个，“博爱家园”2个。推进应急救护、人道救助、造血干细胞捐献、遗体（角膜）和人体器官捐献等工作，提高红十字社会影响力。全年完成捐献器官46例、角膜51例、遗体11例，完成人体器官捐献志愿登记2200余人；采集造血干细胞血样300人份，成功捐献造血干细胞10例；筹集7.2万元资助先心病患儿家庭36户；向中国红十字基金会申请救助白血病、先心病患儿126名，发放救助金165万余元。市红十字会被省卫生健康委员会、省委宣传部、省委省直机关工作委员会、共青团山东省委、省教育厅、省红十字会六部门联合表扬为山东省造血干细胞捐献组织表现突出单位，被省红十字会表扬为山东省人体器官（遗体、角膜）捐献工作先进集体、“5•8”人道公益日众筹工作成绩突出单位、山东省红十字应急救护工作先进单位、山东省造血干细胞捐献工作先进单位，透明度建设工作获省红十字会通报表扬，应急救护工作在全省红十字会议上做经验交流。

【信息公开】 2023年，市红十字会在官网开设“红十字社会捐赠接收公开”“红十字社会捐赠款物支出查询”等10个业务板块，每月定期发布各类业务动态。开通“博爱通”线上捐款捐物平台，实现在线捐赠实时公开可查询。注重发布信息的完整性，在官网公开募捐资格证书、公益性捐赠税前扣除资格文件等，社会捐赠接收情况公示注重展示捐赠方名称、捐赠日期、捐赠金额、捐赠用途等，社会捐赠支出情况公示注重展示接收方名称、支出日期、支出金额、支出详情（项目）等。聘请第三方审计机构对市红十字会机关年度财务收支情况进行全面审计并在官网公开发布审计报告，打造透明红十字会。

【应急救助】 2023年，市红十字会联合市卫生健康委员会、市财政局、市公安局、市民政局、市医疗保障局，按照《潍坊市疾病应急救助基金管理实施办法》，保障全市设有“急诊医学科（室）”诊疗科目的医疗机构对在潍坊市行政区域内发生急重危伤病、需要急救但身份不明确或无力支付相应费用的患者紧急救治所发生的费用。组织疾病应急救助基金评审，支付救助资金395.38万元，救助146人次。

【应急救护】 2023年，市红十字会组织全市公立医疗机构和各级各类红十字志愿服务队伍进学校、进社区、进机关、进企业、进农村开展应急救护培训，完成应急救护普及培训22万余人次、取证培训1.4万余人次。通过电视、报纸、网站、微信公众号等方式，倡导社会公众树立应急救护理念，引导广大市民积极参与急救培训，掌握基本急救技能，提高自救互救能力。

（张海龙）

法 治

人大立法

【概况】 2023年，潍坊市人大常委会制定通过《潍坊市优化营商环境条例》《潍坊市海绵城市建设条例》《潍坊市防汛抗旱规定》《潍坊市志愿服务规定》4件地方性法规，组织对15件规范性文件进行合法性审查。

【重点领域立法】 2023年，制定通过《潍坊市优化营商环境条例》。开展优化营商环境立法，是潍坊市人大常委会站位全市发展大局，支持推进“一号改革工程”优化营商环境工作的一项务实举措。在初次审议和调研修改的基础上，2023年8月14日，市十八届人大法制委员会第十二次全体会议对修改后的《潍坊市优化营商环境条例（草案）》及审议结果的报告进行了统一审议，形成了《潍坊市优化营商环境条例（草案修改稿）》。2023年8月29日，市十八届人大常委会第十二次会议进行第二次审议。2023年9月27日，经市十八届人大法制委员会第十三次全体会议审议后形成《潍坊市优化营商环境条例（草案表决稿）》，向市委汇报同意后，于2023年10月25日经市十八届人大常委会第十三次会议表决通过，于2023年11月30日经省十四届人大常委会第六次会议批准。条例于2023年12月15日正式施行。

制定通过《潍坊市海绵城市建设条例》。进行海绵城市建设立法既是国家对系统化全域推进海绵城市建设示范城市考核的客观要求，也是保障全市系统化全域推进海绵城市建设的现实需要，对于贯彻落实习近平生态文明思想和市委决策部署、加快建设实力强品质优生活美的更好潍坊具有重要意义。2022年8月、2023年6月，市人大常委会会议先后对该条例草案进行了两次审议。其间，市人大法制委、常委会法工委深入组织开展立法调研，广泛征求社会各方面的意见建议，组织有关部门和专家进行多轮修改完善，并报省人大常委会法工委进行审查。2023年7月，经市十八届人大法制委员会第十一次全体会议统一审议后形成《潍坊市海绵城市建设条例（草案表决稿）》，向市委汇报同意后，于2023年8月29日经市十八届人大常委会第十二次会议表决通过，于2023年9月27日经省十四届人大常委会第五次会议批准。条例于2023年12月1日正式施行。

制定通过《潍坊市防汛抗旱规定》《潍坊市志愿服务规定》。认真贯彻落实习近平总书记有关要求，牢牢把握地方立法的实施性、补充性、探索性功能定位，创新立法模式，积极探索、实践“小切口”“小快灵”立法，坚持有几条定几条，因地制宜、因时制宜解决影响经济社会发展、困扰基层和群众的实际问题，市人大常委会先后出台《潍坊市防汛抗旱规定》《潍坊市志愿服务规定》2部“小快灵”法规，“小快灵”立法工作走在了全省前列，相关经验做法受到了省人大常委会副主任、党组副书记王良的充分肯定，被山东人大网、《山东人大工作》、《潍坊通讯》等媒体登载，入选《全省市县法治建设典型案例》《2023年度潍坊市改革典型案例》《潍坊市法治建设典型案例》，并被确定为市人大常委会机关主题教育正面典型。

【加强备案审查工作】 2023年，

按照“有件必备、有备必审、有错必纠”的工作原则，坚持政治性、合宪性、合法性、适当性审查标准，依法履行好法律监督职责，维护法治统一。

提高备案审查工作质量和效率。全年共接收《潍坊市生活垃圾分类管理办法》《潍坊市控制吸烟管理办法》等规范性文件15件。对审查发现存在问题的3件规范性文件，依法向报备单位提出审查意见，督促其及时整改，切实落实好“有错必纠”的要求。对涉及黄河流域保护、行政复议等领域的地方性法规进行了2次专项审查和文件清理，经清理，不存在与上位法相抵触的情形。

加大相关业务培训、指导力度。组织参加全国人大常委会和省人大常委会举办的业务培训4次、120多人次。到市中级人民法院、市检察院现场督导，查阅年内出台的73件文件，进行案例交流，提高工作质量；了解市监察委年内出台的5件文件，督促其“有件必备”。经常性为县市区人大常委会备案审查工作机构答疑解惑，开展业务指导。

加强备案审查理论研究和工作宣传。市人大常委会积极录制《规范性文件备案审查制度》课程视频，参加市委组织部开展的好课程、好案例创作评选工作；提报的《法治政府示范创建背景下规范性文件备案审查制度的思考与研究——以潍坊市人大常委会工作实践为例》论文，被评为2023年度潍坊市社会科学规划重点研究课题“贯彻习近平法治思想，推进全面依法治市”专项课题优秀课题。在《人民权利报》发表文章——《潍坊人大：让“必备必审必纠”落到实处》。

【践行民主立法】 2023年，认真落实习近平总书记强调的“全面依法治国最广泛、最深厚的基础是人民，必须坚持为了人民、依靠人民”的要求，把体现人民利益、反映人民愿望、维护人民权益、增进人民福祉落实到法律法规中。

深入开展立法调研，夯实民意基础。坚持民主立法、开门立法，丰富和拓展公众有序参与立法途径，做好法规草案公开征求意见和研究反馈工作，运用调研、座谈、论证、评估等方式，充分吸纳民意、汇集民智。到县市区开展立法调研15次，召开各种座谈会30余次。通过代表履职系统征求人大代表意见，通过网站、基层立法联系点、立法研究服务基地等平台，以及与市政协委员协商等方式，广泛征求社会各界意见建议百余条，吸收采纳近20条。配合省人大常委会先后对未成年人保护、职业教育、中小企业促进等立法工作进行了调研。

增设基层立法联系点，畅通基层代表和群众参与地方立法渠道。党的二十大报告、新修改的《中华人民共和国立法法》都提出了设立基层立法联系点的要求，在充分调研论证的基础上，市人大常委会在8个县市区增设了8处基层立法联系点，实现了全市12个县市区全覆盖，2023年5月在潍城区举行了全市人大代表主题活动现场推进会暨新增基层立法联系点授牌仪式。指导基层立法联系点规范化建设、制度化运行，加强与人大代表活动站的深度融合，拓展了代表和基层群众有序参与地方立法工作的途径。年内，各基层立法联系点先后就《山东省科学技术进步条例（修订草案）》《山东省黄河保护条例（草案修改稿）》《山东省职业教育条例（修订草案）》《潍坊市海绵城市建设条例（草案修改稿）》《潍坊市优化营商环境条例（草案修改稿）》《潍坊市防汛抗旱规定（草案修改稿）》等提出意见建议40余条。

积极开展法规宣传和工作交流，提高法规社会影响力。市人大常委会全年召开新闻发布会3次，介绍4部法规的亮点内容和起草、审议、修改过程。制作并广泛播放《潍坊市优化营商环境条例》立法专题片，展示全市优化营商环境的鲜明态度。《潍坊：用法治力量呵护城市“自由呼吸”》一文被《人民权利报》刊发。组织赴徐州、南京、福州等市，就“小切口”“小快灵”立法进行了考察。先后接待鞍山、宝鸡、珠海、临沂等市人大常委会到潍考察供热、基层立法联系点、开发区改革等立法工作，增进了互学互鉴。

（胡　欣）

政法委及综治

【概况】 2023年，潍坊市政法系统推动政法工作提档升级，多项工作实现新突破，被评为“全国市域社会治理现代化试点合格城市”“全国平安医院建设表现突出地区”。市委政法委获评“全国平安医院建设表现突出集体”；

市法院万人起诉率全省最优，审判执行办案核心指标位居全省法院前列；市检察院10起案件入选最高检典型案例，“尽善尽美·潍检青锋”文化品牌荣获全国检察机关十佳文化品牌；市公安局被评为“山东省国家安全工作先进集体”，执法风险评估制度连续两年获评“国优”，全省唯一；市司法局荣获“全国维护妇女儿童权益先进集体”称号，“无讼超市”相关做法被评为“全省首批司法行政改革典型案例”。全市政法系统共有51个集体、75名个人受到市厅级及以上表彰奖励，涌现出“全国模范检察官”谷红艳、“山东省先进工作者”孙培亮等一批先进典型。

4月11日，市域社会治理现代化试点省级验收工作汇报会召开（市委政法委宣传科　摄）

【维护社会稳定】 2023年，全面贯彻总体国家安全观，深入开展反渗透、反破坏、反颠覆、反分裂、反暴恐斗争，有力捍卫国家政治安全。完善维稳工作机制，建立健全重点领域提醒函、领导公开接访、社会稳定风险评估等制度机制，维护社会稳定效能不断提升。深入推进涉稳风险排查化解工作，聚焦重点领域，对各类风险隐患开展拉网式排查，严防苗头性问题转化为现实安全稳定事件。

【市域社会治理现代化】 2023年，深化网格化服务管理，会同有关部门单位开展基层党组织“织网·扎根”行动，全市城乡网格实现党的组织和工作全覆盖，网格化服务管理工作规范有序。提升基层社会治理效能，确保县镇两级“一站式”矛盾纠纷调解中心规范化运行，部署完成“一站式”线上平台，群众诉求办结率99.3%，相关经验做法在全省会议上作交流发言。创新完善协调联动工作机制、督导暗访工作机制和抽检通报工作机制，构建起“党委政府领导、政法委统筹、职能部门负责、相关部门配合”的“一站式”矛盾纠纷多元化解工作格局。坚持和发展新时代“枫桥经验”，5个化解矛盾纠纷工作法入选山东省新时代“枫桥经验”先进典型，入选数量全省最多。市中级人民法院深化“潍和坊安”多元解纷机制，加快推进调解平台“进乡村、进社区、进网格”，凝聚解纷合力，深化基层治理。市公安局2个派出所获“全国枫桥式公安派出所”称号。

【平安潍坊建设】 2023年，深化平安潍坊建设，严打各类突出违法犯罪，深入开展系列专项行动，依法保障人民群众生命财产安全。常态化开展扫黑除恶斗争，侦办多起黑社会性质组织案件、恶势力组织案件，打击战果居全省前列。持续开展打击治理电信网络诈骗犯罪专项行动，破案数大幅提高。全面推进市县镇村平安创建工作，创新开展“树亮点·创品牌·争先进”活动，选树平安创建亮点品牌81个。在全市中小学、幼儿园全部安装前端智能感知系统，严重精神障碍患者等重点人员靠近即报警，全面推行“5+1护学岗”模式，有力守护校园安全。深化铁路护路联防工作，积极构建“铁跨公”桥梁安全防线，经验做法在全省铁路沿线治安防范工作现场推进会上推广。加强见义勇为工作，表彰见义勇为人员59人、救助见义勇为人员（家庭）14个，支出奖励、救助金48万余元，激发群防群治活力。

【推进执法司法规范化建设】 2023年，出台《关于进一步推动政法领域执法司法权力规范化运行的若干措施》，制定具体措施27项，提升执法司法公信力。深化案件评查，推动瑕疵案件整改，规范执法司法行为。积极推进执法司法突出问题排查整治，得到中央政法委专项检查组充分肯定。深入推进数字法治系统建设，深化政法系统跨部门大数据办案平台建设应用，实现政法机关办案平台横向互联互通。不断优化法治服务保障举措，全面推行首席法律咨询专家制度，实现市县两级全覆盖，在重大风险防控、重大案事件处置等方面发挥积极作用。依法平等保护民营企业等各类市场主体合法权益，加大对战略性新兴产业、关键核心技术的执法司法保护力度，精准服务制造业单项冠军、专精特新、瞪羚、独角兽等企业，落实服务企业专员制度，发布法律风险防控提示，开展送法进企活动，法治营商环境不断优化。完善府院联动机制，推进办理破产案件“繁简分流”，平衡保护各方面主体的合法权益。深入开展“检察护企”“检护民生”专项行动，不断深化涉案企业合规改革，帮助涉案企业查缺补漏、建章立制、加强管理，引导企业走上合规经营轨道。推进公安机关“护企惠民工程”，开展“护航鸢企”专项行动，为企业挽回巨额损失。深化“首次不罚、首次轻罚”机制，全市减罚免罚金额9507万元，受益主体4.3万余个。创新打造金融法律服务中心，为新经济新产业发展提供优质法律服务。深化“企业法律管家”机制，主动贴靠服务重大项目、重点企业，帮助解决实际困难，助力企业发展。提升政府决策合法性审核质效，涉法决策审核实现100%全覆盖。在全市建立审判、检察、公安、司法行政和信访多部门协作联动工作机制，共同推动重大复杂行政争议实质性化解，行政机关负责人出庭应诉率达100%。

【政法队伍建设】 2023年，全力打造忠诚、干净、担当的新时代政法铁军，为政法工作现代化提供有力队伍保障。加强党对政法工作的绝对领导，深入开展学习贯彻习近平新时代中国特色社会主义思想主题教育，坚持真学真用、真查真改、真抓实干，推动主题教育在全市政法系统走深走实。推动市县党委主要负责人与政法委和政法单位班子成员集体谈心谈话，进一步夯实政治忠诚根基。严格落实重大事项请示报告制度，切实把牢政法工作正确政治方向。着力提升政法干警素质能力，实施习近平法治思想学习贯彻“全覆盖”工程，出台《关于提升全市政法队伍能力作风的十条措施》，举办全市学习贯彻习近平新时代中国特色社会主义思想提升构建新安全格局能力专题培训班、锻造政法铁军专题研讨班、全市政法系统“双基”公务员培训班，开展市政法单位“五长”讲党课活动，组织“庭审观摩大练兵”“公诉人辩论赛”“红蓝对抗”等练兵活动，213名政法干警在省部级以上比武竞赛中获奖。抓紧抓实从严管党治警，制定2023年全面从严管党治警重点工作安排，确定6大项20小项举措，严肃查处政法干警违纪违法行为，进一步完善政法队伍从严管理监督体系。协调推动市县两级纪委监委主要负责人与党委政法委、政法单位领导班子成员普遍开展廉政谈话，组织观看《警鉴》《潍水镜鉴》等警示教育片230余场次，增强政法干警廉洁从政的思想自觉。不断优化从优待警举措，深入推进“双百”干部交流挂职锻炼，进一步畅通政法干部培养路径。认真落实《关于切实推动政法干警依法履行职务的意见》，为34名政法干警澄清正名，容错纠错1人。健全完善荣誉退休、荣誉喜报等制度机制，常态化开展典型选树和表扬奖励，充分激发政法干警干事创业热情。

（王志涛）

法治政府建设

【概况】 2023年，潍坊市深入学习贯彻习近平法治思想，认真落实党中央、国务院决策部署和省委、省政府工作安排，全面加强党对法治建设工作的领导，围绕争创法治政府建设示范市目标，扎实推进各项工作，取得积极成效。潍坊市被确定为“全国市域社会治理现代化试点合格城市”，在全省政务公开工作评估考核中取得“五连冠”。

【学习宣传贯彻习近平法治思想】 2023年，实施学习宣传贯彻习近平法治思想“全覆盖”工程，将习近平法治思想列入《全市党委（党组）理论学习中心组2023年理论学习安排意见》，以上率下推进习近平法治思想学习贯彻持续走深走实。市、县两级党委理论学习中心组学习习近平法治思想31次，市县两级党校40期主体班次全部将习近平法治思想纳入课程安排。将习近平法治思想列入全市社会科学规划专项研究课题，确定统筹全面依法治市等4个方面20个研究题目，立项课题49项。

【法治政府建设的组织领导】 2023年，市委、市政府始终把法治建设摆在突出位置，市委主要负责人主持召开党政主要负责人年终述法会议，召开争创法治政府建设示范市推进会议。市政府主要负责人组织召开"府院联动"工作会议，推动将正反典型案例作为领导干部常态化学法重要内容。市委常委会会议、市政府常务会议定期听取法治建设工作情况汇报、研究解决法治领域问题40余次，市委、市政府主要负责人对全市法治建设重要工作亲自部署、过问、协调、督办97次。创新党政主要负责人述法问题集中反馈机制、县市区和市直部门单位述法报告"交叉评议"机制，第一责任人职责进一步落细落实。市委全面依法治市委员会、各协调小组及办公室先后召开会议13次，研究推进法治建设重点事项。积极争创法治政府建设示范市，实行市委书记、市长双组长制、负总责。建立争创工作专班，实行"3+11+X"工作模式，创新"四级调度""三张清单""一体督导"工作机制，市县一体同步推进。开展全市法治建设督察，厅级领导带队，分5个督察组，对12个县市区、9个市直部门开展实地督察。高规格举办法治潍坊建设专题培训班。依托"潍坊市智慧普法依法治理云平台"组织市直部门单位2万余名国家工作人员在线学法考法，尊法学法守法用法氛围日益浓厚。

【依法行政】 2023年，编制《潍坊市行政许可事项清单（2023年版）》，确定行政许可事项448项。深化行政审批流程再造，构建"1+17+N"企业开办一体化服务体系。打造"云服务、零见面"政务服务新模式，纳入国家级试点，1508项事项实现"零见面"审批。省内首推项目全生命周期服务机制，项目审批提速30%以上。深入推进"双随机、一公开"监管与信用风险分类管理融合，拓展部门联合抽查领域至133个。持续优化法治营商环境，开展反不正当竞争"守护"行动，全面清理妨碍统一市场和公平竞争政策措施。打造"法治＋金融"线上线下服务平台，升级"律师来了"便民服务平台，提供优质高效公共法律服务。强化政务诚信建设，在"两代表一委员"、公务员调任提升、评先树优等多领域开展社会信用记录查询，推进诚信履职。

8月24日，全市第一次府院联动工作会议在潍坊中院召开

【完善依法行政制度体系】 2023年，聚焦优化营商环境、历史文化名城保护、公园广场管理等重点民生领域，科学制定政府立法计划，推动《潍坊市营商环境条例》等法规规章出台。搭建"法汇民声"立法民意征集平台，设置立法民意征集区110处，增设市政府基层立法联系点6个。坚持立法与改革决策相衔接，及时组织对烟花爆竹、户外广告管理等民生领域法规规章进行修改。加强行政规范性文件监管，严格落实合法性审核工作第一责任人制度，创新备案审查交叉互审机制。加强行政规范性文件动态清理，及时调整有损营商环境的办法措施。首创"法治双审"协同联动机制，合法性审核与公平竞争审查实现双审协同。

【提升行政决策法治化水平】 2023年，提升政府决策合法性审核质效，创新"事前事中事后"全程闭环合法性审核制度，涉法决策审核率实现100%全覆盖。完成市政府法律顾问换届，常态化邀请市民代表、媒体、法律顾问列

奎文区“一站式”矛盾纠纷调解中心　　（奎文区综治中心　摄）

席市政府常务会议。建立公职律师统筹使用机制，县级以上党政机关法律顾问、公职律师配备率100%。编制《潍坊市政府重大行政决策工作规程》，重大行政决策实现规范化、标准化管理。完善突发事件应对机制，依法严厉打击利用突发事件扰乱社会秩序的违法行为。

【严格规范公正文明执法】 2023年，深化行政执法体制改革，完善执法联动机制，搭建镇街综合执法平台做法被《中国机构编制》予以推介。全面推行行政执法“三项制度”，加强行政处罚和强制案件上网运行监管，实现执法信息网上公示、执法全过程网上记录、重大执法决定网上审核。严格行政执法人员资格管理，完成首届“潍坊市行政执法标兵”选树活动。开展道路交通安全和运输执法领域突出问题专项整治，严格规范行政执法行为。创新执法方式，调整发布“首次不罚”“首次轻罚”事项430项、“不予强制”事项33项。深入推进“无证明城市”建设，1.1万余个政务服务事项实现“免证办”，开展证明事项告知承诺制专项监督检查，全面取消无法律法规依据证明事项。

【健全矛盾纠纷化解体系】 2023年，全市建成县级“一站式”矛盾纠纷调解中心12个，镇级中心120个，潍坊市被确定为“全国市域社会治理现代化试点合格城市”。创新市县镇三级联动信访形势分析研判机制，信访工作质效不断提升。大力推动行业性专业性人民调解组织建设，全市人民调解组织达7367个。建成全省首个民法典“云展馆”，创新“宪法+公益”普法模式被《法治日报》刊发报道。高标准推进行政复议“四级网络”体系建设，创新行政复议案件“头雁+”模式，举办复议听证63场次，息诉率达到100%。2023年全市各级行政机关正职负责人出庭应诉173件，较2022年同比上升57.3%。

【强化行政权力制约监督】 2023年，强化政府督查，建立“督查点题目、审计找线索、部门抓整改、联动促落实”工作机制，潍坊市3项工作获国务院督查激励，数量全省第一。办理市人大代表建议、市政协提案798件，满意率达100%。加强行政执法监督，推进行政执法监督与12345政务服务便民热线合作机制全国试点，建立涉企行政检查报备制度。全面落实政务公开，健全完善“六个一”工作机制，打造“公开有潍”品牌，全省政务公开工作评估考核取得“五连冠”，潍坊市政府网站被评为“中国领先政务网站”。

（孙　峰）

公　安

【概况】 2023年，潍坊市公安机关坚持以习近平新时代中国特色社会主义思想为指导，深入学习贯彻党的二十大精神，认真落实市委、市政府和省公安厅党委工作部署，全警全力、干事创业，在维护全市经济社会发展和社会大局稳定中彰显了担当作为。相关工作受到中央及部、省领导批示肯定21次，15个单位和个人受到省部级表彰，19项工作被省公安厅推广，4项工作获全国、全省比武竞赛第一名。在省公安厅对各市和直属公安局综合评价中，市局业务总成绩位居全省前列，23项业务工作被评为优秀等次。

【安保工作】 2023年，成功侦办一批部督、厅督案件，获评“山东省国家安全工作先进集体”。

深化运行党政抓总、部门联动的“1236”安保运行机制，探索建立“3+N”涉稳风险防范处置机制，完成第三届“一带一路”国际合作高峰论坛、亚运会、风筝会等40余项安保任务，实现“大事不出、小事也不出”。建立完善公安、网信一体化值守机制，打掉多个利用自媒体敲诈行政企事业单位的网络团伙，发现并堵塞党政机关单位高危网络安全漏洞360余个，没有发生现实危害。

【打击各类突出违法犯罪】 深入开展“云剑”“净网”、禁毒人民战争、“獴猎”“犁平”“靖海护岸”等一批专项行动，严厉打击黑拐枪、盗抢骗、黄赌毒、食药环知等各类突出违法犯罪，全市刑事案件发案数明显下降。扫黑除恶全省领先，命案现案连续7年全破，“三非”外国人治理“动态清零”，道路交通事故死亡人数、受伤人数实现“双下降”，全国、全省禁毒工作满意度双获第一，潍坊市被确定为部级打击跨境跨区域黄赌犯罪战略支撑点。特别是面对电信网络诈骗犯罪迅猛发展势头，持续加强打击整治力度，全市破获电信网络诈骗案件数、抓获违法犯罪嫌疑人数均实现大幅提升，成功判决全省首例网络裸聊恶势力团伙案件，赴印度尼西亚侦破的“5·10”裸聊敲诈专案是全国境外集中打击裸聊敲诈犯罪的首起成功案例。

【实施护企专项行动】 2023年，组织在潍商会及部分企业家座谈交流40余次，出台公安机关服务经济发展18条措施、保障企业家干事创业10条措施，部署开展“护企惠民工程”，深入推进8个专项行动，最大程度保障企业发展。对全市41个省级重大项目实行“一项目一警长”，布建21处“智慧警局”，成立19处经侦服务站，设立11处驻企警务室，101项公安政务服务进驻企业，协调解决问题470余个。成立警企守护者联盟，建立本地有知识产权保护需求的品牌（技术）清单专项数据库，与市场监管、检法等部门联合签发《关于建立知识产权保护行刑衔接工作机制的意见》，旗帜鲜明为企业“撑腰壮胆”。完善涉企案件评查机制，强化包容审慎执法，建立完善快侦快办机制，严厉打击侵害企业权益的合同诈骗、职务侵占、串通招投标等涉企突出犯罪，年内破获侵害企业利益犯罪案件220余起，挽回经济损失3.6亿余元。

【警务便民惠民新举措】 2023年，全面推进高频网办事项，拓展居民身份证电子证照场景应用，实现高频户籍业务“全省通办”，全省率先完成“全国来鲁旅客无证入住”，107项公安政务服务事项实现“一窗通办”。便利优化货车进城政策，在全市范围赋予“车长不超过6米、总质量不超过8吨”的中型厢式货车与轻型货车同等通行权，无须再审批，直接“送货上门”。深化车检“一件事”改革，推出上门取车、送车上门等服务举措，全市167家机动车安检机构实现车检“交钥匙”服务，极大方便群众办事。全面实施轻微道路交通事故视频快速处理，有效提升交通事故处理效率，群众满意率达到100%。

【打击生态环境犯罪】 2023年，以市“两办”名义出台《关于全面实施“生态警务”赋能经济社会高质量发展的实施意见》，将23个市直部门纳入工作范畴，建立“四级八域”生态警长体系，按照“市局、县市区局、派出所、警务区”四级，设置河流、湖泊、林区（山脉）、矿区、海岸、道路、园区、景区八个领域共938名生态警长，加强生态保护治理和犯罪打击。2023年以来，全市侦办涉生态环境犯罪案件490余起，其中部、厅督案件25起，抓获犯罪嫌疑人1570余名，工作成效保持全省前列。全省生态警务现场推进会在潍坊市召开，经验做法被《公安内参》刊报公安部、省委主要领导，《人民公安报》头版头条刊发推广。

【夯实治安防控基础】 2023年，深化智慧公安建设，强化数据资源“一本账”管理，引入数据资源1040亿条，研发上线全息感知平台，7月上线运行以来，以视频大数据赋能支撑破获案件1790余起，抓获违法犯罪嫌疑人1520余名。加强派出所标准化建设，深化“一室两队”改革，积极开展“枫桥式派出所”创建，1个派出所获评“全国枫桥式公安派出所”，3个派出所获评“全省枫桥式公安派出所”，潍坊是全省唯一2处部级“枫桥式派出所”地市。稳步推进社会治安防控体系，初步构建起了环潍坊、环市县、环中心城区“三级防控识别圈”和街面巡防、村居防控、单位防控、场所管理、公共交通防控、治安要素管理“六张防控网”，有效提升治安防范、维稳安保工作效能，为城市管理、社会治理提供了重要支撑。

【推动执法办案规范化】 2023年编制《公安机关规范执法指引》之《现场执法篇》《涉访执法篇》《伤害案件办理篇》，建立执法风险评估预警化解、热点焦点问题分析指引、重点疑难案件指导服务“三项机制”，执法风险评估制度被公安部评为全国优秀执法制度，连续两年获评“国优”、全省唯一。积极推进执法办案管理中心提质增效，打造“精细化办案、集约化管理、智能化监督、合成化作战”执法新模式，1个执法办案管理中心被公安部命名为建设应用成效突出中心，2个中心被省公安厅命名一级中心。深入推进伤害案件执法突出问题治理，年内全市新增伤害信访案件同比下降33.4%，执法问题瑕疵数同比下降41.6%，市局被公安部评为“全国公安机关信访突出问题攻坚化解专项工作成绩突出集体”。

（赵　敏）

检　察

【概况】 2023年，潍坊市检察机关坚持以习近平新时代中国特色社会主义思想为指导，深入学习贯彻党的二十大精神，矢志不移学习为大局服务、为人民司法、为法治担当，扭住以创新谋发展不放松，深入推进检察工作现代化，各项工作稳步推进。全年共批捕各类犯罪嫌疑人1624人，起诉6807人，不批捕668人、不起诉1712人。常态化开展扫黑除恶斗争，起诉114人。监督立撤案201件，提出抗诉34件;纠正减刑、假释、暂予监外执行不当223件，受最高检和省院指派，城郊院对乌鲁木齐监狱、鲁北监狱开展了巡回检察。依法起诉监察机关移送职务犯罪59件62人，对司法工作人员相关职务犯罪立案查处9人。办理民事监督案件1352件，办理行政监督案件503件，公益诉讼立案477件，发出诉前检察建议413件，提起诉讼55件。

【强化党建引领】 2023年，准确把握“学思想、强党性、重实践、建新功”总要求，开展专题辅导、集体研学、警示教育、下访接访等活动104次，推进成果转化35项。省委第七巡回督导组2次来院督导，在全国检察机关主题教育理论学习交流会上作典型发言。严格落实“第一议题”制度。常态化开展“提高站位、解放思想”大讨论。推行思想政治工作责任制，总结出普遍性、阶段性、针对性“三性教育工作法”。每季度开展“党员先锋岗”评选。守牢意识形态防线，全年没有发生重大涉检舆情；《潍坊检察》电视栏目和潍坊检察网络频道同时上线开播，市院“互联网+检察”影响力始终位居全国前三。制定党建与业务深度融合实施意见，组织各部门均建立了党建业务“一体两清单”。把支部活动搞活，突出支部的教育、管理、监督职责，实现最直接的党要管党，用党建“小支部”撬动办案“高质效”。荣获全国检察机关理论学习十佳创新案例。最高检党建调研组专题到潍坊调研，做法在全国检察机关转发推广。

【服务发展大局】 2023年，落实市委“一号改革工程”。积极推进“府检联动”，两级院与审计、金融监管、市场监管等37个部门联合签订了142项协作配合机制。自觉融入科技创新大局，专门新设知识产权检察办公室，全方位推进司法保护，办理知识产权案件58件。不断深化涉案企业合规改革，帮助涉案企业查缺补漏、建章立制、加强管理。最高检领导专程到潍坊调研，全国大检察官研讨班2次推介潍坊经验。1起合规案件被最高检、全国工商联评为“依法保护民营企业产权和企业家权益”典型案例。聚焦服务拓展创新“三个模式”，出台《关于进一步加强涉农检察工作的意见》，与农业农村局建立协作机制，全力助力乡村振兴。严守耕地红线和粮食安全底线。在种业公司、专业合作社等设立检察联络站、聘请涉农检察联络员，依法保护“潍县萝卜”“寒亭西瓜”“青州花卉”等农产品地理标志。做法被省农业农村厅推介全省学习借鉴。明确“信访工作不光是控申一个部门的事，更是全局性工作”，在全省检察机关率先制定《关于构建信访工作大格局的实施意见》，形成党组领导、控申统筹、各部门共同参与的信访工作大格局。坚持“谁的案件谁负责、管业务必须管信访”，受理的2267起群众信访全部做到“件件有回复”。强化信访诉源治理，信访降量退位42%。站在主动为党委政府分忧的角度，自2022年在市信访局建立检察官接访室以来，共妥善化解220多起涉法涉诉信访案件。市院控申部门被评为全国检察机关“为民办实事”优秀团队。把握党的二十大报告中“完善公益诉讼制度”的丰富内涵，提出“探索一条走在全国前列的公益诉讼监督之路”。召开公益诉讼理论与实务研讨会，邀请人大代表、政协委员和专家学者共解发展难题。打造了青州“千年古城·青心检护”、临朐“沂山保护”、安丘“齐长城保护”等11个公益诉讼品牌，2起案件入选最高检典型案例。

【**提高办案质效**】 2023年，深刻领悟“高质效办好每一个案件”这一基本价值追求，组织各部门深入研讨，形成办好案件的10个维度，促使检察人员把教育挽救、化解矛盾贯穿于司法办案全过程。建立“蹲点+巡回”网格化办案指导制度，组织开展久拖未结案件清理专项活动，创新“一案百问”常见问题提醒机制。在全国检察机关率先制定《合规整改指引》和《合规评估指标体系》，与公安、法院加强协作，探索在刑事诉讼全流程适用合规；加强行刑衔接，探索“合规成果互认”机制，建议行政机关对完成合规整改的涉案企业从轻处罚，实现“一次合规，多家适用”的良好效果。涉案企业合规办案经验得到最高检调研组的充分肯定，在大检察官研讨班上2次介绍潍坊做法。强化知识产权全链条司法保护，与市场监管、文化旅游等部门建立行刑衔接机制，依法起诉各类侵犯知识产权犯罪89人，做法被最高检转发。省政协主要领导到潍坊调研“小风筝”未检品牌。案件质量评查成绩连续2年位居全省第一，业务数据准确率稳居全省首位。最高检所有业务厅均转发了潍坊的办案经验43篇。10起案件入选最高检典型案例，包括1起指导性案例，数量全省第一，24起案件入选省院典型案例。

【**推进工作标准化、数字化**】 2023年，全面实施工作标准化模式。针对工作中“时紧时松”“顾此失彼”“没有章法”等问题，全面梳理职责，形成1100多项任务清单，对标先进，制定施工图，做到年初有规划、工作有流程、质量有标准、人人有责任、年度有目标，以周保月、以月保年，把功夫下在平时，保障了各项工作有序高效开展。广泛开展数字化监督办案。坚持把数字检察作为高质效办案的革命性手段来抓，深入推进科技强检、数字强检，强力推进数字检察，采集数据52类近3亿条，构建各类法律监督模型142个，碰撞筛选监督线索3200多条。在全国检察机关大数据法律监督模型竞赛中，研发的“城市基础设施配套费征收监督模型”，从600多个模型中脱颖而出，获得一等奖。开展常态化理论研究。针对“想干不会干”这一现实问题，提出“把理论研究作为关乎全局的重点工作来抓”，各部门每月至少召开一次理论研讨会，真正实现大家的工作大家谋、大家的工作大家干。国家级期刊发表论文27篇，全省检察理论研究年会首次在潍坊举办。

（吕欣超）

法　院

【**概况**】 2023年，潍坊市中级人民法院（以下简称“潍坊中院”）深学笃用习近平法治思想，聚焦“七个加力突破”，紧扣“公正与效率”主题，依法履行审判职责，为大局服务、为人民司法，各项工作取得新发展。全市法院收案23.1万件，结案22.8万件，标的额210.7亿元，人均结案323件，分别增长16.8%、4.6%、17.7%和16%，审判执行办案核心指标位居全省法院前列，为更好潍坊建设提供了有力司法保障。相关经验做法被新华社、《人民日报》、《人民法院报》等媒体宣传报道。

【**推动党建业务高质量融合发展**】 2023年，坚定正确政治方向。扎实开展主题教育，相关做法被市委主题教育简报刊发，在全省政法领导干部专题研讨班上作典型发言。把推动高质量发展作为主题教育的落脚点，形成一站式解纷、房地产调控、金融风险防范等调研报告，提出司法建议158件。第一时间跟进学习市委决策部署，及时请示报告重要工作、重大事项、重点案件。特色党建成果丰硕。深刻把握人民法院政治机关属性，创新“六有”

党建，擦亮"'红'潍天平"党建品牌。深入开展"党建业务提升年"活动，推动党建业务高质量融合发展，平均办案天数缩短24.9天，一审服判息诉率提高4.2个百分点，相关做法被最高法院转发。凝心聚力干事创业。深入推进"四项创建"示范活动，倡做"有信仰、有情怀、有担当、有办法、有纪律"干警，培育"能办案、能调研、能讲课"法官，多篇学术论文、裁判文书、典型案例在全省、全国获奖。

【服务中心大局】 2023年，深度参与平安潍坊建设。审结一审刑事案件5068件，判处罪犯6810人。依法保障人民群众生命财产安全，审结故意杀人、抢劫、贩卖毒品等严重危害社会治安犯罪案件2666件，判处罪犯2922人。常态化开展扫黑除恶斗争，审结涉黑恶案件16件，严惩罪犯119人。坚决遏制电信网络诈骗高发势头，宣判19案126人，为群众挽回损失8073.5万元。保持依法惩治腐败高压态势，审结贪污贿赂、渎职犯罪50案53人。创新"'潍'未向阳"少年审判品牌，中院审理的一起涉未成年人犯罪案被最高法院公布为典型案例。

依法保障潍坊经济健康发展。审结商事案件5.1万件，标的额37.3亿元。配合做好国企债务风险化解工作，诉前化解55件，标的额10.6亿元。依法服务新旧动能转换，与市直22个单位联合会签企业破产处置意见，设立清算与破产审判庭。依托"府院联动"机制，妥善审结"烂尾"十余年的潍美国际、摩尔公寓项目案。泰丰威能破产重整案获评全省优秀案例。加大科技创新司法保护力度，"老板"商标侵权案、"刷单炒信"不正当竞争案入选"山东法院十大知识产权案件"。在林区、矿区、景区等设立环境资源巡回法庭、司法修复基地15处，李某某非法倾倒工业废水案，入选"两高"生态环境保护典型案例，并参评"新时代推动法治进程2023年度十大案件"。依法平等保护民营企业等各类市场主体合法权益，营造保护企业家干事创业的法治营商环境。

助力法治政府建设。贯彻落实双赢多赢共赢理念，深化"府院联动"，市县镇三级政府千名领导干部集中观摩中院一起行政案件庭审。坚持监督与支持并重，审结一审行政案件1773件，审查和执结行政非诉案件2654件。推进行政争议实质解决，36.3%的行政案件以和解方式化解，行政争议实质化解率提高9.2%。推动行政负责人出庭应诉常态化，出庭应诉率100%。

依法保障乡村全面振兴。认真落实市委拓展创新"三个模式"部署，运用法治保障现代农业经营体系建设。立足推进乡村依法治理，广泛开展"送法下乡""巡回审判"，弘扬社会主义核心价值观，促进良法善治。依法服务寿光蔬菜、青州花卉、诸城茶叶、寒亭固堤西瓜、昌乐鄌郚吉他等特色产业发展，设立特色法庭，"特色法庭"护航乡村振兴的做法被新华社宣传报道。稻田"蔬菜法庭"入选全国法院新时代人民法庭建设典型案例。

【加强民生权益保障】 2023年，坚持"小案事不小、小案不小办"，实施诉讼服务"暖心工程"，诉讼服务综合指标居全省前列。推行"团队化架构、流程化布局、数字化扩容"速裁模式，41%的案件通过速裁方式化解，平均办案天数25天。积极参与房屋产权确权颁证历史遗留问题专项整治，依法化解涉查封问题项目74个。深入开展涉法涉诉信访化解攻坚专项行动，化解率居全省前列。依法维护弱势群体合法权益，探索"三级联动"司法救助模式。全力解决"执行难"。常态化开展"凌晨亮剑""暖冬执行"集中执行行动，对涉民生、金融、中小微企业债权等案件精准攻坚，执结案件3920件，执行到位金额1.9亿元。开展不动产腾退专项清理活动。牢固树立善意文明司法理念，对涉诉企业在法律允许的情况下慎用强制措施，以利于企业生息发展。完善信用修复机制，促进市场主体更好生存和发展，1起案例获评全省企业信用修复典型案例。

推动"枫桥经验"潍坊实践。坚持和发展新时代"枫桥经验"，深化"潍和坊安"多元解纷机制。坚持"调裁一体"，诉前化解纠纷3.1万件。深化"枫桥式人民法庭"创建，打造服务基层治理"桥头堡"，多元调解有效化解社会矛盾的做法被新华社《内参选编》刊发。

【创新审判监督管理】 2023年，全面准确落实司法责任制，确保放权不放任、用权受监督。推行类案检索、法律适用解答、发改案件评析等措施，强化“法答网”平台应用，促进“一把尺子”办案。严格落实“三项规程”，制定刑事案件开庭审理指引，推进刑事案件办理“繁简分流、轻重分离、快慢分道”。广泛开展“庭审观摩大练兵”。深化智慧法院建设，打造全流程在线办理新模式。以“案结事了政通人和”为目标，加强衍生案件治理，相关做法被最高法院简报转发。提升队伍能力作风。出台落实干部队伍能力作风提升行动12条措施，中院班子成员定点包靠基层法院，实地调研督导86人次。推行青年干警导师制度，开设青年干警论坛120期。实施全员绩效考核，建立部门工作职责和个人岗位职责“两张清单”。全面压实从严治党主体责任，对8个基层法院开展司法巡查，实施明察暗访、审务督察24次。更加主动接受监督。自觉接受人大及其常委会监督，严格执行人大及其常委会的决议、决定，配合做好法官履职评议工作。接受政协民主监督，定期通报重点工作。加强与人大代表、政协委员的沟通联络，邀请视察工作、观摩庭审、见证执行300余人次，集中走访、征求意见600余人次；认真负责地办理代表、委员关注事项、意见建议。接受检察机关法律监督，认真落实检察建议，邀请检察长列席审判委员会57次。主动接受社会监督，广泛开展“法院开放日”活动，在社会监督下忠诚履职、严格司法、秉公办案。

（王德寿）

司法行政

【概况】 2023年，潍坊市司法局深入贯彻习近平法治思想，全力争创法治政府建设示范市，奋力推动司法行政工作持续走在前、开新局，为加快建设实力强品质优生活美的更好潍坊提供了有力法治保障。潍坊市被司法部确定为行政执法监督与“12345”政务服务便民热线建立合作机制全国试点，市司法局获评“全国维护妇女儿童权益先进集体”，“法治带头人”培育、护航企业健康发展、村村“法治体检”等做法被《人民日报》刊发，全省法治工作业务培训班在潍坊举办。

【推进依法治市】 2023年，实施学习贯彻习近平法治思想“全覆盖”工程，将习近平法治思想作为全市党委（党组）理论学习的重点内容，山东电视台“书记话法治”栏目刊播市委主要领导《以更高水平法治为更好潍坊建设保驾护航》访谈。联合市纪委监委印发《关于建立法治督察与纪检监察监督协作配合机制的实施意见》，实行党政主要负责人述法报告市直部门和县市区交叉评议，压紧压实法治建设第一责任人职责。制定《2023年全市法治建设实地督察工作方案》，由五位厅级领导带队到12个县市区和9个市直部门开展实地督察，提升全市法治建设整体水平。成功争取执法监督全国试点，高位推进行政执法监督与市“12345”政务服务便民热线建立合作机制全国试点，以市政府办公室名义印发试点工作实施方案，确定寒亭区、寿光市、高密市、临朐县为县级试点单位，创建全市行政执法监督综合应用管理平台，围绕市“12345”热线涉及行政处罚、行政许可等行政执法诉求事项办理，建立行政执法监督“定点介入”模式，精准发挥行政执法监督效能，切实推进严格规范公正文明执法。

【法治营商环境建设】 2023年，深入实施“一号改革工程”优化营商环境攻坚，积极推进《潍坊市优化营商环境条例》立法，审查期间创新设定企业合法合规经营、免费法治体检等20余项制度性措施，推动全市营商环境建设再上新台阶。“拉网式”审核清理政府文件“政策库”，梳理规范性文件146件、政策性文件343件，及时调整有损营商环境的办法措施。出台《关于强化行政执法监督　严格规范行政执法着力优化营商环境的实施意见》，调整发布“首次不罚”“首次轻罚”事项430项。开展行政复议服务企业行动，设立行政复议企业联系点10家，行政复议企业监督员12名。推动建成潍坊金融法律服务中心，精准破解企业融资难题。

【首创行政决策合法性审核机制】 2023年，始终坚持服务中心保障大局，重点围绕数字经济、元宇宙、乡村振兴等领域，科学制定发布年度重大行政决策项目5件、文件项目34件。首创合法性审核与公平竞争审查“法治双审”协同联动机制，创新形成“事前事中事后”的全程闭环合法性审核制度，全面提升政府决策合法性审核质效，严控各类政府决策风险，全年审核重大行政决策5件、政府文件91件、政府合同50件、常务会议议题99件，涉法决策审核实现100%全覆盖。

【行政复议改革】 2023年，始终坚持系统思维，深化行政复议制度改革，出台《全面推进行政复议“四级网络”体系建设的实施意见》，创新推行行政复议市县镇村“四级网络”体系建设，打通行政复议服务群众“最后一公里”，在全市132个镇（街道）均设立了行政复议联络点，配备行政复议引导员967名。

【提升公共法律服务水平】 2023年，始终坚持法治为民理念，持续做强“潍您法援”品牌，持续加大对老年人、残疾人、农民工等特殊群体的法律援助力度，全市共办理法律援助案件1.9万余件，免费提供法律咨询3万余人次。持续拓宽公证为民服务渠道，在全市推行“家事公证顾问”多元服务模式，推动将家事公证单一模式向“抚养权变更协议+提存”等多种组合方式转变，经验做法在全省公证便民服务情况新闻发布会上推介。持续优化“律师来了”为民服务平台，成立潍坊市“元宇宙”法律服务中心，热情回应群众法律服务诉求。“潍律通—律师来了”法律服务平台获评全省数字法治司法十佳应用案例。

【加强基层治理法治保障】 2023年，始终坚持发展新时代“枫桥经验”，组建知识产权、海事商事等行业性专业性人民调解组织，全市人民调解组织达到7448个，其中2个人民调解委员会、5名人民调解员被司法部表彰为全国模范，数量位居全省第二。《山东法制报》头版头条刊发《积极打造新时代“枫桥经验”潍坊样板》经验做法。创新建成全省首个民法典宣传“云展馆”，宪法宣传周暨“法润鸢都·公益普法”做法被《法治日报》特别报道，“以全域大普法推动全域大治理”经验被全省评估组充分肯定。深入推进刑罚执行一体化建设，全省指导支持社区戒毒社区康复专题调研活动在潍坊举办。

（冯子璐　张　龙）

仲　裁

【概况】 2023年，潍坊仲裁办受理各类合同和其他财产权益纠纷案件2565件，涉案标的额30.7亿元，仲裁收费1283万元，财政贡献率同比增长58.4%，均创历史新高，近五年累计受案量超过仲裁委组建前23年总和、标的额翻番。8月作为唯一仲裁机构在全省司法行政工作推进会上作典型发言，10月成为山东省仲裁协会会长，12月作为全省7个地市之一被省司法厅专门发表扬信；11月作为唯一仲裁机构在全国公共法律服务培训班上授课；业界首创“仲裁+调解+诉讼”一站式民商事解纷“潍坊样板”，获评市级优质服务项目、市政府优秀调研成果、入选全市改革典型案例、入选“中国商事仲裁十大热点”。

【发挥仲裁服务作用】 2023年，制定仲裁服务优化营商环境十条措施，组织专家团队赴临朐、安丘、滨海、青州、坊子、寿光等县市区上门服务对接政府、平台企业，帮助解决经济社会发展中的历史遗留问题和当前面临的发展难题。围绕服务房地产开发和建设工程行业发展，化解矛盾纠纷342起；服务创新驱动发展战略，化解商标权、著作权等知识产权纠纷225起，数量全省居前；联合有关部门和相关协会深入对接银行、保险、担保等各类金融机构、企业，化解纠纷354起。发挥市法学会涉外法学研究会和中国贸促会潍坊调解中心作用，统筹整合涉外法律服务资源，对接67家外资外贸企业提供全方位精准涉外法律服务。在县市区建立仲裁委分会、商事调解中心分中心工作，方便基层群众和市场主体就近就地解决经济纠纷，全年受理调解案件14027件，调解成功3531件。深入开展仲裁服务“七进”行动，精准实施仲裁普法“十百千万”工程，大服务队上门服务弘润、昌大集团等本地重点领域大型企业130余家。案件涉及领域、服务区域和范围逐年扩大，案件类型从22大类73小类扩展至28大类92小类，分别增长26%、27%，案件当事人涉及70个城市，同比增长43%；涉及外地当事人161人，比上年同期翻番。

【强化仲裁监督】 2023年，业界率先联合市检察院建立仲裁与检察监督工作衔接机制，印发专门意见加强检察机关对仲裁工作的监督和支持。不断强化由仲裁秘书、办案部门、监督部门、分管主任、主任、案管委构成的六级监督体系，将快速程序案件和市商事调解中心转化仲裁案件纳入六级监督范围。建立以人大代表、政协委员为主要力量的仲裁工作社会监督员队伍，形成监督新格局。将定期抽查庭审、评查卷宗、分类要点式核阅、风险排查、核阅报告等纳入监督办法，根据监督情况随时咬耳扯袖警示提醒，发出监督建议书17份。不断完善主任接访日、微信公众号“直通主任”、向当事人公布主任手机号、抖音直播、网站留言等案件监督和意见反馈渠道，疏导缓和案件矛盾。

提升仲裁质效，升级360全时空仲裁服务，已有340名当事人享受到该项服务，周末常态化开庭；扩大24小时“即立快审”办案模式、快速程序适用范围，新增金融等类型案件，“360+24”仲裁服务模式作为典型被纳入全市“高效办成一件事”十项重点任务之一。进一步规范立案服务流程，细化立案服务指引，明确容缺办理情形，确保仲裁立案一次告知、一窗办理、一次办好。畅通涉民生案件仲裁“绿色通道”，开展“流动仲裁庭”提供上门仲裁服务，到安丘、寿光等基层镇村开庭32次。

（宫晓凡）

出入境边防检查

【概况】 2023年，潍坊出入境边防检查站以习近平新时代中国特色社会主义思想为指导，坚决贯彻潍坊市委、市政府和国家移民管理局、山东出入境边防检查总站决策部署，学习贯彻党的二十大精神，全力以赴保安全、护稳定、促发展，为更好潍坊建设创造安全稳定的口岸环境和优质高效的服务环境，工作成效多次获潍坊市主要领导批示肯定。2023年，共保障1500余艘次船舶、2.3万余人次顺利出入境。全程网办边检行政许可5000余份，同比增长218%，为企业节约办证时间1400余小时。连续3年获评省级文明单位、“支持潍坊发展优秀等次”，1人当选潍坊市政协委员。获“潍坊市三八红旗集体”“潍坊市过硬党支部”“市青年文明号”“市直机关五星级党支部”、党建品牌擂台赛“优秀奖”等荣誉。

【强化边检管控】 2023年，把捍卫国家政治安全、维护口岸稳定作为首要任务，树牢“中心居中、主业主抓”鲜明导向。坚持管理与服务并重，聚焦过驳走私、偷渡风险，紧盯管控盲区、内外贸共用码头重点，梳理“人、车、船、物”等关键要素，强化排查、织密防线，打好管控“主动仗”。开展“循主线、守底线、固防线”“前台录入质量提升月”活动，出台《勤务办理流程规范》等文件，全年录入“零差错”、服务“零投诉”。做实“边检+”工作机制，会同海事、海警等联合巡航、处突演练，与国安、出入境、海岸警察等签署协议、联合执法等10余场次，构建管控“大格局”，连年获评“全市反走私工作先进单位”。推进法治边检建设，提升执法规范化水平，融合夏季治安打击整治行动与专项行动，强化数据挖潜，侦办局督案件获公安部“獴猎”行动领导小组办公室致电祝贺。坚持科技强能，将边检“锚地远距离监控”和“智能视频平台”纳入市“智慧口岸”整体建设布局。购置固定翼无人机，驻地空军“反无人机低空袭扰”训练演练，提升远距巡航及实战能力。建成国家B级数据中心机房，保障网络通信安全。引入海事VTS系统、海岸支队海防监控、山东港口潍坊港集团“渤海通”，为口岸全方位、全时段管控提供技术支撑。

【提升边检服务质效】 2023年，潍坊出入境边防检查站不断优化模式、提升能力，以“高质量服务”助力“高质量发展”。聚焦驻地“半岛对外开放桥头堡”发展战略，紧跟潍坊市“海洋强市”发展方向，体系把握移民管理及相关领域的政策法规，找准边检机关服务地方发展的切入点和着力点，坚持“对外开放到哪里，服务就跟进到哪里”。根据山东出入境边防检查总站服务高质量发展方案，制定15项关键服务举措，推行“赶潮优检”“24小时随检”“雾散即开”等便利措施，出台《鲜活农产品查验工作指引》《诚信管理服务实施办法》，牵头签订《通关时效会商机制》。往来潍坊口岸国际航行船舶平均每艘停靠时间缩短1.5小时，离港准点率至少提高10%，手续办理时间节省约2小时，边检行政许可审批效率至少提高15%。结合潍坊口岸实际，系统研析出入境船舶、人员、航线周期规律和趋势动向，印制《边检业务数据分析》3期，为高质量发展注入边检“数据生产力”。开展“服务专员进企业”调研，优化口岸营商环境，提供预约通关、办证服务，有效节约群众时间和企业成本。服务发展成效被山东电视台、中国移民管理报等媒体关注宣介，2个服务项目被评为潍坊市“优质服务项目”，助力潍坊持续提升对外开放综合竞争力。

（李凌云）

军　事

潍坊军分区

【概况】 2023年，潍坊军分区坚持以习近平新时代中国特色社会主义思想为指导，以学习贯彻习近平强军思想、党的二十大精神为主线，牢牢把握稳中求进总基调，坚决落实上级党委决策部署。突出举旗铸魂，思想引领持续深入。坚持向战为战，战备训练扎实有效。围绕主责主业，国防动员高效落实。注重服务打赢，保障效能充分释放。持续夯基固本，基层建设稳步提升。贯彻从严要求，党的建设纵深推进。年度各项任务高标准圆满完成，部队全面建设稳步提升。

【理论武装】 2023年，潍坊军分区党委严格落实党委常委会“第一议题”和党委理论学习中心组集体研学制度，系统学习马克思主义基本原理，理论武装扎实深入。用“学习强军思想、建功强军事业”教育实践活动统揽年度基础教育和经常性思想教育，指导团级单位围绕中华优秀传统文化分专题备课，形成教案汇编下发供全区共享。高质量推进学习贯彻习近平新时代中国特色社会主义思想主题教育，配合开展“四信”（信仰、信念、信赖、信心）专题教育，落实党委常委“每日领学”制度，逐人制订自学计划，专题召开常委会组织正反典型案例剖析和调研成果交流。

【民兵建设】 2023年，注重激发各职各类人员动力活力，组织军分区第一届“最美强军兴武标兵”先进事迹报告暨颁奖典礼。依托省军区“百人百课”红色讲堂，开展民兵思想政治教育，临朐县人武部《村村都支前、区区有英模》入选省军区优质作品成果。常态开展法治警示教育，邀请地方专家进行网络安全教育。围绕中心抓好军事宣传工作。编纂完成《潍坊军事年鉴（2023）》，《潍坊军事年鉴（2021）》获评全国地方志年鉴类优秀成果。

（李建科）

【军事训练】 2023年1月3日，潍坊军分区召开开训动员大会，讲评2022年军事训练工作，部署新年度战备工作和军事训练任务，厘清工作思路、统一思想认识，凝聚力量，为新年度训练全面展开营造良好氛围。将群众性练兵比武贯通年度训练全过程，覆盖各级各类参训对象，围绕筹划部署、组织实施、总结成果3个阶段，采取基地化轮训、比武式考核、拉动式演练等方式，把握群众性练兵比武的本质要求，上下联动营造练兵光荣、精武光荣的浓厚氛围，分级分类开展群众性练兵比武，激发训练热情。

（王攀飞　李振华）

【“最美强军兴武标兵”先进事迹报告暨颁奖典礼】 2023年12月7日，潍坊军分区举行第一届“最美强军兴武标兵”先进事迹报告暨颁奖典礼。活动现场通过先进事迹展播、颁奖致敬、访谈互动等环节，立体呈现“最美强军兴武标兵”的个人经历、工作实绩和精神品格，展示他们的忠诚之美、精武之美、敬业之美、奉献之美。10名“最美标兵”都是长期扎根基层一线、工作成绩优异、军政素质过硬的优秀基层工作者。有专攻基层武装、退伍不褪色的专武干部；有摸爬滚打、严抓军事训练的民兵教练员；有带头冲锋、拼搏奋进的民兵干部和

12月7日，潍坊军分区举行第一届“最美强军兴武标兵”先进事迹报告暨颁奖典礼

民兵，他们在遂行急难险重任务面前表现出色，担当作为。经过层层选拔，10名“最美标兵”分别荣获“最美专武干部”“最美民兵教练员”“最美民兵干部”“最美民兵”称号。

（李建科）

【征兵宣传】 2023年，潍坊市县两级征兵办公室研究制定征兵宣传实施方案，指导县（市、区）广泛利用广播电视、平面媒体等传统媒介和微信、微博等网络宣传平台，实现征兵宣传“四个全覆盖”（主流媒体网站全覆盖、校园公共聚集场所全覆盖、交通枢纽地标建筑全覆盖、乡镇街道党建橱窗全覆盖）工作目标。专题开展“征兵宣传进校园”活动，在各高校设立征兵咨询点，指导相关人武部在学校放假前完成体检、政治考核和预定兵工作。组织社区、村干部利用寒暑假期，对重点征集人群进行“一对一、点对点”精准动员，逐一入户开展宣传发动工作。

（周　翔）

【开展“装备知识学习月”活动】 2023年，潍坊军分区邀请专家学者，围绕轻武器安全使用与管理对军分区各类人员进行辅导授课，并对民兵装备仓库武器保管情况组织现地检查和指导教学，专题开展装备管理应知应会知识集体学习，通过研讨交流、装备实操、理论考核等方式，从装备日常维护保养到操作使用的全流程全要素，引导全体官兵全面学装、深入知装、规范管装、科学用装，全区装备保障人员业务素质得到有效加强，装备管理规范化水平得到提升。

（王　东）

中国人民武装警察部队潍坊支队

【政治引领】 2023年，武警潍坊支队全面学习贯彻党的二十大精神，用好理论“六学”办法，抓实党委理论学习中心组、基层理论学习日、“双百”微课等载体，引导官兵忠诚捍卫“两个确立”。先行试点机关基层双向讲评，组织党建法规培训，创新开展“岗位进阶”活动，部队建设基础更加扎实。推行教育实现破冰提质，压茬推进开年教育、主题教育、基础教育和经常性思想教育，组织优秀政治教员队伍评教评学，1个中队被总队表彰为思想政治教育工作先进单位，1人被总队评为“十佳教员”。覆盖完成16个书香军营建设，严密组织知识竞赛、读书分享、主题晚会、军事体育文化运动会和优质文化进军营等活动，72篇新闻报道在省级以上媒体刊发、77篇微信公众号反响良好，展示支队建设成果和官兵良好风貌。

【练兵备战】 2023年，武警潍坊支队抓好新时代执勤安保规范化集训精神落实，率先完成执勤中队信息节点设备集成融合建设，执勤规范化建设水平不断提升。圆满完成一级警卫任务、出所就医、专项勤务、重要时期联勤武装巡逻以及高考命题安保专项勤务，连续27年执勤安全无事故。抓好首长机关和警官指挥技能训练，严密组织勤训轮换、季度会操、体技能创破纪录等活动，2人打破支队军事体育课目记录，1人取得总队教练员比武训练机构组第3名，参加总队“八一枪王”挑战赛总评第4名。

【基础建设】 2023年，武警潍坊支队坚持部队管理领域问题清单，做到稳住基本面、上下不忙乱。定期邀请国安、公安、消防等单位开展安全讲堂，协调地方专业力量进行全员心理测查，与驻地交警部门建立信息共享机制，制发《手机使用管理指导手册》，抓安建安格局形成。建立库房综合管控平台，加装营区重点场所高清摄像头，实现“全天候、无死角”管控。跟进做好一人一事思想稳定工作，开展亲情相伴活动，召开家属座谈会，组织军地联谊会，为10对新人举办集体婚礼，开展“军娃夏令营”活动，协调官兵子女入学，看望慰问困难官兵，发放困难补贴，支队被武警部队评为安全工作“六无”支队。

【后勤服务】 2023年，武警潍坊支队着眼建设打仗后勤根本指向，更新配发战储物资，常态开展应急保障综合演练，与地方军民融合保障单位签订协议，全面提高后装应急应战能力。抓实多批次后勤专业兵培训考核，严密组织后装专业兵训练比武，总队后装专业比武总评第四，年度后装训练考核总评第二，保障处被总队表彰为后装工作先进单位。开展专题教育整顿活动，全面推动资产可视化建设及“两年攻坚行动”落实落地。下大力解决官兵吃饭、洗澡、取暖、娱乐、停车等实际问题，集中专业力量波次巡检巡修营产营具和武器装备，完成官兵和未就业家属体检710余人。

（王炜翔）

国防动员

【概况】 2023年，全市国防动员系统落实中央和省、市委关于深化国防动员体制改革的部署要求，完成国防动员机构设置和职能调整，8县市国动办挂牌运行，市国动办新组建6个行政科室并高效运转。制定《国防动员委员会工作规则》《国防动员联合办公室工作细则》等4个规则制度，健全国防动员指挥运用军地协调机制，以制度机制建设保障工作落实。着眼建设“大国防”“大动员”，组建调整市国动委及成员单位，完成39家国动委成员单位工作对接，建立常态化工作联络机制，凝聚国防动员发展合力。10月7日，召开潍坊市国动委第一次全体会议，市委副书记、市长、市国动委主任刘建军安排部署全市国防动员建设任务。准确把握国防动员职能任务，组织协调国动委成员单位，谋划加强交通战备、经济动员、民兵战建、训练演练等25项年度国防动员重点建设任务，明确成员单位责任分工，建立重点任务台账，强化协调督导，推动工作落实。编制《潍坊市国防动员建设三年工作计划（2023—2025年）》，为做好全市国防动员工作提供遵循。启动市本级军地联合指挥所建设选址，将县级基本指挥所建设列入政府年度重点项目，纳入市政府督查督办事项，推动5个县市基本指挥所建设。建设新一代机动指挥平台，改造升级情报接收、信息传输等设施，构建省市县一体化人防指挥体系。牵头组织胶东五市国防动员一体化发展论坛，围绕国防动员重点领域建设深化交流合作，共享发展成果，共谋发展规划，创新做法得到省国动办领导充分肯定。

【调查统计】 2023年，市国动办组织国防动员潜力数据核查和高端军工潜力企业调查统计，完成人民防空基础数据调查，补充更新国防动员潜力资源数据库，组织数据分析研判，为制案落案、快速精准动员提供数据支撑。落实北部战区要求，对军事设施保护重点需求进行协调，开展军事设施保护工作调查，制定解决落实方案措施，打造的“潍坊经验”在全省军事设施保护工作座谈会上作典型发言。抓实重要民用设施设备贯彻国防要求专项检验评估静态资料准备工作，组织国防建设和经济建设融合发展工作调研。

【培训演练】 2023年，市国动办组织16个重要经济目标单位防护培训和演练，提升防护能力。开展人民防空指挥部训练，组织2000多名在校学生和400多名机关工作人员开展防空疏散演习演练，提高疏散掩蔽行动能力。落实“准军事化”建设要求，组织全市国防动员系统2023年度按纲施训，邀请行业知名学者和权威专家授课，内容涵盖当代国家安全形势新特点及国防动员各业务领域的新理念新技术，参训人员深入了解和掌握国防动员工作的基本理论和实践技能。以跨区应急支援为背景，开展短波电台、无线宽带集群传输系统等课目联演联训4次，提高协同指挥能力，增强国防动员工作组织动员力、快速反应力和综合保障力。潍坊市机动指挥通信经验在全省现场观摩会上作典型发言。

【城市防护工程】 2023年，市国动办落实防空地下室“应建必建”的要求，防护工程总量快速提升。新竣工人防工程完成年度目标任务的165%，人防工程主要指标走在全省前列。在全省率先完成《人防工程施工技术资料编制规程》编制，规范施工技术过程管理，服务效能提速60%以上，为全省人防工程施工技术资料编制提供规范和标准。创新研发“人防工程建设与维管数字平台”，实现“审批服务、质量服务、竣工验收、维护管理”四位一体全流程服务，提升管理效能。项目被市政府列为“放管服”改革试点，获批省人民防空科研课题。推行人防工程质量监督程序化、标准化、数字化管理，人防工程验收合格率达到100%。利用“人防工程建设与维管数字平台”，搭建人防工程全生命周期数据库，完成人防工程档案数字化转换169套，实现档案管理智能化。开展早期人防工程综合治理课题研究，组织对松园子、十笏园等两处早期人防工程回填治理，消除安全隐患。抓实抓严安全生产监管，组织安全生产督导检查16次，发现整改安全隐患68个，守住单建人防工程安全生产一排底线。12月，国家人防工程质量监督站通报表扬，肯定潍坊市人防工程建设管理取得的突出成效。

【宣传教育】 2023年，市国动办宣传教育场馆接待省内外参观团体520余个，学校参观研学活动930余场次，接待市民16万余人次。统筹推进防空防灾宣传教育进学校、进机关、进网络、进社区、进企业“五进”，打造“潍坊国动小卫士—小V”专属卡通形象，制作发布动画短视频12期，被众多中小学校选为国防教育微课，在山东电视台新闻频道《新国动·新视界》栏目第一期播放；配套制作周边衍生产品40余项，推出节日海报28期。联合电视台打造潍坊市首档青少年新闻综合类全媒体栏目《潍坊青少年新闻联播》，在潍坊交通广播电台开设“潍坊国动之声”栏目，每周一、三、五定期播报国防动员和防空防灾知识，在潍坊融媒开设“潍坊国动”宣传专题。年内在省级媒体发布新闻16条，市级媒体发布新闻112条，向“学习强国”学习平台等网络平台推送国防动员工作40余次，“潍坊国防动员”发布短视频532条，新增粉丝5.1万人次，潍坊国防动员知名度不断攀升。成功组织全市中小学防空防灾教育师资培训，覆盖市直和16个县市区568所学校。组织全市首届中小学生国防动员知识竞赛，覆盖全市1030所学校110万名学生，通报表彰优秀团体和个人232个，持续筑牢国防动员教育基础。利用微信公众号组织答题活动2轮，增强社会公众对国防动员的了解和认知。

【服务经济社会发展】 2023年，市国动办落实“一号改革工程”，取消人防工程施工图文件设计核准、建立项目服务绿色通道，审批事项实现“集成办”，审批效率提升40%。推行人防工程质量监督“双休日不打烊”和“陪伴式服务”，全力服务人防工程从业单位。探索拓展为民服务新领域，投资在帮扶村建设市级人防疏散指挥部，战时组织疏散掩蔽，平时为14个村庄提供幼儿入学保障，服务乡村振兴。强化人防工程服务功能，年内启动平战结合工程改造，为市民打造休闲健身场所。全市80%的人防工程用于服务民生，为社会提供就业岗位5670个，提供停车位数量27338个。推进房屋产权确权颁证历史遗留问题专项整治，建立健全“攻坚克难会商”“协调督导”等制度，年内处置完毕涉及人防历史遗留问题项目182个，“山东省土地房屋产权历史遗留问题受理监管系统”中涉及人防工程竣工验收问题项目全部化解完毕，打通了群众“办证难”的最后一步。

（吕为林）

退役军人事务

【概况】 2023年，全市退役军人事务系统在市委、市政府的坚强领导下，开展学习贯彻习近平新时代中国特色社会主义思想主题教育，以推动退役军人工作高质量发展为目标，开展“强能力、转作风、抓落实”活动，各项重点任务取得明显成效，为加快建设实力强品质优生活美的更好潍坊贡献了“军的力量”。新创建2610家全国示范型退役军人服务站，在高校、企业、商圈等打造124家各具特色的拓展型服务站，获山东省退役军人事务厅高度肯定。

【思想政治引领】 2023年，全市累计召开退役军人代表座谈会152场次参加，增进感情、凝聚共识。选聘思想政治指导员。倡树先进典型，引导退役军人在更好潍坊建设各个战线发挥生力军作用，首次举办“潍坊最美退役军人”发布仪式，退役军人郭震获评“全国模范人民调解员”，王俊仁获评“齐鲁最美退役军人”，梁景宏获评“齐鲁最美拥军人物”。在潍坊电视台开辟《我是兵支书》专栏，对28位优秀兵支书的先进事迹进行宣传推广。

【退役军人安置就业】 2023年，潍坊市接收转业军官、由政府安排工作退役士兵，提供的人岗比例分别为134%、169%，创历史新高，安置到行政参公和事业单位的比例分别为93.55%和63.75%。优化“随退随审、即交即接”程序，接收安置军休干部。以“理论学习+岗位实训+红色教育+志愿服务”模式，开展适应性培训38场次1230人次。搭建“学院+培训、培训+就业、互联网+服务”三个平台，实施就业服务岗位扩容、就业服务质量提升、就业困难帮扶三项行动，成立全省首家退役军人职业教育学院，提供技能培训、就业指导、岗位推介等全周期服务，市县两级共举办专场招聘会61场次，提供5万余个就业岗位，帮助退役军人达成就业意向。举办潍坊市第三届退役军人创新创业大赛，并推荐13家军创企业参加国家、省厅比赛，均取得优异成绩。强化过程监管和风险防控，组织开展退役军人创业扶持和困难帮扶“两支基金”风险排查专项行动月活动和政策落实情况“回头看”，对梳理出的113项问题全部整改到位，全市累计发放退役军人创业扶持贷款5103笔、11.51亿元，已贴息2770.47万元、全省第一。

【服务保障】 2023年，潍坊市新创建2610家全国示范型退役军人服务站，在高校、企业、商圈等打造124家各具特色的拓展型服务站，获山东省退役军人事务厅高度肯定。引入第三方评估机制提升标准化创建水平，落实服务体系建设2个省级地方标准，委托第三方机构对县、乡、村三级退役军人服务保障体系进行评估验收，形成了200多万字、2.1万余张图片的8000页评估手册，实现“一县一册、一站一档”，全省首创。联合9个部门出台《关于推动全市退役军人志愿服务工作高质量发展的实施意见》，退役军人累计开展志愿公益活动近200场、服务10万余人次。其中，“兵拳”法律志愿服务团为军人军属提供免费法律咨询、代理案件等，开展法律援助送到家、军创企业法治体检上百场，帮助挽回经济损失6000余万元，成功入选山东省文明实践志愿服务项目，成为潍坊市退役军人领域志愿服务的一张鲜亮名片。

【尊崇优待】 2023年全市建强“荣军联盟”，拓宽优待证使用场景，在全省率先举行荣军联盟入盟商家集中签约仪式，打造特色荣军街、荣军商圈20处，吸纳1.46万家企业、商家、机构为退役、现役军人提供“三优”服务，优惠金额2900万元，商家营业额较上年同期提高21.3%，实现提振消费与彰显尊崇互融共进。破题优抚医院改革发展取得明显成效，探索实施“大专科、小综合”“光荣院+医养科”“小单元精准独立核算”等新模式，开展基层巡诊3200余人次、短期休养700余人次，功能明确、特色鲜明、满足需求、富有活力的优抚医疗体系基本形成。落实“一站式”结算提供高效便捷医疗服务，在全市范围内实现一站式服务、一窗口办理、一次性结算的“三个一”服务，解决各县市区报销比例标准不一的问题，惠及优抚对象。投入1485万元用于零散烈士纪念设施建设，实现县级及以下烈士纪念设施应集中尽集中、应修缮尽修缮的目标，全社会崇尚英雄、尊重退役军人的氛围更加浓厚。

【双拥共建】 2023年，协助市委、市政府完成山东省领导班子成员在潍坊市开展的“军事日”和“八一”军政座谈会相关工作。市委、市政府主要领导亲自召开全市创建全国双拥模范城动员大会，安排部署重点任务，协调解决困难问题，为实现创城“七连冠”提供坚实保障。开展庆祝建军96周年军政领导座谈会、“潍县团”授称75周年、海军“潍坊舰”入列10周年等活动，向驻潍坊部队、潍坊舰赠送价值1400余万元的慰问品、慰问金。市县两级共帮助部队解决营区建设、训练场地等问题89个。保障实兵演习、转运任务，居北部战区首位，军供保障经验做法在全国会议上做典型发言。实施“军属赋能行动”，出台《关于进一步做好驻潍部队军人随军家属就业安置工作的通知》，在全市拿出40名事业编制定向招聘随军未就业家属，并将地方生活补助金提升到1800元。坚持“优先优质、特事特办、服务全程”原则，安排军人子女入园入学。开展纪念延安双拥运动80周年系列活动，组织各县（市、区）委书记录制15期“书记话双拥”电视访谈节目并在“报、网、微、端、屏”全媒体矩阵广泛宣传，高标准打造一批双拥公园、双拥广场、双拥街，营造浓厚的双拥创城氛围。

（王 然）

3月15日，山东荣军联盟潍坊入盟商家集中签约仪式在潍坊富华国际会议中心举行　（退役军人事务局 供图）

经济管理

宏观经济管理

【概况】 2023年，市发改委按照"七个加力突破""五个加快提升"部署要求，围绕市委、市政府中心工作，拼经济、谋发展、抓项目、配要素、争资源。靠前发力推动经济指标回稳向好，谋划省市县三级重点项目个数、省级重点项目个数均居全省第1位，成功创建骨干冷链物流基地等3个"国字号"招牌，可再生能源装机容量在全省率先突破千万千瓦。

【经济运行回稳向好】 积极抢抓疫后经济恢复发展的关键时期，持续做好工业用电量等15项先行指标实时监测，加强对GDP、投资、消费、进出口等重点领域经济指标调度分析，因时应势谋划发展举措。牵头落实省"稳中向好、进中提质"政策清单，结合全市实际、把握时机节奏，配套出台全市助企惠民政策清单、扩大内需行动方案、服务业高质量发展行动计划等政策措施。设立市级服务业发展引导资金，建立服务业小升规"后备企业库"，实现纳统企业176家、新纳统企业数量创近年来新高。全年服务业增加值增长5.7%、高于GDP增速0.6个百分点，其中现代服务业增长7%；服务业占GDP比重达到50.5%，对经济增长的贡献率达到54.5%，成为拉动经济增长的"主引擎"。全市生产总值增速由一季度的2.4%，提升至上半年的4.7%，全年增长5.1%，完成7606亿元，实现了承压而进、逆转上扬。

【绿色低碳高质量发展】 项格成立绿色低碳高质量发展领导小组，印发全市深化新旧动能转换推动绿色低碳高质量发展三年行动计划，配套年度重点任务，建立全市绿色低碳高质量发展项目库，编制全市碳达峰工作方案，加快绿色低碳转型步伐。4个县市区、5个产业园区、15家企业入选省绿色低碳高质量发展试点，数量居全省前列。一手抓产业优化升级。谋划布局元宇宙、工业母机、氢能等19条新产业赛道，争取元宇宙产业集群入选省未来产业集群。统筹推进技术创新、集群打造、企业培育，系统优化产业发展生态，新增1家国家企业技术中心、13家省级企业技术中心、4家省级工程研究中心；争创3个省"十强"产业"雁阵形"集群，5家企业入选领军企业，累计分别达到17个、25家，数量均居全省第2位。一手抓能源结构调整。加快新型能源体系建设，鲁北盐碱滩涂地120万千瓦光伏发电项目并网发电，全市新能源装机1063万千瓦、居全省第1位，全年实现发电量149.1亿千瓦时。"氢进万家"二期项目获科技部立项，氢源实现本地化供给，建成加氢站7座，推广燃料电池车辆256辆。3个县市区纳入全省能源绿色低碳转型试点县，数量居全省第1位。高新区"全钒液流储能电站项目"纳入国家储能示范项目。强化能源监察，依法处理淘汰设备158台、指导企业更换节能型设备5235台。2023年，新口径全市万元GDP能耗下降3%、累计完成"十四五"任务目标的91.2%。

【重大项目建设】 始终把项目建设牢牢抓在手上，创新实施重点项目全生命周期管理机制，举办项目谋划"千人讲堂"、提升经济发展能力培训班，确定省市县重点项目1517个。其中，入选省重点项目174个，个数居全省第1位。强化要素保障，开展“项目为王 金融赋能”“要素保障项目行”等系列活动，为80个项目争取上级预算内资金8.63亿元。全市1517个省市县重点项目完成投资2575亿元，支撑全市80%以上的投资增长；其中，省级重点项目完成投资575.4亿元，完成年度计划105%。359个项目竣工投产，新增产值743.8亿元、居全省第2位，为全市经济高质量发展提供有力支撑。重点领域投资保持较快增长，高技术投资、战略新兴投资分别增长20.2%和14.6%，分别高于全部投资增速19.4个百分点、13.8个百分点；基础设施投资增长14.9%，高于全部投资增速14.1个百分点。

【重大战略推进】 深入落实黄河重大国家战略，制定印发年度工作要点和工作台账，组织开展落实省“十四五”推动黄河流域生态保护和高质量发展实施方案中期评估。深化胶东经济圈一体化发展，与上合示范区签订合作协议。坚持陆海统筹，高标准编制全市推进临港经济区建设行动方案(2023—2025年)，明确了滨海、高密、诸城三个临港经济区的战略定位、发展目标、空间布局等，确定了27项重点任务，统筹推进3个临港经济区建设。坚持城乡统筹，加快推进33个省新型城镇化重点项目建设，省级特色小镇累计达到11个，城乡发展空间不断拓展。加强乡村振兴示范创建，争取1个县、11个镇、98个村列入第三批省乡村振兴“十百千”示范工程认定名单，截至目前，潍坊市三批共3个县、30个镇、249个村通过省级示范认定；充分发挥农发行信贷资金支持乡村振兴的作用，争取22个项目入选省第五批乡村振兴重大项目库清单、数量居全省第2位，总投资160.1亿元。

【重点领域改革】 围绕优化营商环境“一号改革工程”，出台贯彻落实建设全国统一大市场的措施，开展妨碍公平竞争政策措施专项清理。加快信用体系建设，推行信用报告代替无违法违规证明改革，在全省率先开展信用修复与行政处罚“两书同达”。扎实开展“信易贷”服务企业行动，“信易贷”平台注册企业6万户、累计授信金额353.1亿元。全面实施信用监管，分级分类监管行业达到80个；开拓“信易批”“信易购”“信易医”等信用应用，应用场景达到54个，信用监管及“信易+”领域数量均居全省第1位。围绕激发民间投资积极性，向民间资本集中推介项目134个、数量居全省第1位，民间投资占比居全省第3位。推进重点领域物价市场化接轨，出台阁楼供暖收费办法，争取全省唯一农业生产用电分时电价试点、为17.6万户农业用电户降低用电成本。

【经济运行和民生保障】 强化迎峰度夏、迎峰度冬电力保供，电煤库存可用天数达到25天以上。新建背压机组8台、背压改造抽凝机组5台，有效解决工业蒸汽供给、居民供暖需求等矛盾。电煤中长期合同取得突破，9家供电热力企业签约保供煤炭83万吨、签约数量全省第1位，全年可节约煤炭采购成本1.43亿元。完成14.3万吨小麦轮换任务，统筹推进120个粮食应急网点建设，建成全省首家粮食烘干中心，寿光绿色高标准粮食和应急物资仓储物流设施项目竣工启用，完成粮食购销监管信息化建设任务。储备应急救灾物资65.66万件套，完成市级储备品类满足转移安置4万人的目标任务。积极发挥以工代赈对促进群众就业增收的作用，梳理适用以工代赈的各类重点工程项目30个，项目总投资29亿元，促进群众就近就业增收。

【资源争取】 成功争创2023年国家骨干冷链物流基地建设名单、陆港型国家物流枢纽、复合型国家现代流通战略支点城市等3个“国字号”招牌。争取地方政府专项债券发行额度617亿元，为149个项目发行253.9亿元。争取政策性银行贷款支持19.4亿元、制造业中长期贷款支持40亿元、上级预算内资金8.63亿元。

（石 琳）

财 政

【概况】 2023年，全市一般公共预算收入完成608.3亿元、增长0.1%；其中，税收收入394.1亿元，占比65%。全市一般公共预算支出完成889.4亿元、增长5.6%；其中，城乡社区支出、社会保障和就业支出、农林水支出合计337亿元，分别增长10.9%、

10.2%、6.1%。

【保障民生】 坚持以人民为中心的发展思想，统筹财力向民生倾斜，民生支出占比连续8年保持在80%以上。支持提高保障标准。不断健全经济发展、物价上涨与保障标准挂钩的动态调整机制，对11项民生政策进行提标，仅市级就增支6000万元；低保、特困供养、孤儿等九类困难群众保障标准提高5%以上，惠及31.6万人；26项民生标准高于省均水平，切实兜牢兜实各项民生保障底线。推动提升服务品质。坚持民生资金优先安排、优先拨付，足额保障市《政府工作报告》30件民生实事落实落地。认真落实就业优先战略，发放创业担保贷款18.3亿元，带动就业超2万人；全力支持教育高质量发展，教育支出占比连续20多年保持全省前列，支持建成中小学、幼儿园175所，改造提升362所，助推潍坊医学院更名为山东第二医科大学；深入推动健康潍坊建设，安排专项资金1.1亿元，支持完善城乡基层医疗卫生机构多渠道补偿机制。助力改善人居环境。统筹5.6亿元，支持林业资源保护和大气、水、土壤污染治理，着力提升全市生态环境质量；扎实推进清洁取暖、海绵城市试点实施，安排20.8亿元，推动中心城区303个项目完成海绵城市改造，支持农村清洁取暖改造40万户、城市改造200万平方米；投入4.7亿元，保障东风桥重建、健康街提升改造等项目实施，支持全市超5万户老旧小区、棚户区、保障性租赁住房改造，不断改善居民出行、居住条件。

【推动发展】 聚焦实体经济所需，充分发挥政策引领、资金撬动作用，为全市上下“拼经济”提供更大助力。减税降费减轻企业负担。在2022年减税降费创历史新高的基础上，努力克服财政减收压力，进一步优化部门协作机制，加大政策宣传力度，确保把该减的税减到位，该降的费降到位，全市新增减税降费和退税缓费127.4亿元，切实减轻市场主体负担。财金联动保持“两个第一”。全省率先创新“银担直连式”担保机制，“后台联动、多审合一、一次办好”，业务效率提高7倍；全省率先创新“引资入潍”应急转贷机制，完善多层次资本合作格局，应急转贷基金规模增至18.9亿元。全年撬动934亿元“金融活水”流入实体经济，政策性担保和应急转贷业务连续3年全省“两个第一”，有力破解企业融资难题。政策引导助力产业升级。聚焦19个新领域新赛道，优化基金让利、返投、直投等政策，新设基金10支，新增投放52亿元，支持预制菜、专精特新、生物医药等重点企业和项目43个；强化政策激励，分级分档实施农业信贷担保、壮大民营经济、支持工业经济及支持外贸促稳提质等一揽子财政奖补政策，让企业预期更稳、信心更足。

【争取资源】 抢抓政策机遇，全力靠上对接，争取资源创历史新高，为市委、市政府重大决策部署、重大战略实施提供支撑保障。获批政府债券创历史新高。提前谋划储备债券项目，申报需求6527亿元，省审批通过3200亿元，财政部审批通过3130亿元，均居全省第1位。主动向上对接汇报，争取省分配潍坊新增债券额度253.9亿元，居全省第3位，较2022年增加16.3亿元，规模历年最大，有力支持京沪高铁辅助通道津潍段、市人民医院急救综合楼等135个重点项目建设。

3月21日，潍坊市人民政府与山东省财政厅履行出资人职责企业战略合作协议签约活动举行 （潍坊市财政局 供图）

争取政策资金居全省前列。紧盯上级资金投向，牢牢把握时间节点，及早对接沟通，争取上级转移支付303亿元，其中，省分配潍坊留抵退税专项补助清算资金10.3亿元，居全省第1位；省级拨付调度款333亿元，较2022年增长34.5%，有力保障民生改善、乡村振兴、生态环保、城市建设等重点领域。推动多项试点落地实施。抢抓上级试点政策“窗口期”，第一时间靠上对接，会同卫健部门争取国家公立医院改革示范项目，在本省前期已有入围城市的情况下潍坊再次入围，全国唯一，获上级奖励资金6亿元。支持“三个模式”拓展创新，争取国家优势特色产业集群等农业竞争性分配试点项目13个，获上级无偿资金2.5亿元。获评全国唯一铸造业高质量发展试点市，以及3个省级强县、1个高质量发展县称号，获资金支持4.2亿元。

【化解风险】 始终把保障基层“三保”、化解债务风险作为重要政治任务，全力协调资金资源，牢牢守住不发生系统性风险的底线。基层“三保”底线兜牢兜实。树牢“市财政不是市直的财政，而是全市的财政”理念，完善重点县区库款监测预警机制，启用工资专户，并将困难县市区市级库款留解比例提高10个百分点以上，坚决兜牢基层“三保”底线。政府债务风险实现有效防范。坚持开好“前门”、严堵“后门”，制定政府投资项目“停、压、缓、撤”措施，坚决遏制隐性债务增量，有序化解隐性债务存量，隐性债务压减率连续4年超过10%。国企债务风险化解取得初步成效。充分发挥牵头作用，全力统筹资金资源，建立市级应急资金池，盘活园区等资源，有力保障债务接续；建立融资成本管控机制，大力压降高息债务，债务结构持续优化，融资成本明显降低；倾力改善融资环境，信用利差明显下降，有效修复信用、提振信心。

【推进改革】 坚持向改革要动力、向管理要效能，持续推进财政改革创新，有效激发财政发展活力。预算管理改革不断深化。研究完善市以下财政体制改革贯彻意见，加快预算管理一体化系统部署应用，将市直486个预算单位全部纳入预算一体化管理，开展轮训3次，从源头提高预算管理水平；加强预算公开，市级公开单位数量同比增长15.9%。绩效管理改革成效明显。加快构建“全方位、全过程、全覆盖”的预算绩效管理体系，将“四本预算”和转移支付、政府投资基金等六大领域全部纳入重点绩效评价范围，部门绩效自评和整体绩效开展率达到100%；聚焦教育、医疗等重点领域，选取12个部门、52个项目、50亿元资金开展绩效评价，压减资金6586万元。基础管理改革稳步推进。创新重大项目二次评审机制，完成预算评审200.7亿元，审减率12.1%，同比提高2个百分点。数字财政建设扎实推进，编制三年实施方案，财政大数据应用由收入为主向收支并重转变。资产管理成效明显，盘活行政事业单位闲置资产，实现处置收入9000万元。全省率先开展罚没物品公务仓集中管理试点，实现收入超1000万元。政府采购营商环境进一步优化，全省率先制定代理机构信用评价办法，推行合同电子签章，实现企业办事“零跑腿”。会计管理持续强化，加大会计代理记账机构监管力度，有序开展基础设施政府会计核算，会计工作更加科学高效。PPP项目管理不断加强，制定站南广场片区、高铁新片区PPP项目投资运营意见，保障依法规范实施。

（孙建民）

税　务

【概况】 2023年，潍坊市税务局紧密围绕“党建引领强队伍、服务大局促发展、深化改革提质效、精准监管防风险、监督问效保落实”工作思路，全面履行税收职能，全力争创一流业绩，各项工作扎实有序开展，税收服务潍坊经济社会高质量发展取得新成效、展现新作为。全系统共获得荣誉称号433项，其中省部级荣誉表彰14项，得到各级党委政府批示肯定214次。聚焦更快更优解决涉税争议，创新“诉求处理+疑难会审+专项清零”的“三个一”工作法，高效处理涉税诉求9784件，全系统政务服务“好差评”好评率始终保持100%。市县两级组建“青年建功团队”39支，主动参与志愿活动、惠企服务等80余次。针对房屋产权确权颁证历史遗留难题，主动协调多个部门，加快业务办理，得到潍坊市专项整治工作小组通报表扬。探索实施管事、管人、管思想、管纪律、管作风“五管统一进支部”工作法，得到山东省税务局肯定并在全省税务系统推广。

【组织收入】 坚决扛牢组织收入政治责任，坚持组织收入原则，坚持“守底线”和“稳增收”两手抓，依法大力组织税费收入，为经济社会发展提供坚实财力保障。2023年，全市共组织各项收入1948.4亿元，同比下降3.0%，其中：国内税收882.1亿元，同比增长8.9%；社会保险费445.3亿元，同比增长11.7%；非税收入496.8亿元，同比下降27.8%；其他收入7.9亿元，同比增长5.6%；海关代征税收116.2亿元，同比增长11.7%，有力充实地方财政“钱袋子”。

【减税降费】 将落实好系列税费支持政策作为一项重大政治责任，充分释放政策红利，深化“政策找人”机制，促进政策红利直达经营主体、直接惠企利民。2023年，共计落实新增减税降费及退税缓税缓费127.4亿元，全市新增涉税经营主体8.17万户，有效激发了经济活力。税惠政策落实成效被《人民日报》头版刊发，得到国家税务总局、山东省政府领导批示肯定。

【社会保险费和非税收入】 牢固树立“税费皆重”理念，扎实有序推进社会保险费和非税收入工作。专业化管理方面，确定专业化管理分局主责专管、税源管理分局属地协管、相关业务股室分责共管“三管”工作模式，以专业化管理分局为圆心，以专业化管理团队为风控“微点位”、以社区网格为服务“微点位”，初步实现了社保非税规范化、专业化、集约化管理。社会保险费管理方面，建立“3+1”沟通协作机制，在全省率先完成5轮医保数据交接和模拟试算，确保改革有序推进、平稳落地，全年组织社会保险费收入445.3亿元。非税收入管理方面，探索“一盘棋”谋划布局、“一把尺”明确职责、“一张网”协同共治的“三个一”工作法，着力化解部门间费源信息传递不畅、费种漏征漏管等难题，全年组织非税收入496.8亿元。

【以税咨政】 聚焦党委政府关注关切，深入挖掘税收大数据“金山银库”，围绕推动产业转型、稳外贸稳外资、数字经济等开展重点分析，打造分析精品和“拳头产品”，不断提升服务大局的政治站位。全系统撰写税收分析报告270余篇，获得各级领导批示肯定128次。其中，市税务局和17个县市区局同步开展区域产业剖析，汇编成册呈报领导参阅，得到市县党委政府领导充分肯定。

【税收营商环境】 坚持“以纳税人缴费人为中心”的服务理念，扎实落实市委、市政府优化营商环境“一号改革工程”攻坚年部署要求，纳税人缴费人满意度、获得感得到持续增强。宣传辅导更贴心，通过山东省电子税务局、“鲁税通”征纳互动平台等精准推送税费优惠政策30余万户次；举办“云课堂”109场次，累计答疑解惑1万余户次。组建税收专家顾问小组17个，深入重点企业主动送政策、问需求。热线答疑更精准，完成涉税服务热线“三线整合”，实现税费咨询“一线通答”；按月开展热线穿透式分析，针对高频咨询纳税人提供线下走访、线上答疑和网格服务，助力疑难诉求解决。市税务局12345热线涉税诉求处办质量在全市115个县市区和部门中位列第一名。办税缴费更便利，连续第10年开展便民办税春风行动，推出5批109项服务举措。打造“10分钟自助服务圈”，建设“离厅式”24小时自助办税服务厅52个，实现办税缴费自助办、就近办。“‘3+’服务模式”入选全市第一批优化营商环境“揭榜挂帅”改革创新优秀案例。聚焦服务市场主体，联合市工商联开展“春雨润企一号行动”，推出服务民营企业“六大工程”20条服务举措。制定《助力大企业高质量发展十项税收举措》，为103户大企业配备“首席联络员”，“一对一”解决涉税需求。连续两年开展小微企业“春雨润苗”专项行动，累计推出24项服务举措，帮助企业快速解决问题。聚焦服务对外发展，组建“出口退税风险监控管理中心”和“跨境电商协同服务中心”，推出“助力出口企业高质量发展十项税收举措”，有力服务全市“扩大对外开放”发展战略，全年累计办理出口退（免）税178.15亿元。落实“政策速递”机制，开展跨境电商、启运港退税等政策培训5次，“点对点”送达政策汇编

209户次，累计为企业解决政策适用等难题214项。聚焦服务企业减负，通过“银税互动”为企业信用放贷19.3亿元；依托“全国纳税人供应链查询”平台，为企业供需补链搭桥，促成订单4.1亿元。

【税收征管改革】 深入落实《关于进一步深化税收征管改革的意见》，紧紧围绕“四精”目标要求，圆满完成市级改革任务，有力推进“突破之年”各项要求落地落细。改革试点实现“新突破”，推进优化税收征管流程试点，落实“四化”“三协同”工作措施，探索社会保险费和非税收入专业化管理、“1+N”税收风险管理新举措，被山东省税务局确定为“现行管理框架”模式样板单位；推进“四个有人管”风险防控试点，制定制度办法，建立应用监控指标，督促引导各单位依政策落实、按规矩办事；推进涉税中介行业监管试点，制定执业风险指标、纳税遵从风险指标，全面规范行业税收秩序。税收执法踏上“新台阶”，深化落实行政执法公示、执法全过程记录、重大执法决定法制审核制度，进一步规范税务执法行为，以柔性执法彰显税务温度；建立落实督审项目过程管理机制，对督审项目实施审前、审中、审后全过程质量控制。协同共治交出“新答卷”，依托《山东省税收保障条例》，巩固深化协同共治工作机制，通过“市政务信息资源共享交换平台”，实现与公安、自然资源、环保等多部门涉税信息的常态化数据交换。行业监管展现“新作为”，成品油行业监管成果持续巩固，成立5个“一企一专班”，加强协同监管，巩固齐抓共管的良好局面，全市炼油企业关键税收指标整体向好；出口退税风险防控效能持续强化，制定《出口退（免）税日常监管工作指引》，深化运用指标扫描、穿透分析、多维查疑、协同应对、机制规范“五步工作法”，得到山东省税务局肯定并在全省税务系统转发推介；行业化管理水平持续提升，全市45个税源管理单位对涉税中介、食品加工等本地特色和重点行业实施集中管理，总结应用行业管理模板，形成了管用有效的“潍坊打法”，涉税中介、银行业、煤炭经销等行业监管经验在全省行业监管会上作典型交流，得到山东省税务局领导多次批示肯定。

（李　凯）

金融管理

【概况】 2023年，潍坊市金融系统强化金融服务和金融监管，积极争取金融资源，主动担当作为，奋力突破攻坚，为更好潍坊建设做出贡献。银行业方面，全市有银行业金融机构51家，其中，市级银行机构29家，地方法人银行有潍坊银行、潍坊农商行和8家县域农商行、11家村镇银行。保险业方面，全市有市级保险机构75家，全年保费收入324.66亿元，保费规模占全省的9.44%，居全省第3位（不含青岛），同比增长8.5%。赔付支出113.11亿元，同比增长8.68%。资本市场方面，全市有证券、期货机构55家（中信证券、中泰证券、兴业证券3家设分公司，其余为营业部）。全市境内外上市公司共38家，股票42支，新三板挂牌企业25家。地方金融组织方面，全市有融资担保、融资租赁、商业保理等8类共78家地方金融组织，注册资本120.96亿元。

【新增存贷款额居全省前列】 2023年，全市本外币各项存款余额13552.8亿元，较上年末增加1200.7亿元，居全省第3位；较上年末增长9.7%。全市本外币各项贷款余额10936亿元，较上年末增加928.9亿元，居全省第5位；较上年末增长9.3%。其中，全市企事业单位贷款增幅11.6%，高于全市贷款平均水平2.3个百分点；企事业中长期贷款增幅21.3%，高于全市贷款平均水平11.6个百分点，信贷对实体经济的支持力度持续增强。

【资本市场“潍坊板块”不断壮大】 对全市重点拟上市企业“白名单”进行动态调整，调整企业38家，“白名单”企业数量扩至71家，持续提升对“白名单”企业支持力度。联合证监部门、交易所、证券机构深入企业现场调研，积极化解拟上市企业上市问题，累计解决问题130余项。强化拟上市企业高管资本技能水平提升，陆续举办全面注册制专题培训班、全市拟上市企业董秘培训班等资本市场专题培训活动6场，组织培训拟上市公司高管1000余人次。2023年，全市新增上市公司1家、过会企业1家、向交易所提交申报材料并获受理企业3家；全市通过资本市场实现直接融资达442.45亿元，同比增长16.28%，其中上市挂牌公司首发、增发融资11.66亿元。

【金融服务不断升级】 举办多场层次高、规模大的政金企对接活动，进一步加强与重点金融机构的合作，加速省级金融机构赋能潍坊经济发展。7月13日，举办"金融赋能潍坊高质量发展全面战略合作签约仪式"，市政府与国家开发银行山东省分行等12家金融机构签署战略合作协议，时任省委常委、常务副省长曾赞荣出席会议并讲话；深化与建设银行山东省分行、工商银行山东省分行的战略合作，不断加大对潍坊的融资支持。开展市级"银行行长项目行"等银企对接活动，累计对接项目68个，达成意向合作金额超170亿元。开展市级金融机构高管走基层"十百千万"活动，累计走访企业1223家，为182家有融资需求的企业解决91.32亿元，走访项目1591个，为132个有融资需求的项目解决100.6亿元。推动市级数字金融平台加速建设，通过完善潍坊市财政金融综合服务平台功能，探索开展线上小微企业常态化对接活动，组织产品对接活动29场，帮助企业获取融资14.4亿元。

【地方金融组织有序规范】 发挥政府性融资担保公司的作用，聚焦支小支农担保主业，创新融资产品模式，大幅降低企业融资门槛和成本，引导信贷资金投放功能得到有效发挥。以潍坊市再担保集团为核心的政府性融资担保体系累计为8.2万户市场主体提供担保462.3亿元，规模全省第一；累计为956家次企业提供应急转贷服务405亿元，降低企业资金成本4亿元以上，应急转贷业务继续保持全省首位。稳步发展权益类和大宗商品交易市场。推动山东农村产权交易中心立足农综区政策和资源优势，进一步完善农村产权融资常态化工作机制。

【筑牢金融安全防火墙】 强化重点领域风险排查，开展非法集资风险排查专项行动4次，对辖区非法集资风险隐患进行全面"体检"，累计化解陈案积案23起，涉及金额约2.8亿元。开展防范非法集资宣传教育，深入广大社区、学校、企业开展宣教活动3900场次，覆盖群众140万人。利用网络媒体力量，联合大众网、潍坊银行组织开展"金融筑梦 美好未来"金融知识有奖问答活动，网络传播量达47.6万，转发量8.4万。大力化解不良贷款，开展大额授信企业摸排调研工作，对存在风险的大额授信企业"一企一策"制定风险化解方案，协调推进风险化解工作；对不良贷款实行快速暴露、快速处置，防止不良率显著反弹。2023年，全市银行系统不良贷款率1.11%，低于全省平均0.05个百分点。

（卢 桂）

国土资源管理

【概况】 2023年，强化资源要素保障，获批各类建设用地1982公顷，使用新增建设用地指标1588公顷，供应建设用地4758.91公顷。实施山水林田湖草沙系统治理，完成造林绿化3133.33公顷，实施矿山生态修复项目31处，建设绿色矿山16家。深化不动产登记改革创新，颁发不动产权证书、证明9.7万份，化解房屋产权确权颁证历史遗留问题项目922个。

【土地开发利用】 扎实推进存量土地盘活利用，市政府办公室印发《关于加强节约集约用地促进高质量发展的若干措施（试行）》，处置批而未供土地1918.68公顷，盘活闲置土地47宗、面积244.05公顷，获省自然资源厅431亩新增建设用地指标奖励，寿光市被自然资源部认定为全国首批自然资源节约集约示范县（市）（2023—2025年）。编制并实施城区划拨国有建设用地使用权基准地价，市政府办公室印发《潍坊市市区2023年度国有建设用地供应计划》。全市供应建设用地4758.91公顷，供应市区国有建设用地308宗、面积1533.33公顷，其中住宅用地56宗、面积121.50公顷。通过"标准地"出让工业用地109宗、面积818.40公顷。潍坊市作为自然资源部第一批全民所有自然资源资产清查试点，顺利通过验收，安丘市获批全国集体经营性建设用地入市试点。

【国土空间用途管制】 制定出台《潍坊市自然资源和规划局2023年度土地指标跟着项目走实施细则》，差异化、精准化配置新增建设用地指标。获批用地批次（单选）320个，面积1982公顷，其中使用新增用地指标1588公顷，保障701个省市县重点项目建设。服务保障津潍高铁等11个省级重大基础设施项目，用地总面积244公顷，其中新增用地235公顷。稳妥推进城乡建设用地增减挂钩、工矿废弃地复垦项目实施，经市政府批复立项增减挂钩项目5个，面积23.25公顷；验收挂钩及工矿项目13个，面积89.41公顷。完成寿光市、安丘市8个增减挂钩项目有偿调剂工作，调剂指标100.67公顷，调剂资金6.76亿元。

【耕地保护监督】 市委、市政府印发《关于加强耕地保护管理工作的意见》，开展永久基本农田流出百日整改专项行动，稳妥有序整改恢复永久基本农田1.07万公顷。补充耕地项目入库指标863.47公顷，完成年度任务的118%。争取省级占补平衡指标299.87公顷，拆借指标全部偿还。诸城市、青州市获省级耕地保护激励资金3000万元，市级对14个镇街奖励资金280万元。全市12个成片开发方案全部获批，拟保障项目706个，用地2233公顷。提前完成2022年征地补偿费清理清查工作，新一轮征地区片价征地区片综合地价获省政府批复。

【矿山生态修复】 完成31处矿山生态修复项目。部署开展历史遗留矿山图斑年度核查变更工作，全市销号采矿图斑173个，面积848公顷。潍坊市齐鲁酒地小镇区域废弃矿坑生态修复入选自然资源部《国土空间生态修复典型案例集》。

【地质勘查管理】 出台《潍坊市地质勘查“十四五”规划》《落实习近平总书记回信三年行动计划（2023—2025年）》，推进新一轮找矿突破战略，潍坊市海洋牧场地质调查项目获全省绿色勘查示范项目。实施多要素城市地质调查项目，初步建成城市地质信息服务平台。开展地质村调查，胡林古村获评全国地质文化村。

【矿产资源保护监督】 出台《潍坊市矿产资源总体规划（2021—2025年）》，批复6个县级矿产资源总体规划。制定《潍坊市地热、矿泉水绿色矿山建设评价指标》《潍坊市天然卤水矿绿色矿山建设评价指标》。新建绿色矿山16个，省级4个、市级12个。潍坊市矿山资源开发利用动态监管项目通过验收。市政府分别与省地矿局、省煤田地质局签署战略合作协议。全年共征收采矿权出让收益4893万元。

【国土测绘和地理信息管理】 2023年，潍坊市完成基础地理信息数据年度汇交工作，建成运行潍坊市工程建设项目“多测合一”管理系统。启动实景三维潍坊建设。智慧潍坊时空大数据平台在全省市级地理信息公共服务平台综合评估中连续10年荣获“五星级”评价。荣获2023年山东省第六届少儿手绘地图大赛“特别贡献奖”、2023年全省测绘地理信息行业职业技能竞赛“团队三等奖”“优秀组织奖”。山东测绘地理信息产业园被认定为全省地理信息特色服务出口基地。

【自然资源调查监测】 完成2022年度国土变更调查工作，共下发图斑10.46万个。完成2023年全市森林、草原、湿地调查监测工作，共调查标准地0.452万个、标准木0.683万个，下发全量更新图斑189.28万个，举证2.54万个。完成2023年城市国土空间监测工作，细化0.25万个公共基础设施图斑，完善单体建筑图斑39万个。

【不动产确权登记】 全市受理各类不动产登记业务49.4万件，颁发不动产权证书、证明9.7万份。推行“交房即交证plus”，常态化推行不动产“带押过户”，建立“不动产登记+法院查控”协同联办机制，接续办好不动产继承登记公证民生实事，为群众节省公证费用450.6万元。获全省确权登记业务技能大赛团体二等奖，“创新打造不动产登记服务改革‘三大场景’”获评全市改革典型案例。开展房屋产权确权颁证历史遗留问题专项整治，化解历史遗留问题项目922个，惠及群众12.7万户。收到群众自发赠送锦旗101面、感谢信45封；省专班10次刊发潍坊市做法，省委领导6次批示肯定，主题教育中央第九巡回指导组组长胡泽君、省委第七巡回督导组组长侯成君现场调研，给予充分肯定。

【地质灾害防治】 印发《潍坊市2023年地质灾害防治方案》，确定市级重点监测点18处，发布黄色预警3期，全力做好台风“杜苏芮”防范应对工作，地质灾害防治工作实现零伤亡。

【执法监察与信访】 保持打击违法用地高压态势，印发耕地保护正反面典型案例5期13例，发出工作提示函、限期整改函115件，警示约谈8个县市区、19个镇街，大棚房和违建别墅问题实现“零新增”。卫片违法占用耕地剩余140亩，剩余违法比例0.51%，历年最低。开展严肃查处非法开采矿产资源专项行动，全市核查现场852个，发现、查处违法采矿行为12起。制定《潍坊市自然资源和规划领域信访工作规范》，开展信访问题源头治理三年攻坚和征地补偿专项整治活动，受理办理信访案件295件，化解自然资源部、省联席办交办重点案件138件。

（张 帆）

审 计

【概况】 2023年，市审计局聚焦全市“七个加力突破”重点任务，主动担当作为，依法履职尽责，各项工作取得了新成效。全市共组织开展审计项目408个，查出违规金额3.91亿元，核减政府类工程投资额4.64亿元，移送问题线索189件。其中，市审计局审计单位61个，查出违规金额8200万元，核减投资额4.51亿元，各类审计成果被审计署、省审计厅和市委、市政府领导批示65篇次。全市5个审计项目获评全省优秀审计项目，智慧审计、领导干部经济责任审计、公共工程审计等创新做法得到审计署、省审计厅领导肯定。

【政策落实情况跟踪审计】 紧紧围绕市委、市政府重点工作任务，加大对新旧动能转换、乡村振兴、外资外贸、文旅融合等重大决策部署关注力度，全年开展政策审计项目12个，揭示和规范问题资金14.3亿元，促进资金拨付等13.7亿元，为全市经济社会高质量发展保驾护航。

【财政审计】 创新大财政审计思路，采取“1+2+8+10”的大财政审计思路，对市本级、2个功能区、8个预算部门和10项专项资金进行重点审计，盘活存量资金、促进上缴国库5.2亿元，提高财政资金使用绩效。提报的审计工作报告得到市人大常委会充分肯定，并第一时间向社会进行公开。

【民生审计】 坚持执审为民，紧盯保障改善民生，积极推动惠民富民政策落实到位，先后组织对就业、教育、医疗、住房、清洁取暖、垃圾分类、农业保险、殡葬服务等领域重点民生事项开展审计，查处滞拨截留、挤占挪用、应保未保等损害群众切身利益的问题资金34.9亿元，切实以审计力度提升民生温度。

【政府投资审计】 加快公共投资审计转型发展，紧紧围绕全市重大公共投资项目，组织开展峡山水库水质提升工程、宝通街快速路工程以及眉村水厂扩容工程等重点建设项目审计，全年公共投资审计审减额达到4.64亿元，再创历史新高。其中，宝通街快速路工程审减3.74亿元，用审减“真金白银”节约了财政支出。

【国有企业审计】 开展潍坊交通发展集团有限公司、山东潍坊新华印务有限责任公司主要领导人经济责任审计，实施政府专项债、地方金融机构和国企债务风险防控专项审计，规范专项债项目36

3月，市审计局开展峡山水库战略水源地水质提升保护工程审计项目。图为审计人员在工程一线进行调研 （张同波 供图）

个、资金149亿元，查处未确权入账资金4.8亿元，组织市县两级对“1+10”家地方金融机构开展财务审计，推动金融机构解决未过户确权固定资产43处、资产3.8亿元。

【经济责任审计】 坚持系统审、审系统，全市对207名领导干部开展任职经责审计，其中市管干部23名、任中审计占比超过90%，查处主要问题金额98亿多元。聚焦市管主要领导干部“关键少数”，紧扣履行经济责任情况进行“审计画像”，对领导干部经济责任审计客观精准进行评价，为加强干部日常监管提供重要参考，创新做法被省委组织部和省审计厅推广，审计署领导批示肯定。

【审计查出问题整改】 健全完善市级领导“一岗双责”督促审计整改机制，压实被审计单位主体责任、主管部门监管责任、审计机关督改责任，实现审计整改责任全覆盖、无缝隙，一体推进揭示问题、规范管理、促进改革，中央和省、市三级预算执行审计整改率均达到92%以上，推动建章立制32项。

【研究型审计】 全面做实研究型审计，完善《研究型审计全流程清单》，实施“八步必研法”和30项具体措施，完成省市调研课题6项、荣获优秀成果4项，提报中国审计学会“审计机关成立40周年”专题研讨会的理论文章荣获二等奖，并作为全省唯一地市代表进京在研讨会作交流发言。

【交办任务】 紧扣省、市工作要求，全力做好市委、市政府交办事项，全年完成市委、市政府交办任务10件，审计资金额53亿元，牵头组织审计署对全市国企审计问题督促整改、省委巡视问题查处，参与市债务专班、成品油专项整治督导等工作，促进重要决策、重点任务落地落实。

（杨　琦）

国有资产管理

【概况】 截至2023年底，全市国资系统监管国有企业136家，其中市属国有企业19家，县级国有企业117家，资产总额14810.5亿元，同比增长9.7%；净资产6620.8亿元，同比增长11.6%；资产负债率55.3%，同比降低0.7个百分点。全市监管企业累计实现营业收入793.3亿元，同比增长8.2%，上缴税费29.7亿元。市属国有企业资产总额2914.6亿元，同比增长4.8%；累计实现营业收入340.8亿元，同比增长2.2%，实现利润12.4亿元，上缴税费14.7亿元。

【央企省企“潍坊行”】 坚持“产业为本、项目为王”理念，积极向上协调对接，市政府与省国资委成功举办央企省企助力潍坊高质量发展交流会。副省长周立伟讲话，省国资委党委书记、主任满慎刚主持；省政府副秘书长王健，省国资委副主任秦春玲出席；市委书记、市人大常委会主任刘运致辞；市委副书记、市长刘建军，市政协主席李爱杰，市领导杨升岩、赵绪春、王兆辉、陈端梅参加有关活动。38家央企省企负责人到潍坊看项目，议投资，商合作，市政府与鲁商集团、山东钢铁集团、山东高速集团、山东国投公司、山东省港口集团、山东文旅集团分别签署战略合作框架协议，现场签约潍坊机床高端装备制造产业园、第三代半导体集成产业基地等25个项目，涵盖高端装备、高端化工、新能源、现代金融、现代海洋、现代

9月4日，成功举办央企省企助力潍坊高质量发展交流会

（祝　鹏　供图）

农业、文化旅游等领域，签约投资总金额345亿元。截至2023年底，大会签约项目已落地10个，开工建设项目6个，已完成投资27亿元。

【激发国有企业内生动力活力】 持续巩固国企改革三年行动成果，乘势而上，以更大力度、更实举措纵深推进国企改革。大力实施战略性重组和专业化整合。出台市属企业重组整合实施方案，将22家企业整合为6大专业集团；强力推进企业“瘦身健体”，将管理层级控制在3级以内，完成11户企业亏损治理目标。实施对标一流企业价值创造专项行动。“一企一策”制定对标方案，紧盯弱项、补齐短板、加快发展。市投资集团权属企业昌威交通获评省专精特新中小企业；海化集团入围“省科改专项行动”企业名单，海化股份成功入围国务院国资委国企改革“双百行动”企业名单；市人力集团获评省人力资源服务领军机构、省创新型中小企业称号。实施“严守监管、严控风险”监管效能提升行动。构建“经营绩效+改革绩效”考核体系，优化支持企业科技创新激励措施，2023年研发经费投入达5.35亿元，同比增长46.8%，创历史新高。深化风险管控委员会和产业投资委员会的职能作用，创新“一委两会三核查”机制，审核发行债券523亿元、备案担保50亿元，完成国资收益入库1.4亿元。

【营造健康可持续发展环境】 坚持底线思维，增强忧患意识，提高防控能力，着力防范化解重大风险，保持稳定发展环境。全力支持企业提高信用等级。实施国企“主体信用评级提升工程”，2023年海化集团和国控集团2家企业成功获评AA+主体信用等级，市县国企融资能力和经营环境得到改善提升。市城投集团连续两年入选全国地市级政府投融资平台转型发展200强，公司转型发展经验获评全国国企管理创新成果。全力推进国有资产资源盘活。牵头组建职业教育、水利设施、风能光伏、产业园区等6个资产盘活工作专班。制定盘活资产资源工作方案，加强市内统筹，实施跟踪督办，盘活各类资产资源104亿元。

（刘永祝鹏）

【山东海化集团有限公司简介】 山东海化集团有限公司是潍坊市属国有大型企业集团，下辖1家上市公司——山东海化股份有限公司及21家分、子公司，占地面积128平方千米，注册资本7.24亿元，资产总额264.17亿元，在册员工9164人（其中在岗7995人），列2023中国石油和化工企业销售收入500强（综合类）第138位，是全国重要的海洋化工生产和出口基地、国内盐化工龙头企业、潍坊高端化工产业链海洋化工综合利用“链主”企业。公司主营业务为制造销售纯碱、原盐等各类化工产品及化工原料、石油化工、发电等，涵盖盐化、能源、石化、新材料四大板块，主要产品10余种，其中纯碱、原盐、氯化钙、两钠、溴素、氯化镁6种产品产能位居全国前列。

2023年，公司直面严峻市场挑战，坚持强化管理与深化改革双轮驱动，科技赋能与项目建设双向发力，呈现逆势发力、亮点频现、质效并进、前景可期的良好发展态势。全年实现利税总额25.44亿元，同比增加7.58%；利润总额15.34亿元，同比增加9.23%，刷新历史纪录。完成固定资产投资15.6亿元，5个项目分别纳入2023年省级重大、重点项目和海洋强省建设重点项目库，省内单体最大的基地一期300MW光伏发电项目全容量并网发电。

公司被授予2023年度（行业）领军企业、2023年度（行业）十大创新企业、中国石油和化学工业文化建设先进单位、山东社会责任企业、山东省诚信企业、山东省现代海洋产业高质量发展企业、山东省制造业领航培育企业、山东省企业党建品牌示范单位、山东省企业文化建设示范基地等称号，入围省国资委国企改革“科改企业”名单，海化股份公司入选国企改革“双百行动”企业名单。

【潍坊市城市建设发展投资集团有限公司简介】 潍坊市城市建设发展投资集团有限公司成立于2013年，注册资本50亿元，辖属人才集团、基建投资、亚星化学、浩博水建等控股参股子公司。截至2023年底，企业资产总额1354亿元，是成立时的3倍；实现营业收入161亿元，是成立时的20倍；先后荣获全国国企管理创新成果、全国城投公司百强、全国地市级政府投融资平台转型发展百强、全省先进基层党组织、全省国有企业现代企业制度示范工程企业、全省社会责任企业（家）、全省书香文化企业、全市优秀行业领军企业家等荣誉。

全力以赴保安全。持续维护发挥好AAA国内最高信用等级优势，成功争创A-国际高信用等级，实现全年融资200多亿元，有力保证了企业自身资金链条安全，为维护区域金融安全稳定大局提供了强力支撑。

高质高效抓项目。强化资金保障和项目全过程管理，济潍高速、明董高速建成通车，潍烟高铁、津潍高铁取得重要阶段性进展，市老年大学、火车站北广场地下停车场建成投用，中央商务区、高铁新片区、火车站南广场片区承载能力日益增强。已建成的宝通街快速路工程荣获全国市政工程最高质量水平评价工程；参与投资建设的富华酒店乐园、人民广场聚落等5项工程入选全市改革开放以来十大工程。

转型提质促发展。聚焦基础设施产业、城市公用事业和省十强产业，当好耐心资本，积极稳妥发展股权投资，持续支持市域内优质企业做强做优做大。控股上市公司亚星化学独家引进世界500强韩国SK集团全球领先的PVDC技术；天瑞重工、浩信股份、博鼎精工、富锐光学等30家主要参股企业资产总额同比增长16%，营业收入同比增长10%，净利润同比增长11%。

【潍坊市投资集团有限公司简介】 潍坊市投资集团有限公司成立于1989年，是首家市属国有投资企业，功能定位为产业投资、资本运营，主要服务于重点产业发展及市委、市政府确定的重大项目。目前，注册资本30亿元，AA+信用评级，间接控股1家上市公司，参股4家上市公司，投资涵盖电力能源、先进制造、高端化工、基础设施、金融服务等领域。公司主要有产业投资和实业经营两个业务板块。产业投资板块主要参股潍坊电厂、潍柴动力、潍柴重机、潍焦集团等重点企业，以及潍坊银行、潍坊农商行、寿光农商行等金融机构。目前，产业投资业务重点以市新能源发展集团和国维创投公司两个二级公司为主体开展。截至2023年底，资产规模达到707亿元，年实现营业收入109亿元，实现利润18亿元，资产负债率31.82%，处于国有产业投融资行业先进水平，保持健康稳定发展的良好态势。

2023年，市投资集团加快布局新兴产业，完成快仓机器人、高密银鹰新材料、山东门捷新材料等多个新兴产业项目投资，其中，山东门捷新材料项目引进中国化学工程集团央企资金资源，有力助推全市优势产业转型和集聚发展。所属昌威集团建成全省一流的涉案财物管理中心，投资1.2亿元建设的机动车号牌智能智造项目入选省、市专精特新，加快打造科技服务型安防领军企业。所属粮食企业圆满完成4.6万吨夏粮小麦和秋粮玉米收购任务，坚持绿色储粮、科技储粮，目前16.2万吨市级储备粮存储安全、质量良好，压紧压实民生保障底线。

市投资集团获得省级以上荣誉称号：

集团公司财务管理部荣获“山东省会计工作先进集体”，潍投集团志愿服务队荣获山东省学雷锋志愿服务“四个100”先进典型最佳志愿服务组织，潍坊昌威保安集团有限公司荣获全省保安行业成绩突出集体，潍坊市昌威交通工程有限公司荣获山东省专精特新中小企业，山东潍坊粮油储备库有限公司荣获第六届全国粮食行业职业技能竞赛“优秀培养单位”，山东潍坊擂鼓山国家粮食储备库有限公司荣获全国放心粮油示范工程示范仓储企业。

【潍坊市产业发展集团有限公司简介】 潍坊市产业发展集团有限公司是潍坊市市属一级国有企业，注册资本50亿元，功能定位是运营实体产业，现有业务板块包括文化旅游，交通基础设施投资施工、咨询设计，教育基础设施投资建设运营，产业园区开发建设运营，园林环卫等，辖属市教育集团、市文旅集团、市园林环卫集团、市科创集团等权属公司。截至2023年底，集团资产总额为410.29亿元，实现营业收入34.61亿元，实现利润1.45亿元。共有员工2253人。

交发集团为市委提级管理企业。如不含交发集团，截至2023年底，集团资产总额为314.69亿元，实现营业收入11.56亿元，实现利润8500万元。共有员工416人。

教育基础设施投资建设运营板块致力于打造潍坊市教育基础设施投资建设运营、全市教育领域经营性资源的承接运营和学校举办权的承接主体，从事教育投资、教育培训、配套服务等业务，已投资建成山东（潍坊）公共实训基地、潍坊市体育运动学校、潍坊市中小学生示范性综合实践基地等项目，是山东化工职业学院、山东海事职业学院、潍坊创业大学举办者之一。

文化旅游板块致力于市级文旅资源全要素整合、项目投融资和产业融合发展，依托文旅产业开展白浪河上下游湿地保护管理及医养健康示范开发建设，辐射激活全产业链要素，实现文旅资源投融资、建设、管理、运营一体化运作。目前主要运营国家AAAA级旅游景区、国家城市湿地、国家级水利风景区—白浪绿洲湿地公园；国家湿地公园、山东最美湿地—北辰绿洲湿地公园，是潍坊市文化旅游产业建设投资的重要平台。

园林环卫板块致力于园林绿化设计施工养护、城市环境卫生公共服务等，主要承担政府重点项目建设和市直管绿地内的绿化养护、道路保洁、保安服务综合管理以及垃圾分类配套项目运营等。

产业园区开发建设运营板块致力于产业园区运营管理创新探索产业服务模式，围绕智能制造、数字科技、健康科技总部经济、医养健康等产业方向，构建产业生态运营服务体系，积极发挥资源整合能力，助推区域产业结构升级。

【潍坊市国有资产管理运营集团有限公司简介】 潍坊市国有资产管理运营集团有限公司是经市委、市政府批准组建的市属一级企业，由市国资委履行出资人职责，成立于2023年12月，注册资本金20亿元。辖属全资、控股、参股子公司60多家。集团围绕国有资产管理、资产布局优化和股权投资管理及运营三大业务板块，以优化国有资本布局，提升产业竞争力为目标，打造一流国资、国企管理运营平台。

2023年度利润总额为3357.45万元，总资产报酬率为0.70%，资产负债率为108.51%。完成泰华城、万达广场等区域新能源充电场站的建设，配备102套电动自行车充电设备、1194个充电端敷设。完成翰林院、新华生活城、经贸学院等13家房产测绘项目，实测面积76.33万平方米，预测面积6.58万平方米。完成辛东安置区棚改、博裕学院等6个项目74栋楼的验收勘测。顺利完成CMA计量认证换证工作，同时新增扩检测项目342项、新增检测参数1998个。成功与北控水务、中铁八局签署污水处理项目设备总包落地，全年产值达到1.06亿元。

【潍坊交通发展集团有限公司简介】 潍坊交通发展集团成立于2021年3月，由市公路中心直属8家经营性事业单位及13个县市区公路局工程处组建而成，功能定位为重大交通基础设施“投资—建设—运营”主体。国企重组划入路桥、轨道、交投公司，业务范围涵盖交通基础设施投融资、勘察设计和施工、汽车租赁、现代物流等领域。

交发集团拥有25家子公司，公路工程施工总承包和勘察设计、咨询、养护、试验检测等各类资质齐全。现有员工1800余人，其中专业技术人员1040人，总资产105.9亿元。

2023年，交发集团坚持党的领导，聚焦主责主业，内固外拓，改革发展成效显著，承建各等级路桥项目110余个，总工作量23.8亿元，实现利润6015万元，实缴税金6920万元，净资产总额增长4.6%，获评“省级文明单位”。深化改革规范治企，企业管理层级严格控制在三级以内，压减子（分）公司29户，将25处拌合场（站）裁撤10处，保留15处组建3家物料公司，整合160余台机械设备组建全省规模最大的专业筑路机械设备公司；数字管理赋能发展，部署ERP、司库、招财平台、项目管理等5套数字平台，率先打造市属“数字国企”；建成纪、审、法、安“四位一体”内控体系，企业发展安全稳定。

【潍坊三农创新发展集团有限公司简介】 潍坊三农创新发展集团有限公司是潍坊市级重点国有企业，资产规模近900亿元，下设二级全资、控股、控制子公司16家。聚焦三农服务、乡村振兴“两大主业”，打造农业服务、产业发展、涉农金融、和美乡村、项目建设“五个板块”，搭建东亚畜牧交易所、三农金融、农产品供应链、农业社会化服务等综合性服务平台，为经济社会发展注入了活力。

截至2023年底，集团总资产

868.98亿元、净资产290.75亿元、资产负债率66.5409%、营业收入32.87亿元、利润总额2.86亿元。东亚畜牧产品交易所积极推动畜牧全产业链布局，实现现货贸易额2.78亿元。三农金融服务平台充分发挥各类金融业态作用，全年融资20.17亿元，其中债券融资16.2亿元。深入推进国际高端果蔬种植基地、农业高科技智能孵化培训中心等涉农产业项目，协同推进产融新城等地方重点项目。全力以赴化解债务风险，累计为市、县两级国有企业提供融资担保161.52亿元、资金支持25.82亿元。牵头研究、推进组建的市级国企主体潍坊国控发展集团有限公司获评AA+主体信用评级，同步启动债券和项目融资工作，坚决守住不发生系统性金融风险的底线。

2023年度获评“山东省文明单位”荣誉称号。

【潍坊市公交集团有限公司简介】 潍坊市公交集团有限公司作为经营城市客运为主的国有公益性企业，产业链涉及汽车维修、加油（气）、驾驶员培训、广告传媒等业务。营运线路153条，线路总长度3239.71千米，中心城区公交站点500米覆盖率达100%，机动化出行分担率达41.91%，线网覆盖九区一县。

2023年，市公交集团不断优化城区公交线网，完成运营里程7701万千米，营运班次337.7万班，客运量6354.9万人次。开通300路胡同公交、301路微循环线路、BH8路、BH9路2条滨海区内线路。借助启用高铁北站枢纽站的时机，调整16条始发、经停线路，实现高铁、公交零距离换乘。在7条公交线路试点推行“响应式停靠”，打造6条“敬老爱老”文明示范线路。定制公交市场，开通就医专线、祭扫专线及美食游购专线、雪乡旅游专线。圆满完成了春节、五一、国庆等法定节日及驻潍院校开学季等关键节点，以及第40届潍坊国际风筝会、新青年音乐节、首届潍坊马拉松等8场重大活动的运输保障任务。加大新能源公交车推广应用，购置新能源定制公交车20台，淘汰老旧柴油定制公交车28台。截至2023年末，拥有公交车辆1590台，新能源和清洁能源公交车1433台，占比达90.1%。助力潍坊市被正式授予“国家公交都市建设示范城市”称号。

市场监管

【概况】 2023年，全市市场监管工作锚定“七个加力突破”“五个加快提升”，推动质量、标准、知识产权“三大战略”同向赋能，坚守民生底线安全，加快监管执法改革，取得明显成效。潍坊市时隔12年再摘中国专利金奖和省长质量奖正奖，食品安全、知识产权保护、质量工作均获省工作评议A级等次，推进质量强省建设、深化商事制度改革和知识产权三项工作获省委、省政府督查激励。

【质量品牌工作】 市委、市政府出台深入实施质量强市、标准化、知识产权战略加快推动高质量发展三个实施意见，组织召开潍坊市质量大会，市委主要领导在全省质量大会上作典型发言。优化质量服务模式，从企业、产业、区域三端发力，开展“质量惠企促发展”行动，组建30支惠企服务队收集解决企业质量问题。组织评选第十届市长质量奖，获奖单位5家、个人5名；金鸿新材料获得第九届省长质量奖，天瑞重工、得利斯集团董事长郑思敏获提名奖。出台《促进动力装备产业链高质量发展若干措施》，实施专利标准引航、质量基础保障、质量品牌示范、金融惠企赋能、监管执法护航“五大工程”。开展质量强县全域创建行动，质量强县累计数量达到3个、全省第一。联合潍坊银行推出“潍坊质量贷”金融产品，建立覆盖质量、标准、品牌、认证等要素的融资增信体系，是全省首个“质量贷”金融产品，也是全国首个惠及产业链的“质量贷”产品，副省长批示全省推广。建立高端品牌培育库，对入库企业开展集中培训、日常帮扶和现场指导，出具“一企一册”品牌培育手册，新增“好品山东”品牌11个，跃居全省第3位，对获评“好品山东”的组织给予20万元资助；加强品牌推介，组织参加青岛国际品博会和好品山东北京推介会，青州市作为全省唯一县级市赴京全域推介。发起设立质量基础设施一站式服务联盟，差异化打造19个质量基础设施一站式服务站点。制定《潍坊市质量基础设施一站式服务企业中心和质量基础设施服务驿站管理办法（试行）》，设立企业中心和服务

9月13—14日，2023全国产业计量大会在潍坊召开

（市场监督管理局　供图）

驿站24家，推动企业间资源共享，内燃机与动力系统项目入选国家质量基础设施集成服务基地试点。成功举办首届全国产业计量大会，搭建产业计量创新共享平台，促成潍坊市企业与26个国家产业计量测试中心达成战略合作，匹配23名国家产业计量测试中心专家开展“走进潍坊企业行”活动，磁悬浮产业计量测试中心以全国第一名成绩通过市场监管总局集中答辩评审。

【标准化工作】 开展“标准化高端专家潍坊行”活动，邀请全国知名专家为潍柴、豪迈等重点企业问诊把脉。建立“标准助企”问题清单，形成“企业—部门—专家”良性互动机制，以座谈、培训、现场指导等多种方式帮助企业解决问题。2023年，全市参与制修订国家、行业等标准142项、同比增加38%，批准发布市级地方标准51项、总数全省第一，企业标准和团体标准自我声明6万余项、保持全省首位。建立“重点培育、专项调研、一对一指导”机制，依托专家库和项目培育库，不断扩大标准化工作的覆盖面，优先选取工作基础好、工作成效快、参与积极性高的单位纳入项目培育，重点指导、积极争取，加快项目落地速度。2023年获批、建设完成国家级标准化试点10项、总数全省第一，获批省级重点项目24项、居全省前列。2023年4月3日全国磁悬浮动力技术基础与应用标准化工作组成立大会在潍坊市召开，已顺利完成3项国家标准的研制和申报。2023年5月29日全国蔬菜领域唯一国家技术标准创新基地顺利通过国家市场监管总局验收，围绕蔬菜育种、智能设施等方面制定各类标准181项。

【优化消费环境】 组织开展民生计量专项整治“百日行动”、民生领域价费整治、校园周边违法违规销售现象集中整治、民生领域案件查办“铁拳”行动，以及不公平合同格式条款、打击黑加油站点、拍卖活动、茶叶过度包装、加油机作弊、认证检测等专项整治行动，全市查办各类违法案件2.57万件。市委、市政府出台《关于深入开展“放心消费在潍坊”创建活动的实施意见》，组织开展了“放心消费在潍坊”深化提升十大行动，全市新增创建单位5.1万户、无理由退货单位3.3万户、消费维权服务站876处。严格落实投诉举报快速回应和“即应即办、一办到底”要求，办结投诉举报咨询15.4万件，消费投诉信息公示率100%，位居全省第一。

【优化发展环境】 制定《关于深入推进跨部门综合监管工作的实施方案》，组织开展信用提升行动，制定信用培育、事前警示、信用惩戒、信用修复、信息公示、差异化监管、年报便利度等20条措施，列入经营异常名录企业2.2万户，移出经营异常名录2073户，对172户严重违法失信企业实施联合奖惩。推进“双随机、一公开”监管与信用风险分类管理融合，拓展部门联合抽查领域至133个、事项至220项，开展联合检查1.3万户次。动态调整免予行政处罚、行政强制两张清单，确定免罚或不予行政强制事项119项，累计免予行政处罚、行政强制1203件，涉及金额5380余万元。深入推进反不正当竞争“守护”专项执法行动，全面完成重大政策措施公平竞争审查会审试点工作，废止妨碍统一市场和公平竞争文件3件。组织开展医疗乱象专项治理，深入整治重点领域涉企违规收费，加强工商业非电网直供环节价格监管，责令退还多收预购电价款

293万余元。推进广告智慧监管，深入开展医美行业突出问题专项整治、互联网违法广告专项整治，严查虚假违法广告。坚持“党建引领+N”机制，推动个体私营经济发展，加强与市邮储银行、潍坊银行、市农信联社的对接沟通，推进政银携手助力小微企业发展行动，市邮储银行召开对接会30次、走访业户16430户、投放贷款100.36亿元，市农信联社为个体工商户、小微企业新增授信70753户、660亿元，潍坊银行累计举办政银企对接会66场，对接客户16.95万户，新增小微贷款2640户、50.76亿元。

【食品安全监管】 高质量通过国家示范城市省级跟踪评价，指导9个县市区全部通过省级食安县年度检查，保持国家食品安全示范城市荣誉。建立示范引领、责任公示、闭环处置、工作评议等六项机制，全市食品安全“两个责任”四级包保干部包保督导完成率100%。新制定修订食品安全评议办法、约谈和重大事项督促落实办法、风险会商实施办法，建立“两书一函”责任督促落实制度，食品安全属地责任进一步夯实。针对监管力量不足的难题，创新实施食品领域专业执法检查工作制度，建立市级检查员队伍开展跨区域联合执法，全市共检查各类食品生产经营单位13.6万家次。出台食品生产监督检查事权划分指导意见，集合市县两级食品安全监管人员力量，组建食品安全专业执法队伍，每周开展随机检查和每季度组织异地交叉检查。开展临期、过期食品公开透明处置获省局发文推广。组织开展食品生产“提质强企”行动、食品安全高品质示范企业创建、食品安全事故实战应急演练、食品抽检多批次不合格企业帮扶行动、集中用餐单位食品安全问题专项治理行动，完成食品抽检6.15万批次。做深做实“透明快检”民生实事，快检食用农产品153.9万批次，为消费者免费检测9460批次。创新开展餐饮聚集区规范提升行动，45处餐饮聚集区完成提升工作。

【药品医疗器械化妆品监管】 扎实开展药品安全巩固提升行动、药品零售使用暨农村地区药品质量安全、医疗器械质量安全、化妆品“净网清源”等专项行动，加强第一类医疗器械生产企业监督检查，累计检查经营使用单位2.7万家次，查办药械化案件1581件；完成监督抽检1250批次，保持药品评价性抽检合格率100%。在全省创新建立麻精药品实名购买追溯系统，实现药品三级监管网格与基层社会治理网格“两网”衔接。组建由市药品安全事件应急处置指挥部25家成员单位60名专业人员组成的市级药品安全事件应急处置专业队伍，省市县三级联动，9部门共同参与，开展了“山东省暨潍坊市药品安全事件应急演练”。全市药械化安全状况总体良好，未发生重大药械化安全事故。

【特种设备安全监察】 组织专家“全面会诊”集中行动，全覆盖排查372家使用特种设备化工企业安全隐患，查改问题隐患2068处。深入开展燃气安全专项整治，新赋码建档气瓶70万只、增幅全省第一，全面完成5400千米燃气管道法定检验，相关做法被《经济参考报》刊发推广。深入推进企业主体责任落实，创新开展巡回宣讲12场次，专题宣讲5场次，编制图文并茂现场检查指南，督促指导2.1万家单位完成安全总监和安全员设置，相关做法被总局简报刊发。在全省率先实现特种设备使用登记全程网办和登记证书电子化，全面推行智慧电梯维保。

【产品质量安全监管】 在全省率先出台产品质量监督抽查不合格结果处理规范、工业产品质量快速检测工作指引，完成产品抽查110种2409批次；全覆盖快检1036家在营加油站，检验油品3338批次。组织对10大类重点产品80家生产企业开展“专家问诊”和质量帮扶，发现并消除安全隐患413处，提出质量改进建议194条。开展了燃气器具产品质量整治、食品相关产品质量提升、儿童学生用品安全守护、水泥产品质量专项整治、再加工纤维专项整治、生产许可获证企业全覆盖检查等整治行动。

【检验检测工作】 市检验检测中心圆满完成国家、省、市食品、药品、粮食、农产品检验检测任务6718批次，检出不合格70批次，在省级食品抽检考核中取得A级等次，全市食品、药品、粮食安全总体形势良好。4月份顺利通过食品、粮食、农产品、化妆品、土壤CMA检验检测资质换证评审，取得非食品类25个产品（项目）中的658个参数，食品类95个产品、415个产品（项目)中的3290个参数的检验资质。参与国家粮食和物资储备局标准质量中心组织的国家重点研发计划和重点专项，荣获国家重点研发计划联合应用示范基地称号。打造“1+X”检验技术服务平台，与中国农业科学院农产品加工研究所、山东省粮油检测中心共建“联合实验室”，强化产学研合作。强化“检监联动”“检刑联动”，搭建中成药、保健品150余种非法添加化学药物检测快速筛查确认平台，完成委托检验226件，协助公安机关侦破多起制假、售假案件。参与中国食品药品检定研究院、国家药品监管局、全国土壤普查办、省农业农村厅组织的能力验证30项，均获得满意评价。完成国家药品标准物质质量监测和协作标定项目5项，连续6年获得中国食品药品检定研究院表彰肯定。

（王燕燕）

知识产权

【概况】 2023年，全市发明专利授权4991件，同比增长27.42%，万人有效发明专利拥有量达21.88件，同比增长29.95%，均居全省第3位；万人高价值发明专利指标增长率为31%，高于全省平均水平；获得第二十四届中国专利奖金奖1项、银奖1项、优秀奖3项，获奖数量实现历史性突破；潍柴动力专利项目荣获中国专利金奖，歌尔股份专利项目获银奖，这是潍坊市自2011年以来时隔12年再次摘得金奖。

【知识产权运用促进】 实行“一对一”包靠指导，通过邀请专家实践帮扶、开展专题培训、专利挖掘、专利分析预警等举措，优化知识产权服务供给。2023年新增4家国家知识产权示范企业，累计17家；新增10家国家知识产权优势企业，累计62家。全市累计完成专利开放许可声明197件，开放许可试点工作初见成效。安丘博阳机械制造有限公司等20余家企业获得《数据知识产权存证登记证书》，迈出了数据知识产权工作第一步。“潍县萝卜”先后入选国家知识产权局第二批地理标志运用促进重点联系指导名录、第二批地理标志助力乡村振兴典型案例。

【知识产权行政保护】 加强知识产权行政保护，2023年处理专利纠纷行政裁决案件228件，查处知识产权违法案件275件，20家市场主体和个人列入严重违法行为失信名单。制定出台了加强绿色低碳技术领域知识产权保护、知识产权领域信用风险分类管理办法等政策文件，进一步夯实了知识产权保护政策机制。加快推进国家级知识产权纠纷快速处理试点工作，全面推行知识产权纠纷“三级多向”快速处理，合理布局建设维权援助工作站（所）160家、海外知识产权保护点2处，将触角延伸至一线潍坊市连续三年获全国知识产权行政保护绩效考核通报表扬，市知识产权保护中心在全国快速协同保护考核中列第6位。

【链式预审服务模式】 创新开展链式预审服务模式，加快释放企业创新发展动能，先后开展链式预审服务11次，累计服务近200件专利。探索实施“审前对接+审中合议+审后追踪”批量专利链式预审服务策略，构建“企业技术人员+专利撰写人员+预审审查人员”链式预审三方沟通机制，平均预审周期压缩至5天，预审合格率达89%。

（王燕燕）

统　计

【概况】 2023年，潍坊市统计局不断夯实统计基层基础，加快推进统计改革创新，精准服务经济社会发展，各项工作取得明显成效。连续15年保持“省级文明单位”荣誉称号，在全省“技能兴鲁”职业技能大赛中荣获团体三等奖，被评为2022年度全市政务信息工作先进单位，得到省统计局和市委、市政府主要领导的肯定认可。各县市区共招录新增统计人员20余人，市局积极争取周转编制3个，先后调入硕士以上专业人才3名，干部队伍年龄、学历结构持续优化；积极参加国家、省在线教育培训，举办市级统计业务能力提升培训班20余次，主动邀请省局领导和处室专家到潍坊开展专题辅导授课，共培训全系统3000余人次。

【数据质量】 牢固树立“数据质量就是生命线”理念，坚持专业联动、齐抓共管，确保数据“报得出、留得住、经起查”。管控制度更加完善。修订各专业统计数据质量管理办法，健全市县乡三级数据质量管理体系，扎实开展地区生产总值统一核算，完善统一核算数据质量评估机制，核算质量和数据公信力大幅提升。数据核查更加有力。组织工业、能源、贸易、投资、服务业等专业科室，逐一核查在库一套表调查单位和投资项目，发现并整改问题1391个，实现重点行业重点指标重点企业数据质量核查全覆盖，强化和规范了基础数据支撑。高质量纳统成效显著。推动市政府出台《高质量升规纳统工作实施方案》，建立由常务副市长任组长，26个部门和各个县市区共同参与的工作运行机制，着力推进高校餐饮服务企业、加油站、大个体等重点领域纳统。全市全年共新增“四上”企业1931家，其中月度纳统846家。

【统计服务】 坚持围绕中心、服务大局，积极为经济社会高质量发展提供坚强统计保障。监测预警能力不断增强。不断健全以地区生产总值核算为核心的分析预警机制，坚持分行业、分县市区测算月度（季度）主要经济指标预期完成情况，积极参与全市经济运行专项督导，“一对一”“面对面”给县市区把脉问诊；坚持做到报表前全面摸底、报表中每日调度、报表后审核评估相结合，每月4批次报送主要经济指标数据，为领导科学决策提供参考。

分析研究水平不断提高。注重“打开数字”搞分析，市局全年共上报统计分析113篇、动态信息287条，被省局及以上采用187篇次；报送“两办”信息1000余条，政务信息得分位居全市前列。其中，撰写的《潍坊与济青烟三市经济发展对比分析》《潍坊与烟台规上工业增加值率情况对比分析》《2023年经济运行情况分析》为领导决策提供支撑。

统计宣传力度不断加大。紧紧把握“立体”和“融媒”两个关键词，积极参与电视访谈活动、协同举办“五经普小课堂”、及时处理12345热线工单和在线答复等一系列宣传工作取得实际成效。

【依法治统】 坚决落实防惩统计造假、弄虚作假责任，不断提高依法统计依法治统能力。统计造假专项治理行动稳步推进。坚持高位推动、提级管理，梳理形成《主要统计指标风险点》，组织各县市区开展自查自纠，加强与纪委监委机关、派驻组、巡察办的沟通对接，联合纪委监委进行督导检查，推动统计造假专项治理行动走深走实。执法检查震慑有力。进一步完善统计执法多元联动机制，有理有据有节完成“突发舆情事件”和投资“有责修订”执法检查任务，按时保质做好统计督察反馈整改工作，全年累计执法检查企业（项目）549家（个），依法处罚统计违法企业12家，有力维护了统计工作严肃性。普法宣传教育务实有效。推动市委常委会、市政府常务会学习党中央、国务院关于统计工作有关文件精神10次以上，常态化开展“统计法进党校”活动，实现市县两级党校统计普法课程全覆盖。

【统计工作创新】 坚持把创新作为引领发展的第一动力，通过制度优化、技术变革，有效破解统计难点、堵点。统计制度方法改革稳妥实施。进一步完善文化、健康、旅游等派生产业以及“十强”产业、“四新”经济等统计指标监测体系，有益探索非公有、民营经济增加值核算办法，高标准完成乡村振兴、城市高质量发展等国家统计监测专项调查，有序推进数字经济统计监测工作。开展行政事业单位资产统计专项试点，有效解决在建工程、折旧计提、部分市政基础设施入账等方面问题，提出可参考意见建议，得到上级部门充分肯定。完成固定资产投资当月统计国家改革试点，为推进投资领域统计改革积累经验、贡献智慧。“互联网+统计”取得突破。全面升级改版市局统计内外网站，进一步完善网站智能检索、内容管理、互动交流等功能。持续深入推进统计数字化改革，借助“山东通”开设“全市经济指标查询分析系统”，设置指标数据查询、重点企业监控等模块，为高质量发展提供海量数据支持。

【经济普查】 坚持谋划从早、推动从紧、落实从严，高质高效完成第五次全国经济普查（简称“五经普”）各项阶段性工作。

组织保障坚强有力。持续深化“五经普”政府行为，积极争取党政主要领导支持，市级和各个县市区均成立由党政主要负责人为“双组长”的普查领导小组，先后5次组织全市“五经普”工作会议，推动市政府领导带队每月开展督导服务。与市委组织部共同印发通知，着力发挥好基层党组织战斗堡垒和党员先锋模范作用。

数据测算精准务实。充分运用普查年度收入法增加值核算办法，分季度分行业测算数据，全面分析缺口不足，认真研究应对措施，先后3次组织各县市区党政领导和市直部门主要负责人开展业务培训，2023年全市一套表企业收入法增加值增速逐季回升向好。

保障措施落实到位。各县市区机构组建、两员配备、经费保障、办公场所等落实及时到位，市级财政专门拿出资金安排“两员”补助；分期分层级对全市2万余名普查指导员和普查员开展培训，着力打造一支高水平的“两员”队伍；各县市区利用统计开放日、《统计法》颁布40周年等关键时点组织开展宣传动员，各方理解、支持、参与普查的氛围愈加浓厚。

单位清查圆满完成。认真细致划分普查小区1.1万余个，融合编办、民政、税务等部门行政记录生成信息完备的清查底册，统筹开展市级综合试点，进一步检验方案、熟悉流程、积累经验，主动引入第三方机构提供技术保障，单位清查工作顺利实施。全市采集法产单位和个体户数量均居全省第3位。

（潘国伟）

国家调查工作

【概况】2023年，国家统计局潍坊调查队深入贯彻习近平总书记关于统计工作的重要讲话和指示批示精神，认真落实党中央、国务院决策部署和省、市有关工作要求，锚定“走在前、开新局”，强化党建引领，优化统计基层基础，着力加强高质量统计调查服务，各项工作取得积极进展和显著成效，连续四年被评为潍坊市“政务信息工作先进单位”，荣获2022年度潍坊市委“上属驻潍单位支持潍坊发展综合评价”优秀等次。

【调查工作】紧紧围绕统计数据真实准确这个最重要的政绩，坚持专业联动、齐抓共管，确保源头调查数据质量。扎实做好粮食苗情动态监测和遥感测量工作、夏粮预产和实产调查、大豆玉米带状复合种植调查、秋粮生产形势监测等农作物对地调查；有序推进主要畜禽监测调查样本轮换工作，推动印发《潍坊市人民政府办公室关于开展主要畜禽监测调查样本轮换工作的通知》（潍政办字〔2023〕39号），认真组织新样本试调查；召开县级统计机构和县队主要负责人会议，推进住户类调查工作；坚持定人定点定时采价，认真做好工业生产者价格、住宅销售价格、居民消费价格调查；加大督导培训力度，提升劳动力调查工作质效；加强与企业联系，认真做好采购经理、新设立小微企业和个体经营户跟踪、服务零售结构等涉企类调查。

【调查服务】全面加强调查研究。共承接国家统计局山东调查总队和市委、市政府约稿调研120余次，其中承接总队部署的专题调研85项，在16个地市中列第1位。

全力提升服务质效。全年撰写调研报告120多篇，其中：中央领导批示7篇，省领导批示5篇，潍坊市委、市政府主要领导批示5篇；中办国办采用37篇，国家统计局采用16篇，国家统计局山东调查总队采用56篇。撰写各类工作信息370多篇，被评为潍坊市“政务信息工作先进单位”，荣获2022年度“支持潍坊发展综合评价”优秀等次。

【统计法治建设】坚决落实防范和惩治统计造假、弄虚作假责任，不断提高依法统计依法治统能力。

统计造假专项治理行动稳步推进。坚决贯彻党中央关于防治统计造假重要部署，研究制定《中共国家统计局潍坊调查队党组贯彻落实习近平总书记关于防治统计造假重要批示精神实施方案》，推动统计造假专项治理行动走深走实。

执法检查震慑有力。认真履行执法监督职能，印发年度统计法治工作要点，统筹谋划年度执法工作；及时向市委、市政府专题汇报国家统计局和山东调查总队统计法治工作会议精神；选派执法骨干参加总队“双随机”抽查，完成年内两轮统计执法检查，对9个调查专业开展数据质量核查；开展统计法治专题学习4次，召开统计法治专题会议1次，执法监督工作质效持续提升。

*普法宣传教育务实有效。*印发年度宣传教育工作计划，统筹谋划年度普法宣传工作，以统计开放日、普法宣传月为契机围绕统计法颁布40周年广泛开展普法宣传，坚持“逢会必讲法”“入户必普法”，推动普法宣传进社区、进机关、进企业、进商超，年内开展各类统计普法40余次。

【基层基础工作】 *推动发文加强国家调查工作。*推动印发《中共潍坊市委办公室 潍坊市人民政府办公室关于进一步加强潍坊国家调查工作的通知》（潍办字〔2023〕20号），从健全工作机制、加强人员经费和办公条件保障、辅调员选用管理、人才培养、部门协作、防范和惩治统计造假等方面，全面加强国家调查工作，指导县市区持续夯实调查基层基础。

*认真履行监管职责。*召开潍坊国家调查队进一步加强和规范市县队管理工作会议，传达学习国家统计局山东调查总队党组《关于进一步加强和规范市县队管理的意见》等文件精神，通过基层调研、飞行检查、数据质量核查、工作督导等方式，市县齐抓共促、一体推动潍坊国家调查队各项重点工作落实落地。

（孙雪玲）

农 业

综 述

【特色产业基地建设】 2023年，潍坊市依托本地主导产业和特色产业创建标准化示范基地，使潍坊农业由数量扩张型向质量效益型转变。2023年，全市创建国家级畜禽养殖标准化示范场1个，省级畜禽养殖标准化示范场10个，山东省优质畜产品基地5个，市级农业标准化生产基地20个。

【打造特色农业品牌】 2023年，潍坊市发展绿色优质农产品，对绿色食品、有机农产品加大政策扶持力度。潍县萝卜、昌乐西瓜、诸城绿茶、青州蜂蜜等潍坊特色农产品入选全国名特优新农产品名录，全年登录名录产品50个。桂河芹菜、安丘大葱、安丘大姜、昌邑大姜、山阳大梨、郭牌瓜茬萝卜、一正有机黑山猪、鸿雨抹茶、昌乐西瓜9个产品首批入选中国农耕农品记忆索引名录。

【农业标准化建设】 2023年，潍坊市围绕乡村振兴战略建设新型“潍坊标准”体系，打造标准化改革发展“潍坊模式”。围绕农业主导品种，按照“有标贯标、缺标补标、低标提标”的原则，在农产品生产、流通、电子商务等领域发布相关农业地方标准19项。

（王文卓）

种植业

【概况】 2023年，潍坊市粮食播种面积1030.46万亩，同比增0.12%；总产89.33亿斤，同比增2.22%；单产433.46千克/亩，同比增2.1%，粮食生产连续三年实现面积、单产、总产“三增长”。全市通过召开会议、撂荒地整治、定期调度、持续督导等形式，推动粮食生产目标任务落实落细。落实粮食安全党政同责要求，召开全市春季田间管理暨春耕备播工作推进视频会议、春季农业生产暨农产品质量安全工作会议、粮食产能提升暨大豆玉米带状复合种植现场观摩会议、“三夏”生产视频会议、“三秋”生产现场会议，研究部署粮食生产工作。

【重要农产品稳产保供】 蔬菜稳产供应落实“菜篮子”行政首长负责制，重点调度寿光、青州等6个蔬菜主产区160家蔬菜稳产保供基地生产，摸清“菜篮子”生产供给底数。2023年播种面积304.5万亩、总产1363.8万吨，新认证港澳大湾区“菜篮子”产品基地和企业8家，总数达到108家。果业转型升级，按照高质量发展要求，确定12家实施主体承担2023年果品产业高质量发展项目。加强品牌宣传推介，举办2023山东农技杯樱桃大赛、晚熟桃大赛和首批诸城抹茶出口发运仪式暨2023年诸城春茶开园仪式。全年园林水果面积55.05万亩、总产106.6万吨。2023年，潍坊市完成第三次全国土壤普查年度任务，市级样品库建成并投入使用，耕地表层样点外业采样11660个。

【主要粮油作物大面积单产提升】 2023年，潍坊市印发《全市主要粮油作物大面积单产提升行动实施方案(2023—2030年)》，以大豆、玉米、小麦为重点，从耕种管收、地种肥药全领域全环节找短板、补弱项，推广良田、良种、良法、良机、良制“五良”融合共促模式。依托诸城市、高密市2个全国玉米单产提升整建

10 月，诸城标准化苹果生产基地喜获丰收　　（诸城市农业农村局　供图）

制推进县和安丘市国家粮油绿色高产高效行动项目，围绕 25 个玉米单产提升“百亩田”、25 个“千亩方”和 11 个“万亩片”，16 个玉米、大豆、花生高产联合攻关示范点，1.058 万亩小麦玉米周年吨半粮田创建项目，集成推广贴茬直播、单粒精播、密植精准调控等大面积提单产关键技术，探索适合本区域的作物品种、精准管理、绿色植保、农机配套等农机农艺措施，辐射带动全市粮油大面积均衡增产增效。2023 年全市粮食平均亩产 433.46 千克、较 2022 年提高 8.91 千克，单产提高对增产的贡献达到 94.3%。分类型开展粮油高产竞赛，高产效果历年最好，在全省高产竞赛中成绩突出，高密市大牟家镇西刘家庄村大豆玉米带状复合种植实打合计单产 911.2 千克，全省排名最高；诸城市昌城镇昌城村玉米实打单产 1134.8 千克，历史上首次突破单季吨粮，排名第六；昌乐县郝部镇杨庄村花生实打单产 733.97 千克，排名第二。

【绿色发展】　2023 年，潍坊市实施化肥减量增效，开展试验示范，优化施肥模式，集成推广肥料新产品、施肥新技术和施用新机具。2023 年，全市示范推广“三新技术”面积 31 万亩，新增水肥一体化面积 19.9 万亩，增施商品有机肥 52.2 万吨，配方肥应用面积 608.7 万亩。实施农药减量增效，扶持病虫防治专业化服务组织，开展统防统治，带动群防群治。在园艺作物重点区域集成推广生物防治、物理防治等绿色防控技术，引导创建绿色生产基地，带动大范围绿色防控技术推广。2023 年，全市农药统防统治面积 1337 万亩次、绿色防控面积 819 万亩次。

6 月 5 日，高密市万亩良田家庭农场

（潍坊市农业农村局　供图）

【种业创新】　2023 年，潍坊市实施种业振兴行动，印发《打造中国农业种业硅谷行动方案》。加强种质资源保护利用，完成全国农作物种质资源普查，累计保存种质资源 34396 份，建成种质资源保护单位 6 家，其中寿光蔬菜种业集团是全省最大蔬菜种质资源库。构建开放协作、共享应用的种质资源精准鉴定评价机制。加强种业科技创新，依托北大现代农业研究院、华盛农业、华良种业等科研单位成立十字花科、茄果科等 10 个种业科研团

12月，寿光大棚西红柿长势喜人

（寿光市农业农村局　供图）

队，统筹种业创新发展专项资金2000万元，重点支持22家种业研发机构加强科研创新团队建设。潍坊市农业科学院选育的“潍麦13”通过山东省小麦新品种审定，“潍豆1897”被中国种子协会评为专家推荐品种。召开新品种观摩会，集中推广展示小麦新品种65个、玉米新品种75个，引导带动农民看禾选种。推进良种繁育，全市小麦、玉米制种面积分别稳定在12万亩、0.8万亩以上，种子产量分别达到6000万千克、400万千克，保障了全市种子供应。2023年全市共审定小麦、玉米、大豆等新品种7个，取得新品种权保护52个，登记新品种44个。

【农药监管】 2023年，潍坊市保障粮食、农产品质量和生态环境安全，聚焦小麦、生姜、豇豆等重点农作物用药产品，对监督检查过程中发现问题较多、列入重点监管范围的企业产品，监督抽查农药产品质量。全市创建标准化经营门店1300余家，提升农药经营服务水平。开展农药包装废弃物多模式回收处理，全年回收农药包装废弃物496.64吨，回收率达到79.43%。

【粮食资金扶持】 2023年，潍坊市落实各类粮食扶持资金超22.8亿元，支持稳定粮食生产。筹集资金6.49亿元支持高标准农田建设和耕地质量提升；落实耕地地力保护补贴6.96亿元、产粮大县奖励资金2亿元、农机购置补贴1.78亿元、三大主粮保险保费3.82亿元、玉米大豆带状复合种植补贴0.18亿元、实际种粮农民一次性补贴0.68亿元，调动农民种粮、地方抓粮积极性；拨付基层农技推广体系改革与建设资金0.14亿元强化粮食生产科技支撑；筹集资金0.77亿元专项用于小麦“一喷三防”、农作物病虫害防治、粮油等重点作物绿色高产高效创建，保障全市粮食安全。

【农业技术支撑】 2023年，潍坊市成立6个市级指导服务组，到一线联系指导夏收夏种、秋收秋种，协调解决困难，确保“三夏”“三秋”工作有序推进。对重点粮食作物分区域分作物分生育期制定技术指导意见，因时因苗因墒精准指导服务。持续开展“千人下乡·稳粮保供”农技服务大行动，指导单产提升、田间管理、防灾减灾等重点任务，加强气象灾害监测预警，制定防灾减灾技术意见和工作预案，做好物资储备和技术准备，小麦“一喷三防”、玉米“一喷多促”实施面积分别达到585万亩次、572万亩次，实现小麦、玉米大田全覆盖。

（郭忠春）

林　业

【概况】 2023年，潍坊市推进造林绿化，完成造林3133.33公顷。建立16处义务植树基地，累计植树652万株。沂山区域国土绿化试点示范项目全面完工。获中央林改资金252万元、省级补助资金110万元。

【林草资源和湿地保护监督】 2023年，潍坊市统筹要素保障与资源保护，保障津潍高铁等105个项目使用林地定额92.53公顷。出台《潍坊市市级公益林划定和管理办法》，规范公益林划定管理。寿光国有机械林场获批国家森林经营可持续试点，临朐县国有九山林场获批省级森林质量竞争提升示范化项目。争取省级以上资金933万元，实施湿地公园保护修复项目5个。出台《潍坊市湿地保护工作协调机制工作制度》。寒亭区禹王湿地获批国家重要湿地。

【古树名木保护】 2023年，潍坊市完成古树名木调查认定，公布一级古树148株、二级古树356株、三级古树2885株。建立市、县级领导包靠古树名木制度。安丘石埠子镇孟家旺村古银杏入选全国10株最美古银杏。诸城刘墉古板栗群入选全国100个最美古树群。

【自然保护地管理】 2023年，潍坊市制定《潍坊市自然保护地整合优化方案》，45处省级以上自然保护地整合优化为34处。《老龙湾风景名胜区总体规划（2021—2035年）》《临朐石门坊风景名胜区总体规划（2022—2035年）》获省政府批复。

【野生动植物保护】 2023年，潍坊市开展"护鸟行动""清风行动"等9个专项行动，出动执法人员5251人次，检查场所1867处，刑事立案47起，查获野生动物及其制品1166头（只），清理猎捕工具924套（件）。

【林业文化节会】 2023年，潍坊市举办第二届潍坊市"森林文化周"，开展30余场"特色产业"和"森林文化"活动。举办青州花卉博览交易会、北方（昌邑）绿化苗木博览会、全市林产品展示推介会暨首届高密井沟金蝉节、诸城首届花木产业生产•设计•应用对接会等。

【森林防火和林业有害生物防控】 2023年，潍坊市建成610人的森林防灭火巡查专业队和530人的森林防火半专业队，明确5个重点县市区、42个重点镇街森林防火责任人。完善防火基础设施，沂山、嵩山、仰天山等重点核心区域实现1000米取水半径作业圈，建有蓄水池294个，埋设大型储水罐848个，布设"拎水上山"储水14583处，辐射保护重点区域面积34.3万亩。持续开展专项行动，2023年全市无森林火灾发生。全市主要林业有害生物发生面积1.39万公顷，成灾率为0‰；完成调查监测面积179.67万公顷，监测覆盖率达到99.93%；完成防治作业面积8.55万公顷，无公害防治率达到99.04%，有效抵御松材线虫病入侵危害，有效防范美国白蛾等重点林业食叶害虫暴发成灾。

【林业科技创新】 2023年，潍坊市公布实施《潍坊市林业有害生物综合治理规范（第1部分—第4部分）》4项地方标准。《小线角木蠹蛾生物学特性和防治技术研究与示范》获2023年度山东省自然资源科学技术奖三等奖。潍坊市有6项成果获2023年度全省农林水牧气象系统工作创新、技术创新竞赛优秀成果奖。潍坊丰瑞科技有限公司董事长孙德东被聘为"国家级林草乡土专家"，高密市林业发展中心谭晓庆等4人被聘为"省级林草乡土专家"。

（张　帆）

畜牧业

【概况】 2023年，潍坊市推进畜牧业高质量发展，畜产品稳产保供、畜牧业提质增效、守牢动物疫病和生态安全底线三大重点工作取得明显成效，获评全省重大动物疫病防控工作先进市、全省畜牧业稳产保供优秀市、全省奶业振兴优秀市等。安丘市、寿光市被评为全省畜牧业高质量发展先行县，高密市被评为"兽药减抗全国先进县"。全国畜禽屠宰监管工作座谈会在潍坊召开，在全省畜牧业高质量发展现场推进会上潍坊作典型发言。

【规模养殖】 2023年，潍坊市肉蛋奶生产持续增长，总产量189.71万吨，同比增长7.8%，总量居全省第一，比全省平均增速高1.2个百分点，增速位居全省第四。畜牧业总产值343.8亿元，同比增长6.9%，比全省平均增速高0.5个百分点，增速位居全省第四。生猪生产稳定发展，对县市区生猪产能情况每月调度指导，新建场、新增产能等情况及时汇总，确保应统尽统。2023年，潍坊市能繁母猪存栏29.51万头、规模猪场1716个，完成生猪稳产保供。推进伊利集团10万头奶牛牧场项目，6处万头以上规模现代化奶牛场在临朐、寿光、滨海、昌邑、寒亭建设投产，存栏奶牛48732头。落实《潍坊市人民政府办公室关于加快奶业发展的实施意见》，兑现市级奶业发展扶持政策。加强生鲜乳日常监管监测，开展生鲜乳质量安全专项整治。推进中小牧场项目建设，2023年争取上级奶业新型经营主体培育中小奶牛牧场项目资金456万元，指导临朐争取全省奶业生产能力提升整县推进项

2023年，安丘市景芝镇正大360万只蛋鸡项目

（安丘市农业农村局　供图）

目2000万元。推动肉牛产业转型升级、提质增效和高质量发展，市县镇三级联动实施“4+12+n”布局（即4个龙头企业、12个重点镇街、若干个养殖小区）。引进安格斯、海福特等优质品种肉牛，存栏达到3.1万头。安格斯肉牛种公牛站通过省级初次评审。申报国家级安格斯核心育种场，打造全国安格斯肉牛主要繁育基地。中国国际电视台新闻频道（CGTN）向全球专题报道潍坊市发展安格斯肉牛的经验做法。央视《共富经》栏目专题报道潍坊盐碱地改良养殖优质肉牛先进经验。

【畜禽种业提档升级】 2023年，潍坊市落实市级《关于加快推进现代种业创新发展的实施意见》，对6家种畜禽企业，3家省级资源保护单位，给予90万元补贴；加强对潍坊普兰特汉种羊有限公司“潍坊市种业科研创新团队”项目的检查指导。完成畜禽遗传资源普查后续工作。完成“寿光鸡”性能测定。评估“寿光鸡”、中华蜜蜂、沂蒙黑山羊3家保种场。摸清种质资源底数，提高畜禽种质保护能力和保种水平。推进中新鸭、“寿光鸡”等国产畜禽市场化推广宣传。2023年，全市建成各代次种畜禽场126处，一级以上种畜禽场21个，整体数量连续三年增多、高代次种畜禽场逐年增加，畜禽保种能力和供种质量继续提升。

【农牧循环构建】 2023年，潍坊市贯彻习近平生态文明思想，落实《国务院办公厅关于加快推进畜禽养殖废弃物资源化利用的意见》，保供给与保生态并重、政府主导与企业主体并重、减排降污与资源利用并重，打造资源利用新兴产业，推广畜禽粪污资源化利用实用模式，加快构建农牧循环新格局，推动畜牧业实现绿色发展。截至2023年底，全市畜禽规模养殖场和养殖专业户畜禽粪污设施配建率达100%，畜禽粪污综合利用率稳定在90%以上。

【饲料兽药产业发展】 2023年，全市饲料生产企业481家，总产量1100万吨，产值500多亿元。兽药生产企业80家，总产值38亿元，其中生物制品5.26亿元，原料药13.95亿元，化药制剂6.85亿元，抗生素制剂5.14亿元，中药制剂6.76亿元。兽

7月，国家农综区胜伟牧业安格斯核心种群基地

（胜伟公司　供图）

药经营企业595家，经营额8.67亿元，从业人员2958人。山东方舟生物科技有限公司、山东信得科技股份有限公司、潍坊华英生物科技有限公司当选2023年度“齐鲁中兽药十大品牌”。28家饲料生产企业、7家兽药生产企业入选全省首批“现代畜牧业齐鲁样板饲料兽药示范生产企业”，数量居全省第一。高密被评为“兽药减抗全国先进县”。

【屠宰行业管理】 2023年，潍坊市推进牛羊禽集中屠宰，印发《潍坊市畜禽屠宰行业发展规划（2023—2025年）》，到年底共有牛集中屠宰场4处、羊集中屠宰场3处（2023年无新建）。创建畜禽屠宰标准化，共有全国生猪屠宰标准化示范场3家、省级畜禽屠宰标准化企业23家。畜禽屠宰企业标准化建设，发展养殖、屠宰、加工、配送、销售一体化经营。3家企业（山东铭基中慧食品有限公司、潍坊振祥食品有限公司、诸城外贸有限责任公司）入选全国畜禽屠宰质量标准创新中心全产业链健康肉试验示范基地；2家企业（山东得利斯食品股份有限公司、山东新和盛飨食集团有限公司）被评为“航母型”全产业链健康肉预制菜领军企业。

【重大动物疫病控制】 2023年，潍坊市推进强制免疫政策改革，规模养殖场强制免疫“先打后补”，开展散养户集中免疫，春秋两季集中免疫生猪553.36万头、牛40.58万头、羊96.66万头、鸡18848.04万羽、鸭9096.75万羽、鹅56.57万羽。持续监测动物疫病，全年共监测5153个场点218793份样品，在3017个场点对93226份样品进行血清学检测，在2136个场点对125567份样品进行病原学检测，群体免疫抗体合格率均高于国家标准，病原学检测均为阴性。开展高致病性禽流感、口蹄疫等6种病的流行病学调查，形成专项流行病学调查报告。强化动物疫情应急管理，分发20吨消毒药和部分防控物资，在潍城区举办潍坊市牛羊炭疽疫情应急演练。制定出台潍坊市种畜禽场主要动物疫病净化实施方案，对全市所有种畜禽场开展疫病净化。创建申报国家级、省级净化场，2023年潍坊市新建省级净化场6家，通过省级净化场复评估7家。到年底，全市共有国家级净化场3家，省级净化场25家。

【动物检疫电子出证试点】 2023年，潍坊市开展动物卫生工作提升年活动。开展无纸化出具产品B证试点工作，在全省率先开展出证工作，严把产地检疫和屠宰检疫关键环节，全年共检疫猪644.03万头、牛15.97万头、羊68.61万只、家禽30.07亿羽。强化病死畜禽无害化处理监管，在全省率先实现病死畜禽无害化处理监管系统与动物检疫电子出证系统互联互通。“山东潍坊病死畜禽无害化处理实践”被评为全国“病死畜禽无害化处理”典型案例。全年共处理病死猪139.76万头、病死牛0.38万头、病死羊0.44万头、病死家禽2.84万吨，屠宰环节0.85万吨。举办动物检疫检验员竞赛，在省级决赛取得个人第1、2名，团体第2名的成绩。全国执业兽医资格考试在潍坊举办。潍坊市承接考生2030名，是全国报考人数最多的地级市，连续14年零失误完成考务工作。

（李振华）

海洋与渔业

【概况】 2023年，潍坊市海洋产业生产总值1596.8亿元，同比增长5.6%；渔业产值118.6亿元，水产品总产量51.9万吨。全市拥有海洋渔船707艘，其中海洋捕捞渔船475艘，海洋养殖渔船227艘，休闲垂钓渔船5艘。

【海洋产业】 2023年，潍坊市实施产业提升、园区培育、项目建设“三大工程”，加快构建现代海洋产业体系。海洋动力装备产业提升，豪迈机械获评省“十强”产业（现代海洋）“雁阵形”集群领军企业，天瑞重工获批国家级企业技术中心和省磁悬浮动力技术标准创新中心。成立全国首家省级海水综合利用产业联盟，获批全省首家的沿海盐渍化生态循环治理试点。发展海洋新能源，3家企业加入省风电产业链联盟，国家大型风电光伏基地暨鲁北盐碱滩涂地千万千瓦风光储输一体化基地首批8个120万千瓦光伏发电项目全部建成并网发电。

【现代渔业】 2023年，潍坊市实施虾、贝、三文鱼3条百亿级全产业链工程和蓝色良种工程，加快现代渔业提档升级，新增国家

2023年，潍柴海洋装备动力产业园

（潍坊市海洋发展和渔业局　供图）

级水产健康养殖示范区1处、全国水产绿色健康养殖“五大行动”骨干基地3处、省级海洋牧场1处，建成全国首家国家级三疣梭子蟹良种场。按照养殖水域滩涂规划布局渔业养殖，水域滩涂养殖发证登记率达到100%，全市发放养殖证565宗，面积44424.09万公顷。示范推广一批成熟的生态健康养殖模式、良种良法和示范样板。盐碱地生态立体综合养殖模式入选农业农村部典型案例。全省水产绿色健康养殖“五大行动”现场会在潍坊召开。

【海域海岛管理】 2023年，潍坊市落实国家用海管控政策，依法依规监管海域海岛，重点核查围填海疑点疑区，开展2023年海域海岛专项执法行动，维护海域海岛开发利用秩序。向用海企业、群众宣传海域使用政策，发放《依法用海提示书》《海洋环保提示书》《海域海岛使用服务手册》500余份。加强自然岸线监管，对全市10段74.2千米自然岸线全覆盖动态监视监测，审查占用自然岸线用海项目，2023年全市自然岸线保有量和保有率均未减少，4个无居民海岛均未开发。

【海洋科技创新】 2023年，潍坊市推进海洋科技平台建设，超高速高压水动力平台正式列入崂山实验室核心公共平台，莱州湾海水入侵防控与土壤盐渍化野外科学观测研究站升级为部级站点。引进落地唐启升院士工作站，海水养殖生物育种全国重点实验室首批3个应用牵引基地落地潍坊。与自然资源部海洋卫星中心共建蓝碳遥感应用技术研究中心，与挪威水研究院签约共建中挪优质三文鱼国际联合研发中心，组建国际欧亚科学院（中国）山东夙沙卤源科学技术国家实验室。全市4个项目入选省重大科技创新工程，4个人才项目入选泰山产业领军人才工程蓝色人才专项。

【海洋对外合作】 2023年，潍坊市举办全国沿海滩涂盐渍化防控与海水综合利用产业发展大会、第二届夙沙论坛，揭牌山东沿海土壤盐渍化防治与盐碱地改良示范基地，成立山东海水综合利用产业联盟，建成全国首家海水入侵与综合利用监测展示平台。举办第五届潍坊国际海洋动力装备博览会海洋渔业智慧养殖生态（动力装备）发展论坛，搭建“云上展厅”，300多家国内外知名企业和国家级海洋科研院所参展，展会设置海洋动力装备、海洋工程装备、海水综合利用装备、海洋水产装备、海洋休闲旅游装备、海洋高新技术装备6个展区，展示海洋战略新兴产业新技术、新成果、新装备。

【海洋生态保护修复】 2023年，潍坊市推进岸线岸滩修复，建设完成中央财政支持潍坊市海洋生态保护修复项目，累计拆除盐田224公顷、牡蛎礁恢复33公顷、海堤生态化改造4千米等，有效提升沿海滩涂生态系统服务功能和海岸生态防灾减灾能力。持续推进互花米草治理，对全市互花米草分布区域开展现状调查，印发实施《潍坊市互花米草防治攻坚行动实施方案（2023—2025年）》，争取中央、省、市财政互花米草治理专项经费4021万元，全市完成互花米草治理面积1613.3公顷，实现分布区域治理全覆盖，总体清除率达到85%以上。

【海洋渔业执法】 2023年，潍坊市开展海域海岛、“美丽海湾”等专项执法行动，全年共组织海洋执法巡查抽查572次，出动执

8月，全国沿海滩涂盐渍化防控与海水综合利用产业发展大会在潍坊举办　（潍坊市海洋发展和渔业局　供图）

法人员265人次、检查用海项目1021个次，维护海洋开发利用秩序。对全市海洋渔船全部实施智慧化、信息化、全天候管控。在国内率先配发海洋渔船定位保暖救生衣，渔政执法获评全国渔业行政执法优秀案例。山东省海洋伏季休渔管理工作总结会议在潍坊举行。异地渔船管控经验做法在全省推广。开展海上安全监管"提升年"等系列执法行动，累计出动执法人员1548人次、排查渔船4623艘次、现场整治各类安全隐患183起，牢牢守住海上安全底线。

（马　康）

水　利

【概况】 2023年，潍坊市争取到省督查激励涉及水利的全部三项工作（重点水利工程建设、水资源集约节约利用、河湖长制工作），争取省级以上试点5项，获得省部级荣誉9项，在省级以上会议作典型发言9次。

【现代水网建设】 2023年，潍坊市推动"水网+"融合发展，实施联网、补网、强链，印发《关于加快全市现代水网建设全面提升现代水网综合效益的工作方案》，加强与国家骨干网、省级水网、县级水网衔接。39个项目列入省现代水网建设清单，2023年10月超额完成年度投资计划，完成投资17.83亿元，建设进度保持全省前列。潍坊市现代水网建设典型经验入选省委、省政府"十大扩需求"典型案例汇编，是全省现代水网建设唯一入选案例。历时3年的峡山水库战略水源地水质提升保护工程全线贯通，完成总投资29.16亿元，惠及11个供水县市区，作为备用水源为胶东地区提供水安全保障。

【水旱灾害防御】 2023年，潍坊市防灾减灾救灾坚持预防为主，完成806座重点塘坝安全风险排查整治、8座小型水库除险加固及5条河道防洪治理，升级改造洪涝灾害预报预警统一平台。汛前修订水库、河道、山洪防御预案，开展防汛演练，对山洪和小型水库等重点部位持续开展拉网式排查，整改各类防洪隐患179处。481处雨量监测站点、179处水位站点、388处山洪灾害监测站点实现重点部位全覆盖。运用大中型水库拦蓄洪水、削减洪峰，成功应对包括台风"杜苏芮"在内多场强降雨过程。争取省厅两项预案试点在潍坊落地完成，2条小流域纳入全省山洪四预小流域体系建设，北斗通信设备、声光电预警系统首次应用，所有小型水库建成雨水工情自动化监测系统。高崖水库创建成为全国首批、全省首个水利部标准化管理工程；牟山水库创建成为山东省标准化管理水利工程。

【农村水利】 2023年，潍坊市开展农村供水水质提升专项行动，印发《潍坊市农村供水水质提升专项行动实施方案（2023—2025年）》，完成6处水厂设施设备提升、110千米老旧供水管道更新和206个村庄供水设施改造，65万人受益。全市城市建成区之外的9091个村庄全部通水，自来水普及率达100%，居全省前列。昌邑市昌南水厂入选水利部农村供水标准化管理工程。推进灌区建设管理，灌溉供水量达1.4亿立方米，灌溉耕地面积390万亩。2023年，全市完成水土流失综合治理面积102平方千米，实施小流域治理工程5处，连续5年实现水土流失面积和土壤侵蚀强度"双下降"。实施河道生态补水2.25亿立方米，11条河流水系绿化全部达标。潍坊市获全省水土保持规划实施情况评估优秀等次。临朐县创建为全国水土保持示范县。青州市仁河水库等4处水库（河段）被评为省级水系绿化样板。

【河湖长制】 2023年，潍坊市建立“安全、生态、文化、智慧、法治”“五位一体”河湖治管模式，累计69条河段创建为省级美丽幸福示范河湖，年度创建数量（11条）和创建总数均为全省第一，150个镇街（园区）全部创建为市级全域美丽幸福河湖镇，完成全域美丽幸福河湖三年攻坚行动。《新华社山东要情动态（第98期）》刊发潍坊市打造美丽幸福河湖经验做法，省水利厅发文推广。市、县、镇、村四级5016名河湖长一线巡查35万余次，建立卫星遥感、无人机巡查、智慧监控、群众举报、人工核查的“空天地人”监管体系，河湖问题实现动态清零。完善“河湖长+检察长+生态警长+法治河长+河湖巡回法庭”的协作配合机制，依法打击涉河湖违法行为。安丘市经验做法入围“山东省河湖管理十大创新优秀案例”。

【水资源管理】 2023年，潍坊市提升水资源节约集约利用水平，制定出台《取用水规范化管理标准手册》，建立非法取用水常态化排查整治机制，累计排查整改非法取用水问题45个，实现问题动态清零。推动水权交易扩容提效。中国水权交易所在诸城市设立全省首个县级监管平台。全市累计完成水权交易量244万立方米。启动节约集约用水集成改革，开展4个合同节水项目和1个“节水贷”项目。县域节水型社会达标建设实现全域覆盖，累计创建省级节水教育基地6处、节水型高校14所、节水标杆单位14家、节水型单位（企业、小区）447家，节水型高校创建率（88%）和节水型单位数量全省第一。全市地下水超采区面积较2015年减少近50%，严重超采区面积减少近90%。潍坊市创作的《节水快板》被全国节水办评为最佳创意视频奖。

2023年，“共建美丽幸福河湖”志愿服务活动启动仪式在世界风筝都纪念广场成功举办
（张 浩 供图）

【移民管理】 2023年，潍坊市在全省率先建立省级移民产业扶持项目运营管理长效机制，分别投资6600万元、3900万元实施33个年度美丽移民村试点项目和13个产业扶持试点项目，2.1万名库区群众直接受益。在全省移民后扶劳动竞赛中潍坊市24个项目获得表彰。

【依法管水治水】 2023年，潍坊市深化“放管服”改革，推进取水许可、采砂许可等电子证照数据归集、应用和“不见面”审查方式，对水土保持方案报告表审批等承诺制审批事项即来即办，全年办理承诺制审批38件，技术审查43件，办结率、满意率均为100%。完善水利与公安、法院、检察、综合执法等部门联动机制。排查整改各类隐患问题376个。安丘市洪沟河巩固提升工程代表山东省接受水利部组织的水利建设质量工作考核。白浪河水库被评为水利安全生产风险管控“六项机制”省级试点优秀等次。2023年，潍坊市在中央财政水利发展资金省级评价中连续四年获得优秀等次。高崖水库和高密市节水教育基地被评为省级水情教育基地。寿光市智慧水利公共服务平台被评为“山东省公共视频智能应用五星优秀案例”。

（杨建成）

农业机械化

【概况】 2023年，潍坊市围绕乡村振兴战略实施和农机化供给侧结构性改革，推进农机化“两全两高”（全程、全面、高质、高效），提升农机化装备水平、农机化服务能力。全市农机总动力达到1137万千瓦，比2022年年增长3.11%，拖拉机达到17.9万台；联合收获机达到2.8万台。全市机械收获小麦33.2万公顷，适宜地块全面实现联合机收；机械收获玉米33.7万公顷，占适宜机收面积的99%。花生、马铃薯生产实现全程机械化。设施农业装备提高智能化、高科技含量，发展粮食烘干、无人机植保技术装备，全市农用航空植保无人机达到1584架。

【农机服务体系建设】 2023年，潍坊市农机合作社数量继续增加，农机专业合作社达到792家，入社成员1.24万人。2023年作业服务面积65.9万公顷。潍坊市推广3个全国“全程机械化+综合农事”服务中心典型案例，实行订单作业、托管服务、规模经营等新型经营服务模式，提供涵盖耕、种、收、植保、还田及烘干等一条龙、保姆式作业服务，形成以农机户为基础、农机服务组织为主体的全覆盖农机社会化服务体系。

【惠农政策】 2023年，潍坊市争取上级农机购置补贴资金17790万元，补贴各类农机具25265台，受益农户16133户；实施农机报废更新补贴资金249万元，报废机具393台，受益农户234户。推行农机购置补贴手机App、补贴机具二维码和物联网平台“三合一”办理，实行“一站式”便民服务模式，做到购机户“只跑一次腿办好农机补贴一件事”。加强补贴监管，严格补贴机具核验和办理时限，加快农机购置与应用补贴资金拨付进度，确保补贴资金及时足额兑现到农民手中。

6月9日，在诸城“三夏”机收现场会雷沃无人驾驶小麦联合收割机作业与运粮车对接　（陈媛媛　供图）

【农机化技术推广】 2023年，潍坊市坚持政府推动、政策拉动、融合驱动、示范带动、服务促动，在省级“两全两高”农业机械化示范创建中被确定为示范市，潍城区、临朐县被确定为示范县（市、区）。全市累计有11个县市区成功创建省级“两全两高”农业机械化示范县，实现农业县市区全覆盖。2023年中国农机推广“田间日”暨粮食作物高质量机械化播种技术培训在潍坊举办。活动以“机械化智能化推动粮油经产能提升”为主题，集中展示绿色智能高效增产技术装备，是粮油生产全程机械化高质量发展的标志性活动。来自全国各地农机化主管部门和农机鉴定推广机构的负责人和技术人员，以及当地农民合作社代表等300人参加现场活动，线上观摩人数达到20万人次。20多家农机企业的近100台套机具现场作业。活动内容包括无人农场智慧农业技术应用展示、夏收夏种高端智能农机作业演示、小麦机收损失率检测培训、粮油高质量播种田间教学、特色经济作物全程机械化技术讲解、拖拉机安全操作规范演练、联合收获机试验鉴定安全性评价交流等，围绕粮油“推技术、提单产”重点任务，涵盖粮油作物提单产、扩面积、减损失、防灾害等机械化技术。

【农机管理服务】 2023年，潍坊市提升农机检审服务质量，推进平安农机创建，强化牌证业务，规范队伍建设，印发《关于做好

6月，寿光小麦机收场景　　（寿光市农业农村局　供图）

2023年农业机械监理服务和检审工作的通知》，做好全年的拖拉机和联合收割机牌证管理、驾驶人考试和安全技术检验工作。全市累计办理拖拉机和联合收割机牌证业务7258次，其中新注册登记2591台，完成查验和检验拖拉机、联合收割机6130台次；累计办理驾驶证申领业务7957余次，核发驾驶证1545本，期满换证1951个。昌邑市被山东省农业农村厅、山东省应急管理厅评为2023年度省级“平安农机”示范县；青州市东夏镇、青州市高柳镇、昌邑市围子街道、昌邑市柳疃镇、寒亭区固堤街道被评为“平安农机”示范镇；青州韶华农机专业合作社被评为“平安农机”示范社。2023年，全市创建全国“平安农机”示范县区5个，省级“平安农机”示范县区9个、示范乡镇85个、示范农机合作社52个。

2023年，潍柴雷沃农业智慧科技有限公司成功研发340马力CVT无级变速拖拉机填补了国内空白　　（坊子区农业农村局　供图）

【山东省现代农业装备博览会】 8月10日，2023年山东省现代农业装备博览会在潍坊举办。博览会以“发展现代农业装备，助力农业强省建设”为主题，开拓农机产品销售市场，展示农机研发创新成果。参展产品涵盖种植业、设施农业、林果业、畜牧业、渔业、农副产品加工业等现代农机装备和配件。参展企业近200家，产品涉及800多个种类，近2000台套。参观代表涉及国家部委及全国15个省市区的农机管理、推广、教学、研发、生产、销售单位和农机合作社、农机大户等。博览会围绕智能农机、智慧农业、粮食安全、设施装备、新能源动力、黄河三角洲开发利用、产业发展政策等举办1场主题论坛和7场专业分论坛，进行智能农机现场演示。

（陈媛媛）

高标准农田建设

【概况】 2023年，潍坊市实施藏粮于地、藏粮于技战略。1月，2022年高标准农田建设项目通过市级竣工验收，诸城、寿光、安丘、高密、临朐、峡山等6个县市区总投资2.77亿元，新建高标准农田14.2万亩，新增高效节水灌溉面积7.65万亩。2023年度高标准农田项目建设涉及潍城、寒亭、坊子、青州、诸城、寿光、安丘、高密、昌邑、临朐、昌乐、峡山等12个县市区，投资6.5亿元，建设高标准农田30.1万亩，所有项目于11月底完工。年新增高效节水灌溉面积16万亩，年新增节水能力2046万立方米，

2023 年，高密市大牟家镇 1.45 万亩高标准农田建设项目
（郭　伟　供图）

年人均增收 288 元。

【保险管护】 2023 年，《潍坊市高标准农田建设项目工程运行管护实施细则（试行）》制定出台，市农业农村局联合市财政局、银保监会下发《关于开展高标准农田建设工程质量及管护保险工作的通知》。2023 年，全市共筹集保险资金 1083 万元，市财政列支 200 万元，落实保险管护面积 40.35 万亩。

【项目监管】 2023 年，潍坊市按照《农田建设项目管理办法》和《高标准农田建设质量管理办法》要求，对项目立项、项目建设、竣工验收、建后管护加强质量管控，落实“四制”（项目法人制、合同管理制、招标投标制、建设监理制）管理制度，实行项目法人负责、监理单位控制、施工单位保证和政府监督相结合的质量和安全管理体系。2019 年至 2023 年，全市累计投入资金 22.4 亿元，新建高标准农田 125.7 万亩，改造提升 11.7 万亩，发展高效节水灌溉面积 94 万亩，完成耕地质量提升措施 57 万亩，新建配套机井 11577 座，建设塘坝 162 座、小型拦河坝 19 座、泵站 492 座，疏浚沟渠 1218 千米，建设田间道路 1110 千米，农田防护林网 418 千米，农田输电线路 2614 千米。2023 年，全市累计建成高标准农田 608 万亩、占永久基本农田的 69%，年新增节水能力 9766 万立方米，提升粮食生产能力 1.5 亿千克，项目区年人均增收 352 元。

【全国整县级推进高标准农田建设试点】 2023 年，根据农业农村部等五部委《关于整区域推进高标准农田建设试点工作的通知》要求，潍坊市寒亭区申报全国整县级推进高标准农田建设试点县，是全省唯一入围的县市区。2023 年，寒亭区被农业农村部列为全国 25 个高标准农田遥感监测试点县，被省农业农村厅列为全省 2023 年 9 个高标准农田整县推进示范县。寒亭区“探索整县级推进高标准农田建设”入围中国改革 2023 年度地方全面深化改革典型案例，是全国高标准农田建设领域全国唯一。寒亭区整县推进示范区建设，预计利用五年时间，建设高标准农田 35.6 万亩，将寒亭区高标准农田建设项目打造成为全市高标准农田建设的标杆工程、样板工程，形成可复制、可推广的典型模式，通过辐射带动，提高全市高标准农田建设整体水平。

【耕地质量保护】 2023 年，潍坊市保护提升耕地质量，强化土壤及生态保护，提升土壤利用成效。在高标准农田项目区实施农业绿色发展项目，按照“填平补齐”要求，增加地力培肥、土壤改良等建设，整合秸秆还田、深松深耕、化肥农药减量增效、农用地膜污染防治、畜禽粪污资源化等措施，落实耕地质量建设标准，增强耕地生产能力。2019 年至 2023 年，高标准农田建设项目区内耕地质量保护提升措施投资 1.2 亿元，覆盖面积 57 万亩。从 2023 年开始，潍坊市新建高标准农田建设项目中，耕地质量保护提升技术措施亩均投资不少于 200 元，继续实现项目区全覆盖，全市耕地质量提升 0.2 个等级。

【智慧农田建设】 2023 年，潍坊市适应农业农村现代化需求，探索数字化、智能化在农田建设中的应用，利用“三农”大数据平台建设，打造智慧农田新模式。以第三次全国国土调查数据库、国土空间规划数据、遥感影像数据、耕地质量等级数据等为底图，叠加分析现有耕地、已实施项目等相关数据，综合生态条件、水土资源、集中连片、增产潜力、土壤污染和地质灾害等田块指标参数，运用信息化、智能化的监测技术手段建立高标准农田的天空地一体化数字化管护体系。利用遥感分析、无人机巡查、日常移动巡检、物联感知预警、大数据分析多种技术手段在线实时监管高标项目范围内各类农田建设工程运行效果情况。利用物联网、人工智能、大数据、互联网等技术建设智慧农业基础设施。建设农业设施智能控制系统，对农业监测站点的气象环境、土壤墒情、作物生长及现场灾害情况、虫情、植物病害等影响作物生长的重要参数实时监测管理，联动多层次分析，实现针对四情监测、节水灌溉、水肥一体等智慧农业设施的在线监测、远程智能控制，打造潍坊市高标准农田数字化管理新模式。到年底，全市数字化监管面积达到130万亩。

（苑　波）

农产品质量建设

2023 年，安丘市现场开展大葱质量安全监测

（潍坊市农业农村局　供图）

【概况】 2023年，潍坊市健全农产品质量安全治理体系，构建“监管责任网格化、生产过程标准化、质量控制信息化、监管措施制度化”的监管新模式，全面提升农产品质量安全治理能力和保障水平，农产品质量安全监测合格率稳定在98%以上。

【网格化监管】 2023年，潍坊市建立定区域、定人员、定职责、定奖惩农产品质量安全网格化管理体系，建立监管名录，实施生产主体网格化监管“一张图”工程。建立健全基层农产品质量安全监管队伍。依照《关于进一步加强农产品质量安全监管工作的意见》，在全市所有涉农镇（街）设立农产品质量安全监管办公室，编制人数不少于3人；设立村级监管员，每月给予配套补助。实施乡镇监管机构标准化建设。全市所有涉农镇街农产品质量安全监管机构达到“五有”“六落地”要求，即：有机构、有职能、有人员、有条件、有经费，任务目标落地、岗位责任落地、巡查制度落地、检测筛查落地、宣传培训落地、应对处置落地。规范镇街农产品质量安全日常巡查，指导生产主体质量安全控制技术。建立基层动物防疫安全协管员制度。在全省率先制定出台《加强基层动物防疫体系建设实施方案》，面向社会招聘基层防疫安全协管员，建设村级防疫员队伍。

【数字平台监管】 2023年，潍坊市发展数字农业，利用“互联网+”创建“阳光农安”智慧监管新格局。建设监管追溯平台，使用潍坊市农产品质量安全监管追溯大数据平台监管农产品质量安全，优化融合数据信息；与部、省农产品监管系统共享数据，实现部、省、市、县4级监管追溯信用系统互联互通，实现农产品质量安全大数据应用，生产主体名录、农资监管、质量控制、检验检测、执法处置信息“一张网”管理。建设全市信息化生产主体名录库，搭建农产品质量安全信用服务和数据共享平台，建立农产品质量安全信用档案。实现食用农产品承诺达标合格证数字化。智慧农安应用实现信息共享。利用AI、5G、高清影像识别等技术，融汇大数据应用清单，建立产销衔接、源头管控、联合检查、信息共享、案件协查等联动协作机制。

【制度监管】 2023年，潍坊市健

全农产品质量安全监管制度，采用问题导向抽检监测机制，突出问题发现率、处置率，现场抽样、现场制样，规范监测行为。建立农产品质量安全信用等级评价制度。对种子、农药、肥料等生产经营主体和规模以上农产品生产企业、农民合作社、家庭农场等生产主体实施信用等级评价，优化农产品质量安全诚信环境，规范农产品生产经营单位行为，提升农产品质量安全监管成效。推行食用农产品承诺达标合格证制度。根据潍坊市小农户、大市场、多品种、广区域的农产品生产格局，培训指导乡镇农产品质量安全监管人员和村级监管员，对食用农产品生产重点主体开展工作指导，推进食用农产品产地准出与市场准入有效衔接，提高食用农产品承诺达标合格证使用率和公众认知度。建立行刑衔接工作机制。依法依规严厉打击农产品质量安全违法违规行为，涉嫌犯罪的及时移交公安机关处理。

（王文卓）

乡村振兴

巩固拓展脱贫攻坚成果

【概况】 2023年，潍坊市坚持“争一流、争第一”目标定位巩固拓展脱贫攻坚成果，守住不发生规模性返贫的底线，全市3.9万户、7.1万名脱贫人口脱贫质量持续提升，2711户、5907名监测帮扶对象得到及时帮扶。被评为全省巩固拓展脱贫攻坚成果成效显著的5个设区市之一，连续三年在省考核中位列第一等次。召开市委农村工作会议、全市打造乡村振兴齐鲁样板先行区现场推进会议等会议4次，印发《关于做好2023年全面推进乡村振兴重点工作的实施意见》，把巩固拓展脱贫攻坚成果作为对县市区点评的重要内容。市县乡村振兴机构队伍定期对政策落实情况、群众满意度等内容进行实地督导，累计督导88个镇街、426个村，入户访谈616户。聘请第三方机构对全市巩固脱贫攻坚成果进行入户暗访，累计走访13个县市区4000户脱贫户，全市未出现返贫和新致贫现象。落实季调度制度，对发现问题跟进落实整改，确保政策落实不漏一户、不落一人。帮扶干部按照“每季度一次”走访要求，每半年梳理排查一次政策落实情况。全市选派第七批驻村第一书记903名，向197个党建引领乡村振兴样板片区村和党组织“跨村联建”村选派第一书记，实现脱贫村、“强基”村、乡村振兴任务重的村全覆盖。

10月27日，潍坊市巩固脱贫攻坚成果业务培训会议召开

（潍坊市乡村振兴局　供图）

【巩固脱贫质量】 2023年，潍坊市加强义务教育阶段控辍保学动态监控，强化学生资助救助，落实各学段脱贫享受政策及防止返贫监测帮扶对象家庭学生21259人次、资助金7362.1万元。调整医疗保障政策，帮扶户全部参加基本医保和潍坊惠民保险；按照“应签尽签”原则累计签约服务9.1万人次，覆盖率100%。排查农户住房安全，争取中央财政农村危房改造资金498万元，省级补助资金178万元，完成改造243户。投资3000万元实施农村供水工程维修养护和村级工程巩固提升，完成3处水厂设备设施改造、40千米老旧管网更新、206个村供水设施提升。社会救助兜底保障，为低保对象累计发放低保补助资金47466.2万元，保障特困人员，支出供养

金46210.9万元；实施临时救助8512人次，发放临时救助金1902.9万元；保障困境儿童生活，累计发放基本生活保障金7050.42万元。为在校残疾学生及残疾人子女学生发放助学补助资金1026万元，投入662.76万元为所有持证残疾人购买意外伤害保险，累计完成1531户困难重度残疾人家庭无障碍改造项目。

【防返贫监测帮扶机制】 2023年，潍坊市公开咨询救助热线，在村务公开栏公开12317等3部咨询监督电话，发放《防返贫监测帮扶对象申报政策“明白纸”》，引导困难群众主动提出帮扶申请。落实基层排查，镇村网格员、帮扶责任人随时关注困难群众生活情况；村级结合支部生活日每月研判村民致贫返贫风险。对相对困难户分类建立台账，每月重点监测防范返贫致贫风险。全市乡村振兴、残联、教育等8部门出台专门意见，常态化开展农村人口数据监测预警，通过比对返贫致贫风险信息筛查出存在致贫返贫风险的农户。借助第三方平台对涉贫舆情24小时监控，发现问题及时向基层交办，市级跟进督导核查。推行“一个清单”制度，对照《帮扶对象评估手册》中的政策落实防遗漏清单，每半年排查一次落实情况。2023年，全市新增监测帮扶对象188户、562人。运用“智慧帮”数据分析排查防返贫监测中发现和纳入不及时的问题，获取相关数据48万余条，分析出9356条疑似政策未落实问题，包括9大类共15项，基层核实1363条，全部完成整改落实。

【项目资金管理】 2023年，各级投入财政衔接资金3.49亿元，其中市财政投入资金9260万元，连续8年投入力度不减。潍坊市规范衔接资金监管使用建立双周通报制度，聘请第三方机构对2022年和2023年衔接资金项目进行全覆盖检查。规范项目建设管理，聘请第三方开展资金项目专项审核，审查近两年衔接资金项目档案528套、抽查扶贫项目管理档案300套，发现问题反馈基层核实整改。对新实施的286个项目实行周调度、月通报。争取中央专项彩票公益金支持欠发达革命老区乡村振兴示范区项目落户临朐，获得国家投资5000万元，全省仅有潍坊市临朐县和济宁市梁山县获批。继续打造省衔接乡村振兴集中推进区。安丘市整合引导行业资金、社会资本等集中投向第二批省衔接乡村振兴集中推进区，13个衔接资金项目、20个行业和社会资金项目年度项目计划全部完成。临朐县辛寨—东城街道衔接推进区获评全省首批衔接推进区中建设成效好的推进区，获激励资金500万元。

【金融支持】 2023年，潍坊市“齐鲁富民贷”建立常态化调度、通报制度，累计发放8132户，贷款金额25.5亿元。持续推进小额信贷和富民生产贷，新增脱贫人口小额信贷38笔163.5万元，新增富民生产贷6笔2650万元，共带动脱贫人口和监测帮扶对象405人。完成2022年度秋季、2023年度春季雨露计划补助发放工作，累计补助脱贫人口和监测帮扶对象4011人次，补助金额601.65万元。推进脱贫人口就业和公益性岗位开发安置，开展“稳岗就业”“迎新春送温暖、稳岗留工”活动，线下举办“春风行动”“就业援助月”等专项招聘活动。开展城乡公益性岗位扩容提质行动，安置脱贫劳动力就业2372人。制定《潍坊市2023年度产业扶贫项目收益分配工作指

9月28日，潍坊·聊城协作帮扶联席会议召开

（潍坊市乡村振兴局　供图）

导意见》，全市1042个产业项目实现收益8800万元，覆盖4000余村，惠及脱贫人口5.21万人次。2023年，全市脱贫享受政策人口年度人均纯收入14381元，较2022年增长8.8%；监测帮扶对象年度人均纯收入14267元，较2022年增长11.8%。9月28日，潍坊·聊城协作帮扶围绕资金支持、项目协作、劳务合作、人才交流、社会参与等方面对口协作，拨付协作帮扶资金1200万元，考察互访80余人次，新实施协作项目5个，双方举办线上线下招聘会13场，开展人才交流700多人次，社会组织和爱心企业累计捐助款物285.3万元。

（乔秀玉）

农村改革

【农村土地承包经营制度改革】 农村土地“三权”分置 2023年，潍坊市落实《农村土地经营权流转管理办法》，规范农村土地流转行为，指导流转双方按照法律法规和政策规定建立流转关系和利益关系，签订农业农村部规范流转合同文本，建立土地经营权流转台账，保障农民的农村土地承包经营权益。建立健全土地流转指导价格发布制度，为农村土地流转交易提供指导及基准价格。建立土地经营权风险保障金制度，昌邑等县市区探索实行“押一付一”“定额”或“年租金的50%”等形式缴纳风险保障金，存入三方监管账户防止支付风险。到年底，全市土地经营权流转面积487.8万亩，占全市家庭承包面积的58.3%，推广使用农业农村部示范文本22.8万份，涉及农户29.7万户、面积154.3万亩，累计办理土地经营权证、大棚所有权证5031个，贷款金额24.8亿元。

进场流转交易 2023年，潍坊市利用山东农村产权交易中心、公共资源交易中心等交易平台扩大土地流转交易市场覆盖面，开展土地流转供求登记、信息发布，规范农村土地流转交易行为。诸城、寿光、青州、高新、峡山纳入市公共资源交易中心，额度在20～60万元；昌邑、安丘、临朐、高密纳入山东农交中心平台交易，交易额度一般在50万元以上，以土地规模流转、资产购处置、工程建设等为主。土地经营权流转涉及农户较多或流转土地50亩以上的纳入农村产权交易市场进场交易，交易过程对外公开，土地流转意愿、价格、方式均由承包农户自主决定。

审查审核 2023年，潍坊市建立健全工商企业等社会资本通过流转取得土地经营权审查审核和风险防范制度，落实《山东省工商企业等社会资本通过流转取得土地经营权资格审查、项目审核和风险防范管理办法》，各县市区出台实施细则，坚持土地经营权流转程序合法合规，加强流转土地用途管制，制止耕地“非农化”、防止耕地“非粮化”，指导镇村依法依规开展土地流转。审查审核工商企业等社会资本流转土地的合规性。2023年，全市共审查审核工商企业等社会资本流转土地189件，流转面积3.6万亩。落实社会资本流转土地经营权审查审核风险防范办法，建立问题台账105个、风险监控台账19个，发现问题全部整改。

举办仲裁培训班 2023年，潍坊市提升基层农村土地承包经营纠纷调解仲裁解决水平，举办全市培训班两期，培训近200人，土地仲裁考核满分。

不动产统一登记与农村土地承包合同管理衔接 2023年，市农业农村局与市自然资源和规划局，完成农村土地承包经营权登记簿、合同、台账、数据等资料的复制共享移交工作。

【农村集体产权制度改革】 2023年，潍坊市清查全市9460个农村集体经济组织资产，农村集体资产总额和经营性资产总额分别达到638.85亿元、232.9亿元，比2022年分别增长3.39%、3.34%，年内新增股金分红3.68亿元，累计实现分红26.64亿元。开展农村集体资产监管提质增效行动，整改规范村级集体经济组织牌子2803个，新纳入账内（台账）管理资产3.75亿元、资源面积6802.95亩，化解村级债务3.74亿元。推行网审支付，全市100%的村实现代管资金双向监督，99.8%的村实现“一村一银行基本存款账户”，87.5%的村实现“银农直联”，资金收支全面监控，账务处理全程留痕。发展新型农村集体经济，建立资源发包、物业出租、居间服务、资产参股等多样化发展途径，全市6535个行政村集体经济收入全部达到10万元以上，100万元以上村达到709个，村均集体经济收入53.5万元。依托山东农村产权交易中心和公共资源交易中心，建设县镇两级农村产权流转交易市场，规范农村集体资产资源交易行为，推进农村集体资产进场交易，山东农村产权交易中心新增市场服务规模超62亿元。诸城市获批农业农村部集体收益分配权抵押担保试点，青州市入选全国农村改革精选案例。

【农村宅基地制度改革试点】 2023年，潍坊市提素计审批宅基地2012宗、同比增长33%。多种模式盘活闲置农房，形成深挖红色文化及历史遗产、用活现有土地政策和发展特色乡村产业等盘活模式。高密市、寒亭区获批山东省农村宅基地管理典型案例，数量居全省第一。2023年，潍坊市对寿光、青州、潍城进行七轮自建房安全专项督导。寒亭区实行国家级农村宅基地制度改革试点，在全省率先组建村级协管员队伍；东官亭村试行“择位竞价”方案解决宅基地分配，分两次批放宅基地16宗，增加村集体收入86万元；自主研发“寒亭区农村宅基地信息管理系统”和“寒亭区宅基地盘活系统”，寒亭区9个街道全部设立审批颁证一体化窗口，实现全链条办理业务。2023年12月，寒亭区试点通过农业农村部评估验收。

（李志强）

乡村产业振兴

【概况】 2023年，潍坊市保供给、强龙头、补链条、兴业态、树品牌，推动乡村产业高质量发展，农林牧渔业总产值1289.15亿元、同比增长5.5%，第一产业增加值674.3亿元、同比增长4.7%，总量均居全省第二。

【新型农业生产经营】 2023年，潍坊市省级以上农业龙头企业和合作社示范社分别达134家、439家，数量居全省第一。26家企业、103家合作社分别入选中国农业企业500强、农民合作社500强，数量居全国地市第一。规模以上农产品加工业营业收入2813亿元、同比增长5%，总量居全省第二。178个市级以上农业重点项目建设完成投资214亿元，超年度计划23个百分点。建设农业全产业链重点链，形成20家年产值过20亿元“链主”企业，蔬菜、畜牧、农机、花卉4个千亿级产业链。预制菜产业规模突破千亿元，生姜、果品、种业、奶牛等10个产业链产值过百亿，培育国家级产业集群2个，省级以上现代农业产业园总数达到12家。

【乡村旅游产业融合】 2023年，潍坊市发展“美丽经济”，发展生态旅游、休闲观光等新产业、新业态，全市农村电商发展到6000余家，网络零售额达264亿元，打造提升乡村旅游精品路线13条。青州市获批国家级农业绿色发展先行区，临朐县获评全国休闲农业重点县，山阳大梨获评中国重要农业文化遗产，桐峪沟村入选中国美丽休闲乡村，山阳大梨获评中国重要农业文化遗产，“畅享农趣·冬游青州”入选2023中国美丽乡村休闲旅游行（冬季）精品景点线路。

【农业品牌建设】 2023年，潍坊市95个绿色、有机农产品品牌获得认证，新入选全国名特优新农产品名录19个。举办农产品品牌大赛，参加农品展17次，“潍农好品·香誉四坊”品牌美誉度增强。

【农业科技】 2023年，潍坊市突破核心种源、数字农业等关键技术，农业科技进步贡献率达

2023年，寒亭区国家现代农业产业园，主要发展萝卜、西瓜、葡萄三大特色产业，持续带动周边群众脱贫增收（潍坊市乡村振兴局 供图）

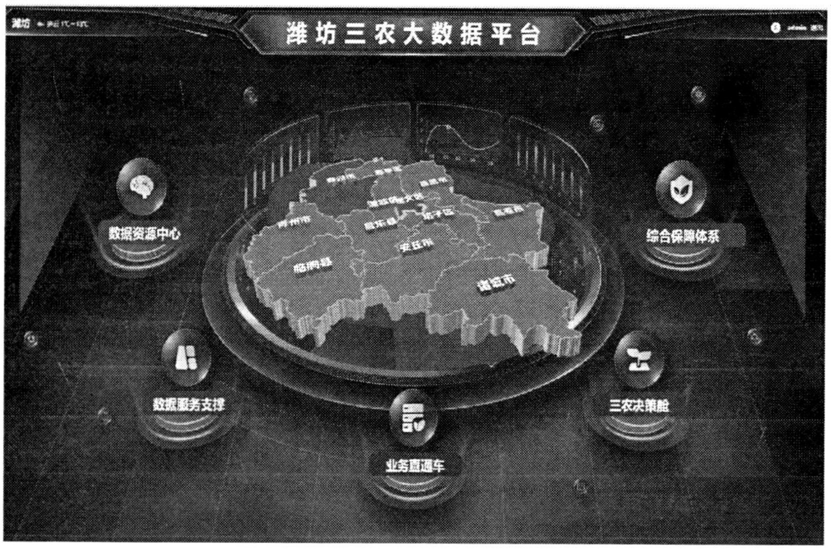

2023 年，潍坊市三农大数据平台建成并运行　　（王永成　供图）

70.6%、高于全国 7.6 个百分点，全市农村集体资产、经营性资产分别比改革前增长 32%、31%。培育国家种业阵型企业 4 家，“潍麦 13”等 7 个作物新品种通过审定，52 个品种获得植物新品种权，国家登记品种 44 个。

建成潍坊“三农”智慧大脑和“区块链 + 蔬菜”展示中心，建设 150 个数字应用场景，农业智慧园区达到 40 个，智慧农场、智慧牧场达到 200 多家，设施农业物联网应用率达 80%。2023 年，潍坊市创建省级智慧农业应用基地 38 家、省智能牧场 4 家，数量居全省第一。“区块链 + 蔬菜”创新应用试点获评中央网信办区块链创新应用案例和农业农村部数字农业农村优秀案例。

【农业开放合作】 2023 年，潍坊市推进国家农业开放发展综合试验区建设，农产品出口额连续 5 年突破百亿元，举办中国—东盟数字农业论坛等 26 个国家、省级会议活动。乡村振兴高端人才总量达到 2300 余人，建成市级以上农民培训基地、“田间学校”100 处，农村实用人才达到 32.5 万人，64 人入选 2023 年度“齐鲁乡村之星”、数量居全省第一。率先通过宅基地基础信息调查成果省级验收。建立多元投融资机制，涉农贷款余额达到 5927.9 亿元。全域推进国家农业开放发展综合试验区建设，落地建设中日韩现代农业产业园、中国—乌拉圭肉牛产业“两国双园”等国际园区，形成 33 项制度创新成果，农产品销往 136 个国家和地区，出口额连续 5 年突破百亿元。

（刘　敬）

乡村建设

【概况】 2023 年，潍坊市运用“千万工程”经验，全面落实中央和省市农村工作会议部署，按照乡村建设为农民而建的要求，分类推进、示范带动，重点部署普惠性、基础性、兜底性民生建设，统筹农村基础设施和公共服务布局，加快建设宜居宜业和美乡村，出台《潍坊市乡村建设行动实施方案》，印发《潍坊市 2023 年乡村建设工作要点》《潍坊市 2023 年度乡村建设任务清单》。累计创建省级和美乡村示范村 267 个，市级和美乡村示范镇 40 个、示范村 2000 个；2023 年度 117 个省级和美乡村示范村按照方案要求有序推进。

【基础设施】 2023 年，潍坊市累计完成新建改建农村公路 405.8 千米、路面状况改善工程 1989.8 千米、危旧桥梁改造 21 座、重要村道或三级以上村道安保工程 190.7 千米，完成投资 15.7 亿元。农村供水工程建设投资 2900 万元，农村供水工程维修养护和村级工程提升改造涉及 13 个县市区，共完成 6 处水厂设施设备改造、40 千米老旧供水管道更新、206 个村庄供水设施提升，受益人口 65 万人。全市 62 个镇街实现管道天然气“镇镇通”，35 万户农村居民使用管道天然气，累计完成农村清洁取暖改造 40.09 万户，全市“气代煤”改造 34.3 万户、“电代煤”改造 4.93 万户、集中供暖 0.86 万户。新建 110 千伏变电站 6 座，新建改造 10 千伏线路 730 千米，累计完成 386 个自然村电网改造。累计建成 8 个县级快递园区，54 个乡镇共配中心，130 个村级寄递物流示范综合服务站。乡村地区“双千兆”网络建设实现所有行政村 4G 信号、光纤、广播电视全覆盖。建设农村地区 5G 基站 6429 个，行政村 5G 网络通达率达到 70%。农村“雪亮工程”建设实现 6863 个技防村主要道路、公共场所、

2023年，青州市邵庄镇全貌　（潍坊市农业农村局　供图）

重点区域和重要部位视频监控全覆盖。

【公共服务】 2023年，潍坊市加快实施乡村教育强校扩优行动，全市乡村学校覆盖率达96.37%，乡村幼儿园覆盖率达到85.71%，改造提升乡村中小学112所、幼儿园252所。提升乡村卫生服务，持续推进国家“优质服务基层行”活动，新增国家推荐标准机构9家，所有乡镇卫生院、社区卫生服务中心达到国家基本标准。建成甲等乡镇卫生院96处、社区医院39处、建成中心村卫生室663处，构成以乡镇卫生院为枢纽、中心村卫生室和一般村卫生室为网底的农村医疗卫生服务体系，形成农村地区15分钟医疗圈。建设农村养老服务设施，累计实施特殊困难老年人家庭适老化改造8203户。建设乡镇区域性养老服务中心64处，建设农村幸福院563处，建成助老食堂761处。到年底，全市共建设“如康家园”残疾人之家161处，在全省提前一年率先实现镇、街建设全覆盖。开展辅助性就业1252人，日间照料服务2045人，康复服务1554人，减轻残疾人的家庭负担。新增实名安置乡村公益性岗位人员47952人。

【农村危房改造】 2023年，潍坊市完成农村房屋安全隐患排查整治三年工作。全市共排查农村房屋185万户（处），初判存在隐患8764户（处）全部完成鉴定评估，鉴定为C、D级危房8567户（处）。对经评估、鉴定存在安全隐患的房屋，向房屋产权人（使用人）发出房屋安全整治告知单，落实产权人（使用人）主体责任，长期无人居住房屋全部悬挂警示牌，有人居住的房屋人员搬离。通过修缮加固、拆除重建、停止使用等措施限期整改。农村低收入群体危房改造，印发《2023年农村低收入群体等重点对象住房安全保障工作实施方案》，争取中央和省补助资金676万元，支持危房改造265户，提前超额完成年度改造计划。建立部门间数据共享更新，精准识别农村低收入群体等6类重点对象，确保农房信息数据准确，为动态监测提供技术支撑。全市组织农村建设工匠培训，累计培训农村工匠773人。开展全年农村房屋安全督导，加大帮扶力度，保障农村低收入群体“住有安居、住有宜居”。

【农村厕所改造】 2023年，潍坊市农村无害化厕所实现应改尽改、愿改尽改，完成新改厕1944户，累计改造完成农村厕所79.5万户，惠及群众200余万人，1668个300户以上的自然村实现公共厕所全覆盖。开展农村户厕问题摸排整改及“回头看”活动，召开全市农村改厕问题摸排整改“回头看”暨农村改厕质量提升大比武活动会议，对农村改厕技术路径、使用管理、后期维护等开展常态化排查整改，现场摸排70余万户。整县制农村改厕第三方管护机制在寒亭区、青州市、寿光市、昌邑市、昌乐县等实行。落实国家开展农村改厕“提质年”工作要求，印发《农村改厕提升行动实施方案》，开展新改厕质量大比武活动，相关县市区逐村逐户自查整改，市住建局成立帮扶小组下沉一线帮扶检查。2023年1月，潍坊市改厕模式在《党的十八大以来山东住房城乡建设事业高质量发展成就巡礼》刊发宣传；5月20日，潍坊市作为全省唯一地市受邀参加全国农村厕所革命现场会并作交流发言；8月31日，潍坊市在全省农村改厕工作视频会议上做典型发言；潍坊市、寿光市、青州市农村改厕相关典型做法多次被省住建厅

4月8日，临朐县九山镇青杨峪村人居环境整治后村貌

（杨兆宁　供图）

【清洁取暖改造】 制定印发《潍坊市2023年冬季清洁取暖工作实施方案》《全市冬季清洁取暖工作进展情况调度通报制度》，采取周调度、周通报督导改造，完成清洁取暖改造城市（县城）104.7万平方米、农村9.9万户，既有建筑能效提升城市（县城）80万平方米、农村2000户任务。对清洁取暖设备质量安全开展现场检查，全年组织现场帮扶5轮，累计检查89个镇街、181个村，发现并整改问题135个。落实农村清洁取暖改造企业和村（居）"双安全员"制度，定期进行安全培训，对管线路和设施设备进行安全检查、检测，进村入户讲解取暖设备安全使用注意事项。2023年10月，省环保厅对寿光市、昌邑市农村清洁取暖改造情况进行督导检查，省帮扶组对清洁取暖工作给予高度评价。昌邑市经验做法被《朝闻天下》等媒体报道，在《农民日报》《大众日报》发表，在潍坊市推广学习。

在全省发文推广。

【建制镇污水处理】 144个行政村生活污水治理任务全部完成，全市完成3656个行政村生活污水治理，累计治理率达到50.97%，全市24处农村黑臭水体全部治理完成并保持长治久清。建制镇生活污水处理坚持因地制宜、协同共治，采取"线上、线下"长效运行机制。2023年，全市建制镇生活污水处理设施提标改造3处，分别是寿光市侯镇新建提升泵站2个，昌邑市饮马镇新建镇区生活污水管网7千米，临朐县蒋峪镇新建生活污水收集管网14千米。市住房和城乡建设局与市生态环境局、市农业农村局、市城市管理局、市水利局等部门联合下发《关于转发山东省2023年度汛前河湖水质超标隐患排查政治行动实施方案的通知》，对全市建制镇生活污水处理厂全面摸排整改。高密市、昌乐县参与"揭榜挂帅"行动，探索整县制打包运营模式。全年共帮扶建制镇生活污水处理厂15座，建制镇生活污水处理站10处。潍坊市相关做法被省住建厅刊发推广。

【农村垃圾处理】 建立"县、镇、村"三级保洁机制，全市农村生活垃圾全部实现集中收运、无害化处置和常态化管理。全市开展垃圾分类村居1100个，覆盖农村居民80多万户，设置垃圾分类投放点6800个，完成四旁植树约433万株。开展村庄清洁行动"春节战役""春季战役""夏季战役""秋冬战役"。全年累计清理农村生活垃圾232万吨、残垣断壁（废弃荒芜宅基地）8463处。

【小城镇创新提升】 2023年，潍坊市8个建制镇入选省级小城镇创新提升试点。青州市邵庄镇、诸城市辛兴镇、寿光市羊口镇、安丘市景芝镇、高密市夏庄镇、昌邑市柳疃镇6镇获评县域次中心镇，临朐县寺头镇、昌乐县鄌郚镇2个镇获评特色专业镇，试点镇数量位居全省前列。全市72个小城镇创新提升重点项目纳入省重点项目库，其中储备项目5个，新建项目39个，续建项目28个，计划总投资约263亿元。

【特色镇村保护】 2023年，潍坊市共创建省级历史文化名镇8个，包括青州市邵庄镇，寿光市侯镇，安丘市石埠子镇、柘山镇、辉渠镇、景芝镇，临朐县冶源镇、蒋峪镇；国家级历史文化名村1个，昌邑市龙池镇齐西村；省级历史文化名村9个，包括寒亭区寒亭街道杨家埠村，青州市王府街道井塘村、弥河镇上院村、王坟镇赵家峪村，安丘市辉渠镇雹泉村、黄石板坡村、石埠子镇庵上村，昌邑市卜庄镇姜泊村、龙池镇齐西村等。17个历史文化名镇名村保护规划编制完成，规划时间覆盖至2035年，与新一轮国土空间规划衔接。青州市邵庄镇等制定具体区域控制规划，推动“保护规划”向“控制性详细规划”延伸。

名镇名村从单一性保护转为“点、线、面”结合的系统性保护，依据历史风貌特点，采用传统材料、技术、构造等进行改造。杨家埠村传统风格整体改造试点将老字号经营场所按照历史风貌统一修缮，恢复原有从业状态，实现“修旧如旧”“原汁原味”。

活化利用历史文化名镇名村文化资源。龙池镇利用历史文化名村周边闲置宅基地，建成“齐氏牛街”特色美食民俗街，打造集乡村旅游、特色餐饮、民宿度假于一体的特色文旅小镇，累计接待省内外20余万人参观学习。

（马玲玲　王茂范）

乡村治理

【概况】 2023年，潍坊市创建五星级村党组织2400多个，全市所有行政村农村集体经济收入达到10万元以上。推行网格化、社区化、信息化、积分制“三化一制”治理机制，落实“阳光议事日”等制度，推广“道德银行”治理模式，36个村创建为全国民主法治示范村，1个镇、8个村入选国家乡村治理示范镇村。

【基层治理体系】 2023年，潍坊市健全基层治理组织架构，纵向构建“社区党委—村（小区）党支部—网格党小组—党员联系户”一贯到底的组织体系；横向通过组织共建、互联互动方式，细化实化镇街与企业、驻区单位、社会组织联合协作和城市社区“1+4+N”团队，实现社区、片区“大党委”。诸城市按照“界定清晰、规模适度、任务相当、方便管理、无缝覆盖、相对稳定”的原则，统一编码、地图标识，将259个城乡社区划分为1690个网格，其中居民小区网格1497个，专属网格193个，设置生活类微网格9606个、生产类微网格3859个，网格员5504人。2023年，潍坊市制定基层治理权责清单，定人、定岗、定责，将疫情防控、森林防火、综治维稳、防汛防溺水等9大类47项任务纳入基层乡村治理工作。

【基层治理效能】 2023年，潍坊市成立“网格服务党建联盟”，建立政、银、医、企四方协作，开通“便民通”服务热线，金融、医疗、通信等服务上万次。研发服务小程序，推广“一键呼叫”系统，建设智慧服务平台。青州云门山街道的“码上就办”借助“百姓管”线上服务平台，将居民保险、老年补贴等11项高频民生事项纳入全程网上办理，企业服务、咨询代理等18项事项通过帮办代办实现就近办理。清理规范在农业农村部门登记赋码的村级集体经济组织牌子数量2803个。

【农村“信用+”体系建设试点】 2023年4月，潍坊市根据《山东省农业农村厅关于开展构建农村“信用+”体系统筹推进美德山东和信用山东建设试点工作的通知》要求，在寿光市、临朐县开展试点工作。寿光市推进“美德寿光、信义菜乡”建设，依托农村商业银行业务平台，选取洛城街道、台头镇部分村和新型农业经营主体开展试点。临朐县在五井镇花

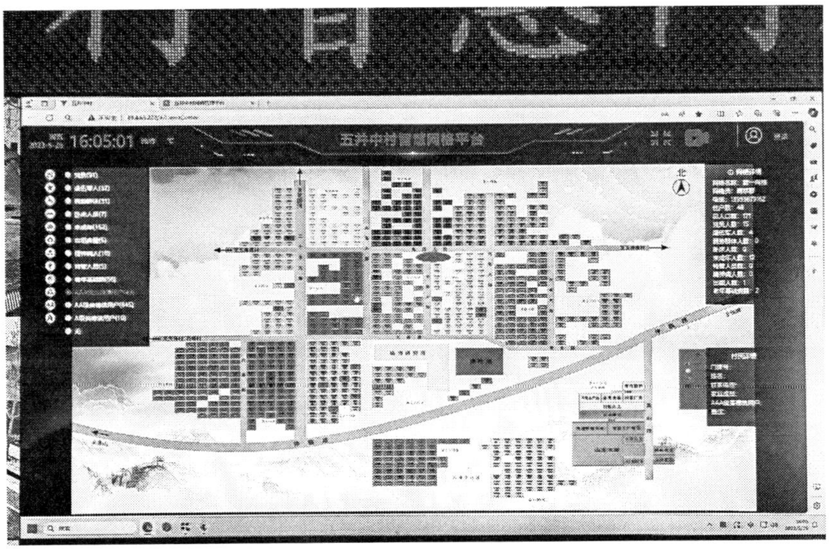

5月，临朐县五井中村“信用+”体系建设根据综合打分为各户赋予相应的信用等级（冯锱鑫　供图）

园河村、五井中村成立信息采集小组，确定积分考核细则，纳入智慧网格管理，制定信用激励办法。临朐县推出优惠购物、优惠乘车等应用场景，制定五井中村“信用+”体系评分细则，推进试点积分金融转化。寿光市、临朐县对试点农户和新型农业经营主体分别发放信用激励贷款4000万元、50万元。

【农村集体“三资”管理】 2023年，潍坊市推行网审支付，全市100%的村实现代管资金双向监督和“一村一银行基本存款账户”，89.25%的村实现“银农直联”。农村集体资产监管提质增效，整改规范村级集体经济组织牌子2803个，新纳入账内（台账）管理资产3.75亿元、资源面积6802.95亩，化解村级债务3.74亿元。专项整治农村集体“三资”侵占挪用问题，累计发现整改不规范合同7195份，清查收回违规占用资产25处，清查收回违规占用资源2794.39亩，实现农村产权进场交易9344.45万元，交易资源面积7057.29亩，增加村集体年收入6380.23万元。有关做法14次在省专班《工作动态》刊发。寒亭区在全省专项整治工作交流会上作典型发言。举办10期经济强村会计培训班、培训832人。获省农村集体资产管理工作表现突出集体1个、突出个人4名。

（沈小明）

乡村文明

【概况】 2023年，潍坊市创建全国文明村镇24个、省级450个，全国文明家庭3个、省级50个，按照省委、省政府民生实事要求营造农村文明殡葬、厚养礼葬新风尚，开展“反对浪费 文明办事”移风易俗专项活动。

【文明乡风】 2023年，潍坊市制作移风易俗、美德健康为主线的公益广告在城市主次干道、旅游景点、农村社区等滚动播放。常态化开展文明村镇、文明社区、文明家庭和道德模范等群众性文明创建活动。汇总宣传县、街道、村（社区）三级移风易俗5个重点突出领域专项治理典型经验做法和各级各类工作典型、先进人物、工作案例、具体措施、创意项目等。印发《文明婚俗新风倡议书》《幸福婚姻指导手册》等1.2万余册。寿光市稻田镇崔岭西村印制《革除婚丧陋习，树立文明新风》倡议书，采取喇叭广播、张贴标语、文化墙等形式开展宣传。

【殡葬改革】 2023年，潍坊市累计建成公益性公墓1541处；筹集省级补助支持、市级预算列支共865万元，对节地生态绿色公益性公墓建设任务成效显著的县市区进行奖补。全省公益性安葬（放）设施建设现场会在寿光召开，总结推广农村公墓改造提升、移风易俗经验，民政部简报刊发寿光经验做法。2023年，潍坊市共建成8533个红白理事会。会长由村党支部书记兼任，吸纳老干部、老党员、老教师、老战士、老乡贤“五老人员”参加，发挥引领文明作用。全市通过视频、网络会议分批分级完成476场次55071余人次的全员培训，实现红白理事会覆盖率和参训率双100%。青州市邵庄镇马石西村修订村规民约，完善道德评议会、红白理事会、村民议事会等，推行“喜事新办、丧事简办、小事不办”等民约新俗。建立“市主抓、县主体、乡主推、村主责”的四级联动工作机制，制定移风易俗行动三年具体工作计划。成

2023年，昌邑市民政局婚姻登记中心在七夕节当天向过往群众发放移风易俗宣传手册，讲解婚俗新政策（曾繁胜 供图）

立移风易俗志愿服务队，采取喷绘固定标语、大喇叭广播、出动宣传车、发放明白纸等方式，到各镇街区入村宣传。寿光、安丘、临朐被确定为山东省“礼安齐鲁”丧俗改革省级试点。开展“厚养礼葬　反对浪费”丧俗改革专项行动，推广寿光市“五个一”殡葬流程模式、青州市多村统一地点办丧事模式。

【婚俗改革】 2023年，潍坊市举办“美德潍坊　七夕送囍”婚俗改革暨集体婚礼、“邮储银行杯”潍坊富华游乐园大型相亲会、“情越千年·爱在古城”青州古城集体颁证和集体婚礼，建设潍坊市婚俗改革实践基地、美德健康新生活示范点。邀请全国文明家庭代表、全国最美家庭代表、老党员等为新婚当事人累计颁证89场次。在省级试点寿光、市级试点坊子、潍城、高密等地承办全省婚俗改革进机关宣讲活动。昌邑市“自行车上的婚礼”节目在全省婚俗改革宣传服务活动现场展播。依托全市14家婚姻登记处实现婚姻家庭辅导中心全覆盖。建设婚姻家庭辅导志愿者队伍开展志愿服务活动。寿光市婚姻家庭辅导中心志愿服务团队被评为全省“最美幸福使者”，奎文区婚姻登记中心获评全省优秀婚姻辅导服务组织。2023年，全市开展婚姻家庭辅导16066对，劝和7101对，劝和率44.2%。打造省内首个婚姻辅导小程序“新家庭”潍坊婚姻辅导App。开展“移动式”婚姻家庭辅导志愿服务286场次，在候登大厅张贴婚姻家庭辅导公益课堂二维码，为出现婚姻家庭矛盾的求助者提供“不见面”辅导和后期跟访50余次，直接受益家庭17个。

（沈小明）

信息化

信息化建设

【概况】 2023年，全市信息基础设施建设、工业互联网创新应用、数字经济发展、数据赋能等各项工作取得明显成效，潍坊市获省委、省政府“建设信息基础设施、推进产业数字化、加快工业互联网创新发展和数字经济核心产业发展等工作成效明显的市”激励通报，全省仅3个，市工信局获“全国两化融合标准应用先进单位”荣誉称号“山东省两化融合推进先进单位”。

2023年，潍坊市6家企业入选工信部《2023年5G工厂名录》，数量居全省第3位；20个项目获得“绽放杯”“光华杯”应用创新大赛全国奖项，1个项目入选工信部工业互联网试点示范，1家企业入选工信部新一代信息技术与制造业融合发展“数字领航”企业。6个项目入选2023年山东省新一代信息技术与制造业融合发展示范项目；260家企业入选省级数字经济“晨星工厂”入库培育项目，23种产品入选“数据赋能”优秀产品入库培育项目；2个园区、4个县市区分别入选“晨星工厂”试点园区、试点县；寿光高端化工“产业大脑”列入山东省产业大脑建设试点名单。3种产品入选省级优秀大数据产品，1个方案入选优秀大数据解决方案，3个案例入选优秀大数据应用案例；1家企业入选山东省重点数厂，12家企业入选山东省总数据师制度试点企业。潍坊市入选DCMM贯标示范市，寿光市入选DCMM贯标示范县(市、区)，28家企业入选DCMM贯标试点企业。新增4个省级数字经济园区，总数达到12个，数量居全省首位；2023年省级工业转型发展资金奖补中，工业互联网产业奖补和数字经济园区奖补分获650万元、250万元，奖补金额居全省首位。

【基础设施建设】 至2023年，全市已累计建设5G基站17042个，开通5G基站17017个，双双突破1.7万个，超额完成年度建设开通任务目标；5G套餐累计开通775万个，全市实现县级城区、重点村镇、重点场所、重点工业园区、高铁、高速公路沿线及核心商圈、景区等5G网络全覆盖。工业互联网标识解析二级节点累计标识注册量73亿个，标识解析量39.7亿次。推动全市建筑物移动通信基础设施与建筑物有序融合，制定出台《关于加快推进潍坊市建筑物移动通信基础设施建设的实施意见》，进一步实现5G连续覆盖及典型应用场景精准覆盖，解决人民群众反映强烈的地下停车场、电梯等区域无信号覆盖问题。深化与通信运营商在网络支撑、数字赋能等领域的合作，先后组织省联通、省电信公司分别与市政府签署战略合作协议。

【工业互联网应用】 2023年4月，“工赋山东”制造业数字化转型大会在潍坊举办，发布并组织实施100个数字经济和100个数字技改“双百项目”，总投资达到1230.9亿元。在全省首个举办“工赋山东”潍坊市工业互联网平台应用水平提升专项活动，选定200家工业企业围绕“标准宣贯—平台应用—现场指导—指标测算”四个方面组织开展平台应用水平评价提升。围绕建网络、搭平台、拓应用、育生态，先后举办“工赋龙城”“工赋临朐”等系列专题活动，分层次组织全市超过500家企业与卡奥斯、浪潮云洲等“双跨”平台进行对接，持续深化工业互联网应用推广。深入挖掘培育工业互联网场景应用标杆，扩大示范带动效应，年内新增6个省级工业互联网平台，数量居全省第3位，总数达到22个。潍柴雷沃、世纪阳光等5个平台入围中国“2023工业互联网500强”。组织开展企业工业互联网赋能提升活动，开展工业互联网典型应用场景评选，筛选确定了基于工业互联网的综合轴承示范产线等66个市级工业互联网典型应用场景进行发布推广。

【支持数字经济发展】 2023年，市工信局牵头制定出台《潍坊市加快推进数字经济发展行动计划（2023—2025年）》，重点组织实施“网络强基、产业赋能、数据治理、数实融合、动力变革、生态构筑”六大行动，为全市数字经济发展明确了重点任务和实施路径。先后牵头举办山东省数字经济“百城牵手万项”活动青州站、全市数字经济加力突破座谈会等系列活动会议，引领全市上下形成推动数字经济发展的热潮。牵头制定出台《潍坊市工业数字化转型和智能化改造三年行动方案（2023—2025年）》和《潍坊市支持工业数字化转型和智能化改造十条政策》，构建形成数转智改顶层设计。高质量完成市人大常委会全市数字经济发展情况视察、市人大财经大讲堂数字经济授课、市政协数字经济调研等任务，各项工作得到市人大、市政协肯定。

【数实融合赋能】 2023年5月，“数字经济与实体经济深度融合全国行”暨潍坊市工业企业数字赋能大会在潍坊举办。会上举行了工业企业数字赋能运营商服务季启动仪式、数字赋能公共服务平台上线仪式、工业企业数字赋能专项行动启动仪式。组织电信运营商开展了“助企加数”消费季活动，充分发挥本地电信运营商在云、网、教等等方面的优势和作用，以数据资源助力企业发展。开展“晨星工厂”突破行动，扎实推进省级DCMM贯标试点、“产业大脑”、大数据“三优两重”项目建设和企业总数据师制度试点工作。认真做好企业数据安全风险处置工作，指导、督促潍坊弘润石化科技有限公司、潍坊中远重工科技有限公司等31家企业完成数据安全风险处置并分别形成《数据安全风险处置反馈报告》。

（赵建全）

智慧潍坊建设

【概况】 2023年，潍坊市深入落实数字强市战略部署，聚焦聚力“七个加力突破”，统筹推进数字产业化、产业数字化、数据价值化、治理服务数字化，推动数字政府、数字经济、数字社会一体化发展，以数字化推动智慧城市建设迈上新台阶。2023年潍坊市数字政府发展指数位列全国普通城市第9名，荣获2023数字百强市、2022—2023年度中国新型智慧城市（SMILE指数）百强城市、2023智慧城市示范城市奖，潍坊市政府门户网站获评2023年度中国领先政务网站。

【智慧政府】 推动数字机关建设，依托“山东通”平台，推动党政机关整体智治，按需定制开发“小快灵”应用60余个，支撑机关内部运行事项“上云进网”200余项，推动机关日常办公数字化率提升30%以上。在全省率先链入“鸢•助你”民政帮办代办应用，覆盖村居7000余个，村居覆盖率100%，实现救助申请“指尖办”。链入基层网格应用，全市1.5万余名网格管理人员可实现移动端数据采集、日常巡查和事件上报，任务执行率大幅提升。上线辅助领导决策系统，实现GDP、工业、投资、贸易、财税、金融等经济运行指标“一屏观”“一键查”，及时掌握经济运行动态，日均访问量300余人次；深入推进“无证明城市”建设，全市1.2万个依申请政务服务事项实现“免证办”，通过开设“无证明”城市工作专栏、上线“证明直通车”、开启部门核验互认“线上开具”，拓展“无证明城市”建设的广度和深度。创新搭建全市统一电子印章公共服务平台，为全市14万家企业免费提供电子印章65万余枚，服务企业印章签署20万余次，平台荣获2023年全国一体化政务服务创新实践典型示范、2023年山东省数字政府“创新示范应用”；不断提高“爱山东”移动端服务能力，“爱山东”潍坊分厅累计注册人数730余万，新接入温暖人社潍坊站、出租车驿站、河湖卫士等服务应用241个。在全市推广应用“鲁通码”，打造政务办事、酒店入住、门禁通行、医疗健康、交通出行、文化旅游等六大类场景化应用，其中扫码就医场景是省内“鲁通码”医疗板块的唯一案例。“爱山东”潍坊分厅荣获2023年度“爱山东”政务服务移动端50强分厅荣誉称号。

【智慧民生】 2023年市级和寿光市、青州市、昌乐县达到省新型智慧城市四星级标准，其他县市区均达到省新型智慧城市三星级标准。参与2023年全省新型智慧城市优秀案例征集评选活动，潍坊市28个优秀案例上榜，数量居全省第三。2023年市委主要领导在数字强省建设领导小组扩大会议上就潍坊市新型智慧城市建设作典型发言，2023年全省大数据工作现场推进会议在潍坊召开；智慧社区建设提质扩面，全市累计建成智慧社区200余个，智慧社区覆盖率达到54.5%，智慧社区综合信息平台接入各社区，奎文区基本实现智慧社区建设全覆盖。奎文区南湖社区、寿光市万华社区成功入选省级标杆型智慧社区。全国首创智慧社区服务认证管理，建立了“智慧社区服务认证评价”标准体系，完成首批5家试点社区的认证发证。开展智慧便民设施进社区工作，新布设智能垃圾箱、自动售货机、智能快递柜等智慧便民服务设施1000余台，2023年全省智慧社区建设现场会和智慧便民设施展览会在潍坊举办；“城市大脑”功能更加完善，通过整合应急、城管、综治、卫健和消防等市级平台以及各县市资源，接入业务系统283个。上线经济运行、防汛抗旱、森林防火、城市管理等40余个专题，为城市综合治理工作提供全面数据支撑。潍坊市“城市大脑”荣获中国信息协会评选的“2023年数字城市创新成果与实践案例”，入选数字政府标准化建设评估指数暨全国典型案例50强、省新型智慧城市建设优秀案例。

【智慧产业】 成功举办第五届中国（潍坊）智能物联网大会，促成了“环渤海智算集群基地”“元宇宙算力中心”“环渤海低碳液冷智算中心”“浪潮潍坊政企大数据中心”等8个重点项目的签约合作，项目总投资近30亿元，全市物联网产业不断发展壮大；“城市大脑”上线领导驾驶舱，对市域经济运行指标进行监测分析，为领导决策提供支撑。系统基于产业精准招商、重点企业监控分析、城市人才招引相关信息，对精准推进“双招双引”、优化营商环境成效显著，在2023年度16市高质量发展综合绩效考核半年评估中作为“经济运行专题”获省大数据局通报肯定；探索推进公共数据授权运营试点，联合农商银行推出“潍e贷”产品，授信客户24.42万户，授信金额154.72亿元。联合交通银行推出“人才贷”产品，为全市人才提供精准授信服务，自7月份上线以来服务200余人次。试点“智慧核保”场景，帮助用户选择合适保险，减少理赔纠纷，服务3家保险机构14万人次。共享机动车环保检测结果等数据1.6万余条，支撑市车管所开发车检“一件事”应用。潍坊市13个场景入选2023年度全省大数据创新应用典型应用场景。

【信息基础设施建设】 依托市一体化大数据平台常态化开展数据汇聚共享，梳理发布数据目录9100余个，发布数据资源1.1万余类，汇集数据38亿余条。积极推动水气热等公共数据汇聚共享，发布水气热等公共数据目录21条，汇聚87家水气热企业的数据1735万余条。12个县市区被列为第二批一体化大数据平台县级节点，为基层数据应用提供平台支撑。潍坊市被纳入省公共数据汇聚治理试点；云、网、端支撑能力不断提升，深入推进政务外网IPv6规模部署和应用，完成政务云节点IPv4/IPv6双栈部署。在全省率先建成“一云多芯”政务云平台，荣获第二届“鼎新杯”数字化转型应用大赛全国总决赛二等奖。推广云原生应用，“潍企通”服务企业发展智慧管理平台入选2023山东省云原生应用试点项目。物联潍坊公共服务平台接入物联网设备6万余个，物联网终端接入数量全省领先；数据中心建设成效明显，2023年潍坊市纳入统计的在用数据中心47家，已建成标准机架12010个，相比上年，总标准机架数增长115%。全市10个数据中心列入省新型数据中心试点，获省级奖补资金73万元，撬动社会资金投入3200余万元，算力基础不断夯实。

【成功举办第五届中国（潍坊）智能物联网大会】 2023年10月31日，第五届中国（潍坊）智能物联网大会成功举办，大会以“智

10月31日，第五届中国（潍坊）智能物联网大会成功举办

联万物·慧见未来”为主题，通过1场主旨大会和4场专题分会，辅以线上“云上展厅”,促成了“环渤海智算集群基地”“元宇宙算力中心”“环渤海低碳液冷智算中心”“浪潮潍坊政企大数据中心”等8个重点项目的签约合作，项目总投资近30亿元。在大会推动下，已与40余家大数据头部企业和国内知名算力企业达成落户意向，“物联潍坊”品牌影响力不断提升，全市高端数字产业园不断发展壮大。

【“无证明城市”建设】 不断推进“无证明城市”建设，最大程度方便群众和企业办事，全市1.2万个依申请政务服务事项实现“免证办”。创新搭建全市统一电子印章公共服务平台，截至2023年12月底，已为全市14万家企业免费提供电子印章65万余枚，服务企业印章签署20万余次，解决了传统实体印章携带不便、盖章费时费力效率低、异地使用管控困难等问题，支撑企业经营办事“全程网办”“零跑腿”。平台荣获2023年全国一体化政务服务创新实践典型示范（全省共3个）、2023年山东省数字政府“创新示范应用”。

【全国首创智慧社区服务认证】 创新开展智慧社区服务认证管理，建立了全国首个“智慧社区服务认证评价”标准体系，完成首批5个社区的服务认证评价工作，并获得国家认证认可监督委员会颁发的智慧社区服务认证证书，其中获评5A级智慧社区2个、4A级智慧社区1个、3A级智慧社区2个，智慧社区服务质量的持续性和稳定性不断提升。

（王书范）

网络信息管理

【概况】 2023年，市委网信办全面落实习近平总书记关于网络安全和信息化工作的重要指示，围绕“七个加力突破”“五个加快提升”，拼搏实干、守正创新，坚决守住网络安全和网络意识形态安全两条底线，为更好潍坊建设提供坚实网信保障。市委书记、市委网信委主任刘运对网信工作做出肯定性批示，并到市委网信办进行调研指导。市委网信办被中央网信办评为“2023年度互联网舆情工作先进单位”，被省委网信办评为全省网络舆情信息工作表现突出集体。网信系统3人被中央网信办评为“2023年度互联网舆情工作先进个人”，3个集体和5人被省委网信办、省人社厅表彰为全省网信工作先进集体和先进个人。协调推动潍坊市作为全省唯一的全国区块链综合试点城市顺利通过终期评估，入选中央网信办2023年区块链创新应用典型案例。扎实开展学习贯彻习近平新时代中国特色社会主义思想主题教育。持续打造“网信铁军　潍网先锋”党建品牌，市委网信办机关党支部获评2023年度市直机关五星级党支部，“互联网辟谣平台”获评2023年度市直机关优质服务项目，信息化发展科、市互联网舆情中心获评模范履职科室。

【网络内容建设】 2023年，全市网络正能量传播体系日趋完善，网上主流思想舆论持续壮大，城市知名度、美誉度不断提升。举办2023山东网络文明周潍坊市活动，在网上掀起争做新时代好网民、弘扬正能量的热潮。联合多部门开展网络素养教育进机关、进企业、进学校、进社区、进家庭活动20余场。高标准打造网络素养教育基地，覆盖各县市区，常态化开展网络文明宣传。充分发挥媒体传播优势，构建网络文明传播体系，推动正能量实现大流量。持续打造“好网民·在潍坊”品牌，积极宣传先进典型，扩大正能量影响力，带动提升全社会网络文明素养。积极动员网络媒体、网络公益平台以及广大网民共同参与“网络公益工程”，大力培育和践行社会主义核心价值观，弘扬中华民族优秀传统美德，推动形成“全网公益”“全民公益”的生动局面。

【网络安全工作】 2023年，市委网信办深入贯彻习近平总书记关于网络强国的重要思想，严格落实党委（党组）网络安全工作责任制，修订完善检查评估制度及实施细则，出台《潍坊市个人信息保护工作协调机制》，召开网络安全会商例会3次，发布网络安全风险提示10期、网络安全事件和隐患通报167期、网络安全态势通报12期，开展网络安全事件应急演练、实战攻防演练3次，依法对2家单位进行网络安全约谈，组建了网络安全应急队伍，圆满完成重要时间节点网络和数据安全保障任务。成功举办2023年国家网络安全宣传周潍坊市系列活动，潍坊网安周集中宣传活动在《山东网信动态》刊发，2人被评为山东省优秀网络安全宣传员，市委网信办等2家单位被评为山东省先进单位，4人被评为先进个人。

【网络综合治理】 2023年，市委网信办开展“清朗·春节网络环境专项整治”“清朗·从严整治自媒体乱象”、涉未成年人淫秽物品专项整治等行动30余个，坚决整治网络乱象，依法打击各种违法违规行为，累计注销网站备案101家，净化了网络空间。制定潍坊市互联网新闻信息服务单位内容管理考核办法，建立互联网新闻信息服务单位交叉巡查机制。督促指导属地网站、平台等，严格按照法律法规要求，落实主体责任，强化内容管理，规范运营行为。对全市14家互联网新闻信息服务单位开展内容管理考核和社会效益评价考核。制定进一步加强网络信息内容监管工作的通知及对市县媒体巡查巡看的工作方案，加强对属地互联网新闻信息内容的巡查检查力度，推动管理“关口前移”，督促属地互联网新闻信息服务单位严格落实“三审三校”制度。利用互联网综合治理平台对属地内信息进行24小时巡查，及时发现、整改问题。

（王　震　范红梅　宫自强　李　兵　张　菁）

无线电管理

【概况】 截至2023年底，潍坊市共有各类无线电发射设备52839部，广泛应用于广播电视、公众通信、无线接入、航空导航、卫星通信、微波接力、气象雷达、业余无线电等领域。

【频率台站设备管理】 2023年，全市共办理无线电行政许可业务263件，指配频率4对8个，发射设备销售备案经营主体审批2家，销售设备备案116个，新设业余无线电台并指配呼号76个，新增短波对讲机36部。加强无线电管理监督检查，开展部门联合“双随机、一公开”检查3次。组织2022年度业余无线电操作技术能力验证考试，共有250余人报名，人数创历年新高，其中159人通过资格审核，69人通过考试。

【监测和干扰查处】 提高无线电干扰查处效率，严厉打击“黑广播”“伪基站”等利用无线电技术实施的违法犯罪行为。2023年，全市共查处无线电违法行为5起，查获“黑广播”4起，协助驻潍部队排除无线电干扰1起，排查气象雷达干扰1起。扎实开展航空、铁路及防汛专用频率保护性监测工作，查处民航GPS干扰事件5起、铁路干扰事件1起，维护良好空中电波秩序。

【无线电安全保障】 2023年，市无线电管理办公室高标准完成节假日和国家、省市重大会议、活动、考试的无线电安全保障任务，参与保障高考、公务员考试等各类考试57次。建立全市民航无线电频率保护长效机制。组织骨干力量参加2023年胶东五市无线电监测技术联合演练、2023年山东省无线电监测技术竞赛决赛，持续提升应急处置和联动联保能力。

（潘　盈）

潍坊移动

【概况】 2023年，中国移动通信集团山东有限公司潍坊分公司锚定“创世界一流信息服务科技创新公司”发展新定位，着力打造以“5G+算力网络+智慧中台”为核心的“连接+算力+能力”的新型信息服务体系，围绕构建中国移动“高标党建”工作格局，开展“领题破题　合力攻坚”主题实践活动，深化“岗区队”建设，充分发挥党建工作引领保障作用，切实以高质量党建引领保障高质量发展，为推动潍坊市数字经济发展做出积极贡献。全年客户规模超过700万户，百兆光纤宽带客户超过200万户，移动高清电视用户超过150万户；贡献纳税2.74亿元，是通信行业唯一在潍坊本地纳税的企业。公司先后被授予“中央企业先进集体”“全国文明单位”“支持潍坊发展先进单位”“全市财税贡献50强企业”“潍坊市新旧动能转化先进单位”“潍坊市全员创新企业”“潍坊市2023年度突出贡献企业”等称号。

【生产经营】 2023年，中国移动通信集团山东有限公司潍坊分公司坚定不移推进数智化转型，增强网络核心能力。持续推进5G网络建设，全年建设5G宏站、室分基站2644个，累计建设5G基站10270处，5G网络实现市（区）及县城城区、乡镇驻地的连续覆盖，助力5G登网及用户感知提升；持续巩固千兆建设领先优势。新入网10G PON端口7568个，10G PON端口总数达到3.2万个，千兆支撑能力大幅提升。加快千兆智家产品发展，不断提升客户感知。家庭宽带客户达到179.7万户，千兆宽带达到56.4万户，聚焦全光Wi-Fi、智能组网、宽带提速等重点增收业务发展，智家产品年净增51.3万户。

【社会责任】 2023年，中国移动通信集团山东有限公司潍坊分公司全面落实“数智乡村振兴计划”。聚焦农村新基建、乡村数字化，推进农村地区5G网络建设，行政村覆盖率达93%；打造优质家宽网络，乡村OLT平台100%具备千兆能力；持续推广教育信息化应用，打造乡村智慧校园；搭建“土壤检测、种植监测、产品溯源”于一体的“智慧5G数字化”平台，推进智慧农业发展。积极配合完成各类重大活动通信保障任务。开展打击治理电信网络诈骗犯罪行动，累计关停涉诈风险号码7.7万户，发送反诈公益短信超3600万人次。

（赵晓凤）

潍坊联通

【概况】 2023年，中国联合网络通信有限公司潍坊市分公司设18个部（室），辖15个县（区）级分公司，现有员工1700余人，是联通系统内全省唯一潜力战略业务单元。班子成员至联系点调研27次，发现问题20个，全部整改销号。推进数字乡村建设，建设镇级平台55个，村级平台4063个，智慧水站村407个。立项研发项目26个，立项金额2165万，专利申请达16项。

【强化网络支撑】 2023年，中国联合网络通信有限公司潍坊市分公司持续推进新型基础设施建设，新建5G宏站1790处、室分466处、900M站点1203处，5G站点规模达6984处，5G/4G人口覆盖率99.32%。高速10GPON OLT设备端口占比达97.89%，全市1.79万小区实现10GPON覆盖，高速接入小区数量占98.3%。服务移网用户达269.7万户，宽带用户达143.5万户，工信部宽带下载速度行业第一；政企精品网完成326处综合业务节点PeOTN覆盖，城区综合业务区覆盖率达100%；加速构建算力格局，有本地唯一运营商级数据中心，总出口带宽达1.2T，获AAA级数据中心认证；强化网络保障及应急处置，完成两会、亚运会等通信重

潍坊联通海洋牧场5G智慧风电项目获“绽放杯”全国大赛二等奖
（张安琪 供图）

保任务及救灾支援保障工作。

【数智城市建设】 2023年，中国联合网络通信有限公司潍坊市分公司落实乡村振兴战略，推进数字乡村建设，建设镇级平台55个，村级平台4063个，智慧水站（村）407个。推动智慧社区建设，构建用户组织体系框架，实现市、县数据共享，全市接入社区400余个、服务居民270万余人，累计协助376个社区通过省级智慧社区验收达标。赋能数字政府、智慧社会建设，全面承接市电子政务网，为全市超10万政务终端提供网络服务，全力支撑政务系统“一次办好”服务。强化5G产业应用，分别打造全省首例区（县）级信创云、昌邑市现代中草药综合种植园、全市首个5G绿色双碳智慧工厂等多个标杆项目，其中，“5G+智慧光伏”项目连续两届获工信部“绽放杯”全国奖项。

【企业数字化转型】 2023年，中国联合网络通信有限公司潍坊市分公司聚焦智能制造、数字工厂以及智慧农业等中小企业数字化转型，组建300余人数字服务专员队伍，发挥云网一体能力及数字化服务优势，主动上门服务2736家企业，专项投资2000万元，为全市87家企业建设5G专网，落地百余个5G商业化项目。

【组织体系建设】 2023年，中国联合网络通信有限公司潍坊市分公司稳步推进运营组织体系优化，从“增强效能管控”“完善制度评价”“优化资源配置”三个维度，不断深化国企制度改革，加快干部年轻化建设，激发单元活力。1人获“集团公司优秀共产党员”称号，4个基层单位获“省公司先进基层党组织”称号，10人获“省公司优秀共产党员”称号，3人获“省公司优秀党务工作者”称号。

【科技创新建设】 2023年，中国联合网络通信有限公司潍坊市分公司深化科创平台体系建设，持续完善创新奖励制度，鼓励青年人才立足岗位创新创效。立项研发项目26个，立项金额2165万元，专利申请达16项，其中9人及团队获得国家级、行业级、省级以上的专业竞赛奖励，4项成果被选入《山东联通科技创新成果选编》，全省推广。

（王　冰）

潍坊联通海洋牧场5G智慧风电项目被央视新闻频道专题报道

（张安琪　供图）

潍坊电信

【概况】 2023年，中国电信潍坊分公司积极贯彻市委、市政府工作部署，落实集团公司、省公司工作要求，实施云改数转战略，加快建设精品网络，持续提升服务能力，积极践行央企担当。参与处置交叉拦截700余件、涉诈网站网址70余个、高危管控证件1400余个，打击电诈窝点60余个。已建成千兆小区5430个，完成9个重点强镇的XGPON建设。农村区域新建800M5G基站281个，升级800M站址857个，具备5G能力的站址达到1138个。

【爱心公益服务】 2023年，中国电信潍坊分公司全市247家营业厅均设置爱心翼站，实现电信厅店全覆盖，主要为户外劳动者提供休憩场所、饮用水、网络、充电、防诈咨询、手机使用辅导等基础服务。其中，13家核心营业厅已通过潍坊市总工会验收，将挂牌户外劳动者服务驿站，进一步提升公益服务能力，夯实为劳动者提供普遍服务的社会责任。

【反诈安全防线】 2023年，中国电信潍坊分公司与潍坊市公安局建立联防、联控工作机制，参与处置交叉拦截700余件、涉诈网站网址70余个、高危管控证件1400余个，打击电诈窝点60余个。持续推进老年人无信息障碍建设及反诈防诈宣传活动，深入老干部局、老年大学等单位开展防诈讲座；组织营业厅开展30余场“走出去、邀进来”活动，进一步提高老年人防诈意识。与市公安局反诈中心联合共建“反诈宣传教育基地·爱心翼站”，全市建设反诈宣传示范厅32个，围绕全民反诈开展常态化宣传及服务，将反诈宣传工作向纵深推进。

【建设精品网络】 2023年，中国电信潍坊分公司持续完善网络覆盖，加快推进覆盖广、速率高、体验好网络建设，完成省级标准化综合业务区6个、本地标准化综合业务区15个、精品小区318个。全市完成光纤接入改造，其中，城区楼宇光网覆盖率达99.6%，农村光网覆盖率达61.7%。推进千兆城市建设，互联网城域网出口1T，城区80%的覆盖区域已具备千兆宽带接入能力；已建成千兆小区5430个，完成9个重点强镇的XGPON建设。农村区域新建800M5G基站281个，升级800M站址857个，具备5G能力的站址达到1138个。

【服务基层治理】 2023年，中国电信潍坊分公司发挥数字乡村平台优势，打造数字乡村智慧平台+视联网+村级公众号，加快数字乡村建设，提高基层治理应急体系能力，切实解决政府在乡村治理中的难题。全年签约25个数字乡镇，建成746个数字乡村。依托街道云/智慧社区平台+视联网等核心应用，打造实用、高效、全面、标准的智慧社区平台和应用场景，助力街办、社区、小区三级高效管理。全市共建2个区（县）级智慧社区平台，277个智慧小区。积极配合政府部门美丽乡村及老旧小区迁改工作，共改造56个小区，400多个村庄，整改光缆145.5皮长千米，拆除光缆32.6皮长千米，整治杂乱线缆1200余皮长千米、光箱850余个等，改造整治惠及11730户。

【技术创新应用服务】 2023年，中国电信潍坊分公司为全市公安局110接处警、“96110”反诈等提供融合AI人工智能、大数据分析服务；为全市10个县（区）提供自然灾害风险普查服务；为5个重点县（区）提供卫星智慧调度云平台；为5个县（市、区）委组织部提供云综合办公会议平台。主导搭建的“区块链+蔬菜”信息化服务平台项目成为全省唯一入选国家区块链创新应用试点的项目，被中国信息通信研究院评为2023年度优秀行业链，荣获农业农村部2023年三新优秀项目，并录入《中国农业农村年鉴》2023卷科技兴农专版。

（朱晓飞）

工　业

综　述

【工业经济高质量增长】 2023年，潍坊市工业规模持续壮大，稳居全省第二，工业主要指标再创新高。4171家规上工业企业，增加值增长6.6%，实现营业收入11864亿元，产值11708亿元，利润481亿元。坚持稳中求进总基调，加密运行监测协调调度，统筹落实系列稳增长措施。对下降行业逐一打开分析，成立了8个调研组赴各县市区开展常态化督导调研，成立重点工业项目包靠专班推动76个年新增产值过亿元项目建设，力促工业经济平稳运行。出台《推动重点工业企业产值倍增的实施意见》，建立倍增企业培育库，坚持月调度月分析，及时掌握企业运行总体情况。首批纳入培育库的105家企业中，企业实现产值1792.9亿元，同比增长11%。奥扬科技、威猛工程机械等13家企业实现产值倍增，福田多功能汽车厂、益康宝食品等11家企业增速在50%—100%之间，豪迈机械、天瑞重工等28家企业增速在20%—50%之间。牵头举办了加力提速工业经济高质量发展工作会议、民营经济高质量发展工作会议、企业家大会等高规格全市大会，全力提振企业发展信心。在工业稳增长、转型升级等方面成效明显，潍坊市荣获国务院督查激励。

5月29日，潍坊市民营经济高质量发展工作会议召开，市委书记、市人大常委会主任刘运（左五）出席并讲话（市工信局　供图）

【产业结构优化】 2023年，全市新培育省级技术创新示范企业7家，国家工业设计中心2家（全省第一）、市级72家，国家质量标杆1件（全省第二）、省级11件（全省第四），省级制造业创新中心培育中心1家，省级“一企一技术”研发中心26家（全省第二）、市级95家，14种产品入选省首台（套）技术装备及关键核心零部件生产企业及产品，19款产品入选2023年“山东制造•齐鲁精品”（全省第一），48个项目入围省级以上重大科技计划项目。大力实施技术改造，推进工业技改提级行动，建立重点技改项目培育库，推动“千项技改、千企转型”，13个项目入选2023年省级技术改造设备奖补资金项目名单。全年共实施工业重点技改项目708项，完成投资465亿元，技改投资增长10%、贡献度全省第1。围绕化工4大主导产业链，精准绘制产业链图谱，实施延链补链强链项目94个，6家企业入选省级高质量发展奖励名单，2家企业入选化工行业省级智能化改造标杆示范企业，临朐化工园完成扩区；潍坊市被评为全国唯一的“铸造行业高质量发展试点市”，“潍坊铸造”品牌在全国叫响。加快新兴产业增量崛起，抢抓风口推动元宇宙、工业母机、磁悬浮等产业发展，全市已聚集元宇宙领域企业160余家，建设了3个元宇宙专业园区，构建“科创苗圃—孵化—加速—产业化”全链条产业生态；潍坊市成为全省重点打造的工业母机产业“三核”之一；磁悬浮产业已研发18个系列产品，其中5类产品实现产业化。

【节能低碳发展】 2023年，全市新培育国家级绿色设计示范企业1家，国家级绿色工厂8家、省级7家、市级29家，国家级绿色供应链管理企业2家、省级4家、市级17家。推进再生资源综合利用，新培育废钢铁加工等行业再生资源综合利用规范企业4家。引导工业企业节能降耗，遴选推广工业节能技术、节能装备、先进环保技术装备。实施“亩产效益”评价，采集工业企业营业收入、占地、用能等数据进行综合评价，并将企业划分为ABCD四类，优化提升资源配置效率，促进企业绿色低碳发展。全市共有12031家企业参加“亩产效益”综合评价，对其中118家D类企业执行了差别化用电政策，执收金额达640万元。

潍坊市云计算中心

【做优产业生态】 2023年6月，市工信局举办优质企业培育暨制造业单项冠军企业发展大会，成立专精特新企业发展专班，建成专精特新产业园，推动优质企业全生命周期培育。印发《关于加力提速工业经济高质量发展的若干措施》《潍坊市加力提速工业经济高质量发展资金管理及实施细则》，推动优质企业快速做大做强。9家企业入选山东省综合百强企业，12家企业入选山东省工业百强企业。全市新增29家专精特新“小巨人”企业、1家独角兽企业、63家瞪羚企业、521家专精特新中小企业、445家创新型中小企业，新增数量均创历史新高；新增省级制造业单项冠军企业46家，总数达到148家，新增数量、总数连续3年保持全省第一。全力做强产业链条，在全市构建“5+10+N”（注释）重点产业链体系，完善组织推进机制，促进企业“互为上下游、形成产业链”，举办融链固链专题对接活动58场，高效推动全国产业链供应链生态体系试点建设。积极培育产业集群。建立“省级—国家级—世界级”产业集群梯次培育机制，提升产业聚集水平，编制先进制造业集群培育提升方案，率先推动动力装备集群向世界级集群迈进，元宇宙集群入选首批省级10个先进制造业集群。坚持择优培育、重点支持，大力培育中小企业特色产业集群，新增省级中小企业特色产业集群2个，特色产业集群达到8个、全省第二。

【服务企业】 2023年，市工信局创新开展“我为企业找订单”活动，发布产品目录和需求目录，推行重点企业实地行、重点行业部门行、重点领域区县行，组织市级活动9场。全市350余家企业获取订单总金额突破300亿元。建设万企智配平台，创新实现“一网联万企”数智营销新模式，平台累计入驻企业3600余家，完成企业匹配数据3000余次，实现交易额约15亿元。线上线下同步推进“遍访企业”，全力为企业纾困赋能，累计走访全部规上企业4168家，线上为26119家企业推送惠企政策信息29282条，帮助企业解决问题642个，办结率100%。探索开展数字金融，积极拓宽企业融资渠道，小微企业融资担保2583笔、年化担保额121.31亿元，业务量居全省首位。争取到省级氢燃料电池汽车推广应用奖补资金2239万元。

（宋亦璇）

动力装备

【概况】 动力装备产业是潍坊市主导产业，2023年有规上企业491家，实现营业收入2650亿元。经过多年发展，动力装备集聚相关企业近千家，形成高端发动机、氢燃料电池及核心部件、新能源动力总成、自动变速器、整车及新能源汽车、高端装备零部件及配套等板块。发动机、磁悬浮动力装备、凿岩机市场占有率全国第一，农机装备耕种收综合贡献度全国第一，高档轮胎模具年销量全球第一。动力装备产业集群入选国家先进制造业集群。

【壮大产业集群规模】 根据工信部关于加快发展先进制造业集群的意见，推动潍坊动力装备集群加快向世界级先进制造业集群提升，2023年，市工信局会同中国电子信息产业研究院编制了《国家先进制造业集群培育提升三年行动方案》，依托高新区国家级新型工业化产业示范基地，促集聚、扩规模、强创新，倾力打造世界先进制造业集群。

【优化提升产业链】 2023年，市工信局集中各类资源，加大对潍柴动力、浩信集团、豪迈科技等龙头骨干企业的支持力度，辐射带动华丰动力、康跃科技、富源增压器等一批配套企业协同发展。全市动力装备产业已培育国家制造业单项冠军8个、专精特新“小巨人”34个，“独角兽”企业2家，产业链核心节点优势明显。潍柴全球内燃机本体热效率达到52.28%，连续三次刷新世界纪录，全球首款大功率金属支撑商业化固体氧化物燃料电池（SOFC）热电联产效率高达92.55%。围绕高端发动机研发制造，以潍柴动力为龙头，辐射带动相关配套企业协同发展，形成了从铸造、配件到整机、整车相对完善的产业链条。潍柴动力进军氢燃料电池产业，打造了涵盖混合动力、锂电池、氢燃料电池、电机、动力总成系统、整车整机的新能源动力产业链，进一步拓展了动力装备产业链条。

【提升核心竞争力】 加强创新平台建设，2023年，全市已建成内燃机与动力系统全国重点实验室、国家燃料电池技术创新中心、国家乘用车自动变速器工程技术研究中心等12个国家级企业创新载体、60余个省级企业创新载体，链上高新技术企业占比达到60%以上。潍柴、盛瑞、豪迈等骨干企业已在国外建立各类研发中心，研发水平由跟跑、并跑逐步向领跑转变。力创科技立足高端产业，自主研发的先进发动机智能电控总成系统及核心零部件达到国际领先水平，为制造业高质量发展注入了新动能。

（于 洋）

新一代信息技术

【概况】 2023年，全市现有企业160余家，其中规模以上企业30家、高新技术企业64家，2023年实现营业收入600亿元。紧紧围绕“服务企业、打造生态、争取资源、补链强链”，以数字产业化为切入点，重点推动元宇宙、集成电路、软件和信息服务等产业发展。2023年元宇宙产业入选首批山东省先进制造业集群、山东省“十强”产业“雁阵形”集群、山东省未来产业集群。歌尔股份成为国内元宇宙产业领军企业。

【聚焦核心产业发展】 2023年，全市电子工业重点围绕硬件、软件和内容应用两大领域，着力打造硬件设备制造和内容服务同步、核心零组件和成品整机齐头并进、新兴技术与行业应用融合的发展格局，构建“硬件制造+软件开发+内容制作+相关服务”完整产业链，促进产业健康发展。硬件制造方面，充分发挥歌尔集团的龙头引领作用，在稳定现有XR头显/裸眼3D、微显示、智能可穿戴产品等硬件制造产业链基础上，加速向产业链上游拓展，积极布局微显示半导体、微系统模组等核心领域，持续发展光波导、光机、镜片等核心零组件，提升轻量化、热管理等材料与工艺，开发一批高端光学/声学/触觉XR传感器和新型交互外设，增强硬件制造行业领先优势。软件和内容方面，重点发展3D建模、场景编辑、数字渲染等技术，为数字人、数字藏品发展提供技术支持，打造国内知名的3D素材基地。引入裸眼全息、BIM建筑信息模型、3D可视化等技术资源，推动与传统行业的数字化协同设计场景应用，培育面向制造、建筑、文旅、教育等领域的数字孪生、数字原生设计产业链。

【政策扶持】 2023年，市工信局制定出台了《潍坊市打造元宇宙技术创新与产业之都行动计划（2023—2026年）》《关于加快推动元宇宙产业发展的若干政策》，会同市委组织部等部门编制了《推动元宇宙产业“四链”融合发展实施方案》等系列支持举措，全面发力加快打造元宇宙技术创新与产业之都。贯彻落实《潍坊市促进集成电路产业高质量发展的若干政策》，经专家评审共为4家企业申请奖补资金1049.466万元。以举办“元宇宙技术创新与产业之都建设高峰论坛”为契机，潍坊市邀请业界顶级专家和企业家为潍坊元宇宙产业发展出谋划策，发布了《潍坊市打造元宇宙技术创新与产业之都行动计划（2023—2026年）》和《潍坊市关于加快推动元宇宙产业发展的若干政策》，进一步明确了发展思路，努力打造具有全球影响力的元宇宙产业发展高地。

【项目建设】 2023年，市工信局把项目建设作为推动产业发展的“硬支撑”，高起点谋划、高标准统筹、高质量推进，以大项目带动大发展。歌尔光学精密制造项目一期已建成投入使用；歌尔虚拟现实全球智能制造基地项目一期已建成投入使用；虚拟现实光学模组项目四期正在建设中。

【资源争取】 2023年，市工信局推荐泽普医疗科技有限公司“四肢联动康复训练仪”项目入选工信部2022年智慧健康养老产品及服务推广目录名单；平安消防歌尔智慧园区安全应急管理项目、世纪阳光纸业大数据赋能项目入围2023年度山东省先进计算典型应用案例；推荐平安消防等12个项目入选2023年度山东省虚拟现实先锋应用案例；歌尔科技体验中心被评为2023年度山东省虚拟现实公共应用体验中心项目。盛途科技、云集数科等4家企业入选2023年山东省软件工程技术中心名单；弘嘉孚国际物流有限公司“网络货运智慧物流”项目入选第三批山东省软件产业高质量发展重点项目。怡力精密获得省新一代信息技术高质量发展奖励资金。共达电声股份有限公司等7家企业分别被评为省电子信息行业优秀企业及优秀企业家；艾琳智能等5家企业入选山东省智慧健康养老试点示范项目储备库。

（杜玉栋）

高端化工

【概况】 2023年，全市规上化工企业实现营收3960.4亿元，同比增长6.5%，实现利税390.1亿元，同比增长27.0%。营收、利税分别占全市工业的33.4%、42.5%，在全市支柱产业中排名第一。2023年12月19日，市委书记刘运主持召开全市化工产业高质量发展座谈会，对全市化工产业高质量发展情况给予充分肯定。

【高端化工全面起势】 2023年，市工信局对35家营收过10亿元的重点化工企业进行调研分析，梳理企业产业链图谱33张，绘制石油化工、煤化工、盐化工、精细化工等主导产业链图谱4张，摸清了“链上”企业的协同配套率，明确了产业发展方向和关键点。重点项目加速实施，围绕主导产业链确定了延链、补链、强链项目94个，梳理了总投资1474亿元的重点项目79个。新和成氨基酸年产25万吨蛋氨酸项目、弘润石化45万吨/年高端聚丙烯新材料等重点化工项目相继投产达效。企业培育效果明显，鲁清石化、海化股份、卫东化工3家企业入选省级支持高质量发展奖励企业名单，占全市入选企业数的30%。新增省级高端化工单项冠军企业12家，新增省级专精特新化工企业43家。行业运行平稳有序，市工信局对行业细分领域的86家企业开展运行监测，做好企业生产经营情况数据分析和预测预警，协同解决企业反映的突出问题。

【化工园区优化提升】 2023年，滨海、羊口、侯镇3个化工园分别实现营收837.3亿元、758.2亿元、314.9亿元。滨海、羊口化工园分别上缴税金56.23亿元、73.77亿元，同比分别增长超过30%。亩均税收方面，滨海、羊口、临朐3家园区已达20万元/亩。扩区并点加速推进，临朐化工园成功完成扩区，新增面积 4.56 平方千米，为潍坊市首家完成扩区的园区；滨海、侯镇、诸城等化工园区正挂图作战、倒排工期，全力推进扩区并点相关工作。智能化改造加快实施，完成智能化改造诊断评估，制定一园一策、一企一策智能化改造提升方案。永创科技、润丰化工 2 家企业入选省级智能化改造标杆示范企业，占全省总数的 1/10，实现了全市化工企业在这一领域零的突破；联盟化工、祥生新材入选省化工产业智能化改造优秀解决方案，普洛汉兴、海天生物 2 家企业被认定为省级智能工厂。

【传统产业转型升级】 2023 年，全市轮胎行业实现营收 200.2 亿元、利润 22.1 亿元、上缴税金 5.2 亿元，同比分别增长 19.6%、66.2%、80.7%。轮胎行业转型提速，诸城涌安橡胶完成了全市轮胎行业首个产能置换项目，该项目也是轮胎项目管理政策优化调整后，山东省立项的第一个高端轮胎项目，为全市轮胎行业产能替代、转型升级探索出了一条新路。将 5 家轮胎企业从省“三个坚决”淘汰企业名单中移出，提振了企业发展信心。化肥行业产能压减及尿素保供任务圆满完成，完成联盟化工 44 台固定床气化炉的淘汰验收工作，压减化肥产能 7 万吨，可争取省级奖补资金 2280 万元。强化协调调度，帮助联盟化工克服成本倒挂、新老设备交替等不利因素影响，超额完成工信部下达的 2023 年度尿素保供任务。炼化行业发展平稳有序，海化集团被成功纳入全省地炼企业清单，潍坊市地炼企业整合、转型经验做法，受到国办督察调研组的充分肯定。绿色低碳战略深入实施，海化股份纯碱厂入选工信部《第五批工业产品绿色设计示范企业名单》；联盟化工获工信部、国家发改委、市场监管总局发布的 2022 年度重点用能行业能效“领跑者”称号。弘润科技采用节能设备及高效热集成技术等措施，能耗低于国内同类技术平均水平 47%，低于国内标杆水平 21%，联盟集团采用航天炉粉煤加压气化技术，吨产品能耗降低 14%。

（刘　畅）

智能农机

【概况】 潍坊市农机装备产业经过多年培育和发展，已形成主机、农机具及配套件专业化协作的完整链条，品种涵盖农业生产全过程，已成为产业集聚发展、富有区域特色、竞争力较强的农机装备产业集群，先后被认定为装备制造（智能农机）国家新型工业化产业示范基地、山东省新型工业化产业示范基地，培育起了潍柴雷沃、鲁中拖拉机、悍沃农业装备、谷合传动等一批骨干企业。2023 年，全市 116 家规模以上农机装备制造企业（不含内燃机及铸锻件，其中整机生产企业 50 家左右），实现营业收入 227.6 亿元、利润 11.4 亿元。

【产业链建设】 根据 2021 年潍坊市出台的《关于推行先进制造业重点产业链“链长制”的实施意见》，市工信局围绕动力装备、智能农机等 15 个优势产业，集聚政策资源，全力做大做强。2023 年 7 月，制定印发《深化完善制造业重点产业“链长制”工作方案》，进一步明确了链长、牵头部门及职责分工等内容，持续推动“链长制”工作走深走实。在智能农机领域，结合产业发展实际，确定了拖拉机、收获机械、播种机械等细分领域的龙头企业，编制了产业链图谱，形成了龙头企业、配套企业、弱项短板、重点项目等清单，为产业发展提供了有力的机制支撑。

潍坊智能农机集群上榜 2023 中国百强产业集群名单

【全省农机装备产业链“链长制”专题会议在潍坊召开】 为深入学习贯彻习近平总书记关于农业机械化的重要指示精神，落实省委、省政府“链长制”工作要求，推动全省农机装备产业链建设，2023年7月，全省农机装备产业链“链长制”专题会议在潍坊召开。在各级政府部门及农机装备企业的共同努力下，通过实施“链长制”，全省农机装备产业链整体水平不断提升，为产业高质量发展提供了坚实支撑。

（李会国）

汽车制造

【概况】 2023年，全市汽车制造业共有规模以上企业206家，实现营业收入697.5亿元，增长25.5%，利润15亿元。共生产汽车50.9万辆，增长50.6%，其中：载货汽车43.8万辆，增长53.1%；新能源商用车3.0万辆，增长56.7%。新能源商用车海外KD包装出口实现2.1万辆。

【商用车生产规模全国领先】 截至2023年底，全市已建成商用车产能48万辆，新能源乘用车产能6万辆，同时拥有柴油发动机68.4万台、变速箱60万台，汽车用动力蓄电池系统47.8万套、汽车用驱动电机25万台、汽车用燃料电池系统2万套的年生产能力，已成为亚洲最大的经济型商用车生产基地、全国最大的轻型汽车生产基地。

【完善产业体系】 2023年，潍坊汽车产业已形成涵盖微车、小卡、轻卡、工程车、VAN、皮卡等载货汽车以及各类专用汽车产品系列，拥有北汽福田诸城汽车厂、北汽福田（山东）多功能汽车厂、山东凯马汽车制造有限公司3家整车生产企业，聚集了浩信机械、义和车桥、青特车桥、艾泰克、佩特来电器、德纳（山东）电机等一批配套零部件企业，产品覆盖底盘、车桥、车身、电机、电池、汽车仪表、汽车电子等领域，产业链供应链韧性和竞争力水平不断提升。

【增强创新能力】 2022年8月27日，由潍柴集团牵头的国家燃料电池技术创新中心（简称国创中心）在山东省潍坊市正式挂牌。潍柴集团联合清华大学、中科院大连化学物理研究所等高校院所和宇通客车等企业开展技术攻关，搭建了覆盖燃料电池关键材料、单电池、电堆、发动机、动力总成及整车的全套研发试验台架，具备完整的燃料电池系统及整车评测能力。北汽福田诸城汽车厂成立了技术研究院新能源开发所，建设M4电动车产品在线生产项目，已经开发30余款新能源车型。凯马汽车重点发展新能源物流用车，已有40多款纯电动物流车、环卫车、园林绿化车、市政专用车列入国家新能源汽车推广目录。

【新能源汽车推广应用】 截至2023年底，潍坊市上牌新能源汽车11.15万辆，建成充电桩11100个，居全省第六位。

（苗 群）

食品工业

【概况】 2023年，潍坊市食品加工产业规模以上企业530家。其中，农副食品加工业企业增加24家，食品制造业企业增加20家，酒、饮料和精制茶制造业企业增加4家。实现营业收入1697.28亿元，同比增长6.9%；实现利润41.12亿元，同比下降37.1%；实现利税62.84亿元，同比下降24.5%。

【品牌建设】 2023年，全市持续推进“三品”（增品种、提品质、创品牌）战略，24个食品品种入选2023年度山东特色优质食品目录，占全省的15.6%。山东景芝白酒有限公司、山东青州云门酒业（集团）有限公司、山东秦池酒业有限公司3家企业上榜2023年山东白酒品牌影响力企业（全省13家）。

【诚信体系建设】 2023年，市工信局持续引导和支持企业自愿开展诚信评价，组织4批次32人次参加全省食品工业企业诚信管理体系国家标准贯标和安全生产培训，完成年度培训任务。加强对食品行业的指导和服务，维护行业公平竞争秩序，促进行业整体水平的提升。

【现代产业体系建设】 推进食品加工／预制菜产业链培育提升，2023年，市工信局编制《潍坊市食品加工／预制菜产业链培育提升行动方案（2023—2025）》，明确了发展目标、工作任务和主要措施。寿光市入选省特色优势食品产业强县（全省共8个）（食品及预制菜特色优势食品产业强县）、寿光市洛城街办入选省特色优势食品产业强镇（预制食品特色优势食品产业强镇）、寿光市入选山东省特色优势食品产业集群（玉米深加工特色优势食品产业集群）。成立青啤项目建设专班积极对接，做好青啤潍坊数字化工厂项目建设各项工作，推动市政府与青啤集团签署项目合作协议，奎文寿光达成项目合作协议。牵头组织山东惠发食品股份有限公司与思邈千金健康科技集团合作，建设标准化药膳食品加工厂、建立全国连锁药膳餐厅。诸城市预制菜传统优势食品产区建设方案，被省工信厅推荐到工信部。

（李殿文）

纺织服装

【概况】 2023年，全市规模以上纺织服装企业495家，实现营业收入450亿元。其中纺织类企业数量为379家，营业收入308.3亿元；服装、服饰类企业105家，营业收入95.7亿元；化学纤维制造类企业11家，营业收入46亿元。潍坊市营收总量约占全省1/7。

【产品类别】 2023年，全市纺织服装产业形成了从上游的纤维、纺纱、织造、印染到下游服装、家纺及产业用纺织品3大终端产品的产业类别，涵盖国民经济行业分类纺织服装31个行业小类的23类，并具备各类纺织服装产品的生产能力，形成了诸城的服装成衣加工、高密的家纺、昌邑的纺织染整为主要集群的产业格局。

【企业品牌效应】 2023年，在服装、家纺和产业用纺织品三大领域，涌现出新郎希努尔、桑莎制衣、孚日集团、耶莉娅服装等一批龙头企业，培育出孚日、耶莉娅、坦博尔、新郎希努尔、桑莎、仙霞、博莱特等30多个知名品牌，知名度和美誉度享誉全国。希努尔男装瞄准海外市场，开启国际化战略，努力打造国际化品牌。桑莎制衣生产的梭、针织制品，年生产能力1亿件（套），销往日本、美国、韩国等国家和中国香港。坦博尔服饰是省隐形冠军企业、瞪羚企业，产品出口美国、英国、加拿大、德国、沙特阿拉伯、土耳其等多个国家。耶莉娅服装是高新技术企业、山东省单项冠军企业、山东省专精特新企业、潍坊市隐形冠军企业，中国北方地区市场占有率第一。尚德服饰是高新技术企业、山东省瞪羚企业、山东省专精特新企业、山东省服务型智造示范企业，专注于学生服、职业装等，省内市场占有率位列第二位。

【出口市场】 2023年，全市纺织服装出口额286.8亿元，占全市出口总额的12.5%。出口产品主要包括纱线、坯布、服装、家纺等，出口市场涵盖了日本、美国、尼日利亚、澳大利亚、法国、德国等212个国家和地区。

（张奉杰）

磁产业

【概况】 磁产业是潍坊市重点培育的战略性新兴产业，市委、市政府高度重视磁产业发展，2020年成立由市委、市政府主要负责人任组长的磁产业发展及应用推进工作专班，出台《关于加快打造千亿级磁悬浮产业的若干措施》等支持政策，形成以磁悬浮节能装备为主导，磁选矿智能装备、磁共振医疗装备协同发展的格局，拥有天瑞重工、华特磁电、新力超导、奥新医疗4家骨干企业。2023年，全国人大常委会委员长赵乐际到天瑞重工调研，国务院副总理张国清作出批示，省委书记林武、省长周乃翔先后调研指导，省发改委等12个部门单位联合出台《支持磁悬浮产业高质量发展十八条措施》，支持磁悬浮产业高质量发展。2023年，全市磁产业实现营收15.3亿元，同比增长44.7%。

【磁悬浮领域】 天瑞重工为磁悬浮领域龙头企业，是全国磁悬浮动力技术标准化工作组秘书处单位、省节能环保装备产业链“链主”，建成山东磁悬浮产业技术研究院，与中科院、山东大学等20余所高校院所开展产学研合作，其研发生产的磁悬浮鼓风机、真空泵等7类产品列入国家《产业结构调整指导目录》鼓励类，产品市场占有率居行业第一位，起草的3项国家标准已进入审批阶段。先后获评国家制造业单项冠军、国家企业技术中心、国家级工业设计中心，荣获省技术发明一等奖等省部级奖励14项，首席科学家李永胜获评首批“国家卓越工程师”。已形成集标准研制、技术攻关、生产制造、计量检测、推广应用于一体的产业集群，带动上游企业100多家，服务下游高耗能企业近2000家。投资3亿元的磁悬浮产业园一期项目于2021年10月建成投产，计划投资35亿元的二期项目计划2024年开工，分两期建设，首期西区建成后年产值可达100亿元。天瑞重工正积极筹建全国磁悬浮国家计量检测中心、磁悬浮全省重点实验室，争创磁悬浮全国重点实验室。

【磁选矿领域】　华特磁电为磁选矿领域龙头企业，追日磁电、百特磁电等中小企业加速发展，研发了具有自主知识产权的智能传感分选、磁弹射、低温超导除铁器、超导磁选机等多项技术，华特磁电牵头组建了“国家磁电与低温超导应用产业技术创新战略联盟”，临朐县以华特磁电为主导获批“国家火炬计划临朐磁电装备特色产业基地”。华特磁电是国家级制造业单项冠军、国家级专精特新“小巨人”企业，拥有国家博士后科研工作站，自主研发了全球首台、全球最大的“特大型6米智能立环高梯度磁选机”，磁选矿智能装备产销量、市场占有率均居全球第二位。

【磁共振领域】　新力超导和奥新医疗为磁共振领域骨干企业，主导产品为肢端专用磁共振、颅脑磁共振等医疗装备。新力超导建有国家级博士后科研工作站，完成了1.5T新生婴儿磁共振超导磁体、3.0T颅脑磁共振超导磁体的组装励磁工作和成像仪系统定型。奥新医疗建有省一企一技术研发中心科研平台，其研发的全球首台3.0T四肢关节磁共振产品，拥有中国首张3.0T四肢关节磁共振产品注册证和山东省内首张磁共振生产许可证，产品填补国际空白。

（胥正平）

工业母机

【概况】　潍坊市现有主要生产企业17家，2023年度整体收入规模约25亿元。在工业母机领域培育了豪迈数控、辰榜数控、高锻机械等一批特色鲜明的企业，打造了摇篮式五轴加工中心、电火花加工机床、机械压力机等一批国内领先水平的产品。其中，豪迈数控生产的转台等部件已解决行业“卡脖子”问题并打破国外垄断。

【工业母机突破发展行动方案出台】　2023年1月，潍坊市政府印发《潍坊市工业母机突破发展行动方案（2023—2025年）》，通过实施创新平台建设、核心技术攻关、优质企业培育、基础装备数字化、优质产品示范应用、产业标准等六大突破行动，着力增强全市工业母机基础研究能力，有效解决一批核心技术“卡脖子”问题，显著提升全市工业母机的市场竞争力和影响力。

【工业母机产业链建设】　2023年7月，市服务企业领导小组办公室印发的《潍坊市深化完善制造业重点产业“链长制”工作方案》中，在原有“5+10”产业链的基础上，将工业母机纳入“5+10+N”（5个千亿级产业链，10个500亿级产业链，N个新赛道产业链）制造业重点产业链体系，并作为全市战略性新兴产业推动发展。对全市工业母机产业链主要企业、重

潍坊以企业为创新主体，着力实施工业母机创新平台建设、核心技术攻关等六大突破行动，进一步提升产业基础高级化和产业链现代化水平，在新赛道上跑出新活力，图为企业生产车间

点项目、短板弱项等进行系统梳理，绘制产业链图谱，为产业发展提供基础支撑。

【潍坊成为山东省工业母机高质量发展“三核”之一】 2023年11月，山东省政府出台《山东省工业母机产业高质量发展行动计划（2023—2027）》。文件中明确提出，潍坊与济南、枣庄成为全省重点发展工业母机的“三核”城市，山东省将形成以济南、潍坊、枣庄3市为引领、其他各市多点协同发展的格局。

【政策支持】 2023年9月，工信部、财政部、国家税务总局联合组织开展2023年度享受增值税加计抵减政策的工业母机企业清单制定工作。潍坊市豪迈数控、辰榜数控2家企业入选清单，享受增值税加计抵减政策。在省级智能化技术改造设备奖补项目申报中，豪迈数控“高端数控机床及系列化核心部件国产化研发及产业化项目”成功入选，获奖补资金25万元。

（李会国）

铝材产业

【概况】 潍坊市以临朐县为重点，培育打造现代铝型材产业集群，经过多年发展，构建了以铝加工为龙头，系统门窗、铝模板、铝单板、密封胶、玻璃、粉末等上下游产业齐全、结构合理、链条完善的产业体系，集群化发展态势逐步形成和完善，产值突破450亿元。至2023年底，全市共有铝加工生产企业78家，关联配套企业460多家，市场专业经营业户1200多家。

【重点企业】 2023年，以华建铝业、广华铝材为代表的铝型材加工企业，建筑型材、工业材、装饰材产品结构优化到6：3：1，年产能达180万吨。以米兰之窗、华达门窗、易欧思为代表的门窗生产企业，产品主要涉及铝包木门窗、铝木复合门窗、阳光房、幕墙、铝合金门窗等。其中米兰之窗建成了国内首个系统铝合金窗工业4.0智能化生产线，代表了中国门窗行业的最高水平，对整个中国系统门窗的制造具有划时代的意义，开启了中国铝合金系统门窗智能制造的新纪元。铝模板、铝单板、密封胶、玻璃、粉末、隔热条、胶条等建材细分领域的产品广泛分布。随着产业的持续发展，临朐县铝加工及相关配套产业在全国的影响已经彰显，先后被授予“中国铝业之都”“中国门窗之都”“中国有机硅密封胶产业基地”等荣誉称号。

（张奉杰）

现代医药

【概况】 2023年，全市生物医药产业规模以上企业达57家，营业收入达182.42亿元，下降7%；实现利税11.18亿元，下降41.1%；实现利润6.71亿元，下降49.1%。全市生物医药产业主要涵盖化学仿制药、化学原料药、医药中间体、中药、医疗器械、体外诊断试剂、再生医学、兽药等方面，主要特点是种类全、规模小、创新力弱、带动效应不强，其中化学原料药、医药中间体、中药、兽药产业发展较快。

【化学药】 化学药主要包括化学原料药、化学制剂两部分。潍坊市化学药品生产制造能力强，从原料药供应到药品制剂生产制造，具有完整的产业链。鲁安药业化学原料药扑热息痛年生产能力4万吨、DC级扑热息痛年生产能力12000吨，位居世界第一位。盛泰药业药用葡萄糖产销规模稳居国内首位，对全国前10名大输液生产厂家供货量占到80%以上。天力药业是国内首家具备从玉米淀粉到山梨醇再到维生素C完整产业链的玉米深加工企业，是亚洲最大的糖醇生产和技术研发企业。广通宝医药有限公司叶绿素铜钠、维生素K1两大主导产品国内市场占有率均超过65%。山东富康加快原料药向制剂产品的转型，“奥美拉唑系列产品产业化与国际化的关键技术开发”获国家科技进步二等奖，“奥美拉唑大品种关键技术改造”获省科技进步一等奖；自主研发的新药氯氮平分散片、曲司氯铵及胶囊已上市销售，填补国内空白。鲁安药业的扑热息痛，寿光富康制药的TMP、二甲双胍、奥美拉唑、新诺明、氯氮平，中孚药业的卡托普利，相继通过了美国FDA认证，在国内、国际市场上具有较强竞争力。

【中药】 中药主要分为中药材种植养殖、中药饮片加工、中药颗粒生产、中成药生产制造等部分。2023年，潍坊市在产中药材达

988种，种植面积102万亩，临朐丹参、青州山楂等道地药材声名远播，潍坊全域和10个县市区已创建为“全国基层中医药工作先进单位”，被确定为“国家中医药综合改革试验区”创建市。从中药材种植（养殖）到中药饮片加工、中药颗粒生产、中成药生产制造，具有完整的产业链。沃华医药的“沃华心可舒片”是国家专利产品，国家中成药优质优价品种，中国中药名牌产品；“沃华脑血疏口服液”是国家批准的脑出血急性期独家治疗用药，是国家秘密技术品种，国家重点新产品，国家专利产品；“通络化痰胶囊”是国家“863”计划、“十五”科技攻关课题、国家重大科技创新中药项目科技成果；“沃华参枝苓口服液”填补国内外治疗老年痴呆中药复方制剂的空白，是经国家批准用于治疗老年痴呆的中药复方药物，为国家专利产品，国家重点新产品，并列入2012年山东省自主创新重大专项计划项目。浩天药业每年可产黄芩苷500吨，是全国最大的黄芩苷生产基地，市场占有率超过50%。山东博康建有中药加工生产线5条，年生产加工能力5千吨，主要加工炮制中药饮片、精制中药饮片、代为医院加工包装协定处方代茶饮、代为医院患者加工单人单方中药代茶饮、单人单方中医膏方等。青州尧王是全省首批中药配方颗粒研究试点企业，投资近亿元完成了300多个品种的研究工作，建立了生产工艺规程和质量标准，完成了生产车间及仓储、检验等配套设施的建设，并取得中药饮片和颗粒剂的药品生产许可证生产范围和GMP认证范围，具备了产业化生产条件。

【生物药】　潍坊市生物药具备持续发展的良好基础。潍坊生物医药产业园区是山东省最早的“国家级生物医药专业孵化器”，是财政部重点扶持建设的公共技术服务台，成为国家综合性新药创制大平台—“山东省重大新药创制中心的创新药物成果转化基地”。青州尧王利用济南药谷海洋生物创新药研发平台，围绕海洋生物分子开展创新药物研究和综合开发，已获得24项专利，其中8项核心专利已获授权。

（李殿文）

新材料产业

【概况】　2023年，潍坊市拥有规模以上新材料企业219家，完成营业收入1459.6亿元，增长5.6%。全市新材料产业规模日趋壮大，产业链条和产业体系结构逐步完善。

【产业规模】　2023年，全市新材料产业规模达到1400亿级，企业数量、产业规模均占到全省的1/10。拥有1家省“十强”产业“雁阵形”集群——临朐高端铝型材产业集群，3家省级十强“雁阵形”产业集群领军企业，分别是：孚日集团、华建铝业、星宇手套。金鸿新材料、金远东淀粉、华美新材料、宝龙达实业4家企业入选山东省新材料领军企业50强。山东金鸿新材料股份有限公司年产4000吨特种防弹新材料项目、山东元利科技有限公司年产2000吨聚碳酸酯二元醇项目、山东永创材料科技有限公司年产20万吨呋喃树脂项目、山东祥生新材料科技股份有限公司年产10000吨CPVC制品项目、潍坊恒彩数码影像材料有限公司医用干式胶片的研发与应用项目5家企业项目入选第三批山东省新材料创新示范项目。

【优势产品】　2023年，潍坊市的生物基材料、特种钢铁、碳化硅结构陶瓷、高分子材料、新型防水材料等优势产品，都有较高的市场占有率和知名度。潍坊钢铁企业生产的90%以上产品属于优质特钢工业用材，9种以上特钢产品市场占有率位居全国前列或全省首位。其中：潍坊特钢胎圈钢丝和钢帘线用钢省内市场占有率约52%、国内市场占有率约15%，市场份额全省第一、全国前列；巨能特钢轴承钢省内市场占有率约90%、国内市场占有率约12%，市场份额全省第一、全国第二。潍坊是全国最大的碳化硅结构陶瓷生产基地，碳化硅结构陶瓷产销量占全国的70%以上，其中金鸿新材料防弹陶瓷插板（军品）国内市场占有率70%以上。

【链条发展】　2023年，全市生物基新材料、特种钢铁、高端铝材、新型防水等产业集群发展良好。生物基新材料产业：寿光市打造了聚丁二酸丁二脂、聚乳酸、绿色纤维等特色产业；寒亭区实现绿色纤维素膜、生物纤维素肠衣等产业建设。特种钢铁产业：全市形成了以特钢为源头，基础零部件→核心零部件→动力总成→整机链式发展，每年为全市装备制造业提供200万吨关键原材料。潍坊特钢为潍柴动力产业提供高端优特钢棒材，主要用于制作轴承发动机凸轮轴、连杆、齿轮等；巨能特钢通过青州德威动力、青州市建富齿轮配套为潍柴集团提供曲轴、半轴、万向节、齿轮。高端铝材产业年产能达180万吨，占全省的1/4，形成了以铝加工为龙头，工业用铝、全铝家具、交通轨道、航天用材等上下游产业齐全、结构合理、链条完善的产业体系。新型防水材料产业产销量占全国1/3，占山东省的85%。

（张丽丽）

装备工业

【概况】 2023年，全市装备工业有规上企业1345家，实现营业收入3428.9亿元，同比增长1.8%；利润206.5亿元，同比增长105.4%。2023年5月，潍坊市被中国铸造协会授予“全国铸造行业高质量发展试点市”荣誉称号，这是全国第一个也是唯一一个以高质量发展试点市命名的荣誉称号。

【智能制造生态体系建设】 2023年，围绕“数转智改”，全市企业积极开展智能化转型升级，推动生产方式“数字化”变革，“国家—省—市”三级协同的智能制造发展格局不断完善。豪迈科技获评国家智能制造示范工厂，鲁丽木业“产线柔性配置”场景获评国家智能制造优秀场景；3家企业入选省级智能制造标杆企业（全省30家），数量与济南、青岛等地并列第一；7家企业入选省级智能工厂，6家企业入选省级数字化车间，6家企业入选省级智能制造系统解决方案供应商，11个应用场景入选省级智能制造场景。

【新能源应用转型】 潍坊市抢抓发展机遇，不断优化新能源产业发展布局，引导装备工业向新能源转型。2023年，海化氯碱氢气1800吨/年纯化项目的正式投产，标志着氢气生产本地化目标的实现，产业基础进一步夯实，产业发展步入快速车道。全市已建成加氢站7座，累计投运氢燃料电池汽车470辆，车辆类型涵盖公交、城际通勤、中短途物流、长途货运、港口货物牵引等，营运总里程超过1500万千米，运营车辆数量、场景分布、运营里程均居全省首位。

【潍柴雷沃夺得业内“六项第一”】 2023年，潍坊市农机装备龙头企业潍柴雷沃智慧农业科技股份有限公司实现农机销量11.7万台，销售收入147亿元，夺得行业内总销量、销售收入、拖拉机销量、小麦机销量、玉米机销量、花生机销量“六项第一”，在农机装备领域实现新突破。

（李会国）

造纸包装业

【概况】 2023年，全市造纸包装业规模以上企业80家，实现营业收入424亿元。潍坊市造纸包装产业形成了以包装纸、生活用纸、文化用纸、特种纸为主的4大类1000多个品种，主导产品有铜版纸、胶版纸、低定量涂布纸、包装用纸、特种衬纸、生活用纸、玻璃纸、纸管原纸、新闻纸等，潍坊市成为江北重要的造纸包装产业基地。

【龙头企业竞争力增强】 2023年，以晨鸣纸业、世纪阳光纸业、恒联投资、恒安纸业等龙头企业为代表的重点企业持续健康发展。晨鸣集团是中国造纸龙头企业，是以制浆、造纸为主的现代化大型综合企业集团，年浆纸产能达到1000万吨，主要产品市场占有率均位于全国前列，经济效益主要指标连续20多年在全国同行业保持领先地位。世纪阳光集团是亚洲白面牛卡纸、涂布白面牛卡纸及纸管原纸生产规模最大、装备能力最强、产品档次最高的生产基地，中国民营企业500强、全国造纸15强、全球造纸100强。

【完善产业链供应链】 2023年，全市造纸包装产业基础牢固，市场占有率稳定，上下游产业链不断加长、加厚，基本实现了从单纯生产型向生产和服务型转型，从提供产品向提供服务、提供解决方案发展，提高加工深度与产出价值，拓展纸制品加工应用范围，延长造纸产业终端，形成良性循环产业链，强化了与国内外大宗工业品、日用生活品等企业的配套协作。

（张奉杰）

电力工业

【概况】 2023年，全市全社会用电量760.09亿千瓦时（全省第二），同比增长8.77%（全省第六），比全省平均增速高3.39个百分点；工业用电量562.68亿千瓦时（全省第三），同比增长8.35%（全省第七），比全省平均增速高4.15个百分点。2023年冬季，潍坊电网全网用电负荷持续攀升，最高达到1202.5万千瓦，首次在冬季突破历史极值，全年电网负荷共有154天突破千万千瓦。公司完成全年售电量620.03亿千瓦时，同比增长9.56%，是全省首家、国网第11家突破600亿千瓦时的地市公司，连续12年全省第一。公司业绩考核连续12年获评A级，班组对标连续3年全省电力系统第一，同业对标连续5年全省电力系统第一，国网山东省电力公司潍坊供电公司先后荣获全国安全文化建设示范企业等荣誉称号，连续18年获评国网山东省电力公司先进单位，连续4年获评支持潍坊发展最高等次。

2023年全省各地市用电量情况统计表

表1

序号	地市	全社会用电量（亿千瓦时）		工业用电量（亿千瓦时）	
		完成值	增长率（%）	完成值	增长率（%）
1	滨州市	1178.93	-3.82	1099.83	-4.75
2	潍坊市	760.09	8.77	562.68	8.35
3	聊城市	708.67	6.12	601.83	5.73
4	临沂市	632.64	8.11	432.37	8.40
5	青岛市	622.87	8.05	323.89	7.22
6	烟台市	618.13	1.01	465.44	-1.29
7	济南市	540.85	8.23	280.72	6.72
8	淄博市	435.03	4.49	346.76	3.72
9	济宁市	431.64	7.19	278.72	7.06
10	东营市	408.53	9.48	350.23	9.37
11	菏泽市	318.48	9.65	175.59	13.28
12	德州市	311.29	4.54	208.16	0.74
13	日照市	298.28	8.88	232.83	8.83
14	泰安市	275.66	5.38	189.51	4.46
15	枣庄市	212.16	9.60	145.07	10.76
16	威海市	182.62	18.11	112.37	25.35

【用电保障】 2023年，面对度夏、度冬负荷“双峰”的严峻挑战，国网潍坊供电公司科学编制保供方案、强化电力监测预警，联合市发改委积极向上汇报争取，源头核减“两高”企业（高耗能、高污染）压限指标0.52个百分点，最大争取“外电入潍”612.4万千瓦，全力保障企业和民生用电。发起全民“e起节电”活动，出台空调负荷管理方案，凝聚起全社会节能降耗合力。常态运作市县两级负荷管理中心，市场化需求响应能力、非民生可控负荷分别达到133万千瓦、217万千瓦，实现“千瓦可控、度电可调”。高质量完成电网春秋检任务1220余项，排查整治重大事故隐患

363 项，有力应对 3 轮雨雪冰冻天气，及时发现处理 1000 千伏特高压入潍主线路舞动、断股隐患，保障大电网安全稳定运行。高标准完成 248 条、99 千米电力线路迁改，保障津潍高铁等重大工程顺利竣工。创新"UPS+ 发电车"双保障模式，将保电模块细化至屏幕、音响、灯光等最小单元，全力以赴保障 65 项省部级及以上重大活动用电无忧。

【电网转型升级】 2023 年，国网潍坊供电公司超前启动"十五五"规划研究，在全省率先实现 2040 年前 152 座规划变电站全纳规。全力向上争取资金，全年投资 36.32 亿元，全市第 50 座 220 千伏变电站投产送电，中心城区"6+2"工程建设全速推进，3 项 110 千伏工程顺利送电，35 千伏及以上工程实现"10 开工、23 投产"。联合中国能源研究会、清华大学等高端智库资源，挂牌成立全国首个新型电力系统建设专家服务站，新能源装机全省首家突破千万千瓦。深入实施"清风暖阳"行动，全省首家编制可再生能源"十四五"规划，为新能源健康有序发展保驾护航。新建改造 10 千伏线路 730 千米、配电变压器 386 台，农村户均配变容量提升至 3.11 千伏安，两个"千村改造"助力乡村振兴经验做法，获省领导曾赞荣批示肯定，省发改委发文表扬、全省推广。

【供电服务】 2023 年，国网潍坊供电公司实施"电靓万企"行动，积极融入全市"拼经济"大势，为 400 个省市重大重点项目保驾护航，增供电量 37.61 亿千瓦时。"电力专员"主动上门、问需解难，服务满意率提升 1.14 个百分点。争取资金 1185 万元，完成市政府"第三电源"改造，确保突发情况负荷"秒级转供"。坚持"政府主导、企业主责、供电主动"，攻坚临时用电小区治理，66 个小区、3.45 万户居民用上安全电、放心电。推进实施"桩点潍坊""桩点乡村"行动，累计建成国网充电站 185 座、充电桩 1226 台，充电量连续三年实现翻番，更好服务新能源汽车产业发展。全省率先实现变电站失压状态下配电线路自动转供，10 千伏线路故障停运率、重复停电发生率分别同比下降 38%、82%，全面减少停电感知。全力服务乡村振兴伟大实践，实施"电靓和美乡村"行动，建成 12 个"村网共建"便民服务点，3 个村网共建服务点入选国网示范，昌邑马家郜村入选国网乡村振兴示范村。

（李玉栋）

中小企业

【概况】 2023 年，潍坊市新增山东省创新型中小企业 806 家、省级专精特新中小企业 488 家、专精特新"小巨人"企业 29 家、瞪羚企业 63 家、独角兽企业 1 家。截至年底，全市共有有效期内的创新型中小企业 1480 家、专精特新中小企业 865 家、国家级专精特新"小巨人"企业 94 家、重点"小巨人"企业 11 家、瞪羚企业 207 家、独角兽企业 2 家。

【中小企业梯度培育】 2023 年，围绕《山东省优质中小企业梯度培育管理实施细则》和《潍坊市人民政府关于推进"五个优化"加快制造业高质量发展的实施意见》，全市深入推进优质中小企业梯度培育和争创工作，着力培育一批专精特新、瞪羚、独角兽、小巨人、重点小巨人等高成长性企业。建立并动态管理潍坊市优质中小企业培育库，对 1749 家"种子"企业实施"建档入库"精准培育，入库企业数量较上年增长 304 家。克服前期已争创数量基数大、新增企业数量减少的不利情况，2023 年新增省级及以上专精特新优质企业数量全省第二，继续保持全省前列优势。积极争创 2023 年度山东省独角兽企业和瞪羚企业，博鼎精工智能科技有限公司成为全省新增的三家独角兽企业之一，继潍坊力创电子科技有限公司之后成为潍坊市的第二家独角兽企业。63 家企业获评瞪羚企业，新增数量较上年提高 29%。

【创新创业服务载体】 2023 年，潍坊市争创 5 家山东省小微企业创业创新示范基地，认定 5 家市级小微企业创业创新示范基地，全市国家级、省级和市级基地分别达到 1 家、32 家和 67 家。集聚政策、资本、产业等要素优势，在全市首创性地打造了潍坊市专精特新产业园（潍城区）、潍坊市专精特新研发基地（寒亭区），为入园优质中小企业提供特色产业政策，加速企业上市孵化和数字化转型，产业园和基地均已开始正式投入运营。组织开展打造现代化产业体系暨专精特新企业高质量发展专题培训班，帮助企业找准影响发展的关键性问题，提出应对策略，推动企业精准提升。承办“创客中国”中小企业创新创业大赛山东省东部区域赛，共有来自5个地市150余名选手参赛，潍坊市工信局连续五年获得优秀组织奖。

【产业链对接交流活动】 6月19—20日，市工信局组织召开中小企业服务月暨“一起益企”中小企业服务行动推进大会，邀请工信部中小企业局副局长牟淑慧出席。大会以“线上+线下”方式举行，来自全省16地市的工信主管部门和国家级、省级中小企业公共服务示范平台负责人等400余人现场参会，5000余人参加了线上会议。开展潍坊市优质企业创新需求及标志性产业链融链固链对接交流活动，通过产学研合作方式帮助企业解决技术创新难题，进一步提高了企业创新能力。组织“将成本削减到底”（专精特新企业专场）暨融链固链融资机构行活动，将金融活水注入优质中小企业，助推全市中小企业高质量转型发展。

【惠企政策落地见效】 2023年，潍坊市争取中小企业发展专项资金5150万元，通过财政部门及时拨付至各县市区。对全市2020—2022年国家和市级所有资金项目和到位情况进行全面梳理，对未到位资金进一步督促拨付。开展中央资金和市级资金绩效自评，对全市第一批和第二批专精特新“小巨人”企业进行绩效评价，通过督促和绩效考评，推动财政奖励资金早日落地见效。

（李培宝）

重点工业企业简介

【潍柴动力股份有限公司】 潍柴动力股份有限公司成立于2002年，是中国内燃机行业首家在香港H股上市的企业，主营业务涵盖动力系统、商用车、农业装备、智慧物流等板块，拥有潍柴动力发动机、陕汽重卡、德国凯傲、德国林德液压等国内外知名品牌，重型发动机、重型变速器销量全球第一，工业叉车全球领先，农业装备销量中国第一，重型卡车中国领先。拥有内燃机与动力系统全国重点实验室、国家燃料电池技术创新中心等国家创新平台，先后荣获国家级科技奖励9项，其中国家科技进步奖一等奖1项。2023年，实现营业收入2139.6亿元，位列中国企业500强第156位，中国制造业500强第73位。

【豪迈集团股份有限公司】 豪迈集团股份有限公司始创于1995年，是拥有1家上市公司、8家海外生产型公司的国际化集团公司。拥有轮胎模具、高端机械零部件、铸铁铸钢、海工油气装备、高效节能热交换器五个根据地项目，布局高档数控机床、高档压缩机、连续流化工装备、高效低毒农药及高端工业防腐涂料多个增长点项目。其中，轮胎模具国际市场占有率30%，国内市场占有率55%。公司是国家制造业单项冠军企业，拥有轮胎模具、绕管式热交换器等5项制造业单项冠军产品，高档压缩机等10余款产品被列入国家绿色低碳转型产业指导目录。公司获评国家技术创新示范企业、国家服务型制造示范企业、国家知识产权示范企业、国家绿色工厂等称号。2023年实现产值170亿元。

【山东寿光鲁清石化有限公司】 山东寿光鲁清石化有限公司是一家集石油炼制、精细化工、高端新材料、物流运输、终端销售于一体的特大型现代化股份制民营企业，是“中国制造业500强”“中国民营企业500强”，荣获“山东省十强产业集群领军企业”“山东省百强企业”等百余项荣誉称号。企业坚持高端智能、绿色发展，精心实施科技引领，牵头制定石油炼制行业绿色工厂评价标准，是全国地炼行业唯一同时拥有国家级企业技术中心、国家级绿色工厂、国家级高新技术企业、博士后科研工作站的企业。主要产品涵盖汽油、柴油、液化气、聚丙烯等，聚丙烯新材料产能居全省首位。2023年，实现营业收入874亿元。

【孚日集团股份有限公司】 孚日集团股份有限公司以生产和经营毛巾、床上用品、装饰布艺等家用纺织品为主业，拥有从产品研发设计、纺纱、织造、印染、整理、包装到全球贸易的完整生产链，建有国家级技术中心、实验室和博士后科研工作站，配套完备的中试基地及检测实验室，拥有检测ISO欧标、AATCC美标、JIS日标及国标等40多个项目的检测能力。产品通过质量、环境、安全健康等系列国际认证，近年来参与制定了10多项国家行业标准，40多项核心技术获得国家专利，开发出1000多个品种的产品，是全国最大的家用纺织品生产销售企业，年生产能力达7.5万吨，其中毛巾系列产品年生产能力达6.8万吨，居全球第一位，产品主要出口日本、美国、欧盟、澳大利亚、中东等全球市场。

【诸城市普兰尼奥男装有限公司】 诸城市普兰尼奥男装有限公司集设计研发、生产制造及销售于一体，主导产品为中高档西服、衬衣及各类服饰产品。年生产能力为西装上衣280万件、西裤420万条、衬衫200万件。公司全套生产工艺由400多道工序组成，并采用CAD（计算机辅助设计）、CAM（计算机辅助制造）、MTM（单量单裁）等技术，设计工艺、缝制工艺、整烫工艺达到国际先进水平。公司采用直营和加盟的营销模式，构筑了以山东、河北、河南、山西、江苏、陕西六省为核心的第一市场圈，在县级以上城市主要商业中心设有销售网络。在同行业率先推出西装终生免费干洗服务，建立了国内干洗服务中心。先后荣获“全国服装标准化技术委员会标准化工作先进单位”“全国售后服务行业十佳单位”“AAAA级标准化良好行为企业”“山东省质量管理奖”等多项荣誉称号。

【山东华建铝业集团】 山东华建铝业集团是国内铝合金建筑型材、工业型材和新材料重点科研生产加工企业，铝材年产能达80万吨，员工1万余人。发展成为以铝型材及铝精深加工产业为主，相关产业协同发展，产业链配套完善的大型企业集团。拥有六个生产厂区、六个产业园区、两个服务平台，建有通过CMA中国计量认证的CNAS国家认可实验室，高标准的国家级工业设计中心、省级企业技术中心、山东省工程研究中心。是国家高新技术企业、国家知识产权优势企业，获国家专利1600多项，先后参与《铝及铝合金术语》《铝合金建筑型材》《铝合金门窗》等40多项国家标准和行业标准的起草与修订，获全国有色金属标准化技术委员会颁发技术标准优秀奖一等奖，行业内率先取得CNCA-CGP-13中国绿色建材“三星级”认证。通过ISO9001质量管理体系、IATF16949汽车生产件及相关服务件组织质量管理体系、ISO14001环境管理体系、ISO45001职业健康安全管理体系、ISO50001能源管理体系“五体系”认证。独立研发的易欧思系统门窗、华建定制家装门窗、全铝家居、建筑铝模板、光伏铝型材，工业、汽车、新能源等铝合金轻量化产品，均拥有完全自主知识产权。产品销往全球50多个国家和地区，国内外知名工程项目中得到广泛应用。

【潍坊广华铝材有限公司】 潍坊广华铝材有限公司资产总额5亿元，拥有国内优良水平的挤压生产线26条，年产各类型材8万吨。公司以先进的高新技术和科学的企业管理，坚持凭借高端产品，打造品牌高度。先后通过ISO9001质量管理体系认证、ISO14001环境管理体系认证、OHSAS18001安全管理体系认证、中国节能产品认证；2009年至今山东省建筑型材行业骨干企业；2010年获“中国专利山东明星企业”；生产的“广越”牌铝材获得山东省著名商标、山东名牌、山东省机械行业铝合金型材“十大品牌”等品牌殊荣。“广越”牌铝材拥有完整的产品体系，规格达6000余个，涵盖门窗幕墙型材、光伏工业型材、家居移门型材。种类有阳极氧化，电泳涂漆，粉末喷涂，氟碳喷涂，隔热断桥等。其中，家居移门型材已形成移门、卫浴、窗帘杆、家装四大类。研制推出的2D手感木纹、“3D，4D”氟碳立体、晶泳、消光电泳、低抛染色等系列、PU系列新产品能够满足家居，装饰，淋浴房材料等多种高级装饰特殊要求，以其质优美观赢得了市场。

【山东晨鸣纸业集团股份有限公司】 山东晨鸣纸业集团股份有限公司2023年营业收入175.8亿元，是中国造纸龙头企业，中国企业500强，是以制浆、造纸为主的现代化大型综合企业集团，在全国拥有多个生产基地，总资产近千亿元，年浆纸产能1100多万吨，企业经济效益主要指标连续20多年在全国同行业保持领先地位。是国内A、B、H三支股票上市公司，是中国上市公司百强企业、中国十佳明星企业，荣获全国五一劳动奖状、全国精神文明建设先进单位、轻工业全国十佳企业、中国企业管理杰出贡献奖等省级以上荣誉称号200余项。拥有湛江、黄冈、寿光3条制浆生产线，木浆产能达到430万吨，是全国实现制浆和造纸基本平衡的大型浆纸一体化企业。在山东、广东、湖北、江西、吉林等地建有多个生产基地，全部产品实现近距离销售，配送服务快捷。主要产品化纸、铜版纸、白卡纸等市场占有率均位居全国前列。产品涵盖高档胶版纸、白卡纸、铜版纸、轻涂纸、生活纸、静电复印纸、热敏纸等系列。企业拥有国家企业技术中心、博士后科研工作站、国家认可CNAS浆纸检测中心等科研机构，获得国家专利授权401项，其中发明专利32项,获得国家新产品7项，省级以上科技进步奖16项，承担国家科技项目5项、省技术创新项目67项。

【山东世纪阳光集团】 山东世纪阳光集团成立于2000年底，2007年在香港上市，现拥有职工5000多人、20多家子公司，年造纸产能260万吨，是亚洲白面牛卡纸、涂布白面牛卡纸及纸管原纸生产规模较大、装备能力较强、产品档次较高的生产基地，全球较先进的预印产品基地，“以草代木”造纸原料新途径的创新者，2023年营业收入119亿元。建成了拥有近600名专业技术人员的技术中心及研究院，拥有自主知识产权70多项、其中发明和实用新型专利60多项，实验室通过CNAS认证。受国家行业主管部门委托，制定了白面牛卡纸系列产品的7套行业国家标准，公司被评为山东省制造业单项冠军企业，入选工信部“绿色工厂”名单；产品被评为国家级制造业单项冠军产品，入选工信部“绿色设计产品”名单。在国内设有34个销售分公司，海外营销网络遍及北美、大洋洲、欧洲、东南亚及日韩等国家。与百威英博、青岛啤酒、蒙牛、伊利、海信等众多快速消费品和耐用消费品终端客户实施了战略合作，引领包装用纸低定量化新潮流。率先在造纸行业实施信息化、供应链管理，并积极推进了数字化转型，打造新一代数字化运营管理平台、智能制造平台、大数据中台，成为行业5G+智能制造全连接 工厂的典范，转型成果入选清华大学经济管理学院教案。为实现企业转型升级，世纪阳光建成阳光概念包装产业园、示范工厂和全球较先进的预印生产线，推出旗下电商品牌“王的网”，组建了全国性的包装产业联盟，为终端用户提供从造纸、创意设计、印刷、制箱到物流配送的一站式阳光新概念包装解决方案。

（宋亦璇）

商贸服务业

商业贸易

【概况】 2023年，潍坊市居民消费大幅增长，全市实现社会消费品零售总额2936.1亿元，同比增长7%。按限上限下分，限额以上单位消费品零售额实现845亿元，同比增长9%；限额以下实现单位消费品零售额2091.1亿元，同比增长5.3%。按所在地分，城镇消费品零售总额实现2556.5亿元，增长7%，乡村实现379.6亿元，增长6.4%。按消费形态分，餐饮收入实现351.4亿元，增长18.4%，商品零售实现2584.7亿元，增长6.2%。

【消费供给侧改革】 2023年，潍坊市制定实施《电商赋能促进消费流通高质量发展攻坚工作方案》和《关于商贸流通行业促消费的政策措施》，推动消费市场全面复苏。通过市县协同、政企联动，组织发放购物、家电、餐饮、进口商品消费券4440万元。以春、夏、秋、冬四季主题，市县联动、政企联动、异业联动，牵头举办年货节、嗨购节、家电下乡等各类主题促消费活动120余场，持续壮大消费供给侧，打造新消费热点。国庆期间，组织各县（市、区）、重点商圈、重点商贸流通企业举办66场主题促消费活动，参与企业2000余家，在全市打造出吃、喝、玩、购一体化节日消费氛围。复制推广省级智慧商圈——世纪泰华商圈及首批省级示范步行街泰华城中兴商业街在基础设施完善、小品景观打造、商文旅活动融合等方面经验做法，着力培育体验式、场景式消费新模式、新场景、新业态，构建多区域、多层级商业消费空间格局和各具特色、主题丰富的高品质商圈，满足多元化消费需求，为广大消费者提供一个休闲、逛街、购物、享美食的去处。

【市场体系优化升级】 2023年，潍坊市坚持中心城区市场和县域市场两手抓，将县域市场作为扩内需、促循环的关键节点，充分发挥县域在消费市场和要素市场的重要作用，激发下沉市场活力。开展县域商业体系建设，着力解决县域商业建设发展中镇（村）商业存在的消费力薄弱、企业生存时间短、经营方式传统等难点瓶颈问题，争取中央财政支持资金360万元对寿光市、青州市、安丘市乡镇商贸中心、商品化处理设施等7个项目予以政策支持。首批全国县域商业“领跑县”寿光市、青州市榜上有名，上榜数量居全省首位。青州市鲁东食品创业园、临朐县铝型材市场获评2023年山东省商品市场转型升级示范基地，全省仅10家入选。

【商贸服务水平提升】 2023年，潍坊市推动商贸行业标准化建设，潍坊隆泰食品有限公司、青州亚泰农业科技有限公司通过国家级服务业标准化试点（商贸流通专项）验收。餐饮行业加快绿色化、品牌化、标准化发展，临朐揽翠湖温泉度假村、青州贝隆花园大酒店、潍坊市第一招待所等7家住宿餐饮单位通过全国钻级酒店评审，潍坊海澜国际、奥斯汀大酒店等5家被评为省级绿色饭店。推动老字号守正创新，对老字号产品进行包装提升，诸城新华宇、青州隆盛糕点2家被评为中华老字号，潍坊市中华老字号增加至6家。建立老字号企业库和市委主要领导、26家老字号企业主要负责人，市、县两级商务部门主要负责人常态化联系微信群；首批筛选云门酒、“隆盛”糕点等10家省级以上老字号企业，拍摄《匠心》《寻味》《传承》系列宣传片、短视频开展集中宣传推介；深入20多家老字号企业，制定扶持措施，推动企业实现焕新发展、转型发展。青州古城依托老字号企业聚集、历史文化底蕴深厚、商文旅元素融合发展优势，被纳入第二批省级老字号聚集区建设试点范围，获得支持资金100万元。

【市场秩序建设】 2023年，潍坊市开展“讲好诚信故事，弘扬诚信文化”宣传活动，引导企业遵法守规、诚信经营，推进商贸流通领域信用建设。共上传更新山东省政府部门监管平台检查对象名录库2228家，执法人员库19人。在商贸流通领域共开展行政检查8项、监督检查企业136家，实现省、市联席会议办公室统一确认的抽查事项覆盖率100%、抽查计划完成率100%、标签化管理应用率100%、信用风险分类结果应用率100%，进一步规范市场经营秩序，为消费者营造放心安全的消费环境。推动家政服务企业服务水平提升，潍坊佳益家政服务有限公司等6家单位被评为山东省诚信家政星级服务机构。

（赵汉儒）

供销合作

【概况】 2023年，潍坊市供销社一届三次理事会、一届二次监事会明确，全面贯彻新发展理念、融入和服务新发展格局，倡树新时代“合作、向上、创新、共赢”的部门精神，锚定“争先进、创一流”目标定位，持续深化供销社综合改革，努力实现全系统高质量发展，加快成为服务农民生产生活的综合平台和建设农业强市的生力军。市政府出台《潍坊市推动供销合作社高质量发展实施方案》，市委办公室、市政府办公室制定出台《关于深入开展“党建统领、四社共建（四社：供销社、农村社区、农民合作社、农村信用社）”工作促进乡村振兴的实施意见》，为供销合作事业发展注入新动能。山东省委书记林武调研“三夏”工作，对高密市农业生产社会化服务工作给予充分肯定。市供销合作社高标准承办全省供销系统基层组织建设、“互联网+第四方物流”、合作金融等重要会议，并作典型发言；与峡山区、滨海区合作构建供销服务体系，填补开发区供销社服务空白；聚焦主责主业，攻坚发力，10项核心业务目标均超额完成；做好双招双引工作，全年招引过亿元项目3个，吸引资金5.1亿元；承担的乡村振兴考核成绩全省并列第一名；荣获全省供销系统2023年度业务评价一等奖。

【“四社”共建深入推进】 2023年，潍坊市先后三次召开现场推进会议，市、县两级成立专项工作领导小组，建立联席会议制度，推进“四社”共建走深走实。“‘四社’共建由基层社探索上升为全市重点工作”在《中华合作时报》头条刊发；安丘市“党建统领、四社共建”典型做法入选第六届全国基层党建创新最佳案例（第七名）；高密市“探索‘党建统领、四社共建’机制 打造‘乡村振兴合伙人’”经验做法在《中国供销合作通讯》刊载。2023年，全市共培育“党建统领、四社共建”示范社区（村）471个，服务农民14.1万户，带动村集体增收3527万元，村民增收1.7亿元；农业社会化服务面积达685万亩次，托管果园服务面积2.9万亩次；持续深化“供银担”合作，累计争取涉农贷款3.8亿元，农业保险投保面积4.8万亩，

安丘市官庄镇供销综合服务站 （潍坊市供销社 供图）

"供银担"经验做法入选全市深化改革创新典型案例，并报省委改革办；全市系统14家基层社被省供销社评为"高质量发展基层社"，3家农民专业合作社被全国总社评为"全国供销合作社系统农民专业合作社示范社"，总数达到27家。

【县域流通服务网络建设】 2023年，潍坊市加快构建县域流通服务网络，建设县、镇、村三级流通服务网点分别达到8处、67处、337处，总数达到412处，超额完成《政府工作报告》年度任务。全力抓好省级流通服务示范（试点）县创建工作，安丘市通过省供销社验收，被评定为2022年度省级县域流通服务网络示范县。推动"互联网+第四方物流"与县域商贸流通网络"两网融合"，建设县级物流配送中心1处、镇级快递服务站6处、村级快递服务社60处。安丘市、高密市分别被省供销社确定为2023年省级"互联网+第四方物流"建设重点县、县域流通服务网络示范县。

【农资经营服务】 2023年，潍坊市全力推进农资经营服务体系建设，打造"龙头企业+县域集配中心+基层（镇、村）服务网点"农资供应服务保障体系。青州市、昌邑市分别被山东省供销社确定为2023年省级"绿色农资"行动升级试点县、农资流通服务示范县。寿光市高欣果蔬农产品物流配送项目、青州市欣合盛绿色智慧冷链项目入选全国总社2024年度"新网工程"项目库。完善土壤熏蒸社会化服务体系，土壤修复服务面积10.6万亩。深入实施"绿色农资"升级行动，建设"绿色农资"标准示范店10处。聚焦"预制菜"产业发展，建设"供销·大厨房"项目达到22处。组织全市42家预制菜企业，参加首届山东供销预制菜产业博览会，参展产品210余种，签订供销合同2.47亿元，潍坊市供销社被省供销社评为优秀组织一等奖。

高密市柴沟为农服务中心　　（潍坊市供销社　供图）

【服务城乡流通一体化发展】 2023年，潍坊市积极推进"政、社、校、企"联合合作，为农业强市建设加力赋能。与寒亭区政府签订战略合作协议，助力推动城乡一体化与乡村振兴进程；与山东经贸职业学院签订战略合作协议，共建"供销学院"，在供销人才培养、龙头企业打造、产教融合试点等方面深入合作；与省农服集团签约，合作成立山东供销农业服务集团潍坊有限公司，组建农资龙头集群，主动构建"主渠道"；与潍坊文远供应链有限公司深入合作，优化城区便利店布局，提升供销社社会影响力；与山东翰泽供应链、顺丰公司合作，推进一、二、三产业融合发展；与北京盛昌、北京创同、山东供合、荣融合等7家公司合作，共同强化实力支撑。

（唐　昊）

粮食流通

【概况】 2023年，潍坊市认真贯彻落实习近平总书记关于粮食安全重要论述，确保地方粮食安全。2023年度耕地保护和粮食安全责任制考核作为实行粮食安全党政同责后的"首考"，充分发挥职能作用，认真做好县级自查、市级检查、省级迎查等工作，强化考核结果运用和问题整改，推动整体工作上层次、提质效。同时完成全市高质量发展综合绩效考核粮食安全指标任务。开展粮食购销领域腐败问题专项整治，打牢粮食安全责任担当，为粮食流通保驾护航。在全省率先落实地方储备粮品种串换，按照市政府常务会议要求，优化政府储备结构，调减小麦储备6.2万吨，同量调增玉米6.2万吨。粮食产业经济稳步发展，全市入统粮油加工企业实现工业总产值689.5亿元，产品销售收入687亿元。

【收储保供】 2023年，转发山东省发展和改革委员会等七部门《关于做好2023年夏粮收购工作的通知》，分析研判收购形势，部署开展夏收工作。收储企业严格执行国家收购质价政策，做好人员、资金、仓容、仪器设备等各项准备保障，优化为企、为农服务。完成年度小麦轮换收购计划14.3万吨，其中市级4.57万吨，全部实现网上交易。截至9月底，全市夏粮累计收购82.77万吨，同比增长34%。截至12月底，新收获玉米收购116.8万吨，同比增长47%。全面建成粮食应急供应网点。按照每个镇（街）至少建一处应急网点要求，整合现有资源，筛选确定供应网点，签订应急保障协议，落实财政补助资金，组织现场督导查验，帮助解决困难问题。全市建有应急供应网点120个（省核定不少于118个），其中市级20个，基本实现市域范围内应急保障"全覆盖"。

【储备管理】 2023年，潍坊市粮食购销领域监管信息化建设全面完成。牵头财政等部门制定工作方案，各县（市、区）提报实施方案，组织到各库点检查指导，在寿光市召开信息化升级改造推进会议，全市储备库点全部安装信息化管理和动态监管系统，按期完成省局下达任务，并完成等级保护，确保通过高质量发展综合考核。联合市农业发展银行修订《潍坊市地方储备粮承储单位选定管理实施细则》。积极争取使用地方政府专项债券、中央预算内扶持资金和商品粮大县奖励资金，有效破除项目建设资金瓶颈制约。指导企业推动高标准粮仓建设，提升现有粮食仓储设施功能，全省县级一流的寿光市粮食仓储物流设施项目于6月份投用，高密市、诸城市、青州市、昌邑市、安丘市等项目正在建设中。

【流通监管】 2023年，潍坊市开展春季、秋季粮油库存普查、库存检查和新入库政策性小麦跨省检查，迎接青岛市对潍坊市政策性粮食检查，完成对济宁市的检查，督导企业认真做好整改。开展新收获粮和库存粮油质量抽样检测，检测新收获粮448个、库存粮110个、油脂24个，全部符合储存标准和食品标准。制定年度粮食企业部门抽查和联合抽查计划，组织定期检查。开展粮食流通"强监管、严执法、重处罚行动年"活动，检查企业42家，查出问题26起，指导整改落实。办结"12325"监管热线转办案件3起。创新服务粮食收购备案管理工作，指导全市289个涉粮企业在备案的同时，做到统一建立统计、质量台账、实行分类、信用"四统一"管理，受到上级主管部门充分肯定。开展粮食科技周和世界粮食日宣传，组织参加省粮博会、中国粮交会以及"齐鲁粮油行"等活动。

【安全生产】 2023年，潍坊市通过组织粮食仓储和谷物磨制企业学习《山东粮食流通行业安全生产知识》，观看《安全生产警示教育片》等形式，开展全市粮食行业安全生产"开工第一课"活动。印发粮食和物资储备行业重大事故隐患专项排查整治2023行动方案、安全生产专项整治三年行动计划、2023年"安全生产月"活动实施方案、安全生产检查工作责任和暗察暗访检查制度等文件，指导县（市、区）落实监管责任和企业主体责任，层层签订安全生产责任书。持续推动安全风险管控和隐患排查治理双重预防体系建设，全市15家国有粮食仓储企业全部建成。通过远程视频方式对地方储备粮承储企业安全生产和安全储粮情况进行检查15次，查出问题限时完成整改。组织32家谷物磨制企业进行安全生产分类、分级，A级4家，制定落实粉尘清扫制度。组织重大事故隐患专项排查整治活动，排查隐患512处并加强整改。对辖区内监管企业应急预案进行备案，指导和督促企业落实应急演练计划，组织企业进行消防、防汛等演练29次，提高应急处置能力。

（郭冬青）

烟　草

【概况】 2023年，潍坊市烟草专卖局（公司）实现税利19.86亿元，其中，实现税金18.83亿元。市烟草局（公司）被评为"齐鲁家庭友好型工作场所""潍坊市十佳职工信赖的职工之家"、市级

"妈妈小屋"示范点等称号。7人获评"烟草行业技术能手"，1人获评"烟草行业青年技术能手"，1人获评"烟草行业高技能带头人"，1人获"全国内部审计先进工作者"称号。

【卷烟销售和网络建设】 2023年，潍坊市烟草专卖局（公司）聚焦引导消费满足需求，通过完善货源投放、加强经营指导等方式，助力零售客户增收致富。全市零售客户依靠经营卷烟盈利16.7亿元，户均盈利5.25万元，同比增长6.51%，客户满意度连续多年居全省前列。着眼于提升零售客户盈利能力，深入开展"精品小班制"培训，全年累计培训2566场次，促进零售客户"懂品牌、会卖烟、讲诚信、能赚钱"。建成310家"乡村振兴示范店"，提升农村户经营能力和店面形象。通过协调金融机构贷款、协助开展网上直播、开设快递代售点等方式，多渠道助力客户增收。优化基层管理服务站功能，夯实客户服务前沿阵地。推动卷烟物流配送工作，升级异形卷烟分拣线，提升分拣配送效率，为零售客户提供高质量配送服务。

【烟叶生产经营】 2023年，潍坊市烟草专卖局（公司）聚焦烟草农业现代化，助力乡村全面振兴。种植烟叶11.65万亩，收购43.08万担，千克均价31.36元、增加0.93元。潍坊14个镇（街）出台种烟专项奖励政策；210个村办合作社集中流转土地7.7万亩，种烟面积3.8万亩；培育新型种植主体277名，"80后"烟农占比20%，烟叶基础支撑持续增强；烟农户均收入27.7万元，增加6.7万元。推广烤烟——牧草"一年两收"1300亩，烟田轮作比例96%。实施品种、技术、采烤"三个优化"，烟叶质量持续提升。年度配套烟叶生产基础设施建设补贴2000余万元，为烟农提供烟叶生产投入补贴7000余万元。推动全程机械化，优化品种布局，实行绿色生产，为烟农提供土地、劳动力、资金政策支持，提升服务烟农水平。标准化烟站建设持续推进，13处烟站通过行业标准化烟站验收。

【专卖管理和吸烟控制】 2023年，潍坊市烟草专卖局（公司）完善巩固"政府领导、部门联合、多方参与、密切协作"的打假（打私）体系，先后开展专项行动，保持市场治理高压态势不动摇。全年查获非法卷烟6185.8万支，案值4264.9万元；达到公安部、国家烟草专卖局标准网络案件破获17起，连续11年列全省第一位。编纂完成《烟草专卖两法衔接工作实务》，进一步提升法治化办案水平。继续推广"潍民坊心"程序，"放管服"改革持续深化，有序办理零售许可证集中延续2.4万余户。推动"八五"普法，在5个基层服务站打造法律服务品牌，市烟草专卖局（公司）被评为全市"法润鸢都·普法之星"优秀团队，青州市烟草局第三服务站被授予"山东省法治宣传教育示范基地"。3月，《潍坊市控制吸烟办法》正式实施。

【企业管理】 2023年，潍坊市烟草专卖局（公司）持续推动精益实践，开展5S管理，以第一名成绩通过山东省烟草公司5S管理验收。深化创新驱动，获山东省烟草落实"十四五"网信总体规划先行单位，稳步推进数据分析团队建设，数字技术与生产业务融合水平不断提升。公司各类创新奖励23项。开展岗位创新成果评选和QC小组活动，1个小组获评中国质量协会"国优小组"，3个小组获评省质量协会"质量信得过班组"。强化风险防控，开展资金安全"飞行检查"和固定资产专项检查，确保企业规范化运行；深入开展财务数字化建设，"以数治税"、智慧型资产管理体系构建稳步推进，获评财政部组织的全国短视频大赛三等奖。

（董　方）

邮政　快递

【概况】 2023年，潍坊市共有主要快递品牌16个、法人企业86家、分支机构261个、备案末端网点4560个（含快递柜）。全市邮政行业业务量收均居全省第4位，寄递业务量7.20亿件，同比增长16.47%；业务收入61.50亿元，同比增长17.35%。其中，快递业务量5.77亿件，同比增长18.62%；快递业务收入41.55亿元，同比增长19.12%。举办全省、全市快递行业党建工作现场推进会，建成全省首个快递小哥主题公园，2个党建阵地获评全省首批快递行业党建示范点。成功创建"中国快递示范城市"。

【政策支撑】 2023年，潍坊市颁布施行全省首部邮政快递业地方性行业法规《潍坊市快递条例》。县级快递园区建设、农村寄递物流网络节点建设、提升快递进村工程等纳入全市乡村振兴考核。农村寄递物流体系建设稳步推进，潍坊中通智能化研发运营中心项目二期、潍坊顺丰丰泰产业园项目建成投产，建设县级快递园区8个、乡镇共配中心54个，升级快递综合服务示范站650个，建成智能快递箱2027处。快递员职业技能培训成功纳入市人社局项目制培训体系。县级邮政管理属地监管责任进一步夯实。

9月9日，《风筝（三）》特种邮票首发式举行

（汪尚超　供图）

【协同发展】 2023年，潍坊市邮政管理局发挥邮政快递服务现代农业优势，印发《潍坊市邮政快递业服务特色农业高质量发展实施方案》，提升“农产品+电商+冷链+寄递”服务成效，打造“寿光蔬菜”“潍坊羊角蜜”“青州花卉”“潍坊南瓜”等快递服务现代农业金牌项目5个，数量全省第一。培育快递业与制造业融合典型项目，打造高密市“快递+劳保用品”、诸城市“快递+服装”特色品牌，推动服务制造业强链延链补链。开辟“快递出海”新通道，助力综合保税区综合运营中心开通运行，《小镇吉他“声”动世界》快递服务郿部吉他项目获得央媒专题报道，“潍坊好品”通过快递走向世界。

【服务能力提升】 2023年，持续优化快递市场秩序，实施许可实地核查“验真”工程，强化电商快件寄递服务整治，着力化解网络运行风险隐患。推动服务质量提升，实现“12305”和“12345”并线运行。试点推动“客货邮”发展模式，开通联运邮路31条。协调上级主管部门将《风筝（三）》纳入邮票发行计划，时隔36年潍坊风筝题材再次入选国家名片。加强与文旅部门协作交流，建设“风筝邮局”“红高粱邮局”“绿色环保邮局”等主题邮局20个。

【安全监管】 2023年，发挥寄递渠道联合机制作用，联合13部门印发《潍坊市平安寄递专项行动实施方案》，在全市深入推进平安寄递专项行动。持续发挥全市平安寄递联合监管机制作用，圆满完成全国两会、杭州亚运会等重大活动寄递安全服务保障工作。深入推进基层平安员建设，配置平安员1541名，通过定期培训、以考促学等方式不断提高平安员队伍素质与履职能力。

【权益保障】 2023年，潍坊市邮政管理局联合14部门出台《加强灵活就业劳动者社会保障工作的二十二条措施》。开展“暖蜂”行动，发放爱心大礼包3600份、免费体检1300人次，3006名快递小哥实现优先工伤保险全覆盖。建立潍坊市快递业培训基地，全年培训4900余人，潍坊顺丰获得快递员职业技能等级评价资质，348名快递员完成职业技能等级认定。举办“赋智赋能·匠筑潍坊”全市首届邮政行业职业技能竞赛，获评市级竞赛优秀项目。开展“文明快递‘邮’我出发”文明创建实践活动，助力文明城市创建。

（张元江）

【潍坊邮政集团】 2023年，中国邮政集团有限公司潍坊市分公司现有从业人员3015人，下辖11个区（县）分公司，市、县对应设置同级寄递事业部，262处邮政营业局所（其中，金融综合类网点226处），1个二级邮区中心，各级邮路194条，邮路总里程达60941千米。

锚定高质量发展目标任务，深化改革创新、加快市场化转

电商直播基地正式建成并投入使用　　（王书凝　供图）

型。全市邮政业务收入同比增长18.8%，利润同比增幅10.4%，创近年来最好水平，战略绩效考核晋升全省A档行列。金融业务收入同比增幅20.26%，因地制宜推进场景建设，搭建昌邑大姜智慧农批市场等有效智慧场景50处，丰收宝交易结算服务农户2.2万户，交易金额16.7亿元。寄递业务收入同比增幅19.45%，践行行业“国家队”担当，主动服务双循环新发展格局，全面实施寄递改革，持续调整优化网路，聚焦重点客户、重点区域和重点线路进行精准提速，服务能力和水平进一步提升。充分发挥渠道优势，持续做好代开税票、车驾管、警医邮等，助力“放管服”改革，多维度提供便民服务，助力构建“一刻钟便民服务圈”。安丘市、青州市、滨海区与当地法院联合成立集约送达中心，提升诉讼服务质量和效率。整合“人、货、场”三大场景，打造“邮政农品·潍坊甄选”助农品牌，建成总面积360平方米的电商直播基地，电商及线上直播助力农产品销售360万元。发挥邮政独有的资源禀赋，深入挖掘地域传统文化资源研发文创产品，积极参与政府活动，助推地方文旅产业发展。《风筝（三）》特种邮票顺利发行，全国首家风筝主题邮局亮相风筝博物馆，助力潍坊风筝文化弘扬。

坚持普服为根，“政”字为先，持续提升普遍服务水平。乡镇邮政局（所）覆盖率、全市邮政建制村通邮率、投递频次深度达标率均保持100%，普邮信息断点率大幅压降，普遍服务给据邮件、平常邮件丢失率分别为万分之0.09、千分之0.03，均优于集团、省公司要求；县以上党政机关党报、党刊当日见报率保持100%，高考录取通知书投递万无一失，机要通信连续19年质量全红。

促成山东省邮政分公司与潍坊市委、市政府战略合作，积极融入地方，主动作为。聚焦拓宽普惠金融服务深度，邮、银协同建成188个乡村振兴工作室，113个村完成普遍授信与开发，累计引荐放款2.74亿元。聚焦拓展农产品销售渠道，“线上+线下、网点+站点、社区+社群”融合发展，助销农产品1.7亿元。聚焦能力提升，强化三级物流体系建设，全市建成32处乡（镇）共配中心，邮快合作建制村覆盖率达到77.8%，“快递进村”业务量达到3067万件，2495个邮乐

12月25日，潍坊邮政为甘肃积石山免费寄递救灾物资

（李惠琳　供图）

站点叠加代收自提业务606.2万件；交邮合作深度融合，"客货邮"在诸城市、安丘市落地，开通31条交邮联运线路。打造潍坊邮政助农品牌，实现从"做产品到做品牌"的转变，邮政助力乡村振兴故事走上央视。

2023年，中国邮政集团有限公司潍坊市分公司第一时间按照要求开通救灾捐赠物资免费寄递绿色通道，甘肃积石山地震后，主动对接当地公益组织、爱心企业，免费寄递抗震救灾物资4000余件。

完成绿色邮政建设行动9218工程重点目标。其中，采购使用符合标准的包装材料比例达到100%，电商快件不再二次包装率99%，规范包装操作比例99%。积极拓展可循环包装应用场景，推广可循环封套、可循环包装袋、可循环包装箱（盒）等种类丰富的可循环包装，全市累计使用可循环包装的邮件快件41.75万件。

（刘　萍）

现代物流

【概况】 2023年，潍坊市物流企业3936家，其中，规模以上有198家，AAA级以上物流企业46家，AAAAA级3家。建成运营物流园区38处，载货汽车保有量39.4万辆，居全省第二位。

【现代物流网络】 2023年6月，潍坊市获批国家骨干冷链物流基地，定位为国际冷链物流枢纽、中国北方冷链物流集散中心、山东半岛城市群绿色智慧冷链物流示范基地，主要依托中凯冷链、中百大厨房、寿光蔬菜集团等企业，建设蔬菜产业流通供应链、禽肉产业流通供应链、餐饮公共集配供应链三大供应链，推动肉类、果蔬产地低温处理率分别提高到85%、30%。7月，获批陆港型国家物流枢纽，定位为东部沿海地区物资集散中心、山东半岛城市群融合发展智慧多式联运中心，主要依托申易、港天等"一站式"通关平台，发展大宗物资、工业品、农产品等货类，优化中亚班列、多式联运等运输方式，将干线运输货物量占枢纽总运量的比例提高到40%以上。8月，获批复合型现代流通战略支点城市，定位为全国农产品农资骨干流通走廊核心枢纽、国际区域性能源进出口交易中心，重点突出干线、支线、末端三级物流体系，加快建设适应农业现代化、制造业升级、能源发展需要的流通体系，促进产业链供应链高效衔接、供需精准适配。潍坊市成为继济南市、青岛市之外，全省第三个融入国家"基地+枢纽+战略支点城市"重要物流布局的地级市。

【重点项目带动】 2023年，对潍坊市现代物流业"十四五"发展规划项目库进行第二次修订，全市共计8大类77项投资工程纳入项目库，涉及多式联运、农产品物流、冷链物流、快递物流、仓储物流、应急物流等领域，19个项目纳入市级重点项目清单，32个项目纳入市基础设施现代物流网项目。其中，佳乐家农产品加工配送中心（冷链）项目、新和盛二期肉鸡熟食加工技术提升（2#车间）及高架立体智能冷库项目、中凯国际农产品云仓基地冷库项目、佳士博年产1.5万吨高端预制菜（肉制品）及冷链物流项目被纳入省2023年基础设施现代物流网项目，总投资8.55亿元，年度完成投资6.2亿元。

【交通重点项目】 2023年，潍坊市交通基础设施建设完成投资168.4亿元，综合交通运输体系进一步完善。全市高速公路总里程达到866.9千米，由全省第三跃居全省第二，形成高速公路路网布局，提前实现"十四五""县县通双高速"目标。普通国（省）道建设养护317.9千米，完成投资20.6亿元，项目数量、建设里程及年度投资均创历史新高。

潍（坊）烟（台）高铁主体工程完成，建设进度居全线前列。京沪高铁辅助通道津潍段、潍（坊）宿（迁）段及青岛连接线开工建设。潍坊高铁快运物流基地作为全国首个高铁快运物流基地落户潍坊。

潍坊港完成中港区航道疏浚，通航水深达9.5米；中港区五万吨级滚装泊位建成投用，港口综合通过能力突破4500万吨。小清河复航工程通航，潍坊港成为济南都市圈的"黄金出海口"。

潍坊机场客货航线最高达到15条，通航城市18个，创造历史航线新纪录。2023年，客运量达67.3万人次，货运量2.2万吨。积极利用青岛胶东机场，开通"青潍空铁快线"，方便市民航空出行。新机场迁建正在积极推进立项批复，国家发改委已重新组织对预可研报告进行评审。

【现代商贸流通】 2023年，寿光市获评第二批省现代流通强县，获得支持资金1000万元，潍坊市成为全省连续两年获此殊荣的4个地级市之一。参与全省生活必需品流通保供体系建设试点，首年度获支持资金3300万元。开展县域商业体系建设，争取中央财政支持资金360万元对寿光市、青州市、安丘市乡镇商贸中心、商品化处理设施等7个项目予以政策支持。首批全国县域商业“领跑县”寿光市、青州市榜上有名，上榜数量居全省首位。青州鲁东食品创业园、临朐铝型材市场获评2023年山东省商品市场转型升级示范基地，全省仅10家入选。截至2023年年底，全市注册跨境电商企业超过1400家，21家主体获评省级跨境电商主体，数量居全省第二位，其中，省级跨境电商产业园获评数量居全省首位。全市32家企业在全球32个国家或（地区）建立或租赁海外仓74个，其中，省级公共海外仓11个，市级公共海外仓11个。

【欧亚班列运行】 2023年，“齐鲁号”欧亚班列潍坊（青州）发运点已开行青州市至哈萨克斯坦阿拉木图、吉尔吉斯斯坦阿拉梅金、乌兹别克斯坦塔什干、俄罗斯沃尔西诺4条“点对点”国际线路，并运营青州市至哈萨克斯坦、乌兹别克斯坦、塔吉克斯坦、吉尔吉斯斯坦、土库曼斯坦和俄罗斯6个国家的19个站点线路。主要货物为大棚膜材料、钢结构、风机水帘、防水材料等农资类，服装、鞋帽、眼镜、饰品等生活百货类，汽车零部件、机械配件、农机产品等机械类，以及卷钢、耐火材料、钢材等建材类。在内贸线路上，已实现青州市至青岛黄岛港、西安新筑、昆明王家营、武汉吴家山、乌鲁木齐乌西5条线路的常态化运营。全年共发60列、3084车，货值约1.59亿美元，自2019年开通以来，累计发行558列，26830车，货值约15.34亿美元。

（王　猛）

会展业

【第39届潍坊国际风筝会】 2022年9月15日至10月20日，为适应疫情复杂形势，同时满足广大群众期盼及风筝爱好者的需求，潍坊市创新举措，将拟定举办的第39届潍坊国际风筝会由线下集中举办改为线上举办，首创“云上风筝赛”，将全球精彩风筝通过“云端”展览，并精心策划推出接地气、互动性强的全民点赞、盲盒派送等系列活动，激发起全民参与的传播热潮。

第39届潍坊国际风筝会“云上风筝赛”共分为5个阶段，面向全球征集作品，经过严格评审，甄选出20只风筝。这些精心制作的风筝通过视频形式，在各大媒体平台逐一亮相，并同步开展线上点赞活动及盲盒互动环节。此举标志着潍坊国际风筝会首度转型为线上全民参与的新模式，有效拓宽活动的影响力和参与度。

“云上风筝赛”吸引全球24个国家和全国73支优秀风筝代表队的积极参与。赛事期间，累计参与投票110.49万人次，派送盲盒1600余个。在社交媒体方面，抖音话题观看量4332.2万人次，微博话题阅读量758.1万人次，海报新闻专题阅读量达371.38万人次。此外，活动为“潍坊发布”“潍坊文旅发布”“潍坊国际风筝会”微信公众号增粉达2.5万。人民日报、新华网、央广网、大众日报、大众网等中央及省级主流新闻媒体、商业网站和社交平台给予高度关注。

活动受到全球网友的积极响

“中国空间站”主题风筝　（潍坊国际风筝会综合服务中心　供图）

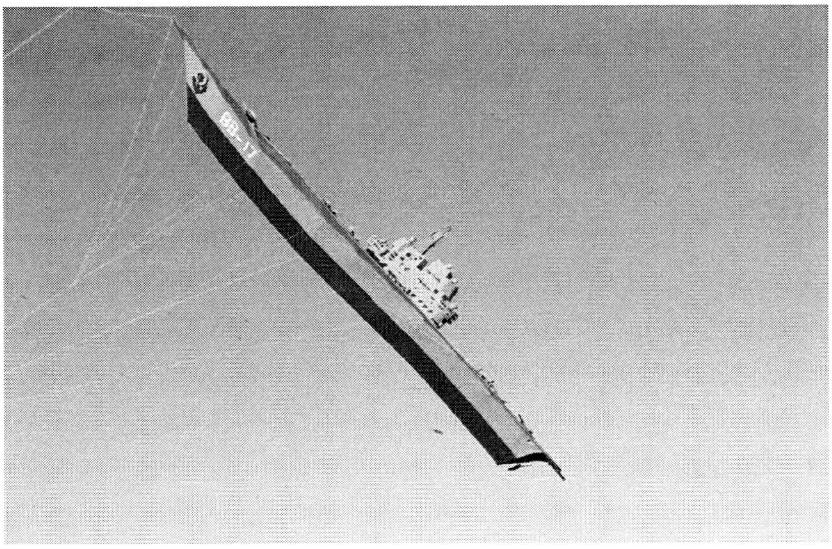

航母风筝 （潍坊国际风筝会综合服务中心　供图）

应和热情参与，参与者遍布广东省、云南省、新疆维吾尔自治区、河北省、四川省、山东省、北京市、上海市等地，同时吸引美国、法国、日本、澳大利亚、德国、瑞典等多个国家网友共同加入，累计投票人数高达110.49万人次。其中，广东省阳江市在本次活动中表现突出，所提报的《龙头蜈蚣》风筝以21.47万票的成绩位居榜首；潍坊市提报的《“中国空间站”主题风筝》《航母风筝》位居第二名与第三名。活动不仅得到各参赛主体的积极参与，也点燃全民参与的热情，充分展现“潍坊国际风筝会”这一品牌的强大号召力以及“世界风筝都”的广泛影响力。

“云上风筝赛”主视觉以第39届潍坊国际风筝会吉祥物“小飞侠”为核心形象，巧妙融合潍坊地方特色元素，如潍坊风筝、风筝广场、奎文门以及渤海之眼摩天轮等，紧密围绕“风筝共云飞　一起向未来”的大会主题进行创意设计。该设计被广泛应用于风筝盲盒、主题海报等多种宣传材料。

活动创新推出风筝盲盒概念，筹集“小飞侠”吉祥物、潍坊风筝、杨家埠木版年画、聂家庄泥塑、剪纸、茧绸制品、葫芦烙画等非物质文化遗产和文创作品在内的1600余件精选物品。网友参与点赞活动，均有机会抽取盲盒，并通过快递公司直接寄送至手中。活动期间，通过图文、视频等形式对盲盒内容进行创意性宣传，吸引全国网友的广泛关注与积极参与，有效提升城市品牌的传播力度，为宣传本地文化贡献重要力量，进一步推动潍坊非遗手造文创产品的繁荣发展。

（张明武）

【第40届潍坊国际风筝会】 2023年4月15日至21日，第40届潍坊国际风筝会举办。来自59个国家和地区115人、国内24个省市自治区131支队伍548人现场参与风筝会赛事；16个县市区和市属开发区，35个市直部门、60多家院校和企业共106支队伍1016人参加了潍坊风筝大赛。“云上风筝赛”有50多个国家和地区报名参加，最终7个国家的风筝入选参赛。本届风筝会以“线上＋线下”的方式举办，包含主题类、文体类、经贸类三大板块24项活动。线下：组织举办了开幕式、各项风筝赛事、音乐会、烟火秀等主题活动，首届中国（潍坊）世界好手艺交流推广大会、黄河流域博物馆高质量发展论坛、第8届市民文化节、“山东手造　潍有尚品”非遗文创展、港澳和海外联谊会潍坊行、第16届海峡两岸风筝文化交流、潍坊首届城市定向赛、国际乡野马拉松赛和潍坊新青年音乐节等文体活动。各县市区、市属各开发区也结合本地文化旅游资源和产业特点，利用风筝会的综合效应，推出“一地一品牌”活动。线上：4月15日至5月15日，开展云上风筝赛“点赞抽盲盒”活动，吸引100多万人次参与；通过上线元宇宙风筝会、发布2023潍坊国际风筝会数字藏品、举办“我带风筝游潍坊”短视频大赛活动，推动风筝文化全景式传播，达到更好的办会效果和传播效果。

本届风筝会采用“政府引导、社会参与、市场办会”的办会机制。费用由财政拨款、企业、单位赞助、门票收入和广告、摊位招商四部分组成。山东云门酒业集团有限公司赞助500万元获独家冠名，山东海化集团、寿光市委市政府、潍坊福彩中心、中国人寿潍坊分公司和昌大集团提供了赞助与支持。放飞票及开幕式门票收入200多万元；创意集市·星空露营美食节和电商直播大会吸引了奥迪、伊利、百事可乐、得利斯等145家企业入驻。

风筝会期间，人民网、新华网、光明网、央广网、凤凰网等中央重点新闻网站和主要商业网站进行宣传，央视新闻联播做了报道。德国每日镜报、俄罗斯国际文传电讯社、法新社、华尔街在线、越南电视台等147家国外权威媒体发布风筝会稿件200余篇次，覆盖海外受众超过1.5亿人次。开幕式直播观看总人数突破9000万；系列抖音话题观看量1.13亿人次；风筝会相关内容全网总观看量突破4亿人次。除关注风筝会开幕盛况及相关活动外，多数媒体还深度报道潍坊社会发展变化、探讨潍坊未来发展。本届风筝会的参赛队伍和观众年龄结构明显年轻化，很多90后、00后的放飞群体首次参加潍坊国际风筝会，青少年观众占比超过50%，并通过抖音、小红书、哔哩哔哩等自媒体平台进行宣传，吸引更多年轻群体关注，潍坊国际风筝会焕发出青春魅力。

作为潍坊市双招双引、经贸洽谈、对外宣传的重要平台，本届风筝会期间集中签约了30个项目，总投资达263.9亿元，其中过10亿元项目10个；项目涉及新能源新材料、高端装备、现代农业、新一代信息技术等多个领域。围绕“促销费、活经济”，推出“不一young的潍坊”春夏旅游季、电商直播、音乐节、夜经济、元宇宙等符合潍坊优势和当下人们喜好的新型消费形式，促进了消费升级扩容。风筝会期间，大量外地游客将潍坊风筝带向了全国各地，风筝销售量提升10%。

【第27届鲁台经贸洽谈会】 2023年9月，第27届鲁台经贸洽谈会在潍坊市成功举办。大会以“中国式现代化的鲁台融合发展新机遇”为主题，举办开幕式暨2023台商大会、2023海峡两岸农业论坛·数字赋农大会、两岸企业家携手潍坊恳谈会等三大主题活动，两岸元宇宙、智能制造暨机器人、预制菜、医疗康养、非遗、文化旅游、职业教育、高端人才等简约精准、务实管用的专项对接活动和海峡两岸云上博览会等，总体参会台胞超过400人。山东省委书记、省人大常委会主任林武在济南会见中国国民党副主席夏立言一行，副省长邓云锋在潍坊会见台湾知名人士和重要台商代表。第十八届中央政治局委员、两岸企业家峰会大陆方面理事长郭金龙，山东省委副书记、省长周乃翔，中央台办、国台办副主任潘贤掌，潍坊市委书记刘运出席开幕式暨台商大会并致辞。中国国民党副主席夏立言、两岸企业家峰会台湾方面副理事长陈瑞隆、全国台企联会长李政宏、中国国民党中央评议委员会主席团主席林荣德、华新丽华董事长焦佑伦、台湾工业总会理事长苗丰强、台湾商业总会主席赖正镒、贝恩国际投资控股公司董事长刘大贝等253位台湾知名人士和重要台商集中参会。

会议期间，山东省集中签约项目14个，总投资11.97亿美元；潍坊市签约项目27个，总投资108.02亿元；引进台湾博士人才44名；山东省6所院校与台湾4所院校签署学术交流合作协议15个；海峡两岸云上博览会2437家企业参展。新华社、中央广播电视总台、《光明日报》、人民网、新华网、中国台湾网等30余家权威媒体到会报道，刊发各类原创稿件200余篇次，实现“政治上有影响、经济上有实效”的预期目标。第十八届中央政治局委员、两岸企业家峰会大陆方面理

9月2日，第27届鲁台经贸洽谈会开幕式暨2023台商大会在潍坊市富华大酒店成功举办 （冯　永　供图）

8月2日，第15届鲁台青少年武术文化交流活动在潍坊市成功举办 （冯 永 供图）

事长郭金龙，潍坊市委书记刘运分别给予批示肯定。

（周文林）

【2023中日韩产业合作发展论坛暨第九届中日韩产业博览会】 2023中日韩产业合作发展论坛暨第九届中日韩产业博览会（以下简称“论坛暨博览会”）于10月20—22日在潍坊市成功举办。

*以平台思维举办论坛，潍坊国际影响力明显提升。*论坛首次成为国际会议。论坛由中国贸促会、山东省政府、日本贸易振兴机构、大韩贸易投资振兴公社、中日韩合作秘书处联合主办，首次被省政府批准为独立国际性会议，标志着已经真正成为国家级、国际性知名论坛。参会嘉宾层次高端。中国贸促会副会长张少刚，山东省副省长宋军继等200多名中外嘉宾出席。论坛共识得到进一步强化。与会嘉宾围绕发挥论坛民间外交、经济外交平台作用，落实区域全面经济伙伴关系协定等，畅所欲言、凝聚共识。

*以产业链理念招商招展，产业及贸易合作成果丰硕。*展览模式创新。本届博览会首次由综合展向专业展转型，首次与市场化展会合作办展，首次采用线下+线上“双线”展览模式。企业参展、观展踊跃。线下设五个展区，面积3.6万平方米。来自日本、韩国、德国的87家企业，以及国内的544家企业参展，特装占比70%。专业采购商6万人次。线上展览不落幕。自10月20日起，博览会官方网站对5102家中外企业，以2D和VR交互方式进行全年展示，实现“云展不落幕、智谈不断链”。展会成果实现新突破。集中签约项目21个，总投资110亿元，达成采购意向42亿元。

*以务实思路谋划活动，三国多领域合作共赢。*日韩机构深度参与。配套举办多项活动，日本贸易振兴机构、大韩贸易投资振兴公社等日韩机构从方案策划、邀请嘉宾、现场组织各环节，均实现共商、共办。合作领域更加广泛。从装备制造业的展览洽谈到氢产业的高峰论坛，从海洋渔业合作的跨国研讨到RCEP政策落实的多国解读，从老龄康养的传统产业、跨境电商的新型业态，到产学研用的跨界融合，再到营商环境改善、地方政府间合作等众多领域实现深度合作。合作成果更加多元。潍坊市发起“东亚文化之都”旅游联盟倡议；签署协议10个、落户平台5个。

*以全局观念强化统筹，“更好潍坊”更好呈现。*展、会、节、赛同期举办。博览会、论坛、2023国际风筝嘉年华、歌尔·首届潍坊马拉松比赛、“云门之夜”音乐会同时段盛大启幕，引来人流、积聚人气，吃、住、行、游、购、娱等消费需求得以全面激发。潍坊精品全球亮相。面向全球集中发布全市13款先进制造业新品，充分展示“潍坊制造”的创新实力；同期策划举办全球供需匹配活动，精准助力新品企业拿订单、拓市场。友好营商环境正向展示。80多名日韩地方政府驻华代表处、日韩资企业等负责人，参加服务外资企业政企对话会，与9个市直部门进行互动交流。

（黄道吉）

【中国（寿光）国际蔬菜科技博览会】 2023年4月20日—5月30日，以“绿色·科技·未来”为主题的第二十四届中国（寿光）国际蔬菜科技博览会（以下简称菜博会）在潍坊寿光市蔬菜高科技示范园举行。截至目前，中国（寿光）国际蔬菜科技博览会已成功举办24届。

本届菜博会主展区总面积45

第二十四届中国（寿光）国际蔬菜科技博览会开幕式
（寿光市地方史志研究中心 供图）

万平方米，设10个展馆、采摘园、日光温室高产栽培区、寿光蔬菜博物馆、休闲农场及室外展区共2000多个展位，业务范围涵盖蔬菜种苗培育、标准生产、加工销售、技术培训、会展交流、观光旅游等板块，实地种植展示国内外蔬菜优良品种2000多个、种植新模式80余种、新技术100多项，精心设计打造"奋进新时代""希望田野"等蔬菜文化景观200多处，通过声、光、电改造打造"夜游"文旅新业态。先后有300多个重要代表团参展参会，现场参观221万人次，共举办"会中会"活动38项，实现签约额149.6亿元。

科技创新　让菜博会永葆活力。本届菜博会坚持科技领先，改变固有的视觉效果，打造"沉浸式"的参观体验，增设廊架下步道，增强沉浸式体验效果，开发应用"寿光菜博会"小程序，整合购票、景区导览等基础旅游信息，实现"一机在手，菜博畅游"。同时，上线智慧全景VR，将菜博会各个展馆搬到网上，开通全景VR虚拟展馆，打造各个展馆全方位、立体式在线展示平台。

深挖资源　夜游菜博会更精彩。本届菜博会新开发夜游项目和精灵丛林艺数馆项目。通过改造声光电，与蔬菜园艺结合，策划"夜游菜博会·蔬菜嘉年华"沉浸式夜游系列活动，打造"夜游""夜娱""夜购"于一体的城市夜间文旅新业态，全新打造"一天零一夜"精灵丛林艺数馆，开启特色独具、研学结合、北方独有的沉浸式森林奇幻之旅。

经贸合作　成为合作交流平台。寿光菜博会集中展示设施园艺技术、高科技栽培模式、名优蔬菜品种、现代农机装备、优质生产资料等，将农业展览、商贸洽谈和农业观光旅游有机结合，扩大国际、国内合作，促进行业信息交流，在转化与推广农业科技成果上起到良好效果。

专业高端　海量商业信息共享。本届菜博会期间，举办中国食品安全万里行活动和2023中国乡村振兴食品农产品产业发展高峰论坛等高端会议论坛，与中国农科院、中国蔬菜协会合办中国（寿光）设施蔬菜园区发展大会，不断培育带动2023寿光种业博览会，重点扶持寿光种业企业成果展示，依托菜博会带动种业发展，让菜博会逐渐成为种业核心科技的展览展示盛会。

蔬菜文化　感受特色创意农业。本届菜博会精心打造蔬菜文化创意景观200多处，重新设计制作"奋进新时代""希望的田野""清风绿韵""绿播九州"等蔬菜文化景观，特色突出，不拘一格，打造出韵味不同的景点造型，形成独特的展览模式和人文景观，打造独具菜乡特色的创意农业。

（郭振兴）

【中国（青州）花卉博览交易会】 2023年9月27日至10月26日，第23届中国（青州）花卉博览交易会暨第17届山东省花卉交易会在中国青州花卉苗木交易中心成功举办。本届花博会主办方为中国花卉协会盆栽植物分会，布展面积3.2万平方米，会期举办活动10余场，为近年来"会场面积最大、布展水平最精、展示内容最广"的一届盛会。

展区共打造网红打卡景观22处，在央视新闻联播、中国新闻网、中国花卉园艺、山东新闻联播等20多家主流媒体广泛报道。其中，采用花艺手法打造的《千里江山图》《簪花仕女图》等近20幅中、外名画为题材的花卉装置艺术景观属国内首创，开创现

中国（青州）花卉博览交易会开幕式上为十佳电商企业颁奖

（青州市地方史志研究中心　供图）

代花艺制作的新思路。尺幅60平方米的巨幅花卉拼贴画《麦田》等原创景观，奠定花博会在全国展会领域的布展层次。基础布置中以花神女夷、伯益、苏辙、欧阳修等人文符号点睛，将寿文化、状元文化等大量文旅元素融入景观创作之中，婚礼主题、异域风情、福寿文化等花艺景观造型独具匠心，吸引广大游客和网红争相打卡。

本届花博会吸引16个省（市）、70多家企业参展，展示花卉品种500多个、新技术30多项，“马卡龙蝴蝶兰”“大圣兰”、世界领先的品种“吕氏毛汉尼”等280多个新奇特品种齐亮相，会期共展示组合盆栽500多盆，精品高档盆栽680余盆，充分展示盆栽花卉最高水平。

展区功能设置方面，独创食用、药用花卉园，展示食、药用花卉100多种；设置青州名品展示专区，展示青州蜜桃、山楂制品等特色产品450多种；设置“农民画里的花都”农民画展区，以农民画形式描绘花都风采，体现青州市深厚的文化底蕴和“书画之乡”的城市特色；设置花卉文创产品展示区，首次展示50多种花博文创产品、花博会纪念品，深受游客喜爱，完善花博会旅游功能，令花博会内涵更加丰富，文化传播更加久远。展会期间吸引100多名网红主播亲临现场进行“日不落”不间断直播。

本届花博会与抖音、美团、小红书等平台资源合作，以资源转换拓展办会空间，实现“政府零投入，产业大丰收”，会期实现签约交易额4.5亿元，主会场和分会场参会客商突破52万人次，外地客商占比达80%，省外占比达30%，花博会在抖音点击量超过1亿次。“青州花博”品牌活力、可持续发展能力和展会吸引力全面激发，进一步擦亮“青州花卉”的金字招牌，强力提升和稳固“青州花博”在全国盆栽花品牌展会中的地位和影响力，获评“2023年度中国优秀特色展会”。

（孟繁青）

【第十四届中国（临朐）家居门窗博览会】 2023年4月18日上午，为期四天的第十四届中国（临朐）家居门窗博览会在全新启用的临朐国际会展中心开幕。来自全国各级房地产行业、门窗幕墙行业协会科研院校领导、知名专家和行业精英齐聚临朐，共同见证行业盛典，共谋合作发展。会

“寿文化”融入景观吸引众多游客竞相拍照

（青州市地方史志研究中心　供图）

上，中国建筑材料流通协会授予临朐“中国门窗之都”称号，举行“中国门窗之都”揭牌仪式。本届展会吸引来自北京市、上海市等全国20余省、市的行业协会、商会、科研院（所）600多名行业领导和专家参加，参展品类涵盖系统门窗产业链30余类，展品数量2万余件（套），展览面积5.2万平方米，近百家权威媒体参与报道。

第一届中国建博会（临朐）暨第十五届中国（临朐）家居门窗博览会开幕式　（临朐县地方史志研究中心　供图）

【第一届中国建博会（临朐）暨第十五届中国（临朐）家居门窗博览会】 2023年10月12日上午，为期四天的第一届中国建博会(临朐)暨第十五届中国(临朐)家居门窗博览会在临朐国际会展中心开幕。来自全国各地商协会、科研院所的领导和知名专家，行业上下游企业家等社会各界人士和业内精英齐聚临朐，共谋发展、共商合作、共话未来。中国有色金属工业协会党委副书记、中国有色金属加工工业协会理事长范顺科，中国建筑材料流通协会会长秦占学，中国对外贸易广州展览总公司副总经理陈旺辉出席并致辞。住建部康居认证中心总经理马伊硕，中国建筑金属结构协会副会长、检测认证分会会长、全国建筑幕墙门窗标准化技术委员高级顾问王洪涛，新华社山东分社党组成员、纪检组组长胡俊初，山东省住建厅二级巡视员殷涛出席。潍坊市委副书记、市长刘建军出席并致辞，临朐县委书记刘艳芳陪同活动。

制造业一直是潍坊的当家产业，铝型材产业是其中的重要板块之一。近年来，初步形成以高端建筑型材为主体，工业铝材、装饰型材为支撑的全链条产业发展新格局。当前正按照“互为上下游、形成产业链”的思路，大力实施优质企业产值倍增计划，进一步提高产业协同度和配套率。临朐是“中国铝业之都”“中国门窗之都”，具有良好的铝型材产业基础和产业集群优势。

中国建博会与临朐达成战略合作，推动中国建博会与中国临朐家居门窗博览会共同打造优势产业和会展平台的发展新格局，进一步打响“世界好门窗，中国临朐造”的行业品牌。

中国临朐家居门窗博览会自创办以来年年有突破，届届有亮点，从区域性展会一步一步辐射全国，已成为了解全国加工产业发展趋势的重要窗口、家居门窗行业高质量发展的重要平台。本届博览会融合上下游产业链，搭建高效供需对接平台，挖掘新消费市场环境下潜在动能，为中国家居门窗行业发展注入一剂强心剂，为建材家居行业带来新机会。

博览会主展区面积5.2万平方米，吸引家居门窗上中下游700多家品牌企业参加，产品种类涵盖系统门窗、全铝家居等10余个门类，汇集1000多个建筑装饰材料品牌。展会同期，还举办超低能耗绿色建筑高质量发展论坛暨潍坊市城乡居民节能门窗改造惠民行动启动仪式、“赋智赋能　匠筑临朐”2023年全县职工劳动和职业技能竞赛暨第一届建筑门窗安装工技能大赛、“聚变新引领　门窗新未来”京东门窗发布会等20余场行业活动。

（魏先萍）

金融业

综　述

【银行业】　截至2023年12月末，潍坊市设有银行机构54家，包括农业发展银行、6家大型国有银行潍坊分行、11家股份制银行、潍坊银行、8家城商行异地分行、潍坊市农信联社、9家农商银行、11家村镇银行、1家农村资金互助社、4家信用卡中心、1家汽车消费金融中心；共有银行营业网点1410处，银行从业人员2.12万人。全市银行业金融机构资产总额16932.46亿元，较年初增加1504.58亿元，增长9.75%，其中各项贷款余额10935.85亿元，较年初增加928.71亿元，增长9.28%；负债总额16335.96亿元，较年初增加1504.21亿元，增长10.14%，其中各项存款余额13552.82亿元，较年初增加1200.65亿元，增长9.72%。

【保险业】　2023年，潍坊市有市级保险机构75家，全年保费收入324.66亿元，保费规模占全省9.44%，居全省第3位（不含青岛），同比增长8.5%。赔付支出113.11亿元，同比增长8.68%。

【资本市场】　全市有证券、期货机构55家（中信证券、中泰证券、兴业证券3家设分公司，其余为营业部）。全市境内外上市公司共38家，股票42支，新三板挂牌企业25家。

【地方金融组织】　2023年，潍坊市共有融资担保、融资租赁、商业保理等8类共78家地方金融组织，注册资本120.96亿元。

银行业

【概况】　截至2023年末，潍坊市银行业各项存款余额13552.82亿元，居全省第3位，较年初增加1200.7亿元，增长9.7%，增量、增速分居全省第3位、第11位。各项贷款余额10935.85亿元，居全省第3位，较年初增加928.9亿元，增长9.3%，增量、增速分居全省第5位、第15位。

【强化现代产业金融服务】　2023年，潍坊市锚定现代化产业体系深挖潜力，围绕19条新产业赛道加快产品、服务等资源要素集聚。分局联合中国人民银行潍坊市分行、市地方金融监管局印发《金融支持更好潍坊建设行动方案》，制定深化新旧动能转换推动绿色低碳高质量发展三年行动计划21项要点，围绕“链长制”“5+10+N”产业链模式，增加供应链产业链韧性、强化集群效应。厚植“两大主业”优势，提高先进制造业、战略性新兴产业中长期贷款占比，截至2023年12月末，制造业贷款余额2035.16亿元，增速8.38%，新增46家省级制造业单项冠军。协同推进粮食和重要农产品保供，法人机构粮食重点领域贷款增长70.04%，优化现代农业、海洋渔业等金融服务，同口径涉农贷款余额5923.4亿元，较年初增加482.4亿元。

【推动普惠金融提质增效降本】　2023年，潍坊市持续增扩金融供给，截至年末，全市普惠型小微企业贷款余额1715.56亿元，较年初增加380.93亿元，增长28.54%，贷款增速高于各项贷款增速18.12个百分点，小微企业中长期贷款、信用贷款占比持续提升；普惠型小微企业综合融资成本实现稳中有降，辖区银行机构累计发放普惠型小微企业

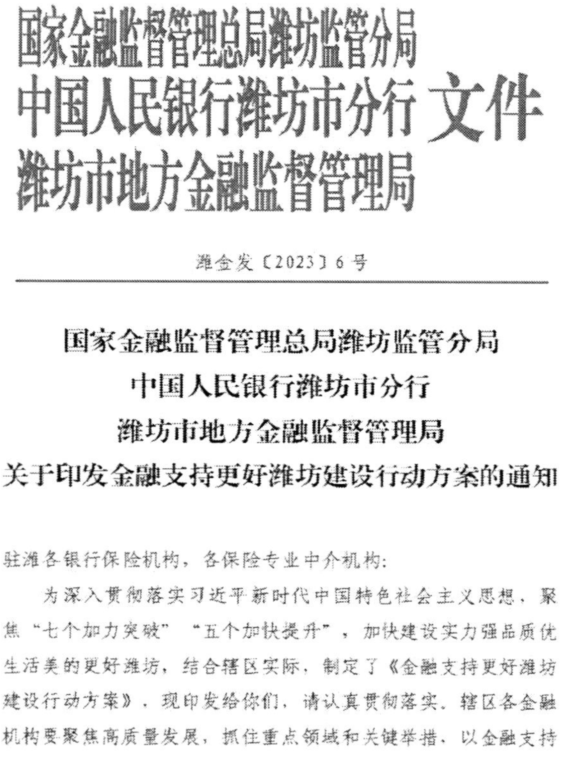
国家金融监督管理总局潍坊监管分局
中国人民银行潍坊市分行 文件
潍坊市地方金融监督管理局

潍金发〔2023〕6号

国家金融监督管理总局潍坊监管分局
中国人民银行潍坊市分行
潍坊市地方金融监督管理局
关于印发金融支持更好潍坊建设行动方案的通知

驻潍各银行保险机构，各保险专业中介机构：

为深入贯彻落实习近平新时代中国特色社会主义思想，聚焦“七个加力突破”“五个加快提升”，加快建设实力强品质优生活美的更好潍坊，结合辖区实际，制定了《金融支持更好潍坊建设行动方案》，现印发给你们，请认真贯彻落实。辖区各金融机构要聚焦高质量发展，抓住重点领域和关键举措，以金融支持

国家金融监督管理总局潍坊监管分局联合中国人民银行潍坊市分行、市地方金融监管局印发《金融支持更好潍坊建设行动方案》

贷款利率4.92%，较上年平均利率下降0.39个百分点；辖区高新技术企业贷款、科技型企业贷款余额均较年初增长25%以上。

【提升市场主体融资满意度】 2023年，贯彻落实潍坊市实施“一号改革工程”优化营商环境攻坚年总体部署，聚焦银行信贷服务重点环节，印发《关于持续优化营商环境推进便捷获得信贷工作的通知》《关于进一步提升市场主体融资满意度的通知》，部署银行机构开展“阳光信贷”工程，全面推行产品，流程，收费、信贷服务承诺及限时办结承诺，监督方式等实现“九个公开”；联合市相关部门推动“不动产抵押登记一站式服务”，企业办理不动产抵押贷款和抵押登记均能在银行网点一次完成，并实现县域全覆盖。各银行机构建立市场主体办贷满意度专项回访评价机制，开展“走万企 提信心 优服务”“行长项目行”等活动，促进金融资源精准高效供给，更好满足企业、群众需求，市场主体满意度居全省第三。

【提升消保工作质效】 2023年，潍坊市开展消保“三支箭”巩固提质专项行动，督促机构强化领导责任、公司治理、绩效考核、前端防控、多元纠纷调解等方面体制机制建设，夯实消费者权益保护工作主体责任，推动“究源治本”“强基降量”。对信访举报投诉分类溯源，全年，累计接收、分办、处理各类信访举报投诉1.32万件，解决率78.45%。完善领导干部常态化接访机制，形成“访前调查准备+访中会商研判+访后办结追踪”工作闭环。2023年，分局领导累计接访下访17批、22人次，为民解难题办实事17个。

【维护房地产市场平稳运行】 2023年，潍坊市坚持“房住不炒”定位，落实“金融16条”措施，联合印发《潍坊市关于促进房地产市场平稳发展的若干措施》，组织政银企座谈会。落实房地产金融调控政策，加强房地产融资全口径风险管控，持续监测资金流向和规模，引导以差别化方式满足房地产企业合理融资需求，落地保交楼专项借款10.3亿元、新增配套融资9.6亿元，完成保交楼交付率80%的任务目标。新发放开发贷款95.7亿元、个人住房贷款282.4亿元，同比分别增加12.4亿元、1.1亿元，为43.1万户家庭降低存量房贷利率，惠及贷款1425.5亿元，节省利息支出8.3亿元。

【防控信用风险】 2023年，潍坊市坚决守住不发生系统性、区域性风险的底线，强化贷款分类真实性管控，充分暴露、真实反映，对不良贷款应纳尽纳，做实资产质量。截至2023年12月末，全市银行业金融机构不良贷款余额121.48亿元，较年初增加48.91亿元，余额居全省第5低位；不良贷款率1.11%，低于全省平均水平。

【国家金融监督管理总局潍坊监管分局挂牌】 2023年7月20日，根据党中央、国务院《党和国家机构改革方案》要求和国家金融监督管理总局的统一部署，国家金融监督管理总局潍坊监管分局正式设立挂牌。

国家金融监督管理总局潍坊监管分局是国家金融监督管理总局山东监管局的派出机构，负责在潍坊地区实施金融监管政策，监督和管理银行、证券、保险等金融机构的业务活动，以防范金融风险，保护消费者权益。该分局还负责组织基层金融机构党员

7月20日，国家金融监督管理总局潍坊监管分局揭牌

干部和党组织开展党建活动，提升政治功能，强化政治引领，确保金融监管工作的正确政治方向。此外，分局还积极参与地方经济发展，支持地方经济的增长和产业升级。

（周　莹）

【支持地方经济发展】 2023年，人民银行潍坊市中心支行实施稳信贷大盘和货币政策工具引导优化信贷结构专项行动，全年发放再贷款、再贴现等各类资金280.72亿元，其中发放支农再贷款119.44亿元，居全省第1位。运用普惠小微贷款支持工具、普惠小微贷款阶段性减息支持工具引导地方法人机构加大普惠小微贷款投放，分别发放政策激励资金5.22亿元、1.63亿元，均居全省第1位。支持银行运用碳减排支持工具、煤炭清洁高效利用、科技创新、设备更新改造再贷款等发放优惠贷款55.06亿元，各项贷款发放额均居全省前列。建立全市重点项目与金融机构双向对接机制，联合发改委举办“项目为王　金融赋能”主题对接活动，实现对1517个省市县重大重点项目融资对接全覆盖，为632个项目授信3743.9亿元，贷款余额1330.2亿元。加大城市更新项目金融服务，为64个城市更新项目授信609.9亿元，贷款余额182.1亿元。精准支持重点领域和薄弱环节，加快完善科创融资服务体系，864家专精特新中小企业获得信贷支持336.5亿元，覆盖率达66%；健全绿色金融工作机制，发放山东版碳减排政策工具15.60亿元，向83个绿色金融重点项目授信448.71亿元，贷款余额210.65亿元，全市绿色贷款同比增长30%，占各项贷款比重15.1%，居全省第1位；出台“金融十一条”支持民营经济发展，培植民营小微企业首贷户1.26万户，居全省第1位，供应链融资突破700亿元，应收账款、跨境金融服务平台融资金额分别居全省第1位、第2位。

【防范化解金融风险】 2023年，人民银行潍坊市中心支行健全金融风险监测、预警和处置工作机制，强化对法人银行和重点企业风险监测，有序开展压力测试和央行金融机构评级，辖区无高风险机构，无重大金融风险事件发生。对7家次风险机构的早期纠正，实施分级分段管理，制定压降方案，及时向地方政府提示风险。突出对重点地区、重点人群存款保险宣传工作，开展“存保为民　储户放心”专题活动，全年完成保费交纳2.18亿元。协助政府相关部门做好金融支持融资平台债务风险化解，至2023年末，对“331”口径名单内的108家融资平台，运用贷款重组、债券借新还旧等方式，支持50家融资平台化解金融债务规模108.6亿元。

【金融管理与服务】 2023年，人民银行潍坊市中心支行推进法治央行建设，规范依法行政，对2家村镇银行开展综合执法检查，对1起违规支付残损人民币进行行政处罚，累计实施行政处罚60.9万元。优化支付结算服务，推行小微企业简易开户服务，为44.9万家主体减免支付手续费8700万元。深化涉赌涉诈“资金链”治理，新开账户涉案数量为全省最低。加强征信服务管理，提供征信查询服务40.2万笔，打击征信修复宣传视频获省网络举报公益宣传优秀作品。推进“打击治理洗钱犯罪三年行动”，移送线索57条，立案9个，立案率同比提升12%，宣判10起洗钱案件。实施“数字支付+”工程，产销服务平台累计交易金额突破100亿元，获山东省数字乡村创新大赛一等奖。做好现金供应，持续整治拒收现金，加快推进区域现金中心试点，钞票处理业务量居全省第2位。优化国库服务，办理国库收支业务8289亿元，推动国债下乡，农村地区销售占比提升5个百分点。办理动产融资统一登记7.1万笔，占全省25%，实现活体牛抵押融资5211万元。推广金融科技应用，开展金融数字化转型提升工程，在“网安周”期间深入开展“金融日”宣传，被省委网信办评为先进集体。

【外汇监管与服务】 2023年，人民银行潍坊市中心支行加强外汇政策宣导，开展政策宣讲159场，惠及企业3652家，推动银行创新工作流程、产品和服务63项，外汇行政许可业务网上办理率88%，居全省第一位。落实外汇改革便利化政策，在322家优质企业开展贸易收支便利化试点，支持涉外企业降本增效，办理业务125.2亿美元，居全省第二位。资本项目外汇收支便利化业务覆盖率53.3%，居全省第一位。组织开展汇率避险护航行动，助力企业规避汇率风险，中小企业覆盖面达到90%以上，外汇衍生品签约额68.4亿美元，居全省第二位。推动人民币国际化，实现跨境人民币结算1407亿元，同比增长69.8%，在本外币跨境收支中占35.8%、同比提高14.2个百分点。强化外汇监管，查处银行外汇违法违规案件1起、处罚没款225.9万元。

（马俊杰）

保险业

【概况】 截至2023年12月末，全市共有地市级保险公司75家、中介法人机构16家，执业登记人员约4.42万人，保险机构资产总额856.65亿元，同比增长9.93%。2023年全市保险业金融机构实现原保险保费收入（以下简称“保费收入”）324.66亿元，同比增长8.5%，居全省第三位；赔付支出113.11亿元，同比增长8.68%。

【推动行业文化建设】 2023年，潍坊市保险业围绕“1+6+N+X”的文化建设路径，提炼形成“风雨同行、崇本致远”的保险业行业文化，并进一步丰富拓展部门和员工文化，凝聚强大的精神动力和文化支撑。组织召开潍坊市银行业保险业行业文化暨清廉金融文化共创共建大会，形成全域共建、全线共进态势，推动行业经营理念与监管理念同频共振。

【推动险资入潍】 2023年，潍坊市保险业探索建立险资运用调度机制与常态化向上推介机制，畅通投融资双方信息沟通渠道，促成险资投资在潍落地。2023年潍坊辖区保险资金、保险关联资金存续规模超200亿元，投资形式涵盖股权、债权、购买城投债、不动产投资等，有力支持了潍莱高铁、潍日高速、宝通街快速路等基础设施项目建设，新促成中国东方资产管理股份有限公司通过高质量发展基金投资潍坊恒新资本管理有限公司、潍坊滨城投资开发有限公司15.4亿元，东兴证券股份有限公司承销“22青州建投债”“22寿光01”等证券23.41亿元。

【推动车险综合改革】 截至2023年12月末，全市财产险公司共实现车险保费收入58.61亿元，同比增长4.26%，赔款支出42.59亿元，同比增长5.53%。全市车险综合费用率20.02%，同比减少0.04个百分点，车险综合赔付率77.57%，同比减少1.77个百分点，两项指标均优于全省平均。

【推动农业保险发展】 2023年，潍坊市保险业站稳潍坊农业大市、强市定位布局，聚焦粮食、棉花、蔬菜、畜牧、农机、花卉、苗木、水果等多个主导产业，创新推出昌乐西瓜、青州花卉、诸城茶树等十余个地方特色经济作物险种，完善以政策性险种为主、商业性险种为辅、特色创新险种补充的多层次农险保障体系，为农业稳产保供、稳价增收、灾后重建等保驾护航。截至2023年末，全市农业保险承保规模8.15亿元，同比增长15.65%，提供风险保额194.25亿元，同比增长8.48%，累计支付农险赔款5.44亿元，同比增长9.78%，均居全省第2位，参保农户111.53万人，为全市农业高质量发展提供有力保险保障。推动三大粮食作物完全成本保险在辖区产量大县基本全覆盖，累计为全市105.04万户农户、534.55万亩小麦、

521.13万亩玉米、0.25万亩水稻提供完全成本风险保障92.85亿元，已支付26.52万农户赔款2.19亿元。落实“藏粮于地”战略，积极推进高标准农田建设工程质量潜在责任保险试点工作，累计为辖区40余万亩高标准农田提供11.84亿元的风险保障，有效解决高标准农田基础设施“管护难”问题。

【推动“惠民保”调整升级】 2023年，潍坊市对潍坊惠民保2023年度方案进行调整升级，牵头人保财险潍坊中支制定《潍坊惠民保2023年度筹资方案》，在数据精算、产品定价、服务标准等方面优化升级，将更多医保目录外合理医疗费用纳入保险保障范围，确保业务可持续、风险可控制。截至2023年12月末，潍坊惠民保2023年度共参保88.7万人，参保率10.15%，理赔金额为10217.8万元，赔付率为80.49%。同时，推进大病保险运行机制改革，实现辖区875.57万名居民及职工全覆盖，累计支出报销费用3.55亿元。

【完善养老保障体系】 2023年，潍坊市辖区7家专属养老保险试点公司累计承保保单626件、保费规模1558.35万元，基本满足老年群体风险保障、财富管理等多重保障需求。持续提升职工长期护理保险服务能力，截至2023年12月末，潍坊职工长期护理保险承保238.32万人，保费收入1.08亿元，理赔支付金额0.69亿元，理赔15499人次。

【推进责任保险】 2023年，潍坊市全力打造“平安潍坊”，坚持“安全第一、预防为主”，聚焦省内外极端自然灾害频发现状，前瞻制定金融行业重特大自然灾害应急响应特别工作机制，推动构建“灾前预防、灾中响应、灾后救助”的金融服务闭环和政府救助、保险保障、社会救济、自救互救“四位一体”的灾害救助机制，确保金融支持防灾减灾和灾后重建工作“两手硬”。其中，以深化“安责险+服务”模式为依托，通过聘请外部专家实地排查评估、强化企业安全生产培训、组织开展应急演练等方式开展安全生产隐患“大起底、大排查、大防治”，已覆盖全市4700家企业，累计防范化解各类风险隐患81.18万条，首批参保企业工伤事故发生率、安全生产行政处罚年均降幅达70%、25%。

【化解社会矛盾】 2023年，潍坊市保险业践行新时代“枫桥经验”，加强央地协同、府院联动、联动法院在全市范围内增设金融纠纷调解室及工作专员，建立健全“监管调查+行业调解+司法确认”的纠纷多元化解长效机制。截至2023年12月末，成功调解各类纠纷414件、协议调解金额2142.27万元、和解率达77.7%，办结保险消费投诉及咨询三千余件。在医疗责任、诉讼责任、建筑质量、农民工薪资、绿色环保等矛盾多发领域，通过“预先支付+代位求偿+专业服务”方式，将各类复杂社会矛盾收敛为经济合约，有效减轻行政压力。

【开展打击“代理退保”专项行动】 2023年，潍坊市保险业协同市公安部门推进《打击非法代理退保行动工作方案》，定期召开打击“代理退保”专项会议，发现并处置线索300余条。2023年10月，协调公安机关对“代理退保”黑产团伙以敲诈勒索罪刑事立案；2023年12月，协调公安机关刑事拘留以王某某为首的“代理退保”黑产团伙16人。2023年，人身保险举报投诉数量明显下降，由高峰期月均近300件降至目前不足百件，切实维护消费者合法权益。

【推动绿色保险】 2023年，潍坊市抢抓绿色低碳高质量发展先行区落地山东的关键机遇，指导辖区保险机构因地制宜优化保险产品供给，拓展绿色保险服务外延。2023年，先行先试开展保险领域ESG转型研究，深入挖掘潍坊辖区绿色资源禀赋，推动国寿财险潍坊中支试点开办湿地碳汇遥感指数保险项目，累计保障湿地9667亩、碳汇量近万吨，被寿光市自然资源和规划局纳入地方特色险种合力推动。聚焦外来物种入侵治理与生态修复，为4080亩沿海滩涂落地全省首单海洋生态植被救治保险（互米花草防治专用），在海洋生态保护领域率先构建起风险保障机制。指导保险机构合规、高效开展新能源车险业务，加强道路救援、安全检测服务等特色增值服务体系建设，保费规模达1.37亿元，同比增长79.01%。

（周　莹）

其他非银行金融机构

【小额贷款公司】 2023年，潍坊市地方金融监督管理局对全市小额贷款公司开展分类评级、“空壳、失联”排查及公司治理监管评估工作，实行分类监管和“双随机、一公开”联合抽查。年末贷款余额21.74亿元。

【典当行】 2023年，潍坊市地方金融监督管理局对全市典当行开展“空壳、失联”排查及公司治理监管评估工作，通过现场与非现场检查结合的方式对全市19家典当行进行年审问题整改。截至年底，全市典当余额3.61亿元。

【融资担保公司】 2023年，潍坊市地方金融监督管理局通过非现场监管、现场检查、“双随机、一公开”抽查等方法，推进融资担保行业有序发展，全市有18家融资担保公司取得省地方金融监管局融资担保经营许可证，其中政府性融资担保公司12家，机构数量和业务规模持续保持全省首位。截至年底，全市融资担保行业融资担保余额468.68亿元。

【融资租赁公司】 2023年，潍坊市有融资租赁公司6家。年内，开展“空壳失联”排查工作和公司治理评估工作。截至年底，融资租赁资产余额31.71亿元。

【交易场所】 2023年，潍坊市权益类或介于现货与期货之间的大宗商品交易场所合计3家。年内，开展“空壳、失联”排查及公司治理监管评估工作，实行“双随机、一公开”联合抽查。截至年底，交易场所累计成交金额19.35亿元。

【民间资本管理公司】 2023年，潍坊市地方金融监督管理局对全市民间资本管理公司开展分类评级、“空壳、失联”排查及公司治理监管评估工作，实行分类监管检查。截至年底，全市5家民间资本管理公司投资余额4.09亿元。

（杜　强）

开放合作

对外贸易

【境外市场开拓】 2023年，潍坊市积极拓展境外市场。“潍品出海”初具品牌。全年组织50余家企业“潍品出海”至东南亚、欧洲、北美等，其中，组织14家企业出访泰国、马来西亚、越南。潍坊国际商会与马来商人及企业家协会、吉隆坡暨雪兰莪华人企业商会、越南青年商业协会数字联盟签署战略合作协议，促进企业间达成合作意向24项；带领8家潍坊国际商会会员企业赴日本组团出展2023JFEX东京国际食品展览会，百余家日方企业到展位洽谈对接，与一般社团法人日中人才商业交流协会、日中商报共同主办了中日食品产业合作对接座谈会，达成合作意向10项。引进优质外部资源。3月份邀请德国食品采购团到潍坊采购预制菜、鸭肉、生鲜食品等。组织15家市内代表企业与采购团洽谈对接，带领采购团考察潍坊盛安食品有限公司、潍坊美城食品有限公司、乐港食品股份有限公司等9家市内代表企业，达成60余种产品采购意向。5月份邀请越南工贸部企业代表团到潍坊对接考察跨境电商产业发展和农产品进出口贸易情况。双方企业就水果及农副产品进出口、产销合作、贸易平台入驻等领域进行深入探讨，在咖啡、榴莲等鲜食农产品进出口贸易方面达成合作意向。

【跨国经贸活动】 2023年，在潍坊市举办中日食品产业链合作对接会。携手日本贸易振兴机构青岛代表处，组织54家中日生产企业和15家采购企业代表分别进行一对一洽谈，达成合作意向51项。举办中日（潍坊）老龄产业交流会。同日本贸易振兴机构青岛代表处组织12家日资企业代表和31家潍坊养老机构、医院及相关企业参会交流，与会代表累计洽谈100余次，达成初步合作意向20个。举办中日韩地方政府合作对接会，邀请日本日向市市长十屋幸平，韩国安养市议长崔秉一，日本大阪府、滋贺县、群马县驻华代表处，韩国光州广域市、忠清北道驻华代表处等10家日韩机构推介，发起“东亚文化之都”旅游联盟倡议，推介了潍坊重点项目。其中，大阪市、茨城县、青岛日本人会在中日韩产业博览会设置6个标准展位。成功举办第三届中日韩氢能产业发展大会，活动首次邀请大韩贸易投资振兴公社青岛代表处作为主办单位，日本贸易振兴机构青岛代表处作为支持单位，吸引了日本、韩国、美国、荷兰等专家和企业的参与。三菱商事、富士电机、三井物产、住友商事、西门子等世界500强企业和行业领军企业参会，澳大利亚技术科学与工程院外籍院士刘科、中国工程院院士、中国矿业大学彭苏萍等30多名嘉宾到会发言。配套氢能技术装备展览会吸引国内外专业采购商2000多人，观众近万人，实现现场成交9000万元，意向成交2亿元。举办中国潍坊·RCEP国家经贸合作交流会，来自马来西亚、缅甸、柬埔寨、泰国、斯里兰卡等7个国家的28位政府相关经贸部门、商协会及企业代表齐聚潍坊分享投资机遇和市场机遇，为潍坊深度融入RCEP，推动区域经济合作和发展搭建了对话交流的国际平台。

【赋能企业对外发展】 2023年10月20日至23日，潍坊国际供需对接会以线上形式分2次举行，吸引了来自也门、菲律宾、斯里兰卡等国家和地区的16家国际采购商，与国内22家供应商进行线上对接，涉及农业机械、食品机械、新能源汽车、服装等多个产业领域，意向成交额100余万美元；10月20—22日，举行日韩装备制造企业线下对接会，吸引了来自日韩的11家参展商与28家采购商面对面洽谈对接，现场共洽谈51场次，意向成交额近千万元。丰富海外资源，扩容“海外朋友圈”，依托已建立联系的海外机构，与海外商协会、办事处等机构签署合作协议14个、设立联络处和代表处8个，增设乌克兰潍贸代表处、泰国潍贸联络处、乌兹别克斯坦、赞比亚潍贸联络处。

招商引资

【概况】 2023年，全市新签约项目1126个，新落地（开工）项目583个，新增到位资金1524亿元。省发改委通报2023年度各市内资招商工作情况，潍坊市内资项目签约数居全省第一位；省商务厅通报2023年度各市党政主要负责人带队招商引资及项目落地情况，潍坊市内资项目签约额、到位资金均居全省第一位。

【合力招商】 2023年，全市召开“双招双引”加力突破座谈会暨市招商工作委员会（扩大）会议，统筹全市资源、协调各方力量抓招商。市委、市政府主要领导带队开展“点对点”招商13次，引进投资120亿元的高端植保农药、投资50亿元的中航融合锂电池制造及新能源等项目37个，其中投资55亿元的山东华电寿光大基地、投资15亿元的海王智慧医药物流等19个已落地。县市区党政主要领导外出招商423次，引进项目171个，投资13亿元的浙商智能智造产业园、投资12亿元的赛轮10万吨工程轮胎等94个已落地。健全完善“1+16+N”一体化招商新机制。年内，市县联合策划包装重点招商项目216个、联合开展宣传推介活动134次。先后赴深圳、上海举办粤港澳大湾区基金招商推介暨金融合作专题恳谈会、长三角地区资本招商项目推介暨重点合作项目签约仪式，现场签约项目32个。制定招商项目全域共享流转实施办法，对县市区获取的但无法落地的项目线索，汇总流转，对提供有效信息的县市区在招商考核中予以加分，对最终落地的项目落实招商经费补助、项目指标和税收分成等激励措施，想方设法让项目留在潍坊。各发展主体共提报项目信息201条，投资8.7亿元的齐昇新材料、投资2亿元的汉肽生物等项目快速流转后落地。在重点城市选聘12家中介机构作为潍坊市城市合伙人，在北京、上海、深圳等重点城市，选聘双招双引首席代表、设立双招双引联络处，与30多家商（协）会、4300多名潍坊籍在外知名人士建立常态化合作机制，引导人才回归、资本回归、成果回归。累计通过城市合伙人收集高质量线索50多条，引进建设苏州（安丘）科技产业园、浙商（临朐）智能智造产业园等一批“潍商回归”项目。

【招商活动】 2023年，围绕动力装备、高端化工等“5+10+N”制造业重点产业链，按照有发展规划、有园区载体、有支撑主体、有目标企业的原则，逐个产业绘制全景式招商图谱，明确招商路线图、任务书、时间表，开展“按图索骥”式招商。其中，围绕全市医药中间体产业招商分别编制“补链”“延链”“强链”图谱，共梳理国内外重点目标企业1246家。组织举办了风筝会、儒商大会、鲁台会、中日韩产业博览会、跨国公司领导人青岛峰会等节会招商活动，共计签约合作项目128个。聚焦重点产业、重大片区、重点领域，组织举办了医药行业招商推介会、现代农业招商推介会、央企省企助力潍坊高质量发展交流会、潍坊国家农综区主题研讨推介会等定向招引活动，全方位推介潍坊市重点招商项目。在民营企业500强助力山东发展大会活动中，潍坊市项目招引情况居全省第一。

【高质量招引项目】 2023年，重点加强与500强、央企、国企、上市公司和行业领军企业的合作对接，与国家能源集团、北汽集团、韩国SK、复星集团、北京首农、国药集团等知名企业的合作对接不断深化，知名企业扎堆潍坊态势日益明显。全市新签约投资过10亿元项目188个。促成新和成集团、物产中大、国邦医药、青岛啤酒、英科医疗等重点外来企业扩大投资，投资21亿元的新和成潍坊产业园原料药、投资9.8

亿元的雄鹰轮胎青州工厂数字化系统、投资2亿元的北汽福田高端汽车KD工厂等项目落户潍坊。对重点目标企业制定持续跟踪计划，成功招引美菜网、中联创信、嘉禾聚能等知名企业到潍坊投资，签约引进了投资50亿元的循环经济协同资源化产业、投资1亿美元的美菜预制菜总部、投资13.6亿元的低碳循环新材料项目等大项目好项目。

【招商引资机制建设】 2023年，树立政府投入之外都是招商引资的理念，修订全市招商引资项目调度考核办法，重点考核项目的落地率、纳统率、到位资金固投转化率、投产达效率和建设进度，引导各发展主体将更多精力放在抓发展、抓招商、抓项目上。建立线下实地督导、线上综合评分的项目督导新机制，对229个新落地、129个新投产项目开展实地督导，现场拍摄项目实景图片和视频，统一制作项目PPT，随机排序、盲评打分，全面客观反映项目建设成效。突出一票肯定，对年内引进总投资100亿元且实际到位20亿元以上项目的，或引进总投资50亿元且到位内资10亿元以上高端装备、新一代信息技术产业项目的，给予全市高质量发展绩效考核一票肯定。

【优化招商环境】 对园区、企业开展走访调研，统计梳理可利用土地5.5万亩、可利用厂房890万平方米，调度重点外来投资企业482家，为精准招商奠定基础。开展宣传推介，制作《投资潍坊》宣传册、宣传片、宣传展板，聚焦重点片区、重点产业、重点园区等制作招商推介PPT，对全市营商环境、重点产业、优势产品和重点招商项目进行全面推介，提升了招引的针对性和成功率。开展“我为企业招项目、找资金”等活动，引导各级干部当好企业发展的“宣传员”“联络员”“服务员”。对重点招商项目加强“一对一”包靠服务，全力推动洽谈项目快签约、签约项目快建设、在建项目快投产。

（潍坊市投资合作促进局）

潍坊海关

【概况】 2023年，潍坊海关监管进出口货值1922.61亿元，监管进出口货运量1710.22万吨，审结报关单33.8万票，全市进出口企业注册登记数量达到21082家，实现税收入库120.8亿元，检疫监管入出境船舶1022艘次、入出境船员19172人次，监管加工贸易实际进出口值89.1亿美元，监管潍坊综保区一线进出口货值754.8亿元，签发原产地证书10.3万份。

【监管工作】 2023年，口岸疫情防控平稳转段，开展“多病同防”，严防霍乱等传染病传入传播，检疫监管入出境船舶1022艘次、入出境船员1.9万人次。检疫监管1.5万头种牛、10.2万只种鸡、8000尾种虾安全引进，检出二类动物传染病阳性牛26例。开展防范外来入侵物种三年专项行动，严防动植物疫情疫病传入和外来物种入侵。采集船员样品127人次，开展传染病检测267项次，发现有症状船员13人，检出甲流等传染病5例。推进口岸监管。退运关区首起海运口岸进境固废轮胎143吨，查发固废镍钴粉23吨，在潍坊港口岸开展“直装直提”作业2136批次，监管外贸散装货物707.1万吨，外贸集装箱货运量22235标箱。济南关区首个进境散装粮食指定监管场地顺利通过总署验收。持续强化后续监管。稽核查追补税1.4亿元，移交案件线索26起，均居济南关区首位。启动“稽侦联动”工作模式，成功侦破1起低报价格走私冻品案，系济南关区首次通过核查查发的刑事案件。保持打私高压态势，刑事立案19起，行政立案35起，立案侦办奢侈品走私案，查证案值4825.7万元，有效震慑违法犯罪行为。

【助力开放发展】 2023年，潍坊海关助力潍坊打造农业开放发展新高地，推动潍坊外贸进出口总量再创新高，达3403.1亿元。巩固压缩整体通关时间成效，进出口通关时间分别为20.6小时、1.1小时。畅通进出口鲜活易腐农食产品属地查检和口岸查验绿色通道，4.5万吨农食产品受惠。开展“减税助企、靶向送惠”减免税政策宣讲，惠及辖区百余家科研及企事业单位，减免税款4846.6万元，归类节约成本1600余万元。新增备案报关单位3743家，报关单位数量累计达到20780家，其中高级认证企业34家，出口食品企业获得国外注册累计160家次。签发全国首份对尼加拉瓜自贸协定证书、关区首份对印度尼西亚

RCEP证书，签发RCEP证书2.6万份，金额10.4亿美元。2023年，推动潍坊食品农产品出口连续5年破百亿元。支持潍坊国家农综区发展“10+5”系列举措。支持潍坊港打造关区首个进境散装粮食指定监管场地。

【海关改革】 2023年，多元化担保改革节约企业资金占用26.9亿元。持续释放“直装直提”改革红利，开展“直装直提”作业2136批次，监管外贸散装货物707.1万吨，外贸集装箱货运量22235标箱。发挥“主动披露制度”容错机制作用，办结主动披露作业12起，涉及货值2075万元，补征税款7.5万元，减免罚款25.9万元。新增适用企业集团加工贸易监管模式的集团1家、成员企业4家。

（郭文龙）

口岸工作

【概况】 2023年，潍坊港口岸进出境散杂货吞吐量707万吨，与上年基本持平。进出境集装箱吞吐量21829TEU，同比下降42.16%。其中：进境集装箱6121TEU，同比下降68.40%，出境集装箱15708TEU，同比下降14.48%；进出境船舶1535艘次，同比下降6.80%。其中：进境船舶774艘次，同比下降6.18%，出境船舶761艘次，同比下降7.42%。通过国际贸易“单一窗口”平台完成跨境电商业务424万票。其中：进口198万票，出口226万票。“单一窗口”新增注册企业。全市中国（山东）国际贸易“单一窗口”新增注册企业1269家，同比增长165.48%，全市中国（山东）国际贸易“单一窗口”注册企业5769家。

【口岸开放】 2023年，概算投资6.2亿元的潍坊港中港区17#泊位列入全省2023年度对外启用计划，并通过工程竣工验收。总投资9378.72万元的潍坊港粮食指定监管场地项目通过国家验收，新增一次存储10.5万吨、年周转存储进境粮食900万吨的吞吐能力。开展潍坊机场货运口岸开放可行性调研，会同相关部门单位研究制定了《潍坊机场货运现状及国际货运前景规划》，并与山东航空、顺丰速递、全日通快递及韩国圆通公司等进行对接，推动设立国际货运集散中心。

【优化口岸通关流程】 2023年联合国家驻潍海关、海事、边检建立通关时效会商机制，推进潍坊港“船边直提”和“抵港直装”通关便利化改革，进口提货用时由3天最短压缩至2小时，出口货物在港时间压缩50%以上，大宗散货集港时间由2～3天压缩至0.5天。对符合条件的装载进口货物的船舶实行“人船货一体化”监管，实现“一次登临、一次办结”。截至12月底，共在潍坊港口岸开展“直装直提”作业2009批次，同比增长7.9倍，为企业节省堆存、倒运等费用约1000万元。外轮供应行政审批事项在“山东政务服务网”“爱山东”政务服务App等平台实现“全程网办”，所需申报材料由9项压减至3项，压减率66.67%。

【优化口岸营商环境】 2023年，创建“无‘潍’不至、‘坊’显一流”口岸营商环境品牌，参与起草《潍坊市优化营商环境条例》《潍坊市深化营商环境创新提升行动实施方案》等3个规范性文件，研究制定便利化措施8类26条。项目总投资金额约3.38亿元的潍坊“智慧口岸”建设项目获批列入国家试点，被省政府办公厅列入全省持续优化口岸营商环境促进外贸高质量发展措施。争取国家启运港退税政策试点城市，坚持“走上去、走出去”争取政策资源，潍坊港口岸作为全国9个水运口岸之一，成为青岛港和天津港共同启运港成功入选全国退税政策试点，经潍坊港口岸启用外贸货物的退税时间最快较平时缩短20天。加大口岸环节收费监管力度。牵头市发改、交通和市场监管等部门对口岸收费行为进行常态化巡查，畅通投诉举报渠道，督促口岸收费主体通过“单一窗口”公开收费标准、服务项目等信息并实施动态更新，确保口岸收费公开、透明。

【智慧口岸建设】 2023年，潍坊市口岸办重点解决口岸作业自动化水平低、数据信息共享不充分、系统集成难度大等难点堵点问题，深化口岸跨部门协同合作，立足潍坊港实际，引入新兴技术，创新作业模式，推动总投资金额约3.38亿元的山东（潍坊）智慧口岸国家试点项目建设并取得阶段性成效。智慧口岸试点项目先后被国家口岸办批复列入全国智慧口岸建设试点（全省仅有青岛、潍坊和济南市入选），被省

潍坊港新建自动化码头　　（丁赞栋　供图）

政府办公厅列为全省持续优化口岸营商环境促进外贸高质量发展措施，潍坊港总体作业效率提升30%以上。其中："渤海通"客户服务平台成为济南海关辖区内具有重要影响力的互联网服务平台。注册企业超过500家，在册个人用户超过4万人，在册车辆超过8万台；通过启用"联合调度中心"和"远程操控中心"智能化"双中心"，口岸作业人力成本降低20%～30%，设备运行效率提升10%左右。

【打击走私】 2023年，打击走私综合治理工作，按照"打防结合、综合治理、突出重点、关口前移"的工作方针，召开领导小组成员单位联席会议、打私办主任会议、涉海走私等专项工作会议，印发《2023年度全市反走私综合治理工作要点》和多个专项行动方案，开展环渤海内河通道反走私综合治理、打击涉海走私专项检查督导，积极组织开展打击煤炭、白糖、冻品、成品油、海南离岛免税"套代购"走私和整治"三无"船舶等专项行动，继续保持打击走私工作的高压态势。6月13日至15日，全国反走私综合治理调研中心到潍坊调研，对潍坊市"科技助力　打造智慧海防""打击冻品走私　保障食品安全""打造小清河畔党旗红"党建品牌等经验做法给予充分肯定。在省对市反走私综合治理考核中，潍坊市被评为"优秀等次"。

（简建伟）

功能园区

潍坊高新技术产业开发区

【概况】 潍坊高新技术产业开发区成立于1991年，1992年获批国家级，全区总面积123平方千米，代管2个街道、3个发展区、60个社区。2023年末常住总人口40.3万人，人口自然增长率3.3‰。

2023年，实现地区生产总值649.7亿元，比上年增长3.5%。其中，第一产业增加值0.2亿元，第二产业增加值424.9亿元，第三产业增加值224.8亿元。固定资产投资同比增长0.8%，地方一般公共预算收入52.4亿元，地方一般公共预算支出28.4亿元。社会消费品零售总额395.7亿元，进出口总额735.2亿元。年末金融机构本外币存款余额1187亿元，贷款余额1209亿元。全部工业增加值356.7亿元，比上年增长3.8%。规模以上工业增加值同比增长4.5%，实现营业收入1346.9亿元，实现利润总额115.7亿元。高新技术产业产值占规模以上工业总产值比重达91.1%。全区有资质的建筑企业87家，完成建筑业总产值256.7亿元，实现增加值68.3亿元。

全区旅客运输量32.17万人次，货物运输量1892.81万吨。全年空气质量综合指数、$PM_{2.5}$年均浓度二项指标改善幅度均居全市第一，地表水稳定达标，建设用地安全利用率、受污染耕地安全率均达到100%。AAA级旅游景区3家，全年累计接待国内外游客126.22万人次，营业收入2667.05万元。

全区现有潍坊学院、山东畜牧兽医职业学院、山东交通职业学院3所普通高等学校，在校生约4.7万人。中等职业学校2所，在校生约0.23万人。普通中小学27所（一般学校11所，九年一贯制学校15所，十二年一贯

潍坊高新区获评全国高质量发展百强园区 （高新区管委会 供图）

制学校 1 所），在校生共计 5.5 万人。幼儿园 96 所，在园幼儿 2.3 万人。获得省科学技术奖励 4 项，专利授权量 6369 件，万人有效发明专利拥有量 189.5 件。现有博物馆 1 个，公共图书馆 2 所。全区拥有各级各类医疗卫生机构（含市属）294 家（其中三级甲等医院 4 家、三级专科医院 3 家，二级综合医院 2 家，二级专科医院 4 家，一级综合医院 3 家），拥有住院床位 4505 张、执业（助理）医师 1768 人、注册护士 2320 人。全年参加市级及以上体育比赛共获奖牌 117 枚。

年末职工基本养老、职工基本医疗、失业、工伤参保人数分别达到 16.29 万人、17.14 万人、14.07 万人、18.01 万人。居民基本养老保险参保人数 7.22 万人，医疗保险参保人数 13.73 万人。城镇最低生活保障人数 418 人，年人均保障标准 11328 元。全区共有养老机构 6 家（含医养结合型 3 家），共有养老床位 1462 张。安置残疾人就业 10 人。

【潍坊高新区获评全国高质量发展百强园区】 2023 年，潍坊高新技术产业开发区发展势头迅猛，获评全国高质量发展百强园区居第 47 位。综合排名在全国 178 家国家高新区中居第 23 位，在全省 180 家省级以上开发区中居第 4 位，居全省高新区第 2 位。

【潍柴高端发动机数字化生产基地建成投产】 潍柴高端发动机数字化生产基地项目 2021 年 5 月立项，2023 年 11 月投产，总投资 100 亿元，总占地 500 亩，

潍柴高端发动机数字化生产基地建成投产

其中发动机工厂占地 13 万平方米，是省内最大的钢结构网架厂房，具备年产 20 万台高端发动机生产能力。至 2023 年底，数字化厂房、智能制造生产线、智能物流中心已建成投产。

【潍坊光电产业园】 2023 年，园区聚焦双招双引、服务提升、企业培育和项目建设等主责主业，年内 130 家企业实现营业收入 347.84 亿元、利润 22.44 亿元、税收 4.3 亿元，企业实现营业收入 380 亿元、利润 24.48 亿元、税收 4.7 亿元。牵头举办新一代信息技术招商推介会，对接项目 63 个，签约落地浪潮新一代半导体等项目 21 个、开工重点项目 3 个，促成东方软件与世界 500 强西门子签署战略合作协议。2023 年，新增国家专精特新小巨人企业 1 家、省级专精特新中小企业 15 家、省级创新型中小企业 13 家；市级以上科技创新平台 17 个，其中歌尔光学获批牵头建设山东省显示光学技术创新中心，是全省显示光学领域唯一一个省技术创新中心、歌尔股份申报的虚拟现实共性技术文化和旅游部技术创新中心入选全国首批文旅部技术创新中心，全省唯一、歌尔科技体验中心入选山东省虚拟现实公共应用体验中心，全市唯一；新增高新技术企业 15 家、推报“四上”企业 6 家。

【潍坊软件园】 2023 年，园区实施“育苗造林”“四链协同”行动，构建企业梯次培育和创新评价机制。新培育高企 20 家，获批省创新型中小企业 18 家、省专精特新企业 6 家、省瞪羚企业 2 家、省“一企一技术”研发中心 2 家、省工业互联网平台 1 家、省虚拟现实先锋应用案例 4 家，纳统企业 5 家。泰山教育获评全省唯一国家级家庭教育研究与实践基地、省中小企业创新研发中心，恩源信息获评省级服务型制造示范企业。5 家企业完成工业及服务业规上企业、住餐企业纳统，新增发明专利授权 28 项。探索“元宇宙 +”新业态、新模式。引入歌尔创客、科明数码、山东港口科技等元宇宙内容制作头部企业，与青科大共建全市首个元宇宙产业学院，建设“元宇宙 + 教育”展示中心，承担全市

绿色低碳高质量发展重点项目观摩点评。建设产教融合实训基地。完善预制食品产业链。龙头企业荣大信息上线的全国首个预制菜产业互联网平台“快肴网”，入驻企业8200余家、线上交易额5000余万元，全省首个预制菜产业链一站式综合服务园区新食代预制食品科创谷开园运营。

【潍坊蓝色智谷园区】 2023全年到位省外内资24.2亿元。新引进科技型中小微企业28家。联东U谷·潍坊元宇宙配套产业园揭牌运营，新建成投用加速空间3.2万平方米，产业加速区建成面积达到8.5万平方米，共签约企业32家、交付30家。完成固定资产投资1.06亿元，园区企业总营收达10.7亿元。获评国家级重点人才工程专家1人，泰山产业领军人才蓝色专项人才1人。力创科技董事长王立峰当选欧洲自然科学院院士，入选2022年度鸢都产业领军人才，被评选为潍坊市优秀企业家。重大项目建设提质增效，力创科技产业园一期项目，占地204亩，已建成投用，主要建设低碳动力装备、智慧养殖设施两大生产基地和航空航天涡喷发动机研发生产中心，年新增产值20亿元，税收1.2亿元。占地60亩、总投资2.2亿元的新蓝环保车用数字化环保尾气处理制剂项目年内完成立项。建设高新区人才品牌矩阵“青和力”青年人才社区，打造青年人才会客厅、青年人才服务站、青年人才创新创业营等青年人才服务板块，构建宜居宜业的一站式、多功能青年人才社区。

【潍坊生物医药产业园】 2023年，园区总营收121.66亿元、利税3.85亿元，营收增长6.41%，经营性税收增长10%。园区项目落地投产取得突破。签约项目18个，其中海王智慧医药产业基地等4个项目入选省、市重点征地建设项目、总投资55.6亿元，达产后年产值218.8亿元、利税16.5亿元，康科润淡水养殖三文鱼项目、国内唯一；迈迪可尔检验中心是全市首家民营医疗器械检测机构、全区唯一入选支持国家农综区发展签约项目，总投资2.1亿元的昆山飞虹项目一期厂房投用。纳硒生物禽用基因抗体技术全国首创，年内完成主体建设和外部装修；贝瑞康二期项目与中国农科院等6所高校合作开发卵黄抗体、生物兽药、功能性食品，已完成主体建设和外部装修；三维生物增资扩产续建项目加快办理规划手续；诺一迈尔一期项目投入使用，是山东省生产单体产能最高的植入性医疗器械项目，实现了高端核心装备的国产化。全部项目达产后可新增产值16.5亿元、利税7.3亿元。2023年，园区“高成长性”，企业培育取得突破。新获批国家瞪羚、高企、省瞪羚、省专精特新、省科技型中小企业等高成长性企业53家，5家企业升级为规上工业、限上服务业等“四上”企业，海王银河入选山东省百强企业，华辰制药等3家企业获批山东省首批“现代畜牧业齐鲁样板饲料兽药示范生产企业”。

（李松林 臧明涛）

潍坊滨海经济技术开发区

【概况】 潍坊滨海经济技术开发区位于潍坊市北部，北临渤海湾，西与寿光市毗邻，南接寒亭区，东与昌邑市交界。1995年5月，以“山东潍坊海洋化工集团总公司”为依托成立“潍坊海洋化工高新技术产业开发区”。2005年12月，潍坊海洋化工高新技术产业开发区更名为“山东潍坊滨海经济开发区”。2006年1月，“中共潍坊市委潍坊海洋化工高新技术产业开发区工作委员会”和“潍坊海洋化工高新技术产业开发区管理委员会”更名为“中共潍坊市委山东潍坊滨海经济开发区工作委员会”和“山东潍坊滨海经济开发区管理委员会”。2010年4月，山东潍坊滨海经济开发区被国务院批准为国家级经济技术开发区，定名“潍坊滨海经济技术开发区”。全区总面积701平方千米，辖央子、大家洼2个街道，50个行政村，10个城市社区。2023年末总户数31577户，户籍总人口86522人。

全年实现地区生产总值383亿元，按可比价格计算，同比增长7.0%。其中，第一产业增加值20.5亿元，同比增长3.9%；第二产业增加值179.7亿元，同比增长10.1%；第三产业增加值182.9亿元，同比增长4.5%。全区固定资产投资同比增长7.9%，地方公共财政预算收入40.1亿元，同比增长19.6%，地方一般公共预算支出35.95亿元，同比增长29.7%。中央直达资金完成率达100%，民生支出占比保持在

滨海区白浪河沿岸秀美风光　　（滨海区融媒体　供图）

80%以上。社会消费品零售总额58.5亿元，全年外贸进出口总额完成260.1亿元人民币，出口总额完成207.8亿元人民币，实际利用外资8177万美元。年末金融机构各项存款余额205.1亿元，年末金融机构贷款余额141亿元。

农业总产值（现价）35.06亿元，同比增长4.1%，农业增加值（现价）20.62亿元，同比增长4%。全区粮食播种面积8.64万亩，粮食总产3.37万吨。猪年末存栏1.2万头，家禽年末存栏17.7万只，生猪年末出栏1.2万头。水产品总产11.49万吨，水产品现价收入为32.38亿元，同比增长4%。全区203家规模以上工业企业实现工业增加值245.3亿元，同比增长13.1%。规模以上工业完成营业收入1129.4亿元，同比增长6.9%，规模以上工业实现利润62.9亿元。高新技术产业产值占工业总产值比重62.2%。全区33家资质以上建筑业企业完成建筑业总产值9.43亿元，同比增长24.9%。

全区公路通车总里程达706千米，其中高速公路通车里程16千米，省道53千米，县道124千米，其他道路513千米。全区共有道路货运企业102家，公交企业3家，维修企业72家，汽车客运站1个，驾校3家，机动车综合性能监测站3家，港口企业4家，水路运输企业8家。全区铁路总里程达80.5千米，全年完成铁路货运量526.27万吨，同比增长13%。潍坊港中港区共拥有生产泊位28个，万吨级及以上深水泊位21个，综合通过能力3745万吨。航道为3.5万吨级航道，可满足3.5万吨级散货船舶单向通行。2023年，潍坊港中港区完成货物吞吐量3667万吨。城乡社区支出12.23亿元，同比增长18.3%。农林水支出1.65亿元，同比增长3.1%。国家A级旅游景区4家，其中AAAA级1家，AAA级2家，AA级1家。全年接待国内外游客502万人次，接待游客量同比增长16.7%。欢乐海沙滩景区、白浪河景区、弘润温泉景区3家运营企业成功入选山东省首批“百企领航”文旅企业。

大学园院校与企业共建产业学院22所。全区现有普通中小学11处，其中普通中学2所（高中、初中各1处），综合高中1所，小学2所，九年一贯制学校4所，十二年一贯制学校2所，在校学生21348人。全区共有研发平台268个，其中，国家级3个，省级61个，市级204个。2023年新增省级研发平台2个，市级研发平台19个。专利申请量922件，授权专利272件。有公共图书馆1所，文化馆1个，党性教育基

滨海区弘润新材料有限公司鸟瞰图　　（滨海区融媒体　供图）

地1个。公立医院2处，街道社区卫生服务中心2处，社区卫生服务站或村卫生室35处、个体诊所或企事业单位卫生室41处，医疗机构共有床位390张，卫生技术人员681人。城镇最低生活保障户数5户，城镇最低生活保障人数7人，城镇最低生活保障资金4.19万元；农村五保供养人数76人，供养支出99.87万元。全区养老服务机构和设施1个。

【经济发展】 2023年，滨海区打造“中国药谷”“国家级高端新材料产业基地”和“绿电产业园”，重点开展工业倍增、技改升级、亩产增效、闲置土地盘活出清等行动，启动实施园区发展理念、规划、管理、建设“四个提升工程”，主要经济指标增速一直保持全市前列，获批省能源绿色低碳转型试点示范区、省绿色低碳高质量发展先行示范园区试点。

【民生保障】 2023年，滨海区民生投入支出占比超82%，医疗卫生支出增长37%，义务教育优质均衡发展区、学前教育普及普惠区“双区”创建通过国家验收，全省唯一。城镇新增就业人数同比增长10.6%，13处助老食堂建成投用，全面实行免费有线电视惠民政策。立足潍坊副城区建设，创建市级全域美丽河湖，全区建成美丽庭院示范户8634户，崔家央子成功创建省级示范村。

【产业升级“三大行动”】 实施“工业倍增”行动。聚焦新医药、新材料、海洋化工、石油化工、新能源等主导产业集群，实施工业经济倍增计划，开展“四上”企业挖潜培育，推动升规纳统。实施“技改提级”行动。开展“百企技改”，推进总投资298亿元的80个技术改造项目，完成投资55亿元，技改投资同比增长20%。鼓励企业加大研发投入，依托全区65个省级以上研发平台，发挥100余名市级以上人才引领作用，突破一批关键领域“卡脖子”技术攻关，新和成蛋氨酸、海利尔丙硫菌唑等项目均打破国际技术壁垒，填补国内空白。实施“亩产增效”行动。推进“亩产效益”评价管理，实施“标准地”供应改革，将投资强度、单位能耗、单位排放、亩均税收等指标纳入土地出让方案。2023年，共为海化集团、新和成、国邦药业等省市区重点工业项目供应“标准地”49宗，面积7985亩。新建的清原农冠项目亩均投入约535万元，建成后亩均税收约99万元。

潍坊港内自动驾驶车辆在作业 （滨海区融媒体 供图）

【重点项目】 滨海区获批山东省能源绿色低碳转型示范试点单位。滨发（华润）光储氢一体化光伏基地项目（规模2GW）成功列入第三批国家大型风电光伏基地建设项目清单、是山东省单体规模最大的光伏制氢一体化项目；潍坊职业学院滨海校区4.5MW屋顶分布式光伏发电项目入选2023年度山东省绿色建筑与建筑节能试点示范项目，为全省3个光伏建筑应用示范项目之一；山东新和成药业等10个项目成功入选2023年第一批省技术创新项目计划；海化集团海化氯碱树脂年产20万吨双氧水及10万吨过碳酸钠项目、潍坊滨海现代海洋化工中试基地及配套设施建设项目入选2023年海洋强省重点项目库(全省共80个,全市7个)；万盛年产31.93万吨功能性新材料、新和成高端尼龙和高端光学级材料、国邦年产5500吨植保健康高效农药、海化源网荷储、新和成新能源材料和环保新材料5个项目，成功申报2023年省重大项目；高信化学入选省新材料创新应用示范项目、山东海王化工股份有限公司入选省新材料领军企业培育库入库名单；500千伏渔盐站增补纳入国家“十四五”电力发展规划，通过国家审核。

绿色化工园申请中央水污染防治补贴资金667万元；绿色化工园建设重大安全风险防控项目，申请中央财政补助资金1500万元；海赋燃气管道建设、城乡供水管网升级改造、北方产业化水产种苗基地等16个专项债项目通过国家发改委审核，专项债需求额度46.62亿元；新增通过国家中长期贷款审核项目2个、获批金额30.2亿元；新和成精化科技有限公司获批省级原料用煤指标12.9万吨，为全省唯一全额保障的原料用煤项目；9个工业技改项目列入省导向目录，华辰生物获2023年省技改专贷财政贴息资金262.92万元；争取到2023年财政部隐性债务化解试点政策，到位隐债化解特殊再融资债券31.31亿元；潍柴重机获得国家军工资金395万元，军民融合发展专项资金100万元，红旗机电获省级军工资金90万元；海化股份、海化能源、石大昌盛等3家企业入选全省一季度工业领域“开门红”奖励名单，共获得150万元奖励；山东焦易网数字科技股份有限公司获批2023年度省服务业发展引导资金支持平台企业，获得省级引导资金200万元。

（郑　红）

潍坊综合保税区

【概况】 潍坊综合保税区由原潍坊出口加工区转型升级而来，是国家海关特殊监管区，于2011年1月获国务院批复设立，是全国第14个、山东省首个综合保税区。2017年7月，潍坊综合保税区北区正式获国务院批复设立，形成南区北区“陆海统筹、一区两片”发展格局。总面积13.68平方千米，其中网内监管区3.84平方千米，网外配套区9.84平方千米，南区面积4.1平方千米，位于市中心城区东部，位置优越，交通便利，服务潍坊及周边地市；北区面积9.58平方千米，紧靠国家一类开放口岸——潍坊港，服务北部沿海开发开放。

2023年全区实现外贸进出口额770.4亿元、同比增长8.3%、创历史新高，占全市总量近1/4，其中，实现跨境电商进出口额163.1亿元、同比增长48.2%，占全市总量近60%，1210出口业务规模居全省第一位；实际到账外资3467万美元；固定资产投资同比增长12.3%；完成一般公共预算收入6.96亿元、同比增长1%，税收占比86.8%、居全市第1位；实现规上工业产值272.7亿元。在海关总署对全国海关特殊监管区域发展绩效评估中居全国163家综保区第4位、全省14家综保区第一位，创全省综保区历史最好成绩。荣获全市2023年度高质量发展综合绩效考核一等奖、开放发展先进单位单项奖，先后获评全国税务系统先进集体、全市唯一的“山东省改革创新团队”、全省首批绿色低碳高质量发展先行区建设试点、省级外贸新业态特色园区、全省首个华侨开放发展试验区、全省首批侨联新侨创新创业基地等荣誉称号70余项。

【产业集群】 虚拟现实智能制造基地项目一期建成投用，是Meta新一代VR产品全球唯一生产基地，年产值达200亿元，入选改革开放以来潍坊市“十大工程”。佩特来获评省级企业技术中心，实现全区省级创新平台“零”的突破，新能源动力产业产值达20亿元，发电机、起动机产品在国内大型商用车市场占有率超过80%。圣和塑胶获评省专精特新企业，聚乳酸生物可降解薄膜技

潍坊综合保税区全球虚拟现实智能硬件制造基地项目

潍坊综合保税区全国首个"四关合一"综合运营中心项目

术填补国内空白，出口量连续多年居全国首位，作为全市5家企业之一荣获第十届市长质量奖。

【新兴业态】 2023年，作为国家跨境电商综试区核心区跨境电商产业园入驻企业达300家，获评省重点培育跨境电商主体；全国首个"四关合一"综合运营中心获海关总署批复，宜捷通、中通、汇达供应链等企业相继入驻；潍坊市首家"进口商品购"展销中心正式运营，汇聚进口商品1万余种；联合山东大学组建全省首家跨境贸易研究院，与潍坊学院共建现代产业学院，举办跨境电商高质量发展大会、进口商品嗨购节等系列活动，全年实现跨境电商进出口额163.1亿元、同比增长48.2%、占全市总量近60%，2023年被评为全省外贸新业态特色园区。

潍坊峡山生态经济开发区

【概况】 潍坊峡山生态经济开发区位于山东省潍坊市市区东南部，2008年1月1日正式组建运行，2015年10月更名为潍坊峡山生态经济开发区，是山东省首个以生态命名的省级经济开发区。全区总面积483平方千米，辖4个街道，2个城市社区、275个行政村。2023年末常住总人口16.08万。

全年实现地区生产总值52.2亿元，比上年增长3.4%。其中，第一产业增加值15.51亿元，第二产业增加值8.13亿元，第三产业增加值28.56亿元。固定资产投资16.98亿元，地方一般公共预算收入3.14亿元，地方一般公共预算支出11.82亿元。社会消费品零售总额15.65亿元，进出口总额10亿元。年末金融机构本外币存款余额95.66亿元，贷款余额39.85亿元。农林牧渔服务业增加值0.57亿元。绿色食品获证企业1家、有机农产品获证企业2家。肉、蛋、奶总产12.25万吨，渔业水产品总产0.21万吨，生产总值0.21亿元。全年新增造林面积20万公顷，林木绿化率10.48%。全区拥有农业机械总动力27.48万千瓦，农作物耕种收综合机械化水平达92.62%。规模以上工业实现主营业务收入39.9亿元，实现利润0.38亿元。高新技术产业产值占规模以上工业总产值比重达18.71%。全区有资质的建筑企业5家，完成建筑业总产值7.16亿元。

全区公路通车里程830.68千米，其中高速公路通车里程16.7千米。市政公用设施投资0.9亿元。2023年全区PM2.5年均浓度36微克/立方米，优良率75.7%，全区土壤污染安全利用率100%。未发生较大及以上突发环境事故。2023年全区整体水环境质量向好，省控以上断面优良水体比例达到100%，省控以上断面水质指数改善率为6.2%。国控峡山水库库中断面均值达到地表水三类，完成年度目标。

普通中学7所，在校生1.27万人；小学7所，在校生0.82万人。共取得重要科技成果10项。有博物馆1个，文化馆1个，省级文物保护单位4处，广播、电视人口综合覆盖率都达到95%。医疗卫生机构135所，共有床位651张，卫生技术人员0.06万人。全年参加市级及以上体育比赛共获奖牌2枚。

城镇居民人均可支配收入47952元，农村居民人均可支配收入27305元。年末职工基本养老、职工基本医疗、失业、工伤、生育保险参保人数分别1.2万人、1.36万人、0.8万人、1.1万人、0.92万人。居民基本养老保险参保人数12.65万人，医疗保险参保人数14.16万人。城镇

峡山区整县式分布式光伏"峠山试点"　　（李东昊　供图）

最低生活保障人数 15 人，年人均保障标准 12036 元；农村最低生活保障人数 2862 人，年人均保障标准 10020 元。全区各类养老服务机构和设施 5 个，各类养老床位 421 张。安置残疾人员就业 155 人。

【国家级整县分布式光伏试点】 峡山生态经济开发区是国家绿水青山就是金山银山实践创新基地、国家生态文明建设示范区，是山东唯一以生态经济命名的省级开发区。于 2021 年 9 月申报入选国家整县推进屋顶分布式光伏开发试点县。峡山整县分布式光伏项目以辖区党政机关、公共建筑、工商业厂房、农村居民屋顶为重点，开发建设面积 77 万平方米，规划容量达到 77.36 兆瓦，分 4 个批次建设。项目建成投运，年均发电量约 9300 万千瓦时，年可减排二氧化碳近 7 万吨。该项目第二批开发建设，重点打造"峠山模式"。聚焦村庄提供道路、广场、空闲宅基地、沟渠等资源，企业出资建设，每年支付租金。同时，利用空闲宅基地，上面铺设光伏板，下面改造停车位，解决村民停车问题。二批项目主要开发峠山街道、太保庄街道 57 个村 500 余户农户房顶及村内道路、空地、沟渠等，建设容量 33.6 兆瓦。

潍坊国家农业开放发展综合试验区

【概况】 潍坊国家农业开放发展综合试验区，是 2018 年 8 月 31 日国务院批准设立的、全国唯一的农业开放发展综合试验区，由农业农村部等 20 个部委与山东省人民政府共建，潍坊市具体组织实施。

潍坊国家农综区涵盖潍坊全域，包括核心区和辐射区，核心区规划面积 120.9 平方千米，其中南区 111.32 平方千米，北区（保税北区）9.58 平方千米。核心区以外的区域为辐射区。核心区搭建农业科技研发、集成创新和成果转化的高端平台，发展高端农业与现代食品产业、农业高新技术产业以及农产品国际贸易、现代物流、跨境电子商务等产业；建设农业先进国家技术合作示范基地；引进商贸流通、信息咨询、检验检测认证、农业研发等方面的国内外一流机构，消化吸收国际先进经验、技术、标准和模式，着力打造农业及食品产业创新（研发）中心、品牌展示中心、物流配送中心、检验检测认证中心、农业和食品产业大数据中心及其产业总部基地。辐射区承接核心区先行先试成果，与核心区配套联动，着力在产业融合、农业开放、农村综合改革等方面创新发展，扩大示范效应，推动新旧动能接续转换。

2023 年，潍坊国家农业开放发展综合试验区在食品农产品通关便利化、农村产权金融化改革等方面，探索形成一批制度创新成果；成功举办中国—东盟数字农业论坛、首届智慧农业博览会等国际性展会活动，召开部省市三方工作机制会议；有序推进巴基斯坦花生育繁推基地、加纳智慧农业产业园等国际合作项目以及山东农村产权交易中心、潍坊食品科学与加工技术研究院等重点平台建设。

【改革创新】 出口农产品快速核放监管新模式。联合海关，在安丘探索开展社会共治下农产品出口通关便利化试点，构建农业农村、市场监管等部门以及各经营主体和消费群体共同参与的农产品生产全过程监管体系，出口农产品报关后抽样完毕即出仓发运，通关时间由 4 天缩短至当天抽样即可放行，提高农产品出口

潍坊国家农综区部省市三方工作机制会议

通关便利化水平。创新农村产权交易模式。推动山东农村产权交易中心入选全省获得交易业务许可证交易场所名单，完善农村产权交易模式，新增“蓝莓果树贷”“水产养殖贷”等金融服务产品，累计盘活农村各类资产222亿元，带动金融资本超61亿元。建立食品农产品出口贸易壁垒预警应对机制。依托食品农产品技贸措施研究评议基地，启动建设技贸实训基地，累计收集主要出口国家（地区）农产品和食品技术法规8000余项，2023年，为应对日韩、澳大利亚、加拿大、巴西等国家修订的食品法规提交14份通报评议，先后举办预制菜外贸出口政策宣讲会、外贸企业应对国际贸易摩擦能力提升培训会等7场宣讲对接会，促外贸保稳提质。实现潍坊鲜枣首次出口阿联酋，抹茶首次出口马来西亚。

【开放合作】 举办国际会展活动。2023年4月25日至27日，举办中国—东盟数字农业论坛、首届智慧农业博览会，同期举办第二届潍坊国际食品农产品博览会，来自22个国家的500余家企业实地参展，10万余名观众到场参观，合作意向交易额超10亿元。国际合作。中国—乌拉圭肉牛产业“两国双园”等国际合作园区有序建设。成立中国—巴基斯坦农业合作中心，巴基斯坦花生育繁推基地推广种植高油酸花生1000亩，亩产达240千克。与加纳成立“中国—加纳智慧农业研究院”，中国—加纳智慧农业产业园大棚主体施工。举办“RCEP等自贸协定涉农优惠政策研讨会”和国际农业服务贸易辅导报告会，并组织中东农产品贸易采购团与全市30余家企业对接洽谈，达成一批采购意向。对外交流。先后与杨凌农业高新技术产业示范区、宁夏国家葡萄及葡萄酒产业开放发展综合试验区、中国—上海合作组织地方经贸合作示范区签订合作协议。组织参加农业贸易政策国际会议、澳门国际贸易投资展览会、潍坊—肯尼亚经贸对接会等活动，扩大农综区的知名度和影响力。组织召开部省市三方工作机制会议，研究提出需部省支持的事项和下步工作思路，得到部、省领导肯定。配套举办国家农综区研讨推介会，中国美国商会、ADM、益海嘉里等15家高层次国际商协会和外资企业代表参会，12个项目签约，签约额50.6亿元。

【平台运营】 北京大学现代农业研究院、国际粮食减损研发交流平台等高端平台加快建设；潍坊食品科学与加工技术研究院为57

首届智慧农业博览会

家食品企业提供科技服务，5项科研成果转化落地；全国蔬菜质量标准中心、全国畜禽屠宰质量标准创新中心有序运营，7项全产业链蔬菜标准填补国内空白，制订的鸡屠宰ISO国际标准实现中国牵头制订畜牧业国际标准零突破。在农综区设立农业涉外培训合作基地和现代农业开放发展培训基地，非洲和中东地区9个国家的40余名学员到农综区进行培训交流。统筹推进全域建设，广通蚕种首次出口非洲；润丰化工农药出口量连年全国第一，2023年在澳大利亚、新西兰、土耳其、阿尔及利亚等国家新设立子公司或办事处，加快全球产业布局；诸城外贸、凯欣食品、华涛食品被评为2023年第三批国家级农业国际贸易高质量发展基地。

（李　海）

山东（潍坊）海洋科技大学园

【概况】 山东（潍坊）海洋科技大学园于2009年开始启动建设，2014年10月11日，经过部省会商，确定创建山东（潍坊）海洋科技大学园，作为潍坊国家职业教育创新发展试验区的核心区。重点立足蓝黄“两区”建设，以发展现代应用型教育为核心，以培养高素质技能型人才为方向，建设国内外海洋教育、培训、服务机构集聚发展区、职教创新先行区、应用型高技能人才培养试验区、产学研紧密结合创新创业发展示范区。

园区规划总面积30平方千米，2023年末开发面积15平方千米，建成院校院所20所，在建项目5个。在校生6万余人，教职工3000余人，是全省最大的、以职业教育发展为重点的大学园区。园区与中国海洋大学、澳大利亚TAFE教育机构、英国斯特拉斯克莱德大学、菲律宾莱西姆大学、爱尔兰国立海事学院等51家国内外院校开展合作办学，与爱尔兰、刚果（金）、乌干达、巴基斯坦合作共建4个国际技术培训中心。与上千家企业建立合作关系，每年向社会各界输送人才2万余人，就业率达96%以上。

2015年，为加强对山东（潍坊）海洋科技大学园的日常管理，设立山东（潍坊）海洋科技大学园管理办公室，为市政府派出机构，正县级规格。2019年5月调整为由滨海区代管。下设山东（潍坊）海洋科技大学园服务中心和山东（潍坊）公共实训中心2个事业单位。

【项目建设】 山东生态环境学院筹建。2023年末，除已建成29栋单体22.13万平方米外，“两馆一中心”主体及学生公寓楼等8栋单体9.7万平方米已经全部完成。潍坊学院滨海校区建设。2023年，按照选址要求，安排项目用地1878亩、完成土地拆迁1650亩。服务保障其他院校项目建设。1个项目入选省补短板项目清单，2个项目入选市重点项目清单，3个项目入选区重点项目清单，帮助项目协调解决问题39项，全年新建成校舍约17万平方米，在建校舍约39万平方米。

【职业教育创新发展】 滨海区产教联合体建设。2023年4月26日召开滨海区产教联合体成立暨第一届理事会会议，7月潍坊滨海经济技术开发区产教联合体成功入选省第一批市域产教联合体。12月19日，举行滨海区首届产教融合校企合作对话会暨滨海区产教联合体第二届理事会会议。特色产业学院建设。助推山东化工职业学院与歌尔股份有限公司合作共建产业学院；山东海事职业学院与京东世纪信息技术有限公司共建“京东数字商务产业学院”，与北航泰山科创园、北京梆梆安全科技有限公司三方共建“北航泰山梆梆产业学院”，与潍坊贝佳斯国际贸易公司共建跨境电商产业学院，目前校企共建24个现代产业学院，其中7个被确定为市级现代产业学院。塑造产教融合发展新优势。新立项6个省级技能大师工作室，打造3个省级现场工程师专项培养计划项目，新建7个开放型区域产教融合实践中心，牵头成立10个职教集团（联盟）；探索省域现代职业教育体系新模式，推动各院校积极牵头或参与行业产教融合共同体建设，牵头建设全国元宇宙行业产教融合共同体、山东省现代高效农业产教融合共同体、潍坊市化工行业产教融合共同体等3个产教融合共同体，参与建设90余个国家、省、市级产教融合共同体。

【公共实训基地建设发展】 2023年，利用各实训平台为国邦药业、新和成氨基酸、六韬科技等提供创新创业能力训练、应急救援实操、隐患排查治理、特殊作业实操等 41182 人次；为第一届山东省职业技能大赛“园艺”赛项成功举办提供协调服务。山东省委书记林武调研山东（潍坊）海洋科技大学园和山东（潍坊）公共实训基地时，对大学园和实训基地工作给予充分肯定。

（王传印）

交通运输

公　路

【概况】 潍坊是全国公路枢纽城市，全市公路通车总里程2.95万千米，公路密度182.9千米/百平方千米，总里程位居全省第二，已提前实现“十四五”公路发展总里程目标。潍坊境内现有9条866.9千米高速公路，通车里程位居全省第二，形成了“三纵六横”高速主骨架网络。2023年，公路完成投资125.7亿元。

【高速公路】 2023年，全国首条零碳智慧高速公路—济潍高速（长度83.8千米、投资217亿元）于9月24日建成通车；明董高速（103.9千米、158亿元）于12月15日建成通车，形成“三纵六横”高速公路网，全市高速公路通车里程达866.9千米，跃居全省第二；东青改扩建（16.8千米、26亿元）、疏港高速（27.5千米、42亿元）有序推进。谋划完善市区周边高速路网。对接省交通厅、山高集团，成功争取潍邹高速（潍坊境内106千米、投资149亿元，争取长度29千米、节省资金44亿元）连接到中心城区，以打通潍坊市西南出口，打造连通东三省、胶东半岛至成渝都市圈方向的大动脉。

济潍高速建成通车实景图

【国省道建设改造】 2023年，潍坊市共实施普通国省道建设养护项目26项317.9千米、总投资20.6亿元，项目数量、建设里程及年度投资均创历史新高。S309田高线寿光段改建工程于12月10日实现全线通车，标志着全市26个普通国省道建设项目全部提前完工；截至2023年底，全市普通国省道一级公路占比达75%，位居全省第一。全市普通国省道密度达到10.7千米/百平方千米，G341黄海线及G206威汕线诸城改线段获省发改委立项批复，G233克黄线临朐改建段项目立项前置要件全部办理完毕。积极推进市区新北环路（G308文石线）、西环路（S223滨九线）项目前期工作。其中新北环路已取得省厅行业审查意见，加快推进立项手续办理。

【普通国省道“放管服”改革】 2023年，潍坊市共争取上级资金12.3亿元，总投资22.4亿元用于普通国省道建设养护，印发市级投资计划实施建设养护项目26个317千米，项目数量、建设里程及年度投资均创历史新高。持续加大普通国省道公路管养力度，共争取上级日常养护资金 0.746 亿元，研究核实 2023 普通国省道日常养护资金分配方案，持续推进养护专业化市场化，实现有路必养、有路必管，稳步提升公路通行服务保障能力。向省交通厅报送“十四五”国省道养护工程项目库国道项目调整建议，共确定 37 个项目 328 千米。

【“四好农村路”建设】 2023 年，潍坊市超额完成“四好农村路”提质增效专项行动各项任务，全年共争取上级资金 1.6208 亿元，与市财政局联合印发《关于加强 2023 年度省级乡村振兴重大专项（“四好农村路”）资金管理的通知》，充分发挥财政奖补资金的激励引导作用。全市累计完成新建改建农村公路 405.8 千米，占年度计划的 101%；完成路面状况改善工程 1989.8 千米，占年度计划的 101%；完成危旧桥梁改造 21 座，占年度计划的 161.5%；完成重要村道或三级以上村道安保工程 190.7 千米，占年度计划的 146.7%；累计完成投资 15 亿元，占年度计划的 141%，超额完成年度任务。

【旅游公路建设】 2023 年，潍坊市重新规划、优化调整潍坊市长城寻迹和千里滨海主题廊道旅游公路线路，争取 33 个项目 286.9 千米纳入全省旅游公路规划项目库。安丘“天路”成为全国十条“我家门口那条路——最具人气的路”之一，临朐嵩山“1 号大道”成为网红旅游大道、致富大道。印发《关于公布全市旅游公路建设推进工作机制人员组成及主要职责的通知》，建立旅游公路工作机制，统筹推进全市旅游公路建设。组织召开全市旅游公路建设推进会议，进一步加大旅游公路建设力度。2023 年全市累计完成公路旅游服务功能提升工程 31.35 千米（包括普通国省道旅游服务功能提升工程 10.05 千米、农村公路旅游服务功能提升工程 21.3 千米），全面完成了省厅下达的年度任务。

【公路安全保畅工作】 2023 年，潍坊市印发《2023 年度全市公路安全监督检查计划》，提升公路安全监管水平。组织县市区交通局和市公路中心开展全市公路安全隐患自查整改工作，累计排查公路安全隐患 889 处，整改完成 887 处，2 处按计划整改。组成 4 个督导组于 7 月、12 月对全市公路安全工作进行了督导检查，检查发现问题及时整改。强化重要时段公路保通保畅工作，印发汛期防汛防台风和冬季除雪防滑工作通知，加强恶劣天气值班值守和应急防范工作，恶劣天气期间每天两次调度路网运行状况，确保公路畅通。9 月底组织开展国庆、中秋全市普通国省道在建工程安全保畅工作，组织对全市 19 个在建工程项目进行现场检查，排查整改问题隐患 35 处，有力保障了群众两节期间通行安全顺畅。

铁　路

【概况】 潍坊是国家高铁快运节点城市，境内现有 12 条 864.8 千米铁路，形成了“五横一纵两支”铁路网络布局，高速铁路通车里程 338.6 千米，铁路里程和高铁里程均居全省第一。潍坊高铁北站被列为 100 个国家高铁枢纽站之一，未来将汇集济青高铁、潍莱高铁、京沪高铁辅助通道，实现京津冀 1.5 小时、长三角 2.5 小时通达，同步建设全国性高铁快运基地，助推潍坊打造区域高铁物流中心城市。

【在建工程推进】 2023 年，潍烟高铁（19.2 千米、38.3 亿元）主体工程全部完成。京沪高铁辅助通道津潍段（65 千米、140 亿元）9 月开工建设，完成 2558.1 亩项目红线用地批复工作、10 处大临工程及 719.3 亩施工便道临时用地手续办理工作；同步推进拆迁协议签订、清表、三电及管线迁改等工作，全年共完成项目桩基开累 21571 根，完成设计量的 76.9%，承台开累完成 123 根，完成设计量的 7.2%，墩身、连系梁等工程均已逐渐展开，项目累计完成投资 19.77 亿元；潍宿段及青岛连接线（150 千米、263 亿元）12 月开工建设。

【超前谋划区域铁路网】 2023 年，潍坊经临朐至沂源（106 千米、141 亿元）、潍坊至滨海（52.5 千米、154 亿元）、高密至胶州（24 千米、80 亿元）、潍坊至董家口（119.4 千米、61.5 亿元）、临朐至沂水（69 千米、58.7 亿元）、滨海至潍坊西（50 千米、45 亿元）等 6 条、420 千米、总投资 540 亿元的铁路项目，已向国家发改

潍烟高铁主体工程完工

委汇报，并初步纳入省级规划，目前进入预可研报告编制阶段。

【全国首个高铁快运物流基地落户潍坊】 2023年，潍坊高铁快运物流基地前后历时五年、历经"五下五上"，先后突破国家土地政策收紧、无实施先例、项目被搁置等重重难关，作为全国首个高铁快运物流基地落户潍坊，获市委、市政府通报表扬。基地占地约700亩，计划建安费投资9.54亿元，建成后将成为山东高铁物流业务总部基地、环渤海地区重要多式联运枢纽和东北亚快速货运战略节点。

【铁路沿线环境综合治理】 2023年，潍坊市环治办印发《潍坊市铁路沿线环境综合治理工作机制办公室工作制度》等各类文件共39件，进一步完善工作机制、压实工作责任、落实问题整改，实现省高质量发展综合绩效考核"不失一分"的年度计划目标。开展春季铁路沿线环境安全隐患治理、铁路沿线油气管道和公跨铁立交桥安全隐患排查整治、高铁沿线环境安全隐患排查整治、济青高铁隐患治理等专项活动。对涉铁县市区进行专项检查，进一步规范巡查治理资料的整理，现场抽查铁路沿线区域隐患整治情况；市环治办督导组现场督导问题整改，实行闭环管理，做到全方位零死角整治。省环治办将潍坊市"网格化"治理模式在全省进行推广。利用铁路沿线35处数字监控的精准度和信息系统的可操作性，培训沿线镇村人员参与使用，聚力打造"人防+技防"的综合治理模式，实现沿线路域全覆盖、无缝隙，实时动态监控全面运行。

港　口

【概况】 潍坊港是国家一类对外开放口岸、山东省地区性重要港口、对台海运直航港口，现有生产性泊位46个，其中，万吨级以上深水泊位21个，岸线总长7796米，港口综合通过能力达到4466万吨，潍坊港开通内外贸集装箱航线16条，其中至日韩和东南亚外贸集装箱航线4条，通航城市27个，集装箱吞吐量突破60万标箱，创历史新高，潍坊亿吨级大港格局逐步形成。

【港产城融合】 2023年4月28日，山东港口集团港产城融合发展项目启动仪式在潍坊举行，涉及项目26个，预计总投资307亿元。着力打造环渤海区域性海洋经济中心，锁定打造世界级港口群，建设依托港口的一流供应链综合服务体系，加快核心竞争力提升，纵深推进港区、园区、城区"三区融合"。加快打造现代海洋产业体系，加快打造滨海未来之城，推动港产城深度融合。

【港口基础设施建设】 2023年，潍坊港中港区5万吨级滚装泊位工程竣工验收，3台岸桥完成安装调试。集装箱堆场改造一期工程建成投产，配备3条自动化轨道吊，港口集装箱堆场升级为自动化堆场。中港区5万吨级#15、#16泊位岸线取得省厅批复，#5泊位岸线完成专家审查，为港口发展建设奠定基础；协调对接国家有关部门，5万吨级航道配套倾倒区选划工作已进入生态环境部最后审批程序。投资1.35亿元潍坊港中港区航道完成维护疏浚，保障港口生产经营和航道通航安全。

【国家能源新通道建设】 2023年，潍坊市积极与国家能源集团、山东港口集团开展对接合作，推进潍坊港煤炭下水码头建设，打造国家能源"北煤南运"第三条

潍坊港集装箱吞吐量突破60万标箱，创历史新高

大通道，项目建成后潍坊港将成为亿吨大港。

【智慧零碳港口建设】 2023年，潍坊港中港区分散式风电项目取得核准批复，一期建设风机4台；装机容量3.3兆光伏实现并网发电；6台门机完成自动化改造。16台无人集卡和1台新能源堆高机及其配套附属设施投入运行；鼓励船舶靠泊优先使用岸电，港口制定奖励政策，岸电使用率居全省首位。

【小清河复航】 2023年，潍坊市争取推动羊口港至寿光港12千米航道维护费4000余万元纳入省2024年养护计划。小清河复航工程竣工并顺利通航，重载船舶实现首航，港口实现首次海河联运作业。

城市交通

【概况】 2023年，潍坊市拥有公交运营线路282条，线路总长度6543.31千米，定制公交线路38条，其中中心城区500米公交站点覆盖率达到100%。巡游车出租公司54家，巡游出租车4954辆，注册驾驶员7606名；网约车平台141个，网约车6403辆，网约车驾驶员28549名。

【构建多层次公交网络】 2023年，潍坊市完成运营里程7701万千米，营运班次337.7万班，客运量6354.9万人次。精准对接城市发展和市民出行需求，按照“优化城区、拓展外围、覆盖盲区、多元服务”的原则，不断创新运营模式。优化城区公交线网，借助启用高铁北站枢纽站的时机，调整16条始发、经停线路，实现高铁、公交零距离换乘。开通BH8路、BH9路2条滨海区内线路，与78路、107路、138路等城际公交线路实现便捷换乘。开通300路和301路2条胡同公交，打通城市微循环。结合道路通行情况，优化调整5路、31路等8条公交线路走向，增设公交站点36处，方便沿线群众出行。深耕定制公交市场，开通3条定制公交就医专线、3条祭扫便民直通车，开通潍坊美食游购免费公交专线，推出潍坊主城区至峡山雪乡旅游专线，满足群众多元化出行需求。2023年，中心城区拥有公交线路153条，线路总长度3239.71千米，中心城区线网“快、干、支、微”的功能层级更加完善。为降低车辆空驶率，提升运营效率，按照“抽平峰、补高峰”的原则，对10条线路的班次进行优化，单月客流增加1.8万人次。延长线路运营时间，对5条公交线路末班发车时间进行了较大幅度调整延时，27条线路夏季末班发车时间达到20：00以后，17条达到21：00以后，12条达到22：00以后。坚持实施1元票制，对60周岁以上老年人、1.3米以下儿童、残疾人等10类特殊群体实行免费乘车，高考生持准考证免费乘车，联合银联开展乘车优惠活动，不断增进民生福祉。

【创建“绿色出行创建考核评价达标城市”】 2023年，潍坊市成功创建“绿色出行创建考核评价达标城市”“国家公交都市建设示范城市”。根据国家、省相关文件精神，自2024年起潍坊市每年将获得国家公交都市建设示范城市500万元专项奖励资金。

【重大活动交通保障】 2023年，圆满完成第40届国际风筝会交通保障任务。精心组织科学调度开通了直达专线及摆渡线路，投入车辆547台，流水发车，不间断运送乘客，累计输送观众9.5万人次，为广大市民和游客提供安全、快捷、舒心的出行服务，圆满完成了国际风筝会期间公共交通保障任务。

【出租车管理】 2023年，潍坊市完善巡游出租车车载信息系统功能。利用车载终端设备，开通智能支付功能，为城区注册在岗的出租车驾驶员制作微信、支付宝付款码，并在车载终端设备上显示，实现乘客安全便捷智能支付。依托社区食堂增设4个出租车驿站，为驾驶员提供优惠的快餐服务；开通山东通App驾驶员驿站查询功能，为出租车驾驶员查找驿站提供了便利；对中心城区出租车顶灯灯壳进行全面更换，提升了行业形象；为中心城区巡游出租车发放了2021年度疫情补贴（代交服务管理费）和2022年度疫情补贴（特殊运营补贴），减轻了出租车驾驶员负担。

【网约车管理】 2023年，潍坊市发挥网约车监管平台功能，及时收集考核资料，严格考核标准、程序，对全市31家已开展业务的平台公司进行了考核。驾驶员可以在手机上申请背景核查、查看自己的违章、背景监管及服务质量信誉考核等相关情况，网约车平台公司、网约车驾驶员对服务质量信誉管理工作的重视程度进一步提高。

潍坊机场实现了航空货运规模化提升

航　空

【概况】 潍坊民航机场为4D级军民合用机场。2023年，潍坊机场开通客货运航线7条，通航城市10个。国内航空货运初步形成了以全货机运力为主、客机腹舱为辅的发展模式，实现了航空货运规模化提升。全年完成旅客吞吐量67万人次、货邮吞吐量2.15万吨。其中7月份完成旅客吞吐量9.72万人次，创机场通航以来单月旅客吞吐量的最高纪录。同时，有序推进新机场迁建前期工作。

【青潍空铁快线开通运行】 2023年，潍坊机场、青岛机场、高铁潍坊北站共同启动了青潍空铁快线建设，快速完成了服务区装修、专用通道设置、人员培训、设备安装等一系列筹备工作。8月12日，青潍空铁快线正式开通运行，实现高铁、航空的“强强联合”，开创跨城际交通无缝衔接的联程联运新模式。“青潍空铁快线”，每天11班、最快27分钟即可到达青岛机场，方便市民航空出行。

（王文斌）

95128约车平台

海　事

【概况】 2023年，潍坊市船舶进出港18034艘次，货物到达发送量3373万吨。实施船旗国安全监督检查101艘次，港口国安全监督检查40艘次，组织各类船员考试1108期次、43227人次；组织处置海上险情事故3起，成功救助遇险船舶1艘、遇险人员16人，人命救助成功率100%。

【完善水上治理体系】 2023年，潍坊市推动成立海上安全管理委员会，加快构建海上安全综合治理格局，全市水上治理体系更加完善。深入开展违法违规信息跨区域跨部门通报专项治理，发出各类通报35次，协助处置外来通报13次，实现违法行为全流程闭环管理。深化与应急、交通、海渔、海警等部门的执法协作，保持海上违法行为打击高压态势，开展联合执法50余次、联合巡航13次，与海警联合查处走私案件3起，内河船舶涉海运输保持动态“清零”。巩固“平安海区”创建成效。开展水上交通安全大检查等专项活动，查处危险品谎瞒报7起，到港船舶本质安全水平明显好转，海上交通安全形势持续稳定。

【提升应急能力】 2023年，潍坊船舶交通管理系统顺利通过项目竣工验收。履行市海上搜救中心办公室职责，修订潍坊市海上搜救应急预案和海上溢油事件应急处置预案，应急保障作用更加凸显。全年共发布恶劣气象预警信息70余期，连续七年协调北海救助局选派专业救助船在重点时段到潍坊海域值守。组织开展渤海湾水域首次海上风电综合应急演习，12艘船艇、1架专业救助直升机、200余人参加，央视、省市主流媒体16个栏目进行报道，取得良好社会反响。

【服务海洋经济发展】 2023年，潍坊市推进潍坊港港口配套安全基础设施建设，加强海上交通组织和信息服务，打造安全顺畅的海上交通运输格局，激发港口发展新动能。助力山东港口整合森达美港实现一体化运营，保障中港区3.5万吨级航道疏浚、莱州湾公益避风应急锚区选划顺利完成，打造潍坊港环渤海煤炭下水枢纽、集装箱运输枢纽、海河联运枢纽和液化品中转基地。开展中港区船舶港内避风综合评估，减少船舶疏港避风压力。推行船舶转籍登记“不停航办证”，完成首艘带抵押船舶登记机关变更。

【保障重大项目】 2023年，潍坊市服务保障小清河复航工程，开启“济南—寿光—龙口”河海联运物流新模式，运输费用较陆路运输节省20%—30%，打造省会都市圈黄金出海口。服务海上风电等新兴产业安全有序发展，做好潍坊国际风筝会和军事演习等重大赛事活动期间海事监管与服务工作，安全保障船舶载运电煤、LPG等能源运输500余万吨，为海上运输供应链稳定畅通、经济社会平稳运行作出海事贡献。

【航运公司管理】 2023年，潍坊市加强对潍坊籍船舶的质量控制，实现“全要素、全过程、全周期”管理。联合市交通局开展航运公司专项联合督导检查。加强与交通、船检等部门的信息通报，降低潍坊籍船舶安全风险。推广实施“审核＋安检”“执法＋普法”融合执法模式，提升公司安全管理理念和管理水平。支持船舶运力更新，3000总吨以下老旧船舶由建局之初的60%降至20%。积极推动潍坊籍船舶北斗终端设备规模化应用，30艘潍坊籍货船安装CCTV视频监控，36艘安装船载北斗定位终端，大幅提升船舶通信、导航、定位效果。稳步推进潍坊籍船舶品牌建设，明确航运公司发展规划，加强全运营周期管理，推动航运公司高质量发展和集约化、规模化运营，打造潍坊航运公司安全管理品牌和潍坊籍船舶品牌，实现安全管理能力和行业竞争力双提升，助力潍坊航运发展再上新台阶。

【港航一体化建设】 2023年，潍坊市整合港口、拖轮、引航、航标及相关涉海单位资源，制定《港航一体化建设方案》，围绕一体化交通组织、一体化船舶核查、一体化通关服务、一体化应急处置、一体化信息共享等，推进港航一体化建设。探索“智慧通航”模式，试行港航调度一体化和“空港式”交通组织，提高船舶周转效率和码头使用效率。实施锚地预约和锚位指泊，规范船舶锚泊秩序，提升航道、泊位、锚地使用效率，船舶平均待泊时长下降3.8小时。

【打造船员强市】 2023年，向潍坊市委、市政府报送《关于加快推进全市船员产业发展的报告》，加强船员管理信息化建设，全面试行船员智能评估考试系统，GMDSS培训智能评估系统正式运行，提升潍坊船员职业教育水平。深化船员管理创新工作室建设，获评海事系统劳模先进创新工作室。探索船员服务机构信用管理，优化船员职业发展环境。支持航海院校深化教学改革，扩大办学规模，提升培训层级，提高人才培养质量和办学水平。继续增强潍坊船员职业教育社会关注度和认可度。建立校企深度合作交流机制，盘活现有航运资源搭建校企合作平台，打造潍坊船员培训基地，助力船员职业教育高质量发展。开展航海类“精品课堂”评选，制作潍坊航海教育标准化课程，提升航海院校整体教学水平。强化船员非法中介市场整顿治理，首次对“黑中介”实施行政处罚，保障船员合法权益。

（王晓华）

城镇建设

城镇化发展

【概况】 2023年，潍坊市以《潍坊市新型城镇化与城乡融合发展规划（2021年—2035年）》《2023年全省新型城镇化和城乡融合发展重点任务》为抓手，充分发挥新型城镇化稳增长、扩内需、惠民生的综合平台作用，推进以县城为重要载体的城镇化建设，加快城乡融合和区域协调发展，提升城镇化智慧、绿色、均衡、双向发展水平，全市新型城镇化和城乡融合发展水平稳步提升。截至2023年底，全市常住人口936.95万人，城镇化率66.12%，较上年提高0.46个百分点。

【智慧城镇化建设】 2023年，潍坊市加快新型基础设施建设，持续推进5G和固定网络“双千兆”工程，提升数字基础设施建设水平，5G基站实现城市重点区域全覆盖、乡镇区域连续覆盖，重点场所5G网络通达率达到100%。推动千兆光纤网络建设，开展老旧设备升级行动，对主城区进行千兆资源投入，持续提升网络质量。发展智慧服务设施，全市新布设智能垃圾箱、自动售货机、智能快递柜等智慧便民服务设施1000余台。2023年，全省智慧社区建设现场会和智慧便民设施展览会在潍坊市成功举办。健全智慧教育体系，全市339处校园通过智慧校园验收，智慧校园示范校达到27处，义务教育入学报名网上办理率100%。提升智慧医疗水平，二级及以上医疗机构诊间、床旁结算覆盖率达到100%，全市医保电子凭证激活人数超过896万人，激活率达99.8%，激活人数和激活率均居全省前列。加快智慧救助体系建设，实现全市救助管理机构全覆盖，深入开展“互联网+救助寻亲”活动，组织救助站通过互联网、人脸比对等新兴方式帮助76名长期滞站人员寻亲成功，304名受助人员安全返乡。推动城镇治理体系现代化，智慧社区建设提质扩面，全市累计建成智慧社区200余个，覆盖率达到54.5%，争取智慧社区奖（补）资金635万元，智慧社区综合信息平台已接入各社区，其中，2个社区成功入选省级标杆型智慧社区。推动“城市大脑”向下赋能，市、县统一规划，统一建设，统一管理，整合市级平台及各县（市）资源接入业务系统283个，上线城市管理、防汛抗旱等40余个专题，为城市综合治理工作提供全面数据支撑。整合升级应急通信网络，投资500余万元，配备带有视频会商、移动中通卫星通信等系统的大型移动指挥平台，在断电、断网、断路“三断”的情况下，持续保障移动平台指挥调度功能。

【绿色城镇化建设】 2023年，潍坊市开展城市更新行动，出台《潍坊市城市更新实施办法》《潍坊市城市更新资金管理办法》等系列文件，不断完善城市更新政策体系。建立“市—区—项目”三级联动机制，完善城市更新重点项目库，全市入库项目249个，总投资约4832亿元，城市更新专项贷协议授信835亿元，融资到位资金309亿元，有力提振城市发展信心。深化“无废城市”建设，合理布局危险废物收集和集中利用处置设施，健全县域医疗废弃物收集转运处置体系，常态化开展县级医院和基层医疗机构医疗废物管理现场督查培训。全年累计处置医疗废物9712.54吨。加快环境基础设施建设，巩固城市污水处理厂准四类提标成效，全市32座城市污水处理厂中31座完成提标，提前超额完成省定任务目标，走在全省前列。稳步推进雨、污、河流改造，全市完成雨、污合流管网分流改造178.91千米，道路通行能力进一步优化。持续改造老化管道，全市完成更新改造供热管道104千米、燃气管道37千米、供水管道20千米、排水管道134千米。加快发展绿色交通，全市新能源城市公共汽（电）车占比83.1%，中心城区新能源城市公共汽（电）车占比80.2%，占比高于全省平均值。制定《潍坊市生活垃圾分类管理办法》，深入推进生活垃圾分类管理，全市新建分类小区300个，建成分类收集站（亭）3123个，创建分类示范小区2202个，生活垃圾焚烧处理率达到100%。2023年，全市共完成造林绿化4.7万亩，绿化面积居全省第一。持续改善全市矿山地质环境，完成31处矿山生态修复项目。优化绿地生态要素布局，印发《潍坊市开展全省公园城市建设试点实施方案》，优化全市城市公园体系，新建改建各类城市公园106处、城市绿道73.29千米，有力提升城市绿化品质。

【均衡城镇化建设】 2023年，潍坊市推进以县城为重要载体的城镇化建设，51个项目入选2024年省新型城镇化项目，总投资330.08亿元，诸城市、青州市分别争创为国家级、省级新型城镇化建设示范市。强化小城镇试点建设，潍坊市6镇获评县域次中心镇，2镇获评特色专业镇，72个小城镇创新提升重点项目纳入省重点项目库，总投资约263亿元，其中，青州市邵庄镇小城镇建设典型做法被省级刊发推广。推动特色小镇高质量发展，按照《山东省特色小镇建设管理细则》要求，积极引导推动特色小镇发展，坚持一镇一业，立足产镇融合，大力发展特色产业，11个特色小镇先后纳入省特色小镇清单统一管理，数量居全省第一。优化基本公共卫生服务，公共卫生服务年人均经费标准提高至89元。实施12类基本公共卫生服务项目，提供安全清洁可负担住房保障，全市累计建成回迁棚改项目41个，发放住房租赁补贴1467户、494.35万元，完成率158.94%。做好民生兜底保障，城乡低保标准分别提高到每人每月944元、770元，城乡低保标准差距缩小至1.23∶1。2023年，全市累计发放低保特困资金10.14亿元，惠及低保对象、特困人员10.6万人，临时救助9423人次、累计支出1839.3万元。全市新增县城综合商贸服务中心2个、县级物流配送中心3个、乡镇商贸中心11个、村级便利商店134个、乡镇快递物流服务站点9个，基本实现县、乡、村商业网点全覆盖。完善县、乡、村物流配送体系，全市县级物流配送中心达到11个，乡（镇）、村快递物流站点达到130个，快递进村实现100%全覆盖。提升一刻钟便民生活圈，已建成便民生活圈23个，社区商业网点近1.5万个。以泰华城中兴商业街为引领，推进全市30余条商业街开展商旅文活动，打造消费新场景。

（徐晓萌）

城市规划

【概况】 2023年，潍坊市自然资源和规划局持续深化市、县国土空间总体规划成果，加快乡镇国土空间规划和村庄规划编制，规范规划实施监督管理，做好城市建设各项规划服务保障，全力争创国家历史文化名城。

【国土空间规划】 2023年，潍坊市加快国土空间总体规划编制，《潍坊市国土空间总体规划（2021年—2035年）》获省政府批复，划定耕地保有量不低于973.95万亩，永久基本农田保护面积不低于873.00万亩，生态保护红线面积不低于1114.00平方千米，城镇开发边界面积控制在1696.71平方千米以内。开展59个镇级国土空间规划编制，形成72个村庄规划编制成果。《潍坊市海岸建筑退缩线划定成果》通过省海洋局备案审查，获市政府批复。入选自然资源部国土空间规划实施监测网络建设市级试点单位。

【规划用地保障】 2023年，潍坊市制定的《胶东经济圈一体化发展下的国土空间发展战略规划》《乐道院历史文化片区城市设计》获批。全市共核发、转报用地预审与选址意见书159件，完成京沪二通道天津至潍坊段及潍坊至宿迁段、G233克（什克腾）黄（山）线扩建等重大项目用地预审和选址，总面积964.8公顷。审查建筑单体94个91.18万平方米；核发建设工程竣工规划核实合格证153个，核实建筑面积219.80万平方米。

【城市品质提升】 2023年，潍坊市出台《潍坊市历史文化街区、历史建筑活化利用负面清单（试行）》，《潍坊市历史文化名城保护条例》通过市人大常委会第一次审议。设置历史名城和松园子、南大营等4处历史文化街区标志石碑，完成第5批25处历史建筑测绘挂牌。《潍坊市中心城区首批、第二批历史建筑保护图则》、潍坊市中心城区历史文化街区测绘成果通过专家评审验收。出台《关于加强建筑外立面设计提升城市品质的指导意见（试行）》《关于进一步规范中心城区临街建筑外立面装修改建审核有关问题的通知》。修订完成《日照分析管理规定》《日照分析技术规程》，《国土空间规划管理技术规定》取得初步成果。

（张　帆）

城市建设

【城市更新行动】 2023年，潍坊市自然资源和规划局完成年度城市体检，构建特色指标体系，选取210个社区样本，发放调查问卷近万份，通过部门填报、大数据分析等方式开展评价分析，梳理短板问题24项，划定63个更新单元。用好城市体检结果，协调各联席会议成员单位落实短板问题整改，明确责任分工，制定时间表、路线图，建立工作调度机制，确保整改实效。市政府召开全市城市更新工作协商座谈会，整理参会代表提出意见建议34条，牵头拟定36条落实措施。开展片区开发类项目收支平衡调研测算，形成调研报告。起草《潍坊市城市更新实施细则》《关于加强城市更新项目管理的通知》《潍坊市城市更新行动实施方案》，厘清工作流程、权责事项，明确工作任务。高标准开展中心城区城市更新行动规划编制，召开城市更新行动规划专家评审会，规划成果顺利通过专家评审、形成阶段性成果，进一步明确更新管控要求，有效指导单元层级更新规划编制和项目落地实施。加强与金融机构、平台公司沟通对接，及时了解掌握项目需求，促进政、银、企合作交流。动态管理城市更新项目库，在库项目154个、概算总投资约4330亿元，新签订城市更新专项贷协议授信386亿元，到位融资资金277亿元。潍坊市城市更新工作入选市委改革案例，探索城市更新项目资金筹措机制相关做法被住建部《城市更新情况交流》刊发推广。加强现场督导，组织座谈交流，及时发现问题督促整改，整体把握工作情况。按照“续建一批、开工一批、储备一批”分阶段管控原则，新开工项目44个、续建项目59个、完工项目20个，完成投资240亿元。做好典型项目培育，选取坊茨小镇、中医院片区、渤海路梨园街路口绿化等项目为典型范例进行剖析，研究更新路径。9月5日，站南广场片区等9个项目入选全省城市更新示范项目。创办《城市更新工作交流》内刊，印发《城市更新政策汇编》，供各级各单位学习借鉴。推动形成工作合力，牵头做好各类意见征集、项目提报。开展“知情明政”政协委员岗位体验活动，邀请政协委员参与调研，征集意见建议。接待外地到潍坊调研，增强与其他城市的交流学习。顺利通过住建部委托第三方机构调研评估，得到专家组充分认可。注重总结提炼，深入发掘经验做法和典型案例，积极向上汇报，推荐上报工作信息6篇，典型项目16个。

【海绵城市建设】 2023年，潍坊市自然资源和规划局共印发《海绵城市示范建设绩效考核办法》等11项制度文件，涵盖土地出让、技术审查、施工验收、运行维护、资金管理等全过程，把海绵城市建设要求“嵌入”城市建设各领域，建立覆盖建设项目前期、规划管控、建设管控、运行维护等全生命周期的管控制度，海绵城市机制创新走在全省前列。“精致化”建设海绵示范项目，新到位奖补资金2.9亿元，9亿元中央奖补资金全部落实到位。会同各区完成2021—2023年海绵城市示范建设项目调整入库工作，示范期内建设项目303个，总投资44.89亿元。截至目前，已完工海绵示范项目217个，已完成海绵投资约40.2亿元，累计建成达标面积128.7平方千米，中心城区建成区海绵达标面积增至60%，居全省第一。高新区未来实验学校、寒亭区污水厂等7项工程入选海绵示范市级样板项目，宝通街快速路、潍坊医学院

国家样板——宝通街快速路海绵城市改造工程 （初永涛 供图）

等2项工程顺利入选国家级海绵示范样板工程案例集，着力打造一批“精致化”海绵示范样板工程，潍坊市在全省“海绵十周年”建设研讨会上做典型发言，全面打造“北方缺水地区平原城市典范”。《潍坊市海绵城市建设条例》经省人大审议通过后印发，12月1日起正式实施，在全省率先完成海绵城市立法，从法律层面明确海绵城市建设过程中政府主体责任及相关部门职责，规范海绵城市从规划、设计到建设的全过程管理程序，牢牢守住安全底线，推动海绵城市建设持续健康发展，意义重大、影响深远。修编《潍坊市海绵城市专项规划》，开展中心城区渗透能力普查与新型蓄渗技术研发等5项技术研究，编制《潍坊市海绵城市建设工程效果评价标准》《潍坊市海绵城市规划设计导则》《潍坊市海绵城市标准图集》等6项技术标准、导则与图集，构建以专项规划为核心，技术研究为支撑，标准图集为指引，适应潍坊本地化的海绵城市技术标准体系。开展潍坊市海绵城市监测设施与智慧化管控平台建设，完成3401个样品的人工采样监测和90台在线监测设备的安装调试，全面集成互联网、云计算、在线监测、自动化控制、数据库等技术，构建海绵城市建设“一张图”，实现对项目建设的全生命周期管理，落实规划、设计、施工、运维衔接，实现海绵城市建设成果展示及与公众互动交流，全面保障潍坊市海绵城市建设，有效提升政府智慧管理水平。充分利用短视频、报刊、公众号等新媒体多元化开展科普宣教活动，在潍坊日报、潍坊晚报、潍坊融媒、住建之声等新闻媒体发布新闻报道42篇。邀请北京建筑大学李俊奇副校长等国内行业领域专家组织开展全市海绵城市建设工程专题培训会、海绵示范样板项目现场观摩会及示范样板项目评审会等，多元化开展海绵城市技术培训与业务指导，累计培训超过2000余人次。走进圣荣广场、梨园小区等开展海绵城市进社区活动，开展“面对面、互动式”海绵城市宣传科普；联合潍坊医学院、潍坊学院开展“海绵城市进校园”“海绵校园健步行”“海绵校园设计竞赛”等系列活动，让海绵城市理念深入校园、家庭、社会各处，构建三位一体的宣传体系。山东电视台新闻联播频道赴潍坊市拍摄海绵城市建设专题片，打造全方位、立体化科普宣教阵地，群众满意度较上年提升4.8%，营造浓厚的海绵城市建设新氛围。迎接住建部、省住建厅等上级领导到潍坊考核调研5次，

国家样板——潍坊医学院海绵城市改造工程 （初永涛 供图）

邀请国内海绵城市建设行业专家到潍坊开展培训交流7次。住建部、省住建厅等领导对潍坊医学院、宝通街快速路海绵城市项目、梨园小区和麻沟河海绵城市改造项目等亮点示范项目及相关经验做法给予充分肯定。

【城市交通畅通】 2023年，潍坊市公交场站和长途客运站顺利完成竣工验收，两场站总占地面积约88亩，总投资额6.5亿元。公交枢纽站正式启用，共设置16条换乘线路，为广大市民出行带来极大便利。站北广场、落客平台等新建项目拆迁清障加快破题，市职教中心重新选址初步确定，志远北路（南段）、丰华路、幸福路、清源街竣工通车，有效缓解区域交通压力，提升市民出行效率。北辰中学、站前广场（含地下空间）及禹王大街等7条道路的运营管理协调推进。加快推进片区交通组织优化，召开专题调度会，组织人员现场调查，分析交通拥堵原因，制定优化方案。目前，已完善交通引导标志、迁移公交站点、启用济青高铁地上停车位。禹王大街与渤海路平交路口的改造提升工作正按程序稳步推进，进一步保障群众出行顺畅。

清平路跨铁路立交桥全长1.97千米，主桥为2米×120米预应力斜拉转体桥，转体重量3.4万吨，是全市第一座斜拉转体桥，工程建设有序推进，非涉铁路段梁体浇筑70%、涉铁路段主墩全部完成。清平路西部排水箱涵（清平路—小圩河）实现竣工验收，项目全长3.9千米，为6米×2米双孔钢筋混凝土结构，不仅解决片区排水问题，也为长松路两侧的居民和企业提供排水通道。5月16日，城市景观广场工程举行建成启用仪式，是占地面积109.5亩，地下建筑面积3.7万平方米的开放式城市公园。启用以来平均每天接待群众1万余人，成为娱乐、锻炼的休闲新空间、网红打卡地。大庄子学校建筑面积3万平方米，启动主体施工，两处城市绿地公园开工建设，清平路（仓南街—胥山街）、纬五街（清平路—月河路）等道路顺利建成通车。积极协调开展拆迁清障工作，促使阻碍清平路、玉泉街道路和管廊施工，清平路跨铁立交桥转体施工、大庄子学校建设的拆迁障碍全部清除。督促SPV公司做好项目运营维护，推动电力、热力管线的入廊工作，充分发挥地下综合管廊的投资效益，加强片区市政道路、绿地公园等市政基础设施的卫生保洁、养护维护管理，全方位提升片区环境品质。

潍坊高铁北站片区公交场站和长途客运站投入使用 （初永涛 供图）

全市完成投资12.36亿元，新建成投用道路42条，桥梁3座，城市路网体系更加完善，道路承载能力显著增强，出行便捷度大幅提升。聚焦群众“出行难”问题，仅用50天时间，全力推进友爱路、长松路青银高速下穿通道顺利贯通，打通多年区域交通阻隔；奎文区民生街（虞河路—文化路）、卧龙东街（文化路—新华路）等9条道路，坊子区坊泰路（凤凰街—凤翔街）、双华巷（兴才街—双羊街）等9条道路，高新区珠光街、高三路、人民医院支路等8条道路主路具备通车条件，区内能级活力进一步提升；青州市重建青云桥，项目提前50余天竣工通车，创“省级建筑施工安全文明标准化工地”和“省优质结构工程”，有力解决城区交通“卡脖子”问题；临朐县打通海岳新区粟北路、海岳中路等8条道路，建成粟山弥河和南二环弥河2座大桥，城乡交通环境显著改善；安丘市实施青云山路（潍安路—永安路）西延工程，打通困扰周边企业、居民交通“梗阻”；寿光市建设圣阳街、横三路等7

条道路，群众出行环境持续改善。

（王茂范）

城市管理

【概况】 2023年，潍坊市新改建城市公园106处、城市绿道73.2千米，完成立体绿化1.7万平方米、城市道路绿化21.3万平方米、城市美化彩化43.8万平方米、“疏绿透美”71处。全市新改建垃圾分类房（亭）723个，累计创建分类小区2202个、村居884个，覆盖城区居民90余万户。城市管理各项工作取得良好成效，被人力资源和社会保障部、住房和城乡建设部评为全国住房和城乡建设系统先进集体；承办全国城市管理进社区工作现场会议；城乡环卫一体化连续5年全省第一；成功争创全省城市公园绿地开放共享试点。

【城市园林绿化】 2023年，潍坊市深入推进公园城市建设，统筹推进城市公园品质提升、规划及标准化体系建设等10项重点工作。全市新改建城市公园106处、城市绿道73.2千米，完成立体绿化1.7万平方米、城市道路绿化21.3万平方米、城市美化彩化43.8万平方米、“疏绿透美”71处，推动公园形态与城市空间有机融合。加强绿化精细管养，先后印发《潍坊市城市绿化行道树修剪指南》等6个指导性文件，组织开展杨柳飞絮治理、绿化带“落土”、死树枯枝清理、树木扶撑架拆除等专项行动，全市累计整治绿化带“落土”432.5千米，拆除扶撑架4.3万处，清理树上缠绕物、悬挂物1.1万处，完成各类修剪654.1万株，有力改善城市绿地景观效果。坚持增强公园绿地服务功能，潍坊市和安丘市、青州市、昌乐县成功争创全省第一批城市公园绿地开放共享试点，数量居全省第一；全市首批开放公园绿地26处，满足市民群众亲近自然、休憩游玩、运动健身需求。

6月，潍坊市奎文区胜利东街顺利通过全要素示范路（街）创建验收
（市城管局　供图）

【城乡环境卫生】 2023年，潍坊市城市管理局坚持样板引路、示范带动，在全省率先打造17条全要素示范路（街），清理“僵尸车”、废弃车2099辆，完成“多杆合一”整治5783处，清洁临街建（构）筑物外立面18.5万平方米，立体化打造城市精细化管理标杆，以点带面提升城市形象品质。统筹开展环境卫生治理，印发《城区环卫机械联合作业参考要点》，持续提升精细化保洁作业水平。深化城乡环卫一体化工作，开展城乡生活垃圾治理，排查整改环境卫生问题1200余处，清理各类垃圾、杂物100余万吨，全市累计创建标准化管理村8311个，打造“最靓城市出入口”20个，城乡环卫一体化综合评估成绩位居全省榜首，连续五年全省第一。以《潍坊市生活垃圾分类管理办法》正式施行为契机，稳步提升生活垃圾分类水平，因地制宜推进以桶换桶、撤桶并点等创新做法，中心城区建成运行可回收物分拣中心，全市新改建垃圾分类房（亭）723个，累计创建分类小区2202个、村居884个，覆盖城区居民90余万户，垃圾分类逐渐成为新时尚。

【公用事业保障】 2023年，潍坊市城市管理局坚持强化城市供水能级，落实生活饮用水新国标要求，中心城区6个制水厂全部完成深度处理工艺改造，历史性解决生活饮用水季节性异味问题；投资3.44亿元建成眉村净水厂扩容项目，新增城区供水能力10万立方米/日，推动城市供水能力提升。持续推动燃气夯基提能，深入开展城镇燃气安全专项整治，全市排查密集用气场所40395家、安全隐患35220个，开展燃气安全执法1936次，完成燃气企业诊断评估，逐步消除燃气安全隐患；深化瓶装液化石油气市场整治，推动充装站由188个整合到53个，完成钢瓶置换136.1万只；启动总投资65亿元、全长670千米的市域天然气环网工程，着力提升安全保供水平。聚力增强城市供热品质，中心城区组织华电潍坊发电厂新装热网加热器，新增供热能力400万平方米；新建高温水管道14条，实施东风街热网联通工程，持续织密优化供热管网；深入开展供热设施“冬病夏治”，完成7处热源厂、720千米市政管网、1476座换热站及附属设施检修维护，更新改造30个老旧小区、17407户供热设施。11月9日，城区供热正式点火，11月14日，正式达标运行，有力保障城市“温度”。有序推进水、气、暖、老旧设施更新，全市改造供热管道104千米、燃气管道37千米、供水管道22千米，切实提升管网运行安全水平。

11月1日，潍坊市东风街白浪河桥主线正式通车

（市城管局　供图）

【市政设施管护】 2023年，潍坊市加快雨、污合流管网分流改造，年度完成184.62千米雨、污合流管网改造，累计完成344.45千米，达到总任务的85%以上，中心城区实现整建制雨、污合流管网分流改造清零；全市建成区排查出的17条黑臭水体全部完成整治，并通过“初见成效”评估，12条通过“长制久清”评估验收，持续保持“动态清零”；不断巩固城市污水处理厂准四类提标成效，全市提标完成率达到96.9%，提前超额完成省定任务。加快推进重点工程建设，东风街白浪河桥248天重建通车，完成健康街（潍州路—文化路）段“两块板”改造工程；全市整改人行道路面问题1021处；中心城区完成直角出入口改造167处，清理整治路灯杆小广告、外挂物3409处，灯杆加装套管722处、除锈刷漆3146处，推动城市基础功能品质更加优化。抓紧抓牢城市防汛，组织开展应急演练18次，“一点一策”落实173处重点部位防范措施，累计清理雨水管渠1617千米、雨水井箅13.4万座，新建改造提升排水管网111千米，有效防范强降雨过程16轮，保障群众生命财产安全和城市安全平稳运行。

8月22日，全国城市管理进社区工作现场会在潍坊市召开

（市城管局　供图）

【城管执法服务】 2023年，潍坊市城市管理局深入推进城市管理进社区工作，与社区开展“结对共建”，创新建立438个社区城管工作站点，累计解决居民问题诉求6000余件，有力提升社区城市管理问题的见管率、管事率。8月，全国城市管理进社区工作现场会在潍坊市召开，潍坊市经验在全国推广。坚持包容审慎监管，制定全省首个《城市管理领域“首违不罚”事项清单》，对符合条件的不予行政处罚，累计发出免罚承诺书1271件、免罚金额18.5万元。加强摊点经营治理，在全省率先出台《新时期规范设摊经营活动指导意见》，对“摊点经营”外摆实施包容审慎监管，规范升级奎文区泰华中兴街、高新区自由时光等特色街，推进城区104处各类特色便民服务点设置，实现摊贩安家、市民便利、市场繁荣、市容有序。

（杨　达）

住宅与房地产业

【概况】 2023年，潍坊市新建商品房销售面积1125万平方米，居全省第四位；全市存量房登记销售面积743.9万平方米，同比增长42.5%；合计销售面积1868.9万平方米，同比增长6.3%。新开工棚户区6267套、保障性租赁住房1459套，开工率分别为104.6%和100%，发放住房租赁补贴1467户、494万元，完成率158%。

【房地产业健康发展】 2023年，潍坊市房地产业高质量发展座谈会召开，制定印发促进房地产市场高质量发展激励政策，支持48个项目申请授信金额87.4亿元，承办2023山东省房地产新发展模式研讨会、高品质住宅开发建设指导意见宣贯会，出台商品房现房销售试点、住宅品质提升实施意见，现房销售经验做法被省住建厅发文推广。发放各类购房补贴2.9万户、6.8亿元，先后举办春季房展会、夏季购房节、秋季房产大集，开展“金秋购房季·让利1个亿”全民惠购活动，直接促成购房成交额超20亿元。全市新建商品房销售面积1125万平方米，居全省第四；全市存量房登记销售面积743.9万平方米，同比增长42.5%；合计销售面积1868.9万平方米，同比增长6.3%。全面落实“保交楼、保稳定、保民生”工作任务，精准用好国家“保交楼”专项借款10.3亿元，建立周调度机制，加强督导检查，确保专项借款资金封闭运行、专款专用。25个“保交楼”项目、10606套住宅全部复工建设，已交付8718套、交付率82%，圆满完成年度工作任务。升级市区房屋交易系统，会同市人民法院、公积金中心建立房屋网签备案数据信息共享机制。创新推广商品房买卖电子合同，精简办理流程，缩短审批时限，提升服务效能，实现房屋网签备案“网上办”“掌上办”“零见面办”，被潍坊晚报、潍坊文明网、“学习强国”学习平台等媒体宣传报道。印发《潍坊市商品房销售信息公示管理规定》《潍坊市房地产开发企业售后服务机构规范化管理规定》，从市场销售、售后服务、开发主体等七个方面，规范整治市场秩序。组建8个帮扶工作组，对全市490个项目全生命周期监管，有效防范和化解项目风险。公布市区房地产开发企业信用等级评价结果，实行“红黑名单”差异化管理，奖优罚劣，营造健康有序的行业发展环境。

【住房保障体系】 2023年，潍坊市住房和城乡建设局印发《关于加快发展保障性租赁住房的实

2月10—13日，2023潍坊（春季）房产交易博览会举办（初永涛　供图）

施意见》，配套出台《保障性租赁住房项目认定实施细则》《市区新就业人员申请阶段性住房租赁补贴实施细则》《全市住房保障攻坚战活动实施方案》，推动建立多主体供给、多渠道保障、租购并举的住房制度。建成回迁棚改项目27个、边界内未建成社区19个；累计争取各类上级奖补资金1.42亿元，新开工棚户区6267套、保障性租赁住房1459套，开工率分别为104.6%和100%，发放住房租赁补贴1467户、494万元，完成率158%，相关经验做法被住建部刊发推广。组织开展城市危旧房排查摸底工作，先后排查城市房屋15万栋，发现存在变形、受损伤房屋172栋，鉴定为C、D级危房34栋，全部录入信息系统，加快推进改造，切实保障群众居住安全。同时，大力推广公租房智能门禁系统，新安装1003套，维修服务232户次，切实提高租户居住体验。

【人才安居工程】 2023年，潍坊市共筹集人才住房11102套、配租10983套，配租率98.93%，入住超1.2万余人（次），服务各类人才2万余人（次）。开发人才住房信息系统服务平台，推行申请审核“全程网办”，实行“随申请、随审核、随配租”工作机制，1个工作日内完成相关审核工作，审查合格后直接进行房源配租，最大限度缩短人才申请入住时间，为人才提供全流程便利服务。发放购房补贴5989人、5.37亿元。坚持多主体供给、多渠道保障，确定以货币补贴与实物保障相结合的工作思路，通过强化顶层设计，完善政策体系，全力打造高品质、有温度的人才住房。出台《潍坊市关于促进房地产市场平稳健康发展的若干措施》，将市级人才住房保障范围扩大至普通本科毕业生，鼓励县（市、区）将保障范围扩大至中专以上毕业生。优化申请条件，新入职人员可凭借入职证明申请入住人才住房。提高购房补贴标准，出台《关于进一步促进房地产市场健康发展的十条措施》，将大专毕业生（高级工）购房补贴提高到4万元。印发《潍坊市市区新就业人员申请阶段性住房租赁补贴实施细则》，5月1日起，到潍坊市新就业博士、硕士、本科、专科及以下学历人员，分别给予补助600/月、400/月、350/月、300元/月的三年租房补助费用。落实考评机制，实行月考核、季综评，重点围绕年度任务进度及已筹集房源配租情况，开展季度和半年工作综合评价，考评打分排序，印发工作推进情况通报，点问题、曝短板、找差距，明确工作目标要求，推动工作有效落实。对人才住房项目实行清单化管理，建立监督检查机制，及时预警、发现解决有关问题。自觉接受监督，定期邀请市人大代表、政协委员“零距离”走进市级人才住房调研指导，下半年先后两次邀请7名市人大代表、政协委员到市级人才住房项目实地调研，监督指导工作，更好助推市级人才住房再迈新台阶。推进专业化、规范化运营管理，人才入住享受“管家式”服务，切实提高人才满意度，提升人才的获得感和幸福感，让人才住得放心、舒心、安心。共收到感谢锦旗2面，人才单位感谢信一封。利用新闻发布会及网络、报纸、融媒体，设立咨询专线，“点对点”辅导培训等形式，扩大宣传覆盖面，提高政策知晓度，在省级以上新闻媒体刊发政策宣传稿件12篇，人才住房有关经验做法被《中国建设报》、中国建设信息网报道，住房和城乡建设部中国建设新闻网先后2次对潍坊市全程网办拎包入住“随申请随审核随配租”经验做法给予宣传推广。

【自建房安全整治】 2023年4月，潍坊市加快推动经营性自建房整治，经营性自建房隐患房屋圆满完成整治销号工作。对存在隐患的3703栋经营性自建房全部进行安全鉴定，对需要采取整治措施销号的895栋经营性自建房，采取工程措施销号826栋，比例为93%。根据鉴定报告，按照“一户一策、一栋一策”和“先急后缓、先大后小”的原则，积极采取工程措施和可靠的管控措施除险。2023年，持续开展其他自建房整治，于6月底全部完成排查摸底工作，对排查出隐患的5294栋其他自建房，开展鉴定890栋，现已完成整治销号4810栋，占比91%，对需要采取整治措施销号的2254栋其他自建房，采取工程措施销号1909栋，比例为85%。结合现场实际情况，采取“长期不住人的封闭管控、尚住人的先加固除险再使用”的原则进行分类整治，并积极推动管理措施向工程措施转化。深入推进问题隐患整改。根据阶段性任务目标，

“一周一调度、一月一通报”，对查摆的问题和工作短板，举一反三、立查立改，发现和整改问题410余处（条），对13处隐患房屋整治及管控措施不到位进行现场整改，确保“人不进危房，危房不进人”，做到排查信息准、整治措施实，有效提升排查整治成效。建立安全整治长效机制，依托全国自建房信息化平台，深化全省房屋安全管理信息系统应用，利用信息化手段开展日常监管，推进镇（街）网格化、智慧化动态监管，提高智能化管理水平，及时更新房屋建筑安全数据，推进各部门间信息共享，实现全链条安全管理。加快推进《潍坊市自建房建设使用管理办法》实施，完善自建房质量安全以及房屋检查、安全鉴定、应急除险等相关措施，促进安全管理程序化、规范化。根据省跨部门综合监管试点有关要求，结合工作实际，总结典型经验做法，积极与省自建房领导小组办公室进行衔接，青州市跨部门综合监管“揭榜挂帅”试点任务先行先试，形成可借鉴、可推广的经营性自建房跨部门监管实施方案，各县（市、区）借鉴经验做法，出台各自跨部门经营性自建房管理办法，保证管控除险措施到位且持续有效，坚决杜绝新增经营性自建房安全隐患，保障自建房系统性整治工作实效。

（王茂范）

建筑业

产业发展

【概况】 2023年，潍坊市印发《关于加快建筑业高质量发展的实施意见》。全年完成建筑业总产值1152亿元，同比增长5.6%。全市新增纳统企业220个，同比增长32.3%。全市完成建筑业外出施工产值198亿元，同比增长20.1%，外向度达17.3%。新增绿色建筑面积1736万平方米，完成年度任务的145%。全市新开工装配式建筑面积321万平方米。

潍坊站南广场片区 （初永涛 供图）

【建筑产业链培强】 2023年，建立全市建筑业企业资质晋升和企业技术中心培育库，鼓励建筑企业上档升级，全市新增纳统企业220个，同比增长32.3%。大力实施“走出去”战略，成立建筑企业外出施工行业党委，建立西南地区区域党支部，引导华建铝业等22家企业与中建电商云筑网签订战略合作协议，昌大集团等4家企业成功纳入中建集团合作范围。全市完成建筑业外出施工产值198亿元，同比增长20.1%，外向度达17.3%。按照“互为上下游、形成产业链”工作思路，牢固树立“一家人”的理念，先后4次在临朐县、寿光市、昌邑市等召开全市建筑业全产业链发展推进会，促进强链补链、延链固链，探索打造“布局科学、发展集聚、协同紧密、科技一流”的新型建筑产业生态和发展格局。全市397家建筑企业实现“地产互采”129.3亿元。

【绿色建筑】 2023年，印发绿色低碳高质量发展三年行动方案，组织参加第六届省绿博会，召开超低能耗绿色建筑高质量发展论坛、高品质住宅设计竞赛，加快绿色建筑技术研发、应用推广。全市新增绿色建筑面积1736万平方米，完成年度任务的145%。3个项目获评全省建筑节能与绿色建筑示范创建项目，5项产品入选全省建筑业新技术推广目录。印发《潍坊市装配式建筑项目推进实施工作流程》，完善配套政策，规范项目供地、设计、图审、施工、验收、档案等环节工作流程，构建全过程闭环管理机制。山东泰迅建科、潍坊三建建科等5家企业荣获山东省首批新型建筑工业化产业基地。全市新开工装配式建筑面积321万平方米。

【勘察设计】 2023年，印发加强

5月14日，潍坊市建筑业全产业链发展推进会在昌邑市召开
（初永涛　供图）

房屋建筑和市政工程抗震设防管理的通知，编制完成潍坊市住建系统地震应急预案，加大抗震设防监督和减隔震技术应用力度，不断提高防震减灾能力。加强工程勘察信息化管理，上线运行潍坊市工程勘察监管云平台，推动勘察现场、试验室成果质量管理信息化、标准化。开展勘察设计单位资质合规核查工作，动态核查资质存疑企业42家，下达整改通知书22份。

（王茂范）

建筑施工

【概况】 2023年，潍坊市全年检查工程项目6132个次，整治问题隐患11362项，行政处罚136起、1217万元，信用惩戒105起。潍坊市在全省首届消防工程查验技能竞赛中，获全省第一名、团体一等奖，个人一等奖3人、个人二等奖3人，居全省前列。

【建筑工程质量管理】 2023年，潍坊市住房和城乡建设局强化源头控制，开展预拌混凝土企业专项整治行动，提高预拌混凝土生产质量，严防劣质商混、二次污染和不正当竞争。深入开展建设工程质量检测机构专项治理检查，持续开展建筑材料监督抽检工作，不断完善检测机构信用评价，切实规范检测市场秩序。培育一批质量卓越、安全可控、创新突出、带动性强、影响力大、美誉度高的高品质项目，开展“宁静住宅”建设试点，组织好市级优质工程项目评先树优工作，指导创建一批泰山杯奖、省优质结构工程和安全文明标准化工地，积极创建鲁班奖、国家优质工程奖，让行业学有榜样、赶有目标。推行工程质量安全手册制度，压实建设单位首要责任、施工单位主体责任和监理单位监理责任。组织开展区域质量评价试点，建立工程质量风险分级管控机制，指导开展工程质量重大风险源辨识，加强住宅工程质量常见问题预防治理。推广“先验房后收房”，借助智慧住建平台，探索建立收房“电子档案”制度，将验收内容、检查部位、问题照片等按户建立电子档案，做到“一户一档”，业主全过程跟踪监督问题整改，降低住宅工程质量投诉，提高群众住房满意度。

【施工安全生产】 2023年，深入开展安全生产治理巩固提升行动，统筹推进重大事故隐患和预防高处坠落专项整治，深化风险隐患排查整治，推动重大事故隐患动态“清零”。全年检查工程项目6132个次，整治问题隐患11362项，行政处罚136起、1217万元，信用惩戒105起。强化标准化工地建设。鼓励引导企业参与省级安全文明标准化工地创建，加快推进智慧工地建设，24个项目入选2023年度省级安全文明标准化工地，16个项目荣获省泰山杯奖项，2个项目入选省级二星级智慧工地典型案例；全面推广履职视频制度，培育打造示范项目66个，构建安全生产责任“可视化”落实机制。严格从业人员教育培训。组织开展“开工第一课”“安全生产月”等系列活动，督促企业严格落实安全生产主体责任，分专业、分层次、分岗位开展安全教育216场次，培训人员6500余人次。开展全市建筑工程施工检查现场教学观摩活动，组织260名一线监管人员观摩教学。

【建筑工程消防审验】 2023年，潍坊市制定出台《潍坊市建设工程消防验收、备案和抽查工作指南》，对受理条件、材料申报、办理流程等环节优化统一，消防验收备案审批时限压缩至10个工作日。全市完成消防验收项目655个、备案项目2312个，备案抽查项目1020个。启动全市消防验收培训系列活动，全面提升从业人员专业能力和综合素质。对常见建筑类型分类编制案例手册，为从业人员提供场景式工作指导"参考书"。通过现场技术服务、政策法规宣讲、常见问题提醒、消防验收"微座谈"等多种形式，畅通企业诉求绿色通道，组织19家企业、85名专家成立消防审验服务队，开展重大建设项目"消防审验专家行"，先后服务建设项目60余个，"量身"解决难点问题510余项。

【红色工地】 2023年，在全省率先开展"红色工地"创建活动，配齐"工地书屋""爱心驿站""红色义诊"等服务农民工便民设施，同步带动行业发展、质量安全、农民工工资清欠防欠全面提升，年内城区新增市级示范"红色工地"60个，全市累计培育"红色工地"200余个，该典型经验收录进全省建筑业文明创建典型案例。

（王茂范）

建筑市场监管

【概况】 2023年，潍坊市开展年度信用评价工作，评价建筑施工企业、监理企业、招标代理机构等市场主体1628家，加强建筑工程文明施工管理，开展建筑扬尘污染问题专项整治行动。

【建筑市场规范】 2023年，潍坊市开展建筑市场专项检查，抽查103家企业、43个工程项目，下发整改通知书26份、行政执法建议书6份，信用不良记录扣分20家，严格落实问题闭环整改。加强建筑工地动态监管，建立周通报制度，狠抓项目管理人员主体责任落实，项目上线率和项目经理、总监到岗率两项考核指标均达到省考核满分标准。强化行业诚信体系建设，修订完善各类信用评价管理办法，开展年度信用评价工作，评价建筑施工企业、监理企业、招标代理机构等市场主体1628家，其中，AAA级221家、AA级262家、A级982家、B级125家、C级38家，努力营造"知信、用信、维信、守信、爱信"良好市场环境。

【建筑扬尘专项治理】 2023年，加强建筑工程文明施工管理，开展建筑扬尘污染问题专项整治行动，对全市所有在建工地起底式、拉网式排查，适时做好攻坚行动"回头看"，加快推进问题销号整改，确保建筑扬尘整治取得实效。加强"智慧住建云平台"建设，确保施工现场视频监控每个工地不少于3个摄像头，其中，工地进（出）口洗车台处、塔吊上至少各安装1个，在线监测设备全部接入智慧平台，扬尘数据平台实时监测。对达不到扬尘防治要求的工地一律限时3日整改完毕，限期整改不到位、拒不整改的，一律责令停工整顿，全市通报批评。对违法违规情节严重、屡次违反扬尘污染防治规定的企业，坚决清出全市建筑市场。

【欠薪整治】 2023年，潍坊市推广工程款支付担保制度，健全欠薪惩处机制，对引发越级上访的责任主体纳入"潍坊市建筑市场监管与诚信一体化平台"统一考核。建立清欠"红黑榜"制度，联合审批、人社、公安、金融等部门定期发布，逐步完善"一处拖欠、处处受限"的防欠机制。全市共处理建筑农民工欠薪投诉

12月27日，全省建设工程消防审验工作模式创新试点观摩交流活动在潍坊市举行　（初永涛　供图）

5.42万起，为16.37万余名农民工追回欠薪欠款32.06亿元。开展全市工程建设领域欠薪欠款信访问题专项整治行动，组建工作专班，印发通报60期，化解欠薪积案4762件。严厉打击欠薪责任主体，共对53家开发企业、231家建筑施工企业、89家专业承包或劳务分包企业、135名劳务从业人员分别给予通报批评、信用考核减分等处理，有效保障农民工合法权益。

（王茂范）

生态环境

环境保护

【概况】 2023年，潍坊市委、市政府组织召开全市生态环境保护大会暨美丽潍坊建设推进会议，推进生态环保工作，全力推动生态环境高水平保护，协同推进降碳、减污、扩绿、增长，切实增强各级各部门合力推进生态文明建设的整体效能，生态文明建设和生态环境保护工作取得积极进展和显著成效。全市生态环保工作共获得省级以上表彰表扬奖励72个，在全国、全省会议上作典型发言17次，承办省级以上现场会议6次，潍坊市和寒亭区同时获省督查激励；获批全国首批减污降碳协同创新试点城市；国家低碳城市试点评估成绩全国第四名。全市生态环境9项约束性指标全面完成。国控河流、近岸海域优良水体比例为85.7%、75.6%，分别高于省定目标28.6%和21.9%；受污染耕地、重点建设用地安全利用率均保持100%；污染物减排全部完成省定目标。青州市获国家级“两山（绿水青山就是金山银山）”基地，临朐县获省级“两山”基地、省生态文明十强县。

9月18日，潍坊市生态环境保护大会暨美丽潍坊建设推进会召开

（徐烨　供图）

【污染防治】 2023年，潍坊市生态环境局出台年度攻坚方案，实施污染防治重点任务69项、攻坚项目330个，集中重污染天气消除、臭氧污染防治等行动圆满收官，良好生态环境成为最普惠的民生福祉。聚焦工业、燃煤、机动车、扬尘等领域，狠抓深度治理，3家钢铁企业全部完成全流程超低排放改造，推进农村清洁取暖改造9.9万户，检查柴油货车10万余辆。探索形成大气环境治理经验做法，获生态环境部、省政府领导批示肯定；在全国大气污染治理专题培训会上，潍坊市作为唯一的空气质量改善提升城市代表进行经验介绍。推进黑臭水体、雨污混流及污水处理，实施污水处理设施提标、雨污分流改造等重点工程138个，排查整治污水处理厂24家、重点水体51段(条)、污水管网832千米，整改问题209个。开展入海河流环境综合整治百日攻坚行动，“一河一策”强化总氮管控，累计巡河1.25万千米，加密监测2133个点位，飞行执法876次，整改问题345个。抓好建设用地安全

潍坊全市生态环境质量稳中有升　　（徐　烨　供图）

利用，完成246个地块调查报告评审，对57个地块调查报告开展质量核查，将102家企业纳入土壤污染重点监管单位名录，推进实施国家“十四五”规划土壤污染源头管控重大工程项目4个，高密市获批全省首个土壤修复产业基金项目。加强农村环境整治提升，新增完成146个行政村的生活污水治理，实现农村黑臭水体动态“清零”。

【环境问题整改】 2023年，开展督察整改“再提升”行动，对历次督察反馈问题及交办信访件进行全覆盖自查自纠。市环境保护委员会办公室常设8个督导组，持续一线督导推进，确保问题彻底全面整改到位。中央、省历次环保督察反馈的196个问题，已完成整改175个；省黄河专项督察反馈的37个问题，已完成整改19个。出台生态环境投诉举报问题闭环处置办法，共办理群众信访1.06万件，按时办结率保持100%。

【服务项目建设】 2023年，潍坊市共争取中央、省级污染防治专项资金3亿元；获省级减排奖补资金500万元，全省第一。创建市级生态环保金融项目库，入库绿标企业3.5万家，真金白银激发企业绿色发展动力。创新服务举措，首创“一企业一目录一清单一联络员”制度，205名环保服务专员精准帮扶省、市、县重点项目1517个，累计解决企业问题1100余个；充分发挥专家团队作用，对铸造、汽修等9个行业、共651家企业进行技术帮扶，推动企业转型升级。保障项目落地，以便民利企为出发点，创新实施提前帮扶、合并审批、打捆环评等措施，获全省首批并联审批改革试点，保障4600余个项目落地，全省第二。建立“联保联供”制度，在全省率先探索建立环保要素跨市调剂机制，对1240个项目落实污染物排放总量指标，实现要素资源“应保尽保”。发展环保产业，安丘市获全省十大生态环保产业特色园区、“北方环境医院”服务模式入围全省试点，峡山区获省级生态经济园区。开展EOD模式试点，在已有3个试点项目基础上，新增昌邑国家级、潍城省级2个入库项目，总投资282.36亿元，金融授信44.265亿元，EOD数量和资金数额均居全省前列，全省EOD模式现场会议在潍坊市召开。

【环境安全维护】 2023年，全年未发生突发环境事件。全面推进“无废城市”建设。组织编制“无

山东省EOD模式现场会议在潍坊市召开　　（徐　烨　供图）

废城市”建设评估细则和“无废细胞”建设指南体系，将“无废”理念融入潍坊国际风筝会、寿光蔬菜博览会的全过程、各领域和各环节，打造“无废潍坊”新名片。建立重点监管单位清单，全省首创重点场所网格化常态巡查、固废危废特聘检查员制度，建立小微企业危废收集机制，危险废物规范化环境管理评估成绩全省第一。提前完成18家涉六溴环十二烷、6家涉十溴二苯醚企业的淘汰替代工作，为中国完成《斯德哥尔摩公约》履约作出积极贡献，2023年度全国环保技术交流会在潍坊市召开。抓实环境风险防范，紧盯“一废一库一重一品”等领域，持续开展环境风险隐患专项排查整治，累计排查环境风险源企业1835家、核技术利用单位678家，发现并整改问题2015个。

【环保治理机制】 2023年，潍坊市委将生态环保工作纳入市级领导包靠事项，市政府与各县（市、区）、市直有关部门分别签订目标责任书，出台推动职能部门做好生态环保工作相关措施，强化民主监督和群众参与，构建党委领导、政府主抓、部门联动、社会参与的“大环保”格局。积极推行差异化执法，落实“正面清单”“轻违不罚”“监督帮扶”等制度，依法严厉打击恶意违法企业，充分调动企业治污积极性。将执法大练兵作为推进依法行政、规范执法、能力提升的有效举措，加力提升执法效能。全市执法大练兵成绩全省第一，临朐县、青州市包揽全国前两名。深化建设“云上智环”综合管控平台，整合专家团队、技术装备、监测监控等资源，实现污染源全地域、全要素、全覆盖管控，以数字化、智慧化管理取得工作成效最大化，获全国十佳智慧环保创新案例、省新型智慧城市优秀案例。坚持线上线下共同发力，精心组织开展“六五环境日”“生物多样性日”“知情明政”、生态环境教育等系列活动，引导动员社会各界践行简约适度、绿色低碳、文明健康的生活方式。

（何　源）

节能减排

【概况】 2023年，潍坊市万元GDP能耗下降率为3.0%，“十四五”累计下降15.1%。超额完成省下达潍坊市“十四五”能耗强度下降目标序时进度。全市主要水污染物减排项目5个，大气污染物减排项目80余个（不含机动车减排），削减排放COD3417吨、氨氮811吨、氮氧化物2402吨和挥发性有机物4636吨，提前完成“十四五”主要污染物减排总任务。

【行业管理】 2023年，潍坊市发展和改革委员会切实转变发展理念，协同推进节能、降碳、压煤、提质、增效，提升行业管理科学化、信息化、精准化水平。对行业严控增量、优化存量，实施能耗、煤耗闭环管理，封闭运行、只减不增。新上项目严格落实，严格履行窗口指导、提级审批。根据统计部门核算数据，全市“十四五”规模以上工业能耗累计下降15.43%。

【能源结构优化】 2023年，潍坊市新能源和可再生能源总装机容量增长31.5%，达到1063万千瓦，居全省第一位，占总电力装机的64%。大力压减煤炭消费，完成省定压减目标任务。优化提升煤电项目，关停、淘汰2台小燃煤机组。全国唯一的国家燃料电池技术创新中心落户潍坊市，氢能应用提速推进。潍柴集团、奥扬科技等企业，围绕氢能产业链重点环节持续开展技术攻关，参与国家、省部级重点研发计划13项，参与制定国家标准12项、行业标准4项，拥有省级以上创新平台2家。山东海化新能源氢气项目、空气产品公司滨海氢能源综合利用项目已建成；建设加氢母站及汽车加氢站7座，母站装车能力16000千克/日，汽车加氢能力4000千克/日，全市已推广燃料电池车辆470辆，开通氢燃料电池公交运营专线18条，氢燃料电池公交车累计运行里程和运送旅客数量均居全省前列。实施《潍坊市电网布局规划》，新建220千伏电网工程3项、110千伏电网工程7项，加快500千伏弥河变电站建设；500千伏渔盐变电站纳入国家电力“十四五”规划。建成投运储能电站项目11个合计27.5万千瓦，在建项目6个合计30.2万千瓦，海化集团和国家电投诸城独立储能示范项目建成运行。4个储能电站项目列入2023年度省新型储能优选项目，数量居全省首位。高新区100MW/400MWh全钒液流电池储能示范项目列为全国新型储能试点示范项目。

【重点领域节能】 2023年，潍坊市围绕落实省“坚决淘汰一批”清单任务，统筹推进焦化、水泥、轮胎等领域落后产能整合压减，退出焦化产能55万吨，关、停、退出5家企业18条水泥生产线、总产压减400余万吨/年，拆除3家化肥生产企业固定床气化炉66台、退出合成氨产能31万吨，退出斜交胎产能折标准胎630.2万条。

对重点行业、重点领域、重点单位的节能监管。累计书面监察410家、现场监察96家，市级下达节能监察建议书，已完成更换节能电动机2251台（套），停用落后电动机741台（套）。“十四五”以来，累计指导企业更换节能变压器172台（套），更换节能电动机5063台（套）。印发全市住建领域绿色低碳高质量发展三年行动方案，全市新增绿色建筑面积1736万平方米，占年度任务145%；全市新开工装配式建筑321.4万平方米，占新建民用建筑的40%以上；城市既有建筑节能改造80万平方米，农房效能提升2000户。寒亭区、滨海区、临朐县3个项目入选省建筑节能和绿色建筑试点示范创建项目，奎文区、寒亭区、坊子区、寿光市、临朐县5项产品入选全省建筑业新技术推广目录。全市“气代煤”改造8.96万户、“电代煤”改造0.88万户、集中供暖0.1万户。潍烟高铁主体工程全部完工；京沪高铁辅助通道天津至潍坊段、潍坊至宿迁段开工建设；推动完善以电气化铁路为主的中长途绿色货运系统，大（家洼）莱（州北）龙（口西）铁路电气化扩能改造建成运营，年货物运输能力将由1900万吨提升至3000万吨。全国首个标准化高铁快运物流基地落户潍坊市。潍坊港中港区东作业区#17泊位及集装箱堆场改造工程竣工，建成3条自动化轨道式集装箱龙门起重机（ARMG）重箱堆场，新增设计年周转量30万标箱的堆存能力。小清河潍坊段实现试通航。推进潍坊港中港区3.5万吨级航道维护性疏浚和5万吨级航道建设。潍坊申易物流多式联运项目成功申报国家第四批多式联运示范工程。成功创建绿色出行城市和国家公交都市，中心城区营运线路152条，线路总长度3212.36千米，中心城区公交站点500米覆盖率达100%。在全国第一个建成95128免费电召平台，目前每天完成约车订单3000余次；在全国率先开发手机App和微信小程序，打造出租车潍坊版免费约车平台。截至年底，全市新能源公交车3008辆，其中，中心城区1351辆，全市清洁能源公交车368辆，其中，中心城区131辆，全市新能源和清洁能源公交车占比93.2%。累计拆解淘汰国三营运柴油货车22224辆，灭失淘汰国三营运柴油货车9384辆；全市共补贴22183辆正常拆解淘汰车辆，累计拨付补贴资金37281.15万元。全市公共充电站保有量1050座，公共充电桩10522台。

推进节能减排工作，用数据计量落实能耗工作。全年完成137家重点用能单位能源计量审查工作。组织开展计量检查，抽查销售单位198家，生产企业3家，共抽查359批次，合格359批次，合格率100%；全市9家企业获评（入围）山东省能源资源计量服务示范项目；1家企业入选重点用能行业全国能效领跑者企业，2家企业入选全国绿色制造企业。完成山东省磁悬浮产业技术标准创新基地建设，天瑞重工荣获2023年山东省标准创新型企业，天瑞重工研制的企业标准《磁悬浮透平真空泵》荣获2023年潍坊市标准创新奖三等奖。推进铝合金、密封胶等行业企业碳足迹认证实现新突破，新增碳足迹认证6个。对接中国质量认证中心，试点在峡山区创新开展国内首家“零碳景区”认证。2023年，全市公共机构人均能耗200.33千克标准煤，面均能耗10.23千克标准煤，人均用水15.18立方米，面均碳排放42.4千克，与2022年相比，分别下降1.72%、1.16%、1.36%、1.83%，超额完成年度目标任务。

（胡国权）

教　育

综　述

【加强党对教育工作的全面领导】 2023年，潍坊市健全党委政府定期研究教育工作机制，召开市委教育工作领导小组第十次会议，抓好重点任务落实；推动县市区党政主要负责人调研决策教育改革发展事项425人次，山东省对潍坊市政府教育履职评价连续五年评定优秀等次。创新加强学校党建，印发中小学校党组织领导的校长负责制工作方案，组织驻潍高校党委书记全面从严治党履职尽责述职评议，在全省教育工作会议上作典型发言。推进思政铸魂育人，出台党建统领“三位一体”思政育人指导意见，联合开办《潍坊青少年新闻联播》，典型做法获中宣部《思想政治工作研究》刊发推介，全员思政入选中国基础教育典型案例；作为唯一地市在省教育厅召开的习近平新时代中国特色社会主义思想“三进”推进会上作典型发言。

【优化教育资源】 2023年，全市加快落实中小学幼儿园建设“三年攻坚行动”，新建改扩建中小学55所、公办幼儿园120所，分别增加优质学位5.54万个、3.11万个；改造提升乡村中小学110所、幼儿园252所，农村办学条件显著提升。多渠道增加小学学位、补充优质师资，有效应对小学入学高峰，18.18万名一年级新生顺利入学。全力推进学前教育普及普惠县和义务教育优质均衡县“两项创建”。

【教育高质量发展】 2023年，全市普通高中育人质量、全国职业院校技能大赛金牌总数持续位居全省首位。基础教育、职业教育均获国家级教学成果一等奖。2023年职教活动周全国启动仪式暨全国职业院校技能大赛开幕式在潍坊举办，教育部部长怀进鹏、省委书记林武出席并高度评价。全市优质幼儿园占比达到76%，较去年提升33个百分点，居全省前列。深化“双减”落实，校外培训机构治理典型做法入选全国优秀案例、获教育部推介，义务教育阶段学生课业负担全省最优、24项指标中17项全省第一。县域义务教育优质均衡综合差异系数全省最优。潍坊一中等3校入选首批省级特色高中，潍坊中学等3校入选第二批省级学科基地，潍坊学子斩获第35届国际信息学奥赛金牌，为潍坊历史最好成绩。轻负优质做法荣获全国首届地方教育改革创新成果一等奖。中职学校办学条件达标率83.3%超省定标准，诸城市、高密市入选全省职教改革成效明显县，圆满举办第十六届鲁台职业教育合作交流大会。在全省率先启动5个市域产教联合体、22个行业产教融合共同体建设，其中，农综区产教联合体入选国家级市域产教联合体、全省仅2个。积极争创国家产教融合试点城市，以第1名成绩通过省级评审。潍坊医学院成功更名为山东第二医科大学，潍坊食品科技职业学院建成招生。

【教育综合改革】 2023年，潍坊市入选全省教育评价改革试验区、地级市仅3个，在教育部评价改革座谈会、中国教育三十人论坛上作经验分享，作为唯一地市在全省教育改革研讨班上作评价改革典型发言。新中考改革落地实施，典型做法获教育部副部长王嘉毅批示肯定。出台县市区党委政府履行发展教育职责任务清单，开展全市普通高中办学水平评价，与教育部基础教育质量监测中心合作开展全域国家义务教育质量监测，教育部教育督导局到潍坊调研肯定。4月，召开全市教育数字化工作会议，在全省率先出台行动方案（2023—2025），教育数智化做法被首届世界数字教育大会推介、获央视《新闻联播》报道。高标准推进潍坊教育云平台建设，国家智慧教育平台应用做法获全国唯一地市级基础教育案例，2个案例入选全国“教育新基建”典型案例、全省仅3个。

【教育惠民服务】 2023年，全市实施校家社共育“双百”工程，建成全国首个生涯教育服务平台，举办全国首届校家社协同创新育人成果展示交流现场会，作为唯一地市在全国党建德育工作会议上作典型发言，中国教育创新成果公益博览会、《人民日报》民生周刊专题推介。进一步落实惠民举措，实施义务教育学校“在校午餐午休、塑胶操场、清洁厕所、触控一体机教室、标准化校车”五项全覆盖教育工程，开展全市中小学生心理健康筛查，用好“教育惠民一码通”，深化社区教育服务岗、家长驿站、暑假学校免费托管、多孩同校就读、义务教育入学“零证明”等一揽子惠民实事。守牢校园安全底线，实施教育系统“校园天眼”工程，持续开展校园安全大排查大整治，统筹抓好防溺水、防欺凌、食品安全、考试安全、意识形态等校园安全“一排底线”，荣获全省教育系统安全稳定工作先进集体。

教师队伍建设

【完善教育人才工作推进机制】 2023年，潍坊市教育局成立全市人才强教工作专班，形成协同配合、市县校一体推进人才强教工作的强大合力；实施2023年青年人才引聚和校友资源开发行动计划，创新校友工作推进机制与路径；印发全市教育系统人才工作重点任务与考核办法，建立工作月度会商、季度调度、年度督导考核机制，确保年度目标圆满完成，取得实效。

【建设高精尖教育人才队伍】 2023年，潍坊市教育系统招才引智，赴北师大等知名高校举办人才引进和教师招聘宣讲，全年新进教师4270人，其中“双一流”高校和硕士及以上等优质师资占比达32%。组织英才校友潍坊行系列活动191场次，参与校友达14293人次，以潍坊一中110周年校庆为契机，举办潍坊教育高质量发展成果展、重点产业领域人才座谈会暨校友创业孵化器启动仪式等，让在外校友关心家乡发展，助力更好潍坊建设。

【优化教育人才培养模式】 2023年，潍坊市教育局实施新时代教育领军人才培养工程，完善全员培训、成果展示交流和后备人才路演机制，储备一批有治校办学潜力的青年教育人才。评选10名“敢为善为”十佳书记校长、100名潍坊市青年教改先锋，充分激发全市校长教师立德树人积极性。做好省级、国家级重点人才工程人选储备推荐，2人成功入选泰山学者，61人成功入选齐鲁名师名校长名班主任建设工程人选，人才队伍建设取得新成效。

学前教育

【概况】 2023年，全市共有幼儿园1843所，在园幼儿29.4万人，学前三年幼儿入园率99%。其中，普惠性幼儿园在园幼儿28.18万人，普惠性幼儿园覆盖率95.87%；公办幼儿园在园幼儿

9月，市委、市政府举行第39个教师节暨潍坊市“敢为善为”教育人物发布仪式 （刘风剑 供图）

19.7万人，占比67.04%。幼儿园教职工4.27万人，其中园长和专任教师2.57万人，专科及以上比例97.23%，持证上岗率为95.59%。

【幼儿园“三年攻坚行动”】 2023年，全市接续推进幼儿园建设，完成“三年攻坚行动”建设任务。全市120处建设项目全部完成，累计投资1.08亿元，改造提升乡村幼儿园252所。截至2023年底，全市公办园学位总数达到23.9万个，实际在园幼儿18.3万人，学位空余5.6万个，基本实现人民群众入公办园“想入尽入，应入尽入”。

【国家普及普惠县创建工作】 2023年，全市启动实施“十四五”学前教育发展提升行动计划，普及普惠发展水平持续提高，公办率达到67.04%，普惠率达到95.87%。评估认定普及学前教育工作先进镇街35个，城乡学前教育发展水平整体提升。8个县市区接受市级评估并申报省级评估，昌乐县、寿光市、滨海区和高密市接受省级调研，其中滨海区作为全省首批县市区通过国家认定。

【幼儿园教师队伍建设】 2023年，全市共招聘公办幼儿园教师1435人，比上年增加108人，幼儿园专任教师持证率达到95.59%,比上年增长13个百分点。开展全市幼儿园教师和保育员专业能力竞赛，表扬253名保教人员、11个单位。组织“齐鲁幼师之星”市级选拔，3名教师进入全省16强，其中1人获一等奖，2人获二等奖，市教育局获评优秀组织单位。组织开展省、市保教质量提升标兵评选，5名园长入选省级标兵，196名园长教师被遴选确定为市级保教质量提升标兵。组织开展潍坊市十佳幼儿园展示交流活动暨全市幼儿园园长论坛，70名园长面向全市幼儿园园长、教师直播培训。

9月，潍坊滨海区作为全省首批县市区通过国家学前教育普及普惠县验收 （解世国　供图）

【幼儿园管理机制】 2023年，全市开展幼儿园办园行为专项整治和自查自纠，实现幼儿园自查、县级核查、市级抽查全覆盖。制定出台《学前教育和托育机构收费管理办法实施意见》，实现分类定价、差别收费、优园优价。优化幼儿园招生工作，全市实现幼儿园招生报名“一网通办”。支持有条件的公办园举办托班，招收2～3岁幼儿，满足适龄幼儿入托需求，年内开设托班的幼儿园达到200所。评选20所民办幼儿园为规范管理示范单位，推动民办园规范办园、有序发展。

【学前教育发展质量】 2023年，潍坊市教育系统搭建资源共享和市、县、镇、园四级联动的发展平台，组织《山东省幼儿园保育教育质量评估指导手册》培训。开展百所省级、市级园本教研示范园创建。举办2023年学前教育宣传月系列活动，30个幼小衔接案例获得省级推介。遴选公布幼儿园游戏活动优秀案例154个，27项游戏活动案例入选省级优秀案例。深入开展省优质园创建，出台省优质幼儿园创建及认定管理办法，认定通过省级示范园224所、省级一类园807所和市十佳园、潍坊名园189所，省级优质园占比达到76%，较上年提升33个百分点。

义务教育

【概况】 2023年，全市共有普通小学617所，在校生72.30万人，教职工4.49万人，普通初中307所，在校生27.58万人，教职工

2.62 万人。

【全环境立德树人工作】2023 年，以市委教育工作领导小组、市精神文明建设委员会名义印发《关于实施全环境立德树人加强和改进未成年人思想道德建设的工作方案》，联合市委编办、市财政局、市人社局印发《中小学幼儿园推进全环境立德树人工作方案》，常态化开展全环境立德树人宣讲，立足不同场域环境开展宣讲活动 1805 场，受众 119 万余人。连续两年在全省全环境育人实验区调度会上作典型发言,并在全环境立德树人展演“局长论坛”活动上作经验分享，有关做法入选省厅全环境育人实验区建设成果案例。加强中小学劳动教育，遴选市级特色学校 40 所、实践基地 20 处，8 个单位、50 人获评省级中小学劳动教育工作表现突出单位和个人。坊子区、昌邑市劳动教育工作方案被省教育厅全文推介，坊子区作为全省唯一代表参加教育部劳动教育座谈会。推动研学品牌建设，全市 4 个基地、9 门课程分别入选第五批省级中小学生研学基地和优秀研学课程，2 个基地入选山东省青少年红色研学基地，1 门研学课程入选第二批黄河流域精品研学课程。学生实现全面而有个性成长,55 名学生获评山东省“红领巾奖章”四星章，64 名学生获评第五批齐鲁生态环保小卫士，6 名学生在全省“学讲宪法”活动中获奖，市教育局被生态环境部宣教中心授予“我的自然故事续讲大赛优秀组织奖”。

【乡村教育振兴】2023 年，以市政府办公室名义印发《乡村教育振兴专项工作方案》及任务清单，评选市级强镇筑基试点镇 10 处、乡村温馨校园 33 所，举办潍坊市第一期乡村教育振兴高质量发展论坛，青州市、临朐县入选全省乡村教育振兴实验区（全省仅 21 个），临朐县五井镇等 5 个乡镇入选第三批强镇筑基省级试点，14 所学校入选省级温馨校园，2 所学校入选全国乡村温馨校园，青州市邵庄镇入选省级首批强镇筑基典型案例（全省仅 6 个）。省教育厅多次推介潍坊乡村教育振兴典型案例，《山东教育报》头版头条刊发潍坊乡村教育振兴典型做法。

【提升基础教育质量】2023 年，潍坊市教育局印发《潍坊市区育人质量提升关键小事清单》，启动市区品牌学校展播，推进市区教育高质量发展。健全课后服务“课业辅导 + 素质拓展”机制，印发《潍坊市课后服务课程设计指导意见》，中小学“课程超市”累计达到 13266 门，学生参与率 95% 以上。昌乐县推进课后服务提档升级做法入选省教育厅推广科学教育典型案例(全省仅 6 个)。加强班主任队伍建设，举办中小学班主任基本功大赛、中小学班主任成长论坛暨骨干班主任培训，评选第四批市级优秀班主任 200 名，公布班主任工作研究立项课题 150 项，20 人入选齐鲁名班主任建设工程人选。印发潍坊市特教学校办学质量达标指导意见，依托市儿童福利院建设特殊教育学校，成功举办第三届潍坊市特殊教育学生素质能力大赛、特殊教育教师育人质量提升专题培训班、第十届特教学校教职工文体比赛和教学研讨活动，昌邑市和临朐县获评第三批省级随班就读示范区，22 所学校分别获评第三批省级随班就读示范校，总数量全省第一。《人民教育》发文推介潍坊市域统筹基础教育高质量发展典型经验。

【义务教育招生工作】2023 年，按照“算好账、留余量、保质量”的工作思路，全市通过新建改扩建学校、改造校内校舍、借用其他学段闲置资源等方式完成新增学位 9.02 万个，超额完成工作任务，切实满足人民群众“有学上、上好学”的热切期盼。全面实施招生入学“零证明”“网上办”“多孩同校就读”“入学咨询员”等惠民便民措施，全市义务教育招生网办率达到 98.42%。规范民办义务教育学校招生行为，“一县一案”上报工作方案，学生实名审核建立学籍，确保民校生占比不反弹。副省长邓云峰到潍坊调研义务教育学位保障工作，省教育厅专门给市委、市政府发来感谢信。

高中教育

【概况】2023 年，全市共有普通高中 67 所，在校生 18.65 万人，教职工 2.20 万人。

【普通高中特色多样发展】2023 年，全市深入推进普通高中新课程新教材国家级示范区建设，印发《潍坊市普通高中办学质量达标行动实施方案》，潍坊一中、高密一中、昌邑一中入选首批省级特色高中，潍坊中学、昌邑一中、寿光现代中学入选省级普通高中学科基地，寿光现代中学在全省学科基地论坛作典型发言。《山东教育报》《山东教育》等多次宣传潍坊高中特色多样发展典型经验，在2023年度普通高中新课程新教材实施国家级示范区（校）建设工作总结交流会上作典型发言（全国仅12个）。成功举办市区、全市普通高中学生辩论赛，全市64所高中参加角逐，市教育局获评山东省第五届普通高中学生辩论赛优秀组织奖。完成省市级普通高中学生评优工作，省教育厅公布省级优秀学生934名，优秀学生干部187名，优秀班集体208个；表彰普通高中市级优秀学生1518名，优秀学生干部380名，优秀班集体211个。在全省普通高中校长全员培训班上，诸城一中作县级中学提升典型发言，潍坊一中、潍坊中学作民族班试点典型发言。在全省基础教育重点领域改革调度会上，临朐县、青州一中作典型发言。省教育厅发文推介《临朐县实施“三大工程”，提升县中品质》典型案例（全省仅5个）。《中国基础教育》以《山东潍坊：坚持市域统筹推动全域县中优质发展》为题宣传潍坊县中提升典型经验。时任教育部基础教育司司长吕玉刚到潍调研基础教育工作，对潍坊普通高中特色多样发展、乡村教育振兴等工作给予高度评价。

【学生综合素质评价改革】 2023年，潍坊市完成学生综合素质评价信息化新平台建设，实现9.8万名初中毕业学生综合素质评价结果“无异议”；制定《潍坊市义务教育阶段学生综合素质评价指导意见》，印发《初中学生劳动教育评价工作指导意见》，健全学生综合素质评价体系，积极构建小初高十二年一贯的学生综合评价体系。公布学籍管理首席咨询师1067名，新完成新生学籍注册33.58万人，潍坊作为唯一代表在全省中小学学籍管理培训会上作经验介绍。

【实施新中考改革】 2023年，潍坊市教育局统筹制定2023年中考实施方案，召开全市中考新闻发布会和工作部署视频会，对中考政策进行解读宣传，推进新中考改革政策落地实施。语数英三科等级进一步细化，第二组合“6选4”顺利实施，全市近10万名学生平稳完成中考及高中录取。完善特殊才能学生选拔机制，市区高中各具特色，1217人通过特殊才能招生机制录取，初高贯通衔接培养模式更加健全。开发完善新中考录取系统，组织市区高中学校进行5轮模拟录取测试，确保中考录取工作的高标准、高效率、高精度。加强政策咨询解答，成立“潍坊市中小学招生服务中心”，公开市县校三级招生咨询电话，设立“中考咨询师”424名，解答家长咨询1.8万余条。潍坊中考改革典型经验获教育部副部长王嘉毅批示肯定，基础教育司委托中国教科院到潍坊调研潍坊中考改革工作，并给予充分肯定。

职业教育

【概况】 2023年，全市共有高职院校13所，其中，国家“双高计划”高职院校4所、国家优质高职专科学校3所，在校生21.43万人，教职工0.84万人。中职学校33所，国家改革发展示范中职学校6所、省示范性（优质特色）中职学校11所，省高水平中职学校10所，在校生8.92万人，教职工0.72万人。

【国家职业教育系列活动在潍坊成功举办】 在市委、市政府坚强领导下，2023年职业教育活动周全国启动仪式暨全国职业院校技能大赛开幕式、现代职业教育建设改革推进会等系列活动在潍坊成功举办，省委书记林武、教育部部长怀进鹏出席相关活动并讲话，对潍坊职业教育给予高度评价。全市职业院校共获得全国职业院校技能大赛一等奖19个，数量山东代表团第一。

【高水平中职学校建设】 2023年，潍坊技术中等专业学校立项建设省第二批高水平中等职业学校，省高水平中职学校10所，数量全省第一。加快推动高水平中职学校举办初中后五年制高职教育，11所中职学校、99个专业获批招生7400人。在2022年职业教育国家级教学成果奖评选中，全市中职获奖4项，位居全省第一，其中一等奖1项，是全省中职唯一的一等奖。

【中职学校办学条件达标工作】 2023

5月，职业教育活动周全国启动仪式暨全国职业院校技能大赛开幕式在潍坊市举行，教育部部长怀进鹏讲话并宣布活动周启动、技能大赛开幕　　（郭泓邑　供图）

年，潍坊市教育局建立潍坊市职业学校办学条件达标协调机制，成立工作专班，联合市发改、财政等4部门转发《山东省职业学校办学条件达标工程实施方案》，指导各县市区、市属高职院校结合当前办学条件现状，科学制定达标工作实施方案并推动落实，截至年底，全市中职学校基本办学条件全面达标。

【职普融通工作】 2023年2月，潍坊市教育局组织召开全市职普融通工作宣讲培训会议，组织宣讲团成员赴县市区开展面向初高中校长和初三班主任的职业教育宣讲活动。印发《潍坊市中小学生职业体验中心建设标准（试行）》，遴选22家职业院校和企业作为潍坊市首批中小学职业体验中心，加强中小学生职业体验。

【产教融合】 潍坊市第二届产教融合校企合作对话会于2023年8月召开，市政府主要领导出席会议并讲话。依托产业园区成立农综区、高新区、滨海区3个市域产教联合体，其中，农综区市域产教联合体被评为国家级市域产教联合体（全省仅2家），推动成立12个产教融合共同体。推进校企共建产业学院80个，曲阜师范大学歌尔工学院等4个入选省现代产业学院建设名单。东北农业大学与青州亚泰农业科技有限公司、山东省宏源花卉有限公司签订共建产业学院协议，实现“双一流”高校与潍坊企业共建产业学院“零”的突破。

民办教育

【概况】 2023年，潍坊市共有教育行政部门管理的民办中小学校（含中职）74所，其中义务教育阶段35所、普通高中（含综合高中）28所、中职学校11所，全市校外培训机构共2219所。

【校外培训机构治理工作】 2023年，全市先后开展“监管护苗”“安全守护”等近10次专项排查治理，累计检查机构1万余家次，发现隐形变异学科培训、安全隐患等问题50余个，证照不全机构6家，列入“黑名单”机构15家，给予行政处罚48次，处罚金额8.9万元，不断深化“双减”工作成效。《潍坊市从严整治规范监管，全面营造良好教育生态》被教育部评为全国“双减”工作优秀案例。全市按照“审核一批、整改一批、关停一批”的工作思路，开展非学科类培训机构重新审核登记，补齐非学科类机构治理短板。全市完成重新审核登记机构2219家、注销407家，完成率100%。

【培训机构预收费监管】 2023年，全市持续推进校外培训机构预收费全流程监管，实现第三方银行托管全覆盖，做到全部预收费“应托管、尽托管”。实行“消拨同步”，监管账户资金拨付与授课进度同步、同比例，切实维护学生家长合法权益。截至2023年底，全市校外培训机构线上购课订单16万余笔，订单金额超1亿元。

【民办教育信息化规范化管理】 2023年，潍坊市教育局修订《潍坊市民办学校信誉等级评价标准》，对2022年度全市民办中小学校办学情况进行评估，其中A级信誉学校66所、B级7所、D级1所，73所学校年检结果被认定为合格，1所被认定为不合格。市、县、校三级联动的“潍坊市民办教育综合管理服务平台”上线，将全市民办中小学校全口径纳入监管，实现信息化监管、全过程留痕和可回溯管理，促进民办教育健康规范发展。市教育局联合市审批服务局印发《潍坊市民办学校办学许可证管理办法》，加强民办学校办学许可证管理。印发《关于进一步加强民办中小学校规范管理的通知》，开展规范办学情况“四不两直”检查，进一步规范民办学校办学行为。

“山东第二医科大学”校牌启用　　（张兴伟　供图）

高等教育

【概况】 2023年，潍坊市内有全日制高校18所，包括本科院校5所（含2所民办本科院校）、高职专科院校13所（含4所民办高职院校，3所市属高职院校）。市域内有4所高职院校入选教育部“双高计划”建设单位。

（刘　恩）

【山东第二医科大学】 山东第二医科大学1951年建校，历经山东省昌潍医士学校、昌潍医学院和潍坊医学院，2023年11月，经教育部批准，更名为山东第二医科大学。学校博士生、硕士生、本科生和留学生等教育层次齐全，是全国卓越医生教育培养计划项目试点高校，山东省博士学位授予立项建设单位，山东省应用型人才培养特色名校建设单位，山东省卓越工程师教育培养计划立项学校，山东省应用型本科高校建设首批支持单位，山东省“三全育人”暨全环境立德树人示范校立项建设单位，山东省教育厅、山东省卫生健康委员会和潍坊市人民政府共建高校。学校有浮烟山和虞河两个校区，现有教职工1500余人，全日制在校生17400余人。图书馆藏书180万余册，有直属附属医院3所，非直属附属医院11所，省级研究生联合培养基地（产教融合示范基地）14个。

2023年，学校高标准开展学习贯彻习近平新时代中国特色社会主义思想主题教育，创新形成“五高五化”工作法，在中央指导组座谈会上作典型发言。获国家级教学成果二等奖2项。临床医学、药理学与毒理学2个学科分别跨入全球ESI前5‰、1%，中医药信息学获国家高水平中医药重点学科。执业护士资格考试通过率100%，临床执业医师通过率高于全国平均11.39个百分点。高质量完成康复治疗学WFOT国际认证。省硕士学位论文抽检连续9年合格率100%。心理学教学团队获得全国高校教师教学创新大赛二等奖，麻醉与重症医学教师团队入选第三批“山东省高校黄大年式教师团队”。2名青年教师入选“全球前2%顶尖科学家”榜单。作为技术牵头单位参与“中国人全生命期共病队列研究”国家级项目。联合黄河流域8省14所高校成立黄河流域公共卫生体系智库联盟。制定《学校思想政治档案管理指南》并成为首个山东省地方标准。附属医院介入血管外科中心获评省内唯一国家级“双中心”建设单位，获批省生殖医学临床精品特色专科。医药协同产教融合实训中心项目入选“十四五”教育强国推进工程中央预算内投资项目储备库。

（张　崇）

【潍坊学院】 潍坊学院是省属全日制综合类普通本科高校，办学历史可追溯至1951年。现设26个教学单位、74个本科专业，有3个省级重点学科、50个省市级科研创新平台、62个研究院所。有教职工2119人，其中高级职称人员755人，博士生、硕士生导师190余人。有全日制普通在校生2.5万余人，接收近40个国家留学生来校学习。是省应用型人才培养特色名校立项建设单位、省硕士学位授予立项建设A类单位、省应用型本科高校建设首批支持单位，是省教育厅与潍坊市人民政府共建高校。

2023年，扎实推进教育教学改革“1号工程”，新上本科专业3个，3个专业通过教育部师范类专业二级认证，5门课程入选国家级一流本科课程。获批省级产业学院1个、工信部专精特新产业学院1个、省专业特色学院1个，现代产业学院增至7个。学生获省级及以上赛事奖励410项。获评就业“绿灯”先进高校。获批国家级科研项目13项、省自然科学基金项目33项。承办全省高校横向课题高质量发展推进活动。获市厅级及以上科研奖励32项，发表各类成果493项。成立岳镇海渎研究院。建设科教产融合创新中心，21家机构入驻。与潍城区签订校地融合发展战略合作协议，应用型大学建设成效获驻潍院校创新发展十大成果奖。

举办博士“鸢都行”活动，全年引培博士、学科带头人108人。教师获省级以上教学竞赛奖励15项，3人获评“鸢都学者”特聘专家，3人获评省高校教学名师、省技术能手，1个团队获评省高校黄大年式教师团队。遴选支持首批“潍院学者”42人。承办RCEP框架下农业科技创新与产业合作国际学术会议，获批中欧教育人文交流服务计划项目、山东——中东欧青年人才实训基地、山东农产品国际品牌研究中心。16名教师赴国（境）外、台港澳高校访学研修。

（徐秀华）

【潍坊职业学院】 潍坊职业学院是2001年经省政府批准组建的市属公办全日制普通高职院校。现有滨海、奎文两个校区，校园占地2000余亩，建筑面积70余万平方米，教学科研仪器设备总值3.04亿元，图书馆馆藏182万余册。学院全日制在校生2万余人，教职工1108人，其中高级专业技术职务303人，博士、硕士853人。拥有二级教授2人、国家高层次人才特殊支持计划教学名师等国家级教学名师6人、教育部新时代职业学校名师名匠1人、泰山学者2人、山东省高等学校教学名师14人、行业职业教育名师12人、山东省教书育人楷模1人、山东省技术技能名师10人，拥有国家级教学团队2个、国家级职业教育教师教学创新团队2个、国家级技能大师工作室1个、全国石油和化工教育优秀教学团队3个、山东省技能大师工作室3个、山东省职业教育教学团队16个、山东省高校黄大年式教师团队3个、山东省职业教育名师工作室9个、山东省职业教育技艺技能传承创新平台5个。开设高职专业50个。现有国家级骨干专业9个、省级特色专业7个，省级高水平专业群3个、品牌专业群2个。2023届毕业生就业率96%以上。学院是全国优质专科高等职业院校、中国特色高水平高职学校和专业建设计划建设单位、全国乡村振兴人才培养优质校建设单位、国家级创新创业教育实践基地建设单位、全国1+X证书试点高职院校、职业院校数字校园建设样板校、现代学徒制试点单位。

（张馨月）

【山东畜牧兽医职业学院】 山东畜牧兽医职业学院1955年建校，是由山东省人民政府举办的全日制公办普通高等职业学校，是国家“双高计划”建设单位、国家骨干高职院校、全国乡村振兴人才培养优质校、山东省优质高职院校、山东省乡村振兴示范校。面向全国30个省份招生，现有高职在校生13800多人，是全国最大的畜牧兽医人才培养基地。拥有国家级教学（教师）团队5个、省级教学（教师）团队17个。设6系1部，开设29个专业。建有中国特色高水平专业群1个、国家骨干专业8个。实施现代学徒制培养、订单培养等人才培养模式，建有混合所有制特征二级学院10个。

2023年，学校全面统筹推进教育教学改革、科研社会服务等，各项事业蓬勃发展。荣获国家级教学成果二等奖3项，获奖数居全国职业院校第21位。党委书记获第八届黄炎培职业教育杰出校长奖。成功主办职业教育国家级教学成果奖宣传推广会议，承办“科教融汇职业院校在行动”座谈会。共有3名教师入选教育部“新时代职业学校名师（名匠）名校长培养计划”、全国涉农职业院校服务乡村振兴“名课名师”。畜牧兽医专业成功获批国家级职业教育教师创新团队，动物药学专业教师团队获评山东省高校黄大年式教师团队。获全国职业院校教学能力比赛三等奖、金砖国家职业技能大赛国际赛铜牌。牵头申报的潍坊国家农综区产教联合体入选国家首批市域产教联合体，首次获批山东省农业重大技术协同推广计划项目，获批潍坊市科技发展计划项目 28 项，在驻潍高职院校中获批数量最多。科研经费到款额显著提升，同比增长 331.54%。获潍坊市科技进步奖一等奖，是驻潍高校中唯一获得一等奖的单位。

深化校地合作，与高密市、诸城市等签署校地合作协议，助推县域现代畜牧业高质量发展。出台《关于支持潍坊市肉牛产业高质量发展的实施方案》。被确定为首批山东省支援协作“三地一站”单位，被山东省委、省政府授予“山东省乡村振兴突出贡献奖先进集体”称号。国际交流合作水平再上新台阶。成功举办 2023 家禽健康养殖与疫病防控国际研讨会，推动中外学术交流。成立山东省首家班·墨学院，共建中国—巴基斯坦畜牧职业技术学院，境外办学实现新突破。获批农业农村部全国首批农业涉外培训合作交流点、教育部中外语言交流合作中心“中文＋职业技能”教学资源建设项目、中国教育国际交流协会未来非洲—中非职业教育合作特色项目。

（宋新宇）

【山东信息职业技术学院】 山东信息职业技术学院是山东省人民政府批准设立、教育部备案的省属公办全日制高等职业院校，隶属于山东省工业和信息化厅，是山东省创立最早、专业最全、规模最大的电子信息类高职院校，是教育部“国家示范性软件职业技术学院”首批建设单位、部队军士人才培养定点院校和山东省“3+2”专本贯通培养院校、山东省示范性高职单独招生试点院校、国家中小企业数字化转型促进中心人才培养（公共实训）基地，曾获“全国信息产业系统先进集体”“山东省职业教育先进集体”等荣誉称号。学校现有奎文和滨海 2 个校区，总占地 763536 平方米，总建筑面积 282997 平方米，教学仪器设备总值达 1.6 亿元，设有电子与通信系、软件与大数据系、数字媒体系、智能制造系、经济与管理系、现代服务系，基础教学部、思想政治课教学部、士官学院和信锐学院等 10 个教学系部（院），开设“3+2”对口贯通分段培养本科试点专业 1 个，开设集成电路技术、现代移动通信技术、物联网应用技术、软件技术、人工智能技术应用、虚拟现实技术应用等三年制高职专业 36 个，打造了电子与通信、大数据与软件、智能制造、虚拟现实、智慧商贸和现代乘务等 6 个高水平专业群，拥有央财支持专业、省级特色专业、省级品牌专业群、省级高水平专业群 20 个，在 13 个中职院校开设 14 个高职专业，建设 22 个“三二”连读专业点，现有全日制在校生 13500 余人。学校现有教职工 654 人，中高级以上职称教师占专任教师的 81% 以上，副高级以上职称教师 126 人，硕士及以上学位教师 331 人，“双师”型教师占专业课教师的 72% 以上，引育高层次博士人才 12 人，打造了山东省职业教育教学创新团队、山东省高等学校青创人才引育计划建设团队、名师工作室、省级黄大年式教学团队等优秀教学团队 7 个。培育了全国技术能手 2 人、省级技术能手 2 人，省级教学名师、省级优秀思政教师 5 人，潍坊市科创中国专家、潍坊市科技智库专家 17 人。

2023 年，学校牵头成立 2 个全国行业产教融合共同体和 3 个省级行业产教融合共同体，申报 4 个开放型区域产教融合实践中心，加入 3 个市域产教联合体和 30 多个全国、全省行业产教融合共同体。持续深化校企合作，与 88 家企业共建校内生产型实训基地，建成数字乡村建设网络学院，立项“山信—歌尔匠造产业学院”，举办 2 期鸢都科技论坛，1 个项目入选山东省第一批现场工程师专项培养计划。与匈牙利米什科尔茨大学合作培养软件技术专科人才，首年招生 93 人。与 11 所海外大学建立合作意向，与 1 所大学达成免费交换生协议，3 个国家的 6 所高校来校考察。省工信厅依托学校建设华为（山东）ICT 学院并完成二期签约，举办山东省企业数字化水平评测诊断咨询师培训、工业互联网政企人才专题研修班，培养数字化人才 2270 余人次，社会服务到款额超过 1900 万元。

2023 年招收来自 18 个省份的 4300 名学生，新生录取率、报到率、最高录取分数、最低录取分数和最低录取次序均创建校以来的历史新高。双创工作打开新局面，在省级以上创新创业大赛中获奖 10 个，其中一等奖 3 个。2023 届毕业生 4338 人，双证书获取率超过 64%，创业率超过 1.4%，就业率超过 96%，学生一次性就业率、留潍率、留鲁率进入省内同类院校前列，获得省人社厅就业工作“绿灯”先进高校称号。打造电子信息类军士生培养品牌，新增军士生620人，671名军士生顺利入伍。代表山东省参加各类军事比赛并获奖27个，其中一等奖3个，军士生培养规模和质量实现新突破。

（吕　伟）

【潍坊科技学院】　2023年，潍坊科技学院产权占地面积119.23万平方米，非产权独立使用占地面积24.62万平方米，产权校舍建筑面积68.16万平方米、非产权校舍建筑面积14.16万平方米。图书297.5万册，其中纸质图书194.55万册。设14个二级学院，开设63个本专科专业，涉及10个学科门类。教职工2164人。增设汉语言文学等5个本科专业；与企业联合完成的科研成果获山东省科技进步奖二等奖；新批建6个科研平台；学生获学科竞赛排行榜重点赛事国赛一等奖24项，国赛二等奖41项，省级一等奖117项；539名学生考研成功，96名学生考入双一流高校。4位专家入库山东省科技专家库，25位专家入库潍坊市科技专家库。5人入选鸢都系列人才；赵晓庆入选泰山学者青年专家；1个教师团队入选“山东省高校黄大年式教师团队”；举行张葛祥院士工作站签约仪式；引进聘用博士157人；省教育厅批准立项建设临沂大学—潍坊科技学院省级研究生联合培养基地。新增贵州大学等8所研究生联合培养基地，89名教师受聘为东北师范大学等三所双一流高校博导、硕导。自主研发的“玉玲珑”番茄获全国蔬菜质量标准中心认定的“2023最受消费者喜爱的口感番茄”评选大赛唯一金奖。

2023年毕业生12758人，其中，普通本专科毕业生10479人、成人教育本专科生2279人。普通本专科毕业生一次就业率87.5%。招生12556人，其中，普通本专科生11401人、成人教育本专科生1155人。学校本科省内最低录取分数线470分。在校生中，普通本专科生31380人、五年一贯制学生1710人、成人教育本专科生3804人、留学生78人。

（王效文）

2023年，潍坊科技学院团队获中国青年创新创业大赛（乡村振兴专项）金奖　　（杜　鹏　供图）

【山东化工职业学院】　山东化工职业学院（以下简称学校）由中国石化集团齐鲁石化公司2003年创建。2017年8月搬迁至潍坊，成为滨海区第一个整建制高校招院引校项目。2021年，经省政府批复完成举办者变更，成为全省首所开展混合所有制办学改革的公办高职院校，“山化模式”得到了省教育厅和教育部认可。

2023年，学校共有全日制在校生1.7万余人，设有9个二级学院、37个专业。拥有2个省级技能大师工作室、4个省级教学创新团队、1个省级优秀思政课教师；1个省级校企一体化合作办学项目、1个省级职业教育校企合作典型生产实践项目；2个省级高水平专业群、1个省级品牌专业群、2个专业被教育部、财政部认定为“高等职业学校提升专业服务产业发展能力项目”；2个供需对接就业育人项目获教育部立项；培育认定“齐鲁工匠后备人才”158人。根据全国高职院校就业质量报告薪酬统计，学校毕业生薪酬水平连续两年在全国已公布的1300多所院校中排名第二。

学校是省内唯一一所服务于化工行业全产业链的全日制公办高职院校。学校在产教融合、校企合作、科教融汇等领域成绩显著：2019年牵头成立“山东省化工职教集团”，2021年与海化集团组建成立“山化院—山海化海洋化工产业学院”，2022年与烟台万华化学组建成立“山化院—万华应用化工企业学院”，2023年牵头成立潍坊市化工行业产教融合共同体、参与山东省高端化工产教融合共同体和省级的潍坊滨海经济技术开发区产教联合体。其中，“山化院—山海化海洋化工产业学院”成为潍坊市政府认定的第一批市级产业学院。学校积极推进“上下贯通式”人才培养，与多所高校建立了良好的合作关系。

（王 伟）

【潍坊环境工程职业学院】 潍坊环境工程职业学院是山东省唯一一所以服务生态文明建设和绿色发展为办学主导方向的高等院校。设有机电工程、智能制造、生态环境、信息技术、康养服务、文创商贸六个二级学院，其中环境工程技术专业群、智能制造专业群入选山东省高等职业教育高水平专业群建设项目。现有教师520人，在校生10000余人。

2023年，省级课题立项44项；新申请6项实用新型专利，授权软件著作权1项，完成专利续费6项，实用新型授权10项。2名教师入选国家艺术基金项目，3名教师入选第五次全国美术展览，1名教师作品获泰山文艺奖一等奖。在首届“海峡两岸职业院校视觉创意设计大赛”中荣获文创产品组二等奖。2023年iCAN大学生创新创业大赛数字化创业经营模拟挑战赛获全国总决赛二等奖。第十三届“正大杯”全国大学生市场调查与分析大赛获一等奖1项，二等奖1项。与企业共建的智能制造现代产业学院顺利完成现代产业学院中期考核。与中科院生态环境研究中心联合组建TOPAS汽车空调滤清器检测平台，推动汽车空调滤清器行业相关国家标准修订。引进天津大学康鹏博士的二氧化碳捕集电解技术和电解水制氢离子膜两项国内先进技术已投入生产。与马骋博士联合研发的芯片固晶机年产值达4000万元。

（姜宇坤）

【潍坊理工学院】 潍坊理工学院是经教育部和山东省人民政府批准设立的全日制普通本科高校。学校共有15个二级学院，50个本科专业，42个专科专业，涵盖文学、理学、工学、管理学、经济学、教育学、艺术学、法学、农学、历史学等10大学科门类。学生公寓采用书院式建设方案，两校区共建有14个书院，各二级学院学生全员入住，构建起“全员书院制”人才培养新体系。潍坊理工学院获评“2023山东最佳社会声誉高校”。这是该校连续七年在评选中获奖。建成“全国首座微排放校园”，绿色校园荣获国家级节约型公共机构示范单位和国家级循环经济教育示范基地；获批山东省绿色学校，并连续五年在世界绿色大学排名中居亚洲高校第1位。

山东省教育厅网站战线联播栏目多次推介该校先进经验。5月，山东教育新闻以《潍坊理工学院：绿色校园建设成果显著》为题，专题报道了该校绿色校园的建设成果。6月，山东省学生心理健康发展中心潍坊理工学院工作站挂牌仪式暨潍坊理工学院大学生心理健康教育中心成立仪式在中心校区（潍坊）图书馆报告厅举行。7月，全国第三方大学评价机构艾瑞深校友会网正式发布《校友会2023中国大学排名：高考志愿填报指南》，该校跻身中国民办大学（Ⅱ类）百强，位列榜单第68位。8月，潍坊—以色列现代农业高新技术论坛在中心校区（潍坊）图书馆报告厅举办。以色列驻华大使潘绮瑞、山东省教育厅副厅长孙晓筠出席论坛。两项体育赛事在该校举办。

8月14日，潍坊—以色列现代农业高新技术论坛在中心校区（潍坊）图书馆报告厅成功举办

（武法栋 供图）

10月14日至11月19日，主校区（青州）体育中心圆满承办"青州·华邦建设杯"2023山东省男子篮球联赛。12月30—31日，由中国排球运动协会主办的"2024VAL全国城市排球联赛（山东潍坊站）"在该校中心校区（潍坊）体育馆举行。12月，由该校大数据学院牵头，与浪潮卓数大数据产业发展有限公司和山东思远农业开发有限公司共建的山东省数据开放创新应用实验室成功获批山东省数据开放创新应用实验室。

（李梦琦）

【潍坊工程职业学院】 潍坊工程职业学院是一所国办全日制普通高等专科学校，是全国定向培养军士院校、山东省技能型人才培养特色名校、山东省优质高等职业院校、山东省乡村振兴示范性职业院校、山东省校企一体化合作办学示范院校。学院占地总面积1500余亩，建筑面积35万平方米。拥有教职工1000余人，在校生2万余人；设有13个二级学院（部）。在2023年度省考核中以第10名的优异成绩获A档等次。

紧密对接产业需求，专业建设特色鲜明。设有46个普通高职专业，其中定向培养军士专业4个、中央财政支持专业2个、国家级骨干专业3个、省级现代学徒制试点专业4个、省级高水平专业群2个、省级品牌专业群2个、省级特色专业8个、省级技能型特色名校重点专业10个、省级优质校重点建设专业群4个、潍坊市高水平专业群4个、"3+2"对口贯通分段培养本科试点专业3个。9个专业在省高等职业院校专业发展水平考核中位列全省第一。

大力推进产教融合，积极赋能地方发展。建有国家级生产性实训基地2个，牵头组建全国行业产教融合共同体2个、市域产教联合体2个、开放型区域产教融合实践中心6个，建有产业学院18个。获批省级现场工程师培养项目1个，省级技能大师领航计划项目2个。积极融入发展战略，服务能力持续增强。全力服务乡村振兴战略，牵头成立"乡村电商学院"，校政合作共建潍坊市乡村建设工匠培训基地。服务乡村传统文化传承与创新，建成山东省首家非遗产业学院，牵头成立全国非遗技艺传承创新职教联盟，获评省级中华优秀传统文化传承基地、省非物质文化遗产研究基地、省非物质文化遗产教育实践基地。强化科研服务支撑，建成省级高校工程技术研发中心3个、省级技术优质协同创新中心1个、省级重点实验室1个。

（李彩洁）

【山东科技职业学院】 山东科技职业学院创建于1978年，原名昌潍纺织工业学校，2001年8月升格为山东纺织职业学院，2006年4月更名为山东科技职业学院，现隶属于山东省工业和信息化厅，是国家示范校、优质校和"双高计划"A类专业群建设单位。学校浮烟山校区占地面积167公顷，建筑面积47万平方米，图书藏量141.35万册。现有全日制在校生21520人，开设服装设计与工艺、机电一体化技术等9个专业群58个专业，与本科高校实施"3+2"专本贯通培养专业4个。2023年，新增海外人才9人、泰山产业领军人才1人、享受国务院政府特殊津贴2人、博士9人、山东省技术能手4人。入选教育部职业教育教师队伍建设典型工作案例2个，获评省教育系统"劳模和优秀人才创新工作室"1个，入选《中国职业教育质量年度报告》服务贡献卓越高等职业学校。

建成全环境立德树人"一站式"学生社区，相关做法在教育厅《教育工作简报》专刊推广。入选团中央、教育部"三下乡"全国重点团队（项目）6个，入选"全国大学生暑期实践项目TOP100"1个，432名志愿者在杭州亚运会、亚残运会、国际进口博览会展现青年担当，贡献青春力量。获全国职业院校技能大赛教学能力比赛二等奖1项，三等奖1项，省级教学比赛、教学能力大赛一二等奖8项；入选"十四五"国家规划教材11部、省优质教材8部、省一流核心课程2门；牵头建设1个省级、3个全国性行业产教融合共同体；与高新区、潍柴共建"潍坊高新技术产业开发区产教联合体"；产教融合实训基地项目纳入教育强国推进工程储备项目库，荣获2020—2023年驻潍院校十大创新发展成果奖。

（刘尚林）

【潍坊护理职业学院】 潍坊护理职业学院是2011年经山东省政

府批准设立的全日制普通高等学校。2023年，学院坚持质量立校，实行产教科融合、医学研融汇、训育创融通，促进教育链、人才链、产业链、创新链紧密结合。在全市新增15个“巾帼家政”基层服务站，学院被确定为第五批省级社区教育实验基地。

学院与潍坊医学院、山东女子学院等开展贯通本科培养，建成护理、智慧健康养老服务与管理2个国家骨干专业、3个省级高水平专业群，重点打造“医护药技老幼康”优势专业品牌。与山东康养集团、文华教育集团等共建7所现代产业学院，3所被确定为市级建设项目。开展智慧健康养老服务与管理“3+2”对口贯通分段培养，学院学生连续5届获得全国职业院校康养赛项一等奖，教师获得国家级教学成果奖。护理团队被确定为国家级职业教育教学创新团队。建立医教协同高职双师教师评价改革体系，被山东省教育厅确定为教育评价改革试点项目。与市人民医院等10余家市内医疗机构共建教学及临床实训基地，共同制定人才培养方案，实施“冠名班”“订单班”“方向班”培养，推进协同育人。实施就业“一把手”工程，坚持全员促就业，举办6场省级大型招聘会，就业率达到92%以上，其中留潍就业率在40%以上。

坚持对外开放办学，与加拿大谢尔丹学院、菲律宾克里斯汀大学、香港理工大学等开展合作办学，与乍得、菲律宾等国家有关部门共同制定行业标准。作为山东省唯一一家能参与该奖学金项目的医护类高校，承办2023年度新加坡护理医科奖学金项目考试工作，12名学生完成签约。发起成立潍坊市学校急救教育联盟，建成潍坊市中小学生职业教育体验和急救教育科普基地，开展急救培训，受益群众达2万余人次。加强全国基层西学中带教基地建设，面向全市开展西学中能力培训，在青州、临朐等地建立多处中医药种植、中医健康馆，助力乡村振兴。创建全民终身学习的优秀品牌和项目，“银发无忧、智慧助老—手机中的智慧生活培训”和“银发无忧e时代—手机中的智慧生活”项目分别入选教育部首批国家级“智慧助老”优质教育培训项目和优质课程资源推介名单，实现老年教育工作新突破。

（学院宣传部）

【山东经贸职业学院】 山东经贸职业学院是一所省属公办全日制普通高等学校，实行省教育厅与省供销社双重领导。学院现有招生专业34个，在校生11668人，是教育部“1+X”证书试点院校、全国“国防教育特色学校”、山东省首批技能型人才培养特色名校。现有教职工484人，专任教师433人。设会计系、工商管理系、财政金融系、商务工程技术系、国际商务系、科学与人文系、继续教育中心7个教学机构。获评省高校黄大年式教师团队1个、省级技能大师工作室2个、省级技术能手2人；获省技能大赛一等奖1项，省级教学类比赛二等奖2项、三等奖2项。“高职财经类专业中国特色现代学徒制的探索与实践”“深化教师岗位聘用制度改革”2个项目被纳入省教育评价改革项目库，其中前者被省教育厅作为典型经验予以表彰；“构建‘一二五六一’学生评价体系，打造学生发展评价新生态”获省教育评价改革试点。

大学生双创工作走在全省高职院校前列，获国家级银奖1项，省级特等奖（金奖）4项，一等奖（银奖）11项；总体毕业生毕业去向落实率达94%以上，学院获评山东省就业工作“绿灯”先进高校；学生获技能大赛国赛二等奖1项，省赛一等奖1项、二等奖5项、三等奖5项；学院成

12月13日，第十六届山东省职业院校技能大赛——高职组“智慧金融”赛项在山东经贸职业学院开赛 （刘福涛 供图）

功承办第十六届山东省职业院校技能大赛“智慧金融”赛项。

联合政府部门、产业园区、龙头企业共建元宇宙技术服务产业学院等产业学院6个，立项2023年潍坊市现代产业学院建设项目1项；牵头成立了潍坊市数字金融行业产教融合共同体，参与全国行业产教融合共同体26个，立项省级现场工程师专项培养计划项目1个。分别与韩国湖南大学、韩国又石大学举办大数据与会计专业、计算机应用技术专业中外合作办学项目，在校生174人;学生国(境)外交流25人，教师国（境）外访学36人。

（吴盼盼）

【潍坊工商职业学院】 潍坊工商职业学院坐落于享有“中国龙城·舜帝故里”美誉的山东省诸城市，2005年8月经省政府批准、教育部备案成为全日制普通高等职业院校，受山东省教育厅和潍坊市双重管理，与诸城市人民政府联合办学。学校目前占地1300亩，建筑面积30万平方米；设有经贸学院、医养健康学院、幼教艺术学院、机电与汽车工程学院、智能信息学院、乡村振兴学院6个二级学院和马克思主义学院、公共教学部；建有168个校内实验实训室和220多个校外实训基地；现有教职员工821人，其中专任教师723人，具有高级以上职称260人，具有硕士、博士学位的教师368人。面向全国十多个省市招生，拥有各类在校生19000余人。学校开设56个专科专业，2个“3+2”本科专业。

学校以潍坊市经济学校为依托，大力开展中职教育，省直管国家开放大学、诸城市教师培训中心、诸城农村社区学院、继续教育学院面向社会各阶层开展各类社会培训，年均培训达16万人次以上。学校积极搭建实体化运作的“产教利益共同体平台”，牵头成立国家级全国预制菜产教融合共同体，省级山东高科职业教育集团，市级潍坊市预制菜行业产教融合共同体。先后与海信集团、歌尔股份、惠发股份等600余家企业建立了长期稳固的合作关系。并积极实施“产业教授、工匠导师”进校园活动，已聘任183名产业教授和工匠导师，建立起院士工作站、大师工作室10余个，联合行业龙头企业高起点共建现代产业学院10余个。

（曲　平）

【山东海事职业学院】 山东海事职业学院是2011年由潍坊市人民政府主导举办、社会力量参与举办的全国首所混合所有制高职院校，是山东省职业院校混合所有制改革办学试点单位。学校立足服务海洋强国、海洋强省战略，论证形成“海陆并举、一体两翼、集群发展”的专业群布局，设有航海学院、机电工程学院、港航管理学院、邮轮游艇学院、航空学院、电商学院、智能与信息工程学院、健康管理学院、五年制大专学院、中职学院等10个二级学院，开设航海技术、轮机工程技术、港口与航运管理、机电一体化技术等42个专业，现有在校生17000余人。牵头编制山东省专业教学指导方案3个；获批国家级骨干专业2个，国家级教学资源子项目1项，山东省高职院校品牌专业群1个、山东省高等职业教育高水平专业群2个，山东省高校黄大年式教学团队1个；立项省部级以上教科研项目100余项。

建校以来，学校探索实践了“院校整体、二级学院、公共实训基地”等层面的“大混套小混”混合所有制办学格局，逐步形成了混合所有制办学“山海模式”，先后为20多家职业院校提供混合所有制办学改革方案。学校海洋特色鲜明，是山东省航海类在校生规模最大的学校，具备交通运输部海事局认可的17个培训类别40余个培训项目资质，涉海社会化培训达到每年3万人次规模，年培训规模占到全国7%、全省26%。学校毕业生就业率达96%以上，企业满意度达97%以上。涉海类毕业生国际化就业率保持在60%以上，月收入达到3000美金以上，得到包括中外运长航、马士基船公司等知名企业的广泛认可。

（马孟瑶）

科学技术

科技创新

【科技投入】 2023年，市科技局聚焦新领域新赛道，开展重大项目攻关，全市获上级财政科技支持经费8.3亿元，约占全省科研资金量的1/9。研发经费投入稳步攀升。出台《潍坊市规上工业企业研发机构补助实施办法》，制定研发活动“六有”（有人员、有投入、有设备、有项目、有场地、有制度）标准，引导支持规上工业企业建立研发机构。全市研发经费投入总量达到169.13亿元，同比增长12.77%，研发投入占地区生产总值比重2.31%，较上年提升0.17个百分点。科技金融深度融合发展。印发《关于深化科技财政金融协同服务企业创新发展的若干措施》，持续完善全市科技金融政策体系。持续用好科技成果转化贷款，推动贷款风险补偿和贴息政策落实，备案科技成果转化贷款301笔、12.42亿元，为39家企业贴息298.7万元，在破解科技企业融资难题上，迈出更加坚实的步伐。

【重大科技项目】 2023年，市科技局抓统筹争资源，强力突破关键核心技术。高端装备领域，潍柴“全球首款大功率金属支撑商业化SOFC产品”和天瑞重工“高效节能磁悬浮透平真空泵”两项成果入选2023年山东省十大科技创新成果。获批立项省自然科学基金项目126项，14个项目入围省重大科技创新工程项目，数量居全省第二位。现代农业领域，市农科院选育的“潍麦13”“潍豆28”“潍玉326”等7个农作物新品种通过省级审定。潍柴雷沃高性能复式条播机入选2023中国农业农村十大新技术。争取省农业良种工程项目3项、乡村振兴科技创新提振行动计划7项。发布“揭榜挂帅”榜单项目51个，资金2.16亿元。

2月18日，潍柴发布全球首款大功率金属支撑商业化SOFC产品（闫加泉 供图）

【科技成果】 2023年，全市共完成科技成果登记420项，登记技术合同7402项，成交额315亿元，同比增长51.6%，占GDP比重4.1%。积极组织企业申报山东省科学技术奖。通过采取提前摸底，邀请专家对申报材料一对一辅导等措施，全市争取省科学技术奖工作成效显著。歌尔股份“虚拟现实核心光学模组及其智能制造关键技术创新与应用”和潍柴雷沃智慧农业“大马力智能拖拉机关键技术及产业化”等17项优秀科技成果获省科学技术奖励，其中，科技进步一等奖7项（参与3项），创历年最好成绩，省科技进步二等奖10项（参与5项）。获奖层次明显提升，省科学技术奖数量、质量实现新突破，特别是农业领域获一等奖2项，占全省的40%。另外，市科学技术奖评审出最高奖1人，市国际科技合作奖1人，市科学技术青年奖15人，市自然科学奖6项，市科学技术进步奖144项。潍柴动力、豪迈机床2项重大科技成果获《山东好成果专报》发布。市科技局荣获省科技金桥奖先进集体，16市唯一。

2023年潍坊市获省科学技术奖一览表

表2

序号	项目名称	完成单位	奖种	等级
1	虚拟现实核心光学模组及其智能制造关键技术创新与应用	歌尔股份有限公司，歌尔光学科技有限公司，潍坊歌尔电子有限公司，歌尔科技有限公司	科技进步奖	一等奖
2	高端发动机蠕墨铸铁件铸造关键技术及产业化	潍柴动力股份有限公司，潍柴重机股份有限公司，潍柴（潍坊）材料成型制造中心有限公司，博杜安（潍坊）动力有限公司	科技进步奖	一等奖
3	替代进口番茄新品种选育及生态高效栽培技术创新与应用	山东省寿光市三木种苗有限公司	科技进步奖	一等奖
4	大马力智能拖拉机关键技术及产业化	潍柴雷沃智慧农业科技股份有限公司	科技进步奖	一等奖
5	基于造纸平台的农林纤维资源绿色高效利用关键技术创新与应用	齐鲁工业大学，山东太阳纸业股份有限公司，山东世纪阳光纸业集团有限公司，潍坊潍森纤维新材料有限公司	科技进步奖	一等奖
6	中药口服制剂智能制造关键核心技术与生产新模式的建立和应用	山东大学，鲁南制药集团股份有限公司，山东沃华医药科技股份有限公司	科技进步奖	一等奖
7	基于产业基础技术创新的高品质布洛芬制备与规模化生产	山东新华制药股份有限公司，青岛科技大学，天津大学，沈阳药科大学，新华制药（高密）有限公司	科技进步奖	一等奖
8	大功率反极性红光LED芯片研发	山东浪潮华光光电子股份有限公司	科技进步奖	二等奖
9	重型柴油机环境适应性关键技术及应用	潍柴动力股份有限公司	科技进步奖	二等奖
10	大尺寸整体弧形碳化硼/碳化硅陶瓷复合防弹材料	山东金鸿新材料股份有限公司	科技进步奖	二等奖
11	番茄生物育种技术集成应用与优质多抗新品种选育推广	山东寿光蔬菜种业集团有限公司，山东省寿光蔬菜产业集团有限公司	科技进步奖	二等奖
12	设施蔬菜主要害虫天敌减释增效关键技术创新与应用	山东省寿光蔬菜产业集团有限公司，潍坊学院，全国蔬菜质量标准中心，潍坊科技学院，山东省寿光蔬菜产业集团生物防治技术有限公司	科技进步奖	二等奖
13	电液智能推土机关键技术及产业化	山推工程机械股份有限公司，山东大学，潍柴动力股份有限公司	科技进步奖	二等奖
14	畜禽疫病核酸精准检测技术研发与应用	潍坊安普未来生物科技有限公司（第六位）	科技进步奖	二等奖
15	岩基约束土石坝塑性橡胶混凝土防渗墙整体抗渗关键技术与应用	山东交通学院，山东省水利科学研究院，青州水建工程建设有限公司，济南德利泰建材科技有限公司，诸城市水库运营维护中心	科技进步奖	二等奖
16	设施黄瓜低温障碍防控及温光环境精准调控关键技术创新与应用	山东农业大学，山东省农业科学院，山东农大肥业科技股份有限公司，山东省寿光蔬菜产业集团有限公司	科技进步奖	二等奖
17	乳腺癌进展和耐药性分子调控的临床病理应用	山东大学，潍坊医学院	科技进步奖	二等奖

【科技创新平台建设】 2023年，高端平台建设成效显著。国家燃料电池技术创新中心牵头实施“氢进万家”科技示范工程，获批支持资金2亿元。围绕燃料电池和储氢技术研发，开展发电、

车用动力以及车载氢系统的成果转化及推广，开发了全系列氢燃料电池产品，广泛配套客车、卡车和矿卡。潍坊现代农业山东省实验室突出种业创新、设施农业、耐盐碱抗逆生态农业等特色优势，依托北京大学现代农业研究院，引进各类科研人员692人，购置先进仪器设备4000余台（套），建成7大公共服务平台和41个课题组，在杂交育种技术研发等领域取得关键性突破。内燃机与动力系统全国重点实验室开发了全球首款120千瓦金属支撑SOFC发电系统，发电效率60%以上，热电联产效率高达92.55%，创下了大功率SOFC热电联产系统效率全球最高纪录。水动力平台列入崂山实验室核心平台建设计划，启动预研课题27项，形成45项专利，发表20篇高水平论文。产业创新平台加快布局。新增省级以上科技创新平台12家，分别是歌尔、亚泰2家省级技术创新中心，寒亭区恒联、高密市孚日鸿硅、滨海区龙威实业3家省级院士工作站，潍坊水动能科技产业研究院、潍坊现代农业与生态环境研究院等5家省级新型研发机构和山东省农业生物技术国际联合实验室、山东省智能农机装备国际示范基地2家国合基地，新培育市级重点实验室56家。截至2023年，全市科技创新平台达到1930家，其中，国家级37家、省级251家、市级1642家，为区域创新能力提升提供有力支撑。区域创新高地加速隆起。诸城、坊子2家高新区创建为省级高新区，形成国家、省高新区“1+3”格局，全市省级以上高新区达到4家，数量全省第一。寿光市以全省第一的成绩获批建设国家创新型县（市）。奎文区入选2023年山东省科技创新强县。

【创新创业大赛】 2023年，天瑞重工、广元药业获全国颠覆性大赛优胜项目奖，全市获奖数量占全省的1/2。为全市2022年25家获奖企业争取省竞技行动奖励资金430.4万元，占省资金总额的10.76%，居全省第四位。举办第六届潍坊市创新创业大赛，大赛完全按照省赛模式，33家企业获奖。组织全市339家企业报名参加第十二届中国创新创业大赛山东赛区（省中小微企业创新竞技行动计划）比赛，报名人数居全省第一。潍坊市承办了全省高端装备制造领域赛事，获山东赛区组委会颁发的优秀组织奖。最终有8家企业入选山东赛区50强企业（团队），获“科创之星”奖，给予最高30万元的补助支持，获奖数量居全省前列。液流储能科技有限公司获得中国创新创业大赛50强，获奖数量占全省1/2。

科技队伍建设

【科技企业队伍】 2023年，市科技局实施“高企培强”和“科小育优”工程，全力打造大中小企业协同高效创新的“热带雨林”生态体系。精准绘制科技企业培育图谱。扎实开展“专利导航”行动，分级分类建立高企、科小双培育库，针对不同层次企业采取个性化培育措施，引导企业快速成长壮大。组织开展“科技服务进千企”系列活动85场次、辅导3500余人。全市入库科技型中小企业3232家，居全省第四位，较上年增加692家，增幅27.24%。加速落实惠企纾困政策措施。市级层面，兑现高企（高新技术企业）补助3312万元、创新能力提升工程支持资金3000万元。新增高新技术企业392家，全市高企总量达到2196家。全市高新技术产业产值占比达到58.85%，高于全省7.5个百分点。

【科技人才队伍】 2023年，市科技局坚持“引、育、留、用”并重，全方位打造科技人才聚集高地。1人入围国家高层次人才特殊支持计划科技创业领军人才，30人入围泰山产业领军人才，13人被授予泰山学者称号，位居全省前列。评选鸢都产业领军人才12人、鸢都学者（科研院所领域）9人。谭旭光、李永胜入选“国家卓越工程师”名单。潍柴动力创新领军人才王钦普，在期满评估中被省科技厅确定为优秀等次，获100万元奖励。全年共争取省级支持资金6000余万元。

【人才招引】 实施海外英才集聚计划，汇聚更多海外优秀人才。2023年，7人入选国家重点人才计划，数量居全省第一。获批省级外国人才工程7个，企业类入选数量居全省第一；1名外国专家荣获省政府“齐鲁友谊奖”；获批国家高端外国专家引进计划3个、国家第1批博士后引才专项3个、国家引才引智示范基地平台类项目1个，数量居全省第一。获批省优秀青年科学基金项目（海外）6个，实现“零突破”；获批省“海外工程师”支持计划8个。新引进各类外国专家180人，其中A类人才47人。参加中国国际人才交流大会，市科技局被省科技厅授予“突出贡献奖”。

拓宽引才交流渠道，人才招引力度持续加强。先后组织举办“新领域新赛道·名校直通车”——西安交通大学科技成果发布与“一对一”洽谈会、驻皖赣高校院所考察对接会、中科院科技合作专题对接会等科技对接活动6次，发布成果112项，达成各类合作意向39项。发布“揭榜挂帅”榜单项目51个，资金2.16亿元。成功举办全市引进高层次人才、科技人才与创新战略、高层次外国专家齐鲁行等活动，持续加大招才引智力度。全年共储备认定高端人才187人次。

2023年，全市备案科技特派员总数达到487人，新组建省级科技特派员产业服务团6个、市级科技特派员产业服务团9个，督导开展技术咨询、培训等服务活动300余次，受益群众近万人，经验做法被《经济日报》《大众日报》刊发报道。

高新技术产业

【企业培育】 2023年，全市科技型企业培育首次突破“一二三千”大关。“高新技术企业”申报突破一千大关，达1073家，比上年增加211家，增幅24.5%。净增高企392家，总数突破二千大关，达到2196家。科技型中小企业培育突破三千大关，全市入库科技型中小企业3232家，数量列济南、青岛、烟台之后，居全省第四位，较上年增长692家，增幅达27.24%，超额完成年初制定的3000家的任务。根据全省通报，全市高新技术产业产值占规模以上工业产值比重达58.85%，高于全省平均水平7.5个百分点。

【资源争取】 2023年，市科技局积极实施创新能力提升工程，市级确定立项支持113项、经费3000万元，争取省立项支持99个、经费2495万元，省立项率达到87.6%，较上一批提升了17.6个百分点。“氢进万家”科技示范工程，二期项目“管道氢气在城镇综合供能领域的关键技术研究与规模应用”获科技部立项，到位资金7160万元。“虚拟现实”科技示范工程，争取省级支持经费9854万元。争取省企业研究开发财政补助7137万元，1042家企业受惠，较上年增加117家，受惠企业和资金数量均居全省第3位。为436家企业争取2023年度省中小微企业升级高新技术企业财政补助资金4365万元。市级2023年度高新技术企业认定奖补，共安排财政补助3312万元。

【服务企业】 2023年，全市共召开高新技术企业等相关政策宣讲会议80次以上，组织辅导企业超过3500余家次。编印发放《高新业务相关政策实务手册》3000余册，开展形式多样的政策培训，邀请省内外知名专家和工作经验丰富的人员，对拟申报“高新技术企业”的企业人员进行培训。开展“一对一”精准服务，扎实开展“科技服务进千企”活动，分片区组织技术、税务和财务专家进行政策宣讲、实操培训，累计参加企业1000余家，实现高企申报企业培训全覆盖。联合县市区成立高企服务小分队，及时帮助解决企业申报中的难题。

（闫加泉）

气　象

【决策气象服务】 2023年，市气象局制定《决策气象服务方案》，圆满完成东盟论坛、国际风筝嘉年华、歌尔马拉松等重大活动赛事气象服务保障。建立面向党委政府主要领导的直通式报告机制，通过市政府值班调度平台、应急指挥系统共享发布预报预警信息。完善临灾预警“叫应”机制，“叫应”服务21轮次。准确预报强降雨和台风天气过程，圆满完成汛期及台风气象服务保障，重点对6月28—29日强对流天气、7月11—13日暴雨天气、7月28—30日台风“杜苏芮”台风、8月20—21日强降水、12月11—21日寒潮降雪等天气过程进行了精准预报、精细服务。发布各类天气服务材料400余期。

【公共气象服务】 2023年，市气象局积极拓展“气象+保险”防灾减灾服务，与人保财险、泰山保险开展农业气象指数保险战略合作。深化与烟草部门科研、项目合作，为烟叶生产发展提供有力保障。强化生态服务保障，创建成功全省唯一县域（临朐）“中国天然氧吧”城市。深入落实黄河流域生态保护战略任务，融入生态系统碳汇能力巩固提升工作，配合做好生态保护督察整改。与市生态环境部门联合做好重污染天气预警发布，助力打赢蓝天保卫战。与市人民医院合作发布花粉过敏气象指数预报。与市森林防火指挥部共同开展森林火险气象等级预警。推进微博、微信、声讯电话12121、手机气象短信等渠道融合，微信公众号推送信息320次，微博发布1408条，12121拨打量131.1万次，气象短信编辑质量和用户量保持在全省前列。

【农业气象服务】 2023年，潍坊生态与农业气象中心被认定为第一批特色气象服务示范点。智慧农业气象服务示范点代表山东接受中国局专家组现场评估。建成昌邑“粮食安全”、寒亭“潍县萝卜”、临朐“设施大樱桃”特色气象服务工作室。新增“昌邑青阜农业综合体”“青州银瓜”特色气象服务示范点。围绕粮食和重要农产品供应，实施气象为农服务提质增效行动，“粮食安全气象服务工作室”为农服务典型做法被中央电视台、山东卫视新闻联播节目播出。连续第5年开展“昌乐西瓜”循环重复种植试验，推广西瓜复种新模式。“寒亭萝卜”“临朐设施大樱桃”“青州银瓜”“昌乐西瓜”“昌邑粮食”“诸城黄烟”6个项目入选全省气象系统创新创优竞赛活动示范项目和重点工程。

【人工影响天气】 2023年，全市新建固定火箭作业点1处，新建固定高炮作业点1处。弹药信息化、信息采集终端、安全锁定装置改造达到100%，作业装备自动化覆盖率达97.8%。与市应急局开展人影安全生产联合检查，组织炮点、火箭点安全检查和年检。举办人工影响天气指挥员和作业人员培训班，开展事故应急处置现场演练，提升应急处置和作业指挥能力。组织人工影响天气作业18场次，其中增雨作业11次、防雹作业6次。

【防雷安全监管】 2023年，市气象局严格落实防雷安全监管工作模式，采用线上监督与线下检查结合，对区域内防雷安全重点单位全覆盖式督导检查，共检查调度重点单位1150余家，问题隐患整改到位，检查覆盖率、平台登录率、报告关联率均达100%，防雷平台“三率”考核列全省第一。每月按照随机路线进行2次升放气球安全巡检提升政务服务成效，做好“双随机、一公开”“互联网+”监管工作，协同市市场监督管理局、市应急局联合开展监管抽查工作。

（李树军）

潍坊农业科学研究院

【科技创新成果】 2023年6月，潍坊市公益性农作物种质资源库高标准建成，搭建智慧管理系统，全年入库种质资源共2986份。市农科院选育的“潍麦13”“潍玉326”等6个农作物新品种通过山东省农作物品种审定；“锦妃”“潍麦1723”等20个品种被授予国家植物新品种权，其中“锦妃”等5个丁香新品种为山东省首批获得国家植物新品种权的品种。多个品种获省级以上肯定推广，“潍豆1897”被中国种子协会评为专家推荐品种，“潍花25号”被列为山东省主要粮油作物主推品种，欧丁香“沙萱”、豆梨“首都”、豆梨“贵族”、卫矛“烈火”及“大果栎”5个林木良种被确定为山东省首批优先推荐使用林木良种，“潍白70”被列为2023年山东省农作物优良品种苗头型品种，“潍花8号”被列为2023年山东省农作物优良品种骨干品种，在潍坊市种植面积达50%以上。育成的绿萼长茄新品种“潍茄1234”被2023寿光国际蔬菜种业博览会专家组评选为“金种子”奖，也是获评“金种子”奖的唯一茄子新品种；选育的欧丁香新品种“丽妃”获2023北方（昌邑）绿化苗木博览会暨第二十八届中国园林花木信息交流会产品金奖。全年获批发布实施标准33项，其中山东省地方标准2项、潍坊市地方标准9项、团体标准22项。授权国家实用新型专利29项，国家发明专利14项，获得软件著作权18项，发表论文33篇，其中SCI论文1篇。

【平台项目建设】 2023年，市农科院共承担国家、省、市级项目15项，承担4个国家现代农业产业技术体系综合试验站、5个山东省现代农业产业技术体系综合试验站和2个岗位专家任务，其中首次成功争取山东省现代农业产业技术体系大豆岗位专家和杂

市农科院育成作物新品种 （王烁栋 供图）

粮、盐碱地农业潍坊综合试验站3个省级平台。成功申报“藏鸡健康高效饲料创制与养殖技术体系研究”“小型西瓜—潍县萝卜轮作高效生产技术提质增效及示范推广”2项中央引导地方科技发展资金项目，到位资金150万元；申报的3项山东省重点研发计划项目获批立项；承担农业农村部“绿色种养循环农业试点项目”试验任务。与中国农科院、新疆农垦科学院、山东农业大学、中国种子集团、北京大学现代农业研究院等高校、科研院所、企业等签署科技创新合作协议30余项，在联合科技攻关、创新平台建设、服务乡村振兴等方面开展合作；与鲁东大学共建潍坊市小麦生物育种创新中心，为加快生物育种提供平台支撑。

【新质生产力培育】 2023年，市农科院主动对接国家重大战略需求，大力实施油料产能提升工程，积极开展玉米大豆带状复合种植模式研究。参加主要粮油作物大面积单产提升市级专家指导组在潍坊设立的5个点次大豆玉米带状复合种植试验，“潍豆20”“潍豆1897”两个品种参试；与省农科院经作所合作，在烟台、齐河、莱州、安丘4个点种植大豆玉米带状复合示范田150亩，“潍豆20”单作10余亩。分别在安丘、高密、昌邑等地开展花生高产创建工作，高油酸花生新品种“潍花25号”亩产733千克，创全市春播花生高产纪录，获省高产竞赛第三名，召开现场观摩及培训会3场，示范带动效果良好；在青岛平度、济南莱芜建立“潍花22”“潍花25”良种繁育基地1000余亩。扎实推进盐碱地利用研究，成功争取山东省现代农业产业技术体系盐碱地农业潍坊综合试验站，充分发挥“潍坊丰瑞盐碱地高效农业研究院”平台作用，围绕盐碱地开展种业创新、新技术集成等综合利用研究，积极开展盐碱地小麦、玉米、大豆、花生及芦笋新品种种植示范，育成适宜盐碱地生长的新品系4个，引进耐盐碱果树砧木13个，集成配套栽培技术2项。

【科技服务推广】 2023年，市农科院创新实施试验田、示范田、样板田“三田合一”科技服务推广模式，实现良种良法配套和标准化生产。依托大姜、萝卜、高油酸花生、芦笋、桃五大产业创新联盟，省农科特派创新创业共同体，省技术市场协会等平台，累计推动“潍麦13”“潍花24”“潍豆28”“潍萝卜16号”等新品种、新技术转移转化27项，有力推动了农业增收增效。深入

潍坊市公益性农作物种质资源库 （邱玉宾 供图）

实施“金翅膀行动”党建+科技服务新模式，促进科技服务专业化、品牌化发展，为潍坊农业产业发展提供重要科技支撑，全年开展下乡服务联系260次，开展专项科技培训19场次、研讨观摩会18次，在潍坊广播电视台三农之声频道参加三农讲坛14场次。

（王　文）

北京大学现代农业研究院

【人才队伍建设】 北京大学现代农业研究院（以下简称“研究院”）是北京大学与山东省人民政府共建的省属公益二类事业单位，坐落于峡山经济开发区，是北京大学在京外设立的首个高端农业类研究院。研究院实行理事会领导下的院长负责制，邓兴旺院士担任院长。2021年7月正式投入运营以来，牢固树立“人才是第一资源”理念，优化引育机制，涵养人才生态，获评2022年度山东省人才工作表现突出单位。2023年，集聚各类人员648人（博士173人，硕士368人），其中：院士2人，国家级人才工程人选14人，泰山产业创新领军人才1人、泰山学者特聘专家1人、泰山学者青年专家20人；山东省杰出青年2人、山东省优秀青年1人、山东省海外优秀青年4人；鸢都领军人才2人、鸢都学者特聘专家3人、鸢都学者青年专家6人。41位课题组负责人中具有海外经历的高层次人才占比约80%，形成雁阵型人才队伍。同时，在引进人才的基础上做好育才工作，与以色列特拉维夫大学开展联合培养博士3名，与山农大、山师大、青农大联合培养硕士24名，与山农大联合培养博士后6名，与北京大学联合培养博士后12名，不断培养科技力量“后备军”。

【平台建设】 至2023年底，研究院累计建成6大公共科研服务平台，配备先进仪器设备4481台（套），建成约200亩转基因基地、约660亩育种基地、360多亩南瓜繁育基地、45亩中试大棚、5000平方米智能温室、61间植物生长室，配备冷冻电镜室、质谱室、细胞间等，实验条件全国领先、国际一流。与以色列规模最大、学科最全的高等教育机构特拉维夫大学共建山东省农业生物技术国际联合实验室，与山东农业大学、山东省农业科学院共建小麦育种全国重点实验室，参与建设国家盐碱地综合利用技术创新中心，同时独立建设5家潍坊市重点实验室。

研究院俯瞰图　（北京大学现代农业研究院　供图）

【科技创新】 2023年，研究院面向国家战略需求、紧盯区域发展需要，关键核心技术取得新突破，基本形成基础研究—应用研究—成果转化的全链式科创体系。突破小麦种源“卡脖子”技术攻关，首次获得该技术所需的全部核心元件，抢占主粮作物国际前沿技术制高点，获得5项国际专利授权。创建大豆玉米带状复合种植洁田一体化除草模式，有效解决玉米大豆间作杂草防治的世界性难题，大大提高了“麦玉豆”周年种植的除草效率，大幅降低了作物种植成本，实现作物“稳主粮、扩大豆”战略目标。全面开启瓜果蔬菜经济作物精准分子设计育种，打通猕猴桃4.0设计育种体系的全部技术壁垒，在基于农业大数据的育种4.0领域处于国际领先地位。研究院累计在Cell、Nature、Science、Nature Genetics、Molecular Plant和Plant Cell等TOP期刊发表论文174篇，申请国外、国内发明专利60项，已授权国外发明专利5项、国内发明专利18项，申请植物新品

北柿1号产品图　　（北京大学现代农业研究院　供图）

种权21个、8个主粮送审品种。

【成果转化】 2023年，研究院4项小型西瓜品种（W101、W102、W105、W107）、5项盆栽番茄品种成果成功转化给潍坊企业，转化合同金额超过360万元，4项小型西瓜品种预计2024年终端市场将突破2亿元销售额。完成4项技术合同认定登记，总金额435万元。

【社会服务】 2023年，研究院围绕现代农业科研创新、产业化发展与乡村振兴总体目标，在产学研合作、人才培训、成果转化等方面开展合作，为打造升级版潍坊“三个模式”作贡献。与11家单位签订战略合作框架协议，为50余家企业提供技术支持与指导、为5家企业出具作物病害鉴定报告、为15家科研院所和高校免费提供科研材料。依托科研平台和人才资源优势，搭建科技创新与培训交流平台，培养农业科技人才。举办“分子育种研修班（MBA）”，招收学员103人，为育种工作者提供全方位的分子育种理论、技术、平台、方法和应用培训。举办“农科开放月”活动，来自社会各界共500余人走进农业科研殿堂，见证农业科技力量，了解农业科研故事。组建科普志愿服务队，开展进校授课、送技下乡、结对帮扶等志愿活动，推动农业科研创新走进大众生活。

（丛佃敏）

文化　旅游

社会文化

【概况】 2023年，潍坊市加强文艺精品创作扶持宣推，广泛开展各类文化惠民活动，扎实推进文艺精品创作生产，大力实施"山东手造"工程，文化改革发展成效显著。

【扶持文艺创作】 2023年，全市加强文艺精品创作扶持宣推。根据《关于加强重点文艺作品选题策划和优秀文艺作品扶持奖励的九条措施（试行）》，加大对文艺创作生产前端扶持和后端奖励的力度，结合各级文艺奖项评选标准，开展2023年重点文艺作品扶持项目评选，确定19部作品给予重点扶持。对第四批15名"潍坊民间艺术大师"进行扶持培养，发放扶持资金8.6万元，组织参加市级以上展销活动20余场次，开展民间艺术大师专题宣传报道300余篇次。承办省"文化创意设计赋能山东手造"行动启动仪式暨潍坊站揭牌活动，邀请专家团队与潍坊民间艺术大师、手造艺人合作交流，对风筝、年画、核雕等手造产品进行创新提升。

【文化惠民活动】 在全市举办2023潍坊新青年音乐节、巨淀湖湿地音乐节、上海国际艺术节潍坊分会场等音乐活动20余场，参与群众达40余万人次。举办陈介祺金石文化周、第十三届（诸城）东坡文化节等重点文化节会，擦亮"金石之都"城市名片，进一步提升潍坊文化影响力。成功举办风溪地仲夏夜欢乐季系列演出活动，市文化艺术中心风溪地滨河步行街已成为潍坊市民夏夜休闲娱乐的首选目的地，到潍坊逛夜市、看演出、合唱"后来"火爆出圈，潍坊成为最爱唱歌的城市成为网络热门话题。全年开展"我们的中国梦——文化进万家"、市民文化节等群众性文化活动1.6万余场次，打造"最美人间烟火气"，进一步丰富群众精神文化生活。

【文艺精品成果】 2023年，全市有序推进"齐鲁文艺高峰计划"入选作品的创作生产，电视连续剧《南来北往》完成拍摄，报告文学《看云起——中国"菜篮子"的共富样本》、长篇小说《乐道院》顺利出版。电视纪录片《郑板桥》、电影《海生稻香》分别在央九、央六播出，纪录片《郭味蕖》在央视中文国际频道播出。电影《勇士连》获国家广电总局2023年"共筑中国梦"主题原创优秀网络视听节目。山东快书《家常话》《卧冰求鲤》获第四届全国山东快书优秀节目展演优秀节目。网络电影《鬼吹灯之南海归墟》票房分账突破2800万。诸城派古琴入选文化和旅游部主办的全国民族器乐展演并荣获优秀乐种组合奖。11件作品获"泰山文艺奖"，1件作品获中国民间文艺"山花奖"。

（范春燕）

文化体制改革

【概况】 2023年，全市坚持守正创新，以深化体制改革赋能文化发展。制定2023年全市文化体制改革工作要点，制定实施文化"两创"新标杆行动等9项重点改革任务，2项纳入省30项共性改革任务。宣传推广潍坊市加强民间艺术版权保护和发展金石文化等方面典型改革案例，在全省推进文化"两创"工作调度会上作典型发言。加快推进国家文化公园和文化体验廊道建设，研究制定《关于建设文化体验廊道推进文旅融合高质量发展的实施方案（2023—2025年）》《关于支持国家文化公园和文化体验廊道建设的若干措施》《潍坊市文化体验廊道建设2023年重点任务工作台账》等文件，推荐临朐县五井镇花园河村等14个村入选省文化体验廊道建设重点村名单，入选数量位居全省前列。潍坊市在全省文化体验廊道建设启动会议上作典型发言，《山东宣传工作》刊发潍坊市打造齐长城文化体验廊道经验做法。组织开展全市“十四五”文化旅游发展规划中期评估工作，研究制定《潍坊市文化数字化行动方案》和文化数字化政策清单。圆满完成第四届山东省“文化强省建设示范市（县）”迎测工作。青州中晨书画艺术产业园成功入选“国家级文化产业示范园区”，全省唯一。

【市级媒体改革】 2023年，全市聚焦全媒体建设，进一步加大在体制机制、薪酬绩效、内容生产、流程管理、人才技术等方面的改革力度，推动传统业务和新媒体业务有效整合。2023年8月11日，市委书记刘运到潍坊日报社和市广播电视台调研，对媒体融合发展等工作给予肯定。2023年12月23日，市委常委会研究通过《潍坊市融媒体中心（潍坊传媒集团）组建实施方案》；12月25日，举行市融媒体中心揭牌仪式；12月31日，市委办公室、市政府办公室印发《关于印发〈潍坊市融媒体中心（潍坊传媒集团有限公司）组建实施方案〉的通知》。

【思政育人改革】 2023年，制定出台党建统领“三位一体”思政育人指导意见，成立全市大中小学思政教育一体化建设指导委员会，推动各项决策部署落实落地。抓宣教手段创新，在全省率先开展“国防有我”全民国防教育“百千万”宣讲活动，在市级媒体开设全省首档青少年思政新闻栏目《潍坊青少年新闻联播》，举办首届“新时代 新青年 新使命”大学生宣讲比赛，在全市以现场直播形式集中宣介潍坊年度最美人物。抓经验模式创新，“小书屋”搭起基层思想政治教育“大课堂”案例入选全国基层思想政治工作优秀案例；“一体两翼三驱四合”思政育人体系建设等7个项目入选全省思政课教学改革项目，数量居全省前列。

【文艺志愿服务体系改革】 2023年，延伸文艺志愿服务工作体系，联合文联、文艺家协会等文艺组织，多方链接社会资源，依托各级各类文明实践阵地，打造文艺驿站、文明实践传统文化传承基地等特色阵地，开展非遗进社区、文艺课程公益培训等系列活动，以志愿服务赋能文化惠民。加强专业化、项目化志愿服务体系建设，打造更多高品质服务项目品牌，承办中宣部“强国复兴有我”主题志愿服务活动和全省首届“五为”文明实践志愿服务项目大赛。组织优秀项目展示交流会，举办5期市级志愿服务培训班，2个项目入选全国学雷锋志愿服务“四个100”先进典型，1个项目入选全省宣传思想文化工作守正创新典型案例，5个项目获省项目大赛金奖、铜奖。

（范春燕）

公共文化

【概况】 2023年，潍坊市紧紧围绕提升群众文体生活满意度，坚持创新驱动，注重固强补弱，公共文化各项重点工作有力有序推进。年内接待省内各地到潍坊考察学习团队12批150多人次。

【文化场馆建设】 2023年，潍坊市项目化推进公共文化场馆建设，基础设施建设有新突破。

市县两级场馆建设。立足城乡特点，鼓励新建改建有特色、有品位的公共文化空间，扩大公共文化服务覆盖面，增强实效性。市图书馆创新打造24小时阅读空间和外国专家书屋；奎文区、安丘市、临朐县公共图书馆、文化馆新馆建成使用，成为当地文化新地标；市县镇三级公共文化服务机构积极拓展融合旅游服务功能。11家图书馆参加第七次全国县级以上公共图书馆评估定级，全部评为国家一级馆。

启动城乡15分钟品质文化生活圈建设。市政府印发实施《关于推进城乡15分钟品质文化生活圈建设的实施意见》，在全省率先新建成120多个城乡15分钟品质文化生活圈，初步形成资源共享、互联互通、有效覆盖、特色鲜明的公共文化服务网络，显著缩小城乡、区域、群体之间差距，推动城乡公共文化服务体系一体建设高质量发展。

城乡书房建设。将城乡书房建设纳入市政府为民办实事项

目，以市政府名义出台《关于进一步推进城乡书房建设的实施意见》，高标准建成37家城乡书房。高密市莫言文学馆、青州市南湖书院、诸城市望山书吧分别获评国家级、省级“最美公共文化空间”。

【公共文化服务】 2023年，全面提高公共文化服务效能，优质文化供给有新加强。

*场馆阵地服务重品质更加暖心。*全市12家公共图书馆以理念先进、管理科学、服务优质为目标，充分利用文献资源优势，坚持线上线下统筹融合，构建全方位、多元化阅读服务模式，开展阅读活动3200余场次，接待到馆读者400万余人次。图书借阅200余万册次。潍坊市图书馆奇妙夜——沉浸式剧本体验活动、青州市的第十六届全民读书节、奎文区图书馆的“千百图书漂流”活动等，场场爆满，广受好评。嵌入群众身边的城乡书房逐渐成为服务群众的有生力量，市本级6家城市书房服务群众就达50万人次，开展读书活动200余场次。各级文化馆（站）打造群众终生美育学校，常态化开展音乐、舞蹈、绘画、摄影等文化艺术普及，市文化馆“益佳艺”公益培训活动深受群众喜爱。整合全市美术运营机构，设立美术馆分馆，打造“行走的美术馆”公益美育品牌，深入基层举办了“问道自然”“山阴行远”“画说风筝”“童心向党”等十余场美术展览。

*主题活动。*以“第八届潍坊市民文化节”为统领，举办群众朗读大赛、四季村晚、群众性小戏小剧创演、优秀文艺作品巡演、周末艺相逢等文化品牌活动，推动优质公共文化服务向基层延伸。诸城市密州街道被文化和旅游部评为全国“四季村晚”示范展示点；参加第十八届山东省读书朗诵大赛，荣获5个一等奖、6个二等奖和10个三等奖，获奖数量名列全省前茅；群众性小戏小剧新创作品数量、演出场次连续两个季度排名全省第一。

*群众娱乐活动。*举办2023年度文旅云春节活动，发布作品8700件，浏览量300多万人次，投票量达69.6万人次，参与人数再创新高。搭建群众展示平台，举办新春文艺汇演、元宵喜乐会、民俗乐翻天、文化馆服务宣传周等各类文化惠民活动300余场，受惠群众300余万人次。采取市县镇三级联动方式，举办群众性广场舞大赛、合唱比赛，4000多支广场队伍参赛，参与群众40万人次，成为最受欢迎的群众性文化活动品牌。

【公共文化服务保障体系】 2023年，潍坊市注重机制化构建公共文化服务保障体系，推进运管模式实践创新。

*探索建立委托运行体系。*结合城乡15分钟品质文化生活圈建设，充分尊重群众文化生活主体地位，在全市基层推广“文化议事会”制度，鼓励建立“文化合作社”，实现基层公共文化工作自我管理、自主运行、自办活动。培育文化能人、文体团队、文化志愿者常驻基层文化阵地，全过程参与基层文化设施运行管理和服务供给。上半年，文化和旅游部突击暗访潍坊市基层公共文化服务机构免费开放和服务效能发挥情况，受到肯定表扬。

*创新建立人才培养体系。*制定全市“两馆一站”业务技能大赛实施方案，促进从业人员岗位业务能力和服务水平提升。实施基层文化人才培育工程，加强群众文体团队建设，评选表扬100支优秀文体团队。大力加强以基层文化指导员、文化管理员、文化带头人、文化模范家庭为主体的基层文化骨干队伍建设，广泛推动基层文化骨干全员参与公共文化服务产品生产与供给。临朐县文化和旅游局代表潍坊在省公共文化高质量发展会议上作典型发言。

*建立健全服务效能考评体系。*基于群众满意度提升，广泛开展“两馆一站”服务效能考评，深入推进文化和旅游公共服务机构功能融合试点，提高规范化、标准化管理服务水平，促进公共文化服务品质全面提升。完成对2022年度全市文化馆（站）服务效能考评，制定下发了2023年度全市公共图书馆、文化馆（站）服务效能考评细则，评选表扬了文体生活满意度工作、文化馆（站）服务效能考评中涌现出优胜单位、先进集体和个人。青州市文化和旅游局在全市乡村文化振兴专题培训班上作典型经验介绍。

（范春燕）

新闻出版

【概况】 2023年，潍坊市深入学习贯彻习近平文化思想，贯彻落实全省宣传思想文化工作会议、全省宣传部部长会议精神，完成全国版权示范城市验收工作，推进民间文艺版权保护与促进试点，组织全民阅读活动，加强行业管理，新闻出版工作取得新成效。

【全国版权示范城市创建】 2023年4月24日，国家版权局函复山东省版权局，授予潍坊市“全国版权示范城市”称号。6月8日上午，首届文化强国建设高峰论坛共建互联网版权新生态分论坛在深圳举行，其间举办了“全国版权示范城市”授牌仪式，潍坊成为第15个全国版权示范城市，也是山东省第3个获此殊荣的城市。7月29—30日，中宣部有关领导到潍坊调研版权示范创建工作，现场察看了郭牌农业科技有限公司、山东街景智能制造科技股份有限公司、潍坊手造博物馆、潍坊十笏园博物馆、青州博物馆（新馆）和青州古城等版权企业及文博场馆，对潍坊版权工作高度肯定，并在全国民间文艺版权保护与促进试点工作会上重点推广潍坊版权产业融合发展经验。《中国新闻出版广电报》整版报道潍坊市民间文艺版权试点工作。

【民间文艺版权保护】 2023年，市政府办公室印发《潍坊市民间文艺版权保护与促进试点工作方案》，并召开试点工作动员会议。组织9期民间文艺版权巡回培训，全市版权管理部门、版权执法机构、非遗协会、文化企业和民间文艺从业者代表600余人参加培训，增强民间文艺版权从业人员的版权保护意识和管理服务水平。挂牌成立2个民间文艺版权工作站，开展民间文艺版权作品大赛，组织民间文艺版权故事征集活动。开发建设潍坊市民间文艺版权数据库平台并投入运行。印发以鼓励民间文艺版权作品登记为主的2023年度全市省级版权登记平台奖补措施。制作发布版权护航民间文艺传承发展视频，通过移动手机彩铃形式在社会面扩大宣传。中国新闻出版广电报整版报道潍坊市民间文艺版权试点工作。11月24日，潍坊市文化和旅游局主要负责人在2023国际版权论坛之版权赋能文化传承发展论坛上作主题发言，介绍潍坊民间文艺版权探索成果和实践经验，丰富的展品和精彩的展示吸引了大量游客及各省市版权管理部门前来参观和交流，收到良好的宣传推介效果。

【扩大版权工作影响力】 经中宣部版权管理局推荐，作为全国版权示范城市唯一代表，10月18日，潍坊市政府主要领导参加2023景德镇文化创新发展论坛并作主旨演讲，推广潍坊市版权工作经验。10月29—30日，全省版权高质量发展工作推进会在潍坊召开，省委常委、宣传部部长白玉刚，中宣部版权管理局局长王志成出席并讲话，市委主要领导介绍潍坊版权工作经验。加强推介交流，在深圳文博会、版权博览会（成都）设置版权展厅，展示版权工作成果。山东街景智能制造科技股份有限公司、山东全影网络科技有限公司被评为2022年度全国版权示范单位。山东全影网络科技有限公司入选全国2022年度十大著作权人，是全省唯一一家入选单位。山东省宣传周启动仪式在潍坊举行，新增省级版权工作站1个、省级版权示范单位2家、省级版权示范园区（基地）2家。出具2023年潍坊市版权产业发展报告，版权产业增加值占全市生产总值比重达8.21%，高于全国、全省同期水平。全市版权登记数量超12万件，居全省第一位。河南省、吉林省、河北沧州市、烟台市等多地到潍坊学习考察版权工作。

【全民阅读】 2023年，全市整合阅读资源，凝聚部门合力，把教育、工会、妇联、团委、机关工委、国资委等部门资源纳入山东全民阅读在线系统。举办首届潍坊市全民阅读大会，共同完成潍坊市第八届全民阅读先进典型推荐评选工作。开展新时代乡村阅读季活动，2023“我爱阅读100天”读书打卡活动组织积分14809万分，居全国第二名。指导全民阅读电视节目改版，制播节目40余期。寿光市洛城街道洛城西村农家书屋获评全国最美农家书屋，青州刘元民获评全国乡村阅读榜样。全市举办全民阅读活动近5000场，新增阅读推广组织172个、阅读空间224处。

【印刷出版行业监管】 2023年，全市989家印刷企业、1070家出版物零售企业、64家二级批发单位通过印刷发行行业年度核验。7份报纸、4种期刊完成社会效益评价，报纸期刊、连续性内部资料、记者证、驻潍记者站等完成全面核验。完成报纸期刊连续性内部资料审读工作，组织完成报纸出版单位新闻采编人员资格培训考试、报纸新媒体质量专项检查，组织期刊出版单位加强从业人员管理。4家书店获评山东省最美书店。山东阳光概念包装有限公司被评为山东省印刷示范企业，全省共13家。

【潍坊日报社】 2023年，潍坊日报社深入宣传贯彻习近平新时代中国特色社会主义思想和党的二十大精神，牢记主流媒体初心使命，着力宣传潍坊优势、反映潍坊亮点、展示潍坊形象，所属媒体潍坊日报、潍坊晚报、潍坊融媒客户端等平台传播力、引导力、影响力、公信力持续提升。

主题宣传。2023年，潍坊日报社统筹《潍坊日报》《潍坊晚报》、潍坊融媒客户端、潍坊新闻网等新闻媒体矩阵，以及《走向世界·中国潍坊》杂志等宣传平台，精心策划“建设更好潍坊”“五个优势”“拼经济”“企业家精神”“文化潍坊”等主题宣传，和“企业调研行”“乡村调研行”“山海行”全媒体采访活动，共开设重点专题专栏45个，全媒体平台发稿20000余篇次，其中重头报道、深度报道1200余篇次，在报、网、端、微等全媒体平台综合阅读量突破9500万人次。围绕全国和省市两会、中央和省委市委经济工作会议、全市工作动员大会等重要会议，以及主题教育、乡村振兴、产业发展、民生改善等重大主题，精心策划组织，深入一线采访，开设专题专栏，推出了一批有分量有影响的重点报道、深度报道，通过全媒体平台传播，形成舆论强势，产生良好反响。全年共有114件（次）作品在山东省新闻奖（系列）、山东省市地报新闻奖、中国地市报新闻奖等重要新闻奖项评比中获奖。潍坊日报社的新闻报道宣传效果突出、社会反响强烈，多次得到市委、市政府主要领导的充分肯定。

聚焦中心工作宣传。围绕市委中心工作、思路目标和任务举措，聚焦建设实力强品质优生活美的更好潍坊主题，在产业发展、项目建设、双招双引、营商环境、拓展创新“三个模式”、文旅消费等主题策划上推出一大批重点报道、深度报道。围绕市委、市政府重点工作，组织开展“建设更好潍坊·金点子”征集评选，截至2023年底，共征集到社会各界来稿和建议意见400余篇。开设“国士寄语更好潍坊”“最忆是潍坊”“建设更好潍坊 人大代表在行动”“潍坊迎新年再出发·建设实力强品质优生活美的更好潍坊·年终特稿”等专栏，策划“总要来趟潍坊吧”“潍坊，很……”等系列新媒体报道宣传潍坊。加快构建网上网下一体、内宣外宣联动的主流舆论格局。在国庆假期举办的“更好潍坊”巨报展暨潍坊日报社第三届读者文化节上，99个巨幅主题版面亮相，展示全市各行各业的新形象新成就，展现了“更好潍坊”新气象。12月，按照市委、市政府部署举办的“潍坊迎新年再出发”巨报展，选取《潍坊日报》自1984年创刊以来，反映潍坊发展巨大变化的版面进行展出，展现了潍坊城市发展的标志性事件和潍坊人民创造的辉煌成就，市委主要领导及市委宣传部长到场参观并给予充分肯定。积极扩大网宣外宣，精心打造的“潍水观澜”公众号发布原创报道26篇，为《人民日报》《经济日报》《光明日报》《农民日报》等主流媒体提供宣传潍坊的稿件37篇。

“更好潍坊”城市盛典暨潍坊融媒客户端上线三周年活动现场
（张驰 姜斌 摄）

提升媒体传播力。适应全媒体传播要求，推动新媒体提速发展，坚持移动优先，做大做强媒体传播力。2023年，潍坊日报

潍坊日报社开展庆祝第24个中国记者节活动　　（刘蒙亮　摄）

社推行新媒体周策划制度，以策划引领打造适于新媒体平台传播的爆款出圈产品。五一期间推出的“总要来趟潍坊吧”系列，获得市委主要领导点赞；作品《群星璀璨！原来潍坊的历史如此耀眼》等新媒体产品获多家同城媒体转载；连续剧式潍坊融媒原创H5《太厉害了！潍坊的大佬都在这个群里》等新媒体产品，以新颖的形式和诙谐的语言受到广大受众欢迎。推出1000多件视频作品，播放量100万以上的达到200件以上，播放量最高的作品《潍坊驰援涿州》达到了4000万以上，收到良好的宣传效果。在省委宣传部对全省地市媒体传播力测评排名中，潍坊日报社位居前列，媒体融合成果获评全国地方党媒融合发展创新示范项目、全国报业媒体融合优秀案例。

媒体融合改革。2023年，潍坊日报社进一步推动媒体深度融合互通，整合潍坊融媒、潍坊晚报，充实提升新媒体编辑力量，实现相互赋能、融合共进，取得1+1>2的效果，改革后报社70%以上采编人员转移到新媒体。通过改革推进减员增效，人浮于事问题得到基本解决。实施人才培育工程，培养20名专家型记者，举办融媒体大讲堂13期，培训编辑记者1000多人次，采编队伍业务水平大幅提升。坚持以先进技术为支撑，以5G、大数据、云计算、人工智能等先进技术赋能驱动媒体深度融合，建设了潍坊日报社媒体融合系统平台，形成技术赋能的内容生产体系和全媒体传播链条，提高了新闻传播质效。2023年，报社提报的《潍坊市坚持“都市报+新媒体”赋能　推动全媒体传播向纵深发展》案例成功入选2023年度潍坊市改革典型案例。

（范春燕）

广播影视

【主题主线宣传】2023年，全市广电系统将核心宣传作为首要政治任务，持续做好广播电视媒体“头条”建设和网络视听媒体“首页首屏首条”建设。

重大主题宣传。紧扣宣传贯彻党的二十大精神工作主线，聚焦中国式现代化、贯彻新发展理念、全面推进乡村振兴、践行社会主义核心价值观、弘扬中华优秀传统文化等重大主题，指导各广电媒体及其视听新媒体平台强化“首页首屏首条”建设，推出主题宣传报道、系列节目、融媒体产品，开设“学习宣传贯彻党的二十大精神”等专题专栏，大力宣传党中央决策部署，强化政策措施宣传解读，网上网下同频共振。市广播电视台重磅推出《春潮》《潍坊经济大家谈》《落实进行时》三档大型融媒体栏目，社会各界好评如潮。

多点发力突出主题。广播、电视、新媒体同向发力，通过出新出彩的电视剧、公益广告、新媒体产品，营造良好氛围。开展“奋进新征程　建功新时代”精品电视剧展播活动，精选《人世间》《跨过鸭绿江》《铸匠》等10余部精品电视剧于8月至12月份集中展播，年内累计展播电视剧253部、3320集。组织黄河流域生态保护和高质量发展优秀公益广告评选，并集中展播。

【精品创作】2023年，全市不断提升广播电视和网络视听作品的精神能量、文化内涵、艺术价值。

重点影视剧目。潍坊新片场传媒有限责任公司推出的重大革命题材网络电影《勇士连》获国家广电总局年度推优，首次在北京卫视黄金时段进行展播，荣获2023年中国梦主题原创网络视听节目征集活动暨“中国梦·齐鲁情”山东省第十届原创网络视听节目大赛优秀网络电影一等奖，并获省委宣传部2022年度优秀文艺作品奖励资金50万元。打造潍坊市首部彰显潍坊非遗特色的纪录片《拾忆鸢都》，荣获第12届北京国际网络电影展最佳纪录片奖，入围第二届香港紫荆花国际电影节，于2月28日起在陕西卫视、青海卫视、湖南卫视金鹰纪实等全国22家电视台首播，效果良好。

优秀节目创作。潍坊市广播电视台《成功起跑线》获评2022年度全省优秀少儿节目。在2022年度全省广电优秀节目评选中，潍坊市有12件作品获得一等奖，获奖数量、质量均创历史新高。全市8家融媒体中心获评2022年度全省广播电视和网络视听节目联合制作优秀单位，获奖数量位居全省第一。

公益广告。在2022年度山东省广播电视公益广告评选中，潍坊市广播、电视获奖作品15件，寿光、奎文融媒体中心获评优秀传播机构，潍坊市文化和旅游局获评优秀组织机构。

【广播电视公共服务】 2023年，全市推动广播电视公共服务提质增效，提高广播电视公共服务水平。

应急广播建设。建成15个县级平台、2068个镇村平台和8800余个应急广播终端，实现15县市区全覆盖，经验做法在《全省应急广播工作简报》中多次刊发。经省广电局积极推荐，寿光应急广播体系建设案例作为全省唯一入选的县级案例，成功入选国家广电总局公布2023年《应急广播体系建设案例汇编》，在2023年全国应急广播体系建设现场推进会议上列为典型，经验全国推广。

县级媒体融合。按照《山东省县级融媒体中心高质量规范化发展实施方案》要求，指导各县级融媒体中心细化分解任务，明确时间节点，抓好工作落实，目前寿光、诸城、昌邑等多家县级融媒体中心已达到一级播出机构。潍坊市在临沂沂南举办的全省县级融媒体高质量发展推进培训班上作典型发言。

广电惠民服务。延续广电扶贫财政补贴政策，自2018年以来，为享受广电扶贫政策建档立卡的4.7万户贫困户提供免费收听收看有线电视服务。截至年底，全市广播和电视综合覆盖率均达到100%。

【电视传播安全保障】 坚持零报告、属地管理、督导检查、培训演练四项制度，抓好关键环节、关键岗位、关键部位，高标准、高质量完成全国两会、成都大运会、杭州亚运会等9次重要保障期安全播出保障任务。创新开展卫星电视传播秩序专项整治行动，将设置非法“卫星锅”播放卫星传送有害视听节目的行为纳入文旅市场“吹哨人”预警清单，打造卫星治理“监管执法+行业自律+群众监督”综合治理体系的做法获国家广电总局通报表扬。

（范春燕）

网络媒体

【概况】 2023年，市委网信办围绕“七个加力突破”“五个加快提升”，坚决守住网络安全和网络意识形态安全两条底线，为更好潍坊建设提供坚实网信保障。市委网信办被中央网信办评为“2023年度互联网舆情工作先进单位”，被省委网信办评为全省网络舆情信息工作表现突出集体。网信系统3人被中央网信办评为“2023年度互联网舆情工作先进个人”，3个集体和5人被省委网信办、省人社厅表彰为全省网信工作先进集体和先进个人。协调推动潍坊市作为全省唯一的全国区块链综合试点城市顺利通过终期评估，入选中央网信办2023年区块链创新应用典型案例。

【网络文明建设】 举办2023山东网络文明周潍坊市活动，在网上掀起争做新时代好网民、弘扬正能量的热潮。联合多部门开展网络素养教育进机关、进企业、进学校、进社区、进家庭活动20余场。高标准打造网络素养教育基地，覆盖各县市区，常态化开展网络文明宣传。充分发挥媒体传播优势，构建网络文明传播体系，推动正能量实现大流量。持续打造“好网民·在潍坊”品牌，积极宣传先进典型，扩大正能量影响力，带动提升全社会网络文明素养。积极动员网络媒体、网络公益平台以及广大网民共同参与“网络公益工程”，大力培育和践行社会主义核心价值观，弘扬中华民族优秀传统美德，推动形成“全网公益”“全民公益”的生动局面。做强“潍水剑”“筝鸣时评”“有潍”“新派时评”等网评品牌。将网络评论与重大主题宣传融合传播，进一步壮大网上正能量传播阵地和声势。

【潍坊日报社融媒体中心】 2023年，潍坊日报社融媒体中心宣传潍坊优势、反映潍坊亮点、展示潍坊形象，为建设更好潍坊提供了有利舆论环境。已建成以“潍坊融媒”客户端为龙头、辐射带动潍坊新闻网、潍坊发布及微信、微博、抖音号、头条号等32个平台的新媒体矩阵，综合粉丝量超过2000万，牢牢占据网上舆论主阵地。“潍坊融媒”客户端作为全市政务新闻的首发平台，下载量突破350万人次，开设27个频道、300多个栏目。潍坊融媒微信公众号粉丝量超过100万。成功举办的“更好潍坊”城市盛典暨潍坊融媒客户端上线三周年活动，既展示了“潍坊融媒”强大的品牌效应，又全面展现了潍坊日报社的主流媒体影响力。

主题宣传。2023年，潍坊融媒围绕市委、市政府中心工作，利用好各网络宣传平台和新媒体矩阵，开设“建设更好潍坊金点子”“山海行”“最忆是潍坊”“服务企业专员在行动”“总要来趟潍坊吧”“潍水观澜”等栏目，策划推出一大批反映产业发展、项目建设、双招双引、营商环境、改革创新、办好民生实事等新成就、新亮点的重头报道、鲜活报道，将市委、市政府声音第一时间覆盖全市，让主题宣传声势更加强劲。

硬件软件全面提升。2023年，潍坊融媒硬件水平和软件功能得到更大提升。改造融媒体中心一楼演播厅，优化原有空间布局，合理分割活动区与候场区，观众人数可达120人规模，基本可以满足中小型活动需求，功能更加完善，设施更加齐全。另外，将报社大楼12楼升级改造成多功能厅。12楼总建筑面积约240平方米，层高7.8米，包含主舞台、贵宾室、化妆间和控制室等，目前已经改造完成并投用，可容纳166名观众，能有效保障中型活动的顺利实施。此外，软件方面不断优化升级，潍坊融媒客户端成功升级4.0，潍坊新闻网多次改版上线，抖音号、视频号等构成的新媒体矩阵不断增加阵地和声量。潍坊融媒打造推出的“潍坊圈”栏目，成为用户与潍坊融媒沟通的桥梁，2023年底，潍坊融媒客户端27大频道焕新上线，内容更加细分，进一步强化主流媒体的主流声音。

打造“潍光”品牌。在潍坊融媒客户端开设“潍光”频道，集纳潍坊好人好事相关报道，不断推出“潍坊发光场”等策划，进一步释放潍坊“志愿之城”的温暖和魅力。报道捐献造血干细胞的潍坊姑娘张宁，引起人民日报微信公众号、新华网公众号等媒体的转载和关注。通过开展“潍光”公益夏令营、潍坊融媒之夜等活动，让正能量连通线上和线下，进一步擦亮潍坊城市品牌。

推进媒体融合。2023年，潍坊日报社融媒体中心将《潍坊晚报》融入融媒体中心，尝试传统媒体和新兴媒体从“相加”迈向“相融”，形成网上与网下一体、传统和新兴联动的主流舆论格局。潍坊融媒客户端4.0正式上线，下载量超过350万，“潍坊融媒”公众号粉丝量突破100万。2023年7月，潍坊融媒全媒体传播矩阵荣获全国地方党媒融合发展创新“示范项目”；2023年10月，“潍坊日报社媒体融合实践”案例获全国报业技术赋能媒体融合优秀案例，媒体融合取得显著成效。

（王　震　范红梅）

文物、博物馆

【文保基础工作】 2023年争取上级文物保护专项资金5018万元，数额为全省第一。推动高密市前冢子头遗址考古发掘二期勘探取得显著成果，发掘1000平方米，出土重要文物标本900余件。建成山东大学考古教学实习基地（高密），举办高密前冢子头遗址周代祭祀遗存学术论证会取得圆满成功，国家部委、省、市领导出席。成功主办全省文物保护利用示范区创建工作现场推进会，文物保护利用“昌邑模式”入选山东省文物事业高质量发展典型案例。组织开展第四次全国文物普查准备及第五批市级文保单位评选工作。组织承办山东省文物利用工作培训班，组织参加国家文物局“文物防灾减灾体系建设线上培训班”，举办潍坊市首届田野考古技术培训班，有效增强全市文物保护人才队伍素质。完成全市红色标语类革命文物实地复核，形成《潍坊市红色文化资源普查工作报告》，为下步工作提供针对性、有效性和科学性指导。率先在全省正式开展并完成馆藏可移动革命文物鉴定评估定级，公布第二批潍坊市不可移动革命文物名录和第一批潍坊市可移动革命文物名录。在全省率先完成列入山东省革命文物名录79处不可移动革命文物和列入《潍坊市第一批红色文化资源保护名录》89处不可移动红色文化资源保护标志牌设立工作，因地制宜分为双立柱式和悬挂式，做到既鲜明醒目又美观大方。全面加强革命类文物保护单位“四有”工作和安全直接责任人公告公示制度落实，县保以上落实率100%。推动各县市区对未核定公布为文物保护单位的革命旧址等核定公布为文物保护单位。将文物安全纳入全市高质量发展综合考核体系，压实革命文物安全主体责任、监管责任和直接责任。联合市民宗局共同印发《关于充分利用革命文物资源铸牢中华民族共同体意识的通知》，开展革命文物资源调查征集和价值挖掘工作，打造铸牢中华民族共同体意识精品陈列和主题活动。联合市双拥办、市委宣传部、市教育局、市军分区政治工作处印发《关于印发守护红色记忆致敬忠诚老兵主题活动实施方案的通知》，通过对红色遗址、烈士纪念设施、革命先烈事迹的挖掘打造，结合红色文化“五进”活动，推动红色资源充分转化利用。

【文物保护利用】 开展2023年度省文物建筑活化利用优秀案例遴选推荐（推荐案例7个），向省厅推荐潍坊齐鲁天路魅力文化遗产体验游等13条文物主题游径。推进文物旅游融合发展，102处文物博物单位成为旅游目的地，打造22条文博主题游径精品线路。潍坊市“倾力旧址修缮保护，奏响新时代和平强音——潍县西方侨民集中营旧址保护利用工程”公布为第四届（2022）全国革命文物保护利用十佳案例。山东省文物保护利用示范区创建工作现场推进会议在潍坊召开，“保得住　用得好　活起来”——革命文物保护利用“昌邑模式”获评山东省文物事业高质量发展典型案例。渤海走廊革命斗争陈列馆、乐道院潍县集中营博物馆公布为山东省青少年红色研学基地。乐道院潍县集中营博物馆数智魔镜元宇宙体验项目获2023年度山东省虚拟现实先锋应用案例。促进革命文物与革命教育相融合，潍坊市坊子区博物馆等3个单位公布为山东省第二批中华优秀传统文化、革命文化、社会主义先进文化专题实践教学基地名单，数量全省第一；乐道院潍县集中营博物馆“致敬我们最可爱的人”系列思政课程被国家文物局、教育部公布为以革命文物为主题的“大思政课”优质资源精品项目。促进革命文物与红色旅游相融合，在全省率先发布革命文物主题游径，推出红色文化主题研学游产品。9处场所纳入跨鲁冀苏三省革命文物保护利用片区红色主题遗产线路，18处革命旧址、革命场馆、红色文化特色村纳入山东省二十条红色遗产精品线路，38处场所9条线路纳入山东百条红色旅游线路。促进革命文物与乡村振兴相融合，共计33个村列入山东省红色文化特色村培育创建名单，20个村成功创建认定颁牌，数量位居全省第一，8个红色文化特色村获省财政专项补助奖励。

【挖掘革命文物精神内涵】 举办红色文化主题月启动仪式，精心筹备组织开展活动，通过市县镇村四级联动，在全市范围内打造了160余项导向正确、内涵丰富、形式多样的红色活动，潍坊市文化和旅游局被表彰为2023年度山东省红色文化主题月活动先进单位。结合抗战胜利78周年重要节点，乐道院潍县集中营博物馆等红色博物馆、展览馆开展纪念抗战胜利78周年主题教育，依托馆内优质教育资源，通过多元化教育模式，以社教活动为载体，重温全世界人民为世界和平反对法西斯而抛头颅、洒热血的峥嵘岁月，激发青少年的爱国情怀。依托红色资源和革命史实，深挖革命线索，讲好红色故事，抓好红色文艺作品创作。联合市委宣传部、市委网信办等部门单位举办“潍心向党·团结奋斗新征程”潍坊市红色故事讲解大赛，并推荐优秀选手参加山东省第五届红色故事讲解大赛。开展“用好红色资源　赓续红色血脉——让革命文物讲好山东故事”征文活动。长篇小说《潍县集中营》、电影《小囚徒》、电视剧《潍县集中营》3个项目入选山东省“十四五”重点文艺创作项目名单。年内10项红色文化相关研究课题列入潍坊市社会科学规划重点研究课题和专项课题立项名单。完成《忆往昔—追忆张逸仙》《乐道院》《潍坊文史丛话》等一批红色书籍的编纂出版发行。

【文物安全监管】修缮保护。对全市革命文物保护情况进行排查，重点对存在险情不可移动革命文物及馆藏可移动革命文物进行保护性修缮和修复。潍县西方侨民集中营旧址修缮保护工程通过四方验评和初验，王尽美故居屋面抢险加固工程完工，潍县战役指挥部旧址保护修缮工程完成终验。潍县西方侨民集中营旧址保护展示工程获国家文物局批复，成为2023年度全国第二批革命文物保护项目计划山东省唯一获批项目。安丘市黄石板坡战斗纪念地——李勤来故居等六座院落修缮保护方案获省厅批复。

落实先考古、后出让制度。印发《关于进一步加强“先考古、后出让”制度落实工作的通知》，2023年完成100个地块，约1123万平方米履行考古手续，有力巩固“先考古，后出让”法律共识。

文物安全监管。完成潍坊市文物系统冬春消防安全排查整治行动、全市文物行业重大事故隐患专项排查整治2023行动、齐长城遗址保护利用监督检查等一系列的文物安全隐患排查整治工作，确保文物安全。“卫星+遥感”科技赋能文物保护经验做法，国家文物局予以充分肯定。

（范春燕）

档案管理

【概况】2023年，潍坊市档案部门落实习近平总书记关于档案工作“四个好”“两个服务”批示要求，紧紧围绕市委“一七五一”思路举措，聚焦“存史资政育人”主责主业，守正创新、开拓实干，各项工作再创新佳绩。市档案馆连续被山东省档案馆表彰为“全省档案宣传工作先进集体”，荣获市直事业单位“服务创新项目”一等奖，亮点工作得到省档案馆和市委主要负责人批示肯定。

【档案资源建设】2023年，突出地方特色，着力打造“见证潍坊”档案资料征集品牌实现新突破，提升了档案资源建设质效，经验做法得到省档案馆主要领导批示肯定，并转发全省。申报全省特色档案征集创新案例28项、获奖22项。其中，《打造特色档案资源库 保护传承优秀传统文化》获“示范奖”。抓好音像照片档案资料征集。接收439期《潍坊新闻联播》进馆，填补了馆藏空白。联合日报社持续开展“见证潍坊”栏目，收集市委主要领导重要活动照片575幅、融媒体库图片1203幅、视频507部。联合潍坊大众网，开展潍坊风物图片和视频资料征集活动，征集图片387幅，视频187部。归集脱贫攻坚和疫情防控“两类档案”，接收照片4073幅、声像资料644部。指导接收风筝会、鲁台会、中日韩博览会以及人民代表大会、政协会等重大活动档案资料807件，“加快推进农业农村现代化图片展”“创新提升‘三个模式’大型成就展”等5个展览电子展板图片986张。指导接收市发改委、市地方金融监管局等12个部门单位2663卷（盒）17466件档案进馆；对统战部、城区粮食分局等7个单位档案全宗卷进行审查修改。征集图书、家谱、名人档案资料等257件（册）。整合市县档案馆馆藏家谱族谱1079册，有序开展数字化复制共享，完成8个县市区571册188321页家谱族谱数字化复制，积极搭建全市家谱族谱共享利用平台。积极构建档案资源建设机制，将档案“收集、整理、归档、移交”等纳入相关工作方案，明确职责、理顺关系。

【档案宣传】2023年，积极传播档案文化，用档案讲好潍坊故事续写新篇章。抓好档案资料编研。编辑出版潍坊发展纪事系列丛书第四册《潍坊城建发展纪事》，回顾展现了新中国成立以来潍坊中心城区建设发展历程、面貌成就和经验做法。策划编辑《见证——更好潍坊2023》，全景式记录2023年全市发展历程和成就。每月编印1期《潍坊大事记》，为市领导和市直部门提供资政服务。完成《潍坊年鉴（2023）》《沂蒙精神专题档案汇编》等书籍供稿任务。创新开办“潍坊档案”视频号，制作发布视频33期，总浏览量达到100万人次。策划发布公众号稿件48篇，其中38篇被潍坊融媒转发，9篇被“学习强国”学习平台采用，总阅读量达200多万人次。更新网站信息1152条，网站访问量达到288万人次。联合山东广播电视台、潍坊广播电视台分别拍摄峡山水库建设纪录片《夺不走的帅旗》《保守国家秘密你我皆有责任》等，并在电视台播出，助力潍坊文化品牌提升。在坚持做好“记忆潍坊——大型档案史料展”参观接待工作的同时，举办“看见潍坊”专题摄影展，接待市委办公室、市公安局、滨海旅游集团等70多个机关、企事业单位及社会各界3000余人次参观。

【档案馆公共服务】 2023年，审核市政府、人社局、总工会等部门单位档案30930件，对外开放的2909件目录融入省档案目录中心。采取网上查、掌上查与现场查、跨馆查等相结合的方式，积极为社会各界提供档案查询利用服务，接待查档者1727人次，利用档案38000余卷件，在存史资政、文稿撰写、视频制作、展览策划、干部档案管理、权益维护、案件查办等方面发挥了重要的凭证资料作用。“创新机制数字赋能　不断提升档案查询质效和社会满意度”在市直事业单位“服务创新项目”评比中，荣获一等奖。

【档案基础业务建设】 2023年，扎实开展档案业务服务工作。聚焦档案工作服务企业高质量发展，分批次、分层次做好企业档案业务培训、典型培育和分类指导，会同市档案局在安丘召开现场观摩会。对26个部门单位开展上门指导、58个部门单位提供业务咨询；对8个部门单位开展专题培训、培训文档人员500余人次；指导14家单位编制《机关档案分类方案、文件材料归档范围和档案保管期限表》；完成全市档案统计年报“名录库”建设和887个单位相关数据汇总上报。配合市档案局对全市12个县市区4个市属开发区的80个部门和市直51个部门单位开展档案行政执法检查调研，制发问题整改单131份并整改落实。“国家宪法日”“国际档案日”“档案法颁布日”期间，利用档案网站、公众号、短信等平台，多渠道、多层次、多形式开展档案法治宣传，增强社会档案法治意识。完成档案职称材料审核和认定，推荐省高评委正高5人、副高28人，认定档案管理员119人。完成市档案学会年检，发展省档案学会会员138人，2人当选理事会理事。组织申报省档案学优秀成果236项，获一等奖16项、二等奖25项、三等奖195项，申报数量和获奖数量居全省前列。组织参加全省经济科技档案资源开发利用优秀案例评选，全市荣获示范案例4项、创新案例13项、优秀案例10项。组织参加全省档案修裱技能竞赛，荣获“团体优秀奖”。

【档案信息化建设】 2023年，争取市档案馆和寿光、安丘、临朐3个县级馆成为“全省六级联动档案信息化提升乡村公共服务试点单位”，寿光、安丘、临朐通过省级验收；指导山东信息职业技术学院等5个单位申报创建2024年度山东省示范数字档案室；完成市民政局等3个单位数字档案室建设试点；市公共资源交易中心“电子文件归档和电子档案管理建设”项目通过省级试点验收；市纪委监委等7个部门单位机关业务系统电子文件归档管理通过市级试点验收。完成新进馆档案数字化加工，全年数字化加工档案1376卷（盒），著录条目18599条，扫描全文527902页。

【档案安全保护】 2023年，加强档案防护。对照国家档案局《档案馆安全风险评估指标体系》标准要求，不定期开展安全隐患排查，发现问题及时治理。落实档案安全各项管理制度及档案库房“九防”措施，做好馆藏档案文件目录台账补充、全宗卷材料整理和档案资料检查清点、杀菌消毒、抢救修复等工作。加强档案数据信息安全管理，完成档案管理库、利用库、密级库和全文数据库数据备份，市馆15T数字档案资源全部备份于省电子文件（档案）容灾备份中心。

（别良珩）

非物质文化遗产保护

【概况】 2023年，潍坊市认真贯彻落实习近平总书记关于非物质文化遗产保护工作重要指示批示精神，坚持守正创新，扎实推进非遗系统性保护工作。年内争取2023年中央和省级非遗资金2310万元，同比增长131%，资金数额全省第一。全市12个非遗专题展馆（基地）完成挂牌，潍坊非遗专题展示馆——潍坊核雕馆于年底投入使用。出台《关于进一步加强非物质文化遗产保护工作的若干措施》，制定《关于支持非遗人才队伍建设的十条措施》，为非遗工作提供制度保证。通过第六批国家级非遗代表性传承人线上答辩，完成第六批省级非遗代表性传承人推荐申报，开展第七批市级非遗代表性传承人认定。36人入围第六批省级非物质文化遗产代表性候选人推荐名单，入选比例全省第一。开展

2022年齐鲁文化（潍坊）生态保护区自评，报告质量在全国25个保护区（实验区）中居于前列，获文旅部非遗司肯定。“地方传统戏剧类非遗项目发展研究”获2022年度潍坊市政府系统优秀调研成果三等奖、全市文旅系统优秀调研成果一等奖。创办《潍坊非遗信息摘报》，打造全省首个地市非遗保护交流互鉴平台。齐鲁文化（潍坊）生态保护区服务中心与山东交通学院签订共建协议并互相挂牌，共同做好非遗研究、传播、推广。

【非遗传承】 2023年9月7日至10日，由文旅部非遗司指导，山东省文旅厅、潍坊市人民政府主办的“河和之契：2023黄河流域、大运河沿线非物质文化遗产交流展示周”暨黄河流域文化生态保护区发展论坛在潍坊市成功举办。文旅部原党组成员、副部长项兆伦，文旅部非遗司副司长胡雁，市委主要领导，沿黄九省区文旅部门分管负责人，有关国家级文化生态保护区负责人，非遗领域专家等150人参加活动。活动期间，共接待游客、观众3.2万人次，非遗产品销售额达1930余万元。央视、新华社、中国文化报、中国旅游报以及山东卫视、大众日报等众多新闻媒体报道超1300余次，产生良好反响。加强与沿黄、沿运河城市交流，组织非遗项目、传承人赴陕西榆林参加首届中国非遗保护年会，组织中国门神展艺术展、高密老年画展到沿黄城市巡展，并与天水、定西两市美术馆签署战略合作协议。潍坊非遗项目亮相第五届大运河文化旅游博览会，增进文化遗产保护区域协调联动。以非遗传承助力乡村振兴，高密昌盛泥塑合作社联合社非遗工坊入选“全国非遗工坊典型案例”（全省3个）。作为唯一地级市代表，在8月4日召开的省政府新闻发布会上，介绍非遗助力乡村振兴重大战略情况。举办山东省非遗年货购物节，组织全省16地市近千款非遗产品齐聚潍坊，线上直播和线下展销累计带动销售330万元，《山东新闻联播》报道，市政府《每日动态》刊发。十笏园·城隍庙新春庙会非遗特色活动吸引游客138万人次，拉动消费1980万元。组织非遗文创企业参加首届潍坊城市美食节，提振夏季消费。开展专题调研，制定《关于推进非遗进景区的若干措施》。梳理全市非遗旅游资源，推出“多彩民艺、秀美山村、寻古探幽、渔盐耕读”四条具有鲜明非遗特色的旅游线路，推荐高密、青州、寒亭参评山东省非遗特色旅游线路和非遗旅游体验基地评选。推进“山东手造·潍有尚品”工程，联合市委宣传部评选认定“山东手造·潍有尚品”第二批“五进”场馆30家。举办“山东手造·潍有尚品”手造文化节和非遗文创展，有效拉动文旅消费。潍有尚品2023潍美造趣节主题系列活动亮相济南。“山东手造”进影院试点单位揭牌仪式在万达广场万达影城举行，视听味多重体验助力“山东手造”走向全国、走进千家万户，省、市主要领导出席。

【非遗传播】 承办文旅部2023年“文化进万家——视频直播家乡年”启动仪式，抖音、快手等平台现场直播观看量近千万，得到文旅部非遗司领导充分肯定。举办“世界非洲文化日”活动，登上联合国教科文组织官网。14个视频入选“2022中国非遗美食大集”，数量居全省第一。首部非遗纪录片《拾忆鸢都》获第12届北京国际网络电影展最佳纪录片，多家上星卫视播出。非遗传承人刘海港入选全省唯一《光明日报》2022“中国非遗年度提名人物”。非遗题材小说《大绸商》获第十三届中国文化进万家融合发展峰会·中国作家新创作论坛一等奖。“文化和自然遗产日”期间，组织举办非遗购物节、非遗美食节、非遗社区展演周系列活动100余场。举办第二届海峡两岸非物质文化遗产展演大会，两岸90余个非遗项目、近300名传承人切磋交流，以非遗为媒推动两岸融合发展。第十三届两岸汉字艺术节、第十三届（诸城）东坡文化节举办期间推出非遗专题展，助力节会成功举办。联合潍坊学院、奎文区政府启动“非遗进高校”走进潍坊学院活动，借助高校资源推动非遗创新发展。联合市教育局开展非遗进校园活动，走进中小学开展非遗图书捐赠20余次。联合日照市举办“诗画新农村 放歌新时代”艺术活动，促进胶东五市文化艺术交流。潍坊高密老年画展聊城巡展，密切两市文旅领域对口协作。组织非遗代表性项目参加“流淌的‘技艺’——2023年通武廊、潍坊非遗文化交流活动”，促进京津鲁冀文化协同发展。4

个非遗项目参加第三届海南锦绣世界文化周，参展数量全省第1。承办“好客山东 好品山东”文化和旅游推介会、山东非遗进校园活动中的展演展陈环节，助力“2023港澳山东周”活动成功举办。4名非遗传承人参加在日本东京举办的潍坊非遗展。潍坊风筝在丹麦凡岛风筝节大放异彩，中央电视台二套《经济信息联播》进行重点报道。

（范春燕）

2023年，中国上海国际艺术节潍坊分会场

文化艺术中心

【概况】 2023年，市文化艺术服务中心积极推进省级管理服务标准化试点建设，优化调整商业区域招商运营，提高文化公共服务辐射力，扎实推进高品质城市公共文化综合体建设，先后荣获“省级文明单位”、山东省服务标准化项目试点单位、山东省公共机构生活垃圾分类示范单位、全市政务公开工作先进单位、“先进基层党组织”等荣誉称号。凤溪地滨河休闲街区入选第二批省级旅游休闲街区，省长周乃翔在2023山东省旅游发展大会上对凤溪地滨河休闲街区作了推介。商业运营项目作为全省行政事业性国有资产统筹盘活19个典型案例之一在全省推广，凤溪地万物集夜市作为繁荣城市经济典型案例写入2023年政府工作报告。年内文化艺术中心共接待来访市民群众422万人次，车辆135万车次，各场馆共承办各类会议、讲座、比赛1132场，承接国内外演出214场。人民广场聚落工程（市文化艺术中心、人民广场）入选改革开放以来潍坊十大工程。

【商业运营】 2023年，完成投资732万元，2020年市场化运营后，总投资额合计14200万元，提前完成合同约定的投资任务目标；签约面积共计28765平方米，满铺率（按照面积计算）94.5%，完成合同确定经营指标。打造特色街区、网红街区等消费场景，成功举办潍坊第二届城市消费节暨“山东手造·潍有尚品”手造文化节，累计接待游客40万人次；成功举办第二届凤溪地万物集夜市，开市期间总人流量近200万人次，抖音等自媒体点击量超2000万次，成为全市夜经济新热点和夜间消费样板活动；举办首届PROJECT—X青年文化艺术节，日均人流量达3万，活动热点多次登顶同城热搜；举办首届“我们的中国梦——文化进万家”凤溪地仲夏夜欢乐季系列演艺活动50场，观众场均近万人次，有效创新“夜市+”模式，实现“消费+文化”有机融合。发展云仓、跨境电商业务，实现网络销售额3800万元，同比增长20%，山东晟熙电子商务有限公司获评2023年省直播电商企业。

【演艺活动】 2023年，潍坊大剧院全年组织各类演出活动214场， 接待观众10万余人。承办2023年中国上海国际艺术节潍坊分会场，普拉西多·多明戈音乐会、安吉拉·乔治乌独唱音乐会、尼姆·雅尔维与贝尔格莱德爱乐乐团音乐会3场国际顶尖音乐会亮相潍坊大剧院舞台，场场爆满。承接第40届潍坊国际风筝会开幕式、潍坊国际风筝嘉年华票务代理。年内开展市民开放日活动16次，接待市民7500余人。组织上演的“新春演出季”“市民音乐会”“打开艺术之门”“秋冬演出季”等系列演出。开展传统戏曲进校园、联合院团到学校展演、举办传统文化大讲堂等，潍坊大剧院获评山东省首批省级校外美育实践基地。

【园区管理】 2023年，积极推进

第二届凤溪地万物集夜市

省级管理服务标准化试点建设，完善公共管理标准、监督考核标准等体系建设，做好省级公共机构垃圾分类示范项目建设，推进山东省示范性旅游停车场和示范性旅游厕所申报工作，提高和规范公管服务标准。推进园区环境建设，确保来访市民停车顺畅、办事顺畅、寻车顺畅、出车顺畅，环境干净整洁，提升群众满意度和体验感。解决双塔和连廊建设消防手续缺失、雨污分流未落实、场馆渗漏维修不到位等问题。守牢安全运行底线，常态化抓实抓好宣传教育、物资保障、基础设施建设及预警监测工作，突出抓好汛期安全。邀请消防、应急、供电部门专家对全园区开展起底式安全大检查，确保中心运行安全平稳。

（张心宇）

旅游业

【概况】 2023 年，潍坊市依托丰富的文化旅游资源，积极推动旅游业高质量发展，全市接待国内游客 8406.64 万人次，实现国内旅游收入 837.26 亿元，分别增长 61.27%、67.01%。全市共有 A 级旅游景区 95 家，其中 5A 级 2 家、4A 级 22 家；全域旅游示范区 5 家，省级旅游度假区 6 家；旅行社 255 家，星级饭店 42 家，星级民宿 18 家，全国文明旅游示范单位 1 家，省级文明旅游示范单位 6 家。全市共有各类旅游住宿设施 4086 家，客房 12 万间，床位 18 万张，年营业收入超过 200 万元的住宿业经营主体有 132 家。2023 年，全市 41 家星级饭店实现营业收入 8.42 亿元，同比增长 19.8%；平均房价 256.67 元，同比增长 3.3%；平均出租率 44.7%，同比增长 17.2%。各类乡村民宿住宿设施 76 家、客房 1428 家、床位 3000 个。

【全域旅游发展】 2023 年，全市全域不断优化旅游发展顶层设计，制定《潍坊市推动文化旅游产业高质量发展的若干政策》《关于促进文旅深度融合推动旅游业高质量发展的实施意见》等系列文件，确立南部山水民俗休闲带、北部海洋旅游风情带、中心城区元宇宙文旅体验带“三带联动、集群发展”的全域旅游发展新格局，提出了建设优秀传统文化“两创”示范地、全国乡村旅游样板地、元宇宙文旅创新发展新高地、山水旅游休闲目的地、研学旅行名城、书画旅游名城、节会旅游名城和渤海湾特色海洋旅游休闲廊道“四地三城一廊道”的城市文旅发展目标体系及重点任务。年内推进重点文旅项目 112 个、总投资 978.8 亿元，50 个项目入选省市年度重点项目名单。在全省文旅高质量发展项目观摩活动中，潍坊市受到与会领导充分肯定。青州、寿光分别获评省级文旅产业工作先进县、全域旅游示范区，诸城入选文旅部首批文化产业赋能乡村振兴试点，全省仅 2 家。青州中晨书画艺术产业园获评全省唯一的国家级文化产业示范园区。齐鲁天路获评全国乡村旅游精品路线。在第三届山东省研学旅行创新线路设计大赛中，全市 33 件作品获奖，总数居全省第一。

【“文旅+”发展】 2023 年，全市积极发展乡村旅游，山东省景区化村庄达 90 个、市级景区化村庄达 171 个，全国乡村旅游重点村 6 个，山东省精品文旅名镇 5 个、山东省精品旅游特色村 19 个。积极发展研学旅游，国家级中小学生研学实践教育基地（营地）达 2 个、省级中小学生研学实践教育基地达 27 个、市级中小学研学基地达 90 个。与工业融合方面，积极发展工业旅游，国家级工业旅游示范点达2个、省级工业旅游示范基地达5个。积极发展康养旅游，省级康养旅游示范基地达1个、省级文旅康养融合发展示范区达1个、省级文旅康养强县达2个。积极发展体育旅游，国家级体育运动休闲特色试点小镇达1个、省级体育旅游示范基地达1个、市级体育旅游示范基地达27个。推出夜间文旅消费品牌“夜享风筝都”，开展灯光秀、美食节、音乐节、露营节、文创市集、文化旅游演艺等多种形式的夜游主题活动，国家级夜间文化和旅游消费集聚区达1个、省级夜间文化和旅游消费集聚区达8个、省级旅游休闲街区达2个。

【文旅消费】 2023年，市文化和旅游局出台《关于大力提振文化和旅游消费的政策措施》《关于进一步促进文化和旅游消费的若干措施》，完善提振文旅消费政策，推出23条措施，各县市区都出台相应举措，打出促进文旅消费组合拳。潍坊提振文旅消费经验做法在全省推广。举办第七届潍坊文化和旅游惠民消费季，开展各类文旅消费主题活动206项、2200余场，参与1000余万人次，发放文旅消费券2410万元，拉动消费超2亿元。成功举办北京荣宝斋2023青州艺术品拍卖会，成交额达1.3亿元，总成交率为73.2%，有力提振书画产业复苏。诸城市常山金查理景区、临朐县朐城老街2个项目新入选省级夜间文旅消费集聚区，省级以上集聚区达8个。积极发展元宇宙文旅体验产品，先后完成青州南阳河、临朐沂山等8个元宇宙项目签约。省文旅虚拟现实科技融合发展中心在潍坊市揭牌成立，歌尔集团获批成立文旅部虚拟现实共性技术创新中心、全省唯一。乐道院潍县集中营博物馆数智魔镜元宇宙体验项目、VR放风筝——文化“两创”的数字化实践项目获评山东省2023年度虚拟现实先锋应用案例。

【旅游宣传】 2023年，成功举办中国潍坊非遗展、首届中国（潍坊）世界好手艺交流推广大会、中日韩雕塑邀请展等系列活动。赴韩国出席2024年“东亚文化之都”授牌仪式并作交流发言。做好“淄博烧烤”借势引流文章，引爆“人间烟火有淄有潍”话题。市政府主要领导带队赴青岛开展“潍坊美食meet青岛国际啤酒节”宣传营销，形成现象级传播。借风筝会开幕之际，省、市领导共同启动“不一Young的潍坊”2023春夏旅游季，推出“全国百名旅游渠道商潍坊行”等12项主题活动，引爆春夏旅游市场。在全省率先举办“沿着高速游潍坊”营销推广活动，创新举办潍坊国际风筝嘉年华，策划推出以“放心购　畅快游　尽情嗨”为主题的23项系列特色活动，提振文旅消费。全年涉潍文旅视频播放量200.5亿次，累计参与人数800余万人次，拉动文旅消费约4亿元。潍坊被美国知名旅游杂志《远方》列入2024年世界最佳旅行目的地之一、排名列全球第14。

【旅游行业管理】 市政府顶格召开全市旅游住宿业高质量发展推进会，出台《潍坊市旅游住宿业高质量发展实施方案（2023—2025年）》。3家酒店顺利通过四星级旅游饭店专家现场验收，2家五星级旅游饭店顺利通过文旅部组织的专家复核。成功创评3家山东省五星级民宿、3家山东省四星级民宿，青州云门引民宿通过国家甲级民宿现场评审，成为今年全省两个获评甲级民宿之一，填补潍坊市甲级民宿空白。新增纳统住宿企业4家。

*旅行社纾困解难。*受旅游行业复苏及各项“政策红利”引导，全市新增48家旅行社，数量达到236家。严格落实旅游服务质量保证金100%暂退调整政策，今年以来已暂退降低质量保证金43家88万元。完成177家旅行社的省级责任险补贴事宜，共补贴21.1734万元，助推旅行社“复苏回暖”。

*提升行业服务质量。*富华大酒店荣获第二批“全国文明旅游示范单位”称号，填补潍坊市国家级文明旅游示范单位空白，是省内两家获此殊荣单位之一。青州古城景区被确定为全国文化和旅游市场服务质量监测点。青州博物馆龙兴寺佛像展览服务入选省政府第二批“好品山东”品牌遴选名单，全省共计105个品牌入选，潍坊市11个品牌入选上榜，青州博物馆龙兴寺佛像展览服务是全市唯一服务业品牌。举办“才聚鸢都·技能兴潍”第四届潍坊市职业技能大赛—“赋智赋能　匠筑潍坊”金牌导游竞赛，评选出十名金牌导游。评选6家市级文明旅游示范单位。

强化市场秩序监管整治。潍坊市剧本娱乐场所跨部门综合监管试点入选全省跨部门综合监管"揭榜挂帅"重点改革试点任务，成为全省17个领域、46个"揭榜"重点试点改革任务之一，也是全市6项入选重点试点改革任务之一。圆满完成2023年文旅系统"双随机、一公开"抽查工作。多轮次联合有关部门加强文化和旅游市场秩序整治，按照"六个一"工作思路，做好文旅假日市场工作，保障全市文旅市场平稳有序。

（范春燕）

卫生健康

综　述

【医疗体系】 2023年，潍坊市共有医疗卫生机构8793家，其中综合医院148家、中医医院43家、中西医结合医院7家、专科医院74家、社区卫生服务中心50家、社区卫生服务站127家、卫生院150家、村卫生室5102家、门诊部171家、诊所（卫生所、医务室）2823家、专业公共卫生机构59家、其他39家；按级别分，全市共有一级医疗机构138家、二级医疗机构109家、三级医疗机构17家。全市医疗卫生机构共有床位7.73万张，每千常住人口实有床位8.25张。全市医疗卫生机构人员共10.1万人，卫生技术人员约8.45万人，其中执业（助理）医师3.36万人，每千常住人口执业（助理）医师3.59人；注册护士约3.85万人，每千常住人口注册护士4.11人。

【公立医院改革】 2023年潍坊市获批中央财政支持公立医院改革与高质量发展示范项目，争取中央财政资金5亿元、省级财政资金1亿元。入选全国紧密型城市医疗集团试点城市，组建市人民医院、市中医院、山东第二医科大学附属医院三大紧密型城市医疗集团。联合北京大学、武汉大学分别成立妇幼健康和儿童健康研究中心。实施新一轮医疗能力“攀登计划”和医疗技术“登峰计划”，建成3个国家级和16个省级重点专科专业技术联盟。市人民医院北辰医院投用。成功举办第九届国家级“呼吸论坛”。8家县级综合医院全部入选全国“千县工程”；7家县级医院入围全国公立医院绩效考核A+序列，高密市人民医院获评A++。

【公共卫生安全】 2023年全年，持续加强监测预警，17支市级、47支县级重症巡诊工作队常态化跟进重点病例随访，对全市397份符合条件的样本进行全基因测序，为科学防控提供数据支持。疾控体系改革迈出实质性步伐，市县两级疾控局全部挂牌成立，启动1个省级、5个市级公共卫生应急救援基地建设，获评首批山东省公共卫生重点专科3个。积极应对流感、肺炎支原体感染流行高峰，全市防控形势保持总体平稳。

【医养健康产业】 为加强医养结合示范省先行市建设，2023年1月19日，市政府印发《潍坊市贯彻落实〈山东省创建全国医养结合示范省攻坚行动实施方案〉责任分工》，启动医养结合示范创建攻坚行动，全市“两院一体”（医疗机构通过内部设立养老机构的形式开展医养结合服务）数量达47家，170家医疗机构开展居家巡诊，175家养老机构全部与医疗机构规范签约。落实老年健康与医养结合服务项目，为65岁及以上老年人提供医养结合服务，服务率达76.33%；为65岁及以上失能老年人提供健康服务，服务率达86.98%。青州市、华都颐年园老年服务中心分别被国家卫生健康委命名为首批全国医养结合示范市、示范机构。推进医养+旅游、体育、食品、现代农业等融合发展，全市医养健康领域产业园达15家，潍坊生物医药科技产业园获批全省唯一“生物医药产业特色小镇”。与国药乐仁堂达成9.6亿元合作意向，国药（山东）中药有限公司落户潍坊，一期项目完成投资3000

万元。

（唐璐瑶）

健康潍坊建设

【爱国卫生】 2023年1月、5月，迎接国家卫生城市复审。2月下旬，组织近6万人参与全国爱卫办组织的创卫工作群众满意度网上问卷调查，成绩列全国第七、全省第一。参加全省“我为爱卫建言献策”活动，2人入选“金点子”评选获奖名单，潍坊市获评优秀组织奖。在全市开展“爱卫新征程　健康潍坊行”活动。推进省、市级专家和后备专家队伍建设，通过竞赛考试、现场帮带、践行省派任务等形式，培养省级卫生创建专家6名、省级后备专家16名、市级专家45名。

【基本公共卫生服务】 潍坊市组建家庭医生团队4162个，常住居民签约率达58.31%，65岁及以上老年人签约率达85.72%，为居民提供个性化健康指导服务。完成医防融合标准化改造，建设三高中心26家、三高基地116家、三高之家1129家，全面改善群众看病就医体验。潍坊市代表山东省迎接国家卫生健康委2022年度基本公卫绩效评价复核，获全国第三名。中央财政奖励潍坊市资金434万元，全省最多。

【健康城市健康村镇建设】 2023年3月1日，《潍坊市控制吸烟管理办法》颁布施行，全市集中组织开展宣传活动。5月底，举办第36个世界无烟日现场宣传活动。持续推进健康城市健康村镇建设和“潍坊市医疗废物追溯监管平台”建设项目。开展倡导“文明健康绿色环保”生活方式活动，开展活动评估、知晓率和行为养成问卷调查，培养各类健康细胞300余个。9月中旬，开展倡导文明健康绿色环保生活方式活动工作经验被《健康中国观察》刊发。

【示范区建设】 2023年，潍坊市基层卫生健康综试区建设稳步推进，通过深化与北京大学、百度公司的合作，争取到全国首批“中国人全生命期共病队列研究”分中心和“中国—盖茨基金会”基层卫生项目。以“单病种群体管理”为核心的分级诊疗体系初步建立，已制定单病种群体管理指南60个，纳入群体管理各病种患者96.9万人，获评国家基层卫生综合改革典型案例。全面完成“基层医疗卫生服务能力提升”三年规划建设任务，国家“优质服务基层行”活动基本标准达标率实现100%。全市县域内就诊率提高到94%，位列全省第一。

【老龄健康】 2023年6月25日，市卫健委印发《关于进一步做好老年健康服务工作的通知》，在全市实施老年健康促进行动。全市29家公立二级及以上综合医院全部设置老年医学科（老年病专业），10家公立二级及以上中医医院全部设置康复科（治未病专业），累计建成老年病医院1家、康复医院5家、护理院7家、护理站6家。全市建成老年友善医疗机构249家，建成率达99%。开展老年人心理关爱行动，新建老年人心理关爱试点3个，累计达到19个，对试点地区65岁以上老年人进行心理健康状况评估和随访干预服务，实现疾病早发现、早诊断、早治疗。

【职业健康】 2023年，全市现有职业病诊断机构3家、职业健康检查机构38家、职业卫生技术服务机构9家、放射卫生技术服务机构6家，90%以上的县级疾控具备独立监测能力，形成以疾控系统为主的监测评估体系，以综合医院为主的职业病诊断救治体系，以职业健康检查、评价检测等专业机构为主的技术服务体系。年内，启动潍坊市职业病医院筹建工作。组建潍坊市尘肺病康复治疗联合体，为患者提供涵盖康复、治疗、健康管理于一体的全周期健康保障。推动用人单位职业病防治管理水平。年内创建7家省级健康企业、19家市级健康企业。启动中小微企业职业健康帮扶省级试点，面向坊子区150家小微企业，建立“职业健康管家服务”机制，探索“分类分级施策”“一企一策”精准帮扶。

（唐璐瑶）

疾病预防控制

【重点传染病防控】 做好哨点医院、城市污水、重点场所监测，共完成医院哨点检测1.5万余份、重点场所抽检23万余人次、全基因测序530余份。对全市14个县市区30个乡镇（街道）900户感染状况开展入户调查，血清

5月31日至6月2日，潍坊市承办山东省新时代疾控能力提升培训班

样抗体检测1000余人。重点开展流感、布病、病毒性腹泻、手足口病等传染病监测防控。规范处置流感聚集疫情20起、病毒性腹泻聚集暴发疫情3起、手足口病聚集疫情18起。致病菌识别网县级全覆盖，全年致病菌识别网检测标本1212份，鉴定菌株265株，全基因组测序129株。

【预防接种】 2023年，潍坊市常规疫苗接种创历史新高。1—7岁儿童接种疫苗共计232万剂次，国家免疫规划疫苗全程接种率为97.34%。全年免费接种四价流感疫苗60万余剂次、13价肺炎疫苗6.18万剂次、水痘疫苗7.4万剂次，目标人群接种率分别达到71.61%、80.92%、97.34%。建成智慧化预防接种门诊38处、成人接种门诊24处、免疫规划规范示教基地12处。

【健康危害因素监测】 2023年，潍坊市全面完成重点地方病监测、慢病监测、病媒生物监测、消毒院感监测、学生常见病监测、食品安全风险监测、水质监测、职业卫生与放射卫生监测，保持重点地方病消除控制和疟疾消除状态。首次开展全市鼠体表寄生虫及鼠传疾病病原监测，完成人体重点寄生虫、海产品异尖线虫的相关调查。

【传染病监测预警】 潍坊市疾控中心与北京协和医学院签订合作协议，共建“传染病监测预警研究中心（潍坊）”，重点开展呼吸道传染病智慧化预警研究。双方联合成立专班，在市疾控中心实体化运转，历时三个多月，完成呼吸道传染病智慧化预警系统研发。该系统依据“三位一体”传染病预警理论，完成发现、研判、预警三个阶段工作，探索形成呼吸道传染病智慧化预警“潍坊路径”。市疾控中心研发的“潍坊市智慧化突发公卫事件应急处置平台”获评全国新冠疫情防控数智化优秀典型应用案例（甲等）。

（唐璐瑶）

基层卫生

【单病种群体管理】 2023年，潍坊市加强基层卫生健康综合试验区建设，全力打造“潍坊样板”。市卫健委印发《潍坊市单病种群体管理示范项目实施方案》，全域推进实施单病种群体管理。截至年底，单病种群体管理系统入群管理“三高”等患者96.9万人，10306名家庭医生、临床医生注册在线，基层诊疗量同比提高7.55个百分点，分级诊疗机制逐步形成。

【“中国—盖茨基金会”基层试验区项目】 2023年4月27日，“中国—盖茨基金会”基层试验区项目启动暨培训会议在寿光市召开。国家卫生健康委，北京大

4月，“中国—盖茨基金会”基层试验区项目启动

学，省卫生健康委相关领导、专家出席启动仪式。寿光市获奖补资金100万元。3月20日，山东省副省长陈平对潍坊市基层医疗机构6S管理工作给予批示肯定，要求在全省推广。9月7日至8日，全省基层卫生健康政策暨基层医疗卫生机构6S管理试点工作培训班在寿光市举办，全省16地市卫生健康委基层科（处）长、6S管理市级专家、6S管理试点机构负责人等120余人参加培训。

（唐璐瑶）

妇幼保健

【妇幼健康服务体系建设】 2023年，潍坊市三级妇幼保健机构数量居全省首位，县级妇幼保健机构二甲达标率87.5%，寿光市、昌邑市完成国家县级妇幼保健机构能力建设项目。全市13家妇幼保健机构全部设置中医药科室，“妇幼健康+中医药”服务模式在全国推广。高密市妇幼保健院创建为省级妇幼中医药特色单位，成立全市妇幼保健机构首家全国名老中医工作室，挂牌山东医学高等专科学校非隶属附属医院，是全市首家成为医学院校附属医院的基层妇幼保健机构。

【母婴安全保障】 2023年，全市医疗机构分娩累计达56697人，专案管理高龄高危重点孕妇12460例，危急重症孕产妇和新生儿救治成功率达99%，全市婴儿死亡率1.4‰、5岁以下儿童死亡率2.19‰、孕产妇死亡率3.84/10万，均降至历史最低水平。15个县市区含开发区急救中心配置危重新生儿转运车辆和设备，完成20处危急重症孕产妇救治中心、20处新生儿救治中心质控评估和现场指导。

【出生缺陷综合防治】 2023年，潍坊市启动优生优育服务能力提升计划，制定《潍坊市县市区级出生缺陷防治管理中心建设标准（试行）》，推进全市13家县级出生缺陷防治管理中心标准化建设，组织开展全市出生缺陷综合防治10个专业全覆盖质控。诸城市妇幼保健院、高密市妇幼保健院创建为省级婚前保健优势专科，青州市妇幼保健院1人获得“全国预防出生缺陷贡献者”称号，全市婚检率提升至96.08%，孕前优生健康检查目标人群覆盖率、产前筛查率、新生儿疾病筛查率保持在99%以上，严重多发致残率降至3.33/万。

【妇幼健康惠民服务】 潍坊市2023年开展宫颈癌消除行动，全市育龄妇女“两癌”免费检查项目实现城乡全覆盖，年均早诊率达95%以上，规范治疗率达99%以上。推进消除艾滋病、梅毒和乙肝母婴传播工作，全市孕期“艾梅乙”检测人数56160人，检测覆盖率100%；孕早期接受“艾梅乙”检测产妇54506人，孕早期检测率97.05%。全市未发生艾滋病、梅毒母婴传播，乙肝母婴传播率降至0.67%，13项主要指标均已达到国家消除标准。“1岁儿童免费接种水痘免疫疫苗”“2岁以下儿童免费接种13价肺炎疫苗”“新生儿疾病筛查”“先天结构畸形筛查救助”“儿童眼保健筛查”等民生惠民政策落到实处，儿童系统管理率、新生儿遗传代谢性疾病和新生儿听力筛查率均达到99%以上。

【儿童友好医院创建】 潍坊市积极探索开展儿童友好医院创建工作，先后出台《潍坊市儿童友好医院创建工作实施方案》《潍坊市儿童友好医院建设指引（试行）》及《潍坊市儿童友好医院建设评价细则》，已创建儿童友好医院30家，遴选全市儿童健康友好使者10名。创建经验被纳入全国儿童友好医院建设指引及评估标准，儿童友好医院基层实践做法入选国家卫生健康委儿童健康发展优秀案例。

（唐璐瑶）

中医药

【中医药传承】 2023年，潍坊市继续实施名中医培养工程，开展西医人员“西学中”培训。多渠道争取国医大师、全国名老中医到潍坊设站收徒，成功回引国医大师杨震领衔的“黄元御长安学术流派”，王新陆、高树中传承工作室（站）落户潍坊。成立黄元御《四圣心源》学术思想研究会，在潍坊市中医院和昌邑市中医院成立黄元御学术传承工作室。

【中医药创新】 举办首届沂山论健·中医药健康大会、第六届黄元御文化节，“沂山论健”成为山东省“三山系列”中医药文化品牌之一。制定发布14条中医药健康旅游线路。建设潍坊市中

4月8日，首届沂山论健·中医药健康大会开幕

医药博物馆和临朐县中医药博物馆，峡山区建成全国首家艾灸博物馆；打造6所省级、10所市级中医药文化进校园试点学校。

【中医药服务】 至2023年底，全市建成中医类医院46家，所有县市区全部建成二级以上公立中医院；新增齐鲁中医药优势专科14个，总数达到43个。全市所有乡镇卫生院、社区卫生服务中心全部设置国医堂或中医馆，社区卫生服务站、村卫生室能够提供中医药服务。

（唐璐瑶）

卫生监督

【医疗卫生行业管理】 2023年，全市医疗卫生行业实施“综合监管一件事改革”，奎文区成为省级试点单位。推广从业人员健康合格证明智慧化申报及电子证照应用、医疗机构放射性执业病危害建设项目预评价报告审核智慧化审批、“信用+审管”工作模式等3个卫生健康系统优化营商环境创新项目。

【重点领域专项行动】 2023年，对全市重点医疗卫生领域共实施监督26439户次，监督覆盖率99.26%，行政处罚案件1115件，罚没款370.96万元。开展医疗卫生机构医疗废物处置专项监督检查、医疗卫生机构传染病防治分类监督综合评价、餐饮具集中消毒服务单位专项监督检查等11项整治行动。全年完成66家集中式供水单位的卫生监督抽检，抽检出厂水292份，合格率100%。完成国家“双随机、一公开”抽查任务1933单，任务完结率100%。

【创新执法模式】 2023年，全市推广实施医疗机构“体检式”执法。制定《潍坊市医疗机构“体检式”卫生监督执法规程》，通过定制“体检方案”、全要素监督检查、出具“体检报告”等步骤，推动医疗机构落实依法执业主体责任。开创监督员培训新方式。充分利用潍坊市职业教育资源丰富的优势，在青州市挂牌成立全省职业卫生监督实训基地。组建市级医疗卫生监督专业法律宣讲团，2023年宣讲团开展专题宣讲11场。创新实施基层“交叉执法”试点。在青州、诸城、寿光、安丘开展镇（街道）卫生监督执法中队交叉执法试点，推动卫生监督职能下沉，执法监督关口前移，提升全市整体监督执法效能。

【医政管理】 获批中央财政支持公立医院改革与高质量发展示范

山东省中医监督执法案例培训班在昌乐县举办

项目，将医疗能力提升、康复能力提升、“四化医院”建设纳入项目，争取中央资金支持2.767亿元。入选全国紧密型城市医疗集团试点城市。推进“信息化、数字化、智能化、智慧化”四化医院建设，抓好“1+3”重点工作，即互联互通、智慧医疗、智慧服务、智慧管理。潍坊市人民医院成功获批肺移植手术资质，成功开展地级市首例双肺移植手术，是全国第二家突破肺移植技术的地市级医疗机构。争创国家级临床重点专科建设单位1个、省级临床重点专科2个、省级临床精品特色专科2个。全市31项科研获省医药卫生科技项目立项，通过率达88.57%；52个项目进入省市共建重大、重点项目申报第二轮评审，数量占全省11.56%。连续23年11次荣获“全国无偿献血先进市”荣誉称号。734人通过山东省康复医师转岗培训理论考试，数量居全省第一。乡镇卫生院、社区卫生服务中心配备救护车达391辆（负压154辆）。

【药政管理】 2023年，全市基本药物配备使用比例进一步提升，全市基层医疗机构、二级公立医院、三级公立医院基本药物配备品种数量占比分别达到71%、53.5%、47.15%。对中心药房进行统一管理，出台《潍坊市整体推进中心药房工作方案》，建立县域医共体药品管理联动机制，6个县域医共体新入选全省中心药房推进工作方案，覆盖面超过50%。

（唐璐瑶）

体 育

群众体育

【概况】 2023年，全市全民健身工作政策体系持续完善。提升全民健身设施建设水平，满足群众日益增长的就近就便健身需求。全民健身活动丰富多彩，全年累计开展各类群众性赛事活动8500项，活动数量和质量位居全省前列。坚持“大体育”“大健康”理念，打造潍坊模式“体卫融合”新样板。持续壮大社会体育指导员队伍，培养社会体育复合型高端人才、健身骨干和社会体育指导员等18110人。截至2023年底，全市市级体育协会共46个，县级体育社团组织237个，148个镇（街道）建立基层体育总会。

【公共体育设施建设】 2023年，为规范新建居住区公共体育配套设施规划、建设、管理，落实新建居住区公共体育设施配建与开发项目“五同步”的要求，市体育局与市自然资源和规划局、市住房和城乡建设局联合制定《潍坊市新建居住区公共体育配套设施建设管理办法》，有效推动新建居住区公共体育设施配套建设。全市共10处公共体育场馆在各类评估检查中被评为合格以上，潍坊奥体体育场被评为山东省最美体育场馆，共获得国家级、省级扶持资金483万元。实施“绿动融合·千园之城”体育口袋公园提升工程、全民健身设施提质工程和乡村振兴健身设施示范工程。建成体育口袋公园706处；新建智慧体育公园、百姓健身房、综合健身场地等16处，为206个老旧小区配建健身器材；打造省市乡村振兴健身设施示范工程14处，为562个村配建更新健身器材。

【全民健身赛事活动】 2023年，全市举办全民健身赛事活动8500项，活动数量和质量位居全省前列。开展以“全民健身动起来•更好潍坊更精彩”“篮球季”“足球月”、乡村体育“四赛”为主题的全民健身活动。“友谊杯”足球赛和坊子区篮球夏季联赛入选山东省首批群众“三大球”精品赛事案例，潍坊市龙舟大赛入选2023中国体育旅游精品赛事。奎文区、青州市、临朐县获评“山东省第十三届全民健身运动会先进单位”。举办了山东省“冠军公益行”志愿服务活动等省体育局安排的赛事活动；荣获山东省第十三届全民健身运动会“优秀组织奖”；参与第四届“云走齐鲁”线上万人健步走活动，全市报名人数位列全省第二名。探索社区（农民）运动会推广普及工作方法，举办了推广普及社区运动会培训班；编制并印发《潍坊市社区运动会指导手册》；在全市范围内，扶持150场示范性社区运动会比赛物品；为全市152个镇（街、区）配发社区（农民）运动会比赛器材。

【体卫融合】 2023年，全市15个项目入选全省“体卫融合”试点项目库，3个项目入选国家体育总局全民健身志愿服务项目库，市级试点项目总量达到56个。儿童青少年运动促进健康经验做法在全国青少年体育工作会议上推广，在第三届山东省“体卫融合”高峰论坛上，潍坊市以《聚焦全民健康，挖潜运动价值，加快推进体卫融合工作创新实践》为题，进行典型发言，介绍全市“体卫融合”工作开展情况，推广典型做法。国家体育总局和省体育局多次开展专项调研，肯定潍坊市“体卫融合”工作成效。

【社会体育指导员队伍建设】 2023年，举办5期农村女性社会体育指导员培训班，设置4个主题5次培训课程，单期线上线下参与人数最高峰达到3万余人，培训人数突破26万人次。全民健身大讲堂培训7000余人次，通过社会体育基层分站培训，培养健身骨干2000余名，辐射带动5万名群众受益。市县两级体育协会通过举办各项国家二、三级社会体育指导员、社会体育经营管理骨干培训班，培养社会体育复合型高端人才、健身骨干和社会体育指导员共计18110人。创建潍坊学院（体育学院）、潍坊医学院、青州中学等全市首批社会体育指导员培训基地10个。

（罗伊豪）

竞技体育

【概况】 2023年，潍坊市运动员参加全国各类比赛取得金牌89枚、银牌44枚、铜牌68枚；参加全省比赛取得金牌281枚、银牌163枚、铜牌212枚，成绩居全省前列。潍坊市举办省级以上高端品牌赛事53项，市体育运动学校、市少年儿童体育学校成功创建国家高水平体育后备人才基地，市体操学校成功创建国家体育后备人才基地。临朐县成功创建齐鲁棋院首家县级培训基地，高新区成功创建山东国际象棋后备人才基地暨山东国际象棋队青少年训练基地。全市国家级训练基地13个、省级训练基地16个。

【潍坊市第二十一届运动会】 2023年4月1日至9月11日，由潍坊市人民政府主办，潍坊市体育局、高密市人民政府承办的潍坊市第二十一届运动会在高密市举办。此届市运会坚持“简约、精彩、圆满”办赛理念，共设27个大项、855个小项、2025枚金牌。全市15个代表团、8520名运动员参加了比赛，是历史上规模最大、项目最多的一届市运会。

【承办省级以上赛事】 2023年，全市共承办省级以上体育赛事56项，其中国家级赛事24项、省级赛事32项。省级以上高端赛事有：全国“篮校杯”比赛（潍坊赛区）、耐克中国高中篮球联赛（山东赛区）、中足协女足青训中心“希望杯”（U10、11、12）足球赛、全国U18三人篮球锦标赛、中国初中篮球联赛（山东赛区），山东省排球锦标赛（男子乙、丙组）、山东省三人篮球锦标赛等。

【歌尔·首届潍坊马拉松比赛】 2023年10月15日上午，“歌尔·首届潍坊马拉松比赛”在寒亭区成功举办。此次马拉松比赛是经中国田协认证的国家级A类赛事，共有来自肯尼亚、日本、美国等9个国家和港澳台地区的10000多名选手参加，其中省外人数占12.58%、省内人数87.42%，市外人数4000余人、市内人数6000余人，5万余名市民现场参与，线上观看人数超500万人次，话题播放量突破1200万次，是潍坊市举办的规模最大、人数最多、影响最广的体育赛事。

【第二届中青赛U15男子足球总决赛】 2023年10月22日，第二届中青赛U15男子足球总决赛在潍坊奥体中心成功举行。山东泰山U15队1：0击败恒大足校U15队，以两回合2：1的总比分获得该组别冠军，在中青赛该组别中成功卫冕。此次比赛，潍坊奥体中心涌入了超过6000名观众入场观看，泰山球迷会也组织了声势浩大的球迷方阵。中国足球协会主席宋凯、山东省体育局局长乔云萍现场观看总决赛。赛后分别对赛事的保障工作给予高度肯定。

【备战第二十六届省运会】 根据“走精兵之路”的运动员选拔培养思路，开展2023年暑期选材集训，配齐第二十六届省运会队伍。补齐缺失项目，共新上大项5个：轮滑、滑板、武术散打、铁人三项、冰雪项目。小项8个：沙滩手球、佩剑、三人篮球、飞碟、公路自行车、山地自行车、小轮车、公开水域。

【裁判员培训与运动员等级审批】 2023年，共培训路跑、网球、排球、游泳、武术、羽毛球、篮球、跆拳道等项目裁判500余名，推荐优秀裁判员参加省、全国培训、执裁等相关工作80余人次。全年审批二级运动员569人次、三级运动员35人次。

（罗伊豪）

青少年体育

【体教融合】 2023年，全市体育系统坚持“大体育、大教育”思路，通过“县级体校办学模式改革”“运动员文化教育”“传统项目学校发展”“一校一品、一校多品”“青少年体质提升工程”“市队县办”“体育后备人才梯队建设”“青少年智慧体育大数据”等途径实现优势资源整合，使教育、体育资源通过职能的协同转变实现优化配置，把传统的竞技体育人才培养模式引导到通过融合教育系统资源培养竞技体育人才新机制。在全市范围内打造168个“体教融合”示范单位，争取专项经费，扶持项目开展。创建“幼儿体育试点园”，调动广大少年儿童参与体育锻炼积极性，打造幼儿体育运动示范名片，为优秀体育人才培养打好基础。

【中小学生体质提升工程】 举办“中国体育彩票杯”2023年度全市中小学生体育联赛。全市共有15个县市区434所学校4466名学生参加2023年度中小学生体育联赛，达到“以赛促练”目的，增加了优秀体育后备人才储备，为潍坊市体育的长期发展奠定基础。

实施全市中小学生游泳普及培训工作。在全市10个县市区遴选出29个符合培训条件的游泳场馆作为普及游泳培训点，聘请专家对县市区项目负责人和培训点教练员、救生员进行为期8天的安全培训，确保培训工作取得实效。2023年潍坊市共培训适龄中小学生3466名，使参训中小学生初步掌握了游泳技能和防溺水自救的能力。

开展全市中小学生超体重健康夏令营。团市委、市教育局、市卫健委、市体育局等部门，联合举办2023年度超体重学生健康夏令营。夏令营分两期举办，共248名超体重儿童参加，努力使更多青少年学生享受到优质体育服务，养成终身体育锻炼的健康生活方式。

【青少年体育赛事】 2023年，在杭州亚运会上，潍坊运动员张冬、吴家俊、刘婵和张浩然代表国家队出战，共取得了2金1银1铜和1个第四名的好成绩。以市体校女子手球队为主力阵容与国家体育总局手曲棒垒球运动管理中心共建的中国女子沙滩手球队，取得卡塔尔世界沙滩手球巡回赛总决赛铜牌。2023年参加山东省锦标赛共获得182金、97银、121铜，参加省冠军赛共获得99金、66银、91铜，参加全国比赛获得89金44银68铜。

（罗伊豪）

体育产业

【概况】 2023年，潍坊市体育产业联合会成立，帮助指导重点体育服务企业全年实现营业收入同比增长68%，打造省级以上体育产业示范基地（单位、项目）、精品项目等10个。全市各类体育市场主体达到2600余家，总产值达278亿元。举办第三届体育消费节，打造跨区域六大“主题赛”和10多项“配套赛”、120多项“系列赛”。完成健康峡山文体开发项目、临朐县揽月岛文体综合体项目签约，潍坊市体育产教融合基地项目启动。高密市成功创建省级体育消费试点城市，省级体育消费券合作单位达到16家。全年实现体彩销售22.7亿元，同比增长38.58%。

【体育产业联合会成立】 2023年2月17日，潍坊市体育产业联合会成立大会在潍坊奥体公园举行。大会审议通过了《潍坊市体育产业联合会章程（草案）》，选举产生25家理事单位、1家监事单位。理事会第一次会议选举产生会长单位1家、副会长单位3家、名誉副会长单位7家。成立体育产业联合会的目的是充分发挥好政企桥梁纽带作用，加强与行业企业的合作，积极整合行业企业力量，通过搭平台、配资源、提建议、促交流，推动体育产业内外实现互联互通、优势互补、合作共赢，进一步凝聚体育产业发展合力，促进全市体育产业实现高质量发展。

【“体育+”产业融合】 2023年，“儿童青少年体质与健康监测”列入2023年市政府民生实事，入选改革典型案例，为68所学校（幼儿园）提供体育课程创新服务，为16294名儿童青少年开展体质监测，《儿童青少年体质与健康监测手册》系列教材填补国内空白。全年为8000多名脊柱侧弯、肥胖、近视眼、有心理问题儿童青少年提供运动干预方案，创建国内首个儿童运动促进健康创新示范区。3个项目入选国家全民健身志愿服务项目库，15个项目入选全省“体卫融合”试点项目库。打造“体教融合”示范单位168家，开展排球、篮球、武术等特色项目近百个。探索普通中小学运动项目设置、运动员升学、教练员进校园等全新路径，全市200家体育社会组织进校园提供体育服务。举办第一届全国学生（青年）运动会男子U16组比赛、首届潍坊大学生篮球联赛等青少年体育赛事，开展“奔跑吧·少年”儿童青少年主题健身活动216场，参与人数达14万。创建市级“体育+”产业融合知名品牌、体育旅游示范基地等26个。临朐冰瀑飞雪之旅获评“2024年春节假期山东体育旅游精品线路”，潍坊市龙舟大赛入选2023中国体育旅游精品赛事。

【第三届体育消费节】 2023年9月，举行潍坊市第三届体育消费节，策划举行了跨区域体育旅游六大“主题赛”和10多项时尚体育“配套赛”及120多项休闲体育“系列赛”。六大“主题赛”是：2023山东省（潍坊站）越野车场地联赛、2023山东（潍坊）自行车挑战赛、2023鸢都湖“逐浪嘉年华”龙舟大赛和摩托艇及皮划艇精英赛、2023“亲子勇士”挑战赛。时尚体育配套赛是：2023“翱翔嵩山”山东省滑翔伞大赛、2023全国（潍坊站）健身鞭公开赛、2023“环峡山湖”山东省自行车精英赛、2023山东（潍坊）首届健身峰会暨瑜伽普拉提习练者大会（论坛）等诸多比赛。另外，本届体育消费节还创新性策划了数字体育与元宇宙论坛及体育产业资源推介会，首创性策划了潍坊市体育达人（体育宝贝）评选大赛。第三届体育消费节，以扩大城市影响力为愿景，以促进体旅消费为目的，以丰富拓展体育消费场景为措施，促进了潍坊市体育产业“活力、融合、发展”。

【示范点创建】 申报推荐国家级体育旅游示范基地5家、省级体育旅游精品项目17个和体育文化优秀项目4个、省级体育领军企业4家、体育类博物馆设立备案1家、省级星级俱乐部3家、省级体育产业示范基地4个（单位、项目）。高密市成功创建省级体育消费试点城市，省级体育消费券合作单位达到16家。争取2023年省级体育产业专项发展资金1000余万元。

（罗伊豪）

应急管理

应急管理体系和能力现代化建设

【应急指挥体系建设】“潍坊市抢险救灾应急指挥部”成立于2022年，由市委书记和市长任总指挥，下设综合协调、灾情信息、救援力量调度、救援物资保障等15个小组，全部由市级领导任组长，指挥调度全市力量。加强应急指挥中心建设，市级应急指挥中心建设卫星地面站1处、移动基站2处，建成370MHz固定基站52个、配备手持终端1800余部，配有大型指挥车、无人机、布控球等装备，具备突发事件30分钟内音视频回传能力，确保重大灾害情况下指挥中枢正常运转、通信畅通，全域反应、资源共享、高效协同的新时代应急救援体系初步形成。

【物资保障体系建设】2023年，市应急管理局分级分类明确应急物资储备建设标准，完善“储、运、用”一条龙应急物资储备机制，全面推行模块化管理、集成快速装卸运输，确保关键时刻“拿得出、调得快、用得上”，全市实物储备各类救灾应急物资（生活保障类、抢险救援类、医疗卫生类等）1262种，2154万件（套），总价值约2.75亿元，主要救灾物资储备在全省率先完成保障4万人转移安置国家标准，数量位居全省前列。8月，市应急管理局、市发展和改革委员会制定《2023年度潍坊市级救灾物资储备计划名录》，追加采购资金500万元，新增棉褥、毛巾被等市级救灾物资储备6.8万件（套），市级储备主要救灾物资帐篷、折叠床、棉被等36.84万件（套），达到满足4万人转移安置国家标准。各县市区按照0.5万—0.7万人的救灾物资配备标准，积极采购、储备，为有效防范应对各类重大自然灾害，及时开展灾后救助奠定了良好基础。

【森林防灭火体系建设】严把责任落实关，2023年8月13日，市森林草原防灭火指挥部印发《全面加强新形势下森林草原防灭火工作的实施意见》，健全完善市县镇社区（村）四级森林防灭火责任体系，全市共划分4262个网格，设立8545名林长。严把宣传教育关，全方位、多形式、立体化开展森林防灭火宣传活动。全市共安装智能语音卡口355处，悬挂森林防火宣传标语横幅1.6万余处，发送短信提醒60余万条，发放森林防火宣传品68万余件。严把火源管控关，全市共设立防火检查站600余个，拦截违规进山人员1.6万余人次，收缴火种3万余个，制止野外违规用火700余起，教育人员10万余人次。深入开展“森林防灭火百日攻坚”专项行动、林区输配电线路隐患专项排查整治行动、林下可燃物清理行动。严把防火保障关，大力实施“引水上山”“蓄水上山”工程，新修引水上山管道67千米，新建蓄水池175个，新设储水罐240个、移动水囊81个。强化巡护值守，紧盯重点时段、重点区域，通过增设检查卡口严查、直升机日常巡护、森林消防专业队伍靠前驻防巡查、瞭望台24小时值守、视频监控24小时在线、卫星监测24小时运行等措施，严密监测，打早打小打了。

【自然灾害救助应急预案】市应急管理局积极推进自然灾害救助应急预案编制修订工作，至2023

年底，全市15个县市区、154个镇街、6699个村（社区）级预案（方案、实施方案、计划）完成修订工作。依据预案开展演练，不断提高预案的针对性、有效性和可操作性，确保突发情况下预案管用能用好用。

【灾害民生综合保险】 进一步完善灾害救助体系，2023年6月21日，市应急管理局、市财政局等12部门联合印发《潍坊市灾害民生综合保险工作实施方案》，对保险承保机构进行考核监督，做到符合条件的理赔案件应赔尽赔。2023年，赔付受灾群众救助资金1254笔，共计3401.9万元，在灾害救助中发挥积极作用。

【应急队伍体系建设】 2023年，市应急管理局牵头制定应急救援队伍建设等地方标准15项（其中12项为国内首发），将应急队伍组成拓展至安全生产、自然灾害等6大类15个领域，选强培育31支市级救援队伍，16个县市区全部组建不低于300人的应急常备队伍，常态化开展“双盲”拉动演练，全面提升应急处置能力。全市延伸建立711个社区安全应急消防救援站，努力打造“1分钟出动、3分钟到场、5分钟处置”的应急救援圈。目前，全市各类应急救援队伍354支、2万余人，基本形成了水陆空立体化专业救援力量体系。2023年，市级分两期培训灾害信息员360名，县级以下培训28场次，4756人次；全员安装“山东应急一键通”，实现实时视频调度，有效提高各级灾害信息员灾害信息搜集和报送能力。密切关注每次自然灾害，及时调度核查汇总报送全市受灾情况，为各级领导决策提供服务保障。

防灾减灾

【自然灾害会商研判与预警】 2023年，市应急管理局会同自然资源和规划、水利、农业农村、气象等8个主要涉灾部门，定期开展年度、季度、月份和专题自然灾害风险形势会商，印发风险形势分析报告，提出防范应对意见建议，编发分析报告12期，为全市自然灾害防范应对提供决策参考。密切关注台风、强降雨、低温寒潮、雨雪冰冻等天气变化，根据上级和有关部门的监测预警信息，第一时间发布灾害预警，发布20期。成功应对6次寒潮雨雪冰冻等极端灾害天气，组织市直部门及县市区收听收看全省寒潮低温雨雪冰冻灾害工作视频会议2次，市级召开续会2次，组织现场调度会3次、会商会3次。迅速传达贯彻落实习近平总书记对低温雨雪冰冻灾害防范应对工作作出的重要指示精神，对防范应对工作作出安排部署，按照“下雪不积雪、大雪不成灾、安全不出事”三个目标，全力做好突发险情应对处置，保障人民群众安全温暖过冬。

【自然灾害防治工作】 以迎接国家减灾委对全市自然灾害防治工作督查检查为契机，年初，市应急管理局制定印发《自然灾害防治重点工程建设工作要点》，每季调度通报全市自然灾害防治重点工程进展情况，督导工程进度、提高工程质量。积极承担国家督查检查迎查任务，作为全省两个设区市之一，扎实做好资料准备，全面系统梳理汇总全市14个相关部门工作台账，高标准准备3个迎查现场，代表山东省接受国家检查，受到国家减灾委充分肯定。

【自然灾害综合风险普查】 按照国务院和省普查办统一安排部署，2023年，市应急管理局重点对全市应急系统37001条调查数据（包括承灾体5439条、综合减灾能力22202条、历史灾害9360条数据），开展10余轮数据核实、完善、修改、质检、上报工作，对基层普查过程中出现的各类问题，第一时间跟进解决，确保数据的真实性与准确性；充分发挥市普查办作用，对部分部门普查进展滞后的情况，多次督导帮抓，迅速补齐短板弱项；配合省级开展评估与区划工作，完成了市县两级普查评估与区划技术报告、综合减灾能力评估技术报告修编，并组织专家进行了现场评审；积极探索普查成果在自然灾害防治方面的落地应用，不断提升单灾种和多灾种管理全过程的灾害研判和应急救援能力。

【综合减灾示范社区创建】 2023年，积极组织创建综合减灾示范社区，青州市王母宫经济发展区孙家社区、安丘市大汶河旅游发展中心幸福里社区、寿光市洛城街道垄塬社区、诸城市辛兴镇辛兴社区、昌乐县宝城街道昌明社区、临朐县冶源街道李召社区、奎文区东关街道工福街社区、滨海经济技术开发区大家洼街道金辉社区、高新技术产业开发区新钢经济发展区渭水社区等9个社区获评省级综合减灾示范社区，为提升基层社区综合减灾能力发挥了示范引领作用。

【防灾减灾宣传】 2023年，市应急管理局开展“5·12”全国防灾减灾日（周）、国际减灾日等宣传活动。“5·12”防灾减灾日（周）期间，在潍坊市奎文区金宝乐园揭幕“潍坊市应急文化长廊”，全长1000米，共设置44块固定版面，内容涵盖自然灾害科普、应急避险知识等多个方面，与相邻的潍坊市防震减灾科普馆、南屯社区（全省综合减灾示范社区）进行“组团”，为市民提供一个固定了解防灾减灾知识的场所，构建防灾减灾宣传长效机制。广泛开展线上防灾减灾知识有奖竞答、话剧进校园、应急之声宣讲活动，各级先后制作宣传展板1230余块，宣传短视频8条，开展各类演练活动312次，发放各类宣传手册、海报5.1万余份，接受群众咨询3.5万余人次，形成了全社会关注学习防灾减灾知识的浓厚氛围。

【防汛抗旱】 强化组织领导，压实防汛责任。2023年3月3日，市防汛抗旱指挥部印发全市2023年防汛抗旱工作要点，汛前组织召开全市防汛抗旱工作电视电话会议，部署全年防汛抗旱重点任务。核实调整各类水利工程防汛责任人4097人，落实受山洪灾害威胁的镇村预警信息发布责任人2276人，明确河湖长5206名。汛期设置联合值班值守岗，严格执行24小时值班、领导带班和信息报告制度。完善预案机制，推动工作高效运转。补充完善防汛抗旱应急预案，修编完善30座大中型水库、8条骨干河道及县镇村山洪灾害防御预案。制定《潍坊市水情预警发布管理办法》，汛期期间共发布预警14次，启动各种响应14次；组织会商39次，印发会商意见18期。组织开展了市级防汛防台风桌面推演，成功举办全省防汛防台风综合应急演练。加强工程建设，夯实防汛基础。完成6座水库水闸安全鉴定和8座小型水库除险加固，实施了安丘市汶河、高密市胶河等8条中小河流治理工程。疏浚城区雨水管网739千米，清掏雨水井篦11.7万座、雨水检查井4.4万座、入河排口274处，检修排涝泵站41座。严格督导检查，消除防汛隐患。坚持“汛期不过，检查不停，整改不止”的原则，按照单位自查、重点行业检查和防指综合检查三个层次组织全市防汛检查，整改完成各类隐患问题340处。

【防震减灾】 潍坊市及12个县市区应急管理局加挂“地震局”牌子，事业单位统一更名为“防震减灾中心”。2023年11月17日，举行“潍坊市地震局”挂牌仪式，省地震局党组书记、局长姜金卫与市委书记刘运出席仪式并揭牌。大力开展地震监测科研，积极引进高水平专家团队，联合日本工程院院士、河北工业大学陈光齐教授、土耳其棉花堡大学哈利教授等多名国内外知名专家对郯庐断裂（潍坊段）牛顿力监测系统进行科学考察，深度开展地震监测合作。组织大型地震应急综合演练，10月27日，在诸城市举行2023年潍坊市地震应急综合演练，演练科目16个，参演人员达到1千多人，拉动队伍15支260余人，出动直升机、无人机等各类救援装备100余台（套）。创新开展社区地震应急救援演练，组织潍坊市奎文区东关街道奎文门社区地震应急救援演练，受到中国地震局领导高度评价，被评为“2023年度全省防震减灾公共服务优秀案例”。建强防震减灾科普宣教队伍，制定印发《潍坊市防震减灾科学传播师管理办法（暂行）》，命名首批37人的市级科学传播师队伍，推选6人获省第三批防震减灾科学传播师称号。

安全生产监管

【概况】 2023年，全市共发生各类生产安全事故81起、死亡57人，同比分别下降12.9%、13.6%，未发生较大及以上生产安全责任事故，形势总体稳定。

【齐抓共管工作格局】 市委、市政府主要领导对安全生产工作高度重视，市委常委会建立每季度听取各发展主体和市直部门单位安全生产工作述职制度，市政府常务会定期研究部署安全生产工作，把安全生产贯穿到经济社会发展各领域全过程。2023年，市应急管理局创新推出了化工企业中层以上干部现场“跟班”、企业主要负责人"安五条"（周一带队检查安全生产；抓实抓细班前安全会；高危作业必须审核把关；重大生产活动集体研究；强化安全生产知识考核）、非现场执法等防控风险的机制举措，统筹推进安全生产风险专项整治、重点行业领域安全监管、应急处置保障能力提升等各项工作，切实以高水平安全服务保障高质量发展。

【治理模式转型】 2023年7月，中共潍坊市委组织部、潍坊市安全生产委员会办公室联合印发《全市"风险防控党员岗"创建活动实施方案》，在全市企业党组织和一线岗位开展"风险防控党员岗"创建，通过推进"四岗"同建（筛出风险岗、设定党员岗、打造安全岗、晋升高薪岗）、"四无"示范（党员身边无事故、无违纪、无隐患、无次品）活动，有效提升风险防范与安全作业水平。截至2023年，已覆盖企业2859家，筛选高风险岗位9315个，设定党员岗7229个，创建安全生产标杆党支部（小组）1012个，形成了组织引领、党员带动、全员参与的浓厚安全发展氛围，获省市委主要领导批示肯定，省政府安委会印发简报全省推广，《新华社山东智库》《经济参考报》专题刊发，《中国应急管理报》头版大篇幅宣传推介。

【制度措施落实】 2023年，扎实开展安全生产特别是化工行业安全生产问题专项整治，全市共排查企业单位4.9万余家次，排查隐患15.1万项，其中重大隐患1893个，举报奖励20余万元。实践中，创新开展安全生产重点镇街（园区）帮扶指导，采取精准服务、上门服务、专业服务的方式，分别对安丘经济开发区、昌乐县鄌郚镇、寒亭区北海工业园、坊子区国际智造城等安全基础相对薄弱的镇街、园区，组织各行业专家力量逐家逐户开展全覆盖检查，整治了一批源头性、系统性风险隐患，并针对检查发现的共性问题、典型问题，对属地监管人员和企业主要负责人、安全管理人员、一线员工进行分级分类培训，不仅查隐患更教方法，有效提升基层辨识风险、排查隐患的能力和水平。

【专项整治】 2023年，潍坊市从多个领域开展专项整治，推动本质安全水平不断提升。

危化品领域，扎实推进化工行业安全生产整治提升行动。市委、市政府主要领导带头宣讲习近平总书记关于安全生产重要论述，并到一线包保企业开展检查。选派1247名工作人员到567家企业常态化开展驻点督导，聘请高水平专家对9个化工园区开展诊断评估，指导精准研判安全风险。针对旧设备、老工艺等安全风险突出环节，加快推进"机械化换人、自动化减人、智能化无人"建设，53家溴素企业在全省率先完成机械化、自动化改造，现场操作人员由354人减至102人；氯碱等其他行业累计投入23.6亿元，改造操作单元1083处，改造自控点2.3万处，减少现场操作人员4235人。非煤矿山领域，在产地下矿山企业全部完成六大系统建设，实现排水、通风、供配电等地面集中远程控制。对3宗矿业权进行整合，1家露天矿山关闭退出，2家地下矿山注销安全许可。

工贸领域，选树本质安全标杆企业168家，积极推进物理隔离、连锁保护、电子围栏等技防手段和信息化智能化应用。燃气领域，对全市180余家燃气经营企业和3.3万余家餐饮用气场所进行拉网式检查，持续推进瓶装液化石油气市场整治，累计撤并127家，提升了整体安全运营水平。特种设备领域，开展特种设备安全智慧监管提升行动，全市20.5万台特种设备、164万只气瓶、1.2万余千米压力管道，全部录入信息化管理系统，实施动态监管。

【群防群治】 2023年5月，市应急管理局建立"一月一主题"研判交流机制，每月针对事故多发频发的高风险作业或重点领域设定一个主题，组织相关部门单位和企业开展风险分析研判，复制推广先进经验做法，提升风险管控水平。2023年，组织动火、有限空间、外包外租、"九小场所"（小学校或幼儿园、小医院、小商店、小餐饮场所、小旅馆、小歌舞娱乐场所、小网吧、小美容洗浴场所、小生产加工企业）、高处作业、基层应急消防能力、涉氨制冷等8次分析研判会议。定期开展安全主题沙龙、安全生产大家谈等系列活动，搭建沟通交流平台。

【监管职责落实】 2023年9月

21日，市安全生产委员会印发《关于进一步明确有关行业领域安全生产监管职责的通知》，明确醇基燃料、氢能、海上垂钓、平台经济、早教中心等22个新行业、新业态安全监管职责。聚焦推动主体责任落地落细、隐患排查走深走实、工作举措见行见效，每周通报违规电气焊、有限空间、防高坠等专项整治进展情况，每月点评各县市区、行业领域安全生产重点工作开展情况，并针对安全生产形势特点及时向相关县市区、行业领域主管部门发布风险提示函，对责任落实不到位、工作推进措施不得力的组织开展明察暗访、帮扶督导、约谈通报。

（王宁波）

消防救援

【概况】 2023年，全市消防救援队伍共接警出动9727起，抢救被困人员843人，保护财产价值12亿元。全市全年未发生较大以上和有影响的火灾事故，社会面火灾形势整体平稳。

【落实消防责任】 市委、市政府主要领导历年来高度重视消防工作，市委常委会会议、市政府常务会议多次强调部署消防工作。将消防“生命通道”治理列入2023年《政府工作报告》内容。市消安委（潍坊市消防安全委员会）办公室每季度召开1次消安委成员单位联席会议，开展督导检查2次，在重大节日、重要节点向行业部门发布预警提示。各行业部门落实消防安全监管责任，建立消防工作协作机制。持续开展“消防安全检查日”活动，大力推动社会单位消防安全标准化建设。

【消防安全环境】 年内，市消防救援支队深入开展重点领域消防安全大排查大整治严执法专项行动，紧盯8类突出火灾风险，统筹开展4类重点整治、4类综合治理。组织相关部门和镇街基层力量深入开展医疗卫生机构、仓储物流企业、消防“生命通道”等系列消防安全专项治理，通过开展部门联合“双随机”抽查、专项检查、错时夜查及超高层公共建筑消防安全教学培训式检查等形式，全面推进火灾隐患排查整治，不断净化全市消防安全环境。全市消防救援部门累计检查单位1.7万家次，发现并督促整改火灾隐患8200余处，临时查封546家，责令三停192家；提请政府挂牌督办重大火灾隐患单位66家。

【基层治理】 2023年4月，市消安委出台《潍坊市镇街消防工作站建设标准（试行）》，规范镇街消防工作站的组织运行、基本要求、工作职责、工作制度，全市160个镇、街道及镇级功能区全部成立消防工作站。市政府召开现场观摩会推广奎文区街道消防工作站建设经验做法，推进基层消防力量和社会单位消防安全标准化建设工作，指导建成社区微型消防站1414个。采取政府购买服务方式，为全市3.4万户孤寡独居空巢老人住所免费安装联网型独立式感烟探测报警器。

【火灾精准防控】 2023年，市消防救援支队持续推进“互联网+监管”工作模式，全市18处智慧消防数据中心，每日利用“智慧消防”系统对社会单位消防安全状况开展远程监管和监测预警，加强“智慧消防”大数据分析应用，对火灾风险高的单位开展靶向治理，提升监督执法针对性。全年全市累计在线抽查社会单位18.7万家次，督促整改隐患10.8万处，成功避免电气线路故障火灾38次。市消防救援支队“智慧消防”模式获评“第三届智慧消防论坛”十大优秀案例。

【消防宣传】 11月8日，市消防救援支队举行习近平总书记授旗致训词五周年纪念活动暨2023年潍坊市消防宣传月启动仪式，推动全社会关注消防、参与消防。在全省率先成立首支市级“潍路先锋”路面巡查消防志愿服务队，立足于“会宣传、会预警、会灭火”目标，充分发挥公交车和出租车司机、快递员、外卖员等志愿者力量“点多、线长、面广、机动性强”的优势，有效推动了消防志愿服务与基层火灾防控的深度融合。2023年，全市72处消防科普教育基地和体验室、55处消防站常态化开放，累计接待群众4.6万人。组织34支消防宣传小分队上门开展消防安全培训演练8250场次、42万人次参与，不断提升群众消防安全素质。

【公共消防基础建设】 2023年4—7月，市消防救援支队组织开展潍坊市“十四五”消防事业发展规划中期评估，完成市、县、重点镇三级消防专项规划修编。将农村消防基础设施建设、乡镇应急救援力量等内容纳入各镇街区总体规划和村庄建设规划，全面夯实基层消防基础建设。2023年，全市新建成消防站2个，在建消防站5个，已建成消防站总数达55个；新建市政消火栓574具，市政消火栓总数达到17098具。

【消防队伍建设】 2023年，全市共组织开展各类熟悉演练427次，修订完善灭火救援预案2570份，有效提升了队伍实战效能。高标准建成消防智能接处警系统，不断优化执勤力量布防体系。组织化工、地震、燃气、气象等10个行业系统专家成立全市灭火救援专家组，定期召开联席会议，助力提升灭火救援专业水平和科学处置能力，全市单起事故处置时间同比平均缩短20%，火灾损失减少28%，二次调派次数减少35%。强化专业人才建设，与属地院校、企业等建立合作办学机制，挂牌“实训基地”9个，开展培训10批次220余人。加强应急通信建设，不断强化专业技术能力，全年累计培养通信骨干100余人次，新培养无人机持证飞手47人，实现全灾种、全天候应急通信保障要求。建成“1+5+16”的森林灭火专业队布防体系，扎实推进水域救援专业力量建设，建成1支中型水域救援队、16支站级水域救援分队、1支潜水救援队、1支重型排涝队和6支抗洪抢险机动队。2023年，圆满完成了全省防汛防台风综合应急演练、“使命召唤·齐鲁砺剑—2023”全省地震救援跨区域实战演练、全省防汛应急救援综合实战演练任务和跨区域增援烟台牙山森林火灾扑救任务。

（曹　爽）

社会生活

人口家庭

【人口监测】 2023年，潍坊市常住人口936.95万人，出生4.76万人，同比减少12%。其中一孩19186人，占比40.35%；二孩21617人，占比45.46%；三孩及以上6746人，占比14.19%。人口出生率5.25‰，人口自然增长率-3.02‰，出生人口性别比109.07。

【生育支持配套体系建设】 2023年，潍坊市出台《优化生育政策促进人口长期均衡发展实施方案》，明确持续深化生育服务管理改革、提高妇幼健康和优生优育服务水平、健全婴幼儿照护服务体系、加快构建生育友好环境、保障计划生育家庭权益等五个方面重点措施。建立联席会议制度，实施积极生育支持措施，促进人口长期均衡发展。印发《潍坊市普惠性托育机构保育费补助实施方案（试行）》，对托育机构按政府普惠指导价招收3岁以下婴幼儿的，结合实际收托数分别给予二孩不低于每人每月300元、三孩不低于每人每月400元的保育费补助。

【生育健康与服务】 2023年，潍坊市计生家庭受益人群达到45.08万人，发放奖扶金5.59亿元；发放慰问金221万余元。召开潍坊市计划生育协会第三次会员代表大会，全市12个县市区、151个镇街、8743个村（社区）计生协全部按期完成换届。

（唐璐瑶）

【婚姻登记服务】 2023年，潍坊市持续稳妥开展婚姻登记“跨区域通办”、全户籍类电子证照办理婚姻登记试点和山东籍当事人免提交居住证办理婚姻登记试点，开启婚姻登记“亮码办”新时代。开展婚姻登记数据质量提升试点工作，青州、诸城、寿光、坊子争创为全省数据质量提升试点单位，提高潍坊市婚姻数据完整性和准确性。2023年末，全市共有婚姻登记机构14家，全年依法办理结婚登记4.14万对，其中涉外及华侨、港澳台居民登记结婚91对；办理离婚登记1.17万对，补办婚姻登记证2.17万件。

【婚俗改革】 2023年，潍坊市民政局开展“反对浪费　文明办事”移风易俗专项活动，举办“美德潍坊　七夕送囍”婚俗改革暨集体婚礼活动、“邮储银行杯”潍坊富华游乐园大型相亲会、“情越千年·爱在古城”青州古城集体颁证和集体婚礼活动，建设“潍坊市婚俗改革实践基地”，不定期邀请全国文明家庭代表、全国最美家庭代表、老党员等为新婚当事人颁证60余场次，倡树文明新婚俗，提高群众知晓率。推广使用“新家庭”潍坊婚姻辅导App，开展婚姻家庭辅导1.6万余场次，劝和率44%。发挥婚俗改革省级试点寿光，市级试点坊子、潍城、高密等单位的模范引领作用，承办全省婚俗改革进机关宣讲活动，选送昌邑市“自行车上的婚礼”节目在全省婚俗改革宣传服务活动现场展播，奎文、昌邑婚俗改革作品在全省“镜头里的婚俗改革”评选中荣获三等奖。

【收养登记】 2023年，潍坊市有收养登记机关13处，其中市级1处，县级12处。全年依法办理儿童收养登记16例，全部为中国内地收养登记，登记合格率

100%。

【殡葬管理】 2023年底，潍坊市共有殡葬服务机构17个，其中殡仪馆10个、经营性公墓7个，职工613名。全年减免基本殡葬服务费用6500万元。年内，开展“礼安齐鲁”丧俗改革试点工作，寿光、安丘、临朐被确定为全省试点单位。高密被确定为殡葬领域跨部门综合监管全国试点单位（全省仅3家），高密市经验做法被民政部领导批示肯定。开展红白理事会骨干移风易俗培训287场，培训31963人次，骨干成员培训覆盖率100%。组织海葬服务2次，200例骨灰撒海，服务丧属600余人。潍坊市10个红白理事会入选全省百佳优秀红白理事会。市民政局会同市人社局、市总工会开展全市首届民政行业职业技能大赛，承办全省民政行业职业技能大赛山东省选拔赛，潍坊市4名选手荣获个人一等奖并代表山东省参加全国民政行业职业技能大赛。

（郭宗峰）

居民生活

【居民收入】 2023年，潍坊落实就业优先战略，加大民生投入，多措并举促增收。全市居民人均可支配收入41451元，同比增长5.3%。其中，安丘市、临朐县和诸城市同比分别增长5.8%、5.8%和5.7%，增速居全市前列。

城乡收入比缩小。2023年，潍坊城镇居民人均可支配收入51155元，同比增长4.4%；农村居民人均可支配收入27460元，同比增长7.1%，增速高于城镇2.7个百分点。全市城乡居民人均可支配收入比为1.86∶1，较上年缩小0.05∶1。

居民收入结构不断优化。就业形势总体稳定，工资性收入平稳增长。2023年，潍坊实现城镇新增就业10.26万人，城乡公益性岗位安置就业累计超10万人，带动居民工资性收入平稳增长。全市居民人均工资性收入22741元，同比增长5.1%，增收贡献率达53.3%，拉动居民可支配收入增长2.8个百分点，增收压舱石作用依旧显著，是居民增收的第一动力。分城乡看，城镇居民人均工资性收入28474元，增长4.8%；农村居民人均工资性收入14476元，增长5.5%。

市场活力持续恢复，经营净收入较快增长。2023年，潍坊持续优化营商环境，激发市场活力，居民经营净收入实现较快增长。全市居民人均经营净收入10636元，同比增长6.3%，增收贡献率达30.3%，拉动居民可支配收入增长1.5个百分点。其中，城镇居民人均经营净收入10970元，增长4.1%；农村居民人均经营净收入10155元，增长9.9%。

投资渠道丰富，财产净收入增长。潍坊推动土地流转、房屋租赁市场健康有序发展，利息、基金、股票等各类投资渠道畅通，居民财产性收入稳步增长。居民人均财产净收入3104元，同比增长4.0%。其中，城镇居民人均财产净收入4723元，增长3.5%；农村居民人均财产净收入769元，增长5.1%。

民生事业推进，转移净收入增长。2023年，潍坊基本民生保障扎实有力，民生支出占一般公共预算支出比重超80%，开展灾害救助、扶贫济困、扶老助幼等公益活动，救助保障各类困难群众31.8万人，支撑转移净收入稳定增长。居民人均转移净收入4970元，同比增长4.7%。其中，城镇居民人均转移净收入6988元，增长4.1%；农村居民人均转移净收入2060元，增长5.9%。

【居民消费】 2023年，潍坊改善消费环境，提振消费信心，消费需求释放，居民消费恢复。全市居民人均消费支出24455元，同比增长6.7%，增速同比提高7.2个百分点。城乡居民消费支出比由上年同期的1.75∶1缩小为1.70∶1，城乡居民消费支出差距持续减小。

农村居民消费支出增长快于城镇。2023年，农村居民人均消费支出17332元，增长9.0%，增速较上年提高6.5个百分点，快于城镇3.4个百分点。

吃、穿、用消费支出稳定增长。2023年，居民人均食品烟酒、衣着、生活用品及服务支出同比分别增长6.6%、4.4%和4.9%。受房地产市场调整影响，居住类消费需求减弱，在八大类消费支出中增速最低，增长4.2%。

交通、文化娱乐消费支出快速反弹。2023年，居民人均交通通信消费支出4567元，同比增长7.8%；居民人均文教娱乐消费支出3181元，增长10.4%。

【居民生活水平】 生活基础设施不断完善。2023年，潍坊市加大城乡人居环境投入和建设力度，改造提升村级供水工程206个，完成105万平方米城市建筑和9.9万户农村家庭清洁取暖改造。2023年居民所在社区有绿化园林景观的户比重为82.0%，开通管道燃气的户比重为57.3%，有卫生站（室）的户比重为98.6%，分别较上年提高9.9、6.7和3.5个百分点，居民生活基础设施不断完善。

*居民饮食结构持续改善。*从饮食结构看，2023年潍坊居民人均蔬菜食用菌及制品消费109.4千克，肉类消费29.6千克，蛋类消费24.1千克，较上年消费分别增长了9.9千克、4.0千克和0.9千克。粮食类人均消费量由2022年的125.7千克下降为125.1千克。

*耐用品消费提档升级。*2023年，居民每百户家庭拥有汽车66.2辆，较上年增加1.8辆。其中，城镇居民71.9辆，增加2.1辆；农村居民57.6辆，增加0.8辆。每百户居民家庭拥有空调154.8台，较上年增加7.9台。每百户家庭拥有热水器95.3台，较上年增加8.2台。每百户家庭拥有彩色电视机100.7台，照相机6.6台，固定电话4.6部。

（孙雪玲）

就业创业

【概况】 2023年，潍坊市城镇新增就业10.26万人，失业人员再就业4.27万人，困难人员就业5668人，分别完成年度计划的109.14%、149.79%、120.6%。潍坊市在全国就业能力提升示范项目推进会上作典型发言，就业工作经验6次被省委、省政府要闻信息刊发推广，获全省就业工作“记功工作集体”奖励。“社区微业”入选2023年度中国就业地方创新事件，获评全省地方改革案例，上报中央改革办，新华社、农民日报、中国劳动保障报等国家级媒体7次报道，全省社区微业推进会观摩潍坊市创新做法。零工市场建设创新做法被人社部《工作信息》刊发、中央电视台深度报道。

【稳就业政策供给】 2023年，制定《关于开展十“+”行动助力工业经济高质量发展的通知》《潍坊市稳定和扩大就业促增收促消费促增长行动方案》《关于实施人力资源“聚才兴业”计划 助力人才集聚雁阵格局建设的若干措施的通知》等政策措施，充分释放政策红利。完善援企稳岗“政策直达”“免申即享”，为2.28万家企业返还资金2.19亿元，惠及职工71.91万人。为200户小微企业发放稳岗扩岗专项贷款12.17亿元，助力市场主体提信心、扩岗位。

【“智慧就业”服务模式】 2023年，潍坊市推动就业工作数字化转型，在全国率先建成“潍坊市公共就业综合服务（就业码）平台”,形成以“就业码”为主线、“招聘码”“政策码”“培训码”等N个子码为载体的全开放式智能就业服务链条，汇聚系统内外4000万余条数据资源，建成就业服务促进中心、重点群体就业中心、就业业务经办中心等11个应用中心、2864项功能点，6.8万家企业和近75万名个人用户在平台进行注册，用人单位、劳动者“码上”就能获取个性化需求信息，精准享受政策、招聘、求职、培训等“一条龙”服务，实现就业服务全链条贯通。

【“社区微业”基层服务模式】 2023年，潍坊市人社局针对低技能、低收入、高失业、离校未就业高校毕业生等“两低两高”群体就业难问题，构建以微就业、微培训、微创业为主要内容的基层就业服务新格局。组织就业供需会265场次，帮助1万余名社区居民实现岗位对接；开发“小修小补”等社区微创业项目110项；搭建“能工巧匠工作室”等培训载体，开展技能培训683场，帮助“家门口”就业1700余人。

【全国零工市场建设“潍坊样板”】 2023年，潍坊市人社局制定全国首个地方零工客栈服务标准《零工市场建设与服务规范》，建成22处标准化“零工客栈”和70处社区服务点，形成“一栈多点”服务格局，年服务零工380万人次，零工找活成功率达到90%以上，实现零工找活有平台、收入有提升、权益有保障。

【“千场万企促就业”行动】 2023年，潍坊市人社局根据劳动力市场运行特点和周期性规律，以精准服务企业用工为核心，密集举办“招聘大集”“人才夜市”等特色招聘活动2214场次，服务企业4.7万家，为115.9万人次提供求职招聘服务，促进供需匹配精准对接。

【"创业大赛+"平台】 2023年，潍坊市人社局围绕强化全周期创业服务，开展潍坊市"源来好创业·青春创潍来"青年创业资源对接服务活动，举办全市创业大赛和大学生创新创业大赛，搭建"创业大赛+"平台，推动金融服务、人才招引、技能培训等资源要素深度融合，助推10家创业企业达成融资意向超30亿元。加大创业担保贷款扶持力度，全市发放创业担保贷9390笔、18.31亿元，带动(吸纳)就业2.24万人，位居全省前列。

【数字经济创业平台】 2023年，潍坊市人社局推动数字经济与创业融合发展，加快中国潍坊国际人才创业孵化中心向数字化经济孵化器转型升级，建立"众创空间—孵化器—加速器—产业园"全链条孵化模式，打造具有全国影响力的数字经济创业孵化示范区和创新人才聚集区。2023年底，数字经济创业园在孵企业137家，其中74.5%属于数字经济企业范畴，创新动能突出。

【留创园服务平台】 2023年，潍坊市人社局紧抓中国潍坊留学人员创业园"部省共建"契机，推动构建留创园"1+N"管理运营体系，依托潍坊高新区建设中国潍坊留学人员创业园核心区，打造一核引领、多点发展、立足潍坊、辐射全省的留学回国人员创新创业高地。第八届省部共建留学人员创业园协作会议在潍坊市召开，推动中国潍坊留学人员创业园提档升级。全国评选出"最具成长潜力留学人员创业企业"18家，全省仅潍坊市1家入选。

【青年人才招引】 2023年，潍坊市人社局推进"40万大学生集聚计划"，制定鼓励驻潍院校毕业生留潍12条措施。开展人才需求调查，编制《潍坊市"十大产业"人才需求目录》，征集人才需求2.37万名。坚持请进来走出去相结合，线上线下协同发力，加大"直通名校"招聘力度，市委主要领导亲自带队、市县联动到116家高校开展人才对接，举办人才活动410余场次，引进青年人才8.05万人。

【技能人才培育】 2023年，潍坊市人社局举办第四届职业技能大赛，在全省首届职业技能大赛中斩获16金、13银、5铜、25枚优胜奖；在全国职业技能大赛中取得2银、12枚优胜奖的好成绩，总成绩均居全省前列。"新八级工"、专项职业能力社会化考核、技能人才自主评价等改革顺利推进。全国技能人才评价座谈会在潍坊市召开，《人民日报》等中央媒体专题报道。潍坊市技工教育联盟入选全国技工教育联盟（集团）建设单位。

【高层次人才服务】 2023年，潍坊市人社局优化绿色通道、窗口服务、人才专员、鸢都惠才卡"四位一体"人才服务体系，推动人才政策"一网通查"、人才需求"一站受理"、人才服务"一网通办"，推动落实"惠才卡政策找人"制度，发放"鸢都惠才卡"352张。

【"互联网+"培训体系】 2023年，潍坊市人社局依托"潍坊职业培训网""青桔创客"等线上平台，集聚培训机构1900余家，开放7大类27个专业2024个课时的线上课程，带动开展补贴性职业培训14.2万人次，培训质效明显提升。

【"项目制"培训】 2023年，潍坊市人社局按照"服务产业发展、突出重点领域、兼顾地方特色"的原则，印发《关于推进潍坊市项目制培训工作的通知》，坚持以就业为导向、需求为指引，开发"盐都工匠""丝路织匠""青州花卉"等67项产业特色项目制培训，培训"产业工匠"2.5万余人，成功入选新业态新模式技能培训全国重点联系城市。

【产教融合】 2023年，潍坊市人社局实施"青年技师素质提升计划"，扩大"企业冠名班"等订单式、定向式培养规模，创新"招工即招生、入企即入校、企校双师联合培养"模式，培养青年技师7000余人，新增高技能人才1.46万人。

（王兆国　曹义琳）

社会保障体系建设

【概况】 2023年，潍坊市承办全省社会保险经办会议、全国养老保险待遇领取资格认证国家标准研讨会，成功争创全省"智慧人社"一体化平台建设试点、全省"基层党建与静默认证双融共促服务高质量发展”创新试点。被山东省人社厅批复确定为全省人才年金试点城市。

【社会保险】 2023年底，全市职工养老保险、居民养老保险、工伤保险、失业保险参保人数分别达到289.35万、455.33万、210.29万、133.48万，基本实现法定人群全覆盖。全市养老保险新增人数连续4年突破“十万”，扩面居全省第三，工伤保险、失业保险扩面全省第一。企业养老保险基金收入、当期结余均创十年来新高。居民养老保险人均缴费达到1087元，较2022年提高31.44%，首次突破千元。创新缴费基数“阳光申报”“门面房大走访”“数据找人”等精准扩面措施，建立即时精准扩面人群数据库。结合精准扩面宣传，同步开展“社保服务进万家”活动，发放宣传材料24.33万份，服务群众15.29万人。

【社保待遇】 2023年，同步提高企业和机关事业单位退休人员养老金，66.03万名参保职工受益。居民养老保险基础养老金由每人每月162元提高到170元，其中65至74岁、75岁及以上居民养老金标准分别提高到175元和180元，惠及177万城乡老年居民。连续第19年调整提高工伤保险三项定期待遇，伤残津贴、生活护理费和供养亲属抚恤金人均分别达到3535元、2828元和2121元，惠及工伤职工3200余人。

【困难群体保障】 2023年，按每人每年350元的标准，为6.07万名困难居民代缴保费2128万元，实现“应代尽代、应保尽保”。为2668名重残人员办理提前5年领取居民养老待遇手续。为3.96万人发放失业金5.03亿元，代缴基本医疗保险1.1亿元；为0.81万名失业人员发放失业补助金700.49万元，切实保障失业人员基本生活。

11月，全国养老保险待遇领取资格认证服务规范国家标准制定工作组集中研讨现场会召开

【企业养老保险】 2023年，全市提前退休总量2221件，与改革前的5048件相比，降幅达56%。强化政策供给、定期调度、重点攻坚、主动沟通，争取企业养老保险统筹评价奖惩专项经费240万元。编印《企业年金政策汇编》，夯实年金工作政策基础，联合市总工会、财政局、国资委举办企业年金推介会，推进年金扩面，累计覆盖企业228家、职工4.5万人，被山东省人社厅批复确定为全省人才年金试点城市。

【工伤保险】 2023年，潍坊市人社局全面贯彻落实工伤保险基金省级调剂制度，上解工伤保险基金1776万元。规范工伤认定流程，开展案卷评查，规范执法行为，全市共认定工伤案件9883件。推进工伤预防，线下开展重点企业工伤预防培训能力提升工程，培训安全管理人员和一线职工1.2万人，8.6万课时；线上开发应用“工伤预防云平台”，学员注册2.9万人，3万课时；举办工伤预防宣传190余次，服务群众7.3万人次。打造“暖心鉴定”品牌，开通线上视频、线下上门、异地委托、预约鉴定等“绿色通道”，组织鉴定36批7561人次。落实新业态就业人员职业伤害保障试点，2700余名基层快递网点从业人员优先参加工伤保险，快递员群体工伤保险权益得到强化保障。

【风险防控】 2023年，潍坊市人社局开展社保基金管理巩固提升行动，以制度建设为基础，持续强化人防、制防、技防、群防“四防”协同，全面加强政策、经办、信息、监督“四位一体”风险防控体系，严厉打击欺诈骗保、套保或挪用贪占社保基金等违法违规行为，守好群众的养老钱、保命钱。建立高风险业务日常抽查机制，对高风险业务落实常态化事后抽查。高质量完成17批、190多万条数据核查。聘请第三方，对全市社保经办机构开展第二轮内控审计，对800家企业、42家非财政拨款事业单位进行社保缴费年报稽核。

【“社企直通车”项目】 2023年，潍坊市人社局实现企业人事管理系统与社保业务系统“直连智办”，企业职工社保增减员、社保缴费基数申报等高频业务实现自动同步办理，做到一次数据录入、多个平台共享、一链全部办结，服务歌尔、潍柴、潍百等大中型企业10万余名职工。

【社会化管理服务】 2023年，潍坊市人社局优化完善信息系统，完成信息核实166.25万人，待遇查询、证明打印等6项业务社区即可办理。推进“基层党建与静默认证双融共促服务高质量发展”创新试点，240多万名领取待遇人员实现“静默认证”全覆盖。

【企业职工“退休一件事”改革】 2023年，潍坊市人社局出台《潍坊市企业职工退休业务“提醒办”“主动办”“提前办”实施方案》，探索企业职工退休办理“预提醒+提前三个月预审+常规时间审批”相结合的服务新模式。办理退休业务25000笔。纳入潍坊市第一批“无证明城市”社会化应用、大数据精准分析“主动办”应用场景。

【社银合作】 2023年，潍坊市人社局加强与建设银行、农村商业银行等机构深度合作，依托银行基层服务终端，办理社保业务42.47万笔，实现保费代缴、待遇查询、养老金领取等高频业务“不出村”办理，打通社保服务“最后一公里”。

（王兆国　曹义琳）

潍坊市开展“社保服务进万家”活动

医疗保障

【概况】 2023年，潍坊市医保局树立以人民健康为中心的发展理念，坚持改革开路、制度赋能、管理增效、服务提质，推动医疗保障工作取得新成效。14个单位和个人获评“山东省医疗保障工作先进集体或个人”荣誉称号。在山东省医保经办系统练兵比武暨医保服务能力竞赛中荣获团体三等奖、个人三等奖。先后4次全省工作会议上作典型交流发言。

【医保待遇】 2023年，门诊就医负担有效减轻。职工医保门诊保障年度支付限额由500元提高到在职人员1600元、退休人员1800元；将2054家符合条件的定点零售药店纳入门诊统筹保障范围；居民“两病”门诊用药报销比例由60%提高到70%；职工、居民门诊慢特病增加到91种、69种，全省最多。医药费用负担有效减轻。通过落实国家、省各批次集中带量采购，2023年共为群众节约医药费用支出约9亿元。开展集采药品进基层活动，277家基层医疗机构平均集采药品达到100种；完成口腔种植收费专项治理，种植牙告别万元时代；将382种国家谈判药品和竞价药品纳入“双通道”管理，为群众减少药品费用支出近5亿元。加大医保支持生育力度。居民住院分娩报销标准由800元提高到一孩1000元、二孩1500元、三孩3000元；职工住院生育由定额报销，调整为按政策范围内90%

的比例报销、不设起付线；生育保险待遇实现“免申即享”，山东电视台新闻给予报道。加大医保支持中医药事业发展力度。将973种中药饮片、467种中药配方颗粒、196种医疗机构院内自制制剂、146种中医适宜技术纳入医保支付范围，中医日间病房试点病种、医疗机构分别扩大至18种、76家，2023年累计为群众报销医药费用近9000万元。

【医保重点改革】 2023年，在市委、市政府争取到的“中央财政支持公立医院改革与高质量发展示范项目”中，承担“医保支付方式改革”和“医疗服务价格调整”2个子项目，获国家支持资金5000万元。新争取到国家医保反欺诈大数据应用监管“DIP监管”和“医疗机构场景应用”两个重点领域国家级试点1项，集采数据分析研判工作站、全省医保基金稽核省级试点2项。至此，潍坊市承担的国家级试点达到5项，省级试点达到6项。代表山东省迎接了国家第二批DRG/DIP支付方式改革交叉现场调研评估，获“满分”成绩。

【基金监管稽核】 2023年，市政府专题召开基金监管联席会议，有力推动全市“3+3+N”基金监管模式有效运行。行政执法监管、医疗费用审核、医保基金稽核“三方”一体运转、有效联动。信用监管、综合考评、日常监管“三环发力”。推进医保信用评价管理子系统应用，坚持“一把尺子”综合评价、“一张表”量化评价、“上下结合”参与评价、“奖优罚劣”评价导向，构建常态化监管体系，建立起党委政府主导、联席会议决策、部门联合执法、有奖举报引导社会广泛参与的监管格局。综合施策，强化打击震慑效果。开展全市打击欺诈骗保集中宣传月活动，开展宣传活动430场，培训人次6000余人次；举办安全规范年短视频大赛，推送宣传作品《武松新练“四合拳”》荣获全国医保基金监管“安全规范年”短视频大赛全省最好成绩。聚焦“三个重点”（重点领域、重点对象、重点药品耗材），自查自纠7775家定点医药机构、现场检查6664家定点医药机构；会同检察院等5部门开展打击欺诈骗保专项整治，联合市场监管、卫健等部门开展“双随机、一公开”抽查检查，有力维护基金安全。

【医保服务】 2023年，医保服务体系进一步健全。镇村全覆盖建立基层医保工作站（点）2870家，梳理下放20项高频医保服务事项，打造形成“15分钟医保服务圈”，国家医保局分管局长给予肯定。异地就医直接结算工作成果进一步拓展。开展潍坊市跨省异地就医直接结算政策集中宣传月活动，推动省内跨省异地就医提质增效，新增住院、门诊、门慢异地联网医疗机构20家、610家、233家，分别实现住院医疗机构、一级及以上医疗机构、乡镇全覆盖。服务便捷化程度进一步提升。实现居民医保个账共济缴费、生育保险待遇“免申即享”、省内职工医保关系转移接续“免申即转”，门诊慢特病认定“全市通办”，医保电子凭证激活率100%，居全省第一。内控信息系统建设始终保持全省第一，经验做法在《中国医疗保险》《中国卫生》杂志刊发，并入选《中国医疗保障年鉴》、潍坊市2023年度改革典型案例。争取到全省“医保经办内控管理规范高效典型”和“两定机构结算‘明明白白’典型”2项“揭榜挂帅”项目。在山东省医保经办系统练兵比武暨医保服务能力竞赛中荣获团体三等奖、个人三等奖。先后4次在全省工作会议上作典型交流发言。

（韩　健）

住房保障

【住房保障体系】 2023年，潍坊市住房和城乡建设局印发《关于加快发展保障性租赁住房的实施意见》，配套出台《保障性租赁住房项目认定实施细则》《市区新就业人员申请阶段性住房租赁补贴实施细则》《全市住房保障攻坚战活动实施方案》，推动建立多主体供给、多渠道保障、租购并举的住房制度。保障项目建设。建成回迁棚改项目27个、边界内未建成社区19个；累计争取各类上级奖补资金1.42亿元，新开工棚户区6267套、保障性租赁住房1459套，开工率分别为104.6%和100%，发放住房租赁补贴1467户、494万元，完成率158%，相关经验做法被住建部刊发推广。提升服务水平。组织开展城市危旧房排查摸底工作，先后排查城市房屋15万栋，发现存在变形、受损伤房屋172栋，鉴定为C、D级危房34栋，全部录入信息系统，加快推进改造，切实保障群众居住安全。同时，大力推广公租房智能门禁系统，新安装1003套，维修服务232户次，切实提高租户居住体验。

【物业服务】 2023年，潍坊市住房和城乡建设局在奎文区开展老旧小区物业服务质价“双提升”试点，推动构建质价相符、优质优价的行业服务机制。配合价格管理部门修订物业服务收费办法，撰写物业服务收费调研报告，为价格管理部门提供参考。指导市物业协会测算服务成本，提出物业企业代收水费结算建议，被市价格管理部门正式发文采纳。2023年，全市10项物业服务管理工作经验被省住建厅转发推广，2次在全市工作会议上作典型发言。强化行业监管。加强招投标监管，印发物业行业专家库管理办法，更新扩容物业服务管理专家库，明确各方职责，规范物业招标评审活动。加强信用监管，印发物业企业信用信息管理办法，细化优劣标准，规范企业行为，是全省出台市级信用评价办法的2个地市之一。创新监管方式，在高新区试点举办物业企业“擂台赛”，通过“擂台比武”亮实招、晒成效、查不足、促提升，取得良好社会反响。提升服务水平。加强培训宣传，举办4期“物业大讲堂”，编印《潍坊物业知识100问》，广泛发放居民小区。在奎文区、高新区成立“红色物业”实训基地，打造“实训基地”+“物业导师”模式，为行业发展添“双翼”，着力提升行业从业人员服务水平。深化“红色物业”。以“红色物业”破解基层治理难题，联合市委组织部、市文明办召开“鸢都红色物业”建设提升会议，开展2023年“鸢都红色物业”星级服务认定，发挥示范带动作用，持续巩固“红色物业”建设成果，强化行业品牌，弘扬行业正能量，以点带面带动行业整体提升。全市2家企业、4个项目获省级星级服务认定，2个小区入选省级“美好家园”典型案例，1个项目入选省级党建示范点。开展主动服务。制定工作方案，深化“物业服务面对面、您有问题我来办”“政策进小区”等活动，主动公开服务沟通渠道，超前解决业主诉求。9月5日，提请市政府分管领导召开全市物业服务提升推进会议，推动物业管理服务水平规范提升。创建行业文明。联合市文明办开展行业文明创建“育文化”活动，组织美好家园小区选树活动，明确八项重点内容，掀起全市物业文明创建新高潮。联合市文明办开展“加强物业管理　共建美好家园”活动，以文明创建带动创城工作，改善住宅小区文明服务面貌，打造100个物业小区示范站点。6月15日，联合市委宣传部召开全市物业行业文明创建现场会，持续巩固物业领域创城成果。加强督导考核。推动行业管理规范化，印发物业管理工作评价办法，评价结果纳入高质量发展综合绩效考核，推动工作落地落实。建立逐级通报制度，市级每月对县市区物业投诉数据进行分析，下发通报；县市区每月对辖区物业企业投诉情况进行通报排名，层层压实责任，降低物业服务信访投诉增量。

【老旧小区改造】 2023年，全市争取中央财政资金2.58亿元，完成改造老旧小区项目466个、4.9万户，顺利完成全年改造工作任务。潍坊市住房和城乡建设局联合市发改委等6部门下发《关于进一步做好全市老旧小区改造工作的通知》，指导县市区拓宽筹资渠道，提高改造标准，加快项目实施。聚焦“楼道革命”“环境革命”“管理革命”，根据老旧小区不同的特点和业主需求，合理确定改造内容，着重对建筑节能、地面停车位、道路硬化提升、供排水管网方面进行全面改造建设。潍坊市在全省老旧小区改造工作会议上作典型发言，4项工作经验先后被国家发改委、住建部、省住建厅推广，潍城区曹家巷社区设计方案获全省首届老旧小区改造设计竞赛一等奖，临朐县石门小区旧改项目入围“泰山杯”。加快项目推进。组织召开全市老旧小区改造工作现场会，充分发挥示范引领作用。坚持“周调度、季通报”制度，聘请第三方专业机构开展全周期技术指导，督促县市区加快改造进度，推动改造工作再提升。

（王茂范）

【住房公积金管理】 2023年底，全市实有缴存单位13455家，实缴人数84.58万人，缴存余额328亿元，贷款余额271亿元。2023年，全市归集住房公积金103.72亿元，同比增长4.75%；提取总额91.87亿元，同比增长36.96%；发放贷款13119

笔、57.15亿元，同比分别增长19.55%、54.71%；实现增值收益4.59亿元，同比增长3.25%，为全市缴存职工结息4.57亿元，比上年增加3564万元，上缴市财政2022年度增值收益4.45亿元；个贷率82.65%，贷款逾期率0.11‰，低于全省平均水平，资金处于收支平衡、略有结余的良性运行状态。

【住房公积金贷款】 2023年，潍坊市住房公积金管理中心进一步加大住房公积金贷款力度。将最高可贷额度提高至60万元，出台多子女家庭购买首套住房最高可贷80万元，成功推出二手房“带押过户”公积金贷款模式，落实降低首付比例、延长贷款期限等贷款优惠政策。2023年，共发放贷款13119笔、57.15亿元，同比分别增长19.09%、54.71%，其中，首套房发放占比超过60%，贷款额度60万元的3567笔，占比27.2%；发放多子女家庭贷款755笔、4.2亿元。贯彻落实高层次人才公积金贷款优惠及服务保障措施，累计为全市167名高层次人才发放公积金贷款1.3亿元。加强“政银”合作。通过向合作银行共享公积金缴存信息，支持17家合作银行向缴存企业和职工发放优惠信用贷款。2023年，各合作银行累计向2140家企业发放优惠贷款251.64亿元，为企业节省利息支出3.64亿元；向26775名职工发放优惠信用贷款63.26亿元。

【住房公积金提取政策】 2023年，潍坊市住房公积金管理中心放宽偿还商贷提取，将既有多层住宅增设电梯提取公积金的范围由提取职工本人及配偶的扩大到提取双方父母的公积金，支持符合全市租赁提取政策的新市民、青年人可提取本人及配偶上月公积金月缴存额用于支付房租。2023年，全市共为30.98万名缴存职工提取住房公积金91.87亿元，同比增长36.96%，其中，为3.97万名职工办理租房提取3.5亿元。

【住房公积金归集扩面】 2023年，潍坊市住房公积金管理中心开展政策宣传月活动，依托“公积金流动服务厅”，线下深入社区、企业等宣传惠企政策，线上利用微信公众号等政务新媒体定期推送业务政策，形成宣传合力，促进公积金归集扩面；探索利用合作银行推动归集扩面新模式，出台《关于激励受委托银行参与归集扩面工作办法（试行）》，修订《受委托银行金融业务受理成效综合评价管理办法》，通过激励考核双向发力，调动合作银行参与归集扩面积极性。2023年，全市新增缴存单位2301家，新增缴存职工9.27万人，住房公积金归集额首次突破百亿元，归集资金103.7亿元，同比增长4.75%。

【住房公积金收益与风险管理】 2023年，潍坊市住房公积金管理中心持续提升资金收益水平。健全资金管理制度，制定存款存放实施细则、业务资金存放实施方案等制度，形成按流程办事、靠制度约束的财务管理模式。科学制定资金存储和使用计划，定期对业务运行情况进行科学分析，适时调整资金存储结构，最大限度实现资金保值增值。2023年，克服公积金贷款和银行存款降息的不利因素，实现增值收益4.59亿元，同比增长3.25%。上缴市财政2022年度增值收益4.45亿元。

*防范资金风险。*健全存款管理制度，加强资金流动性风险预警管理，开展存单质押风险拉网式排查，形成资金常态化闭合管理机制。加强楼盘准入管理和贷款审批、发放、贷后管理，防范项目交付和贷款资金风险。强化个贷逾期监管，采取定期调度、法律诉讼、强化催收等有力措施，及时化解贷款逾期风险。截至2023年底，全市个贷率为82.65%，贷款逾期率为0.11‰，低于全省平均水平。

*保障网络和数据安全。*加强历史问题数据治理，通过数据共享、部门协查、入企对接、电话核实等方式，修改完善31748条历史问题数据。规范征信报告授权查询，实现征信报告规范化查询展示、无纸化统一管控、智能化取数加工，征信运用更加高效。完成业务专网、网络安全防护系统升级改造，确保数据信息安全和保障系统平稳运行。

*依法维护职工合法权益。*加强行政执法，妥善处理企业欠缴公积金类投诉，2023年全市共发送《住房公积金催（建）缴函》261件、《责令限期缴存（办理）通知书》32件、《行政处理决定书》16件，共为140余名职工追缴公积金约260万元。

【住房公积金业务管理】 2023年，潍坊市住房公积金管理中心推进窗口服务建设。开展服务提升三年行动，成立窗口服务提质领导小组，制定窗口服务提质工作8条措施，明确窗口工作目标。贯彻执行预约服务、延时服务、节假日“不打烊”服务，常态化推行服务礼仪“七步法”，实施“第三方”神秘人窗口监督检查机制，窗口服务水平不断提高。强化队伍素质锤炼，组织窗口内训师开展政策宣讲、培训等活动300余次。服务窗口获住建部全国住房公积金系统服务提升三年行动表现突出“星级服务岗”荣誉称号，2023年1—12月连续12个月被评为市政务服务大厅“月度红旗窗口”，全市服务窗口获集体表彰116次，获“服务标兵”等个人表彰167人次。

*提升业务线上办理便捷度。*加快推进数字化公积金建设，39项政务服务事项全部可“网上办”“掌上办”，业务网办率达93%。推广异地贷款个人证明事项“亮码可办”，推进优化营商环境“一号改革工程”，实施“申办材料免提交”省级试点项目，身份证、不动产登记信息等13项高频数据材料实现在线联网自动获取，30项住房公积金业务可“零材料”办结，为办事群众减少纸质证明材料100余万份。该项目被山东省大数据局列为“大数据创新应用场景”试点，并成功入选全市2023年度改革典型案例。做好“跨域通办”业务，全力推动13项“跨省通办”业务及24项“全省通办”业务。持续巩固业务办理时限压减成果，提取资金保持即批即提“秒到账”，贷款平均办理时限由30天压减到7天以内。

*高效处理群众诉求。*印发《关于进一步做好投诉处理工作的意见》，推动工作规范化程序化。创建《要情专报》《每周热线快报》刊物，建立群众诉求快速分析处理机制，挖掘分析12345热线数据，加强对群众诉求和热点问题的线索收集和问题研判。2023年，共处理群众诉求2866件，响应率100%，解决率和群众满意率99%以上，通过三方连线、回复网站留言等合计为缴存职工答疑解惑13000余次，中心连续三年被评为“全市12345政务服务便民热线工作表现突出单位”。

*加强业务规范化管理。*实行全员全业务日常稽核、专项稽核、交叉稽核内审机制，组织对增设电梯、偿还商贷、异地购房等8种业务进行内部稽核，开展专项稽核4次。制定《住房公积金业务稽核发现问题责任追究办法》，增强全员风险防范意识，筑牢风险防控“防火墙”。开展警示教育，加强稽核队伍建设。扎实做好住房公积金监管服务平台和电子稽查工具风险疑点整改工作，有效防范业务违规风险。

（葛　冰）

社会救助

【概况】 2023年，深化社会救助领域“放管服”改革，以高标准创建全省社会救助综合改革实验区为抓手，按照“兜底线、织密网、建机制”要求，加快推进社会救助改革创新，有关做法在《光明日报》、新华网、“学习强国”学习平台等客户端以及省委《今日信息》、省委改革办《改革与制度创新》刊发推广。3个品牌获得2023年度全省优秀社会救助品牌。2个案例获评2023年度全省社会救助领域优秀创新实践案例。3项宣传获评2023年度全省社会救助领域政策宣传优秀成果。3个项目获评2023年度全省社会力量参与社会救助优秀项目。2人获评2023年度分散供养特困人员“最美照护人”。

【社会救助保障标准】 2023年，市民政局联合市财政局出台《关于健全完善困难群众救助保障标准动态调整机制暨2023年调整困难群众保障标准的通知》，分别按照5.1%、7.4%的增幅，将城乡低保标准提高到每人每月944元、770元，城乡低保标准差距缩小至1.23∶1；特困人员照料护理标准按照全护理、半护理、全自理分别提高到每人每月845元、423元、249元。全年累计发放低保特困资金10.14亿元，惠及低保对象、特困人员10.6万人。

【社会救助帮扶政策】 2023年，市民政局联合市委组织部下发《关于建立党建引领社会救助工作机制的通知》，全面落实县镇村三级党组织社会救助责任。联合市财政局、市医保局出台《潍坊市因病致贫重病患者认定实施细则（试行）》，为认定因病致贫患者提供政策支撑。制定出台《关于进一步做好最低生活保障等社会救助兜底保障工作的通知》，适度放宽成年无业重度残疾人家庭收入、财产等限定条件，完善就业鼓励政策。联合市发改委印发《潍坊市社会救助服务对象信用管理办法》，在社会救助领域推广信用体系应用，“减证便民”方便困难群众。

【临时救助】 2023年，严格执行《关于进一步加强和改进临时救助工作的意见》有关要求，采取取消急难救助对象户籍地和居住地申请限制、24小时内先救助后补手续、适当上调临时救助限额、特殊情况“一事一议”等措施，对基本生活陷入困境的家庭和个人及时给予临时救助。全年共实施临时救助9423人次、累计支出1839.3万元。

【慈善救助】 2023年，新增11家慈善组织，全市共有慈善组织45家，其中具有公开募捐资格的14家。慈善领域募集资金、物资总量呈较大增长，2023年慈善救助支出7267万余元，开展惠民服务项目97个，服务群众46.8万人次，激发慈善组织活力，带动社会力量参与扶贫济困等公益慈善事业。寿光市“尿毒症透析”、临朐县富春江朝阳助学、昌乐县“为爱联动·爱伴同行”困境儿童救助3个慈善项目荣获第八届山东慈善奖，充分传播社会正能量，彰显“心手相连、守望相助”的大爱情怀。

【争创全省社会救助综合改革实验区】 2023年，市政府办公室印发《潍坊市创建全省社会救助综合改革实验区实施方案》，制定8类28项工作任务，成立分管副市长任组长、19个部门单位参加的工作推进专班，建立党委领导、政府负责、民政牵头、部门协同、社会参与的实验区创建工作机制。“容错纠错”做法代表山东省在全国社会救助工作培训班上作典型发言并获评全国社会救助优秀案例。寒亭区、寿光市、临朐县获评全省首批县级社会救助综合改革实验区，数量全省第一。创建全省社会救助综改区做法获市委书记刘运、市长刘建军批示肯定。

【动态监测机制】 2023年，下发《关于进一步健全完善防止返贫监测预警机制的通知》，健全低收入人口动态监测信息平台与防止返贫动态监测数据对接机制。密切关注全部或部分丧失劳动能力的低收入人口，特别是因病因残因意外事故等导致支出负担较重、增收压力大、返贫风险高的低保边缘群体、支出型困难群体、重病重残人员，对符合条件的及时纳入社会救助范围。

【社会救助家庭经济状况核对机制】 2023年，印发《关于进一步健全完善社会救助家庭经济状况核对机制的实施意见》，与市残联、医保、教育、住建、工会等部门定期进行数据共享比对，健全完善跨部门、多层次、互联互通、信息共享、业务协同的社会救助家庭经济状况核对机制，推进实现精准救助、高效救助、温暖救助、智慧救助。全年累计核对17.90万人，其中城市低保新申请3086人，农村低保新申请25400人，在保人员复查125631人，特困人员4595人，临时救助11233人，低保边缘家庭成员437人，其他类救助8678人。

【“鸢·助你”帮办代办移动应用】 2023年，投入29万元研发“鸢·助你”帮办代办移动应用，在全省率先链入“山东通”，为镇村级社会救助经办人员开设专用账号，工作人员手持移动手机即可上门服务，不方便的困难群众在家里就可以申请社会救助，实现社会救助“指尖办”“掌上办”。

【“一门受理、协同办理”平台建设】 2023年，在潍城区、青州市、安丘市组织完善“县镇村”三级社会救助工作网络试点，重点规范镇（街道）“一门受理、协同办理”平台运行，通过向有关部门转办、转介困难群众需求，实现专项社会救助、急难社会救助等综合救助，满足困难群众多样化救助需求。

（张　艳）

社会福利

【儿童关爱】 2023年，建立孤困儿童基本生活保障标准动态调整机制，机构养育孤儿、社会散居孤儿、重点困境儿童基本生活保障标准分别提高到每人每月2360元、1888元、1380元，较上年增长11%、11%、16%。全年共保障孤困儿童4284人，发放保障金7706.9万元。规范实施孤困儿童助医助学项目，将4046名孤困儿童纳入“护佑健康”大病和意外伤害保险项目，为395名孤儿和事实无人抚养儿童发放助学金324.6万元。省内率先开展孤困儿童成年后就业帮扶试点工作，打造“123456”社会组织关爱服务困境儿童工作模式，获全省儿童福利领域创新实践优秀案例，擦亮“潍护你”品牌。组织开展“遇见最好的自己”“同心相助·爱满鸢都”等关爱服务项目，昌乐县“为爱联动·爱伴同行困境儿童救助项目”获第八届山东慈善奖。举办“奋进新征程·同心护未来”困境未成年人保护宣传月活动，召开一老一小新闻发布会，联合市教育局承办全省困境儿童公益研学实践蒲公英行动。全市依法办理收养登记16例，合格率100%，在全省儿童收养工作交流研讨活动中作典型发言。稳步开展儿童福利机构“精准化管理 精细化服务”质量提升工作，加强管理服务标准化与业务档案规范化建设，《山东潍坊儿童福利院：用档案延续爱心与守护》作为儿童福利机构业务类全国唯一案例入选国家档案局案例选编，孤儿成长故事入选民政部组编的《我把党来比母亲》故事丛书。相关经验做法先后在全国儿童福利院院长示范培训班、全省孤困儿童关爱服务暨儿童福利机构高质量发展调研观摩会上作重点推介。

【残疾人保障】 2023年，建立残疾人“两项补贴”标准动态调整机制，提高残疾人补贴保障标准，享有困难残疾人生活补贴的一、二级残疾人，补贴标准提高到每人每月189元，三、四级残疾人补贴标准提高到146元；享有重度残疾人护理补贴的一级残疾人补贴标准提高到182元，重度残疾人护理补贴的二级残疾人补贴标准提高到146元。在省定保障范围基础上，将三、四级智力和精神残疾人纳入护理补贴保障范围，每人每月护理补贴97元，全省唯一。共为17万名困难残疾人和重度残疾人发放生活补贴和护理补贴2.87亿元。推行残疾人“两项补贴”资格认定申请“跨省通办”，深化“放管服”改革、优化政务服务，实现残疾人“两项补贴”任意地申请、户籍地审核审定及发放，切实方便残疾人在居住地申请补贴。

【养老服务】 2023年，围绕普惠养老，发布《潍坊市基本养老服务清单》，加快建设覆盖全体老年人的可持续基本养老服务体系。出台《潍坊市助老食堂建设指导意见》，引导市场主体参与助老食堂建设，全市共建有助老食堂761处，有效解决老年人“一餐热饭”难题。临朐县、昌乐县有关做法被央视《新闻联播》报道。实施适老化改造工程，对分散供养特困人员中的高龄、失能、留守、空巢、残疾老年人家庭按照“一户一策”原则，分期分批进行改造，2023年底，完成改造8203户，切实提升居家养老服务水平。围绕重度失能人群服务，建立为经济困难重度失能老年人购买养老服务制度和困难重度失能老年人免费集中托养制度等六项基本制度，切实保障失能人群的养老服务需求。聚焦失能失智老年人照护需求，优先支持发展护理型床位，累计建成护理型床位23164张。落实经济困难老年人补贴制度，共为2.9万名经济困难老年人发放补贴2876万元。探索开展慈善网络募捐，首次在腾讯公益平台上线“助力老年·幸福食堂”项目，共募集善款311万元，争取配捐38.9万元，实现开门红，持续擦亮“慈满鸢都·潍爱善行”慈善品牌。

【彩票福利】 2023年，全市销售福利彩票11.50亿元，筹集公益金3.50亿元，其中电脑票8.97亿元、即开票2.52亿元，较去年同期增长15.92%。全市累计销售总量突破200亿元，成为山东省内首家、国内第5个销量过200亿元的地级市。中福彩中心、省民政厅、市委、市政府主要领导对潍坊市福利彩票工作作出重要批示。在中福彩中心2023年中国福利彩票渠道创新案例评选中，潍坊市的《潍坊福彩探索“三街一舞台”模式 让公益宣传为渠道建设赋能增彩》获得三等奖。

（郭宗峰）

社会组织管理

【概况】 2023年，全市共登记注册社会组织5213家，其中社会团体1618家、民办非企业单位3583家、基金会12家，其中市管社会组织共997家。共备案社区社会组织1.4万家，社会组织数量增长迅速，质量逐步提升，在乡村振兴、基层治理、东西部协作帮扶等方面发挥重要作用。社会组织服务项目在《中国社会组织》等多家主流媒体宣传报道

30余篇。1家单位荣获“山东省三八红旗集体”称号，2名个人荣获“山东省三八红旗手”称号；1名个人荣获全国学雷锋志愿服务“四个100”最美志愿者；1个项目荣获全国学雷锋志愿服务“四个100”最美志愿服务项目；3个项目获评山东省参与社会救助优秀项目。1月，全市形成的“四融合”培育模式，被评为全省民政工作优秀案例。7月下旬，全省社会组织服务平台建设暨半年工作推进会在青州市举办，推广潍坊市级和青州市社会组织服务平台建设经验。

【党建引领】 2023年，全市社会组织“党建入章”动态保持应入尽入。全市社会组织共设立党组织1896家，为2566家社会组织选派党建指导员。市管社会组织建立党组织455个，其中单独建立398个，联合建立57个。两级社会组织党委兜底管理的795家社会组织实现党组织应建尽建，党建指导员应派尽派。将党建工作作为社会组织等级评估、典型选树首要标准，建立党建示范点59个，促进党建工作提质增效。加强政治建设，把牢发展方向。推动党的二十大精神进社会组织，制定工作方案，听取二十大代表解读大会精神，优秀党组织书记作专题宣讲报告。2023年，全市开展党建培训13次，920人次参加。协同联动创建，形成党建品牌矩阵。推出“党辉益路123”市级党建品牌和8个县级党建品牌，“两级联动”形成特色党建品牌矩阵。市民政局在全省社会组织党建品牌建设推进会上作典型发言。2023年2月，市社会组织培育中心、青州市文学艺术界社会组织孵化中心获评省级“两新”组织党建工作示范点。

【依法治理】 2023年，构建党建工作与管理业务相融合、专项治理与常态化管理相结合、民政部门与相关部门相配合的“三合一体”的全流程监管体系，全市共4598家社会组织完成年报，年报率达到95.22%，再创新高；给予127家社会组织行政处罚；会同10部门下发文件，推进打击整治非法社会组织专项行动。全市共取缔劝散45家非法社会组织。开展行业协会商会乱收费治理，全市行业协会商会共减轻企业负担1504万元。建立综合监管机制。9个县市区建立社会组织工作联席会议，4个县市区建立社会组织资金监管机制。2023年，市里调整市级社会组织联席会议成员名单，压实各业务主管单位、综合监管部门职责，全市社会组织领域未发生风险事件。

【扶持带动】 2023年，开展“社会组织服务平台建设三年行动”，建成服务平台137处，打造1个市级高标准平台、15个县级特色平台、91个街镇级标准化平台，30个社区多元化服务平台，“四级联动”服务平台体系形成。2023年，市级服务平台接待中央文明办、省妇联等部门调研参访19批次；完成“培育发展社区社会组织专项行动”。已备案社区社会组织1.4万家，成立社区社会组织联合会133家，专项行动各项指标已提前完成。实施“社会组织助力乡村振兴行动”，全市1500多家投入志愿者12万人次参与乡村振兴，链接资金物资超过4000万元。市民政局直接拨付重庆开州帮扶资金21万元。引导社会组织助力大学生就业，社会组织开展就业服务活动376场次，发布招聘岗位4961个，实际招聘招收高校毕业生、见习高校毕业生3686人。引导社会组织参与京冀黑等地防汛救援。19家社会组织出动370人，携带55艘冲锋救援舟及4000余件救援装备赶赴灾区进行救援。转移救援受灾群众1.2万人，转运和发放食品、药品等救灾物资超百吨，价值800万元。

（张文玉）

基层治理

【概况】 2023年，以打造“善治和美”基层治理典范为目标，根据社区治理精细化的要求，指导县市区严格按规定程序进行社区优化调整工作，新增城市社区43个，全部依法完成居委会及下属委员会选举工作，配齐社区服务设施。截至12月31日，潍坊市现有社区工作者9557人，每万城镇常住人口达到15.4人，超额完成每万城镇常住人口14.4人的配备任务。15个县市区（市属开发区）均按照该标准完成配备任务。开展“新时代新社区新生活”服务质量提升行动。指导各县市区采取多种方式推动“三新”行动任务落实。奎文区开展“织网扎根·平急结合”行动，创新“一统四化八场景”模式，实施美好家园建设，经验做法在

《人民日报》刊发。寿光市以城市社区“红领善治·幸福家园”创建为抓手，推进“自治、法治、德治、智治”四治融合，获评全国社区治理10个优秀案例之一。

【基层自治实践】 2023年，聚焦与群众切身利益密切相关的村务公开、民主协商等重点问题，开展深入实践。潍城区探索“社区共治联盟+物业”模式，打造高效社区治理共同体，有效激发社区治理合力，做法得到省领导批示肯定。指导村（社区）根据形势发展需要，及时修订完善村规民约、居民公约，村（居）民自治能力得到提升。高密市柏城镇柏城村村规民约、安丘市新安街道富华社区居民公约被公布为全省优秀村规民约和居民公约。

【基层治理创新】 2023年，青州市和寿光市的两个全国村级议事协商创新实验试点单位顺利完成中期评估，诸城市、潍城区、临朐县、寒亭区、高密市、寿光市6个省级基层治理实验区（点）全部顺利通过山东省民政厅组织的评估验收。指导村（社区）结合自身实际，探索富有特色的社区工作法，努力提升社区治理和服务能力。潍坊市两个社区获评全省优秀社区工作法。奎文区大虞街道孙家社区入选山东省第二批优秀社区工作法重点推介十佳案例。

（宋高峰）

【社工站建设】 2023年，潍坊市推动镇（街道）社工站提质增效。打造社工站3.0版本。全市建成社工站135处，实现镇（街道）全覆盖。开展社工站示范点创建，潍坊市7家社工站被评为全省乡镇（街道）社会工作站示范点。推行“社工站+”行动，通过实施“社工站+救助”“社工站+养老”“社工站+儿童”“社工站+志愿”和“社工站+慈善”，全面提升服务效能。在2023年度全省民政工作会议上，潍坊市以社工站建设为题作典型发言。不断加快社会工作人才队伍建设。全市持证社工总数累计达到11325人，突破万人大关。其中高级社会工作师14人，占全省的28%，居全省首位。

【志愿服务】 2023年，全市实名注册志愿者150.9万人，占总人口的16%；发展志愿服务队伍5690支，开展志愿服务项目2.7万多个。新增标识志愿服务组织17家，累计达到313家。出台《关于进一步规范城乡社区志愿服务站点建设的通知》，全市7296处城乡社区综合服务设施中全部设立志愿服务站点。

（郭宗峰）

民族事务

【概况】 潍坊市是少数民族散杂居地区，2023年，有54个少数民族成份，常住人口6.18万人，占全市常住总人口0.66%。全市共有8个民族村，分别是青州市王府街道的上黄峪村、东升村、工农村，青州市云门山街道的东后坡村、昭德村、夏钦园村、北云河村、郭家桥村。

【宣传教育】 2023年，将铸牢中华民族共同体意识教育纳入干部教育、党员教育、国民教育体系，融入家庭教育、群众教育、社会教育活动，多渠道、全方位、深层次开展宣传教育。开展全市第23个民族团结进步宣传月系列活动，集中开展线上线下多元宣传，开展民族政策法规进机关、主题文艺汇演等活动500余场，展示潍坊市民族团结进步事业取得的新成就，营造各民族和睦相处、和衷共济、和谐发展的浓厚氛围。

【民族团结进步示范区创建】 2023年，实施民族团结进步创建“6+N”工作，坚持“典型引领、示范带动、全面推进”工作思路，创新方式载体，着力提质扩面，打造一批民族团结进步示范区和示范单位，培育一批铸牢中华民族共同体意识理论研究基地、教育实践基地和体验基地。联合潍坊学院成立市铸牢中华民族共同体意识理论研究基地，潍坊学院、山东第二医科大学获批“山东省铸牢中华民族共同体意识研究基地”，青州市教育和体育局等5个地方和单位被命名为“全省民族团结进步示范区示范单位”，3个家庭和3个岗位被命名为“全省民族团结进步‘红石榴’家庭”“全省民族团结进步‘红石榴’岗位”，青州市获批首批“山东省铸牢中华民族共同体意识示范区”。

【中华民族共有精神家园建设】 2023年，实施铸牢中华民族共同体意识“十大行动”，挖掘民族团结历史文化底蕴各类资源，完成“筑基”工程示范行动、民族团结故事竞讲、传统文化浸润等活动。挖掘风筝和杨家埠木版年画中蕴含的中华民族共同体理念，推动风筝、杨家埠木版年画入选中华民族共同体体验馆（北京）中华民族优秀文化项目体验展，通过合理布局体验空间，精心设置展陈内容，开展现场讲解，推出沉浸式、互动式体验活动，中央和省委有关领导到馆参观，给予高度评价，国家民委和省民宗委分别致信感谢，省委和市委有关领导分别批示肯定。

【民族交往交流交融】 2023 年，发挥统战资源和人文资源的丰富优势，实施“各族青少年交流计划”“各族群众互嵌式发展计划”“旅游促进各民族交往交流交融计划”，推出“道中华•鸢都行”旅游促进各民族交往交流交融线路，承办国家层面民族地区青年科技工作者参观考察活动，2023 年南木林县中学生冬（夏）令营项目纳入各族青少年交流示范项目，有关经验做法在全省“三项计划”工作推进会上作典型发言。承办 2023 年全省珍珠球邀请赛，潍坊市获得一等奖，为全国传统体育运动会锻炼队伍。

【民族共建走向现代化】 2023 年，聚力民族聚居地方高质量发展，扶持民族村居、民品企业发展，培育民族镇村产业化品牌集聚地。联合援藏工作组开展南木林县教育系统人才培训、农牧人才专题培训、新时代领头羊“村主干”培训等。发挥民营企业多、民营经济发展快的优势，开展民营企业进边疆行动，有寿光蔬菜产业集团等 20 家民营企业参与边疆建设，带动当地发展现代农牧业，提升各族群众生活水平，9 月份与新疆生产建设兵团第八师石河子市民族共建华耕现代农业示范园区顺利建成。国家民委网站、《中国民族报》、《山东统一战线杂志》刊发“山东潍坊发挥产业援助优势　助力民族地区走向共同富裕”的经验做法。

（刘洪海）

宗教事务

【概况】 2023 年，以习近平新时代中国特色社会主义思想为引领，学习贯彻习近平总书记关于宗教工作的重要论述，巩固拓展“三爱四史”学习教育成果，举办宗教界代表人士培训班，每季度召开市级宗教团体联席会议，开展交流研讨，互学互鉴；组织开展市情社情现场教育，让宗教界亲身感受、亲眼看到全市经济社会发展新成果。通过学习宣传党的二十大精神、“依法治教我先行”、“民族宗教政策法规学习月”、国家宪法日等活动，全市宗教界对“五个认同”的认识不断深化。

【宗教团体队伍建设】 2023 年，指导宗教团体建立完善议事规则、会议制度、学习制度、财务管理制度等制度，为规范团体内部管理提供制度保障，不断提升宗教团体规范化管理水平。修订出台《潍坊市宗教团体领导班子及班子成员考核办法》，对各全市性宗教团体领导班子及班子成员进行年度考核和民主评议。开展宗教教职人员信用管理试点工作，逐步建立教职人员档案并开展数据采集工作，将信用结果纳入年底教职人员评议内容。

【宗教事务管理】 2023 年，指导各县市区、宗教团体通过“线上 + 线下”，“规定动作”和“自选动作”相结合的方式，开展宗教领域普法宣传，并做好山东省普法宣传教育基地和法治宗教活动场所培育工作；指导各宗教活动场所健全完善人员、治安、消防、档案、文物保护、卫生防疫等制度，推进宗教活动场所管理规范化。指导青州市广福寺有序开展“2023 癸卯春三坛大戒”法会，共有 308 人完成传戒活动取得戒牒，传戒工作平稳顺利完成。宗教界开展“崇俭戒奢”“四讲四比”等活动，青州市广福寺获评山东省佛教界教风建设实践教育基地。探索教职人员惩戒和退出机制，推动各宗教团体和教职人员加强自律、端正教风。

（王　健）

精神文明建设

【文明创建】 2023 年，全市文明城市创建长效机制保持高位运行。制定印发《潍坊市长效化推进全国文明城市创建工作机制》，组建创建文明城市工作专班，构建起齐抓共管、分工负责、广泛参与的工作格局。常态化开展创城专项督导、市民巡访，推动整改问题 3600 余个，推动各类站点常态化高质量达标。召开全市创建全国文明城市工作推进会议、创建全国文明城市骨干培训会议等，推动上下联动、合力提升全市创城工作水平。加强媒体宣传监督，在市级各类媒体开设“创建全国文明城市”“创城曝光台”等专栏，常态化宣传报道创建工作，营造起创建文明城市浓厚氛围。广泛开展文明创建活动，开展文明单位与社区（村）结对共建活动，组织市区268个文明单位，包靠124个交通路口，累计开展志愿服务7700余次。在全市开展“文明礼貌季”文明创建活动，引导各行业主体、市民群众参与其中，推动文明城市创建人人参与，推动创建成果人人共享。

【新时代文明实践】 2023年，新时代文明实践中心建设质效持续提升。制定印发《关于巩固提升新时代文明实践中心建设的工作措施》，建立县镇村三级党委（支部）书记抓文明实践重点工作清单。推动全市新时代文明实践中心（所、站）建设走深走实。打造齐长城、沿黄渤海、沿胶济铁路文明实践展示带50处，发挥好文明实践凝聚群众、服务乡村文化振兴的作用。广泛开展主题活动，举办推开“党的声音进万家”主题文明实践活动、“乡村振兴·文明信用”巡讲巡演等系列活动80多场，惠及群众6万余人。组织精神文明建设暨文明实践骨干培训5期，共培训骨干6000余人。

精准对接群众需求，聚焦为老暖心、为小爱心、为困舒心、为心理疏导和情感慰藉群体开心、为社会公共需要服务，打造幸福食堂、四点半学校、婚姻辅导等优秀志愿服务项目。突出项目品牌打造，建立志愿服务项目库，遴选文明实践志愿服务项目265个。推行“校地企共建共享”志愿服务新模式，开展志愿服务活动1000多次，在全省首届志愿服务项目大赛获“一金四铜”。

【未成年人思想道德建设】 2023年，建立健全全环境立德树人工作机制。制定印发《关于实施全环境立德树人加强和改进未成年人思想道德建设的工作方案》《潍坊市全环境立德树人工作协调机制》，推动全环境立德树人工作走深走实，全环境立德树人工作经验在全省推广。

*开展“扣好人生第一粒扣子”主题教育实践活动。*在潍坊电视台开设全省首档青少年思政新闻栏目《潍坊青少年新闻联播》，打造青少年思政教育重要平台。开展2023年度潍坊市“新时代好少年”推选和学习宣传活动，举办“传承红色基因”革命传统教育、潍坊市第十届“国学小名士”中华经典诵读等活动，引导未成年人传承中华优秀传统文化，厚植爱国情怀。

*推进校家社网协同育人。*鹿非马社区成长中心建设、校家社协同育人工作经验在全省推广。开设全环境立德树人宣讲网络课堂，为更多的未成年人及家长群体提供线上课程服务，拓展全环境立德树人宣讲活动载体。联合市教育局开展“家庭教育宣传周”暨第八届“家庭教育乡村行”、家庭教育“名师大练兵”等活动，促进家庭教育专业化发展。

【典型选树宣传活动】 2023年，市委宣传部坚持好人月月推、月月评、月月有的好人推荐工作常态，全年评选“潍坊好人”128人，“中国好人”“山东好人”入选数量位居全省第一。评选表彰第九届潍坊市道德模范36人（组），引导全社会崇德向善、见贤思齐。组织开展先模人物查体，“好人有好‘报’”公益赠阅活动，营造德者有得、好人好报的浓厚氛围。在市级各类媒体开设专栏，全年推出最美人物、“感动潍坊”人物、学雷锋岗位标兵和示范点等系列报道140余篇、微视频120余个，纪录片《大山里的电工》被中央广播电视总台刊发。

【红色基因传承】 2023年，市委宣传部加强红色文化片区建设，推进渤海、胶东、沂蒙红色文化片区建设，参与编制《渤海红色片区建设规划》《胶东红色文化片区读本》，在全省乡村文化振兴暨红色基因传承工程小戏小剧“群众演群众看”现场会上作书面发言。加强爱国主义教育基地建设管理和使用，挖掘红色教育资源，组织开展“潍心向党·团结奋斗新征程”潍坊市红色故事讲解大赛。

【美德潍坊和信用潍坊建设】 2023年，市委宣传部实施美德和信用“五进”工程。组织开展“‘潍’有美德‘坊’有至信”诚信宣传等系列主题实践活动，大力弘扬美德诚信。举办潍坊市美德信用进企业“抱诚守信，成就未来”培训会暨文明诚信企业开放日活动，加强企业行业诚信等美德文化建设。开展潍坊市中小学生“美德信用·如此生活”征文比赛，推进美德信用建设进校园，打造校园诚信文化品牌。

倡树美德健康生活方式。举办潍坊市倡树美德健康新生活——“爱在幸福街”国际幸福日主题活动启动仪式、幸福广场揭牌仪式和“爱在幸福街”“521我的眼里只有你”青年联谊等活动，传承和践行中华优秀传统美德。加强理论研究宣传阐释，加大《如此生活》读本的宣传学习，编撰《美德之风　更好潍坊》宣传读物，组织美德健康新生活理论成果展示交流，以上门服务、摆摊设点等多种形式，在公共场所、夜市集会等群众聚集的地方组织宣传，营造文明健康有序的社会环境。

【农村精神文明建设】2023年，市委宣传部推进“反对浪费、文明办事”移风易俗活动，指导全市6537个行政村（社区）细化完善村规民约，坚决抵制大操大办、封建迷信等陈规陋习，展现文明乡风、良好家风、淳朴民风。倡树新礼仪，改革改进婚、丧、寿、节等礼仪方式流程，推广新时代文明婚礼、惠民礼葬等做法。建立农村移风易俗志愿服务队，开展“移风易俗”、婚俗改革等美德健康主题活动1000余场，惠及群众10万余人。

（王海军　胡杰文）

县市区概况

奎文区

【概况】 奎文区位于世界风筝都——山东省潍坊市的中心，因区内有始建于清代的“奎文门”而得名。北、东北毗邻寒亭区，南、东南与坊子区接壤，西以白浪河为界，与潍城区相望。

奎文区行政区划面积187.78平方千米，边界线长130.41千米，其中直辖面积57.6平方千米（其他区划面积由潍坊高新技术产业开发区与潍坊经济技术开发区管辖），辖8个街道、70个社区。2023年末户籍总人口36.3万人，人口自然增长率-0.58‰。

2023年实现地区生产总值410.07亿元，按可比价格计算，同比增长7.2%。其中，二、三产业增加值分别完成55.63亿元和354.44亿元，分别增长5.5%、7.5%。一般公共预算收入30.08亿元，一般公共预算支出23.49亿元。社会消费品零售总额273.43亿元（仅法人及个体零售额，不含产业活动单位零售额），进出口总额76.8亿元。

全区农林牧渔业总产值220万元。全区粮食直补20万元，农机作业收入187.4万元，小麦、玉米机收率100%。有国家、省、市级龙头重点涉农企业4家，比上年减少2家。全区郊区绿化完成植树9.1万株，投入资金8万元，森林覆盖率8.08%；采取综合防治措施有效预防悬铃木方翅网蝽、美国白蛾等林业有害生物在全区暴发。有规模以上工业企业31家，工业总产值42.25亿元，增长14.7%；主营业务收入45.32亿元，增长6%；利润1.73亿元，增长36.6%。全区有资质的建筑业企业82家，完成建筑业总产值31.36亿元，增长14.9%。

奎文区新貌

年内，完成潍州路铁路平交道口改造工程，解决了潍州路铁路平面交叉道口通行能力严重不足的现状。安全发送旅客70万余人次。帮助企业申请各类补贴700余万元。全区巡游出租、长途客运和危险品车辆全部安装GPS卫星定位系统，新能源运输车辆率10%。全年投入资金249.9万元，对地下管网权属、地下通道、商业地下停车场等基础设施进行普查。对51处符合改造条件的小区、单位直角出入口进行“八字形喇叭口+倒角”或“倒圆角”形式改造，增加出入口宽度。加强市政设施修护，排查整改各类安全隐患860余处。投入资金600余万元，建成胜利东街（北海路至文化路段）城市管理全要素示范街。

全区有普通小学22所（不含分校、教学点），在校生4.32万人；普通中学13所，在校生1.09万人；特殊教育学校1所，在校生90人。核雕传承人田洪波获中国民间文艺山花奖，衣向东、王威创作的长篇小说《乐道院》入选省“十四五”重点文艺创作项目、“齐鲁文艺高峰计划”，廿里堡街道申报入选山东省精品文旅名镇（乡村旅游重点镇）。面积1万余平方米的新文化馆、图书馆、美术馆建成使用，图书馆获评“国家一级图书馆”。评审认定省级非遗代表性传承人1名。完成南屯非遗生活馆二期项目建设。医疗卫生机构432处，床位2442张，卫生技术人员3858人。全年参加市级以上比赛项目18个，获奖牌325枚。

城镇居民人均可支配收入5.72万元。城镇基本养老保险参保人数18.47万人，新增企业养老保险参保职工2.46万人，有9996家企业单位的15.63万名在职职工参加养老保险，收缴企业养老保险费15.72亿元。为2.84万名企业离退休人员发放离退休费10.45亿元，社会化发放率100%。机关事业单位收缴养老保险金1.34亿元，为3545名离退休人员发放养老金2.57亿元，全部按时足额发放。城镇居民社会养老保险收缴保险费2590.07万元，为1.49万名达到领取年龄的参保居民发放养老金4948.38万元。全区城镇基本医疗保险（职工）参保人数14.99万人。

民生东街建成通车　　（奎文区融媒体中心　供图）

【发展动能育新培强】 2023年，全区产业转型质效齐增。青岛啤酒数字化工厂签约落地，景致三维数据工厂加快建设，浩泰机械等5个智改项目顺利完工，全年规上工业增加值增长12%。服务业提档升级，8个项目入选省现代服务业重点项目，规上服务业企业68家。新引进首创证券等金融企业10家，组织开展银企对接100余场次，各项贷款余额1255亿元。推行楼宇运营新模式，制定商务楼宇物业管理办法，建成楼宇经济数字平台，税收过亿元楼宇12幢。开展“双招双引”工作，设立汉康生物等基金10支，签约引进科创蓝新能源等过亿元项目51个，开工建设鲁控智造等项目38个，到位省外资金97亿元。新认定省专精特新中小企业7家、创新型中小企业19家，入库国家科技型中小企业122家。

【城市更新】 2023年，奎文区推进“十二大片区”城市更新项目，钣金厂等9个地块实现清零，22个项目纳入市级城市更新项目库。投资2.7亿元，新改扩建主次干道13条，民生东街等8条道路建成通车。完成老旧小区改造20个，惠及居民7900余户。建成胜利东街（北海路至文化路段）城市管理全要素示范街，改造直角出入口70处，新建渠化岛10个、口袋公园8处。印发《关于积极稳步推进城市更新努力推动高质量发展的实施细则》。获批授信247.4亿元，到位资金55.6亿元，与9家央企签订战略合作协议、到位资金30亿元。“探索破解城市更新项目融资难题”经验获住建部全国推广。

【社会民生】 2023年，奎文区民生支出占财政支出的80%以上，30件民生实事高质量完成。坚持学有优教，增加学位7300余个，新聘任教师537名，高中录取率连续3年正向增长，突破75%，建区以来初中报名人数首次多于应届小学毕业生人数，有关做法被中共中央政研室、教育部、国家体育总局和中央电视台等推介报道。新改扩建社区卫生服务机构8处，打造省级中医药特色卫生服务站2处、市级基层医疗卫生机构特色专科6个。建成社区百姓食堂50处，新建、改造提升养老机构3处，新晋四星级2家，社区老年人日间照料中心68处。落实大病保险、职工长护险等政策，发放特困人员照护等救助金1600余万元。新增城镇就业5400人，制定全国首个零工市场建设地方标准，获评省2023年就业标准化试点项目。

（辛小刚）

潍城区

【概况】 潍城区位于潍坊市中部，地处北纬36°35′01″至36°49′33″、东经118°55′54″至119°06′30″，因古潍县城而得名。全区总面积269.5平方千米（不含潍坊经济开发区），辖6个街道、1个省级开发区、2个发展服务中心，有169个行政村、86个社区。2023年年末，常住总人口52.86万人，户籍总人口35.75万人，人口自然增长率-1.7‰。

全年实现地区生产总值391.73亿元，比上年增长6.4%。其中，第一产业增加值6.75亿元，增长3.9%；第二产业增加值195.86亿元，增长7.2%；第三产业增加值189.12亿元，增长5.7%。地方一般公共预算收入20.8亿元，地方一般公共预算支出24.4亿元。社会消费品零售(包含法人在区外的产业单位）总额225.4亿元，进出口总额56.2亿元。年末金融机构人民币各项存款余额688.44亿元，年末金融机构人民币各项贷款余额601.35亿元。

农林牧渔业（含其服务业）总产值12.4亿元，其中农业总产值7.77亿元，比上年增长0.05%。全区粮食总产6.7万吨，蔬菜总产11.4万吨，果品总产1万吨，肉、蛋、奶总产2.82万吨。全区拥有农业机械总动力16.9万千瓦。全部工业增加值173.3亿元，比上年增长8.7%。规模以上工业（不含供电公司）实现增加值31亿元，实现主营业务收入147.89亿元，实现利润7.44亿元。高新技术产业产值占规模以上工业总产值比重达55.1%。全区资质以上建筑施工企业完成施工产值30.8亿元。

全区公路通车里程252.28千米。境内有国家A级以上旅游景区3家,其中AAA级(含AAA级）以上3家，全年接待国内外游客462.83万人次，实现旅游消费总额41.33亿元。

境内有中等职业教育学校7所、普通中学19所、小学33所、特殊教育学校3所，各类学校在校生共75357人，各类学校专任教师共5189人。共取得科技计划项目1项，重要科技成果10项，专利授权数1302件，发明授权数241件。有博物馆11个，档案馆1个，文化馆1个，全国重点文物保护单位1处，省级文

潍城区新貌

物保护单位7处。医疗卫生机构（含诊所、村卫生室）447处，病床数3698张，执业（助理）医师1952人，专业卫生技术人员4875人。新建公共健身场地32处。全年参加市级及以上体育比赛共获奖牌283枚。

城镇居民人均可支配收入53281元，农村居民人均可支配收入28698元。年末职工基本养老、职工工伤、职工生育、城乡居民养老、基本医疗保险参保人数分别达到91656人、99637人、60281人、146105人、456896人，城镇新增就业人数4413人。城镇居民最低生活保障户数746户、人数992人、资金957万元，农村最低生活保障户数1123户、人数1643人、资金1261.91万元。全区各类养老服务机构和设施176处，各类养老床位3465张。

【潍坊市粮食应急烘干中心在潍城区揭牌启用】 2023年6月11日，潍坊市粮食应急烘干中心揭牌暨启用仪式在潍城区举行。该项目总投资4300万元，占地面积2万平方米，其中粮食临时性仓储库房用地5600平方米，烘干设备库房用地2196平方米，晒场用地1万平方米；建有2组1200吨烘干设备，可实现日烘干小麦2400吨、玉米900吨，仓储量5万吨，服务农田5万亩。潍坊市粮食应急烘干中心是全市规模最大、自动化程度最高、技术最先进的粮食烘干仓储中心。

【当代“万印楼”揭幕】 2023年10月22日，在潍坊陈介祺金石文化周开幕式上，当代“万印楼”揭幕仪式举行。当代“万印楼”位于十笏园文化街区，与文昌阁融为一体，将2014年后从世界各地征集的10086方精品印章等收藏其中，并永久陈列展示，如期实现潍坊市委、市政府提出的10年再造一座当代“万印楼”的目标。

（王瑞强　曲福刚　刘洪娜）

坊子区

【概况】 坊子区位于潍坊市中南部，东邻昌邑市、高密市，西接昌乐县、潍城区，南靠安丘市，北依奎文区、寒亭区。

全区总面积412平方千米，辖5个街道，293个行政村（社区）、248个自然村。2023年末常住总人口36.53万人，人口自然增长率-4.16‰。

全年实现地区生产总值227.16亿元，比上年增长5.2%。其中，第一产业增加值11.56亿元，第二产业增加值91.46亿元，第三产业增加值124.11亿元。固定资产投资同比增长7.4%，一般公共预算收入16.19亿元，一般公共预算支出25.38亿元。社会消费品零售总额78.5亿元，进出口总额49亿元。年末金融机构本外币存款余额394.54亿元，本外币贷款余额311.09亿元。

全区完成农林牧渔业总产值19.56亿元，同比增长5.7%。其中，农业总产值14.04亿元，增长5.1%；牧业总产值5.11亿元，增长7.1%。全年粮食总产量31.44万吨，同比增长2.1%；平均亩产430.33千克，增长2.07%；蔬菜瓜果总产量39.79万吨，增长4%。全区农业机械总动力达到50.40万千瓦，增长4%。全年完成机耕面积31.14万亩，免耕播种面积11.76万亩，机播面积42.86万亩，机收面积42.18万亩，农作物耕种收综合机械化水平达到99.14%。

全区规模以上工业企业达到184家，增加值累计增长8.5%；规模以上工业企业实现销售收入392.21亿元，同比增长5.1%；实现利润总额16.41亿元，同比增长19.1%。产值过亿元工

坊子新貌

业企业达到63家。按轻重工业分，轻工业增加值增长4.3%，重工业产值增长6.7%。按经济类型分，股份制企业增加值增长10.9%，外商及港澳台商投资企业产值下降16.4%。实现高新技术产业产值273.27亿元，增长7.1%，占规模以上工业总产值的比重达到62.3%。全区建筑业实现增加值5.2亿元，同比增长558.2%。

年内，境内管理国省道里程为63.42千米，其中国道50.21千米，省道13.21千米；按照公路等级划分为：一级公路56.56千米，二级公路6.85千米。

全区完成电信业务总量2.51亿元（不含广电网络公司）。全区电话用户总数达53.3万户。其中，固定电话用户5.2万户，移动电话用户48.1万户。互联网用户达到22.1万户。

年内，打造1处省级“蓓蕾艺术工作站”、1处省红色文化特色村、6家市级非遗工坊，建成2处市级和1处区级城市书房、1处非遗传承基地。开展“戏曲进乡村”活动550余场，策划开展群众文体艺术节、全民阅读、广场舞大赛等主题活动400余场，打造丹青绘坊茨等特色文化品牌16个。开设中国画、广场舞等公益培训12个类别，惠及群众1.2万余人次。创作优秀小戏小剧18部，3部文艺作品在省级群文作品展获奖。执法查处4起文物违法案件。

全区拥有各级各类中小学校40所，在校学生49711人。中小学拥有教职工3641人，其中专任教师3458人。全区共有公办普通高中1所，公办初级中学2所，公办九年一贯制学校4所，公办完全小学25所。全区共有注册幼儿园95所，在园幼儿13866人，拥有教职工1930人，其中专任教师1041人。全区注册商标总量达到8175件，全年新增1060件。新增专利授权量1601件；发明专利授权172件。全区拥有医疗卫生机构366处，床位2291张，卫生技术人员1902人，执业（助理）医师695人。积极做好潍坊市第21届运动会参赛工作，共获金牌20枚、银牌12枚、铜牌16枚。

全区居民人均可支配收入38284元，比上年增长5.3%。其中，城镇居民人均可支配收入47952元，增长4%；农村居民人均可支配收入27305元，增长7.4%。全区职工基本养老保险参保7.87万人，居民基本养老保险参保15.32万人，工伤保险参保7.18万人，失业保险参保5.72万人，发放各项社会保险待遇12.72亿元。全区拥有各类养老机构10个，床位数1506个。组织开展18场线上线下招聘会，多渠道帮助企业解决用工难问题。全年新增城镇就业5670人，高校毕业生综合就业率保持在90%以上。

2023年，坊子区获批乡村振兴齐鲁样板省级示范区、省级现代农业产业园、国家级农村产业融合发展示范园；获评全省人才工作表现突出单位、全国“双减”改革项目核心实验区。

【现代产业体系建设】 重点打造元宇宙配套产业园、国际智造城等8个重点园区，元宇宙配套产业园一期交付使用，11家优质企业落户。豪迈云深精密等一批高端制造业项目竣工投产，共达电声、智新电子新上新能源汽车电子项目。中基、亚米基等企业建成投产，全区预制菜产业产值增长30%。华美新材料碳化硅结构件一期项目投产，全区碳化硅行业产值增长43%。全年新增高新技术企业22家、达到138家。新获批省级以上专精特新等五类优质企业90家。45个重点技改项目加速推进，全年完成技改投资18.56亿元。凤凰山高新技术园区被认定为省级高新技术产业开发区，并入选省级绿色低碳高质量发展先行区建设试点。地理信息特色小镇获全省93个特色小镇监测评价第三名。

【乡村振兴】 年内，文冠果快繁中心、颜丰预制菜等20余个项目加快建设。新增“四好农村路”17千米，改善提升6个村供水管网4.2千米，新开通天然气2000户。潍河获评省级美丽幸福河湖，4个街道（发展区）被评为全域美丽幸福河湖示范镇，省级和美乡村达到15个，市级示范村达到54个。打造7个乡村振兴样板片区，土地规模化托管服务达到11.8万亩，21个村光伏发电项目加快推进，新发展农民合作社26家、家庭农场37家。全年新增村集体收入780余万元，全区经济强村达到150个。

（王宗山）

寒亭区

【概况】 寒亭区位于潍坊市北

部，是潍坊市中心城区之一。东与昌邑市毗邻，南部自西向东分别与潍城区、奎文区、坊子区接壤，西与寿光市相连，北濒渤海莱州湾。寒亭区的前身是潍县，1983年10月撤销潍县设立寒亭区。

全区总面积1306平方千米，其中寒亭区实际管理628平方千米。至2023年底，寒亭区辖寒亭、开元、固堤、高里、朱里、北城6个街道，设杨家埠文旅事业发展中心、张氏（总部经济）发展中心、双杨（现代农业）发展中心，共384个行政村（不包括代管潍城区、奎文区的21个行政村）。2023年末常住总人口45.02万人。

全年实现地区生产总值278.48亿元，比上年增长2%。其中，第一产业增加值18.8亿元，第二产业增加值84.3亿元，第三产业增加值175.38亿元。固定资产投资123.9亿元，同比减少39.6%；一般公共预算收入21.4亿元，一般公共预算支出29.5亿元。社会消费品零售总额91.2亿元，进出口总额81.5亿元。年末金融机构本外币存款余额539.27亿元，本外币贷款余额499.76亿元。

农林牧渔业增加值18.63亿元，比上年增长5.4%。全区粮食播种面积4.39万公顷，粮食总产34.98万吨。无公害农产品、绿色食品、有机农产品和农产品地理标志获证企业24家。肉、蛋、奶总产9.31万吨，水产品总产1023万吨。全年新增造林面积150亩，森林覆盖率7.6%。全区拥有农业机械总动力37.4万千瓦，农作物耕种收综合机械化水平达96.06%。

全部工业增加值68.01亿元，比上年增长1.4%。2023年规上工业增加值增长-3.8%，实现主营业务收入279.6亿元，实现利润6.5亿元。高新技术产业产值占规模以上工业总产值比重达41.84%。全区有资质的建筑企业85家，完成建筑业总产值32.59亿元。

公路通车里程384.87千米，公路旅客运输量0.41万人次，货物运输量2010万吨。年末固定电话用户6.6万户，移动电话用户67.38万户，互联网用户22.6万户。全区城镇化率达到67.86%。空气质量综合指数4.29，$PM_{2.5}$浓度37微克/立方米，全年空气质量优良天数258天，虞河潘家庵断面和白浪河柳疃桥断面水质均值满足地表水Ⅲ类水质的控制目标，未发生重大环境污染事件。国家A级旅游景区3家，其中AAA级以上3家，全年接待国内外游客164.64万人次，实现旅游消费总额1576万元。

现有普通中小学49所，在校生34856人。共取得重要科技成果7项，获得省级及以上科学技术奖1项，授权专利1352件。有博物馆5个，档案馆1个，公共图书馆1所，文化馆1个。医疗卫生机构436所，共有床位2171张，卫生技术人员2979人。组队参加第21届市运会14个项目的比赛，共获得金牌36枚、银牌19枚、铜牌36枚。

城镇居民人均可支配收入48847元，农村居民人均可支配收入27399元。年末职工基本养老、职工基本医疗、失业、工伤、生育保险参保人数分别达到13.3万人、11.59万人、5.4万人、11.2万人、6.39万人。居民基本养老保险参保人数20.9万人，医疗保险参保人数28.58万人。城镇最低生活保障人数100人，年人均保障标准11328元；农村最低生活保障人数3000人，年人均保障标准9240元。各类养老服务机构和设施49处，各类养老床位1766张。

年内，获得全国整县级推进高标准农田建设试点县、全国义务教育优质均衡发展县（市、区）等荣誉。

【高质量发展】 2023年，街景科技获评国家级工业设计中心，康华生物入选“山东民营企业创新100强”，埃锐制动二期等15个项目建成投产。签约中核汇能、中航、国药等过亿元项目47个，总投资390亿元。争取专项债券资金33.69亿元，新增建设用地计划指标2103亩。成功举办首届潍坊马拉松比赛，是全市有史以来参赛规模最大、人数最多的体育赛事；整合杨家埠大观园、梦里水乡、梦想小镇等文旅资源，举办风筝年画艺术节、“梦幻西游季”等民俗文化活动，全年接待游客290万人次，增长51%。

【开放创新】 2023年，全区新争取省级以上改革试点10项，盐碱地综合利用等3项改革典型推送至中央改革办，“探索整县级推进高标准农田建设”入选全国地方全面深化改革典型案例。实施“千企百展”计划，多渠道、多形式参与对外合作，新增外贸主体企业102家，15家外贸骨干企业进入全市200强；培育优质企业，创新平台建设，入库国家科技型中小企业266家，建成国家级众创空间1家、省市级新型研发机构8家，全区研发投入增长24.5%，潍森新材料获省科技进步一等奖。注重高端人才引育，农综区产教联合体获评首批国家级市域产教联合体，10人入选国家级、省级重点人才工程。

（刘化政）

青州市

【概况】 青州市位于潍坊市西部，地处北纬36°24′至36°58′、东经118°10′至118°46′。

全市总面积1569平方千米，辖12个镇、街道，1个经济开发区，1080个村（社区）。2023年末户籍总人口95.5万人，人口自然增长率2.08‰。

全年实现地区生产总值733.57亿元，比上年增长5.4%。其中，第一产业增加值78.67亿元，第二产业增加值302.28亿元，第三产业增加值352.61亿元。一般公共预算收入52.7亿元，一般公共预算支出64.2亿元。社会消费品零售总额264.5亿元，进出口总额156.6亿元。本外币存款余额1311.5亿元，年末金融机构本外币贷款余额844.4亿元。

农林牧渔业增加值82.5亿元，其中农业增加值68.96亿元，比上年增长5.0%。全市粮食种植面积2.95万公顷，粮食总产量18.36万吨。肉、蛋、奶总产20.25万吨，水产品总产101.1吨。全年新增造林面积125.21公顷。全市拥有农业机械总动力149.7万千瓦，主要农作物耕种收综合机械化水平达96.0%以上。全部工业增加值250.8亿元，比上年增长6.5%。实现主营业务收入1304.0亿元，实现利润32.9亿元。高新技术产业产值占规模以上工业总产值比重达79.4%。全市有资质的建筑企业60家，完成建筑业总产值192.3亿元。

全市公路通车里程2868.59千米，公路旅客运输量18.46万人次。完成电信业务总量5.71亿元，邮政业务总量1.86亿元。年末固定电话用户8.47万户，移动电话用户126.4万户，互联网宽带接入用户39.2万户。村镇建设投资14亿元。2023年青州市空气质量综合指数3.86，位列潍坊第一，是潍坊唯一同比改善县市区$PM_{2.5}$浓度、CO浓度、NO_2三项主要指标均列全潍坊第1位。6个市控以上河流断面水质类别全部达到控制标准。集中式饮用水水源地规范化建设达到规范化建设要求，黑虎山水库作为县级集中式饮用水水源地地表水质达到Ⅱ类，地下水水质达到Ⅲ类。完成20个行政村农村生活污水治理，2023年土壤环境安全得到有效保障，污染地块安全利用率均达到100%。国家A级以上旅游景区18家，其中AAA级以上16家，全年接待国内外游客1076.49万人次，实现旅游消费总额109.29亿元。

中等职业学校3所，在校生9004人（含附设中职班在校生）。普通中学46所，在校生3.9万人；小学66所，在校生6.92万人。授权国内专利2041件。有博物馆9个，公共图书馆14处，文化馆1处，全国重点文物保护单位6处，省级文物保护单位40处。医疗卫生机构1010所，共有床位7075张，卫生技术人员8563人。新建公共健身场地103处。

城镇居民人均可支配收入49965元，农村居民人均可支配收入27819元。年末职工基本养老、职工基本医疗、失业、工

青州南阳河

伤、生育保险参保人数分别达到22.4万人、20.8万人、10.1万人、17.7万人和9.4万人。居民基本养老保险参保人数51.2万人，医疗保险参保人数70.6万人。城镇最低生活保障人数385人，月人均保障标准944元；农村最低生活保障人数6773人，月人均保障标准770元。

年内获得省级（含）以上荣誉称号：国家卫生城市、全国经济百强县、全国投资竞争力百强县、全国制造业百强县、全国县域旅游综合竞争力百强县、全国建制县化债试点、全国医养结合示范县、全国城市营商环境创新县（市）、全国县域商业“领跑县”等称号。入围国家农业绿色发展先行区创建名单、国家文旅产业融合发展示范区建设单位名单、国家农业绿色发展先行区创建名单。花博会获评全国特色展览会。

【青州市博物馆新馆开馆】 青州市博物馆是一座综合性博物馆，其前身益都县博物馆，始建于1959年，原址系清康熙年间文华殿大学士冯溥的宗祠改建。2008年被评为首批“国家一级博物馆”，是首批83家国家一级博物馆中唯一的县级综合性博物馆。2017年与云门山、古城组成青州古城旅游区晋升为国家AAAAA级旅游景区。2023年5月15日，青州市新博物馆开馆，总建筑面积50934平方米，由中国工程院院士、梁思成弟子张锦秋主持设计，采用汉唐风格，突出中国传统建筑的“高台，阙楼，坡屋顶”特色，用现代设计手法进行抽象简练。青州市博物馆馆藏各类文物6万余件，其中国家珍贵文物3000余件，新馆展览区分为青州历史展厅、龙兴寺佛像展厅、有邻衡王府展厅、香山汉墓陶俑展厅、石刻艺术展厅、陶瓷展厅、书画展厅和临时交流展厅等8个展厅，具有文物保护、陈列展览、科学研究、休闲娱乐等功能。

【青州市入选首批国家文化产业和旅游产业融合发展示范区建设名单】 2023年12月18日，文化和旅游部公布了《关于国家文化产业和旅游产业融合发展示范区建设单位名单的通知》，文化和旅游部会同自然资源部、住房和城乡建设部拟确定50个国家文化产业和旅游产业融合发展示范区建设单位，青州市名列其中。

【上榜2023县域旅游综合竞争力百强县】 2023年11月26日举行的2023全国县域旅游高质量发展交流会发布《中国县域旅游竞争力报告》，报告揭晓了2023中国旅游百强县市，青州市位列其中，排名第31位。

（孟繁青　丁艳萍　陈　宁　王　珂）

诸城市

【概况】 诸城市位于潍坊市东南部，泰沂山脉与胶潍平原交界处，东与胶州、青岛市黄岛区毗连，南与五莲接壤，西与莒县、沂水为邻，北与安丘、高密交界。

全市总面积2151.4平方千米，辖17个镇街区，259个社区。2023年末常住人口106.62万人，人口自然增长率-1.11‰。

全年实现地区生产总值830.53亿元，按可比价格计算，同比增长5.6%。其中，第一产业实现增加值84.35亿元，第二产业增加值314.60亿元，第三产业增加值431.58亿元。全市固定资产投资同比增长12.4%，地方一般公共预算收入62.1亿元，地方一般公共预算支出80亿元。社会消费品零售总额288.8亿元，进出口总额163.3亿元。年末全市金融机构人民币各项存款余额1262.4亿元、贷款余额1024.5

青州博物馆新馆

亿元。

农林牧渔及其服务业实现增加值89.9亿元。农林牧渔及其服务业实现总产值168.0亿元，其中农业产值77.5亿元，增长4.8%。全市粮食作物播种面积190.0万亩，粮食总产80.6万吨。全市有效期内“三品一标”认证个数98个。其中，无公害农产品1个，绿色食品76个，有机农产品20个，农产品地理标志1个。全市有效期内“三品一标”基地面积10万多亩。诸城绿茶、常山果品、华山榛子等8个产品获山东省知名农产品品牌称号，“诸城绿茶”获山东省知名农产品区域公用品牌。生猪肉产量9.7万吨，禽肉产量11.9万吨，禽蛋产量7.3万吨，牛奶产量3000吨，水产品产量3696吨。全年完成人工绿化更新面积103.6公顷，四旁（零星）植树46.4万株，森林抚育面积1929公顷。全市农业机械总动力达148.7万千瓦。全市工业实现增加值273.82亿元，按可比价格计算，同比增长5.0%。规模以上工业完成工业总产值1254.0亿元，营业收入1278.6亿元。全市资质以上建筑企业92家，完成建筑业总产值89.7亿元。

全市农村公路3185.9千米，高速公路通车里程133.7千米。全市实现邮政业务总量1.38亿元。常住人口城镇化率达到63.44%。市政公用设施投资10.12亿元。环境空气质量连续三年达到环境空气质量二级标准，优良天数269天，居潍坊市各县市区首位。平均水质指数6.09，比2022年同期提升6.02%，市控以上河流断面水质首次全部达到优良水体。集中式饮用水水源地水质达标率保持100%。国家A级旅游景区12家，其中AAA级以上9家。

有高等职业学校1所，在校生15726人。中等职业教育学校4所，在校生15397人。普通中学38所，在校生50162人；小学49所，在校生74840人。全市新增国内专利授权2122件。有博物馆1个，档案馆1个，公共图书馆1所，文化馆1个，全国重点文物保护单位2处，省级文物保护单位6处，广播、电视人口综合覆盖率皆达到100%。医疗卫生机构923所，共有床位7406张，卫生技术人员8058人。完成新建、改建球类场地或健身设施30处，建成乡村振兴体育健身工程1处。诸城籍运动员参加国家级以上比赛获9金10银11铜、参加省比赛获66金16银28铜的优异成绩，其中张浩然获得杭州亚运会帆船项目男子风筝板银牌。

城镇居民人均可支配收入52522元，农村居民人均可支配收入29635元。企业职工基本养老保险在职参保人数为21.14万人，工伤保险在职参保人数为20.86万人，失业保险参保人数14.15万人。城乡居民基本养老保险参保人数54.38万人，医疗保险参保人数100.20万人。城市低保标准提高至每人每月944元、农村低保标准提高至每人每月770元；全年发放城乡低保金8099.48万元。全市17处养老机构，有各类养老床位2288张。

诸城市新貌

连续三年获国务院督查激励，连续15年被评为“全国产粮大县”，连续17年被评为“全国生猪调出大县”。获评全国玉米单产提升整建制推进县，入选首批全国文化产业赋能乡村振兴试点，相州镇（小麦）获评首批全国农业产业强镇。位列2023年全国预制菜产业基地百强榜第二。创建为国家社会信用体系建设示范区。牵头制订全国第一项家禽屠宰领域国际标准，参与制订行业标准、团体标准等畜牧业标准19项。“诸城绿茶”等4个产品入选2023年第二批全国“名特优新”农产品名录。“鸿雨抹茶”入选首批中国农耕农品记忆索引名录。夺得全国青少年禁毒知识竞赛总决赛冠军。

【第十三届（诸城）东坡文化节】 2023年9月25日至27日，第十三届（诸城）东坡文化节在诸城市举办，主题为赓续中华文脉，弘扬东坡文化。文化节共设置开幕式暨舞台剧《苏轼在密州》演出、“东坡文化”联盟城市市长推介访谈、签约发布东坡联盟城市文化旅游优惠政策、东坡文化节会旗发布及交接、东坡文化主旨演讲、“何以累君子，十万贫与赢”——东坡文化研讨交流等六大主题文化活动。同时发布“千古风流人物”密州东坡采风、“苏轼杯”诗词创作大赛、“诗酒趁年华”——最美清明词评选和会旗征集等活动成果。来自儋州、惠州、黄冈、眉山、常州等东坡文化节联盟城市，浙江杭州、江苏宜兴、河北栾城、河北定州、陕西凤翔、安徽阜阳、山东蓬莱等部分东坡足迹城市，山东青岛西海岸新区、五莲、莒县、安丘、高密等古密州区域县市区的嘉宾、专家，以及诸城市党政机关、企事业单位、劳动模范等各界代表共计400余人参加开幕式。高标准打造了零泉、黄茅冈等一批东坡文旅景观项目，舞台剧《苏轼在密州》，超然台晚会等独具特色的节目吸引16余万人次参加。

第十三届（诸城）东坡文化节举办　（诸城文化和旅游局　供图）

【中城工业北方基地暨诸城商用车产业聚集区协议签约】 2023年12月29日上午，中城工业北方基地暨诸城商用车产业聚集区协议签约仪式举行。项目总投资50亿元，总占地约2000亩，由中城工业全资子公司绿脉汽车工业有限公司与北汽福田联合投资建设，拟建城市运维、应急装备和出口产品等高端专汽、商用车和城市运维装备及服务项目等，建成达产后可实现10万辆、百亿规模专汽产能。中城工业、诸城市人民政府、福田汽车三方共同打造商用车产业聚集区，将彻底打通诸城商用车、专用车上下游产业链，充分释放诸城汽车产业优势，形成“诸城+绿脉北方+福田汽车”汽车产业“铁三角”生态。

（王翠花　孔祥涛）

寿光市

【概况】 寿光市地处山东半岛中北部，渤海莱州湾南畔，总面积2072平方千米，辖14处镇街，1个省级开发区。2023年末户籍总人口111万人，人口自然增长率-0.20‰。

全年实现地区生产总值1028.7亿元，按可比价格核算，同比增长5.1%。其中，第一产业实现增加值137.5亿元，同比增长4.5%；第二产业实现增加值450.9亿元，同比增长6.4%；第三产业实现增加值440.4亿元，同比增长4%。地方一般公共预算收入100.1亿元，地方一般公共预算支出129.9亿元。社会消费品零售总额372.7亿元，进出口总额427.1亿元。本外币存款余额1766.4亿元，本外币贷款余额1332.5亿元。

农林牧渔业总产值253.4亿元，按可比价格计算，同比增长5.5%。粮食播种面积8.67万公顷，粮食总产60.9万吨。无公害农产品、绿色食品、有机农产品和农产品地理标志获证企业57家；肉、蛋、奶总产28.27万吨，水产品总产16.9万吨，拥有农业机械总动力118万千瓦，农作物耕种收综合机械化水平达84.5%。“寿光标准”示范基地总数达到65家，获评植物新品种权总数达到205个，发起搭建中国蔬菜协会胡萝卜专委会等新型平台，“寿光模式”在河北雄安、浙江衢州、海南乐东等30个地区开花结果。发布实施国家标准4项，自主研发蔬菜品种达到205个。搭建蔬菜供应链综合管理服务平台，“寿光蔬菜”区域公用品牌授权单位达18家，绿色食品、有机农产品和农产品地理标志产品的认证数量达322个，2家合作社通过中国和全球良好农业规范体系（GAP）双认证，年营收亿元合作社达13家，创成省级和美乡村示范村31个，高效完成农村清洁取暖“气代煤”1.6万户，农村改厕工作在全国创出经验。实施中南部易涝区防洪排涝提升工程、农村供水工程等项目，共计完成投资2亿元。

工业经济运行平稳。474家规模以上工业企业完成总产值2256.7亿元，同比下降0.7%；实现营业收入2476.8亿元，同比增长0.4%；实现利润53.1亿元。年营业收入过亿元的工业企业157家。其中，过10亿元的企业36家，过50亿元的企业10家，过100亿元的企业3家。建筑业市场稳定。全年建筑业总产值205.6亿元，同比增长7.5%。

寿光市公路通车里程3793.59千米，其中高速公路通车里程72.07千米，境内现有青银、荣乌、潍日3条高速公路，益羊、寿平、德大、黄大、胶济客专5条铁路和济青高铁贯通全境。年末公路旅客运输量3964万人次，货物运输量4791.5万吨。小清河复航寿光段、津潍高铁寿光段等工程取得重大突破。小清河复航寿光段实现重载首航，津潍高铁寿光段进入全面施工阶段，寿光东站同步施工。民生支出保障有力，其中教育支出28.6亿元，社会保障和就业支出25.2亿元，卫生健康支出5.5亿元。建成投用鲁清实验学校、悦轩中学等5所义务教育学校，新增学位11250个，建成投用鲁清幼儿园、厚德幼儿园等6所幼儿园，新增学位1620个。创成省级和美乡村示范村31个，高效完成农村清洁取暖“气代煤”1.6万户。深入打好污染防治攻坚战，空气质量优良天数达242天，SO_2、NO_2浓度稳定达到环境空气质量一级标准；10个市控及以上河流断面有9个达到地表水四类以上水质，1个达到地表水五类水质。第13届两岸汉字艺术节成功举办，两次在中央文明办会议上作典型发言。现有国家A级旅游景区7处，其中AAAA级旅游景区3处，AAA级旅游景区4处。

有普通高等学校1所，在校生3.14万人。中等职业学校2所，

寿光市新貌　（郭振兴　供图）

在校生1.01万人。普通中学6所，在校生1.97万人；小学80所，在校生9.12万人。获山东省科技进步一等奖1项、二等奖3项，专利授权总量2101件，商标核准注册量2981件。注册新增马德里国际商标12件，总量达67件。年末共拥有中国驰名商标26件、山东省省长质量奖及提名奖2个。年末列入非物质文化遗产名录181项，其中国家级1项、省级9项。全国重点文物保护单位2处，省级文物保护单位7处。有博物馆4个，档案馆2个，公共图书馆2所，文化馆1个。医疗卫生机构1013所，共有床位8060张，卫生技术人员0.89万人。全年新建公共健身场地2个，参加市级及以上体育比赛共获奖牌691枚。

城镇居民人均可支配收入53322元，农村居民人均可支配收入30303元。年末城镇职工、城乡居民基本养老保险参保人数分别为28.50万人、61.19万人；城镇职工、城乡居民医疗保险参保人数分别为24.01万人、85.94万人；工伤、失业、生育保险参保人数分别为22.50万人、15.69万人、13.84万人。年末城镇最低生活保障人数200人，年人均保障标准1.13万元；农村最低生活保障人数5400人，年人均保障标准0.92万元。全市各类养老服务机构和设施236个，各类养老床位3100张。

2023年，寿光市获评国家乡村振兴示范县，顺利通过“整县域推进乡村生态振兴”验收，荣获“中国工业百强县”“中国创新百强县”称号，以全省第一名的成绩获批建设国家创新型县市，以全国第三名的成绩顺利通过国家基本公共卫生服务综合绩效评价，连续两年创成“全国信访工作示范县”，成为首批全国农业科技现代化先行县、首批全国县域商业“领跑县”、首批自然资源节约集约示范县，被列为建制县隐性债务置换试点县、全国安全生产非现场执法试点县，城乡环卫一体化经验全国推广。

【中国（寿光）国际蔬菜科技博览会】 中国（寿光）国际蔬菜科技博览会自2000年至2023年成功举办了24届。2023年4月20日至5月30日，第二十四届中国（寿光）国际蔬菜科技博览会成功举行。本届菜博会展区总面积45万平方米，其中室内面积16.5万平方米，设10个展馆、室内外展位2000多个，实地种植展示国内外蔬菜优良品种2000多个、种植新模式80余种、新技术100多项，设计打造“奋进新时代”“希望田野”等蔬菜文化景观200多处，通过声光电打造“夜游”文旅新业态。人民日报、新华社、中央广播电视总台、经济日报及省市媒体的500余位记者参会报道，媒体总曝光量7亿次。先后有300多个重要代表团参展参会，现场参观221万人次，共举办“会中会”活动38项，实现签约额149.6亿元。

【聚力建成“五大新校”】 2023年，寿光市利用“社会投资+政府租赁+公办管理”的学校建设模式，动员鲁清、全福元等4家企业投资19.86亿元，建成投用厚德学校、鲁清实验学校、全福元实验学校、文圣学校、悦轩中学等五大新校。2023年成为寿光教育史上学校建设数量最多、速度最快、投入最大的一年，新增学位11250个，顺利应对了入学“最高峰”。

（郭振兴）

安丘市

【概况】 安丘市位于山东半岛中部，潍坊市中部偏南，东经118°44′至119°27′、北纬36°05′至36°33′之间。东临峡山区，西界临朐县，南接诸城市、临沂市沂水县，北连昌乐县、坊子区。

2023年，全市总面积1712平方千米，年末常住人口83万人。全年实现地区生产总值460.74亿元，比上年增长6.1%。其中，第一产业增加值68.56亿元，第二产业增加值143.18亿元，第三产业增加值249.00亿元。固定资产投资增长0.9%，地方一般公共预算收入31.07亿元，地方一般公共预算支出57.73亿元。社会消费品零售总额133.57亿元（大口径），进出口总额111.40亿元。城镇居民人均可支配收入44893元，农村居民人均可支配收入25977元。

【产业发展】 抢跑宠物食品赛道，京业汇集团投资50亿元，打造全国规模最大的宠物产业工园；借势歌尔怡力精密制造基地，做大做强电子信息产业，新签约电子信息产业项目7个，打造百亿级产业集群；金鸿新材料、蓝想环境、精华装备等一批骨干企

安丘市新貌

业高速成长，引领百亿级新材料赛道；红参海苔深加工、红发夫酵母虾青素等一批新项目落户。柠檬生化、鲁丰食品、鲁安药业等一批龙头骨干企业增资扩股、新上项目，埃尔派粉体、汶瑞机械等70家企业产值增长50%以上。全年新增纳统企业152家；产值过亿元企业突破100家，实缴税金过千万元企业40家、过亿元企业6家，比上年分别增加13家、14家和3家，总量创历史新高。梯次推进总投资1000亿元的178个重点项目，29个省、潍坊市级重点项目完成投资84亿元，投资15亿元的中粮粮谷小麦深加工等42个项目建成投产。实施省市重点技改项目68个、科技创新项目41个，新增省级以上高成长性企业30家，国家科技型中小企业、高新技术企业数量首次实现“双破百”。金鸿新材料获评省长质量奖、完成深交所上市申报；节能环保产业园入选省十大生态环保产业特色园区。

【农业】 引进培育斧创、驰瑞、中化MAP等头部企业，推广农业科技社会化服务，赋能特色农产品全产业链提质增效，“安丘大姜”完成全产业链升级，8种“土特产”入选全国名特优新农产品名录和农业品牌精品培育名单，“辉渠小米”“柘山蜜薯”售价创历史新高，创建为全国首个名特优新农产品整体推进试点市、全国绿色食品原料标准化生产基地。建立集优惠农服务平台，创新推广种植贷、农资贷、大姜仓单抵押等金融产品，实现农民“一键贷款”，新增授信规模2400万元。引进中航安盟保险，在全国率先开展每亩1万元的大姜成本兜底保险，实现姜农保本增收。建成全国首个政府背书的农产品质量安全综合管理服务平台，70余种农产品实现“从土壤到餐桌”全链条检测追溯，在全国率先探索农产品质量安全监管码、生态原产地码“双码”认证，创新做法被农业农村部在全国推广。依托国家级食品农产品技贸措施研究评议基地，在全国率先开展出口通关便利化试点，部分农产品出口实现“即报即放”，农产品出口额突破40亿元；建立涵盖24个国家的标准信息库，40篇评议报告为国家破解国际贸易壁垒提供参考，获评全省首批农业服务出口基地。

【公共设施建设】 投资2.7亿元，建设盛源热电新热源项目，铺设供热管网15千米，增加城区供热面积240万平方米。投资1.2亿元，扩容升级金山水厂、市北区水厂，实施雨污分流改造21.7千米，城市供排水保障能力明显提升。提升改造锦山街、秀山北街，青云山路西延工程建成通车；完成国省道大中修28.4千米、农村公路改造89千米，获评潍坊市唯一的“四好农村路”全国示范县。投资1.2亿元，改造老旧小区111个、惠及群众9937户；214个无物业管理小区实现国企兜底托管全覆盖。新建公共充电桩571个，新增城市绿地面积3.5万平方米，获评全省首批城市公园绿地开放共享试点市。新建、改（扩）建幼儿园47所，提升改造农村学校15所，新招录教师321名，获评省级家庭教育试点县。市立医院新院、市中医院新院建成启用，人民医院连续9年荣膺全国县级医院100强。

（高贵刚）

高密市

【概况】 高密市位于潍坊市东端，东与青岛市接壤。战国有史载高密之名，秦代置县。全市总面积1523平方千米，辖7个镇、3个街道、1个省级经济技术开发区、910个行政村（居）。2023年末户籍总人口88.5万人，人口自然增长率-3.82‰。

全年实现地区生产总值679.5亿元，同比增长5.9%。其中，第一产业增加值59.0亿元，第二产业增加值231.1亿元，第三产业增加值389.4亿元。全年固定资产投资同比增长10.5%，地方一般公共预算收入55亿元，地方一般公共预算支出63.7亿元。社会消费品零售总额189.3亿元，进出口总额196亿元。年末金融机构本外币存款余额888.4亿元，年末金融机构本外币贷款余额812.5亿元。

农业生产总体稳定，全市粮食播种面积13400公顷，粮食总产量90.3万吨。全市完成造林面积9公顷。林木抚育面积1500公顷，四旁植树80万株。全年生猪出栏62.2万头，同比减少0.7%。连续17年获全国产粮大县和全国生猪调出大县奖励。水利事业取得突破，有效灌溉面积109万亩，三座中型水库安全泄洪1300万立方米，河流水系绿化达标任务213.4千米，首创首成“国家节水型城市”荣誉。

全年工业增加值196亿元，同比增长6.2%。规上工业完成总产值594.1亿元，实现营业收入574.1亿元，利润总额55亿元。规模以上工业中，纺织服装、机械装备、安防用品、食品加工、化工建材等五大产业实现产值538亿元，占规模以上工业总产值比重90.6%。纺织产业集群、安防用品产业分别入选全国纺织行业数字化转型先进产业集群、山东电商产业带，获评省轻工纺织行业数字“三品”示范市、省“十三五”能耗双控工作先进集体。高新技术产业企业101家，产值增长4.7%，完成产值占规上工业总产值的比重为44.3%。“四新”经济增长8.7%，高于全市总体水平2.8个百分点。具有总承包或专业承包资质的建筑业企业57家，完成建筑业总产值37.4亿元。

全年完成交通基础设施建设投资3.8亿元，年末公路通车里程3530千米，其中高速公路124千米。全市营业性机动车辆8148辆，全年完成客运量804.9万人次，客运周转量61.8亿人千米。全年完成邮政业务（含邮政速递包裹业务）总量1亿元，通信业务总量5.8亿元，年末电话用户总数99万户。其中，移动电话93.7万户，固话5.3万户，年末固定宽带互联网用户28.1万户。城市（县城）空气质量优良天数达到264天。全年降水量555.5毫米，年平均气温14.8℃，日照时数2488.6小时。

全市各类学校117处，在校学生115470人。其中，高中6处，在校生18947人；初中28处，在校生27661人；小学81处，在校生63086人；职业中学2处，在校学生5772人。新上科技计划项目6项，新增授权国内专利总量1346件，年末有效发明专利拥有量1016件，专利密度11.6件/万人。“红高粱民俗文化体验游”线路入选全省高品质旅游产品。红高粱小镇被列入山东省文旅融合高质量发展重点项目，获评“山东省公共服务设施提升示范景区”“山东省文明旅游示范单位”。莫言文学艺术馆成功启用，入选全国“最美乡村公共文化空间”。前冢子头遗址考古发掘列入“考古中国”重大项目。举办群众性文化活动4000余场次。各类卫生机构849处，其中乡村卫生室496处。病床6045张，卫生技术人员7492人。完成省级疫苗临床试验基地硬件建设，新建1处智慧化接种门诊、1处免疫预防接种培训基

高密市新貌

地。年末拥有健身广场1084个，人均体育场地面积3.5平方米。成功承办潍坊第21届运动会，综合金牌、实得总分、综合总分均居榜首。

城镇居民人均可支配收入41218元，农村居民人均可支配收入26843元。全年征缴社会保险基金23.4亿元，全市参加职工养老保险单位4373家，城乡居民养老保险参保人数51.4万人，居民基础养老金由每人每月162元提高到170元。全年发放社会救助资金1.2亿元，年末救助对象11369名。其中，城市低保286名，农村低保7446名。

2023年，成功入选中国县域发展潜力百强县、中国县域投资竞争力百强、全国县域经济基本竞争力百强县、全国县域高质量发展百强榜。

【莫言文学艺术馆启用】 莫言文学艺术馆项目坐落于高密东北乡社区，是红高粱小镇的文学地标。于2023年11月28日正式启用，该项目以莫言文学和世界文学为主题，总占地116亩，其中，主题公园占地106亩，莫言文学艺术馆建筑面积2.3万平方米，汇集了文学、泥塑、剪纸、书法、绘画、摄影等艺术形式，是集收藏保护、展览展示、创作交流、学术研讨等多功能于一体的乡村振兴公共文化服务平台，入选全国最美乡村公共文化空间。

【潍青高速高密连接线全线通车】 2023年7月28日，潍青高速高密连接线柏城互通立交项目竣工暨柏城收费站通车典礼举行。潍坊至青岛高速公路高密连接线工程柏城互通立交项目于2022年8月份开工建设，全长6.063千米，一级公路标准，采用双向四车道，路面宽度25.5米，内含97米跨径主线中桥一座、箱涵一座、石油保护涵两座、过路管涵及边沟涵40余座。潍青高速高密连接线通车暨柏城收费站的启用，放大了高密市区位交通优势，缩短了高密市与沿线城市的时空距离、对加速融入区域合作、实现经济社会高质量发展、提升人民幸福指数具有重要意义。

（仪　敏）

昌邑市

【概况】 昌邑市位于山东半岛西北部，渤海莱州湾南岸。

全市总面积1630.81平方千米，辖3个街道，6个镇，688个村。2023年末户籍总人口57.1万人，人口自然增长率-2.21‰。

全年实现地区生产总值581.14亿元，同比增长5.9%。其中，第一产业增加值64.27亿元，第二产业增加值249.11亿元，第三产业增加值267.76亿元。固定资产投资同比增长9.5%，地方一般公共预算收入38.53亿元，地方一般公共预算支出49.03亿元。社会消费品零售总额272.84亿元，进出口总额114.1亿元。本外币存款余额708.6亿元，本外币贷款余额506.49亿元。

农林牧渔服务业总产值126.43亿元，其中农业总产值44.8亿元，比上年增长4.7%。全市粮食播种面积8.57万公顷，粮食总产55.42万吨。无公害农产品、绿色食品、有机农产品和农产品地理标志获证企业117家。肉、蛋、奶总产13.08万吨，水产品总产21.85万吨。全年完成国土绿化273公顷。林木绿化率达39.2%。全市拥有农业机械总动力112.4万千瓦，农作物耕种收综合机械化水平达96.96%。规模以上工业实现总产值835.32亿元，比上年增长7%。规模以上增加值同比增长11.2%。全市有资质的建筑企业41家，完成建筑业总产值29.24亿元。

全市公路通车里程2451千米，其中国、省道（含高速公路）203千米。完成客运量407.34万人次，完成货运量1478万吨。全市城镇化率达到57.67%，生态环境、水环境质量情况良好。全市A级旅游景区3家，其中AAAA级景区1家，AAA级景区2家；接待国内外游客333.72万人次；旅游总收入36.87亿元。

年末全市共有高等职业院校1所，在校生10013人；中等职业学校2所，在校生4448人；高中3所，在校生9940人；初级中学13所，小学45所，九年一贯制学校9所，幼儿园111所；初中在校生14680人，小学在校生33591人，幼儿园在校生12411人；特殊教育学校1所，在校生108人（含特教中职班20人）。共取得重要科技成果10项，获得省级及以上科学技术奖3项，专利申请量659件。有博物馆1个，档案馆1个，公共图书馆1所，文化馆1个，全国重点文物保护单位1处，省级文物保护单位27处，广播、电视人口综合覆盖率

昌邑市新貌

全部达到100%。医疗卫生机构606所，共有床位3133张，卫生技术人员3696人。集中检修农村健身广场及设施28万平方米，1000平方米综合球类场地6个。全年参加潍坊市级及以上体育比赛共获奖牌138枚。

城镇居民人均可支配收入46901元，农村居民人均可支配收入27701元。年末职工基本养老、职工基本医疗、失业、工伤保险参保人数分别达到10.20万人、12.87万人、5.74万人、12.48万人。居民基本养老保险参保人数32.86万人，医疗保险参保人数40.68万人。城镇最低生活年人均保障标准1.13万元；农村最低生活年人均保障标准9240元。全市各类养老服务机构和设施51个，各类养老床位2200张。

年内，获评“中国纺织产业基地市”。连续13年迈进中国中小城市“综合实力百强”“投资潜力百强”；连续6年入围“绿色发展百强”“科技创新百强”“新型城镇化质量百强”。

【工业发展倍增计划】 昌邑市围绕聚焦壮大产业、打造现代化产业体系，研究制定了工业发展倍增计划，实施工业技改攻坚、优质企业增量年“十大行动”，深入推进“链长制”，推动短板产业补链、优势产业延链、传统产业升链、新兴产业建链，壮大以1000亿级高端化工、500亿级装备制造、500亿级预制菜、200亿级纺织印染“1552”先进制造产业集群为引领的现代产业体系。滚动实施“百项技改”“百企转型”。6个项目入选全省企业技术改造重点项目导向目录，7个项目列入全省企业技术创新项目计划，完成工业技改投资52.5亿元、增长36.4%，现代海洋生态经济产业集群、浩信集团入围省“十强”产业“雁阵形”集群和集群领军企业名单，实现了“零”的突破。

【城市更新】 推进城市更新片区建设，谋划打造总投资200亿元的文山、滨河等6个片区，将23个城建领域历史遗留问题项目全部纳入，辛置片区354户居民全部签约。74个房屋产权历史遗留问题全部化解，办理不动产权证3908本。完成12个老旧小区集中供热改造，惠及群众1600余户。

（初良邦　李平原　刘效海）

临朐县

【概况】 临朐县位于潍坊市西南部。东与昌乐县、安丘市毗连，南与临沂市沂水县、淄博市沂源县接壤，西界淄博市淄川区，北邻青州市。因临朐山得名临朐。

全县总面积1831平方千米，2023年末全县户籍总人口91.98万人。全年实现地区生产总值（GDP）430.31亿元，同比增长6.5%。其中，第一产业增加值47.81亿元；第二产业增加值176.47亿元；第三产业增加值206.02亿元。在建投资项目投资规模同比增长4.4%，完成投资增长8.8%。一般公共预算

临朐县新貌

收入25.5亿元，一般公共预算支出53亿元。社会消费品零售总额170.3亿元，进出口总额80.2亿元。本外币各项存款余额765.6亿元，本外币各项贷款余额573.7亿元。

全年农林牧渔业总产值92.1亿元，同比增长5.9%。粮食播种面积41.9万亩，粮食总产量17.2万吨。果园面积21.2万亩，水果产量41.3万吨。牛奶产量6.7万吨，禽蛋产量2.7万吨，猪牛羊禽肉产量11.1万吨。新增造林面积1219.1公顷，林木覆盖率45.8%。嵩山水库、丹河水库两灌区获评水利部节水型灌区。实施2023年国家水土保持重点工程临朐县褚庄、桃花小流域项目，治理水土流失面积15平方千米。大樱桃、山楂、鹅肥肝等优势农产品全链条发展，临朐大樱桃入选全国名特优品牌名录，新认证“三品一标”农产品16个，省级以上农业产业强镇达到9个、乡土产业名品村达到51个、农业产业化联合体达到9家。规模以上工业增加值同比增长10.6%，实现营业收入550亿元，实现利润24亿元。48家规模以上铝型材企业实现营业收入168.2亿元，利润6.8亿元。华建铝业、山水水泥、伊利乳业等3家工业企业上缴税金过亿元。全县纳入统计联网直报的资质以内建筑业企业发展到77家，全年完成建筑业总产值44.12亿元。

全县公路通车里程2968千米。济潍高速建成通车，完成滨九线、临历线、黄海线等5条国省道27千米路面修复养护工程。年末民用运输车辆拥有量6538辆。邮政电信业务收入6.21亿元，全县固定电话用户8.6万户，移动电话用户79.8万户，宽带上网用户33.1万户。实施雨污分流改造59.6千米，新铺设市政管道72.1千米。改造老旧小区33个，惠及群众2403户，5942套安置楼房完成回迁选房。完成12818户农村群众清洁取暖改造。全县环境空气质量综合指数4.08，PM2.5浓度34微克/立方米，PM10浓度68微克/立方米。生态环境指数（EQI）为63.35，生态质量类型为“二类”。培育春有龙湾、夏有漂流、秋有红叶、冬有冰雪“四季皆可游”业态。“齐鲁天路嗨驾临朐”自驾之旅被文旅部推荐。五井创建山东省精品文旅名镇和民宿集聚区，嵩山获评2023年山东省生态旅游区，山东省乡村旅游重点村新增1处，第四批全省景区化村庄获评3个，寺头瑞庄村入选第二批省红色文化特色村。打造中百巷子、万达金街等特色街区8条。

全年新建中小学幼儿园16处，完成35个义务教育学校“薄改”项目，组建城乡教育集团13个。年末，全县在校学生115851人，其中普通中学45771人，中等职业教育学校5651人，小学64429人，特殊教育82人。入库科技部科技型中小企业208家，通过国家高新技术企业认定企业67家，获省科技型中小企业创新能力提升工程项目立项项目9个。全年专利授权数2033件。打造“山东手造朐有好礼”品牌，6件文创产品入围2023年全国旅游商品大赛，薰衣草健康护理系列产品获金奖。乡村文化旅游节、沂山文化节等6个节会入选"好客山东·乡村好时节"。全民阅读取得全国第12名的成绩，县文旅局被中宣部授予"全民阅读优秀推广单位"称号。建成14个"15分钟品质文化生活圈"。新创16处省市级中医药特色卫生院、村卫生室，成功举办"沂山论健·中医药健康大会"，19处公立医院增加养老服务职能，4处医院新设置医养结合床位320张。成功举办2023年山东省滑翔伞大赛、山东省越野车场地联赛、潍坊市第四届农民运动会等具有影响力的省、市级赛事8场次。参加潍坊市第21届运动会，参赛20个大项，斩获金牌220枚。举办"社区（农民）运动会"、农村四赛（村篮、村足、村象棋、村乒乓）等活动305场次。

城镇居民人均可支配收入44539元，农村居民人均可支配收入25242元。全县职工和居民医疗保险参保人数分别为14.9万人和61.8万人。全县14处养老机构全部获评二星级以上等级。推进敬老院提升改造，新增护理型床位42张。实施特殊困难老年人家庭适老化改造工程，年内改造完成430户。聚焦"一老一小"，以社区为平台、以社工总站为支撑、以社会组织为载体，孵化社会组织12家，链接壹基金等项目22个、960万元，惠及乡镇12个、学校25所、群众11万人次。

年内，获评"全球采购基地·山东临朐建材产业基地"称号。

【农业高质高效发展】 规划建设了14个乡村振兴示范片区，柳山"和韵田园"项目成功入选中央专项彩票公益金项目。推动农村宜居宜业，持续开展乡村建设"三百行动"，新建改建农村公路58千米，成功入选交通强国山东示范区试点，农村居住环境满意度调查居全省第8。推动农民富裕富足，深入实施"百企联百村"工程，提升村党组织领办合作社84家，收入过20万元的行政村达到95.4%。

【打造"花园城市"】 2023年，新建8处特色商业街区，组织开展惠民消费活动69场，实现社会消费品零售总额163.2亿元。加快城市更新，完成5942套安置楼选房，改造提升老旧小区33个，国际会展中心、临朐之窗建成启用，房地产开发投资29.2亿元。完善城市功能，新改建燃气、供水管道56.3千米，完成21条道路、30.3千米雨污分流任务，济潍高速临朐段、粟山弥河大桥建成通车。

【集成临朐改革品牌】 开展"改革创新示范品牌"创建行动，200余项创新做法在省以上宣传推介，打造"惠民综合体"经验被中央和省市宣传推广。扎实推进65项国家和省级试点示范任务，成功争创国家水土保持示范县，县域共青团基层组织改革在省级评估中获评"好"等次。

（刘冠伟　程国栋）

昌乐县

【概况】 昌乐县位于山东半岛中部，面积1101平方千米，辖4个镇、4个街道、1处省级经济开发区、1处省级旅游度假区和1处水库管理区，392个村（含22个城市社区）。2023年末常住总人口57.14万人。

全年实现地区生产总值419.1亿元。其中，第一产业增加值60.9亿元，第二产业增加值150.0亿元，第三产业增加值208.3亿元。地方一般公共预算收入30.1亿元，地方一般公共预算支出43.1亿元。社会消费品零售总额161.4亿元，进出口总额115.1亿元。本外币存款余额645.5亿元，本外币贷款余额558.6亿元。

农业增加值65.4亿元，其中农林牧渔服务业增加值4.5亿元。全县粮食播种面积3.6万公顷，粮食总产22.3万吨。肉、蛋、奶总产量13.1万吨。全县森林面积28.87万亩，林木绿化率17.49%。全县拥有农业机械总动力77.28万千瓦，农作物耕种收综合机械化水平达92.96%。全部工业增加值138.29亿元，实现主营业务收入770.7亿元，实现利润27.9亿元。全县有资质的建筑企业49家，完成建筑业总产值23.09亿元，实现增加值5.7亿元。

全县公路通车里程2155.7千米，其中高速公路通车里程78.8千米。公路旅客运输量598.1万人次，货物运输量1772万吨。完成电信业务总量2727万元，邮政业务总量9907万元。全县城镇化率达到59.82%，市政公用设施投资1.43亿元，村镇建设投资13.5亿元。2023年，环境空气质量综合指数及改善率均位居全市第5，优良天数、PM2.5、重污染天数均完成上级下达的年度目标任务。省控以上断面水质指数3.92，同比改善率7.98%，全市第1；市控以上断面水质指数5.39，同比改善率1.10%，全市第3。土壤环境方面，完成10个地块土壤污染状况调查，重点建设用地安全利用率100%。累计完成206个行政村农村生活污水治理，占比60.7%。国家A级旅游景区9家，其中AAA级以上9家，全年接待国内外游客600.28万人次，实现旅游消费总额55.96亿元。

有中等职业学校2所，在校生0.19万人。普通中学14所，在校生4.03万人；小学37所，在校生4.57万人。共取得重要科技成果17项，授权专利1148件。有博物馆3个，档案馆1个，公共图书馆1所，文化馆1个，省级文物保护单位17处，广播、电视人口综合覆盖率均达到100%。医疗卫生机构607所，共有床位4327张，卫生技术人员0.43万人。新建公共健身场地66个。全年参加市级及以上体育比赛共获奖牌161枚。

城镇居民人均可支配收入45932元，居民人均可支配收入37125元，职工基本养老、职工基本医疗、工伤、生育保险参保人数分别达到14.5万人、12.1万人、9.6万人、6.6万人。居民基本养老保险参保人数33.1万人，医疗保险参保人数43.9万人。城镇最低生活保障人数230人，年人均保障标准11328元；农村最低生活保障人数0.7万人，人均保障标准9240元。全县各类养老服务机构和设施105个，各类养老床位0.3万张。安置残疾人员就业215人。

2023年，昌乐县被评为全国科普示范县、国家西甜瓜产业技术体系“一县一业”示范样板县。

【发展质效持续提升】 新增42家规上工业企业、31家省级以上专精特新、“小巨人”等企业；认定全国科技型中小企业141家，创历史新高；1家企业被评为国家级“水效领跑者”，2家企业入选中国制造业民营企业500强、4家企业入选中国农业企业500强、6家企业入选省民营企业百强，以申易物流为主体的潍坊陆港型国家物流枢纽入选2023年国家物流枢纽建设名单；入选首批省级数字经济“晨星工厂”试点县；宏力型钢在美国纳斯达克上市，英轩实业在新三板挂牌，全县上市、挂牌企业达到12家；郡部乐器产业发展中心被评为省特色服务出口基地。

【品质城市建设】 打造“山水进城、人近山水”的生态宜居环境，推进“一河两路”工程，带动拓展2000多亩开发空间，周边10多个小区受益。新建天桥公园等9处城市公园，新增绿化面积29.5万平方米，城市绿地率达到41.2%，入选省级城市公园绿地开放共享试点。完成映山北街、步行街南段建设，翻建维修市政道路33条45.5万平方米、国省县道24条110.7千米。完成建成区雨污分流管网改造，累计改

西湖花海 （冯海滨　摄）

造95.3千米，城区集中供热率、管道燃气普及率分别达到88%和90%。开展房屋产权确权颁证历史遗留问题专项整治，化解问题项目51个、办证3482份。南关、永康等4个片区棚改分房，2183户群众乔迁新居。新开设青少年活动中心等公益场所7处，启动县博物馆建设，县图书馆跻身国家一级图书馆，县妇女儿童活动中心获评全国文明实践巾帼志愿阳光站。

【乡村振兴】 扛牢耕地保护政治责任，是潍坊市唯一实现新增违法占用耕地和乱占耕地建房卫片“双清零”的县市区，夏粮单产、总产实现“六连增”。“昌乐西瓜”品牌价值46.64亿元，连续13年位居全国西瓜品牌价值榜第一位，被评为国家西甜瓜产业技术体系“一县一业”示范样板县。首届昌乐南瓜节暨中国南瓜产业发展研讨交流会成功举办，贝贝南瓜年销量13万吨，产值超过8亿元，成为全国最大集散地。8个片区、1.57万亩设施农业现代化升级改造项目纳入农业农村部重点项目库。入选2023全国预制菜产业基地百强，居第79位。

（刘立梅）

人物　荣誉

逝世人物

王伯祥（1943.2—2023.3）　男，汉族，寿光市化龙镇北柴西村人，中共党员，大专文化程度。1943年2月出生，1965年12月加入中国共产党，1967年9月参加工作，2008年1月退休，2023年3月去世。

1964年9月至1968年8月，山东省委党校青训班学习（期间：1967年9月至1968年8月延期分配）；1968年8月至1971年3月，寿光县台头公社郑埝小学、丰城中学教师；1971年3月至1976年7月，寿光县革委会政治部干事、县委办公室秘书；1976年7月至1980年12月，寿光县委办公室副主任；1980年12月至1981年9月，寿光县委农工部副部长；1981年9月至1983年6月，寿光县道口公社党委书记；1983年6月至1986年6月，寿光县委副书记；1986年6月至1991年8月，寿光县委书记；1991年8月至1997年7月，潍坊市副市长、副市长兼市委政法委副书记、副市长兼农业高新技术开发区党委书记；1997年7月至2000年2月，潍坊市委常委、副市长；2000年2月至2002年12月，潍坊市委副书记、市长；2002年12月至2008年1月，山东省政协常委、山东省政协人口资源环境委员会副主任委员。2023年去世。

王伯祥曾获“全国优秀共产党员”“改革先锋”“最美奋斗者”等称号。2009年11月17日，时任中共中央政治局常委、书记处书记、国家副主席习近平给王伯祥回信，勉励他“珍惜荣誉、保重身体，继续为党和人民的事业发展做出新贡献”。2009年12月31日，王伯祥先进事迹报告会在北京人民大会堂举行，习近平同志会见报告团成员并作高度评价。

张建国（1950.2—2023.7）　男，汉族，山东省荣成市人，中共党员，大专文化程度。1950年2月出生，1972年8月加入中国共产党，1970年10月参加工作，2013年4月退休，2023年7月去世。

1970年10月至1973年1月，潍坊市自来水公司工人；1973年1月至1975年6月，潍坊市自来水公司党支部副书记；1975年6月至1980年3月，潍坊市（县级）委办公室秘书；1980年3月至1984年2月，潍坊市（县级）委办公室副主任；1984年2月至1985年9月，潍坊市委办公室正科级秘书；1985年9月至1986年2月，潍坊市委办公室副主任；1986年2月至1990年10月，潍坊市委副秘书长；1990年10月至1993年1月，潍坊市委副秘书长、保密局局长；1993年1月至1998年2月，高密县（市）委书记；1998年2月至2003年2月，潍坊市政府副市长、党组成员；2003年2月至2008年1月，潍坊市人大常委会副主任、党组成员；2008年1月至2010年12月，潍坊市人大常委会顾问。

刘文聚（1934.3—2023.8）　原籍山东省诸城市，1934年3月出生，1949年5月参加革命工作，1953年9月加入中国共产党。历任胶河县政府通讯员，胶州地区银行文书，昌潍专署劳动局办事员、专署办公室文书，昌潍地区计委办事员、劳动组组长，昌潍地区劳动局副局长，潍坊市劳动局局长、党组书记，潍坊市人大常委会副主任、党组成员。1996年4月离职休养，2023年8月去世。

曹学成（1947.1—2023.11） 原籍山东省新泰市，1947年1月生，1962年11月参加工作，1966年1月加入中国共产党。历任新汶一中教员、团委副书记，新汶县公安局干事，新汶县孙村公社党委副书记，新汶县委常委、办公室主任，新汶县委副书记，平阴县委书记，济南市委副秘书长兼办公室主任，山东省委办公厅副主任，山东省体委主任、党组书记，潍坊市委书记，潍坊市委书记、市人大常委会主任、党组书记，山东省人大常委会党组成员，山东省人大常委会副主任、党组成员。2009年7月退休，2023年11月去世。

全国五一劳动奖章获得者

甄曰菊（女）山东吉青化工有限公司技术总监

任燕平（女）潍柴动力股份有限公司小缸径发动机平台副总设计师、高级工程师

全国五一劳动奖状获得单位

潍柴雷沃智慧农业科技股份有限公司

全国工人先锋号获得集体

山东新和成药业有限公司606车间二工段D班

山东世纪阳光纸业集团有限公司新迈纸业完成车间整纸班

附 录

2023 年度潍发文件一览表

表 3

序号	文号	文件标题
1	潍发 2 号	关于全力抓好 2023 年全市重点项目建设的通知
2	潍发 3 号	关于印发《优化生育政策促进人口长期均衡发展实施方案》的通知
3	潍发 4 号	关于全市加快开辟发展新领域新赛道的意见
4	潍发 6 号	关于大力支持和鼓励干部敢为进一步激发干事创业活力的意见
5	潍发 7 号	关于印发《潍坊市深化新旧动能转换推动绿色低碳高质量发展三年行动计划(2023—2025 年)》的通知
6	潍发 9 号	关于在全市开展学习贯彻习近平新时代中国特色社会主义思想主题教育的实施意见
7	潍发 10 号	印发《关于深入开展干部队伍能力作风提升行动的实施意见》的通知
8	潍发 11 号	关于实施“百区示范、百园提升、千企引领、千村共富”工程加快推进农业农村现代化的意见
9	潍发 13 号	关于加强耕地保护管理工作的意见

2023 年度市政府重要文件一览表

表 4

序号	文号	文件名称
1	政府令第 107 号	关于修改部分市政府规章的决定
2	政府令第 108 号	关于修改《潍坊市户外广告和招牌设置管理办法》的决定
3	政府令第 109 号	潍坊市城市公园广场管理办法
4	潍政发〔2023〕1 号	关于印发 2023 年《政府工作报告》的通知
5	潍政发〔2023〕2 号	关于下达潍坊市 2023 年国民经济和社会发展计划的通知
6	潍政发〔2023〕3 号	关于公布市政府行政规范性文件集中清理结果的通知
7	潍政发〔2023〕4 号	关于修改部分市政府文件的通知
8	潍政发〔2023〕5 号	关于公布市政府文件集中清理结果的通知
9	潍政发〔2023〕6 号	关于落实《山东省贯彻〈工伤保险条例〉实施办法》有关事项的通知

续表 4

序号	文号	文件名称
10	潍政字〔2023〕2 号	关于印发潍坊市工业母机突破发展行动方案（2023—2025 年）的通知
11	潍政字〔2023〕5 号	关于印发潍坊市矿产资源总体规划（2021—2025 年）的通知
12	潍政字〔2023〕8 号	印发《关于加快推动元宇宙产业发展的若干政策》的通知
13	潍政字〔2023〕9 号	关于印发潍坊市打造元宇宙技术创新与产业之都行动计划（2023—2026 年）的通知
14	潍政字〔2023〕10 号	关于公布第四届市政府法律顾问的通知
15	潍政字〔2023〕14 号	关于开展第五次全国经济普查的通知
16	潍政字〔2023〕17 号	关于公布二级保护古树名录的通知
17	潍政字〔2023〕26 号	关于印发潍坊市人民政府 2023 年立法工作计划的通知
18	潍政字〔2023〕28 号	关于试鸣防空防灾警报的通告
19	潍政字〔2023〕32 号	关于印发潍坊市推进临港经济区建设行动方案（2023—2025 年）的通知
20	潍政字〔2023〕33 号	关于促进文旅深度融合推动旅游业高质量发展的实施意见
21	潍政字〔2023〕34 号	关于调整第五届潍坊仲裁委员会组成人员的通知
22	潍政字〔2023〕37 号	关于印发潍坊市碳达峰工作方案的通知
23	潍政字〔2023〕41 号	关于发布 2023 年企业工资指导线的通知
24	潍政字〔2023〕44 号	关于公布第十届潍坊市市长质量奖获奖单位和个人的通报
25	潍政字〔2023〕48 号	印发《关于贯彻落实计量发展规划（2021—2035 年）的实施方案》的通知
26	潍政字〔2023〕49 号	关于公布 2023 年潍坊市标准创新应用奖和潍坊市专利奖获奖名单的通报
27	潍政字〔2023〕50 号	关于印发《潍坊市推动供销合作社高质量发展实施方案》的通知

组织机构

市委工作机关

市纪律检查委员会　市监察委员会机关

市委办公室

市委组织部

市委宣传部

市委统战部

市委政法委

市委政研室

全面深化改革委员会办公室（设在市委政研室）

全面依法治市委员会办公室（设在市司法局）

国家安全委员会办公室（设在市委办公室）

市委网信办

财经委员会办公室（设在市委政研室）

外事工作委员会办公室（设在市外办）

市委编办

军民融合发展委员会办公室（设在市发改委）

审计委员会办公室（设在市审计局）

教育工作领导小组办公室（设在市教育工委）

农业农村委员会办公室（设在市农业农村局）

海洋发展委员会办公室（设在市海渔局）

开放发展委员会办公室（设在市商务局）

科技创新委员会办公室（设在市科技局）

市委台港澳办

市委市直机关工委

市委巡察办

市委老干部局

市人大机关

办公室
人事代表工作室
研究室
预算工作委员会
法制工作委员会

市政协机关

办公室
研究室
政协委员活动工作室

市中级人民法院

市人民检察院

民主党派机关

民革潍坊市委
民盟潍坊市委
民建潍坊市委
九三学社潍坊市委
农工党潍坊市委
民进潍坊市委
致公党潍坊市委

市政府工作部门

市政府办公室
市政府研究室
市发改委
市教育局
市科技局
市工信局
市公安局
市民政局
市司法局
市财政局
市人社局
市自然资源和规划局
市生态环境局
市住建局
市城管局
市交通局
市水利局
市农业农村局
市海渔局
市商务局
市文化和旅游局
市卫健委
市退役军人局
市应急局
市审计局
市外办
市国资委
市审批服务局
市市场监管局
市体育局
市统计局
市医保局
市国动办
市地方金融监管局
市大数据局
市投资促进局
市信访局

群众团体机关

总工会
共青团潍坊市委
人民对外友好协会
妇女联合会
工商业联合会
红十字会
文学艺术界联合会
科学技术协会
归国华侨联合会
社会科学界联合会
中国国际贸易促进委员会潍坊市委员会
残疾人联合会
计划生育协会
法学会

市政府派出机构

高新技术产业开发区管理委员会
滨海经济技术开发区管理委员会
综合保税区管理委员会
峡山生态经济开发区管理委员会
经济开发区管理委员会
潍坊国家农业开放发展综合试验区推进办公室
山东（潍坊）海洋科技大学园管理办公室

市委直属事业单位

市委党校
潍坊日报社
市改革发展研究中心
市委党史研究院
王尽美革命事迹教学基地服务中心
潍坊农村干部教育实践中心

市政府直属事业单位

潍坊职业学院
潍坊工程职业学院
潍坊护理职业学院
市技师学院
市广播电视台
市住房公积金管理中心
市供销合作社联合社
市机关事务服务中心
潍坊国际风筝会综合服务中心
潍坊仲裁委员会办公室

市农业科学院
市文化艺术服务中心
市检验检测中心
市峡山水库管理服务中心
全国蔬菜质量标准中心
潍坊（高密）临港经济发展服务中心
潍坊畜禽屠宰质量标准创新服务中心

（中共潍坊市委机构编制委员会办公室）

统计资料

一、农业

全年农林牧渔业总产值1289.2亿元，按可比价计算，比上年增长5.5%。其中，农业（种植业）产值698.9亿元，增长4.3%；林业产值8.5亿元，增长10.0%；畜牧业产值343.8亿元，增长6.9%；渔业产值118.6亿元，增长4.3%；农林牧渔专业及辅助性活动产值119.4亿元，增长8.8%。

粮食播种面积1030.5万亩，比上年增加1.3万亩，增长0.1%。其中，夏粮面积495.6万亩，增长0.1%；秋粮面积534.8万亩，增长0.2%。粮食总产446.7万吨，比上年增加9.7万吨，增长2.2%。其中，夏粮总产213.0万吨，增长1.0%；秋粮总产233.7万吨，增长3.4%。全年粮食单产433.5千克/亩，增长2.1%。其中，夏粮单产429.7千克/亩，增长0.8%；秋粮单产436.9千克/亩，增长3.3%，粮食生产实现面积、总产、单产“三增长”。

主要畜禽肉蛋奶产量189.71万吨，比上年增长7.8%。其中，猪牛羊禽肉产量127.45万吨，增长8.2%；牛奶产量22.31万吨，增长8.6%；禽蛋产量39.94万吨，增长6.4%。2023年末，生猪存栏271.26万头，下降12.6%；出栏488.71万头，下降2.1%。牛存栏18.91万头，增长0.5%；出栏17.27万头，下降2.8%。羊存栏62.9万只，下降6.5%；出栏111.52万只，下降4.3%。家禽存栏1.31亿只，增长9.0%；出栏5.89亿只，增长14.7%。

渔业产量51.9万吨，比上年增长4.0%。其中，海水产品产量49.2万吨，增长3.8%；淡水产品产量2.7万吨，增长6.6%。

建设高标准农田30.1万亩，同步发展高效节水灌溉面积16万亩。省级以上农业产业化龙头企业和合作社示范社分别达134家、439家，均居全省第1位。26家企业、103家合作社分别入选中国农业企业500强、农民合作社500强，均居全国地市第1位。深入开展农村人居环境整治，农村无害化厕所实现应改尽改，完成146个行政村生活污水治理，创建和美乡村示范村省级117个、市级500个。

二、工业和建筑业

全年规模以上工业增加值比上年增长6.6%。分门类看，采矿业增加值下降3.1%，制造业增加值增长7.3%，电力、热力、燃气及水生产和供应业增加值下降3.5%。全年规模以上工业企业营业收入比上年增长3.5%。

建筑业总产值1152.2亿元，比上年增长5.6%。具有总承包或专业承包资质的有工作量建筑业企业839家，比上年增加183家。

三、服务业

全年规模以上服务业企业实现营业收入541.1亿元，比上年增长6.3%。其中，交通运输仓储和邮政业、信息传输软件和信息技术服务业、租赁和商务服务业三个行业营业收入总量占全市规上服务业的76.2%，增长7.1%。

全年港口货物吞吐量3897.5万吨，集装箱累计完成60万标箱。水路运输货运量3063.2万吨，货运周转量215.1亿吨千米。潍坊机场完成客运量67.3万人次，增长399.4%，航空货运量2.2万吨，增长98.6%。

全年邮政行业寄递业务量累计完成72034.1万件，比上年增长16.5%。其中，快递业务量（不包括邮政公司包裹业务）累计完成57728.9万件，增长18.6%。邮政行业业务收入（不包括邮政储蓄银行直接营业收入）61.5亿元，增长17.4%。其中，快递业务收入41.6亿元，增长19.1%。上网用户1198.4万户，增长1.4%。其中，固定互联网宽带用户367.4万户，增长6.1%；移动互联网用户876.2万户，增长0.7%。

四、消费市场

全年完成社会消费品零售总额2936.1亿元，比上年增长7.0%。其中，餐饮收入额351.4亿元，增长18.4%；商品零售额2584.7亿元，增长6.2%。城镇消费品零售额2556.5亿元，增长7.0%；乡村消费品零售额379.6亿元，增长6.4%。

限额以上批零单位通过互联网实现的商品零售额增长46.8%，限额以上住餐单位通过互联网实现的餐饮收入增长55.6%。

五、固定资产投资

全年固定资产投资比上年增长0.8%。分产业看，第一产业投资下降1.8%；第二产业投资增长15.1%；第三产业投资下降10.0%。基础设施投资增长14.9%。高技术产业投资增长20.2%。战略新兴产业投资增长14.6%。民间投资下降0.2%。

房地产开发投资606.1亿元，比上年下降17.2%。其中，住宅投资518.2亿元，下降13.6%；办公楼投资15.8亿元，下降26.1%；商业营业用房投资23.9亿元，下降46.6%。房屋施工面积7613.9万平方米，下降7.4%。商品房销售面积1009.9万平方米，下降10.3%。

整改人行道路面问题1021处，中心城区完成直角出入口改造167处。新改建城市公园106处、城市绿道73.2千米，实施"疏绿透美"71处，整治绿化带"落土"432.5千米。完成184.62千米雨污合流管网改造，累计完成344.45千米，达到总任务的85%以上；中心城区实现整建制雨污合流管网清零。东风街白浪河桥重建通车，完成健康街（潍州路至文化路段）"两块板"改造，启动市域天然气环网工程建设。加大城区供热源网建设，新增供热能力400万平方米；建成眉村净水厂扩容项目，增加城区日供水能力10万立方米。

新开工棚户区6267套、保障性租赁住房1459套，改造老旧小区4.9万户。

六、对外经济

全年完成进出口总额3403.1亿元。其中，出口额2302.3亿元；进口额1100.8亿元。民营企业实现进出口2874.5亿元，增长1.3%；外商投资企业实现进出口442.2亿元，下降9.8%；国有企业实现进出口86.5亿元，增长32.0%。对共建"一带一路"共建国家进出口1776.0亿元，增长9.1%；对RCEP其他成员国进出口1411.9亿元，增长17.1%。

新设立外资企业150家，实际使用外资88764万美元。从来源地看，香港投资居第1位，占全市实际使用外资总量的79.8%；日本和英属维尔京群岛投资分别占8.4%、6.4%，居第2、3位。从投资行业看，制造业实际使用外资39537万美元，占比44.5%；高技术产业实际使用外资24414万美元，占比27.5%。

七、财政金融

全年一般公共预算收入608.3亿元，比上年增长0.1%。其中，税收收入394.1亿元，税收占比65.0%。一般公共预算支出889.4亿元，增长5.6%。民生支出占比连续8年保持在80%以上。

年末金融机构本外币各项存款余额13552.8亿元，比年初增加1200.7亿元。年末金融机构本外币各项贷款余额10936.0亿元，比年初增加928.9亿元。存贷比80.7%，不良贷款率1.1%。企事业单位贷款增长11.6%。76家地方金融组织注册资本总额121亿元，为市场主体提供融资支持464.9亿元，较年初增长了15倍。

新增上市公司1家，上市公司总数达到38家，实现资本市场融资442.5亿元。其中，上市企业股权融资11.7亿元，非金融企业债券融资430.8亿元。

保险业共提供社会风险保障249175.0亿元，比上年下降21.8%。保费收入321.2亿元，增长7.8%。其中，财产险保费收入89.5亿元，增长5.2%；人身险保费收入231.8亿元，增长8.8%。赔款与给付102.6亿元，增长5.2%。

八、居民收入消费和民生保障

全年全市居民人均可支配收入41451元，比上年增长5.3%。其中，城镇居民人均可支配收入51155元，增长4.4%；农村居民人均可支配收入27460元，增长7.1%。城乡居民收入比为1.86：1，比值比上年缩小0.05。全市居民人均消费支出24455元，增长6.7%。其中，城镇居民人均消费支出29396元，增长5.6%；农村居民人均消费支出17332元，增长9.0%。

年末职工、居民基本养老保险参保人数分别为289.4万人、455.3万人，失业、工伤保险参保人数分别为133.48万人、210.3万人。为3.96万人发放失业金5.03亿元，代缴基本医疗保险费1.11亿元。连续提高退休职工养老金，惠及全市66.03万退休人员；稳步提高居民基本养老保险待遇，基础养老金提高到每人每月170元，惠及全市177万城乡老年居民，新增领待人员月人均养老金较2022年增长33.0%；连续第19年调整提高工伤保险三项定期待遇，惠及工伤职工3000余人。职工、居民基本医疗保险参保人数分别为240.0万人和646.6万人。医保电子凭证100%激活。

九、科学技术和教育

全年发明专利授权4991件，有效发明专利拥有量达到20570件，比上年分别增长27.3%、30.0%。万人有效发明专利拥有量达到21.88件。新增注册商标21720件，年末有效注册商标214059件，比上年末增长9.7%。1家企业获中国专利金奖，1家企业获省长质量奖，1家企业和1名个人获省长质量奖提名奖，全市累计获得中国质量奖及提名奖4个、省长质量奖及提名奖19个。新增“好品山东”品牌11个，总量达到33个；新增山东省高端品牌培育企业37家。新增质量强县1个，累计达到3个。制修订国家标准85项、行业标准26项、省地方标准31项。

研发投入总量达到169.1亿元，比上年增长12.8%，研发投入占地区生产总值比重为2.3%。潍柴“全球首款大功率金属支撑商业化SOFC产品”和天瑞重工“高效节能磁悬浮透平真空泵”两项成果入选2023年山东省十大科技创新成果。新增省级以上科技创新平台12家。县域科技创新高地加速隆起。诸城、坊子2家高新区创建为省级高新区，全市省级以上高新区达到4家。寿光市获批建设国家创新型县（市），奎文区入选2023年山东省科技创新强县。

科技企业队伍培强壮大，入库科技型中小企业3232家，较去年增加692家。新增高新技术企业392家，总量达到2196家。成果转化体系更加完善。完成科技成果登记420项，登记技术合同7402项、成交额315亿元。17项优秀科技成果入选省科技奖励，其中，科技进步一等奖7项（参与3项）。潍柴动力、豪迈机床2项重大科技成果获《山东好成果专报》发布。

共有普通高等教育学校17所，在校生33.8万人；中等职业教育学校33所，在校生8.9万人；普通中学学校374所，在校生46.2万人；小学学校617所，在校生72.3万人。2023年新建改扩建中小学55所、公办幼儿园120所，提升乡村中小学110所、幼儿园252所。全市优质幼儿园占比76.19%，全省前列。新引进教师4270人，优质师资占比32%。“双减”做法入选全国优秀案例，义务教育学生课业负担全省最优。潍坊医学院更名为山东第二医科大学，潍坊学院建设高水平应用型大学顺利推进，潍坊食品科技职业学院建成招生。

十、文化旅游和体育

城乡书房、15分钟品质文化生活圈建设列入市政府民生工程，新建城乡书房38家。承办上海国际艺术节分会场，三项国际水准演出广受关注。举办新青年音乐节等群众性文化活动1万余场，组织“一村一年一场戏”2万余场、农村公益电影放映7.1万余场。全市博物馆总量达82家，入选全国革命文物保护利用十佳案例1个。成功举办“河和之契”黄河流域、大运河沿线非遗交流展示周。2个项目获第六届山东省文化创新奖。前冢子头遗址列入“考古中国”重大项目。

实现国内旅游收入837.3亿元，比上年增长67.0%；接待国内游客8406.6万人次，增长61.3%。举办文旅惠民消费季，开展2023春夏旅游季等促消费主题活动2200余场，发放消费券2410万元。组织2023春夏旅游季等促消费活动，涉潍文旅视频播放量193.8亿次。成功创建国家级文化产业示范园区1家。成功创评省五星级民宿3家、四星级3家。青州云门引获评国家甲级民宿，填补潍坊市空白。富华大酒店获评全国文明旅游示范单位。版权登记量超12万件，居全省第1位。

参加全国比赛共取得金牌89枚、银牌44枚、铜牌68枚；参加全省比赛共取得金牌281枚、银牌163枚、铜牌212枚。成功举办第二十一届市运会，全市15个代表团、近8520名运动员参加了27个大项、855个小项的比赛。参加成都世界大运会实现金牌零的突破；杭州亚运会取得2金1银1铜和1个第四名。成功举办2023年全国“篮校杯”篮球比赛、山东省帆船帆板锦标赛、2023歌尔·首届潍坊马拉松等高端品牌赛事50余项。创新打造“全民动起来·潍坊更精彩”品牌活动8500场。建成体育口袋公园706处；新建智慧体育公园、百姓健身房等16处。市体育运动学校、市少年儿童体育学校成功创建国家高水平体育后备人才基地，市体操学校成功创建国家体育后备人才基地。

十一、环境和应急管理

生态环境9大约束性指标全面完成，空气优良天数居全省第

5 位。国控河流、近岸海域优良水体比例为 85.7%、75.6%，分别高于省定目标 28.6 个和 21.9 个百分点。受污染耕地、重点建设用地安全利用率均保持 100%。

各类生产安全事故起数和死亡人数比上年分别下降 12.9%、13.6%。

注：

1. 本资料数据均为初步统计数，正式数据以《潍坊统计年鉴—2024》为准。部分数据因四舍五入的原因，存在总计与分项合计不等的情况。

2. 全市生产总值（GDP）、各产业增加值按现价计算，增长速度按可比价格计算。

3. 研发投入为 2022 年数据。

（潘国伟）

潍坊市“40 年·40 人”杰出人物

（按姓氏笔画排序）

于英智　潍坊经济开发区双杨街道前阙庄村党支部书记

王乐义　寿光市孙家集街道三元朱村党支部书记

王伯祥　原寿光县委书记

王金友　诸城外贸有限责任公司原党委书记、董事长

王金玉　北汽福田汽车股份有限公司原党委书记、总经理

王选、于金明、谢立信、郑婉华等潍坊籍以及在潍坊工作过的“两院”院士团队

王桂波　新郎希努尔集团股份有限公司党委书记、董事长

王新杰　潍坊市公安局刑警支队六大队大队长

北京大学现代农业研究院科研团队

刘向东　潍坊市玉泉洼种植专业合作社联合社总经理，坊子区坊安街道洼里村党支部书记、村委会主任

孙日贵　孚日集团股份有限公司原党委书记、董事长

孙立荣　潍坊市工艺美术研究所原所长，潍坊国际风筝会主要发起人之一

孙敬明　中国先秦史学会周公思想文化研究会副理事长，山东博物馆特聘首席专家，潍坊博物馆特聘研究员，山东大学、山东师范大学、烟台大学兼职教授、研究生导师

杨守伟　潍坊市儿童福利院副院长

杨洛书　原“同顺德”画店第十九代传人，第一批国家级非物质文化遗产项目杨家埠木版年画代表性传承人

杨淑英　潍坊市政协原副主席，潍坊市农科院原研究员

李月淑　山东潍坊百货集团股份有限公司党委书记、董事长

李永胜　山东天瑞重工有限公司首席科学家

李希贵　北京第一实验学校校长，兼任教育部基础教育教学指导委员会副主任委员，潍坊市教育局原党委书记、局长

李学海　安丘市辉渠镇谋家河村党支部书记、村委会主任，山东学海农林集团有限公司党委书记、董事长

吴维光　山东华建铝业集团董事长、总裁

张廷彦　原潍坊纯碱厂党委书记、厂长

张奇文　潍坊市政协原副主席，中华中医药学会儿科分会创始人之一

张恭运　豪迈集团股份有限公司党委书记、董事长

陈永兴　山东晨鸣纸业集团股份有限公司原党委书记、董事长

林伟宁　山东省体育局青少年体育处副处长，山东首位个人单项奥运冠军

郑和平　得利斯集团有限公司原董事长，得利斯集团股权管理董事会董事长

郎咸芬　国家一级演员，山东省吕剧院名誉院长，国家非物质文化遗产项目吕剧代表性传承人

赵丰平　山东 271 教育集团总校长

赵继斌　昌乐县五图街道庵上湖村党总支书记、村委会主任

姜　滨　歌尔集团有限公司董事长

莫　言　中国作家协会副主席，北京师范大学教授、国际写作中心主任

夏名采　青州市博物馆原馆长

徐鹏强　潍坊昌大建设集团有限公司党委书记、董事长

郭怡孮　中央美术学院教授、博士生导师

崔学选　潍坊市政府原市长助理、党组成员，原潍坊市建设局党委书记、局长，省援建北川工作指挥部新县城建设组组长

崔瑞福　瑞福油脂股份有限公司董事长，潍城区于河街道崔家村党支部书记、村委会主任

董华友　弘润石化（潍坊）有限责任公司董事长

谭旭光　山东重工集团有限公司党委书记、董事长、总经理，潍柴控股集团有限公司董事长

戴瑞德　山东金宝集团有限公司原董事长，山东金宝集团有限公司金宝经济发展研究院理事长

改革开放以来潍坊“十大事件”

1. 习近平总书记两次肯定农村改革发展的“诸城模式”“潍坊模式”“寿光模式”

改革开放以来，潍坊市在农业农村领域大胆创新、持续探索，形成的农业产业化等经验在全国推广。2018 年，习近平总书记在参加全国“两会”山东代表团审议和考察山东时指出，改革开放以来，山东创造了不少农村改革发展经验，贸工农一体化、农业产业化经营就出自诸城、潍坊，形成了“诸城模式”“潍坊模式”“寿光模式”。

2. 潍坊撤地设市

1983 年 8 月 30 日，国务院批复撤销潍坊地区和潍县建制，潍坊市组建为地专级省辖市。1983 年 9 月 19 日，省委、省政府决定撤销潍坊地区，组建地专级省辖潍坊市。1984 年 1 月 1 日，潍坊市人民政府印章启用。

3. 潍坊创立“国际风筝会”等节会品牌

1984 年 4 月 1 日，首届潍坊国际风筝会开幕，至 2023 年已成功举办 40 届，成为国内连续举办时间最长、最有国际影响力的风筝盛会。以首届潍坊国际风筝会举办为起点，潍坊市大力发展节会经济，陆续创立中国（寿光）国际蔬菜科技博览会、鲁台经贸洽谈会、中国（青州）花卉博览交易会等全国知名节会品牌。同时，注重创新办会模式，打开了城市开放发展新格局，带动提升了全市对外开放水平。

4. 潍坊四获国家科技进步奖一等奖

1987 年，潍坊计算机公司与北京大学联合研制成功华光Ⅳ型计算机——激光汉字编辑排版系统获国家科技进步奖一等奖。2006 年，山东海龙“年产 45000 吨粘胶短纤维工程系统集成化研究项目”获国家科技进步奖一等奖。2017 年，盛瑞传动“前置前驱 8 挡自动变速器(8AT)研发及产业化项目”获国家科技进步奖一等奖。2019 年，潍柴动力“重型商用车动力总成关键技术及应用项目”获国家科技进步奖一等奖。

5. 诸城市中小企业产权制度改革

1992 年 10 月，诸城市抓住国企改制的“窗口期”，以明晰产权为突破口，以股份合作制为主要形式，对市属国有企业进行产权制度改革，在全国轰动一时。到 1996 年，全国有 1600 多个考察组到诸城考察学习，诸城国企改革模式在山东乃至全国多个省市复制、推广。

6. 潍坊市教育改革发展全国领先

潍坊市基础教育综合改革领跑全国，普通高中育人质量连续 20 年全省领先；潍坊是教育部、省政府共建国家职业教育创新发展试验区，全国职业院校技能大赛获得金牌数量连续 14 年全省第一，职业教育成为领先全国的“示范高地”；教育工作群众满意度连续 10 年位居全省前列；在全国城市人才吸引力排名中两年跃升 155 位。

7. 潍坊市获“全国文明城市”称号，“城市名片”持续增加

2015 年 2 月，潍坊市创建为全国文明城市，所辖寿光、昌邑、青州、诸城先后创建为全国文明城市，数量全国第一。以全国文明城市、国家卫生城市、中国人居环境奖城市、国家环保模范城市、世界风筝都、世界手工艺与民间艺术之都、国际和平城市、东亚文化之都、中国画都、金石之都等为代表的城市荣誉，成为宣传推介潍坊的“靓丽名片”。

8. 潍坊 16 家省级以上开发区体制机制改革全面完成

截至 2020 年，潍坊 16 家省级以上开发区体制机制改革全面完成，其中，经济技术开发区 12 家（国家级 1 家），高新技术产业开发区 3 家（国家级 1 家），海关特殊监管区 1 家（国家级）；实现规模以上工业营业收入 4704.2 亿元，占全市 55.4%；贡献税收 267.9 亿元，占全市 61.5%。

9. 潍坊规上工业产值、营业收入双过 1.1 万亿

2022 年，潍坊规模以上工业企业 4145 家，规上工业产值、营业收入双过 1.1 万亿元，总量连续 3 年稳居全省第二，约占全省十分之一、全国百分之一；入选全国十大工业稳增长和转型升级成效明显市、全国首批 12 个产业链供应链生态体系建设试点城市；动力装备集群入选国家先进制造业集群。全国 41 个工业

行业大类中，潍坊拥有37个，包含国民经济行业分类中所有的31个制造业行业。

10. 潍坊市获批全国性综合交通枢纽城市

2022年2月，潍坊市被国务院确定为全国性综合交通枢纽城市。截至2023年，潍坊市现有高铁里程全省第一、高速公路里程全省第二，潍坊港亿吨大港建设顺利推进，特色机场逐步成型。

改革开放以来潍坊“十大工程”

1. 虞河、张面河、浞河、白浪河四河治理工程

2. 人民广场聚落工程

3. 富华大酒店、展览中心及游乐园综合工程

4. 潍坊港工程

5. 北海路工程

6. 潍柴高端装备动力产业园建设工程

7. 潍坊歌尔全球智能硬件制造基地工程

8. 济青高铁和潍坊北站工程

9. 青州市博物馆工程

10. 寿光市蔬菜高科技示范园工程

潍坊十大文化符号

1. 农村改革发展“三个模式”

“诸城模式”是商品经济大合唱、贸工农一体化、农业产业化和农村社区化等具体实践。“潍坊模式”是潍坊各地农业农村改革创新经验的集成，突出农业产业化经营。“寿光模式”则是解决蔬菜生产产业化的问题。党的十八大以来，潍坊以创新提升“三个模式”为根本遵循，以打造乡村振兴齐鲁样板先行区为目标，交出了一份农业农村高质量发展的新答卷。

2. 潍坊风筝

潍坊是世界风筝的发源地，潍坊风筝历史悠久，兴于明初，至清乾隆年间，风筝已成为重要的手工业之一。2006年5月，潍坊风筝被列入第一批国家级非物质文化遗产名录。“国际风筝联合会”总部设在潍坊，一年一度的潍坊国际风筝会进一步打响了潍坊风筝的国际影响力，产品市场份额分别占国内、国际市场的80%以上、85%以上。

3. 寿光蔬菜

寿光蔬菜种植规模宏大，品种繁多，绿色无公害，营养丰富，并通过不断引进各类新品种、新产品、新技术，始终站在农业最前沿，引导农业新潮流，为我国的蔬菜农业作出巨大贡献。寿光蔬菜已销往全国200多个大中城市，并远销日本、韩国、俄罗斯、美国、委内瑞拉等国家，深受世界各国消费者的喜爱，成为潍坊最知名的品牌之一。

4. 潍柴动力

坐落于潍坊的潍柴动力，是全国最大的重卡动力总成企业。依托潍柴这样的行业龙头，潍坊的动力装备企业如雨后春笋般纷纷探头，形成了潍坊动力产业集群。2021年潍坊市动力装备集群完成工业总产值4135亿元，约占全国动力装备产业总产值的35%。潍坊成为当之无愧的动力之城，潍柴成为更好潍坊的一张靓丽名片。

5. 青州古城

青州是一座历史文化名城，人文资源积淀深厚，地域文化特色鲜明，是“东夷文化”的发源地。青州古城自西汉初年始，作为整个山东地区的政治、经济、军事、文化中心的时间长达1600多年。古城城建格局完整，至今仍完整的保留着山、水、城一体的传统格局和历史风貌，古城内街巷肌理完好，古店铺、古宅院鳞次栉比，2万多原住居民完整延续着古青州地区的传统文脉。

6. 当代万印楼

“万印楼”建于清宣宗道光三十年（1850），是金石学大家陈介祺故居。在历届陈介祺艺术节的推动下，藏品规模不断扩大，当代万印楼主要陈列和介绍了陈介祺的收藏情况、学术成果，其中收藏的青铜器、石刻、玺印及其拓片、书籍等，在国内外引起很大反响。每年到万印楼研学、参观的学生、游客达5万余人，成为宣传潍坊文化的一张靓丽名片。

7. 潍县萝卜

潍县萝卜已有300多年的栽培历史，清代乾隆年间所修《潍县志》已有详细记载。潍县萝卜具有浓郁独特的地方风味和鲜明的地域特点，是享誉国内外的名特优地方品种，在民间有“烟台苹果莱阳梨，不如潍县的萝卜皮”之说，《本草纲目》注释道“萝卜乃蔬中最有益者”。2006年9月，国家原质检总局批准对“潍县萝卜”实施地理标志产品保护。

8. 潍县西方侨民集中营旧址博物馆（原名：乐道院潍县集中营）

潍县西方侨民集中营旧址博

物馆（原名：乐道院潍县集中营），位于潍坊中心城区虞河岸边，至今已有 140 年历史，是第二次世界大战期间国际侨民与中国人民团结反抗日本法西斯的正义斗争以及国际主义精神的象征。潍坊医学的近代化也是从乐道院开始的，为促进中西文化交流发挥了重要作用。2019 年，被中宣部命名“全国爱国主义教育示范基地”，同年成为“全国重点文物保护单位”。

9. 朝天锅

朝天锅是潍坊市传统名吃，起源于清代乾隆年间的民间早市，以“逢二排七大集间，白浪河畔人如山。寒流雪翻火正红，下水香锅面朝天”闻名，朝天锅肉肥而不腻，汤清淡而不浑浊。经过不断改进，1997 年分别被中国烹饪协会、山东省贸易厅认定为“中华名小吃”“山东名小吃”。2014 年，在山东 17 地市代表菜评选活动中，朝天锅成为潍坊代言菜。

10. 东镇沂山

沂山，古称海岱、海岳，为中国东海向内陆的第一座高山，有“大海东来第一山”之说，素享“沂山为五镇之首”的盛名。沂山风景区是国家级森林公园，生态资源优良，森林覆盖率高达 98.6% 以上，2020 年 12 月成为国家 5A 级旅游景区。东镇沂山祭仪为国家级非物质文化遗产代表性项目名录。

潍坊国际风筝会 40 年“十件大事”

（按时间先后排序）

1. 潍坊国际风筝会创办

1983 年 12 月 29 日，市政府潍政发〔1983〕第 44 号文批准筹备潍坊国际风筝会。1984 年 4 月 1 日首届潍坊国际风筝会开幕，11 个国家和地区的风筝爱好者参加风筝放飞和展出。1985 年潍坊国际风筝会“会徽”设计推出，成为潍坊城市文化的标志。目前，潍坊国际风筝会已连续举办 40 届，荣获“中国十大品牌节庆”“中国节庆品牌 100 强”榜单第二名等荣誉，成为国内连续举办时间最长、最具国际影响力的风筝盛会。

2. 潍坊风筝文化产业走向世界

1984 年 7 月，潍坊市风筝协会应邀赴美国西雅图等城市进行风筝放飞、展览展示等文化交流活动，自此，潍坊风筝陆续飞进 70 多个国家和地区，传播了中华优秀传统文化，促进了潍坊风筝产业发展。目前，全市风筝企业和个体工商户达 700 多家，从业人员 8 万余人，产品市场份额占国内 80% 以上、国际 85% 以上。

3. 潍坊风筝邮票两次全国发行

1987 年，国家邮电部发行以潍坊风筝为题材的第二套风筝特种邮票，分别展示了鹰、龙头蜈蚣、八卦、凤凰风筝。时隔 36 年，潍坊风筝再次登上“国家名片”，2023 年 9 月，中国邮政集团有限公司发行《风筝（三）》特种邮票，其中潍坊风筝“金玉满堂”“仙鹤童子”成功入选。

4. 潍坊市被推举为“世界风筝都”

1988 年 4 月 1 日，第五届潍坊国际风筝会主席团会议召开，13 个国家和地区的风筝协会代表参加，潍坊市被一致推举为“世界风筝都”，使潍坊成为世界风筝文化交流传播中心。

5. 国际风筝联合会成立

由中国、美国、日本、法国从 1984 年开始酝酿发起，经国务院批准，1989 年 4 月 1 日国际风筝联合会在潍坊成立，总部设在潍坊，这是第一个总部设在地级市的国际体育组织。第一次代表大会有 16 个国家和地区的代表参加，现有会员国家和地区 67 个，在传播风筝文化、推广风筝运动、加强文化交流等方面发挥了积极作用。

6. 潍坊世界风筝博物馆和世界风筝都纪念广场建成

1989 年，潍坊世界风筝博物馆建成，收藏展示各国精品风筝 1000 余只，全面展示了风筝文化，成为中外风筝爱好者向往的打卡地。2006 年 4 月，潍坊世界风筝都纪念广场建成开放，包括吉祥大道、鸢标广场、民俗走廊、咏筝栈桥等十大景观。风筝元素越来越多地嵌入城市人文景观，成为城市建设的最大亮点。

7. 世界风筝锦标赛落户潍坊

从第三届潍坊国际风筝会开始，潍坊连续举办全国风筝赛事，制定起草了第一部风筝竞赛规则，后经国家体委修订，于 1990 年批准实施，推动了风筝赛事规范化发展。2005 年 4 月，经国家体育总局批准，首届世界风筝锦标赛在潍坊成功举办，标志着世界风筝运动迈向更高水平，至今已连续举办 19 届，成为知名国际风筝比赛品牌。

8. 潍坊风筝制作技艺列入第一批国家级非物质文化遗产名录

市委、市政府于 1989 年 8

月评选表彰了20名潍坊风筝明星和43名优秀风筝作者，1989年10月创办潍坊风筝技工学校，选树、培养了一批风筝专业人才，对传承风筝技艺产生了深远影响。2006年5月，风筝制作技艺（潍坊风筝）经国务院批准列入第一批国家级非物质文化遗产名录。截至2023年底，潍坊共有风筝制作技艺市级以上代表性传承人10名，其中国家级2名、省级2名、市级6名。

9. 潍坊风筝点亮航天梦

风筝是世界上最早的飞行器，承载着人类飞天的梦想。2016年9月15日至11月18日，潍坊特制造型风筝"飞天木鸢—飞鹰"，作为特殊的搭载纪念物，搭乘天宫二号空间实验室和神舟十一号飞船，成功飞越太空，成为世界上"飞"得最高的风筝。2022年4月17日，"中国空间站"主题风筝成功在潍坊放飞，展现了神舟十三号载人飞船与天和核心舱成功交会对接，以及航天员出舱漫步的过程，庆祝航天员太空归来。从风筝到飞船，见证了中国航天技术和航天事业的发展，潍坊人民用风筝致敬祖国航天事业，表达对中华民族伟大复兴的坚定信心和美好祝福。

10. 2023潍坊国际风筝嘉年华创新举办

2023年9月25日至10月31日，潍坊国际风筝嘉年华隆重举行。全市上下以风筝为媒聚人心、展形象，以风筝结缘引流量、旺人气，以风筝牵线扩市场、增需求，以风筝搭台链资源、招项目，突出风筝主题，赋予发展内涵，取得了丰硕成果。共举办100多项特色鲜明、精彩纷呈的主题活动，活动覆盖面、参与度、影响力达到历史新高，进一步打造了潍坊风筝IP，激发了城市活力，提升了潍坊形象，为更好潍坊建设注入了强劲动能。

潍坊在外杰出青年

（按姓氏笔画排序）

丁　铭（女）北京航空航天大学仪器科学与光电工程学院教授、博士生导师，北京未磁科技有限公司联合创始人、首席科学家

王翔宇　清华大学博士生导师

李　健　中国铁道科学研究院集团有限公司铁道建筑研究所副主任工程师（院控3级）

李连春　环球奥特莱斯集团CEO

吴立金　中国船舶集团有限公司综合技术经济研究院舰船软件测评与技术研究中心副主任

范克龙　中国科学院生物物理研究所研究员、博士生导师

祝　斌　首都医科大学附属北京友谊医院脊柱外科副主任

陶光明　华中科技大学武汉光电国家研究中心和材料科学与工程学院教授、博士生导师

桑新兴　青葱新媒体（广州）有限公司董事长，广州大事件网络科技创始人

韩　涛　普华永道中天会计师事务所西北首席合伙人

潍坊在外知名女性

（按姓氏笔画排序）

王玉锋　解放军总医院第一医学中心住院管理科主任

王秀丽　浙江大学材料科学与工程学院教授、金属所党支部书记

王恩多　中国科学院院士、中国科学院生物化学与细胞生物学研究所研究员，上海市政府参事

孙九霞　中山大学旅游学院教授、中山大学旅游休闲与社会发展研究中心主任

刘文静　蓝帆医疗股份有限公司董事长

吉兴香　齐鲁工业大学轻工学部主任、国家重点实验室常务副主任、山东省妇联兼职副主席

李　娜　山东师范大学党委常委、副校长

陈　冰　中央音乐学院指挥系教授、声歌系党总支书记

陈　琳　凤凰卫视主持人、昌平青联委员

沈　颖　山东艺术学院艺术研究院院长

索　引

说明：

1. 本索引为主题索引。特载、大事记、附录这三部分内容未列入索引。
2. 本索引按汉语拼音音序排列。同音字按声调，首字相同按第二个字的音序排列，以此类推。
3. 索引主题词后面的数字表示索引内容所在的页码。

D

E

F

G

H

J

K

L

M

N

O

P

Q

R

S

T

W

X

Y

Z